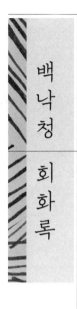

백낙청 회화록

1990~1997

3

백낙청 회화록

1990~1997

3

백낙청 회화록
간행위원회 엮음

창비

간행의 말

청사(晴蓑) 백낙청(白樂晴) 선생의 고희를 기념해 선생이 한국 및 해외의 지성과 나눈 회화(會話)의 기록을 모아 간행합니다. 계간 『창작과비평』을 창간하며 한국 문화운동에 첫발을 디딘 후 1968년 1월부터 2007년 6월까지 40년에 걸쳐 선생이 참여한 대담과 좌담을 기본으로 하고 토론과 인터뷰 등을 곁들인 이 다섯 권의 회화록은 20세기 중후반 한국 논단에서 치열하게 논의된 주요 쟁점들이 망라된 우리 지성사의 생생한 사료집입니다.

대화라는 형식은 한 사람이 일방적으로 진술하는 수사법과 대립되는 방법으로서 예부터 진리발견의 절차로 주목되어왔습니다. 그리고 좌담은 동아시아 근대 저널에서 독자들에게 순발력있는 대화의 흥미를 안겨주는 부담없는 읽을거리이자, 참여자들의 대등한 의견교환을 통해 각자의 입장을 명료하게 전달하는 형식이어서 널리 활용되어왔습니다.

돌이켜보건대, 영문학자이자 문학평론가일뿐만 아니라 『창작과비평』 편집인 그리고 민족문화운동과 그것을 한층 발전시킨 분단체제극복운동을 수행하는 이론가요 실천가인 선생은 자신이 직접 조직하거나 또는 초대받은 대담과 좌담을 통해 1960년대 이래 우리 사회의 핵심적인 담론생산의 현장에 깊숙이 간여해왔습니다. 대담과 좌담이라는 회화 형식이야말로 항상 논쟁의 현장에 머물길 원하는 '젊은' 논객인 선생의 식견과 경륜이 효과적으로 발휘되는 의사전달 통로가 아닐 수 없습니다.

이 책을 엮기 위해 자료들을 검토하면서 간행위원들은 회화록이 지닌 세 가지 차원의 가치에 주목하게 되었습니다.

첫째로 선생 개인의 자전적인 기록으로서의 가치입니다. 선생 스스로 자신의 생애와 행적을 서술한 것은 물론 아니지만, 대담과 좌담에는 그가 40년간 공개적으로 표명한 언행이 시기순으로 정리되어 있어 선생의 이론적·실천적 궤적이 일목요연하게 드러납니다. 제5권 권말의 상세한 연보와 대조해 읽는다면 선생의 사상적 편력을 이해하는 데 매우 유용한 자료가 될 것입니다.

둘째로 선생과 더불어 우리 시대의 문제를 놓고 고뇌하며 실천의 길을 걸어온 한국 지성의 집단 전기적인 기록으로서의 가치입니다. 선생의 대화 상대자(국내 125인, 해외 8인)는 이른바 진보진영에 국한되지만도 않고 우리 사회의 발전에 다방면에서 공헌해온 분들인데, 그분들의 언행 역시 여기에 고스란히 담겨 있습니다. 그분들이 시대의 변천에 어떻게 대응해왔는지를(때론 변모해왔는지를) 지켜보는 것도 우리 지성사를 읽어내는 의미있는 일이 되겠습니다.

셋째로 선생이 해외의 저명 지식인들과 함께 한국인의 이론적·실천적 고투를 전지구적 시각에서 성찰한, 우리 담론의 세계화의 기록으로서의 가치입니다. 세계사적 변화에 대한 주체적·실천적 대응은 선생이 1960년대부터 한결같이 추구해온 지향인데, 외국의 지성들은 그와의 대화에 참여하여 한국인의 과제가 그들 자신의 사회, 더 나아가 전지구적 과제와 어떻게 연관되어 있는지를 규명하고 연대의 가능성을 확인할 수 있었습니다.

이 책의 체재는 수록된 자료들을 연대순으로 배치하는 것을 원칙으로 삼았습니다. 그리고 분량을 고려해 편의적으로 다섯 권으로 나눴는데, 가급적 그 시기구분을 한국의 정치사회적 변동의 획기와도 연결해보려고 애썼습니다. 각권의 끝에 실린 간행위원들의 해설은 바로 그 획기의 시대적 의미와 대화 내용의 한국 지성사적 위치를 규명하고 있습니다. 선생과 오랜 기간 교감하며 같은 길을 걸어온 간행위원들이 분담한 권말의 해설들은 선생에 대한 회고와 수록내용 비평이 어우러진 또 하나의 흥미로운 대화록입니다.

끝으로 40년간의 자료들을 수집 정리해 다섯 권의 알찬 책으로 간행하는 데 도움을 주신 분들의 고마움을 기억하고 싶습니다. 먼저 선생의 대화 상대자 여러분께 대화록 간행취지에 공감하시고 원고게재를 쾌히 승낙해주신 데 대해 깊은 감사를 드립니다. 또한 그간 노고를 아끼지 않은 창비 편집부의 실무진에 각별한 마음을 전합니다. 회화록 전체의 목록을 작성하는 일에서부터 묵은 잡지들을 뒤지고 시청각 자료를 점검하여 원고의 정본을 만드는 일까지의 전과정은 사료집 편찬의 어려움을 실감하는 작업이었습니다. 이 과정에서 선생 역시 원고를 전부 직접 교감(校勘)하는 번거로움을 기꺼이 감당해주셨는데, 그 덕에 자료의 신뢰도는 한층 높아졌다고 자부합니다.

근대학문의 분화된 지식의 경계를 넘나들며 현실과 소통하는 길을 일찍부터 닦아온 이 회화들의 간행이 앞으로 선생이 여러 층의 새로운 독자와 더불어 대화를 계속 이어가는 계기가 될 수 있기를 간절히 바랍니다.

2007년 10월
백낙청 회화록 간행위원회

차
례

일러두기

1. 1968년 1월부터 2007년 6월까지 백낙청이 참여한 좌담, 대담, 토론, 인터뷰 등을 시대순으로 배열하여 총 5권의 회화록으로 엮었다.
2. 각 꼭지에서 참가자들의 이름 배열과 직함은 발표 당시의 것을 따랐고, 각권 말에 참가자 약력을 따로 실었으며, 확인가능한 회화의 일시와 장소는 밝혀두었다.
3. 독자들의 이해를 돕기 위해 각 꼭지 제목을 더러 바꾸기도 했으며, 이 경우 원제를 밝혀두었다. 본문에 중간제목이 없는 경우는 그대로 두었다.
4. 원문의 명백한 오탈자는 바로잡았고, 문장은 가급적 원본 그대로 두었다.
5. 외래어 표기는 현지음을 존중하는 원칙에 따랐다.
6. 책을 엮으면서 편자가 필요하다고 판단되는 경우에 편자 주를 각주로 달았으며, 발표 당시의 주는 가급적 본문 안에 괄호로 묶어 남기되 예외적인 경우는 따로 밝혔다.

생태계의 위기와 민족민주운동의 사상

백낙청(서울대 영문과 교수, 『창작과비평』 편집인)
김세균(서울대 정치학과 교수)
김종철(문학평론가, 영남대 영문과 교수)
이미경(여성단체연합 부회장)
김록호(의사, 사당의원 원장)
1990년 10월 14일 창작과비평사 회의실

백낙청 소중한 시간들을 내주셔서 감사합니다. 오늘 좌담은 '생태계의 위기와 민족민주운동의 사상'이라는 제목입니다. 저희가 생태계문제를 다뤄봐야겠다고 생각한 것은 무엇보다도 이른바 공해문제, 생활환경의 문제가 워낙 절박해졌기 때문입니다. 우리가 숨쉬는 공기부터가 그렇고 수돗물도 제대로 먹을 수 없고, 주곡인 쌀을 포함한 온갖 먹거리가 오염되어 있는 상황, 게다가 전국토가 쓰레기처리장이 되고 있다는 소리가 나오고, 교통지옥에다가 각종 공해사고, 이런 일들이 주변에서 수없이 벌어지면서 이제는 이것이 결코 한가한 사람들이 사치스럽게 걱정하는 문제가 아니라는 것을 누구나 피부로 느끼게 되었습니다. 그런가 하면 우리가 직접 피부로 느끼기 힘든 문제지만, 장기적인 생태계의 위기랄까 지구 전체

■ 이 좌담은 『창작과비평』 1990년 겨울호에 수록된 것이다.

왼쪽부터 시계방향으로 김록호, 김종철, 백낙청, 김세균, 이미경

를 보존하는 문제에 대해서도 점차 인식이 증대되어가고 있습니다. 가령 지구를 둘러싸고 있는 오존층의 파괴라든가 지구 기온의 상승이라든가, 이런 것은 우리 육안으로 직접 보는 것은 아닙니다만, 이것이 인류에게 엄청난 재앙을 가져올 수 있고 실제로 그런 방향으로 가고 있다는 것이 널리 알려지게 되었습니다. 그런 점에서 당연히 우리가 한번 짚어볼 필요가 있다는 건 너무나 분명한데, 다만 오늘 좌담은 가령 환경공학자라든가 공해 문제 전문가를 모셔다가 그러한 생태계 위기의 자세한 실상을 점검하는 것보다는 그런 생태계의 위기가 인류 전체에게서 그리고 우리의 민족민주운동으로부터 어떤 새로운 사고를 요구하며 어떤 사상을 요구하는가, 이런 물음에 촛점을 맞춰보고자 합니다.

그런데 생태계문제를 떠나서도 사실 우리 민족민주운동, 간단히 '민민운동'이라고도 하는데, 우리 민민운동이 90년대에 들어와서 뭔가 새롭게 자기점검을 하고 쇄신을 해야겠다는 얘기가 나오고 있지요. 지난번 창비

69호 머리말에서도 민민운동에서 내걸고 있는 3대구호 즉 자주·민주·통일을 우리가 새롭게 생각하면서 그 세 가지의 상호연결이라든가 각기의 구체적 내용을 다시 정립해야 한다는 얘기가 있었고, 그 과정에서 그동안 민민운동에서 비교적 소홀히 되었던 분야들, 특히 자주·민주·통일의 구호에 직접 포함되어 있지 않은 생태계문제 같은 데 대한 인식도 새로이 해야겠다고 얘기된 바가 있습니다. 그런데 민민운동이 소홀히한 점을 보완해야 할 것은 당연하지만, 이것이 기존의 틀 안에서 '보완'하는 것으로 될 문제인지, 아니면 그보다 더 대대적인 쇄신, 또는 관점에 따라서는 본질적인 전환이 필요한 것인지, 이런 것도 논의해봤으면 합니다. 어쨌든 민민운동의 관점에서는 생태계의 위기 문제라는 것이 한편으로는 민민운동이 그야말로 전지구적인 시각을 획득하는 계기가 될 수 있고, 동시에 일상생활상의 구체적인 문제에 밀착될 수 있는 좋은 기회일 수도 있습니다. 그런 의미에서는 민민운동에 하나의 좋은 계제가 되는 셈인데, 다른 한편 '전지구적인 시각'을 획득한다고 하면서 오히려 추상화될 우려도 있고, 또 주변의 환경문제 같은 것에 집착하다가 민민운동의 대의를 왜소화할 가능성도 없지 않겠습니다. 어쨌든 하나의 도전인 것이 분명합니다.

오늘 논의에서는 민민운동에 대한 어떤 전제를 세울 것 없이 모든 문제를 자유롭게 논의해보면 좋겠습니다. 토론의 순서는 우선 우리가 생태계라는 말을 썼는데, 사실 우리에게는 좀 생소한 용어이기도 하지요. 좀더 친숙한 용어로는 공해라는 말도 있고 환경보호라는 말도 쓰이는데, 이런 용어들의 의미라든가 또 그런 용어가 전제하고 있는 입장, 이런 데 대해서 우선 김종철 선생이 좀 정리를 해주시고, 그 과정에서 물론 현재의 생태계 문제에 대한 김선생 나름의 인식도 좀 들려주시는 것으로 출발하지요. 그 뒤에 다른 분들도 한마디씩 발언을 해주신 다음, 자유롭게 토론을 진행할까 합니다.

'공해' '환경' '생태계' '생명운동' '녹색운동'

김종철 제게 남다른 식견이 있는 것도 아닌데 생태계문제에 대해서 토론의 실마리를 끌어내보라 하시니까 굉장히 부담스럽습니다. 저는 인문적인 교육을 받은 사람이기 때문에 환경문제 전문가들이 기술적인 용어를 구사하면서 오늘날 우리가 처하고 있는 환경문제에 대해 얘기하는 것을 들으면 사실 무슨 소린지 잘 모르겠고 실감이 오지 않아요. 대체로 오늘날 생태계의 현실은 상당히 심각하면서도, 일반적으로 사람들이 예민한 반응을 보이지 않는 중요한 이유 중의 하나가 바로 실감날 수 있는 일상적인 언어로 이 문제를 이야기하는 그런 정보라든지 보도에 접할 기회가 많지 않았기 때문이 아닌가 하는 생각도 듭니다. 그러나 전에는 이런 문제에 대해서 공공연하게 이야기한다는 것이 자유롭지 않은 점도 있었지만, 그보다는 현실에 이미 잠재되어 있는 문제가 불거져 터져나오는 것이라고 보아야 한다고 생각되는데, 매스컴을 통해서 이 문제에 대한 보도가 빈번하게 등장하고 있습니다. 앞으로는 이 문제가 중심적인 사회문제가 될 것이 거의 확실한 것 같습니다.

그런데 제가 한 가지 얘기하고 싶은 것은 일반적으로 매스컴에서 공해, 또는 환경문제를 다루는 일반적인 시각이라고 할까요, 이것은 아직까지 상당히 기술주의적인 수준에 머물러 있는 것 같습니다. 기술주의적인 시각에서 이 문제를 보는 사람들은 '머물러 있다'는 제 표현에 반감을 느끼겠지만 사실 이 문제는 본질적으로 과학기술수준을 높이거나 좀더 많은 자본과 기술의 투입에 의해서 해결될 성질이 아니거든요. 방금 백선생님이 제게 용어상의 문제를 교통정리해보라고 하셨는데, 이것이 언어상의 습관이라고 할 수도 있을지 모르겠지만, 엄밀하게 말하면 '공해'라는 말은 부적당한 용어가 아닌가 하는 생각이 듭니다. 공해라고 할 때는 말 그대로 사적인 이익을 위해서 공공성을 희생시키는 이기적 행위에 대해서 그것을 반대하자는 그런 의도를 다분히 깔고 있는 용어라고 생각됩니다. 그런데 실제 이 문제가 결국은 공공성과 사적 이해관계 사이의 충돌에 원인이 있다고 보는 분들의 경우에는 저의 의견에 다소 거부감을 느끼겠지요. 저로서는 사실 용어문제를 가지고 그렇게 까다롭게 굴고 싶지는 않습니다. 사태가 급박한만큼 어떻든 이 문제에 관심을 갖는 사람들이 많아지는 것이 중요하니까요. 그런데 공해라는 말은 폐수라든지 대기오염이라든지 또는 유독성 폐기물을 처리하는 문제라든지 이런 데 있어서 어느정도 맞지만, 가령 우리가 당면하고 있는 생태계문제가 사실 오염문제도 오염문제지만 재생불가능한 자원고갈이라는 문제까지도 걸려 있는 것이고 보면 이런 것을 포괄하기에는 미흡한 용어지요. 또 한 걸음 더 나아가서 이 문제에 관심을 갖고 있는 사람이 다 그렇게 보고 있는 것은 아니겠지만, 조금 더 자세하게 들여다보면, 오늘날 환경위기라는 것이 단순히 추상적으로 인간과 자연과의 관계라기보다도, 인간이 오랫동안 이 지구상에 살아왔지만 최근 200년 동안에 이룩해놓은 산업문명이라는 것, 그 속에서 삶을 영위해온 사람과 사람, 사람과 자연 간의 총체적인 관계의 문제라고 생각한다면 이 공해라는 용어가 상당히 부적절하다고 생각합니다.

그런 점에서 '환경보호'라는 말은 공해보다도 포괄하는 범위가 크기는 한데, 환경보호라는 말 역시 제가 보기에는 미흡한 것 같습니다. 어디까지나 인간과 환경이라는 것을 별개의 것으로 분리시켜서, 그러니까 사람이 생존을 영위하는 데 필요한 재화나 자원을 취득하는 대상으로서의 단순한 물질덩어리, 이것으로 환경을 보는 이원론적인 사고가 뒷받침되어 있는 용어가 바로 환경보호라는 말이 아닌가 생각됩니다. 조금 더 자세하게 이 문제에 대해 말씀을 드려야겠지만, 저 혼자 얘기해서는 안되니까……용어문제를 조금만 더 얘기하겠습니다. 생태니 생태학이니 하는 용어는 결국 번역어란 말이죠. 이게 학문 얘기는 아닌데 생태학이라고 하기도 어색하고, 또 형용사를 쓸 때 생태론적이라고 하기도 거북하고 생태적이라고 하려니까 뭔가 빠진 느낌이고, 이래서 이 용어를 쓰고 싶어도 이 말을 피해 돌려 말하다 보니까 환경보호, 이런 식으로 말하는 것 같습니다. 하지만 이 말은 전세계적으로 쓰고 있는 말이니까 익숙해지면 결국은 부드러워지지 않을까라는 생각을 합니다.

이 '에콜로지'(ecology)라는 말은 지금까지 나온 말 가운데서는 가장 적절한 용어가 아닐까 싶어요. 다 아시겠지만 희랍말로 '오이코스'라는 말이 살림하는 집을 가리킨다죠? 그러니까 지금 문제는 우리 삶의 어느 부분에 고장이 생겼다는 것이 아니라 우리가 살림하는 집 자체가 근본에서부터 무너지기 시작했다는 것이죠. 사실 지금 오존층 고갈 문제 같은 것은 정말 다급한 문제라고 하거든요. 제가 굳이 이 자리에서 설명할 필요는 없겠지만, 사람이 기계도 아니고 결국은 생물학적인 존재인데 자연조건을 어기면서 살 수는 없단 말이죠. 우리가 자외선을 피해 어디로 갈 것인가? 바다 속으로 들어가서 살 수 있는지? 이 상태로 20년 내지 30년을 지속하면 파국이라고 하는 얘기도 나와 있거든요. 물론 생태학적 예언이라는 것은 어디까지나 예언이지요. 어떤 기적같은 일이 일어날지도 모르는 것이고, 생명의 세계라는 것은 과학의 예측범위를 넘어서는 부분도 많으니까요. 그러나 예측치고는 거의 어김없을 것이라는 것이 이 분야 과학자들의 공통된 얘기인 것 같아요. 그러니까 생물학적인 기초 자체가 거의 붕괴 직전에 도달한 형편에서 종래의 습관을 되풀이하는 데만 머물 수 있겠는가라는 근본적인 반성, 산업문명과 그 문명 속에서 영위되는 우리의 일상생활의 총체적인 방식, 이것을 뿌리로부터 묻지 않으면 결국 극복의 길이 열리지 않을 것이라는 인식을 담아내기 위해서는 생태계라는 용어가 필요하지 않을까라고 생각합니다.

그밖에 우리나라에서는 여러분이 잘 아시겠지만 시인 김지하를 통해서 '생명운동'이라는 말이 소개되었고 일부에서 사용되고 있습니다. 그 말은 김지하씨의 사상적 역정 가운데서 나온 상당히 뜻깊은 용어라고 생각되고, 또 그것이 생태운동이라는 말보다는 상당히 부드러운 우리말이기도 한데, 저는 굳이 모든 사람들이 그 말을 써야 한다고 생각하지는 않습니다. 지금 전세계적으로 생태학 또는 생태운동이라는 용어로서 어떤 문제를 바라보는 시각이랄까 이런 것이 존재하고 있는 이상, 우리가 기어이 이런 부분에서까지 독자성을 고집할 필요는 없다는 생각이 드는군요. 그리고 지금 서구에서는 녹색운동이라는 말을 많이 쓰는데, 우리 한국에는 아직 익숙하지 않고 또 그 말을 쓰기가 조금 거북한 다른 사연이 최근에 있기도 했습니다만, 앞으로는 생태계라는 용어와 녹색운동이라는 용어를 받아들이는 데 거부반응을 보일 필요는 없지 않느냐라는 생각을 합니다.

백낙청 제목에 생태계라는 낯선 용어가 좀 망설여졌는데, 김선생 말씀이 대체로 가장 적절한 용어라고 하시는 것 같아서 안심이 되는군요. 사실 '생태계'에 정확히 대응하는 영어는 *eco-system*이 되겠습니다만, 영어에서는 *ecology*라든가 *psychology*라는 낱말에 *-logy*가 붙었다고 해서 반드시 그런 학문을 가리키는 것은 아니고 그 학문의 대상이 되는 '생태'나 '심리'를 뜻하기도 하지요. 그러나 김선생 말씀대로 그냥 '생태'라 해서는 뭔가 빠진 느낌이 드니까 아무래도 '생태계'가 '에콜로지'의 가장 무난한 번역어가 되겠습니다. 다음으로 이미경 선생이 말씀해주시죠.

'공해'라는 낱말도 여전히 중요

이미경 생태계의 위기를 연구하는 학자들은, 자본주의·사회주의를 막론하고 산업문명을 기반으로 한 개발과 성장이 각 나라의 가장 중요한 과제였고 그렇게 이루어진 부를 계급간 또는 민족간에 어떻게 소유하느냐 하는 것을 두고 갈등과 분쟁이 일어났던 것이 1900년대였다고 한다면, 2000년대로 넘어가면서 이제는 이러한 개발에 의한 생태계의 파괴가 더

이상 인류의 경제적인 성장과 문명의 진보를 허용하지 않고 파괴해서 인류를 기아와 재난 속으로 몰아넣게 된다는 경고를 하면서, 2000년대에는 생태계의 보존과 이를 위한 생활양식의 혁명적인 전환이 가장 중요한 과제라고 제시한 것을 읽은 적이 있습니다. 생태계의 위기가 전인류적·전지구적 차원에서 중대한 과제가 된다는 이와같은 문제인식에 공감하면서, 이러한 문제에 대한 우리 사회운동에서의 관심은 너무 미약하지 않았나 반성하고 우리 나름의 시각을 정립해가야 하리라고 생각합니다. 제가 생각할 때는 생태계가 파괴됨으로 인해서 가장 극심하게 고통을 받고 있는 사람들은 부유한 선진자본주의 국가의 국민이나 부자들이 아니라 제3세계의 빈곤한 국가의 국민들과 그 나라 민중이고, 또 그중에서도 민중에 속해 있는 여성이라는 점을 주목하게 됩니다. 그리고 앞으로 이 위기가 극복되지 못할 경우에 그 피해를 받을 사람은 제1세계의 구성원들도 포함되겠지만, 특히 제3세계의 구성원들과 여성들이 더 많이 빈곤과 재난에 희생될 것은 자명하다는 점을 예측할 수 있습니다. 그래서 이런 점에서 제3세계의 민중과 정치인들이 생태계의 위기 극복에 훨씬 더 적극적인 관심을 갖고 주체로서 나서야 한다는 논리로도 이어진다고 생각합니다.

그런데 지금까지 심각하게 생태계를 훼손하고 파괴해온 장본인은 바로 식민지체제와 개발정책으로 해서 제3세계의 자연과 인간을 착취해서 부를 축적하고 풍요를 누려온 제1세계 사람들인데, 역설적이게도 오늘날 생태계의 위기를 가장 심각하게 외치는 사람들이 바로 제1세계 사람들이라는 것을 보게 됩니다. 이들의 각성과 반성은 매우 소중한 것이지만, 이들의 시각이 제3세계 민중의 운동과 결합되지 않으면 힘을 갖지 못하고 생활양식 변화라는 문명비판운동에 그칠 공산이 크지 않을까 생각합니다. 다시 말하면 생활양식에 혁명적 전환을 이루기 위해서는 인간의 도덕적인 가치체계의 전환을 위한 계몽이나 혹은 개인적 실천의 차원에서는 실현될 수 없고 사회경제체제 자체를 그러한 체제로 만들기 위한 정치적인 권력을 민중이 가져야, 그리고 제3세계가 가져야 가능한 것입니다.

김세균 현재 생태계의 문제가 상당히 중요한 문제로 대두되고 있는데, 쭉 얘기하신 바와 마찬가지로 오늘날의 생태계 파괴현상은 부단히 자연과 인간의 관계, 예를 들면 인류사라든가 사회적 과정의 자연적 기초라 할 수 있는 자연 그 자체, 즉 인류사의 조건 자체를 파괴하는 방향으로 나가기 때문에 인류사적으로 생태적 또는 생물학적 조건의 파괴와 이로 인한 파국 가능성을 충분히 고려한 속에서 이 문제에 접근해야 한다고 봅니다. 따라서 이것은 단순하게 공해문제라든지 환경보호의 차원에서가 아니라 이제는 새로운 접근을 요구하고 있다는 데에 저도 찬성합니다. 그런데 오늘날의 생태계문제는 산업문명이나 기술주의와 관련시키기보다는 자본주의의 성장·발전, 세계적 팽창, 그리고 자본주의적 성장과 연결되는 부르주아적 세계관의 헤게모니 획득과 연결시켜야 됩니다. 다시 말해 생태계문제에 대한 산업문명 차원의 비판보다 생태계를 파괴시키는 사회경제구조에 대한 정치경제적 비판이 본격적으로 일어나야 할 시기가 아닌가 합니다. 그리고 이러한 기초 위에서 이 문제를 한층 높은 정치의식으로 발전시켜야 합니다.

김록호 그동안 국내외적으로 환경보호, 생태계문제에 대한 다양한 입장이 있어왔지만 우리들에게는 아직 거기에 대한 인식과 입장정립이 충분히 되어 있지 않은 것 같습니다. 그런 의미에서 오늘 좌담의 의미가 있다고 생각합니다. 그런데 저는 용어문제에 관해 김종철 선생님과는 다른 견해를 갖고 있는데요. 김선생님의 견해를 간단히 요약하자면 가해자와 피해자 즉 사람과 사람의 사회적 관계를 중시하는 공해라는 말이나, 인간과 환경의 대립적 관계를 상정하는 환경보호라는 말보다는 인간과 사회와 자연을 총체적으로 파악하는 생태계·생명·녹색운동 등의 용어가 더 적절할 것 같다는 말씀이시죠. 김선생님의 관점은 공해추방운동연합으로 대표되는 그간의 반공해운동 세력의 입장과도 많이 다른 것입니다. 제가 알기로는 그간의 반공해운동 이론에서는 공해라는 용어가 환경오염이나 생태계파괴라는 용어보다 문제를 어떻게 사회구조적으로 인식하고 조직적으로 해결해나갈 것인가라는 측면에서 더 적절한 것으로 채택되어왔던 것 같고 저도 그런 입장을 지지합니다. 어떤 문제든지 역사적 상황과 사회적 조건을 고려하지 않는 형태로 제기될 경우에는 아무리 그 문제가 심각하고 중요한 것이라고 하더라도 그 문제를 해결하려는 노력은 추상적이고 관념적인 경향을 띠지 않을 수 없게 되고, 결과적으로는 그것이 구체적인 사회의 변혁과는 무관한 지식인들 내부의 문화운동으로 흐르지 않을까 하는 생각이 듭니다.

그렇다고 해서 제가 전지구적인 환경파괴나 생태계 위기의 심각성 자체를 인정하지 않거나, 그런 것에 대한 사회운동이 불필요하다고 말하는 것은 아닙니다. 다만 그런 문제들이 제대로 제기되고 해결되어야 하지 않겠느냐 하는 것이죠. 따라서 그동안 우리의 환경문제에 대한 인식이 모자랐다, 인식을 많이 하게 하자라는 계몽운동적인, 소재주의적인 운동이 되게 하는 것은 문제가 있다는 말씀입니다. 보충하자면 대개 그러한 소시민적 운동은 자본주의와 사회주의사회 내부의 모순들에 대한 언급을 기피하는 경향이 있고, 그냥 두루뭉수리하게 산업사회라고 보면서 탈산업주의적인 사회를 대안으로 제시하죠. 그러다 보니까 구체적인 국가나 정치권력에 대한 언급, 그에 대한 싸움을 대안으로 제시하지 못하고, 노골적으로 표방하지는 않지만 결국 무정부주의적인 것으로 되는 것 같아요. 그런 건 좀 경계해야 하지 않을까요? 오늘 얘기가 진전되면서 나오겠지만 생태계의 문제는 민중의 생활적 요구와 결합된 실천운동을 지향할 수 있도록 제기되어야 한다고 생각합니다.

백낙청 공해라는 말과 생태계라는 말의 개념의 외연을 따진다면 생태계라는 말이 대체로 더 넓은 의미인 것은 틀림없는 것 같아요. 다만 김록호 선생이 제기하신 것은 단순히 외연의 문제만이 아니라 현실에 대한 우리의 자세 문제라고 보겠는데, 공해라는 말에는 공공에 해악을 끼치는 주체를 우리가 규명해서 그것을 시정하겠다는 구체적인 의지가 담긴 말이고, 생태계라는 말을 쓴다고 해서 반드시 그러한 차원을 포기할 필요는 없지만 외연이 너무 넓어지다 보니까 그런 우려가 있다는 얘기겠지요.

김록호 저도 개념을 생태계로 넓히는 자체에 대해서 반대하는 것은 아닙니다. 다만 아무리 개념을 넓힌다고 하더라도 구체적인 운동의 계기는 공해반대운동에서 주어지는 것이 아닌가 하는 것이지요. 오늘 좌담의 주제가 너무 넓다 보니까 구체적인 운동에 대해서는 언급조차 하지 못하고 막연히 '민족민주운동 내에서 생태계문제에 대한 입장이 별로 정리되어 있지 않았었는데 이번 기회에 한번 생태계문제를 제기해본다'는 차원에서 더 나아가, 생태계에 대한 우리의 입장이 무엇이어야 하는가를 얘기할 수 있으면 좋겠다는 것이죠.

유럽 녹색운동이 대두한 배경

백낙청 그래서 순서가 거꾸로 되는지는 모르겠습니다만, 먼저 일반적인 차원에서 얘기를 해보고 그다음에 우리의 운동 현장으로 돌아오는 것이 어떨까 하는 생각입니다. 80년대 이래 우리의 민민운동에서는 소위 과학적인 시각, 과학적인 관점, 과학적인 태도라는 것이 특히 강조되어왔는데, 좀더 구체적으로 말하면 자본주의사회에 대한 계급적인 시각이라고도 말할 수 있겠습니다. 이 논의는 다른 분야에서도 아직 끝난 것이 아니지만 특히 생태계문제와 관련해서는 이러한 계급적 인식이 얼마나 유효한가 하는 것이 새로 문제가 될 것 같습니다. 그래서 이것을 원칙적인 차원에서 한번 점검해보았으면 하는 거지요. 토론의 편의를 위해 먼저 독일이라든가 여타 선진자본주의 나라에서 녹색운동이 대개 어떤 성격을 띠고 있고 어떤 사상을 가지고 있으며 그것이 다른 역사적 맥락, 예컨대 제3

세계에 어느 정도 적용 가능한 것인지, 이런 점에 대해서 김세균 선생이 말씀해주시면 좋겠군요.

김세균 아시다시피 19세기 말이라든지 20세기 초에는 계급적 문제가 전면적으로 표출되는 시기였고, 전면적 계급투쟁이 중심적으로 전개되었습니다. 그러다가 2차대전이 끝난 다음 오늘날에 이르러서는 녹색운동과 같은 새로운 사회운동이 본격적으로 나타나기 시작했는데, 왜 이와같은 것이 제2차대전 이후에 본격화되었는가 하는 문제가 제기되겠습니다. 자본주의사회는 2차대전 이후, 처음에는 미국을 중심으로 포드주의(Fordism) 적 생산기술에 입각한 대량생산체계를 만들어냄으로써 엄청난 물량생산 체제를 확립했습니다. 따라서 2차대전 이후에는 자본주의가 도달한 대량 생산체계에 입각해서 처음으로 노동계급을 비롯한 일반시민들에게도 물질적 욕구를 충족시켜줌으로써 유효수요를 창출하는 것이 자본주의체제 유지를 위해서 상당히 필요해진 그러한 국면에 도달하게 되었습니다. 이 과정에서는 물론 다른 요인도 많지만 케인즈식 국가라든지, 이런 것을 통해서 소위 노동자계급의 자본주의체제로의 정치적·경제적 통합과정이 나타났습니다. 이리하여 오늘날 자본주의적 대량생산체계와 끊임없이 인간의 소비욕망을 자극하는 체계가 끊임없는 자연파괴 현상과 생산조건의 제한없는 수탈과 더불어 동시에 전개됨으로써 여기에서 우리가 보통 애기하는 생태계문제가 중요한 문제로 등장할 수 있는 사회적 토대가 생겨난 것입니다.

그다음으로 중요한 것은 노동운동이 이전에는 일종의 체제선택의 문제로서 자본과 대립했다면, 2차대전 이후에는 노동운동이 정치·경제적으로 자본주의사회에 통합되면서 보통 얘기되듯이 노동계급운동의 개량주의가 일어납니다. 그러면서 노동운동이 제기하는 문제가 주로 분배 위주로 협소화되고, 따라서 계급대립의 내용과 수준이 축소화되는 현상이 나타났습니다. 그런데 분배위주의 계급대립이라는 것은 기본적으로 더 많은 생산을 전제로 해서 분배의 몫을 늘리기 때문에 이와같은 개량주의 노동운동은 끊임없이 자본주의의 물질적 성장과 공생하는 관계를 맺게 됩니다. 이 점에서 새로이 제기되는 생태계문제에 대해서 노동운동이 적극적으로 대응할 능력을 상실했다는 것은 대단히 중요한 문제점입니다. 그다음으로 지적할 것은 특히 냉전체제의 수립과 더불어서 무력이 구라파로 집중되면서 구라파의 문화·문명이 전면적으로 궤멸될 수 있는 조건 속에서 평화운동이 본격적으로 일어났다는 것입니다. 특히 1970년대에 퍼싱II와 같은 중거리 미사일의 설치 이후 바로 핵 하나로 구라파 전체가 폐허가 될 수 있다는 위기감 속에서 이러한 운동이 활발해졌습니다.

이와 더불어서 새로운 사회계층이 대두했다는 사실을 지적해야겠습니다. 2차대전 이후 소위 신중간층, 특히 임금을 받고 살아가지만 동시에 높은 교육을 받은 인텔리 중간층이 탄생했는데, 노동운동이 이와같이 새로이 전개되는 문제에 적극적으로 대응하지 못하는 속에서 지식인의 자기실현운동의 형태로서 나타난 녹색운동은 기본적으로 노동운동과 분리되어 전개되었습니다. 따라서 인텔리층이 중심이 된 이 새로운 사회운동은 사회경제적 문제보다는 일차적으로 사회문화적 문제에 대해 관심을 가지면서 구라파와 같이 고도로 정치화된 사회에서 정치운동으로 발전하고 있습니다. 이데올로기적으로 보면, 생태계의 문제를 자본주의의 이데올로기, 자본주의사회의 발전논리와 긴밀히 연결시키기보다는 기술에 대한 거부감이라든지 산업문명에 대한 비판과 결부해서 파악하기 때문에 생태계문제가 지닌 계급적 성격을 무시하는 경향을 보입니다. 또한 상당히 기층민주주의적이고 지역주의적, 고립주의적이며 전국적 연대라는 것은 상대적으로 약한 편입니다. 그런데 자본주의 발전이 상대적으로 낙후한 유럽의 남부지역에서는 변혁적 노동운동이 사회운동의 중심을 이루고 있지만, 독일에서는 노동운동 자체가 개량화되고 사회민주당이 부르주아적 성장이데올로기에 사로잡혀 있는 상황에서 녹색운동과 같은 새로운 사회운동이 중심이 되고 있습니다. 동시에 독일에서는 변혁세력이 녹색운동 등에 적극 참여하고 있기 때문에 구라파에서는 독일의 운동이 가장 진보적인 성격을 보입니다.

그런데 제가 볼 때는 구라파의 새로운 사회운동이 변혁적 노동운동과 긴밀히 결합되지 못한 신중간층 중심의 운동으로 전개되고 있고, 또 생태계문제라든가 평화문제가 일견해서는 초계급적 현상으로 보이는 자체가 새로운 사회운동을 신중간층운동으로 만든 중요한 요인이기 때문에, 오늘 구라파에서 새로운 사회운동의 형태로 전개되고 있는 녹색운동 등이 실제로 사회 전체를 완전히 변혁시킬 정치적 주체로까지 성장하기는 어렵다고 생각됩니다. 다시 말해 이 운동은 이제까지의 성장과정에서는 초계급적 연대를 이룩한 것이 성장의 동력이 되었지만, 계급적 노동운동과 결합하지 못하고 있다는 점에서 그 자체가 그들의 발전에 한계로 작용할 것으로 봅니다. 그렇지만 녹색운동은 그 나름대로 전통적 노동운동이 제기하지 못한 새로운 문제를 제기함으로써 진보적 역할을 하고 있고, 동시에 적극적인 측면에서 자연과 인간사회 그리고 생태계문제와 자본주의의 관계에 대해 새로이 숙고하게 하는 하나의 계기를 제공해줌으로써 변혁운동이 앞으로 그전의 노동운동이 가지고 있던 한계를 돌파할 가능성도 제공해주고 있습니다. 녹색운동 등이 제기한 문제는 앞으로 좀더 노동운동적 관점에서 충분히 수용되어야 하리라고 생각합니다.

녹색운동과 노동운동

김종철 저는 오늘 순전히 공부하는 기분으로 여기에 앉아 있는데요, 한 가지 질문을 드려보겠습니다. 말씀 도중에 노동계급운동이 정치적·보편적인 주제를 내거는 전체적인 운동으로 발전하지 못한 결과의 하나로서 녹색운동의 성장을 말할 수 있다고 하셨는데, 이것을 한번 뒤집어서 생각해보면 어떨까요? 우리가 자명한 공리인 것처럼 받아들이는 것 중의 하나가 항상 노동운동을 중심에 놓고 생각하는 사고방식이지요. 노동운동은 뭔가 절체절명의 신성한 것으로 여기고 그것을 중심으로만 변혁의 가능성에 대해 생각하는 습관적인 사고도 다시금 면밀하게 검토해볼 필요가 있다고 생각하는데요. 가령 유럽이나 미국 등 선진자본주의 사회에서 일반적으로 노동운동이 앞으로 어떻게 전개될지는 모르겠습니다만, 그동안의 경과는 일단 노동조합주의라든지 경제주의라든지 이런 식으로 체제에 동화되었고, 뭔가 근본적인 사회변혁을 위한 희망을 주는 세력으로 성장해오지 못했다는 것은 대개 공통으로 내리는 결론인 것 같습니다. 저는 이 방면의 전문가가 아니기 때문에 잘 모르지만 그 원인에 대해서는 여러가지 설명이 있겠지요.

그런데 어떤 설명이 있다고 하더라도 결국 우리가 냉정하게 보아야 할 것은 그것은 실패한 운동이라는 점입니다. 그러면 우리가 노동계급운동을 중심에 놓고 보는 관점에서 조금 비켜나서, 기성의 변혁운동 논리의 틀을 한번 떠나서 생각해보자는 것입니다. 가령 녹색운동을 지식인 중심의 쁘띠부르주아 운동이다라고 할 때, 그 쁘띠부르주아라는 규정, 이것은 결국 노동운동을 중심으로 보는 기성 운동논리의 시각에서만 타당한 것이거든요. 제게 어떤 저 나름의 정리된 새로운 논리가 있다는 얘기가 아니라 한번 우리 자신을 혼란시켜보자는 얘기입니다. 따지고 보면 그동안 제3세계 민중운동의 일정한 성과도 순전히 계급중심 운동이라기보다는 민족해방적인 성격이 강한 운동이었고, 그보다 먼저 소련과 중국에서의 경험도 민족해방적인 요소가 강한 것이었다고 보는 사람도 있는 것으로 압니다. 요컨대 노동계급운동을 절대화하는 습관에서 벗어나서 사물을 보는 것도 필요하지 않을까, 그렇게 생각하는 것은 인간이 스스로 자기 생존의 토대를 허물어뜨리는 생활방식을 구조적으로 강제하고 있는 체제에 대해서 현단계에 있어서 근본적인 대안을 제시하고 있는 것은 그래도 녹색운동계통이 아닌가라고 보기 때문입니다. 기왕의 노동운동과 녹색운동의 관계가 어떻게 정립될 것인가는 따져봐야 할 것이라고 생각하지만, 적어도 기존 노동운동 방식은 그대로 고수하면서 녹색적 요소를 첨가한다는 방식으로는 어렵지 않을까요? 아까 김록호씨가 지적하셨듯이 녹색운동이 자본주의에 대한 집중적인 분석·비판보다는 산업주의 내지는 산업문명이라는 용어를 즐겨 쓰는 것은 사실입니다. 그런데 모든 녹색운동가들이 그런 입장인 것은 아닌 모양입니다. 무슨 책을 보니까 독일 녹색당에도 여러 그룹이 있고 그중에는 맑스주의를 자기들의 정치이념으로 삼고 있는 그룹도 있다더군요. 그러니까 녹색운동이라고 해도 이것을 일괄적으로 한덩어리로 지목하기는 어렵겠지요. 그러나 이런 점을 고려하더라도 녹색운동이 실제로 다른 전통적인 변혁운동과 특별하게 구분되는 점이 하나 있다면 노동계급중심주의가 아니라는 것입니다. 그렇게 되는 여러가지 배경 가운데 하나는, 이 사람들이 전통적인 변혁세력의 이념이었던 맑스주의 내지는 기존 사회주의 운동논리, 이것이 가지고 있는 한계를 주목하고 있기 때문이지요. 그러한 사상·논리는 결국 생산력중심주의를 근본전제로서 받아들여왔다는 것입니다. 그 사상은 물질중심주의이며 산업화의 이데올로기로 기능해왔다는 것입니다. 물질적 성장, 물질적 확대가 바로 인류의 진보라고 하는 믿음에 충실했다, 이렇게 투박하게 요약될 수 있을지는 모르겠지만, 적어도 ─

김세균 유물론을 물질적 성장만능주의 정도로 보는 것은 유물론에 대해 가지고 있는 소박한 또는 왜곡된 견해를 대변하는 것이죠.

김종철 저 자신이 생각해보더라도 맑스주의에서는 일반적으로 물질적인 하한선이 규정되어 있는 것은 사실이거든요. 사회주의가 실현되기 위한 전제조건으로 생산력 발전이 있어야 한다고 맑스 자신이 말했으니까요. 그러니까 사회주의에 앞서서 자본주의의 엄청난 생산력이 필수적으로 있어야 한다는 것입니다. 그런 관점이 맑스주의의 중심에 있는 것은 분명하다고 보는데, 맑스는 세계를 공장으로 만들려고 했다고 지적한 아도르노(Adorno)의 말도 일리있는 얘기로 생각됩니다.

백낙청 거기에 대한 자세한 얘기는 나중에 하기로 하고, 지금 김종철 선생 질문의 요지는, 무조건 노동운동 중심으로 생각하는 사고방식에서는 벗어나야 하지 않겠느냐라는 것과, 지금까지의 노동운동이 인류에게 희망을 주는 데 실패한만큼 그런 상황에서 녹색운동이 힘이 있느냐 없느냐를 떠나서 어쨌든 근본적인 대안을 제시하는 운동이라는 점은 평가해야 하지 않겠느냐는 말씀이지요?

노동계급운동은 실패한 운동인가

김세균 인류의 역사가 그 나름의 상대적 독자성을 지니고 있지만, 결국 자연사의 일부로서 그것이 가능한 기초인 자연적 조건을 벗어나서 전개될 수 없는데, 오늘날 이 자연적 조건 자체가 파괴되고 있는 상황, 다시 말해 예를 들면 맑스가 「공산당선언」에서 말한, 상쟁하는 계급들이 서로 싸우다 공동으로 멸망할 수도 있는 그러한 상황 속에서, 생태계문제는 오늘날 공해·환경오염 등에 대해서는 물론 생태계를 파괴시키는 자연착취적 경제관계와 이데올로기에 대항해 많은 사람들이 힘을 모아 해결해야 할 절실한 문제가 되고 있습니다. 그런데 조금 전에도 이야기했지만, 녹색운동은 생태계에 대해 새로운 문제제기를 했으며, 그동안 인류가 사회와 인간역사의 자연적 조건에 대한 성찰을 게을리했음을 깊이 깨우치게 했다는 점에서 중요한 역할을 하고 있습니다. 나아가 녹색운동은 그동안 많은 사람들을 동원하여 침체되어 있던 구라파의 사회변혁운동에 활력을 불러일으키는 계기를 만들면서 새로운 계급연합의 돌파구를 열고 있다는 점에서 많은 공헌을 하고 있습니다. 그럼에도 불구하고 오늘과 같이 초계급적 시각의 문명비판론의 차원이라든지 인텔리중심 운동의 한계를 벗어나지 못하면 그 자체 한계가 있을 것이라는 점입니다. 이것이 인텔리 운동이기 때문에 쁘띠부르주아적이라는 것이 아닙니다. 노동운동의 새로운 지평선을 여는 데 있어 인텔리의 역할은 대단히 중요합니다. 그런데 생태계 문제를 사회계급적 문제라든지 자본주의 문제와 분리시켜서 사고하려는 경향을, 그런 표현을 굳이 쓰고 싶지는 않지만, 쁘띠부르주아적이라고 할 수 있겠죠.

그다음에 왜 자꾸 노동운동을 중심으로 생각하느냐고 하는데 노동계급은 자신의 노동을 통해 생산에 직·간접으로 참여하는 사회층입니다. 이 사회층을 나는 보편적 계급으로 봅니다. 자본가계급은 역사상에서 나타날 수도 있고 없어질 수도 있는 계급으로, 결코 보편적인 계급이 될 수 없는 데 비해서 노동하는 생산자는 없어질 수 없는 계급입니다. 따라서 이와 같은 생산자들을 중심으로 협동·우애하는 사회는 보편적 사회인 것입니다. 이제까지 많은 노동운동은 자본의 부르주아적 가치관에 대항한다고 하면서도 거기에서 벗어나지 못하는 경우가 많았습니다. 그런데 생태계 문제에 대해서도 부르주아적 가치관으로부터 벗어난 세계관은 기본적으로 노동자적 관점이라는 거지요.

백낙청 기본적으로 생산에 직접 종사하는 사람들 위주의 세계가 되어야 한다는 전제에 찬성하더라도, 지금까지 그것을 실제로 표현해온 이론이나 구체적 입장들은 별개 문제가 아닙니까? 거기에 과연 생태계의 위기를 극복할 수 있는 내용이 담겨 있었는가 없었는가 하는 점은 새로 따져봐야겠지요. 노동운동이라는 것을 덮어놓고 절대시하는 사고에 빠져서는 안되겠다는 데는 두 분이 동의하시는 셈인데, 우리가 얼마나 거기서 벗어나서 근본적으로 새로운 생각을 하고 있느냐라는 것은 규명이 덜 된 것 같습니다. 가령 서구에서 녹색운동과 같은 새로운 사회운동이 일어나게 된 배경을 얘기하면서 그중의 하나가 노동운동의 개량주의화라는 말씀을 하셨는데, 그럴 때 은연중에 전제되어 있는 것은 '개량화'되지 않고 어떤 '정통노선'을 고수했다면 녹색운동이 필요없었을 거라는 생각이 아닌가 싶어요. 그런 전제가 있다면 그것도 우리가 재검토하자는 거지요. 가령 정통이라고 하는, 개량화되지 않았다고 하는 노동운동의 노선이나 사상에 어느 정도로 생태계에 대한 인식이 담겨 있었는가 하는 것도 한번 살펴보자는 것이고, 그런 의미에서 김종철 선생의 문제제기는 좀더 본격적으로 고려해볼 점인 것 같습니다. 다른 한편 김종철 교수 말씀 중에 노동운동은 실패한 운동이라고 하셨는데, 이것 역시 노동운동을 무조건 중심에 두는 것 못지않게 단순한 사고가 아닌가 싶군요.

김종철 운동이 실패한다는 진리를 얘기하는 것이 아니고―

백낙청 이제까지 실패했다는 말이라도 그렇죠. 왜냐하면 노동운동이란 것이 여러 갈래로 진행되어왔고 실패도 하고 성공도 해왔는데, 그것을 구체적으로 따져갖고 얼마만큼 성공했고 얼마만큼 실패했는지를 따져야지, 한마디로 실패했다, 서방에서도 실패했고 소비에뜨권에서도 실패했고 제3세계에서도 실패했다, 이렇게 말하는 것은 좀 납득하기 어려운 얘기가 아닌가 싶습니다.

김종철 제가 말을 신중하게 하지 못한 것 같은데, 물론 그렇게 간단하게 노동운동이 실패했다, 성공했다고 말할 수 있는 것은 아니죠. 그러나 문제는 예컨대 소련에서 저렇게 공산당 권력이 붕괴하고, 서구에서도 노동자계급이 나중에는 어떻게 될지 모르지만 하여간 부르주아체제에 통합되어버렸단 말이죠. 저 자신은 계급적 시각에 입각한 노동운동보다 범위가 큰 민중운동이라는 개념이 녹색운동적인 방향에서 변혁을 생각할 때 더 적합한 개념이 아닐까라는 생각을 하고 있습니다. 그런데 노동계급운동이 체제에 수렴되었다는 얘기와 함께 중요하게 따져보아야 할 것은 노동운동이 오늘날 무슨 까닭으로 이러한 좌절을 겪고 있는가 하는 것입니다. 여러가지 이론이 있겠지만, 특히 2차대전 이후에 고도로 조직화된 거대 산업체제 속에서 노동계급이 자기들 운동의 기초가 되는 산업노동의

메커니즘 그 자체로 인하여 체제에 대한 대안적 세력으로 성장하기 어려운 점이 있다는 것이 특히 주목되어야 한다고 생각합니다. 기술공학의 고도의 발전이라든지, 산업체제 속의 관료적 위계질서라든지, 공장노동의 빈틈없는 조직화, 기계화되어가는 노동과정 속에서 산업노동자들의 인간적인 자주성이 크게 위축되기가 쉽거든요. 저는 자주성의 상실이라는 개념이 굉장히 중요하다고 생각하는데요, 오늘날 당면하고 있는 생태계의 위기라는 문제는 본질적으로 인간의 자주성 또는 자율적 책임의 문제로 귀결된다고 봅니다. 자주적인 인간만이 남의 자유에 대해서 진정한 관심을 가질 수 있다는 말도 있지만, 우리가 얼마나 많은 자주적 공간 또는 자유의 여지를 확보하느냐가 관건인 것 같아요. 그런데 생태적 위기상황에서 자연만 파괴된 것이 아니라 인간관계가 파괴되었고, 관계가 파괴되었을 뿐 아니라 개인 하나하나가 망가뜨려져 있단 말입니다. 이것들은 상호 밀접히 관련되어 있습니다. 사회과학자들은 일반적으로 거시적인 안목에서 노동운동의 역사를 보는 데는 열심이지만 실제로 노동자들 자신의 문화와 습관이라든지 실제 현장에서의 노동과정이 인간 의식에 미치는 영향이라든지 이런 측면에는 그다지 주의하지 않는 것 같아요. 오늘날 산업노동의 현장이라는 것은 자연과 완전히 분리되어 있죠. 물론 우리나라의 경우는 아직도 농촌과의 연대가 상당히 남아 있다고 봐야겠지만, 유럽의 경우에는 노동자들이 농촌을 떠난 지 5세대 이상이 됐단 말입니다. 그러니까 자연과 절연된 산업생활에서 오는 의식의 문제가 분명히 있을 것이라고 생각합니다. 이렇게 말하면 또 심리적으로 문제에 접근한다고 야단맞을까 겁이 나는데,(웃음) 심리적·문화적인 측면의 문제와 노동운동이 전반적으로 체제 내에 수렴되는 현상은 상당히 큰 관계가 있을 것이라고 짐작되거든요. 그런데 이 문제가 해결 안되고 덮여 있다면 앞으로도 별로 전망이 없다는 얘기가 될 텐데요. 하여간 기성의 사고의 틀을 근본적으로 검토해보는 작업이 있어야 하지 않는가라는 뜻에서 이런 이야기를 드립니다.

김록호 어쨌든 우리가 일치를 볼 수 있는 것은, 지구 생태계의 파괴로 인한 인류 생존의 위기라는 현실입니다만 이러한 현실을 어떻게 해석할 것인가 하는 문제로 들어가면 일정한 차이점이 드러나게 되는 것 같습니다. 80년대 이후 민민운동에서 현실을 총체적이고 구체적으로 인식하게 해주는 과학으로 많이 얘기되었던 것이 바로 정치경제학인데, 오늘 김종철 선생님께서는 그러한 정치경제학적 용어나 개념을 떠나서 생태계 문제를 녹색운동의 차원에서 다루는 것이 오히려 더 과학적일 수도 있지 않겠는가 한번 곰곰이 따져보자는 거죠. 좋습니다. 과학이라는 것이 존재하는 현상을 총체적 연관 속에서 구체적으로 설명해야 하는 것 아니겠어요? 그리고 거기에서 하나의 실천적 대안을 내오고, 일정한 미래를 예측할 수 있는 힘을 가져야 하겠죠. 그런 의미에서 지난 세기 이래 세계의 혁명적 노동계급운동의 지도적 이념으로 자리잡아온 맑스·레닌주의가 과연 생태계의 위기를 정확히 예측하고 대안을 제시한 적이 있느냐 하는 질문에 대해 역사적 유물론과 변증법적 유물론을 자연세계와 인간사회의 발전을 설명하는 가장 정확한 것으로 믿어온 사람들은 분명한 답변을 제출해야 할 것입니다. 특히 고르바초프(Gorbachov)의 뻬레스뜨로이까 이후 현실 사회주의 나라들의 급격한 변화와 동독의 서독으로의 투항적 통합 등을 '사회주의의 사멸'인양 선전해대는 이데올로기 공세에 의연히 맞설 수 있는 논리를 확보하는 것은 매우 시급한 과제입니다. 김세균 선생님께서 유럽의 녹색운동을 노동운동의 개량화에 대한 진보적 지식인의 독자적 실천영역 개척의 결과로 해석해주신 것은 그런 면에서 우리에게 매우 시사적입니다. 그렇기 때문에 김세균 선생님께서는 녹색운동 전체를 쁘띠부르주아 운동으로 간단히 매도하지 않고 상당한 의미를 부여하신 것 아닙니까? 앞으로 녹색운동이 지향하는 궁극적 목적이 달성되기 위해서라도 결국 노동운동의 전통적인 사상, 이념, 현실적인 조직, 이런 것과 결합되지 않으면 안된다는 뜻으로 말씀하셨는데 저도 동감입니다.

'만물이 인간의 형제라는 인식'

김종철 저는 결합을 반대하는 것이 아니라, 그냥 말만이 아니라 진짜 실천 속에서 결합하기 위해서 여태까지 노동운동이 두어온 역점과 녹색운동의 역점이 어떻게 다른가를 이해해야 하고, 현실을 냉정하게 분석해야 한다는 것을 얘기하는 것입니다. 그리고 논점을 분명히하고 싶다는 뜻에서 말씀을 드리는데, 예컨대 과학적 설명, 과학적 이론의 필요성을 이야기하셨습니다. 그런데 저는 사실 과학이라는 말만 나오면 상당히 열등감이 있는 사람인데요.(웃음) 하여간 좀더 현실을 잘 설명해주는 것이 더 과학적이라고 할 수 있겠죠. 바로 그 관점에서 보자는 것입니다. 저는 근본적으로 노동운동과 녹색운동의 결합을 지지하는 것처럼 사회주의의 어떤 전통을 우리가 마땅히 흡수해야 한다고 생각합니다. 그런데 문제는 지금까지 현실에서 지배적이었던 사회주의의 주된 흐름이 어느 정도까지 포괄적으로 인간의 삶을, 생존문제를 설명해주는가? 지금 우리가 그것을 녹색운동의 관점, 생명운동의 관점에서 보면, 그 한계는 분명합니다. 왜냐하면 자연의 일부로서의 인간, 또는 자연사 속에서의 인간의 위치에 대해서는 이렇다할 깊은 이해와 성찰이 없는 것이 아닌가—

백낙청 현실사회주의의 발전과정에서 그런 이야기가 빠져버렸다든가 망각됐다는 말은 될지 모르겠지만, 맑스의 저술이나 사상적인 탐구의 출발점에 그런 전제가 없었다는 것은 사실이 아니겠지요.

김종철 제가 용어를 잘못 쓴 것 같습니다. 제 얘기는 그런 뜻으로 한 것이 아니라, 이건 관념적이고 신비적인 얘기라고 하실지 모르겠습니다만, 결국 자연 만물이 인간의 형제라는 인식이 결여되어 있다는 것입니다. 만물은 인간의 형제라는 생각은 중요합니다. 지금 생태적 위기는 단순히 이론을 하나 첨가한다고 해서 해결될 것이 아니라 정말로 근본적인 변혁으로 돌파해내지 않으면 우리가 살아남지 못하는 것인데, 여기에 자연관과 생명관의 문제는 결정적인 의미를 갖는다고 봅니다. 실제로 사람도 하나의 생물이거든요. 결코 자연과 유리되어 있는 존재는 아니란 말이죠. 저는 자세히 모르지만 현대 첨단과학에서는 이런 얘기를 많이 하는 것으로 알고 있습니다. 가령 지구를 하나의 유기체, 생명체로 보는 가이아(Gaia) 이론이라는 것도 그래요. 수십억 년 동안 태양 복사열이 40퍼센트나 증가했음에도 불구하고 지구표면 온도가 항상 일정 수준을 유지해온 것과 같은 점에 착안하여 구상된 이 가설에서는 지구가 결국 자기를 조절하는 능력, 즉 마음을 가지고 있고, 그래서 하나의 생명체나 같다고 봅니다. 하여간 단순한 흙덩어리도 마음을 가진 생명이라는 생각은 옛날부터 굉장히 많은 사람들, 미개사회나 아메리카 인디언들, 그리고 많은 신비가들, 시인들, 상상력이 풍부한 사람들이 늘 얘기해온 것입니다. 저는 기술주의적인 접근방법도 취할 바는 있지만, 도저히 그 방법 가지고는 문제해결이 되지 않는다고 생각합니다. 또 정치경제학적인 접근방법이나 사회구조의 변혁이라는 것도, 그것도 해석하기 나름이긴 하지만, 우리가 일반적으로 가지고 있는 상식적인 수준에서의 이른바 과학적인, 합리적인 접근은 굉장히 부적절하다고 생각합니다.

김록호 아까 얘기하는 중간에 끊겼는데요. 물론 녹색운동 입장에서 노동운동에 요구하는 부분이 있겠고 그 요구를 수용하는 과정이 개량화·체제내화되어 있는 유럽 노동운동이 그 혁명적 전통을 회복하는 과정이기도 하겠죠. 마찬가지로 노동운동 입장에서 녹색운동에 요구하고 싶은 바가 있을 겁니다. 아마도 그것은 녹색운동의 이론이 역사와 사회를 설명하는 과학으로서 총체성·구체성을 가지려면 생태계파괴 문제에만 치중할 것이 아니라 공장의 노동자파괴 문제에도 관심을 가져달라는 것 아니겠어요? 공장 내에서부터 생태계 오염이 시작되는 거예요. 그런데 대부분의 생태운동가들은 공장 밖으로 버려진 폐기물, 수질오염, 대기오염, 토양오염, 그밖에 지구 오존층 파괴에 의한 생태계의 변화에는 굉장히 민감한데, 현실적으로 그보다 앞서 공장 안에서 벌어지는 노동자들의 직접적인 피해에 대해서는 상당히 둔감하지나 않은지요. 사실 산업폐기물로부터 환경보전을 주장하는 녹색운동과 공장에서의 유해인자 제거를 주장하는 노동운동은 그 본질에 있어서 크게 다르지 않지만 그렇다고 해서 녹색운동과 노동운동의 결합은 한마디로 상호보완적이라고 결론을 내리기에는 녹색운동의 이론보다 노동운동의 이론이 훨씬 과학적이지 않느냐 하는 생각입니다.

백낙청 김종철씨는 과학적이라는 말을 들으면 열등감을 느낀다니까 너무 '과학적'이란 말만을 고집하지는 마시고,(웃음) 김록호 선생이 말씀하신 것은 한편으론 산업사회라고 하면 자본주의사회·사회주의사회를 다 포괄하니까 더 넓은 것 같지만, 사실은 정말로 전부를 제대로 보려면 산업사회가 본질적으로 자본주의사회이고 노동자의 생명과 건강의 파괴를 비롯한 생태계파괴를 주도하는 자본주의의 구체적 실상에서 논의가 출발해야 한다는 주장으로 이어지겠습니다. 그런데 이때 제기되는 한 가지 문제는, 이제까지 사회주의사회라고 일컬어진 나라들에서도 똑같이 그런 병폐가 나타난 것을 우리가 어떻게 설명할 것인가라는 점이겠는데, 그 문제는 나중에 따로 논했으면 싶습니다. 제가 알기로는 이제까지 김종철 선생이 제기하신 문제들이 여성운동에서도 많이 논의된 바 있는데, 이미경 선생께서 그 논의나 움직임들을 좀 소개해주시고, 이선생 자신의 견해도 말씀해주시죠.

생태계문제와 여성해방운동

이미경 여성해방 이론에서 전통적인 노동운동 즉 맑스주의적 접근에 대해 가장 적극적으로 비판을 펴고 있는 집단은, 오늘날 서구 여성운동을 주도하고 있는 급진주의적 여성해방론입니다. 급진주의적 여성해방론은 여성억압의 기원이 남성과 여성의 생리적인 차이에 있다고 보기 때문에, 남성과 여성의 갈등을 사회적·역사적 산물이 아니라, 자연적이고 근원적인 요소로 파악하고 있습니다. 그래서 지금까지 여성에 대한 남성의 지배가 여성만이 아니라 모든 억압과 착취의 기초가 된다고 파악하고, 새로운 사회변혁의 대안을 가부장제의 극복, 그리고 여성의 우월적 특성 등에서 구하고 있는 것이 그 특징입니다. 이러한 급진주의적 여성해방론에 대해 우리나라 여성운동, 또 제3세계 여성운동에서는 대부분 동의하지 않고 있습니다. 여하튼 급진주의 여성해방론이 피억압자로서 여성들이 당했던 경험들을 새롭게 재해석하게 만들고, '여성다움'이라고 비하되었던 여성들의 감수성·온유성·수동성·희생⋯⋯ 이런 것들의 중요한 가치를 대안적 사회의 가치로서 깨닫게 만드는 것 등에 대해서는 공헌이 있다고 생각합니다. 그러나 '여성의 연대'를 '계급'보다 더 중요한 것으로 간주한다거나, 착취와 억압의 근원을 자본보다도 가부장적 지배에서 구하는 것은 우리 사회와 같은 조건에서는 설득력을 가지기 힘들다고 봅니다. 아마도 이와같은 이론이 서구의 여성들에게 급진주의적·진보적인 대안모델로서 호응을 얻을 수 있었던 것은, 조금 전에 지적된 것처럼 서구사회에서 노동운동이 개량화되고 계급간 갈등이 첨예하게 표출되지 않으면서, 오히려 여성·청년·인종 등 계급문제가 아닌 다른 이해관계를 공유하는 집단의 문제가 더 중요한 사회문제로 표출되고 이들에 의해 서구의 보수주의가 도전받고 진보적인 대안이 제시될 수 있었기 때문이라 생각합니다. 우리 입장에서 다시 말씀드리자면 남성과 여성 간의 뿌리깊은 차별과 억압을 타파하려는 대안적 가치들이 사회변혁운동에 반드시 포함되어야 합니다. 그러나 이것의 지위를 계급적 이해관계보다 우선하는 것으로 놓을 때, 우리나라나 제3세계에서는 대중적 설득력과 대중결속의 힘을 발휘하기 힘들 것이라 봅니다.

백낙청 여성운동에서의 생태계문제에 대한 입장이나 움직임에 대해서도 말씀해주시지요.

이미경 우리나라에서는 아직 생태계문제에 대한 여성운동의 관심이 그다지 깊지 않으므로 또다시 서구의 예를 들 수밖에 없겠습니다. 현대에 와서 여성운동과 환경운동은 같은 시기에 일어났고, 많은 여성들이 두 개의 운동에 동시에 참여하였습니다. 이러한 현상은 환경운동의 이론적 배경인 생태학과 여성운동의 이론 사이에 여러가지 공통점이 있다는 것이 이후 분석되었습니다. 예를 들면, 메어리 데일리(Mary Daly)와 셰리 오트너(Sherry Ortner)는 운동가라고 할 수 있는데, 이들은 이렇게 주장하고 있어요. 즉 선사시대에는 모성과 자연이 널리 숭배되었다, 그런데 자연과 인간을 분리시킨 현대문명 그리고 여성의 지위를 격하시킨 가부장제에 의해 여성과 자연은 착취당하게 되었다는 것입니다. 그러므로 생명과 자연에 대한 외경심을 인간이 다시 갖게 할 수 있는 윤리관을 세우면, 그것은 여성에 대한 관점의 변화와도 연결된다는 것이죠. 이런 관점에 대해 같은 급진주의 여성해방론 내에서도 '여성과 자연의 연관성'을 강조하는 것이 여성해방의 논리가 되지 못하고 오히려 여성의 억압을 지속시키는 논리가 된다는 주장도 있습니다. 여하튼 여성운동과 환경운동 사이의 이론적 연관성에 대해서는 왈가왈부 논쟁이 있을지 모르나, 실천면에서 여성들이 전문적으로 일하는 직장에서의 환경운동은 임신부 및 태아의 건강 문제, 아이들의 건강 문제, 과학기술의 허점에서 발생하는 문제 등에 대해 예민하게 반응을 보였으며, 여성들은 반핵운동, 방사성 폐기물 확산방지운동, 유해폐기물 안전처리, 살충제·제초제 남용 반대운동 등에 앞장서왔고, 정치적으로는 독일의 녹색당에 참여하는 형태로 세력화되는 예를 보여주었습니다. 서구의 이러한 움직임은 이론적인 면에서는 앞서도 말씀드린 바와 같이 우리 입장에서 전적으로 동의하기는 매우 어렵습니다. 그리고 우리 나름의 입장을 세울 때도 환경문제를 보는 제3세계의 시각, 즉 식민지적 개발과 착취라는 점이 꼭 짚어져야 하리라고 봅니다.

백낙청 계급적 시각에 어떤 비중을 둘지에 대해서는 찬반 양론이 다 나왔습니다만, 처음에 이것을 화제로 내놓은 사람으로서 그 취지를 잠깐 설명드리고 싶군요. 첫째는 애초에 말씀드렸듯이 계급적 시각이라는 것이 80년대 내내 우리 사회에서 강조되어왔고, 또 그에 대한 인식이 새로워졌음을 하나의 성과로 치부하고 있는 상황이니만큼 어쨌든 짚어보자는 것이었고요. 또 하나는 계급적 시각이라고 했을 때 구체적으로는 노동자계급의 시각이라는 말인데, 우리가 노동운동을 무조건 절대시하지 않는 것은 물론이고 더 나아가 김종철 선생 말씀대로 민중운동이라는 말을 대신 쓰기로 한다고 하더라도 역시 노동자들을 빼놓고는 민중운동이라는 것이 성립할 수 없지 않겠어요? 민중운동이라는 것은 일단 많은 사람들이 참여하는 운동이니까요. 그리고 현실적으로 힘이 있느냐 없느냐를 떠나서 일단 녹색운동이 근본적인 대안을 제시한 것은 우리가 평가해줘야 한다는 말을 많이 합니다만, 운동의 출발은 그렇게 할 수도 있지만 운동으로 성공하려면 결국 힘이 있어야, 힘을 갖게 되어야 하는 것이지요. 지금 사회에서 힘을 발휘한다는 것은 돈과 권력을 이미 쥐고 있는 소수의 사람들을 통해서 하는 방법도 있지만 그런 사람들이 생태계 위기의 주범들이라는 점에 녹색운동이나 노동운동이나 모두 동의하고 있는 일이니 그런 손쉬운 해결은 기대할 수 없고, 결국 노동자를 포함한 많은 사람들이 녹색운동이 제기하는 그런 문제에 눈을 떠서 움직여줘야 한다는 이야기가 됩니다. 그러자면 결국 녹색운동이 노동자들을 포섭해서 계급운동으로서의 노동운동을 말아먹든가, 아니면 그것과 제휴하든가, 어쨌든 대다수 노동자들을 조직하는 노력이 없이는 불가능하지요. 그런 점에서 이제까지 노동자들을 자주적인 인간이자 운동가로 만드는 데 필수적인 것으로 인식되어온 '계급적 시각' 문제가 생태계 논의에서도 생략할 수 없는 주제가 되는 것이지요.

그런데 아까 얘기가 나오다 말았습니다만, 결국 생태계문제가 어디까지가 자본주의사회의 문제냐라는 데로 집약되는 순간, 이제까지 자본주의의 대안으로 제시되던 사회주의사회 또는 '현존사회주의' 사회가 지금 엄청나게 변하고 있고 보기에 따라서는 사회주의권 자체가 붕괴되는 현상이 어떤 의미를 갖느냐는 문제가 나옵니다. 특히 소련에서 글라스노스쯔 즉 정보개방이 이루어지고 동구의 공산당정권들이 무너지거나 바뀌면서 분명해진 사실 가운데 하나가, 현존사회주의 나라들의 공해문제가 자본주의사회 못지않게 열악한 실정이라는 것입니다. 정확한 진상은 물론 모릅니다만, 어쨌든 이제까지 흔히들 자본주의라는 것은 사적 이윤을 추구하는 체제이기 때문에 생태계라든가 이런 것에 대한 고려가 없이 움직일 수밖에 없는데 사회주의 국가는 사회 전체를 위한 계획에 의해서 경제를 운영하기 때문에 소비수준은 낮을지 몰라도 공해문제 같은 것은 잘 통제된다고 얘기해왔는데, 현실이 반드시 그렇지 않은 것만은 분명합니다. 그러면 생태계문제를 자본주의사회의 본질적인 성격과 연관시키는 입장에서는 이런 현상을 어떻게 보아야 할 것인가, 이것이 계급적 시각의 수정을 요구하는 것인지, 아니면 그런 시각에서 오히려 더 잘 설명될 수 있는 현상일지, 아무래도 김세균 선생께서 먼저 말씀해주시는 것이 좋겠네요.

'현존사회주의' 사회의 생태계문제

김세균 새로운 사회구성의 대안으로 나온 사회주의사회가 생태계의 문제를 옳게 해결해오지 못했다는 것은 전반적으로 이야기될 수 있는 것 같습니다. 왜 이와같이 사회주의사회가 생태계의 문제를 잘 해결해오지 못했는가라는 문제는 역사적 조건의 문제와 그동안 현존사회주의 사회발전의 여러가지 특징과 연결시켜서 이해할 수밖에 없을 것 같습니다. 우선 사회주의사회라는 말보다는 현존사회주의 개념을 쓰겠는데, 왜냐하면 현재 성립된 사회주의가 사회주의의 모든 것이다라고 얘기할 수 없고, 또 사회주의가 자본주의로 갈 수도 있지만 새로운 사회주의로 발전할 가능성도 있기 때문입니다. 역사적으로 보면, 현존사회주의는 상당히 발전된 자본주의를 기반으로 해서 탄생된 것이 아니라 발전된 자본주의에 의해 포위된 속에서 상대적으로 사회적 발전의 조건이 후진적인 지역에서 생겨났습니다. 그렇기 때문에 이런 조건에서의 산업화는 자연파괴적인 자본주의적 기술을 도입하는 상태에서 추진되었습니다. 원래 사회주의사회의 계획은 자연의 보존과 개조, 인간개체들의 자유로운 발전을 위한 사회경제적 조건을 계획적으로 확보하는 것을 목표로 합니다. 그러나 이제까지는 사회주의사회가 처했던 후진성으로 인해, 그리고 자본주의와 맞설 수 있는 최소한의 힘을 확보하고 인민들의 기초적 욕구들을 충족시키기 위해 계획 자체가 주로 양적 성장 위주로 이루어져왔습니다. 그런데 양적 성장 위주의 계획은 한편으로는 생태계문제를 등한시하는 중요한 조건이 되었습니다. 이와 아울러 사회주의사회에 있어서도 생산력주의적 입장이라든지 성장 위주의 사고가 지배해왔다고 말할 수 있겠습니다.

그런데 자본주의사회에서는 정치영역과 경제영역이 기본적으로 분리됩니다. 보통 얘기할 때 정치와 경제의 분리를 만들어내는 일반적 기초는 상품화폐관계이며, 특히 자본주의사회에서는 생산수단의 사적 소유에 의해 바로 자본주의적 생산영역이 기본적으로 정치가 개입할 수 없는 사적 결정영역이 됩니다. 그런데 정치가 개입할 수 없는 이 사적 영역이야말로 자본주의사회의 가장 핵심영역인데, 정치의 통제를 받지 않는 이 영역 속에서 자본가들은 최대한의 이윤을 획득하기 위해 인간노동력과 자연을 자신의 이윤획득을 위한 대상으로 삼아 최대한 착취하게 됩니다. 인간노동력과 자연이 이윤추구의 대상이 되는 한 노동력의 파괴현상과 더불어 자연파괴현상은 필연적인 것이 되지 않을 수 없습니다.

이에 비해, 사회주의는 사회경제적 과정을 모두 공적 통제 하에 두는 것을 목표로 합니다. 그리고 계획은 자본주의사회에서 분리된 정치와 경제를 다시 결합시키기 때문에, 이 계획이 인민대중의 민주적 통제 하에 놓여지면 생태계문제를 유발할 수 있는 모든 결정들을 원천적으로 봉쇄할 수 있습니다. 물론 인민대중이 생태계의 문제를 옳게 인식해야 하지만, 사회경제적 과정을 인민대중의 공적 통제 하에 두지 않는 한 다른 문제들과 마찬가지로 생태계문제 역시 결코 만족스럽게 해결될 수 없습니다. 이 점에서 사회주의는 원칙적으로 생태계문제를 근본적으로 해결할 수 있는 사회체제의 성격을 지닙니다. 물론 이 이야기는 현존사회주의 사회가 생태계의 문제를 잘 해결해왔다는 것을 의미하는 것은 아닙니다. 그런데 현존사회주의 사회는 오늘날 인민의 기본적인 물질적 수요를 충족시킬 능력은 지니고 있다고 보아야 하고, 나아가 그 이전의 양적 성장을 통해서는 더이상 발전할 수 없는 한계에 도달했습니다. 그래서 오늘날 현존사회주의 사회에서도 새로운 과학기술혁명의 문제가 심각하게 제기되고 있는데, 이때 문제가 되는 것은 과학기술의 발전을 인간성의 발전과 연결시키는 문제입니다. 따라서 현존사회주의는 종전에 만족스럽게 해결하지 못한 생태계문제와 같은 것에서 벗어날 수 있는 새로운 사회적·경제적 조건 및 새로운 시각을 갖추기 시작했다고 말할 수 있을 것 같습니다.

그런데 이 문제와 관련하여 한마디 첨가한다면, 이제는 생산력의 구조 자체를 매우 심각하게 생각해야 할 시대에 살고 있다는 점이 강조되어야 합니다. 다시 말해 생산력을 인민대중의 공적 통제 하에 두는 동시에 자연파괴적이고 자원낭비적이며 인류에 대해 치명적인 파괴력으로 전화될 수 있는 생산력부분을 폐기하여, 자연보호적이고 자원을 최대한 절약하는 생산력부분을 발전시켜나가야 한다는 것입니다. 생산력의 발전 자체가 아니라, 자연보호적·자원절약적 기초 위에서의 생산력발전을 진보로 보아야 할 시대에 우리는 살고 있습니다.

백낙청 현존사회주의 사회의 생태계문제가 엄존한다는 점은 동의하시면서 그렇게 된 배경설명을 하고 장차 나아가야 할 방향을 말씀하셨는데, 어떻게 보면 너무 추상적이고 낙관적인 이야기가 아닌가 싶군요.

김세균 한 가지만 더 얘기하면, 앞에서 제가 말한 것은 사회주의의 새로운 가능성을 전제로 할 때에만 낙관적이라는 점입니다. 오늘의 사회주의사회가 자본주의 요소를 도입하면서 수익위주·효율위주로 계속 나아가면, 사회주의 역시 자본주의가 봉착했던 문제를 확대재생산하게 되고—

백낙청 지금 쟁점이 뭐냐면, 혁명후의 사회가 부닥쳤던 현실적 난관을 차치하고도 사회주의 이념 자체가 오늘의 생태계 위기를 능히 감당해낼 수 있는 것인가, 아니면 이념 면에서도 중대한 보완이 필요하다든가 심지어는 생태계에 적대적인 요소까지도 내포하고 있는가라는 문제제기가 있었단 말입니다. 예를 들면 맑시즘 자체가 원래 생산력주의라든가 물질주의적 요소가 강하기 때문에 거기서부터 따져들어가야 된다는 주장을 김종철 선생이 내놓았는데 그런 차원에서도 좀더 깊이 파고들어가서 얘기해야겠지요. 생태계문제의 해결을 위해 무언가 공적인 통제가 있어야 한다는 원칙에는 누구나 찬성하지만, 현존사회주의가 앞으로 이런 것을 해결할 수 있는 새로운 사회주의적 이념을 발견한다면 이 생태계문제도 해결할 수 있으리라고 말하는 것은 동어반복에 불과하지 않느냐는 거지요.

김세균 제가 문제로 제기하는 것은, 맑시즘의 유물론적 이론체계는 사회적 생산의 자연적 기초를 인식하는 데에서 출발하기 때문에 생태계문제를 옳게 파악할 기본관점을 지니고 있으며 따라서 맑스 이론 역시 자연과 인간의 조화 같은 철학이나 사상과 결합할 수 있다는 점입니다. 그런데 자연과 인간의 조화관은 고대 아시아에서뿐만 아니라 고대 그리스에서도 출현했습니다. 어떤 의미에서는 모든 고대사상은 그러한 조화관에 기초해 있습니다. 그러나 고대의 자연·인간 조화관이란 인간이 자연과의 관계 속에 완전히 침몰되어 있는 형태의 자연관이기 때문에 그렇게 미화할 필요는 없다고 봐요. 물론 고대부터의 그러한 세계관은 현대적 조건 속에서 새로운 형태로 흡수될 수 있겠지요. 그런데 자연에 대한 인간의 맹목적인 지배관, 그러니까 사회과정을 자연과정으로부터 완전히 자립화시켜서 자연을 완전히 착취의 대상 또는 정복의 대상으로 보는 것은 사실은 자본주의 세계의 출현과 더불어 생겨났고, 또 이 자본주의 세계 속에서 자연을 어느 만큼 지배·착취해나갈 수 있는가가 진보의 중요한 기준이 되었습니다. 다시 말해 자연이 단순히 착취의 대상으로 된 데에는 자본주의적 생산의 성격이 문제되어야 합니다. 따라서 아무리 공해반대운동이 일어난다고 하더라도 자본주의 자체의 발전논리는 자연파괴의 경향성을 지니며, 오늘날 이로 인해 가장 고통받는 지역은 제3세계 종속국가들이지요. 그런데 자본주의적 생산은 동시에 노동력의 파괴를 엄청나게 진행시킵니다. 아까도 공장 얘기가 나왔지만, 오늘날 선진국에서도 실질임금이 증대하고 노동시간은 상당히 줄어들고 있지만, 거기에 비해서 노동강도가 엄청나게 증대됨으로써 인간노동력의 파괴현상은 대단한 것이죠. 그래서 인간노동력의 파괴는 물론 생태계문제가 자본주의적 생산 문제와 떼려야 뗄 수 없이 연결되어 있다고 인식하는 것이 중요합니다. 맑스 자신에게도 자본주의적 진보관을 받아들이는 측면이 있었다고 생각되지만, 그러나 맑스주의 이론의 철학적 기초 자체는 그와같은 생태적 문제를 해결해나갈 수 있는 시각을 지닌 것입니다.

그리고 현존사회주의 사회 역시 생태계문제를 옳게 해결해온 것은 아니지만 사회의 생산력에 대해 그 속에 살고 있는 대중들의 공적 통제 없이는, 공적으로 통제되는 정치가 사회경제과정을 통제함이 없이는 이 문제가 결코 해결될 수 없습니다. 사회의 자본주의적 편성 속에서는 공해문제의 해결이라는 것은 계속 생겨나는 문제를, 어떤 식이냐면 물이 흐르는데 수도 꼭지를 잠그는 것이 아니라 바께쯔에 담기는 물을 계속 퍼내는 형태로 해결해나가는 것이다, 당면의 공해문제에 대한 대응책을 마련하는 것 역시 중요하지만 생태계의 문제를 발본적으로 해결하려면 어쩔 수 없이 사회구성의 문제가 제기되어, 자본가들의 사적 활동을 사회구성 전체의 공적 통제에 두지 않으면 안된다는 것이죠. 따라서 생태계문제 역시 그런 사회구성으로 가야만 근본적으로 해결될 수 있는 전망을 가지게 됩니다. 그렇지만 동시에 생산력의 발전에 대한 단순한 낙관론은 이제 버려야 하며, 생산력구조를 어떻게 하면 자연과 사회의 관계에 가장 적합한 형태로 바꿔나갈 것인가의 문제 역시 심각하게 숙고해야 할 시대에 우리가 살고 있다는 겁니다.

김종철 오늘의 생태계 위기는 앞으로 경제성장이 제약될 수밖에 없다는 의미에서의 경제적인 측면뿐만 아니라 사회적인, 도덕적인, 철학적인 측면에 모두 관련되는 삶의 총체적인 위기입니다. 얘기를 계속하기 전에 제가 잊어버릴까 싶어서 말씀드리는데, 방금 김교수께서 말씀 도중에 이 문제를 해결하기 위해서는 전면적 공적 통제가 필요하다고 하셨는데, 거기에 조금 주석을 달아주셔야 하지 않을까라는 생각이 듭니다. 가령 파시즘체제와의 차이점은 뭐냐는 것이죠.

김세균 조금 전에 얘기했다시피 전면적 공적 통제라는 것은 당·국가·관료가 아니라 인민대중이—

김종철 그 맥락에서 말씀은 하셨는데, 전면적 공적 통제라는 것은 결국 책임이 개인의 자율성에 입각해 있지 않고, 외부적으로 어떤 강제력에 의해서 이 문제를 해결할 수 있다는 생각이 개재되어 있고—

김세균 외부라기보다는 인민 자신이 전부 다 사회경제적 과정의 자율적인 담당자가 되고, 그 과정을 누가 외부에서 통제하는 것이 아니라 인민 자신이 함께 통제한다는 것이죠.

김종철 실제로 많은 사람들이 의식을 하든 안하든 간에 가령 어떤 문제가 터졌을 때—

김세균 그러면 전면적인 민주적 통제라고 합시다.

김종철 제가 이런 얘기를 하는 것은, 공해라든가 환경문제가 터지면 사람들이 뭔가 강제력을 발동해야 한다는 식으로 쉽게 말들을 하거든요. 에코파시즘(ecofascism)이라는 말도 있잖아요. 저는 오히려 그쪽으로 갈 가능성도 없지 않다는 생각을 하는데, 왜냐하면 자원이 고갈되고 공해가 심각하게 될 때, 결국 파시즘체제가 강화될 사회심리적 조건이 성숙하지 않을까 하는 우려가 있기 때문입니다. 가령 20세기 말에 가면 열대우림이 거의 다 파괴될 것으로 보이는데, 그렇게 되면 기후변동도 변동이지만, 사막화된 열대지방으로부터 시작하여 대규모 민족이동이 있고 그에 따른 전쟁가능성까지 생각하는 사람들도 있거든요. 그리고 아까 소련에서 자본주의적 방법으로 산업화를 추진하다가 생긴 문제라고 언급하셨는데 그것도 저는 설명이 필요하다고 생각합니다. 소련이나 동구에서 발생한 생태계의 파괴는 결국 자본주의적인 방법으로 책임져야 하는가 하는 질문이 있을 수 있거든요.

김세균 자본주의사회에서 발달되어온 기술양식을 흡수했다는 것이죠.

김종철 그렇게 말하는 것과 자본주의적 방식으로 산업화를 추진했다고 말하는 것과는 다른 것이죠.

김세균 내가 그렇게는 표현하지 않았는데……

생산력발전의 '상한선'이라는 개념

김종철 아, 제가 잘못 들었는지도 모르죠. 하여간 문제는 사회주의적인 개발은 자본주의적인 것보다 이론적으로 볼 때 공해나 생태계의 파괴를 유발시키지 않아야 할 것 같은데 현실에서는 그렇지 않았다는 말이죠. 성급한 판단일지 모르지만 제 생각에는 그러한 모든 문제는 산업화의 무리한 추진의 필연적인 결과인 것 같아요. 자본주의적인 산업화만이 아니라 산업화 그 자체의 추구가 근본문제라는 것입니다. 물론 자본주의체제 극복의 당위성은 두말할 필요가 없겠지만, 그것만으로는 부족하지 않냐는 것이죠. 대규모 산업화의 전략에 문제발생의 원인이 있었다고 저는 봅니다. 거대 산업체계, 고도의 기술과학, 더 많은 것에 대한 추구, 이런 것 말입니다. 원자력발전소나 대규모 공장을 운영하기 위해서는 위계질서 구조가 필연적으로 수반되고 그렇게 해서 명령·복종의 관계가 성립되고 민주적 공간이 줄어드는 것은 불가피하지 않을까요? 뻬레스뜨로이까 이후 소련에서 빈발하고 있는 노동쟁의는 대개 자주관리의 문제로 집약되고 있다고 합니다. 많은 사람들이 경직된 공산당 관료체제를 얘기해왔지만 저는 그러한 관료체제 경직성의 원인도 산업화의 추구에서 찾아볼 수 있다고 봅니다. 사회진보의 목표를 산업화에 두고 있는한 자본주의체제에서와 마찬가지로 어떤 사회주의체제에서도 민중의 민주적 자결권은 근원적으로 부정되는 것이 아닐까 싶습니다.

백낙청 자본주의가 생태계를 심각하게 위협하는 체제 가운데 하나인 것만은 김종철 선생도 인정하시는 셈인데, 그에 대한 대안으로서의 사회주의를 얘기할 때 현존사회주의와 본질적으로 같은 것으로 전제하다 보면 공해문제에 관한 그쪽의 실패를 해명하는 구차한 이야기처럼 들릴 염려가 있고, 아니면 극히 추상적인 원칙론에 머물고 말기도 하는 것 같습니다. 물론 혁명후의 소련사회가 사회주의와 무관한 사회일 수는 없지만, 우리 각자가 지닌 본래 의미에서의 사회주의의 상이 그것과 상당정도 다른 것이라고 한다면, 지금 김종철 선생이 지적하시는 현존사회주의 체제가 자본주의사회와 근본적으로 다른 방식으로 생태계문제를 해결하지 못했다는 사실을 달리 설명할 수도 있지 않을까 합니다. 물론 소련사회에서 잘 안된 것을 모두 자본주의 탓으로 돌릴 일은 아니지만, 가령 소비에뜨 블럭이라는 것은 자본주의 세계경제체제 속에서의 하나의 하위체계로 있었던 것이지 스딸린이나 많은 소련 학자들이 한때 주장했던 것처럼 두 개의 독립된 세계체제가 있었던 것은 아니라고 본다면, 자본주의의 헤게모니가 여전히 관철되는 세계의 어느 한쪽에서—그것도 자본주의 세계경제의 중심부가 못되는 곳에서—사회주의자들이 집권한 뒤 사회주의 경제제도라든가 정치제도를 하향식으로 만들려는 와중에 생긴 그쪽의 생태계문제라고 하겠지요. 그렇다면 현실사회주의에서의 생태계파괴 역시 궁극적으로는 자본주의시대에 속하는 현상이라는 논리는 얼마든지 가능합니다. 다만 이것은 특정 자본주의 국가들이 신생 소비에뜨 국가를 포위하고 압박했기 때문에 이 모든 문제가 생겼다는 논리와는 구별되어야 하고, 사회주의 자체의 책임 문제, 그것 자체에 반생태계적 요소라든가 반민주적 요소가 내재할 가능성을 짚어보는 작업을 덜어주는 이야기도 아닙니다. 그런 점에서 저는 김종철 선생의 문제제기를 우리 모두가 진지하게 받아들이자는 입장인데, 다만 김선생이 맑스가 사회주의의 성립을 위해 필요한 생산력의 하한선을 전제한 것 자체를 비판하신 것은 동의하기 힘듭니다. 자본주의를 극복한다고 했을 때 자본주의가 어느정도 발전된 상황에서야 극복되는 것이 역사의 순리라면 순리지요. 또 자본주의와 사회주의에 대한 어려운 이론을 떠나서, 모든 사람들이 어느정도 먹고살 만큼 풍족한 생산력이 확보되기 이전에 과연 우리가 자유롭고 평등하게 살 수 있으리라고는 상식적으로 생각하기 어려운 일이지요. 그래서 하한선을 설정하는 것을 문제삼기보다는, 맑스가 하한선만 설정했는가 아니면 생산력의 발전이 더이상 가서는 안될 상한선에 대해서까지도 사고했는가 하는 점을 물어보고 싶습니다. 상한선에 대해서 그가 구체적인 얘기를 자세히 안한 것만은 틀림없는 것 같아요. 생산력발전이 어느 수준은 되어야 우리가 계급없는 사회를 이룰 수 있다는 얘기는 했지만, 생산력수준이 어느 한도를 넘어가버리면 인류사회와 생산 자체가 파탄에 이를 수 있다는 데 대해서는 맑스의 인식이 부실한 면이 있었다는 지적들이 맑스주의자들 가운데서도 나오는 것 같습니다. 근래에 읽은 글 중에 테드 벤턴(Ted Benton)이라는 사람의 「맑스와 자연적인 한계」(Marx and Natural Limits)라는 것이 있는데, 거기서는 맑스의 기본전제가 생태계적인 사고와 모순되는 것은 아니지만 맑스가 특히 고전적 정치경제학 비판에 몰두하면서 부르주아 경제학의 반생태계적 전제를 일부 수용하거나 적어도 간과했다, 인간노동이 자연을 '변형'시키는 것만이 아닌 측면이라든가 생산력의 발전에 가해질 수 있는 '자연적인 한계'에 대해서는 충분히 사고하지 못했다는 등의 지적을 하고 있더군요. 벤턴의 기본적인 입장은, 역사적 유물론이라는 것이 엄밀히 말하면 바로 '인류의 생태학'이라는 생태학 내부의 한 특정분야가 아니고 무엇이겠느냐는 것이고, 그래서 아직까지는 생태계문제의 극복을 위해서도 역사적 존재로서의 인류에 대한 생태학에 해당하는 맑스의 이론을 대신할 만한 학문적인 업적은 없지 않느냐라는 얘기를 하고 있는데—

김세균 그런데 자본주의 생산력발전에서 상한선을 설정한다는 게 저는 무슨 이야긴지 이해를 못하겠는데요.

백낙청 생산력이 발전될수록 좋은 것만은 아니고 자본주의 생산이든 사회주의 생산이든 어느 선에서는 멈추어야 한다는 의미지요. 그러니까 계급없는 사회가 성립하기 위해서는 생산력이 일정한 수준 이상은 되어야 한다는 전제가 맑스에게 있지 않습니까? 그런데 인류가 평화롭고 행복하게 살기 위해서는 어느 수준 이상을 생산해도 곤란하다는 얘기는 없단 말이죠. 아니, 있는지 없는지 나는 잘 모르지만, 적어도 명시적으로 말한 것은 없다고 알려져 있다는 거지요.

김록호 문제제기가 그렇게 되면 조금 오해의 소지가 있는데요. 맑스주의는 원래 경제결정론이 아니잖아요? 생산력만 발전하면 저절로 사회주의사회가 올 것이라는 식의 경제결정론이 아니기 때문에 계급투쟁의 특수한 조건을 고려하지 않고 사회주의가 가능한 하한선과 상한선을 명시적으로 설정하는 것은 애초에 불필요하고 불가능한 일이었겠지요. 또 우리가 알다시피 맑스가 살았던 시대, 19세기의 자본주의 생산력이라는 것과 현재의 생산력이라는 것은 엄청난 차이가 있다는 것도 고려해야겠죠.

백낙청 상한선이라는 것을 계수로 표현한다면 결정론이 돼요. 그런 뜻이 아니라 어떤 상한선에 해당하는 개념이 과연 있느냐는 것이죠. 바람직한 사회를 이룩하기 위해서 우선은 일정 수준 이상의 생산력에 도달하든가 해야 한다고 맑스가 주장할 때도 그것은 물론 계수로 표현된 것은 아니지요. 그러나 오늘날 우리가 바람직한 사회를 만든다고 할 때는 생산력을 증대시킬 만큼 증대시킬 뿐 아니라 무작정 증대시킬 수도 없다는 사실, 좀 더 정확히 말한다면 생산력 자체는 더욱더 증대시키더라도 확보한 생산력을 다 활용하지 않고 적당한 만큼만 생산하면서 살아가는 지혜가 필요한데, 그런 것에 관한 충분한 논의는 맑스에게 없는 것 같단 말입니다.

작은 것이 아름다운가

김세균 그런데 조금 전에 거대산업주의 문제와 연관해서 거대 산업시스템이 되면 기계가 중심이 되고 인간이 기계에 종속이 되기 때문에 자유로워질 수 없는 인간소외가 생긴다는 이야기가 있었는데, 오늘날 전개되고 있는 새로운 과학기술혁명은 제가 볼 때 새로운 가능성을 아울러 열어주고 있습니다. 거대산업주의라는 것은 사실은 포드주의적 생산방식을 가리키는 말입니다. 포드주의적 생산은 직접생산자를 정신노동으로부터 철저하게 분리시키고 정신노동으로부터 분리된 육체노동자들을 기계의 완전한 부속물로 만듭니다. 그리고 이 포드주의적 생산방식은 엄청난 자원낭비를 수반하면서 자본주의의 생산력을 발전시킨 원동력이 되었습니다. 그런데 오늘날 전개되고 있는 과학기술혁명은 생산과 과학의 재결합 과정을 만들어내고 있습니다. 이 과정이 계속 진행되어간다면 그동안에 분리되어 있던 정신노동과 육체노동이 다시 생산과정에서 재결합하게 되고 직접생산자가 더이상 기계의 부속물이 아니라 생산과정을 직접 지배할 수 있게 된다는 것입니다. 물론 생산관계가 변해야 직접생산자가 생산과정을 완전히 통제할 수 있겠지만, 어쨌든 포드주의적 생산이 지닌 문제를 산업문명 일반의 문제로 환원시켜서는 안됩니다. 그다음에 노동자의 자주관리라는 것이 분산된 생산체계 속에서는 매우 어렵다고 봅니다. 왜 어렵냐? 분산된 속에서 노동이 전개될 때는 어쩔 수 없이 시장메커니즘이 분산된 생산과정들을 매개할 수밖에 없습니다. 이 경우 기업은 수익을 위주로 한 생산을 할 수밖에 없는데 기업이 수익성에 매달리면 생산과정에서도 바로 노동자에 대한 관료적 통제가, 다시 말해 가능하면 노동자들에게 일을 많이 시키려는 위로부터의 통제가 나타나며, 또 그러한 노동자의 소외는 결코 완전히 극복될 수 없지요. 따라서 생산은 가급적 집중되어가야 합니다. 가능한 한 집중되어가야만 노동자의 자주관리에 유리한 조건들이 형성되어갑니다.

김종철 그것은 단정적으로 얘기할 수 없습니다. 그것은 고정되어 있는 원칙이 있는 것이 아니죠. 어떤 식으로 분권화되느냐 하는 것은—

김록호 바로 그 점에 대해 묻겠는데요. 지금 김세균 선생님께서 말씀하신 것처럼 자본주의든 사회주의든 산업화된 사회에서는 생산이 가능한 한 거대화·집중화되지 않고서는 김종철 선생께서 생각하시는 분권적이면서도 인간적인 생산관계가 원리적으로 불가능한 것 아닙니까? 그렇지 않다면 그것은 어떤 사회일까요? 현존사회주의뿐만 아니라 사회주의 원리에서도 불가능하다면 어떤 제3의—

김종철 맑스주의보다 더 오랜 연원을 가진 사회주의 전통에서는 끊임없이 그 얘기를 해왔습니다. 권력의 집중에 대해서 분권은 늘 얘기되어왔지요.

김록호 그러나 과학적 사회주의 입장에서는 중앙집중과 지역분산을 통일적 관계로 보잖아요?

백낙청 그러니까, 김종철 선생은 한마디로 단정하지 말자고 했는데 김세균 선생도 바로 한마디로 단정하지 말자는 얘기가 아닙니까? 한마디로 거대하면 좋다든가 거대하면 나쁘다든가, 이럴 것이 아니라 중앙집중할 것은 중앙집중하고 분산할 것은 분산하면서 나아가야 하는 것 아닙니까? 가령 기상예보 같은 것은 정보를 집중해가지고 판단해야 하는 것이고, 비행기의 교통통제는 관제탑에서 중앙집중화해서 해야 되는 것이고, 그에 반해 분산해야 할 것을 모아서는 안되는 것이죠. 생물체도 그렇지 않습니까? 가령 파충류 정도의 지능을 가진 생물체가 공룡처럼 커지는 것은 나쁜 거대이지만, 인간의 경우는 적어도 공룡보다는 훨씬 적정량의 세포들이 '분산'된 형태이면서, 미생물들에 비하면 그 나름으로 엄청난 거대 물체가 두뇌의 중앙통제 아래 굉장히 복잡한 조직으로 통일되어 있는 셈인데—

김록호 생산과 노동의 거대 집중화와 소규모 분산화를 어떻게 보느냐 하는 문제에 바로 순수생태론자와 생태론적 맑시스트의 차이점이 나타나는 것 같아요.

김종철 그렇지 않습니다. 저는 무조건 규모가 작아야 한다고 얘기하지는 않습니다. 제가 지금 거대주의를 언급한 것은 모든 것이 다 거대해졌다는 것이 아니라 기본적인 방향이 그래왔다는 것입니다. 그리고 백선생이 조금 아까 맑스가 사회주의사회의 상한선에 대해서는 얘기 안했지만 하한선에 대한 언급은 얘기할 수 있다고 하시면서 좌우간 먹을 것이 있고 어느정도 물질적인 풍요를 누리는 전제조건이 이루어져야 인간이 제대로 살 수 있는 사회가 될 것이 아니냐고 하셨는데 일면 옳은 지적인 것 같습니다. 그러나 실상이 과연 그럴까요? 사회주의 전통에서 제공되는 참으로 빛나는 성찰의 하나가 생산력의 수준이 아니라 사회관계가 근본문제라고 보는 관점 아니겠습니까? 물량이 절대적으로 부족해서 고통받는다는 것은 결국 부차적인 문제라는 겁니다.

백낙청 현재의 경우는 그렇지만 과거에는──

김종철 정말 문제는 식민지적 관계, 제국주의적 관계, 사회 내에서의 인간의 불평등한 관계, 이것이겠죠. 물론 한시적으로 보면 또 지역에 따라서는 절대적인 물자의 확보가 우선적인 경우도 있다고 할 수 있겠지만, 근본적인 문제는 생산력의 크기가 아니라 사람들이 어떤 사회관계·인간관계를 누리면서 유지해왔는가, 어떻게 생산되느냐, 생산되는 방법이 중요하다는 점을 강조해왔다는 데서 저는 사회주의 전통에 매력을 느낍니다만──

백낙청 그런데 사회주의 전통의 '빛나는 성찰'로 말하자면, 억압적인 인간관계에서 불행이 온다는 점은 맑스뿐만 아니라 수많은 사람들이 지적했는데, 억압적인 관계의 발생 자체가 생산력과 무관하지 않다는 것이 맑스를 비롯한 사적 유물론의 특출한 공헌이라 하겠습니다. 가령 모두가 고르게 나누어 먹으면 하루 한끼 정도 먹으면서 누구나 굶어죽지 않을 수 있는데 그것을 어떤 사람은 세끼 먹고 어떤 사람은 두끼 먹다 보니까 한끼도 못 먹고 굶어죽는 사람이 생긴다고 하는 경우에, 인간관계·사회관계 때문에 굶어죽는 사람이 생기는 것이니 한끼씩 먹으면 되고 사실은 1일1식이 건강에도 더 좋다고 말할 수도 있지만 그것이야말로 공상적인 제안에 불과합니다. 한끼씩만 먹어야 고르게 돌아가는 상황에서는 반드시 불공평한 관계가 생기게 마련이며 절식의 잇점을 설득하기가 어렵습니다. 말하자면 고르게 먹어도 세끼는 누구나 먹을 수 있고 심지어 먹는 것 자체는 네댓끼씩 먹어도 크게 문제가 안되는 그러한 풍요한 물질적 기반이 있을 때, 그때도 저절로 되는 것은 아니지만, 어쨌든 어느정도 물자가 풍성해야 몇몇 사람들이 수백, 수천 끼니에 해당하는 것을 독차지해서 굶는 사람이 생기는 일이 부당하다든가, 모두가 그만큼 살려 들면 오히려 환경이 파괴되고 자원이 고갈되어 다 같이 망할 테니까 각자 하루 세끼 또는 두끼씩만 먹는 선에서 머물자라든가, 이런 새로운 사회관계가 그때 비로소 가능할 수 있다는 것이죠. 골고루 나눠 먹으면 모두 영양실조에 걸리거나 겨우 생존이나 할 수 있을 때에는 반드시 누군가 힘센 자가 나와서 자기가 더 많이 먹으면서 나머지를 효과적으로 부리는 것이 당장에는 굶는 사람이 생기더라도 결국 모두가 잘 먹을 수 있는 사회를 만드는 길이다, 이렇게 합리화를 하게 되고, 실제로 그것이 설득력을 갖게 되거든요. 이것이야말로 인류역사가 발전되어온 과정이 아닌가 싶은데, 이걸 가지고 어떤 시기에 기아가 있었더라도 절대량의 문제가 아니었다, 그때 확보된 절대량만이라도 골고루 나눠 먹었다면 굶지 않았을 거다라고 하는 것은 공상적인 사고라는 것이죠.

김종철 아니죠. 단순히 공상이 아니고 실제로 인류학자들의 보고서를 보면, 생산력이 굉장히 낮은 단계에 있는 소위 미개사회 — 미개사회라고 해서 그 나름의 풍부한 문화를 누리는 인간사회임을 잊어서는 안됩니다, 일부에서는 그것을 제4세계라고도 얘기를 합니다만, 그런 사회에서 사람들이 사는 모습을 보면, 지금 백선생님이 단정적으로 말씀하시는데 전혀 그렇지 않거든요. 아주 낮은 생산력 단계에서 고르게 원만하게 잘살고 있어요.

백낙청 그런데 그와 비슷한 사회가 옛날에는 무수히 많았는데, 어째서 지금은 예외적으로밖에 존재하지 않게 되었는가, 그것은 그런 사회가 설혹 바람직한 상태라 해도 역시 불안정한 요소를 내부에 지니고 있었기 때문에 어떤 계기가 주어질 때 계급이 발생하고 —

김종철 문제는 바로 어떤 계기, 그것이 무엇이냐는 것입니다.

백낙청 그것은 좀 다른 얘기인데, 어쨌든 어떤 계기가 거의 어김없이 주어져서 지금 그런 사회는 예외적인 사회로밖에는 존속할 수 없게 되어 있고, 심지어는 지금 남은 사회들조차도 보존될 수 있는지, 언제 무슨 꼴을 당할지 모르는 것이 사실이란 말예요. 더구나 지금 우리가 그리로 돌아가는 것은 불가능한 것 아니겠어요? 그런 사회에 담겨 있는 삶의 지혜랄까 하는 것을 전혀 다른 시대의 다른 삶에 어떻게 반영할 것인가를 궁리해 보아야지요. 그러려면 사회관계라는 것이 생산력이라는 문제와 어떻게 얽혀 있는지도 좀더 구체적으로 탐구할 필요가 있겠다는 말이지요. 이런 문제를 두고 더 하실 얘기가 많겠습니다만, 이제 우리 현실로 돌아와서 실제로 우리 사회에서 생태계문제가 어떻게 다뤄지고 있으며 어떤 운동들이 벌어지고 있는지를 간략히 살펴보면 좋겠습니다. 먼저 공해문제를 직접 다루어온 공해추방운동 단체나 또는 이미경 선생이 관여하시는 여성단체들의 반공해운동이라든가, 그밖에 한살림운동도 있는데, 이런 분야에 생소한 독자들을 위해서 약간씩 소개를 하지요.

반공해운동과 노동현장의 환경문제

이미경 제가 먼저 얘기할까요? 우선 우리나라에서 본격적인 공해반대운동이 시작된 것은 80년대에 들어와서라고 할 수 있을 것 같아요. 70년대는 전문학자들 사이에 약간의 논의가 있었고, 환경보호협의회 같은 단체가 있었지만 환경문제에 대한 구조적인 인식이 부족했습니다. 그래서 환경보호 캠페인을 벌이는 정도로서 공해추방운동이라고도 할 수 없는 차원이었지요. 80년대에 들어와서 공해문제·환경문제에 대한 구조적 인식이 시작되었는데, 그 직접적 계기가 되었던 것은 86년에 온산공단에서 천여 명의 주민들이 오염된 물과 공기 때문에 집단적으로 괴질을 앓는 사건이었습니다. 또 그동안 구조적으로 공해문제를 인식해온 사람들이 지역주민의 생존권투쟁을 적극적으로 지원하는 과정을 통해서 본격적으로 환경운동이 전개되기 시작했다고 봅니다. 그러한 성과로 공해추방시민연합, 청년협의회가 생겨났고, 이 둘이 통합되어서 공해추방운동연합이 89년에 가장 주요한 환경운동단체로서 설립되었습니다. 공해추방운동연합의 출범과 더불어 한층 본격적으로 이 운동이 전개되면서 주로 몇 가지 사례를 중심으로 접근해 들어갔는데, 구체적으로는 상봉동의 연탄공장 주변에 살고 있는 주민 박길례씨가 진폐증을 앓게 되는 사건, 이런 것을 통해서 공해문제를 더 잘 드러내기 시작했고, 이후 89년 핵발전소 11, 12호기 건설 반대투쟁을 공추련의 주요한 활동으로 잡으면서 핵이 가장 심각한 공해의 주범이 될 수 있다는 문제를 제기하기 시작했습니다. 그 과정에서 핵 폐기물을 아무데나 버려서 묻어놨던 것이 발견되어 사람들에게 충격을 준다든지, 핵발전소에 다니던 노동자의 부인이 뇌가 없는 아이를 낳았다든지, 이런 사건들이 크게 여론화되었습니다.

그다음에 여성들의 반공해운동 참여를 보면, 가장 예민하게 관심을 가졌던 쪽은 기독교 교회 여성들이었던 것 같습니다. 그래서 87년에 기독교 장로회 여신도회가 제일 먼저 생명문화창조운동이라는 이름 아래 반공해운동을 시작했는데, 그 사람들의 얘기를 들어보면, 김지하 시인의 생명운동에서 동기를 부여받았다고 합니다. 그래서 이 여성들은 식품이나 물, 공기 오염에 관한 자료를 수집하고 세제덜쓰기 운동과 같은 것을 했는데, 도덕적 차원의 교육·계몽과 생활실천이었기 때문에 그 영향력이 크지 못했습니다. 그다음에는 교회여성연합회가 이것과는 조금 다르게 반핵문제를 많이 제기하고 있는데, 먼저 히로시마, 나가사끼 원폭 피폭자에 대한 인도적인 차원에서 10년 전부터 생계지원 활동을 시작했는데 그 과정에서 앞으로 발발할 수 있는 우리나라에서의 핵전쟁의 가능성까지를 인식하게 되면서 반전·반핵에 대한 대중적 인식을 확산시키고 거기에 여성들을 참여하도록 하는 운동으로 발전시켜야겠다는 데까지 나아가고 있습니다. 그다음에는 87년 이후에 실지로 피부로 느낄 수 있을 정도로 공해문제가 심각하게 되면서 환경문제에 대한 대중적 관심이 두드러지게 나타납니다. 그래서 다소 보수적이랄까요, 정치적인 민주화 문제에 대해서는 참여를 안하고 있는 여성단체에서도 세제덜쓰기 운동이라든지, 물살리기 운동이라든지, 수은건전지를 회수하자, 쓰레기를 분리수거하자는 운동을 정부의 지원을 받기도 하면서 전개해나가는 것이 조금씩 보이기 시작하고 있습니다. 그리고 시민운동단체에서는 작년에 수입식품인 자몽이 오염되어 있다는 문제를 강력히 제기해서 그 수입이 거의 끊기다시피 하는 위력을 과시하기도 했지요. 최근에는 팔당댐의 골재채취에 의한 수돗물 오염에 대해 여성단체·환경운동단체들이 관심을 갖고 대처하고 있는데, 여하튼 환경문제에 대한 관심은 이전보다는 확산되었지만 운동은 그 철학에서나 조직 면에서나 너무나 낮은 수준에 있습니다. 그리고 전체 민민운동 내에서의 관심 역시 낮고 환경운동은 좁은 의미의 시민운동에서나 하는 과제로 간주한다거나 노동계급의 운동과 연관시키려는 노력이 이루어지지 못한 것 같습니다.

백낙청 작업환경 문제야말로 반공해운동과 노동운동이 자연스럽게 만나는 접점일 텐데, 인의협(인도주의실천의사협의회)이나 노동과건강연구회 등에도 활발하게 참여하고 계시는 김록호 선생이 좀 말씀해주시죠.

김록호 환경문제나 생태계문제의 출발점은 바로 공장입니다. 따라서 문제의 해결도 거기서부터 되어야 할 것입니다. 우선 현실부터 소개하겠습니다. 매년 15만 명을 넘는 상해자들, 약 1천5백 명이 넘는 사망자들, 그리고 약 2,3만 명 정도의 영구장애자들이 발생하고 있죠. 이러한 수치는 세계적으로 가장 많은 발생률에 속하는 겁니다. 산재보험 미가입 사업장의 산재와 산재로 처리되지 않는 경상이나 자동차사고, 공상 그리고 일반 질환으로 오진되는 직업병까지 치면 아마 이보다 3, 4배는 많은 규모일 겁니다. 산업보건문제는 아무래도 노동운동에서 다루게 되어 있고, 그러다 보니까 주로 시민운동 차원에서 제기되는 생태계문제와는 별개의 차원으로 치부되기 쉬운데 저는 그렇지 않다고 생각해요. 만일에 공해나 생태계 문제로 매년 1천5백 명 정도의 사람이 죽거나 15만 명 정도의 사람이 병원에 가야 한다면 시민들 사이에 어떤 일이 벌어졌을까요? 생명운동을 하는 사람은 공장 노동자들의 작업환경 문제도 자기 과제로 삼아야 하고, 노동운동을 하는 분들은 마찬가지로 이미 공장을 떠나간 상품이나 산업폐기물이 사회에 야기하는 반생명적인 결과에 대해서도 앞장서서 문제를 제기해야 한다고 생각합니다.

저는 노동자의 작업환경 문제를 일차적으로 중요하게 보는데, 그 이유는 첫째 공장의 오염이 환경오염의 원천이기 때문이고, 둘째 사람에 대한 피해규모가 그 양과 질에 있어서 훨씬 심각하고 직접적이기 때문입니다. 산업보건문제의 개선 없이 환경문제의 대책을 세우는 것은 폭포수가 떨어지는데 바케쯔로 퍼내는 정도밖에 안되는 것이죠. 의학적으로 볼 때는 일반 환경문제라는 것과 공장 환경문제라는 것이 양적인 차이예요. 공장안에서 노동자들이 겪게 되는 여러가지 유해인자로 인한 직업병은 고농도효과라고 하고 매연·폐수·분진·폐기물 등이 환경을 오염시켜 주민이 입게 되는 피해는 저농도효과라고 합니다. 또한 공장에서 시작되는 환경오염은 인류가 일정한 생산력을 유지하기 위해서는 지속적으로 발생될 수밖에 없는 것이죠. 그래서 생태계의 위기 문제를 얘기할 때 항상 중요한 비중이 주어져야 할 것이 공장에서의 작업환경 문제라고 생각합니다.

백낙청 본질적으로 같은 문제라고 말씀을 하셨고 물론 저도 동감인데, 그러나 거기에 대처하는 우리의 태도에 따라서는 생태계운동과 작업장의 환경개선 문제가 다른 방향으로 갈 수도 있는 것 아니겠어요? 가령 노동자들이 고농도효과를 당하니까 그걸 우선시하는 것은 당연하지만, 불특정 다수가 당하는 저농도효과는 그대로 놔두고 고농도효과만 조금 농도를 줄이자는 쪽으로 갈 수도 있는 것 아니겠어요?

김록호 운동의 초기단계나 경제주의적 노동운동에서 그런 경향이 많이 나타납니다. 저도 몇번 경험한 것인데, 공장에서 산업재해로 피해를 당한 전직 노동자들이 조직적으로 투쟁하기 시작하면, 아직 피해를 당하지 않은 현장 노동자들은 오히려 회사의 편을 들거나 피해보상에 소극적인 경우가 있습니다. 피해자들에 대한 보상이 회사의 이윤을 감소시킬 것이고,

그 결과 자기들에게 돌아오는 임금이 떨어질 것이 아니냐는 잘못된 이해타산을 하기 때문이죠. 백선생님께서 우려하신 바와 같이, 지역주민들이 공해업소의 이전이나 개선을 요구하거나 유해상품에 대한 불매운동을 벌일 경우에 그 공장의 노동자들은 일자리를 잃게 되지 않겠느냐면서 반공해운동과 대립하는 경우도 있습니다. 경제주의에 머물러 있는 선진제국들의 황색노조들이 그렇다고 합니다. 그리고 잘 조직되어 있는 노동자들과 덜 조직되어 있는 주민들의 조건의 차이도 작용하는 것 같아요. 결국 그동안 구체적인 피해 당사자들이 조직되기 어려운 조건이었기 때문에 공해·생태계의 문제가 뒷전에 밀려나 있는데 이런 것을 전국민적인 생명운동, 혹은 공해추방운동으로 일으켜세워 노동자들의 산재추방운동과 어떻게 통일시킬 것인가 하는 것이 중요한 과제가 될 것 같습니다.

병원이 병을 만든다? ─ 이반 일리치의 사상

백낙청 그와 연관된 문제인데, 공해를 당한 사람을 치료하는 문제, 그리고 일반적인 의료와 예방 문제도 생태계 보호의 중요한 일부라고 하겠는데요.

김록호 출발이 공장이 됐든 일반 환경이 됐든, 결과적으로는 인체에 대한 건강피해로 문제가 야기되죠. 그렇기 때문에 생태계문제는 보건의료문제의 한 부분으로 얘기될 수 있습니다. 고전적인 질병발생 이론에서는 병인·숙주·환경 이 세 요인의 균형으로 설명을 합니다. 환경의 조건에 따라서 똑같은 조건 아래서도 병을 안 일으킬 수도 있고 일으킬 수도 있죠. 다만 고전적인 설명이 갖는 한계랄까 문제점은, 병인이 세균인 경우 그 세균이 인체에 침입해서 병을 일으킬 수 있는 자연적 조건을 주로 말하고 그 배후에 있는 사회구조적인 원인들에는 별로 관심을 두지 않았던 것이라고 말할 수 있습니다. 실제로 제가 통계를 보니까, 물론 60년대에는 진단이 제대로 안되는 경우도 있고 또 진단이 되었다고 하더라도 통계적인 수집이 안되기 때문에 제대로 반영이 안될 수도 있는데, 어쨌든 60년대에 비해서 암을 포함한 만성 퇴행성질환의 발병률이 다섯 배 정도 증가한 것으로 되어 있거든요. 그리고 산업화가 진행될수록 남녀 공통으로 폐암이 많이 증가하게 됩니다.

백낙청 여러가지 사례가 있겠습니다만 오늘 우리는 좀더 고차원의(웃음) 사상적인 문제를 논의하려고 하니까, 가령 우리 사회에서 벌어지고 있는 그런 구체적인 건강문제라는 것이 자본주의와 관련이 있는 것은 틀림없는데, 그러나 자본주의에 어느 정도의 책임을 물을 것인가 하는 물음에 대해서는, 현존사회주의 문제를 얘기할 때도 흔히 비슷한 이야기가 나오듯이 우리 경우에도, 자본주의 자체에 문제가 있는 것이 아니라 워낙 없는 상태에서 경제건설을 하다 보니까 별수 없는 것이 아니냐고 설명하는 사람들도 있단 말입니다. 반면에 전혀 다른 관점으로는 자본주의·사회주의를 막론하고 현대의료 자체가 뭔가 자연과 인간의 조화에 대한 관념이 부족하기 때문에 제대로 치유를 못하는 기본적인 문제점이 있다라는 그런 문제제기도 있겠지요.

김록호 최근 우리나라에서 이반 일리치(Ivan Illich)가 쓴 『병원이 병을 만든다』라는 책이 번역되었는데, 이반 일리치의 입장은 의학 자체가 병을 치유하는 것이 아니라 오히려 병을 만들어낸다는 거예요. 어떻게 보면 상식을 완전히 뒤엎는 입장인데, 일리치는 아이아트로제네시스(iatro-genesis)의 세 가지 차원을 얘기합니다. 아이아트로제네시스란 병원에 와서 전염병에 걸린다든가, 아니면 수술을 하고 나서 더욱 병이 악화된다든가 하는 경우에 쓰는 말이죠. 의인성(醫因性)이라고도 합니다. 첫째는 임상적 의인성이라고 하는데 의사의 치료가 환자에게 오히려 해를 끼친다는 겁니다. 둘째로는 사회적 의인성을 말합니다. 사회 자체가 의학체계에 의존하게 된다는 것이죠. 예를 들어 의료보장제도라는 것도 사회가 철저하게 의학체계에 종속된 징표가 되죠. 마지막 드는 문화적 의인성이라는 개념은 일반인들에게는 황당한 얘긴데, 일리치가 신부 출신이라는 것을 염두에 두어야 이해할 수 있을 것 같은데요, 사람이 자기 힘으로 고통과 질병·죽음과 맞서 싸울 수 있는 권리를 현대의학이 박탈한다, 그래가지고 아프면 사람한데 진통제를—

김종철 제가 보기에는 제일 중요한 얘긴 것 같은데—

김록호 많은 사람들이 의학의 도움을 찾는 경우가 바로 고통의 경감, 생명의 연장이거든요. 일리치는 중환자실에서 산소호스를 끼고 의식도 없이 목숨이 오락가락하는 사람을 몇 달을 잡아놓고 살리고 있는데, 이것이 과연 무슨 의미가 있겠느냐, 이것이 바로 사람이 죽을 수 있는 권리조차 현대의학이 빼앗아간 것이다, 이렇게 얘기하고 있는데 물론 그러한 것은 부분적으로는 정확한 지적이지만 현대의학이 몽땅 그런 것으로만 되어 있는 것처럼 주장하는 것은 너무 과장이 심한 것 같아요. 여하튼 이런 세 가지 차원에서 현대의학의 부정적인 결과를 통렬하게 비판합니다. 빈곤과 기아로부터의 해방이라든가 생산력의 발전으로 인한 산업기술의 긍정적인 측면을 인정하지 않는 극단적 생태론자들과 마찬가지로 일리치는 의학의 긍정적인 측면을 거의 전면적으로 부정하죠. 또 하나 생태론자와 정확하게 일치하는 대목은, 미국이든 소련이든 멕시코든 각 나라의 정치·경제체제를 고려하지 않고 모두 싸잡아가지고 결국은 권위주의·관료주의·산업주의라는 식으로 분석을 하죠. 이런 문제점에 대한 대응은 정치적 해결이라고 기술되어 있지만, 그것이 정치권력의 획득과 국가기구의 혁명적 전환을 통한 해결을 말하는 것이 아니라 소비자권리운동이나 문화운동적인 것이 되고 있어요. 그리고 현대자본주의에서의 노동계급의 성과라고 볼 수 있는 사회보장적 의료급여라든가 실업·노령인구에 대한 의료급여, 이러한 부분들도 일리치는 사회 전체를 의료적인 것으로 몰아가는 잘못된 것이라고 보고 있지요. 건강관리나 질병치료는 사회에서 해주는 것이 아니라 각자 생활습관을 고쳐서 자율적으로 해결해야 한다는 식의 주장은 그야말로 새처(M. H. Thatcher)나 부시(G. H. W. Bush)와 같은 보수주의자들이 들으면 굉장히 반가워할 거예요. 그러잖아도 노동계급이 요구하는 사회보장의 비용이 국가재정에 커다란 부담이 되고 있는 상황에서 실제로 의료보장이 효과가 없고 오히려 병을 더 많이 만들어낸다고 왜곡 선전하는 것은 자칫하면 프롤레타리아트에게 돌아가는 몫을 분배과정에서 막는 이데올로기로 이용될 수도 있다는 생각이 듭니다.

김종철 저도 일리치의 책을 오래 전부터 읽어왔고, 저 나름대로의 생각을 정리하는 데 도움을 받았습니다. 김록호씨는 자신이 의사니까 어떻게 보면 당연한 비판적 반응이라고 볼 수 있겠지요. 저는 이반 일리치의 견해에 동조하는 입장에서 얘기를 해보겠습니다. 그 사람은 우리 문제가 근본적으로 정치적 문제라고 보죠.

김록호 그렇지만 그 사람이 얘기하는 정치라는 것은 매우 특이한 개념이에요.

김종철 그렇게 특이한 것도 아닌 것 같아요. 이 사람이 보기에 현대사회에서 보건의료의 산업화가 기본적으로 문제의 출발이라는 겁니다. 예전에는 사람들 개개인이 자기나 자기 가족의 건강문제는 스스로 어느정도까지는 책임질 줄 알았죠. 일리치는 삶의 기술이라는 표현을 사용하지 않습니까? 옛날에는 출산이라든지 사람이 늙어간다는 것, 태어나고 죽는다는 것은 질병이 아니었단 말예요. 그런데 현대 산업의료체제에서는 다른 질병과 같은 식으로 처리된다는 것이죠. 일리치가 자본의 논리를 모르고 무조건 비판을 한다고 하셨지만 사실은 상품으로서의 죽음, 상품으로서의 출산 등 자본주의사회의 기본적인 논리를 가지고 설명을 하죠. 그런데 제가 보기에 일리치의 강점은 여기서 한 걸음 더 나아가 건강산업의 확대에 수반되는 '삶의 기술'의 전반적인 퇴화와 그에 따르는 삶의 비인간화 내지 불모화를 탁월하게 분석하는 데 있습니다. 예컨대 한 사람이 죽는다는 것은 그 자신이나 그의 가족들에게는 굉장히 중요한 경험이 되는데, 오늘날에는 점점 마치 무슨 쓰레기를 치우듯 한단 말이죠. 죽음도 삶의 일부이고 그것을 어떻게 경험하느냐 하는 것은 인간의 존재론적인 체험의 필수적인 차원에 속하는데요. 지금은 이러한 차원이 박탈되어버렸단 말이지요. 그리고 모든 사람이 정기적으로 신체검사를 받아야 하는 의료보장제도에서는 사람들이 의료라는 산업기술체제에 수동적으로 의존하는 습관이 굳어지게 됩니다. 그리하여 삶의 기술에 대한 자주적 관리의 힘이 사라지게 되는 것입니다. 일리치는 의료체계가 현대산업체제의 주요한 지주라고 보고 있습니다. 가령 "의사들이 오늘날의 사제다"라고 하는 얘기도 그렇습니다. 의사들이란 자기가 갖고 있는 의료적인 지식을 가지고 환자를 개별적으로 상대하면서, 본질적으로 환경적 요인, 산업체제의 반생명성에 기인하는 질병을 개인의 책임으로 돌린다는 것이죠. 그렇게밖에 할 수 없는 구조란 말입니다. 그렇게 해서 비인간적인 체제에 환자를 재적응시키는 사회적 역할을 받아들이는한 의사는 체제를 수호하는 '사제'라는 얘기지요. 그래서 의료문제는 근본적으로 정치적이라는 판단이 나옵니다.

문화혁명적 처방의 필요성과 문제점

백낙청 일리치와 마찬가지로 현대의료의 문제를 정치의 문제로 보고 사회체제의 문제로 보면서 일리치보다는 더 분명한 정치적인 해결을 제시하는 보건학자랄까 의료학자인 나바로(Vicente Navarro)라는 사람이 쓴 「급진주의, 맑스주의 그리고 의료」라는 글을 이번 기회에 읽었습니다. 맑스주의자들에 대해 자유주의자들이나 급진론자들이 하는 비판이 사실은 나바로 같은 사람의 입장을 단순화해가지고 오히려 기계적으로 파악한 잘못된 비판이라는 점은 꽤 설득력있게 말한 것 같더군요. 그런데 지금 두 분 얘기와 관련시켜본다면, 일리치라는 사람이 정치문제로 파악하면서도 처방으로서 문화혁명을 제시하는데 정치혁명의 차원이 결여됐다거나 부족하다는 점에서 김록호씨는 그것을 정치적 해결이라기보다는 문화적 해결이라고 규정한 것 아니겠어요? 그런데 나바로 같은 사람은 역으로 너무 정치적인 해결에 치우쳐 있고 문화적인 해결의 대안이 미약하다는 생각도 듭니다. 더군다나 현존사회주의의 위기와 관련해서 단적으로 드러나는 나바로식 처방의 문제점은 보건의료문제에 대한 근본적으로 레닌주의적인 해결, 즉 사회주의운동이 국가권력을 장악해야 제대로 해결이 될 수 있다는 사고방식인데, 원론적으로는 타당한 얘기일지 모르겠지만 소련 같은 나라에서 실제로 사회주의운동이 집권을 한 뒤에 발생한 문제들, 이런 것에 대해서 충분한 고려를 안한 것 같아요. 이와 관련해서 나바로는 사회주의적인 의료와 공산주의적인 의료를 구별하더군요. 공산주의적 의료는 말하자면 자본주의적 의료를 완전히 극복한 의료이고, 사회주의적 의료는 그러한 별개의 의료라기보다 과도적인 것, 양쪽의 것이 섞여 있는 것인데, 현존사회주의의 의료를 '공산주의적 의료'와 구별하는 것은 좋지만, 이행기니까 자본주의적 의료와 섞여 있다고 하더라도 섞인 가운데 이미 공산주의적인 의료가 무엇인가 하는 것이 어느정도 구체적으로 드러나야겠지요. 나바로 자신이 주로 의료의 분배라든가 생산, 이런 과정에 대해서는 자본주의 의료와 얼마나 다른가를 이야기하고 민중에 의한 의료의 통제를 강조하는데, 실제로 그런 것이 달라져서 그야말로 민중이 통제하는 의료가 되려면 의료의 내용도 달라져야 할 것이 아닌가 합니다. 내용이 달라진다는 것은, 실제로 일리치 같은 사람이 말하는 '문화혁명적' 처방이라든가 또 서양의료와는 전혀 다른 전통에 있는 동양의 의료라든가 하는 것들이 많이 수용되는 과정일 수밖에 없지 않은가 하는 생각이 들더군요. 그런 의미에서 정치적인 해결에 치우쳤다는 느낌을 받았습니다.

김록호 중국이나 북한의 사례를 보면 사회주의적 보건의료와 자본주의적 보건의료의 차별성을 이해할 수 있습니다. 일리치는 개인이 질병과 맞설 수 있는 책임과 의무, 권리를 굉장히 강조하는 입장이고 그밖에 산업화되고 기술화되는 의료에 대한 일반적 불신을 표한다는 면에서 사회주의적 보건의료제도 주장과는 거리가 멉니다. 이것은 일반대중의 의식과도 거리가 먼 건데, 일반대중은 기회만 주어지면 한번 종합검사를 받고 싶다고 하잖아요. 아플 때 돈 걱정하지 않고 좋은 병원 갈 수 있으면 하는 게 자본주의사회에서 사는 가난한 민중들의 소박한 희망일 겁니다. 바로 민중의 생활적 요구란 거죠.

김종철 의사는 그렇게 생각하겠지만, 사실 오늘날의 병원이 오히려 사람들에게 해악을 끼친다고 보는 사람도 적지 않죠.

김록호 물론 그런 사람도 있겠지요. 민중의 생활적 요구라는 것 자체가 자본주의 사회문화에 오염되어 있는, 부르주아 이데올로기에서 형성된 것일 수도 있겠고요. 그렇지만 과연 의료 써비스를 국가가 책임져주기를 바라는 것, 아프면 언제든지 병원 가서 현대의학의 치료를 받을 수 있기를 원하는 것도 그런 오염된 사상 때문일까요?

김종철 일리치는 제가 알기에는 의료문제에 있어서는 마오 쩌뚱의 문화혁명 사상과 거의 유사한 데가 있어요. 마오 쩌뚱이 뭐라고 했습니까? 부자의 수명을 몇 달 연장하기 위해서 고도의 값비싼 기술, 의료, 그런 것은 자기네들이 원치 않는단 말이죠. '맨발의 의사'라는 것도 결국 일리치가 말하는 건강에 대한 자치 내지 자결권과 비슷한 발상을 보이는 것이거든요.

김록호 마오 쩌뚱이 제시한 사회주의적 보건의료제도의 원칙은 많은 사회주의 나라에 적용됩니다. 첫째 예방을 강조하는 거예요. 한 사람한테 많이 들어가는 값비싼 치료의학보다는 적은 비용으로 많은 사람이 덕볼 수 있는 예방의학을 강조하죠. 둘째로 보건의료정책을 병원이나 의사를 많이 만들어서 배출하는 문제만으로 보지 않아요. 전반적이 생활개선운동과 똑같이 하죠. 그러니까 상하수도, 변소, 개인위생 개량·개선과 파리·모기 박멸 등의 문제가 보건의료문제의 범주에 들어오죠. 셋째는 전통의료와 서양의료를 분리하고 대립시키는 것이 아니라 통합하는 것이죠. 그것이 중국과 북한의 경우에는 중의·동의와 양의를 한 의과대학에서 양성해서 공동연구·공동진료 하는 것이 일반적이라고 합니다. 이러한 사회주의 보건의료의 원칙과 일리치의 주장 중에는 비슷한 대목도 있지만 전술은 비슷한데 전략이 달라요. 마오 쩌뚱은 그것을 총체적인 사회혁명으로 획득한 국가권력을 통해서 한다는 것이죠. 그런데 일리치는 공적인 기구가 아니라 사적인 문화혁명을 통해서 하려고 한다는 것에 대해서—

김종철 마오 쩌뚱은 국가권력을 통해서 하고, 일리치는 사적인 통로로 하려 한다고 보는 것은 너무 도식적인 것 같아요. 문화혁명이 왜 사적인 것인지도 좀 납득하기 어렵습니다.

김록호 왜냐하면 그런 부분에 대한 언급이 일리치에게는 거의 없거든요. 바로 그 점이 상품화·상업화된 현대자본주의 의료를 비판할 때 비슷한 부분이 있으면서도 나바로한텐 자유주의적 급진론이라고 비판을 받게되는 이유인 것 같아요. 일리치의 의료문제 해결책에는 국가라는 매개항이 없습니다. 다만 공동체라는 것이거든요. 그런데 그 공동체라는 말이 굉장히 무정부주의적인 느낌이 강하다고요.

동양의학이라는 또 하나의 중력

백낙청 국가라는 매개항이 전혀 없는 것은 아니고, 현존하는 국가기구가 그것을 방해하고 있을 때 그 국가기구를 어떻게 처리할 것인가라는 복안이 없다고 말해야겠지요. 그런 의미에서 무정부주의적이라는 비판을받을 소지가 있는데, 다른 한편으로는 국가권력을 매개로 하면 쉬울 것 같지만 오히려 역효과가 나는 경우도 많단 말입니다. 현존사회주의 일부의경험도 그렇고, 중국의 마오 쩌뚱의 경우는 정치혁명으로 끝나는 것이 아니라 문화혁명을 해야 한다는 입장으로 끌고 갔지만 문화대혁명 자체가 지금 비판을 받고 있지요. 그렇기 때문에 문화혁명이라는 것이 제대로 성공하기 위해서, 또 정치혁명이 문화혁명으로 이어져서 제대로 성과를 올리기 위해서는 정치혁명 이전에 이미 문화혁명의 준비작업이랄까 넓은 의미의 문화혁명이 진행되고 있어야 한다는 점을 생각할 필요가 있다고 봅니다.

김세균 정치혁명이라는 것이 주관적으로 원한다고 해서 안 일어날 것이 지금 일어나는 것도 아니고, 정치혁명을 추구하는 주체세력도 있어야 하지만 객관적 조건에 크게 좌우됩니다. 그렇기 때문에 꼭 정치혁명이 있어야 그다음에 문화혁명이 가능하다든지, 또는 반대로 현존사회주의의 문제점이 정치혁명 이전에 문화혁명이 없었기 때문에 생겨났다고 보고 문화혁명이 있고 난 다음에 정치혁명으로 가야 한다든지, 그런 식으로 도식적으로 말할 수는 없을 것 같은데요.

백낙청 나는 문화혁명이 있고 난 다음에 정치혁명으로 가야 한다는 말은 안했어요. 정치적 혁명이 성공하기 위해서도 단지 정치적 차원의 준비가 아니라 문화적·사회적으로도 준비가 진행되고 있어야 정치혁명도 제대로 되고 또 정치혁명에 뒤따라오는 문화혁명도 성공적으로 될 것이 아닌가 했던 겁니다.

김세균 그렇게 됐으면 더 좋겠지만, 사회적·정치적 변화라는 것이 꼭 그렇게 일어나지는 않는다는 것이죠.

백낙청 일어나고 안 일어나고 간에 우리가 어떤 방향으로 노력을 할 것인가라는 원칙론을 얘기하는 거고, 구체적으로 의료문제에 있어서는 국가권력을 통해서 공정하게 배분하면 잘될 것이라고만 생각할 수는 없고, 의료제도가 제대로 바뀌자면 의료의 내용도 바뀌기 마련이기 때문에 바뀌어야 할 그 내용에 대한 연구와 실행이 있어야—

김세균 그 말은 옳지만, 그러나 정치적 변혁에 힘을 집중시켜야 할 필요성 역시 인식해야—

김록호 백선생님 말씀은 상당히 중요한 지적이신데요. 오늘날 많은 맑스주의자들이 여성문제든 환경문제든 보건의료문제든 모든 문제를 국가권력 문제로 환원시키는 것이 아니냐, 문제를 정치권력의 문제로 환원시킨 다음에 집권 후에 대한 준비는 안해놓고 그러다 보니 대중성도 잃어버리고 고립되어버리는 것이 아니냐는 비판도 있죠. 그런데 논적들한테서 자주 환원론자로 오해받는 나바로의 입장은 사실 환원론에 반대하는 입장입니다. 그가 영국의 의료제도에 대한 분석을 하면서 그런 얘기를 하는데, 영국의 경우는 사실 국유화되어 있을 뿐이지 사회화되어 있지 않다는 것이죠. 영국이 자랑하는 국가보건써비스(NHS)제도가 결국은 많은 제약산업이나 의료기산업, 그리고 의료전문인들에 의해서 장악되고 있다, 질병발생률의 사회경제적 계층간 격차가 여전히 존재한다는 거죠. 그런 면에서 나바로는 의료의 민주화라고 하는 의료 내부에서의 운동의 필요성을 말하는데 이것은 문화운동이라고 불러도 좋을 것 같은데요. 그러나 어느 것이 더 중요한 모순이고 부차적인 모순이냐 하는 데에는 엄연히 정확한 인식이 있어야겠죠.

백낙청 단적인 예를 들면, 나바로든 누구든 그들의 구상대로 민중이 통제하는 의료를 구현하려면 이제까지 서양의학에서 비과학적이라고 말하던 요소들도 대폭 수용해야 한다는 문제에 대해서 어느 정도로 구체적인 생각을 하고 있는가 궁금하다는 겁니다.

김록호 흔히 얘기하는 대로 음양오행에 기초한 한의학의 이론적 기반과 해부학·생리학 등에 기초한 서양의학의 이론적 기반은 다르죠. 서양의학의 기반은 나름대로 근대의 과학기술적인 진보와 관련되어 있기 때문에 자본주의 과정의 덕을 보고 있는 것이 사실입니다. 서양의학은 점점 과학적 주류의학이 되어가고 있고 동양의학은 점점 비과학적인 비주류의학이라고 낙인찍혀가는 과정에 있는데, 그러한 흐름을 우선 자발적으로 젊은 사람들이 바꿔줄 수 있지 않겠느냐라는 기대는 가능합니다. 그러나 저는 자본주의 보건의료제도의 중력이 작용하고 있는 한 자기반성적 문화운동으로는 완전통합이 불가능하다고 봐요. 그 중력을 벗어날 수 없다고 보는데, 반면에 사회주의 보건의료제도의 중력이 작용한 북한이나 중국의 경우에는 서양의학과 전통의학의 결합이 아주 쉽게 해결되었다는 것이죠. 그것이 단순하게 국가권력을 장악했으니까 어느날 법령을 선포함으로써 가능한 것이 아니라 국가권력을 장악하는 과정에서 의료인들과 일반 민중들 간에 통일전선이 형성되면서 해방구에서부터 새로운 의료의 개념이 나온다는 것이죠. 즉 기존의 자본주의적 중력 하에서는 의료의 제공자가 상품생산자이기 때문에 상품제공자들끼리 자기 상품이 다른 상품보다 모자란다거나 부족한 부분을 서로 보완해보자고 하는 얘기는 어려운 거예요. 더욱이 소생산자들 사이에는 그렇거든요. 반면에 사회주의혁명 과정에서는 당의 지도나 인민들의 필요, 이것이 더 앞서게 되고, 거기서는 양의와 한의의 협조적 관계가 가능해지죠.

백낙청 하지만 소련 같은 데는 사회주의혁명을 하고도 그런 변화가 별로 일어나지 않았다고 나바로도 지적하지 않습니까? 그런데 북한이나 중국의 경우 물론 결정적인 계기는 사회주의혁명이었다 하더라도, 한의학·동의학의 전통이라는 또다른 중력이 있었기 때문에 그런 것이 가능했던 것이라고도 말할 수 있지 않을까요? 이것을 우연히 동양 어디어디서 그런 일이 있었다고 하고 말 게 아니라 전세계적으로 이런 문제가 해결되어야 한다고 할 때는, 중국이나 북한에서 작용했던 것과 같은 그런 전통의 중력이 필수적인 요소라고 볼 수는 없을 것인가라는 질문이에요.

김록호 그것은 충분히 과학적인 근거를 찾을 수 있는 말씀입니다. 저는 양의·한의를 불문하고 어느 쪽이든 과학적 근거를 찾으려 하지 않고 무조건 신비화시킬 때 문제가 있다고 보는데, 그런 면에서 양의와 한의가 서로 통합할 때에도 효과·부작용 이런 것이 객관적 판단근거가 되어야 하지요. 그런 면에서 사실 양의학이 그동안 이루어놓은 성과라는 것이 의외로 그리 많지 않거든요. 이반 일리치가 훌륭하게 지적하고 있는데, 의사가 용하다고 하는 것은 흔히 허상에 불과한 경우가 많고 대개는 자연치유 덕이죠. 그런 것을 단순히 얼굴 마주보고 약 좀 처방해주고서는 자기가 치료의 공을 뺏아가는 식인데, 그런 면에서, 우선 현재 서양의학이 실효를 거두지 못하는 영역에서부터 한의학적인 치료방법의 효과를 검증해보아야 한다고 봅니다.

김종철 양의학에서 과학이라고 하는 것은 파괴의 과학이지요. 생명관 자체가 사람의 몸을 생명으로 보지 않고 기계로 보고 있는 거예요. 출발 자체가 잘못된 겁니다. 실험이라 해서 무수히 많은 동물을 죽이고……

'전체운동'으로서의 민족민주운동과 생태계운동

백낙청 생명관이나 우주관 자체의 문제는 나중에 기회를 보아서 더 이야기하기로 하지요. 보건의료문제 가지고도 얼마든지 재미있는 얘기가 더 많을 것 같은데, 사실 우리 좌담의 짜임새로는 이미 너무 많은 시간을 할애한 꼴입니다. 그러나 의사이자 보건학도인 김록호 선생과 의료문제에 문외한 이상의 관심을 가져오신 김종철 선생을 모신 기회를 한껏 활용하려는 의도도 없지 않았습니다. 그런데 생태계문제와 밀접한 관련이 있는 또 하나의 운동이 반핵평화운동·군축운동인데, 아까 김세균 교수도 지적했듯이 서양에서 녹색운동이라고 하면 환경보호운동과 반전평화운동이 결합되어나가는 것이 원칙입니다. 우리 내부에서도 최근에 와서는 평화·군축의 문제가 점점 중요하게 대두되고 있고 특히 이미경 선생과 김세균 교수는, 저도 그렇습니다만, 금년에 결성된 평화군축협의회라는 데에 참여하고 계신 입장에서 하실 말씀이 많으시리라 믿습니다.

그러나 문제의 중요성에 걸맞은 논의를 하기에는 시간이 너무 부족하군요. 여기서는 평화군축운동과 결합되지 않는 생태계운동은 원칙적으로도 반 쪼가리에 지나지 않거니와 특히 우리 실정에서는 껄끄러운 현실문제를 비켜간다는 소리를 들어 마땅하다는 점을 지적하면서, 저희 '창비'에서 머잖아 따로 본격적인 논의를 약속하는 선에서 오늘은 그냥 넘어갈까합니다. 이제까지 우리가 몇 가지 부문운동을 짚어봤는데, 이것을 전체운동과 관련해서 얘기하면서 우리 나름의 결론을 잠정적으로라도 내릴 때가 된 것 같습니다. 사실은 생태계운동을 하는 이들 가운데는 생태계운동이라는 것이 '부분운동'이 될 수 없다고 말하는 경우도 있을 겁니다. 그러나 어쨌든 현실적으로는 아직까지 전체를 포괄하는 생명운동 같은 것이 있다고는 말할 수 없고, 어떤 식으로든 민족민주운동의 성격을 함께하지 않고서 전체운동이 되기는 힘들지 않을까 합니다. 그런데 도대체 전체운동이라는 개념 자체가 사실은 누구나 합의할 수 있는 개념인지부터 따져야겠지요. 원래 자유민주주의 체제에서는 전체운동이라는 것이 불필요한 것이랄 수 있습니다. 각 부문마다 이익집단이 조직돼서 자기의 부분적인 주장을 펴내면, 그것을 의회에서 수렴해서 국가기관이 집행을 하게 되어 있지요. 그러니까 의회민주주의적 정당 이외의 사회단체는 모두 부문운동단체여야 마땅합니다. 아니, 정당도 또 하나의 부문운동단체일 뿐이지요. 그런 점에서 보면, 역설 같지만 자유주의야말로 철저한 국가중심주의라고 볼 수 있겠습니다. 그러나 우리 현실에서는, 자유민주주의가 제대로 안돼서 그런지 어쩐지는 모르겠습니다만, 이제까지는 민족민주운동이라 일컬어지는 운동이 진행되면서 비록 현실적으로는 우리 사회 일부밖에 차지하지 못했지만 항상 이것이 전체운동이 돼야 한다는 주장을 해왔습니다. 그런데 이제 생태계 위기의 심각성에 대해서 어느정도 합의를 본 입장에서는, 민민운동이든 무슨 운동이든 전체운동으로 권위와 명분을 갖자면, 당연히 생태계문제에 대해서 나름의 이론과 대안을 내야 한다는 결론을 내릴 수 있을 것 같아요. 그런데 이제까지 그렇지 못한 주관적·객관적 요인이 어떤 것이며 그런 현실에 비추어 앞으로 과연 민민운동이 실질적인 전체운동으로 성장할 수 있을 것인가—전체운동으로 성립하려면 민민운동 자체가 이제까지 제기해온 계급문제·민족문제 이런 데 대해서도 적절한 대응을 하면서 생태계문제 같은 것도 포괄할 능력이 있어야 할 텐데, 도대체 우리 생활에서 계급적인 시각과 민족적인 시각, 전인류적인 시각 들을 종합하는 운동이 어떻게 가능할 것인지, 이런 얘기들을 해보면 좋겠습니다.

김록호 잠깐, 그 얘기를 본격적으로 시작하기 전에 먼저 전체운동, 부분운동 혹은 부문운동 등의 용어를 쓸 때 주의해야 할 점을 한 가지 말하고 싶어요. 그런 말을 쓰지 않을 수 없는 현실을 인정하면서도 항상 거슬리는 건데, 제 생각으로는 그런 표현들이 자칫 운동에 대한 우리의 사고를 부분의 단순합이 전체라는 식의 차원으로 떨어뜨릴 수 있는 것 같거든요. 그동안 사회 각영역을 포괄하면서 총체적인 대안을 제시하는 정치적인 조직운동이 계속 탄압되어왔고, 그 결과 나라의 운동을 총괄적으로 지도하고 대표할 전위조직을 구상하는 것이 어려워지면서 막연히 전체운동이라는 표현으로 그것을 대신했던 것이죠. 하지만 사회의 전영역에서 지배계급인 자본가의 입장과 피지배계급인 노동자의 입장, 그리고 이중적인 소시민의 입장 등이 서로 대립·투쟁하고 있는 것이 자본주의사회의 계급모순관계라면, 엄밀한 의미의 전체운동이란 바로 그같은 사회의 전영역에서 노동계급의 입장을 대표하는 구체적인 전위조직과 대중조직들의 통일적 관계를 의미하는 것이 아닐까 합니다. 그런데 바로 이 점을 망각하고 전체운동이니 부분운동이니 하는 말이 남한사회의 역사적 조건 때문에 어쩔 수 없이 현재 사용되고 있는 데서 비롯하는 함정을 주의하지 않으면, 모든 사고를 대중조직의 수준에서만 하게 되고 그 결과 노동운동과 전위운동을 혼동하거나 중간층 시민운동을 쁘띠부르주아 운동으로만 규정해버리고 심지어는 사회운동의 어떤 영역은 전체운동의 한 부분운동이고 어떤 영역은 아닐 수 있다는 불필요한 고민을 하게 되는 것 같습니다. 그런 의미에서 저는 생태계운동이 민족민주운동의 한 부분이냐 아니냐 하는 문제보다 어떤 생태계운동이 민민운동의 입장이냐가 중요하다고 생각합니다. 어느 운동이 하나의 영역이나 소재를 확보함으로써 곧바로 진보적 운동이 되는 건 아니죠. 그런 의미에서 생태계운동이 민민운동의 중요한 영역, 하나의 전선이 되어야 하지만, 역으로 모든 생태계운동이 진보성을 담보하는 것은 아니라는 생각이 듭니다.

백낙청 전체운동이라고 해서 문자 그대로 모든 운동을 남김없이 포괄하는 것은 엄밀히 말해 있기 힘든 것이고, 더군다나 우리 사회에 그런 것이 없다는 것은 자명한 사실이지요. 그런 뜻이 아니고, 민족민주운동이라고 하면 일단 민주화운동이든지 통일운동, 민족자주화운동인데, 우리 사회에서 벌어지고 있는 여러가지 운동들에 대해서 이것이 헤게모니를 행사할 수 있는 그런 이념이 있고 어떤 기본적인 조직력이 있는가 하는 이야기지요. 지금은 그런 것이 없다는 사실을 인정하면서 그러나 그런 것이 성립할 소지가 있는지, 아니면 가령 생태계문제만 하더라도 이제까지 민민운동이 그것을 소홀히해왔을 뿐 아니라 문제 자체가 민민운동과는 직접 관계가 없는 것이니까 각기 운동을 하면서 제휴는 할지언정 민민운동이라는 전체운동에 수렴될 수는 없다라는 반론도 가능할지 모른다는 말입니다.

김록호 그러니까 저는 그것이 절대적으로 가능하고, 가능하게 해야 한다는 입장이라는 것이죠.

백낙청 가능하고, 가능하게 해야 한다는 점에는 저도 동의하는데, 동의하더라도 어떻게 가능하게 할 것인가라는 문제가 있는 것이고, 또 가능할지 가능하지 않을지도 구체적으로 짚어볼 필요가 있겠지요.

이미경 실제로 민민운동 안에서 국민운동이라는 이름으로 우리가 전체운동이라는 이름을 대치해 쓰기도 했는데, 민민운동에서 생태계문제나 환경문제가 중요한 과제로서 거의 다루어지지 못했다고 얘기를 해도 과언이 아니라고 생각하거든요. 그렇게 된 요인이 무엇인가를 짚어보았습니다. 우선 요인 중의 하나는, 아까 공장에서의 문제를 얘기했지만 농민들도 지금 농약공해에서부터 시작해서 굉장히 큰 피해를 입고 있는 당사자이기도 한데, 현재까지는 농민이나 노동자가 생태계문제와 연관해서 자신의 피해상황을 제기하지 못했다는 것이죠. 그다음에는 생존권문제가 너무 절실해서 생태계문제를 통해서 접근해간다는 것은 오히려 우회적인 것이라고 느끼고, 좀더 당면한 생존권의 문제, 지금 현실적으로 드러나는 문제에 대해서 더 급급하지 않을 수 없는 절박한 현실도 있었지 않은가라는 생각이 듭니다. 우리나라가 서구와는 달리 형식적인 민주주의조차도 안되고 있기 때문에 여기에 대한 문제제기에서 시작해서 더 나아가서는 민족자주성의 문제, 통일의 문제, 이런 것까지를 제기하다 보니까, 생태계문제와 연관된 문제제기나 운동은 주로 소시민층들, 그리고 여성들 중에서도 여성노동자나 농민들보다도 주로 시민계층의 주부들이 이 문제에 대해 관심을 갖게 되는데, 그러다 보니까 분리현상이 생겨났던 것 같아요. 즉 민민운동 쪽에서는 저것은 소시민운동이고 개량적인 운동이라는 식으로 생각해버리고, 이 새로운 운동을 자신의 문제로 삼으면서 운동을 전개해나가는 시민층이나 여성층은 이건 결코 민민운동에는 속할 수 있는 운동이 아니라고 생각을 해버리게 되었던 것 같아요. 저는 생태계문제와 연관해서 아주 첨예한 정치적 문제이면서도 우리 사회의 모순의 핵심인 핵문제·군축문제, 이것도 생태계문제와 연결될 수 있다고 생각하는데요. 그리고 설명하기에 따라서는 일반대중들도 중요하게 자신의 문제로 받아들일 수 있는 여지가 있다고 생각하는데, 이런 문제에 예민한 학생층이나 지식층이 이 문제를 대중적으로 제기하고 설명해나가는 데 상당히 게을렀다는 것, 이런 것이 반성할 점으로 지적될 수 있을 것 같습니다. 한편 아까도 얘기했지만 생태계 위기 문제가 최근 80년대 말쯤 와서야 대중적으로 중요한 과제로 등장했는데, 그전에는 소시민층에게까지도 대중적인 문제로 공감을 얻지 못했던 측면이 있었습니다. 그것은 한편으로는 대중들 사이에 삶의 질적인 것보다는 삶의 질을 향상하기 위해서도 우선 양적인 팽창이나 성장이 중요하다는 성장논리가 지배적으로 먹혀들어가고 있었던 것 같습니다. 그런데 지금에 와서는 대다수 민중의 고통은 아직 심하지만, 경제적인 궁핍 문제가 다소나마 해결되고, 그와 더불어서 절대적으로 생태계문제가 더욱 급박하게 문제점을 드러내기 시작함으로써 객관적으로 이제 사람들이 생태계문제를 진지하게 생각하지 않고서는 살지 못하겠다는 인식이 확산되었다고 생각합니다.

계급적인 관점과 전인류적 관점

백낙청 좌담의 서두에 내놓았던 계급적 시각 문제와 관련시켜서 본다면 어떻게 될까요? 민민운동이 계급적 시각을 너무 강조하다 보니까 생태계운동이라든가 여타 새로운 사회운동들을 소시민적이라고 수상쩍게 보고, 또 그쪽으로부터는 이쪽이 배타적인 계급운동이라고 경원당하는 이런 결과를 가져온 것인지, 아니면 오히려 계급적인 시각이 철저하지 못했기 때문에 이런 현상이 벌어지는 것인지, 어떻게 보아야 할까요?

김세균 1987년 민주화대투쟁 이전까지 우리 사회의 민족민주운동은 군정종식을 위한, 정치적 민주주의를 위한 투쟁의 성격을 가지고 있었지만, 그 후 오늘날 민민운동의 중요한 부분이라고 얘기되는 노동운동이라든지 농민운동과 같은 부문들이 폭발적으로 성장하게 되었습니다. 그런데 정치적 민주주의의 문제에서 더 나아가서 제기되는 문제가 크게 보면 조금 전에 얘기한 계급적 문제와 민족적 문제인데, 오늘날의 민족민주운동은 이 민족문제와 계급문제에 대한 자기정립을 하지 못한 채 두 종류의 운동이 서로 얽혀 있으면서 각자 나름대로의 원칙에 따라 움직이고 있는 실정입니다. 제가 볼 때에는 민족적 입장보다는 계급적 입장이 중심이 되어야 하지 않겠는가라고 생각됩니다. 그러니까 계급적 시각을 중심에 놓은 속에서 우리 민민운동은 다양한 형태의 풍부한 운동을 발전시켜야 한다고 봅니다. 예를 들어 민족문제와 계급문제를 바라볼 때도 민족주의적 관점에서 계급문제를 바라보기보다는 계급적 관점에서 민족문제를 바라보아야 한다는 것이 제 생각입니다. 이 점과 관련해서 우리 민민운동은 계급적 시각이 너무 앞서기 때문이 아니라 오히려 계급적 시각이 아직 부족하고 계급문제 해결에 적합한 형태로 편성되어 있지 못한 것이 커다란 문제점입니다.

그런데 생태계문제는 우리나라에서도 매우 중요한 문제로 등장했습니다. 따라서 우리나라에서도 생산현장에서의 작업환경이라든지 노동자들의 질병, 노동력파괴 현상을 주요문제로 다루는 노동운동이 공해방지·환경보호와 같은 생태계보호운동과 결합할 수 있는 조건이 성숙해 있습니다. 그런데 우리나라 역시 생태계보호운동이 신중간층이라든지 높은 교육을 받은 인텔리층이 중심이 되고, 또 지역적 운동으로 발전될 가능성이 많다고 생각됩니다. 특히 이 문제에 중점적으로 관심을 가질 수 있는 사람은 삶의 질을 중요한 가치로 여기는 사회층인데, 우리나라의 노동자에게는 삶의 질의 확보보다 생존을 위한 최소한의 양의 확보 자체가 크게 문제되고 있습니다. 그런데 신중간층 중심의 생태계보호운동은 처음 백낙청 선생님이 지적한 것처럼 두 가지 가능성을 다 안고 있다고 생각됩니다. 하나는 민민운동의 지평선을 넓혀주고 더 많은 사람들을 우리가 안고 있는 중요한 문제의 해결로 끌어들이며 특히 가동되지 않았던 새로운 층들을 사회문제의 해결에 나서게 하는 중요한 고리가 되어서 민민운동의 지평이나 운동의 역량을 넓혀줄 가능성이 있지만, 다른 한편으로는 그 운동이 계급적 문제라든지 하는 것을 희석시킬 가능성도 아울러 담고 있는 것입니다.

백낙청 대체로 동감입니다만, 김선생 말씀대로 계급적 관점이 오히려 아직 부족하기 때문이라고 한다면, 그것을 심화시키기 위해서는 원론적으로 계급적 시각을 강조하는 것만으로는 미흡하다는 생각이 들어요. 가령 민족문제는 특수한 문제지만 계급문제는 좀더 보편성을 띤다고 말할 수 있지만, 사실은 정말 계급적 문제를 전지구적인 차원에서 생각하여 계급적 관점이란 것이 전인류적 관점과 일치할 수 있는 수준까지 갔는지, 아니면 한 계급의 특수 이해를 대변하는 차원에 머물고 있는지, 더 나아가서 말로는 계급문제라고 하지만 다른 문제가 그런 이름으로 표현되고 있지는 않은지, 이런 여러가지 질문에 대한 좀더 속시원한 답이 기다려지는군요. 계급이라는 것이 전지구적 규모의 자본주의경제의 기본구성인 동시에, 자본주의 세계경제는 정치적으로는 여러 국가들로 구성되어 작동하는 체제이기 때문에 일국 단위의 계급을 동시에 생각하지 않을 수 없는 것이 계급문제지요. 그러니까 사실 계급문제라는 것 자체가 특정한 민족문제를 자동적으로 내포하는 셈인데, 이런 점을 간과한 채 계급적 시각을 이야기하면 너무 추상적인 이야기가 되거나 특정 사회의 특정 계급의 이해만 대변하고 전인류적 관점에 미달한다는 비판을 받지 않을까 싶어요.

김세균 좀더 얘기를 해보면, 계급문제라든지 생태계문제가 전지구적 문제라든지 하는 것이 제기되는데 오늘날 우리 현실의 내부운동에서는 그야말로 전세계적 문제로서 제기되고 있는 우리 사회의 구체적 문제, 구체적 고리가 우리 운동의 출발점이 되어야 한다는 것이죠.

백낙청 김선생이 얘기하는 계급적 관점이라는 것은 일단은 남한 노동자계급의 관점이라는 말이 아니겠습니까?

김세균 그렇습니다. 그러나 계급문제는 동시에 전인류적 문제입니다. 그리고 생태계문제 역시 전인류적 문제로 제기되는데, 우리가 이 문제를 초계급적인 것으로 생각할 수도 있고, 그와는 달리 그것이 가지고 있는 계급적 성격을 파악해낼 수도 있겠죠. 저는 모든 문제를 계급의 문제로 환원시키는 입장은 아닌데, 따라서 아까 얘기했던 다른 운동이 계급문제에 대해 지닌 상대적 자립성이라든지 남녀문제를 자본주의 계급문제로만 봐야한다든지 하는 것이 아닙니다. 그러나—

백낙청 내가 느끼는 불만은 결국, 김선생도 원래 얘기대로 계급적 관점을 심화시킨다기보다는 이제까지의 계급적 관점에서 미흡했던 것을 절충주의적으로 보완하고 있는 것이 아니냐는 겁니다. 계급이라는 말을 우리가 입밖에 내는 순간 한편으로는 일국 단위의 계급을 생각하는 동시에 다른 한편으로는 세계경제 단위의 노자관계를 생각하게 되는데, 그런 의미에서 전인류의 문제를 해당 사회의 구체적인 문제와 직결해서 생각할 실마리가 거기에 들어 있다고 할 수 있지요. 남한의 경우는, '노동자계급'이 전세계적 노자관계의 일부이자 남한 사회구성체의 일부라는 점에다가 분단체제를 구성하는 하나의 민족사회 중 절반에 속한다는 점 때문에 문제가 더욱 복잡해지기는 합니다만, 어쨌든 김선생 말씀도 우리가 좀더 계급적 시각에 투철하면 생태계문제 같은 것은 적어도 이념적으로 자연히 포괄될 수 있다는 이야기 같은데, 다만 그 얘기를 발전시키는 과정에서 말씀하시는 것을 들을 때 '계급적 시각'이라는 것 자체의 복합성에 대해 좀더 새로운 해석이 있었으면 하는 욕심이 들었던 것이지요.

김세균 생태계문제는 오늘날 전세계적인 문제이기 때문에 우리도 문제의 해결에 적극적으로 참여해야 한다는 것은 기본 입장으로 오지만, 우리 현실로 돌아와서 지금 현재 제기되고 있는 이 사회의 구체적 삶 중에서 어떤 운동을 전개해나갈 것인가라는 문제와 연결시켜볼 때 기본적으로 계급적 시각이 필요하다는 것입니다. 그런데 생산과정에서의 작업환경 문제라든지 노동력파괴 문제와 생태계의 문제는 연결되어 있지만, 노동운동이 자본과의 대립관계에서 일차적으로 제기하는 문제는 작업현장에서의 노동력파괴 문제라는 겁니다. 그리고 생태계보호운동 역시 발전되어야 하는데 이 운동이 계급운동과 좀더 연결된 운동이 되려면 가장 좋기로는 노동자적 전망을 지니고 있는 사람들이 이 운동의 중심이 되어 중간계층이 가지고 있는 탈계급적 경향성을 배제시켜나갈 수 있었으면 좋겠습니다.

이미경 이야기를 들으면서 몇가지 문제제기를 하고 싶었습니다. 하나는 전체운동과 부분운동을 놓고 봤을 때, 지금 부분운동 중에서는 각 계급·계층운동이 있잖아요? 노동운동이라는 계급운동이 있고 여성운동, 청년운동 등의 계층운동이 있는데, 하나의 부분운동으로서 생태계운동이라는 것이 앞으로 새롭게 자리잡을 것인가 하는 점에 대해서는 저는 꼭 그렇게 안될 수 있다고 생각합니다. 이건 각각의 부분운동들이 채택해야 하는 과제다, 그러니까 노동운동 안에서도 생태계운동을 자기의 과제로서 채택하고, 여성운동도 채택하고, 지역운동 차원에서도 채택해나가면서 전체운동 속에서 이 운동을 어떻게 더욱 발전시켜나갈 것인가를 모색해야 한다고 생각하거든요.

김세균 각 운동부문이 생태계문제를 자기 운동의 과제의 하나로 만들어가야 한다는 점에 대해서는 찬성하지만 제 생각에는 이 문제가 사회변혁의 문제와 구체적으로 결합되려면 역시 오늘날 여러 갈래로 진행되는 부분운동들이 하나의 정치적 구심으로 뭉쳐야 합니다. 또한 그렇게 됨으로써 생태계문제는 참다운 정치적 문제가 될 수 있습니다. 그러나 오늘날과 같이 사회적 수준에서 일어나고 있는 부분운동은 생태계문제를 그러한 정치적 문제로 발전시킬 수 없으며, 또 부분운동으로서의 노동운동 역시 생태계의 문제를 사회변혁의 과제와 직접적으로 관련시켜 제기하지 못합니다.

백낙청 가령 국내의 운동 중에 한살림운동을 보면, 민민운동이 좀더 근본적인 세계관의 전환을 보여주지 않는 이상은 생태계문제에 결코 대응할 수 없다, 그런데 현실적으로는 생태계문제가 점점 심각해지기 때문에 그 문제에 대응하지 못하는 민민운동이라는 것은 구심력을 상실할 수밖에 없다, 구심력을 유지하려거나 획득하려면 그간의 민민운동은 일종의 환골탈태를 해야 한다는 시각도 강한 것 같은데—

김록호 지금 민민운동의 조직적 역량이 생태계문제를 먼저 제기하고 선도할 수 없는 수준이라는 것은 인정해야겠죠. 그러나 그렇다고 해서 왕년에 민민운동의 지지자였던 사람들까지 지금 생태계문제를 민민운동에 의지할 수 없다고 다른 정치적 입장을 만들어 운동한다면 생태계문제가 제대로 해결될 수 있을까요? 그러니까 우리 민민운동이 아직 이러한 역량밖에 없는 점에 대해 좀더 애정을 갖고, 오히려 민민운동의 한 부분을 앞장서서 개척해주어야지, 잘못하면 민민운동을 희생양으로 만드는 식이 될 것 같거든요. 민민운동이 성장하지 못하도록 만드는 제반 여건들이 있었던 것인데, 마치 운동의 이념 자체가 근본적인 문제인 것처럼 확대해보려고 하면, 생태계문제·핵문제·평화문제 등 전인류적 공동과제를 제기하는 부분에 있어서는 엄연히 그 배후에서 작용하고 있는 계급모순들을 은폐하거나 자칫 계급화해론이나 체제수렴론으로 가서, 이제 체제변혁 그런 것은 불가능하고 더이상 투쟁이고 뭐고 화해를 해서 함께 살자는 입장이 되는데, 그런 점도 걱정이 됩니다. 서구의 경우를 보면, 노동운동의 체제내적 우경화경향과 지식인운동의 대안없는 좌경적 편향, 그러면서 래디컬이라는 것이 생겨나잖아요? 사실 우리 사회에서는 그런 불행한 현상이 나타나고 있지 않은 것 같지만 안심할 수 있는 상황은 아니라고 봅니다. 지식인들이—

김세균 본래 계급적 정치운동이라는 것은 노동자대중들만이 하는 운동이 아니라 대중이 참여하고, 동시에 노동자적 전망을 갖고 있는 인텔리와 여러 활동가들의 공동작업이죠. 그렇기 때문에 인텔리들이 예를 들어 생태계문제를 접근해나가는 데 있어서 노동자적 관점을 지니면서 한다는 것은 대단히 필요하지요.

김록호 예, 그 얘기를 하려고 했는데요. 어느 사회의 지배계급이 적어도 이데올로기에 있어서 단지 자기 계급의 이해만을 대변해가지고서는 지배계급으로 성장할 수 없을뿐더러 유지도 안된다고 하잖아요? 마찬가지로 우리 민족민주운동이 새로운 사회를 이끌어갈 지배세력으로서, 그러니까 사회에서 계급관계가 없어질 때까지 일정하게 권력을 행사하려고 한다면 여성문제·교육문제·생태계문제·보건의료문제 등에 대한 구체적 대안을 제시하고, 대중들에게 이 새로운 사회가 소수 지배계급의 사회가 아니라 사회구성원 전체의 이익을 대변하는 사회라는 확신을 주어야 하는 것이죠. 그 단계에서 볼 때는 현재의 상황에서 —

백낙청 거기에 대해서 이제까지는 역량이 미비해서 못했지만 앞으로는 하겠다라는 식으로 막연히 얘기하면 동지들끼리는 통할지 몰라도 그게 과학성을 띠는 것은 아니지 않습니까? 이제까지 한 것 중에서 무엇을 어떻게 제대로 못했는지를 냉철하게 자기비판하는 모습을 보여주고 또 그것을 시정하는 모습을 끊임없이 보여줄 때 설득력을 갖는 거란 말예요. 이 대목쯤 되면 김종철 선생이 한마디 하실 법한데 안하셔서……(웃음) 가령 아까 맑스가 인간을 자연사의 일부로 파악했다고 할지라도 기본적으로 만물이 인간의 형제라는 사상은 없기 때문에, 우리가 그런 사상에까지 가지 않는 한 오늘날의 이 시급한 생태계문제를 해결하지 못한다는 명제도 나오지 않았습니까? 이에 대해서 민민운동의 입장에서는 계급적 관점을 견지하면서 이것까지 수렴하든가, 아니면 수렴할 수 없는 점을 논리적으로 반박하든가, 이런 토론이 좀더 활발했으면 하는 거지요.

녹색운동의 자연관과 급진적 여성론의 입장

김종철 저는 확실한 생각은 별로 없고, 반동적인 소리만 또 할 수밖에 없지 않나 싶은데요. 아까 김세균 교수께서 지금 상황은 종래 상황과는 근본적으로 다르다, 자본가와 노동자가 공멸하느냐 않느냐라는 근본적인 문제가 있다고 하셨지요. 제 생각은, 이 위기를 벗어나기만 하면 그냥 단순히 지속적인 생존이 가능하게 된다는 정도가 아니라 여태까지 살아왔던 생활방식과는 정말 질적으로 다른 살 만한 아름다운 세상이 되리라고 생각합니다. 이 위기는 원칙적으로 종래의 사회변혁운동에서 습관적으로 설정해왔던 사고방식, 그 정도 가지고는 절대로 해결될 수 없고 인간 자신이 다른 차원으로 질적인 고양이 있어야만 하는 것입니다. 여태까지의 변혁운동의 기본적인 시선은 지금 상태보다 질적으로 다른 어떤 상황을 목표로 하기는 했지만, 결국은 더 많은 것을 끊임없이 원하는 욕망의 구조 자체에는 근본적인 반성이 없었던 것으로 보입니다. 저는 이론적으로 노동운동과 생태운동이 결합 못할 이유는 없다고 생각합니다만, 생태계의 위기가 정말로 심각한 지경에 와 있는 것을 철저하게 인식한다면 기왕의 노동운동의 근간에 있는 욕망의 구조, 그것이 완전히 혁명적으로 변화해야만 비로소 그 결합이 가능할 것이라고 원칙적인 얘기만 할 수 있을 것 같습니다. 제가 특히 주목하고 싶은 것은 그동안 아무래도 정신적인 차원 같은 것은 등한시되어왔지 않느냐 하는 겁니다. 생명에 대한 외경심, 생명에 대한 존중, 이런 것이 사실은 녹색운동의 가장 핵심적인 사상이라고 볼수 있는데, 생명을 존중하는 논리에서 보자면 결국 인간의 향상과 발전이라는 것은 내면적인 성숙이나 자기실현을 의미하는 것입니다. 그리고 실제로 물리적으로도 지금 우리의 현실은 더이상 밖으로 향한 발전은 어렵게 되어 있지 않은가라는 생각이 들거든요. 제 얘기는 어떤 방법론상, 또는 전략전술적인 필요에 의해서가 아니라 우리 자신의 삶의 충실을 위해서 생명에 대한 존경심 또는 좀더 간명하게 비폭력주의가 우리의 삶을 이끌어야 한다는 것입니다. 저는 아무리 생각해도 그동안의 자본주의체제는 말할 필요도 없고 우리가 현실에서 보아왔던 사회주의체제에서도 어디까지나 폭력적이고 공격적인 그리고 인간 자신이 모든 것의 주인이라는 교만성, 자이언트에 대한 동경, 권력에의 의지, 이런 것이 지배적인 세계관이었다고 봅니다. 그러한 체제의 희생자들이 농민, 노동자, 많은 소외된 사람들, 여성들, 노인, 아이들이며 그리고 무엇보다도 오늘날에 있어서 최대의 프롤레타리아는 자연이라고 해야 할 것입니다. 그동안의 변혁운동의 논리에서 자연에 대해 자원으로서의 자연 이상의 자연관을 과연 보여줬는가? 저는 부정적입니다. 자연에 대한 관계는 결국 인간간의 관계를 그대로 반영하는 것이니까, 우리 자신들의 생활을 얼마나 비폭력적으로 만들고 이웃을 얼마나 보살피고 돌볼 수 있는가, 그리고 원한이나 적대감에서 우리가 얼마나 벗어날 수 있느냐 하는 점과 이 문제는 바로 직결된다고 하겠습니다만 그런 점에서 저는 지금까지 대세를 이루어왔던 말하자면 양(陽)의 논리에 대해서 이제부터는 음(陰)의 논리가 크게 존중되어야 한다고 생각합니다.

이미경 전 지금 김종철 선생님의 말씀을 들으면서 여성해방론에서 현실운동이 어떻게 이루어지는가를 유추하면서 듣게 됐는데요, 래디컬 페미니즘의 한 측면과 굉장히 유사하다고 느꼈습니다. 래디컬 페미니즘의 입장은 모든 부분에 있어서 남성들은 자신들이 주장하는 것이 보편적인 양 말하고 있지만, 그 속에서 분명히 억압받고 착취당하고 있는 여성의 관점이 빠져 있다, 그 관점이 들어가지 않은 모든 세계관은 거짓이라는 겁니다. 그것은 굉장히 중요한 지적이라고 생각하고, 변혁운동을 하는 모든 사람들이 경청해야 할 문제라고 생각하거든요. 그럼에도 불구하고 그것이 그야말로 전 변혁운동가는 물론 여성한테조차도 충분히 설득력을 갖지 못하는 것은 그 자체에 대한 절대적인 가치부여, 그야말로 변혁을 추구하고 있는 다른 여러 세력들과의 연관관계를 고려하지 않고, 그 문제에 가치를 두지 않는 모든 사람들에 대해 부정으로 일관해버린다는 것 때문입니다. 여성해방운동을 하는 입장에서는 이런 문제를 가지고 앞서서 고민을 진척시킨 경험이 있다고 생각하는데요. 변혁운동에서 내세우고 있는 대안과 또 변혁운동에 참여하는 사람들에 대해서 여성의 입장에서 분노를 느낄 때가 굉장히 많이 있어요. 변혁운동을 한다는 사람들이 저렇다고 한다면 그들의 대안적인 사회가 무엇일까, 이 사람들과 함께 어떻게 변혁운동을 할 것인가라는 분노와 회의를 굉장히 많이 가지고 있죠. 그렇다고 해서 거기에 억눌리고 절연된 상태에서 우리 나름의 운동을 추구하겠다, 우리 혼자의 힘으로 변혁을 추구해나가면서 대안적 사회를 만들겠다고 생각하는 것은 더 어리석다는 것을 알기 때문에 함께 참여해서 그 과정에서 끊임없이 문제제기를 하면서 결합되어나가려는 노력을 기울여야 한다고 생각하거든요. 그것이 결국은 대안적인 사회를 만들어나가는 데 있어서도 첩경이라고 판단했기 때문에 그런데, 한층 심각하게 생태계문제에 대해서 관심을 갖고 계신 분들이 자신들의 문제의식이 받아들여지지 않는다면 들어갈 수 없다고 하는 것은 너무 경직되게 생각하고 계신 것이 아닌가, 그래서 아예 분리해서 설정하고 계신 것은 아닌가라는 지적을 하고 싶습니다.

욕망의 교육과 자본주의적 세계관

백낙청 운동방법의 차원에서 그런 지적도 가능하겠지요. 그런데 원칙의 차원에서 우리가 정리해야 할 점이 따로 있지 않은가 해요. 새로운 세계관이 필요하다는 것이 말은 맞다고 하더라도, 아까 전면적인 공적 통제가 필요하다는 이야기가 말은 좋지만 오히려 억압과 침체의 구실이 될 수 있듯이, 그럴듯한 말이 오히려 바람직한 현실을 가져오는 데 방해가 되는 경우도 있거든요. 새로운 세계관, 세계관 하는 것이 어떻게 보면 낡은 세계관을 연장하는 데 기여할 수도 있단 말입니다. 현실 속에 엄연히 가해자가 있고 피해자가 있다면, 잘못된 낡은 세계관을 탓하는 것이 피해자도 똑같이 잘못했다는 얘기밖에 안되기 쉽거든요. 자연 자체가 프롤레타리아라는 말도, 한편으로는 그동안에 우리가 너무 소홀히했던 점을 생생하게 표현하는 말이기는 한데, 현실 속의 프롤레타리아와 억압하는 지배계급의 차이를 없애는 그야말로 낡은 세계관으로 기능할 우려도 있다는 것이죠. 사실 김종철 선생은 '욕망의 교육'이라는 표현을 어느 글의 제목에서도 썼는데, 욕망의 구조에 관한 이야기에는 저 자신 공감하는 바가 많습니다.

그런데 이걸 우리에게 더 친숙한 표현으로 바꾸면 '마음공부'라고 할 수 있겠습니다. 흔히 기성종교에서 마음공부를 강조할 때 사회운동 하는 사람들이 반감을 느끼는 것은, 순전히 개인 차원의 수양 문제로 축소해가지고 먼저 그걸 완성한 다음에야 사회변혁에도 나설 수 있다는 식으로 얘기하니까 반발하는 거지요. 결국 사회변혁을 하지 말자는 얘기밖에 안되니까 말이죠. 그러나 그렇게 해석하지 않고 마음공부라는 것 자체가 현실의 잘못된 구조에 대한 과학적인 인식과 거기에 대응하는 올바른 실천, 이런 것들과 함께 나감으로써만 가능한 것이라고 전제한다면, 과학적 인식이나 올바른 실천도 마음공부 없이는 안된다는 얘기가 되는 것이고, 그 세 가지를 한꺼번에 생각하는한 마음공부나 욕망의 교육이라는 것이 정말 우리가 새롭게 생각해야 할 중요한 과제이고 실제로 이제까지 정치운동이나 사회운동에서 부당하게 소홀히 된 측면이라고 말할 수 있을 것입니다. 적어도 세계적 규모의 근본적 변혁이라는 것은 수많은 사람들의 마음공부가 수반하지 않는 가운데서는 가능하지 않으리라는 것이 제 생각이에요. 그래서 저는 그러한 변화가 일어나는 시대를 지혜의 시대라고 표현하기도 했습니다. 그런데 욕망의 교육을 얘기할 때 흔히는 우리가 너무 헛된 욕망에 부풀어 있으니까 이것을 고치고 축소하는 쪽을 주로 얘기하는데, 사실 축소하기 위한 방법도 소극적으로 축소하려고만 노력해서 되는 것은 아니거든요. 그런 욕망을 극복할 수 있는 더 크고 올바른 욕망을 가질 때 정리가 되는 것이기 때문에 어떤 의미에서 마음공부라는 것은 헛된 욕망을 줄이는 공부인 동시에 정말 더 큰 욕망을 갖는 것을 배우는 공부라고 생각합니다. 아까 '미개사회' 얘기를 하셨는데, 그런 생활로 돌아가는 것이 현실적으로 가능한가 그렇지 않은가를 떠나서, 내가 욕망의 교육이 잘못되어 있어서 그런지는 모르겠지만, 사실 나는 되돌아가고 싶은 생각도 없어요. 죽으나 사나 이 판에 머물면서 좀더 사람답게 살다가 갔으면 싶을 뿐이고 그것을 위해서 그들로부터 배울 것은 배우자는 생각이지, 그리로 돌아간다는 것은 그야말로 욕망의 축소가 너무 심하다고 봐요. 거짓 욕망과 뒤섞여 있는 가운데서도 인간이 긴 역사를 통해 더 큰 것을 욕망하고 인식하는 것을 배워왔는데 이것을 포기할 수는 없다고 생각합니다.

그런데 지혜라는 말을 꺼낸 김에 한마디 덧붙인다면, 생산력이 모자라는 상태에서 절약하고 축소하는 것도 어떤 의미에서는 지혜입니다만 사실은 탐욕의 표현일 수도 있지요. 그러나 있는데도 아낄 만큼 아끼는 것은 정말 지혜입니다. 생태계의 위기는 바로 그런 지혜공부, 마음공부를 요구하는 시대의 위기인 셈이지요. 그리고 만물이 형제라는 말에 대해서도, 그것이 일정한 지혜를 담은 말씀이긴 한데 이것 역시 우리가 지혜롭게 새겨들어야지 고지식하게 해석할 것은 아니죠. 지구상의 생태계가 서로 잡아먹고 잡아먹히는 먹이사슬이기도 하니까 만물의 형제애를 표현하는 하나의 방식이 서로 먹고 먹히는 일이라는 것도 엄연한 현실이거든요. 그런 식의 형제애를 인간이 그대로 실행했다가는 차라리 자연을 안 닮는 것만 못한 결과가 될 수도 있지요.

김세균 저는 이런 생각도 드는데, 생태계문제를 자칫 잘못하면 윤리적 실천의 문제로 축소화시키는 경향이 나올 수 있습니다. 실제로 구라파에서도 그런 경향이 많이 나타났죠. 그래서 예를 들면 농촌에 가서 자기가 소망해온 새로운 공동체를 만들려는 시도들이 나타나기도 했습니다. 그런데 인간은 기본적으로 자연적 존재인 동시에 사회적 존재인데, 그 때문에 예를 들면 원시세계에서의 욕망의 체계라든지, 우리가 살고 있는 자본주의사회에서의 욕망의 체계, 그리고 북한 주민들이 지닌 욕망의 체계라는 것은 같을 수가 없습니다. 따라서 인간은 자연적 기초 위에 선 사회적 관계의 총체이므로 인간의 자연관 및 욕망체계가 변하려면 사회적 관계들이 변해야 합니다. 그리고 사회적 관계를 변화시키는 속에서 인간도 변하게 됩니다. 그리고 조금 전에 김종철 선생이 말씀하신 세계관의 변화란 대단히 중요한 문제인데 제가 느낀 바로는 세계관의 변화를 얘기하면서 대개 산업주의나 기술주의를 문제삼고 있는데 그러한 기술주의적 사고란 사실은 자본주의사회에서의 지배적 이데올로기의 하나입니다. 다시 말해 기술주의는 부르주아지의 계급적 세계관이라고 말할 수 있죠. 그러면 현존사회주의는 왜 그러한가 하는 문제가 제기됩니다. 그 문제는 결국 사회주의 역시 부르주아적 세계관으로부터 벗어나려고 노력했지만 자본주의가 규정력을 발휘하는 세계적 조건 속에서 그로부터 완전히 벗어나지 못했다고 말할 수 있겠죠. 그런데 어차피 새로운 사상이라든지 새로운 세계관이라는 것이 어떤 한 순수한 형태로 갑자기 나타날 수는 없고 기존의 것과 얽혀가면서 발전할 수밖에 없습니다. 생태계문제와 관련하여, 나는 이 문제가 오늘날 자연과학도로 하여금 사회적 문제에 관심을 가지도록 만드는 대단히 중요한 영역이라고 생각합니다. 따라서 생태계문제는 사회과학과 자연과학이 공동의 노력을 할 수 있는 장으로서도 대단히 중요합니다.

김록호 생태계문제에 대한 민민운동의 대응 정도를 보더라도 아직 우리의 사회역사에 대한 인식수준, 사회과학 수준이 문제점을 제대로 끌어안고 하나로 통일해내지 못하는 수준이라는 것을 느끼게 되었고요. 어떤 시인이 자기는 한반도처럼 불행한 곳에 태어난 시인이라는 것을 하나의 운명으로 생각하고 자랑스럽게 생각한다는 얘기를 했던 것 같은데요. 그만큼 한반도의 모순구조가 특수하다는, 한반도에서 운동하는 사람들이 결국 전인류적 과제를 짊어질 수밖에 없다는 뜻이지요. 계급모순, 민족모순, 분단모순, 진영모순 등 온갖 모순들이 중첩되어 있다지만 사실 현실은 하나이잖아요. 그 하나를 하나의 통일적 구조로 제대로 보지 못하고 떼어서 볼 수밖에 없는 것은 우리 과학의 모자람을 말하는 것이라고 봅니다. 그럼에도 불구하고 제가 아까 생태계문제도 민민운동의 한 영역이 되어야만 하고 될 수 있다고 얘기를 한 것은 민민운동을 제3자의 입장에서 평가하고 관찰하는 입장이 아니라 거기에서 일정한 역할을 담당하려는 입장에서 당위론을 얘기한 것만은 아닙니다. 오늘 제기된 생태계문제도 결국은 자본주의적인 생태계파괴의 일차적 피해자인 노동계급의 입장을 견지할 때 철저히 해결될 수 있다는 사실 때문이죠. 생태문제에 대한 민민운동의 사상 정립이 미약하다고 해서 그동안 저희들이 해온 것이 없다고 보지는 않습니다. 공해문제나 환경문제, 산재·직업병 문제가 제기됐을 때 많은 사람들이 그래도 믿고 찾는 데가 공추련이나 보건의료단체 같은 곳이었죠. 적어도 그들의 의식 속에는 민족민주운동이 공해문제에 관한 한 좀더 철저하고 문제를 확실하게 해결하려고 한다는 것으로 비쳐지고 있는 거죠. 그런 면에 민민운동의 전선이 일정한 영역을 확보했다고 봅니다. 다만 피해가 전면적이기 때문에 직접적인 피해자가 따로 없는 생태파괴문제의 경우, 지식인들의 의식적인 운동이 더욱 중요한 상태입니다. 그러나 저는 구태여 모든 생태계운동을 하는 부분이 민족민주운동의 한 부분이 되어주기를 바랄 수는 없다고 봐요. 어차피 순수 생태주의자들은 세계관의 한계가 있기 때문에 자유주의적 문명비판론, 계급화해론에 근거한 생태계운동을 벌여나갈 것입니다. 그렇지만 거기에 일방적으로 끌려가지도 않고 적대적으로 대립되지도 않으면서 민중의 입장을 대변하는 독자적인 사상이론의 정립을 앞으로 민민운동의 과제로 삼아야 하지 않을까 합니다. 김종철 선생께서 말씀하시는 욕망의 교육에 관해서는 기본적으로 착취하고 있는 지배계급에 대해 욕망의 교육이 행해진다면 대찬성하는데, 지금 뺏기고 있는 사람에게 욕망교육을 통해서 뺏기고 있는 것에 만족하라는 것으로 오해될까 걱정이 됩니다. 그만큼 우리 사회에서는 계급모순이 심각하게 존재하기 때문이죠. 결론적으로 말해서 저는 산재·직업병추방운동, 국민건강권운동, 공해추방운동과 생명운동, 한살림운동이 생태계문제에 맞서는 하나의 커다란 전선을 형성하고 서로서로 사상·이론과 실천을 접맥·교류하는 것이 매우 중요하다고 봅니다.

김종철 그런데 제가 욕망의 교육이라는 말을 쓴 것은 금욕주의를 주장한다든지 절제를 강조하는 것이 아니라 근본적으로 우리가 어떤 사회에서 살기를 원하는가라는 것을 생각해봐야 한다는 뜻에서 말한 것입니다. 백선생님은 원시시대로 돌아가시지 않겠다고 단호하게 말씀하시는데, 저는 가능하다면 못할 것도 없지 않은가 싶은데……(일동 웃음)

백낙청 어쨌든 안될 거예요.(웃음)

김종철 이대로 파멸하는 것보다는 다른 가능성으로 원시시대로 돌아가는 것이 있다면 돌아가야 하지 않겠습니까?

백낙청 우선 가능하지가 않고, 또 지금 이대로 파멸하는 것보다는 낫다고 했는데, 이대로 파멸하지 말자고 우리가 이런 얘기도 하는 것 아닙니까.

산업사회 이후의 흙의 문화는 가능한가

김종철 지난 몇십 년 동안 인류학의 성과를 보면서 어느정도 분명하게 말할 수 있는 것은, 선진 산업사회라는 고도의 서구식 문명을 누리는 사회의 사람들보다도 개발이 덜 되거나 산업화가 덜 된 지역, 다시 말해서 제3세계나 혹은 미개사회의 토착적인 생활방식을 유지하고 있는 그런 지역의 사람들이 물질적으로는 빈곤하겠지만, 비교할 수 없을 정도로 훨씬 더 건강하고 생명력있게 살고 있다는 사실입니다. 아마 이것을 부인하기는 어려울 것으로 생각합니다. 이 점과 관련해서 얼마 전에 작고한 루이스 멈포드(Lewis Mumford)가 쓴 책 『기계의 신화』에 나오는 얘기가 생각나는

데요. 신석기시대 이래 기술의 역사를 다루는 방대한 규모의 이 책 어딘가에서 멈포드는 인간이 건강한 삶을 누리기 위한 조건으로 적어도 그 사회의 70~80퍼센트는 농업적 구조여야 한다고 말했습니다. 그에 따르면 지구상의 생물진화의 긴 과정에서 파충류 다음에 포유류가 등장하는데, 이때 지구 전체에 꽃들이 폭발하듯이 피어났다고 합니다. 이것은 단순히 우연의 일치가 아니고, 식물의 세계 속에서 살지 않을 수 없는 인간을 포함한 포유류 생물의 궁극적인 운명을 말하는 것이 아닌가 싶습니다. 식물이 단지 인간에게 먹거리를 제공한다는 의미뿐이라면 갖가지 아름다운 빛깔과 모양의 꽃들이어야 할 필요는 없거든요. 인간과 자연의 관계는 먹고 먹히는 공리주의적 관계 이외에 무엇인가 본질적인 정신적 교류의 관계가 있다는 암시로 받아들여도 좋은 얘기가 아닌가 합니다.

오늘 여기서 많은 얘길 했는데 제게 좀더 절실한 관심사는 우리가 지금 보는 공업사회나 그것의 연장으로서의 이른바 탈산업사회를 우리의 삶의 터전으로 정말 받아들일 수 있느냐 하는 문제입니다. 사람이 내면적인 행복을 진정으로 바라고, 인간 사이의 관계가 진실로 비폭력적인 관계로 되려면 결코 흙의 문화를 떠나서는 될 수 없다고 저는 생각합니다. 앞으로 우리가 어떤 바람직한 농업중심사회를 상정한다 해도 물론 옛날식으로는 안되겠지요. 지금까지의 기술수준이라든지 사회생활을 조직하는 지혜나 기술의 힘은 빌리면서 근본적으로는 사람이 흙을 상대로 대화를 하면서 지낼 수 있는 터전, 그런 문화를 확보해야겠지요. 이런 생각 때문에 저는 노동계급적 시각보다는 일반적으로 민중의 시각이 소중하게 생각되는데요. 농경사회 전통의 풍부한 지혜나 삶의 기술은 그것이 아무리 왜곡·탄압되었다 하더라도 농민을 중심으로 하는 기층 민중사회 속에 전승되어 있기 마련이지요. 아니 그렇게 믿는 것인지도 모르지요. 어쨌든 노동운동 중심의 입장에 대해서 제가 얼른 동조하기를 꺼리는 것은 결국 이런 산업사회를 계속 확장한다는 것은 불가능하지만 설사 가능하다 해도 정말 조화로운 사회관계 또 자연과의 관계는 어려울 수밖에 없으리라고 생각되고, 바람직한 세상이 되려면 공업이라는 것도 대부분 비록 옛날과는 다른 수준일망정 본질적으로 수공업적인 것으로 바뀌어야 하지 않을까 생각되기 때문입니다. 막연한 생각이지만, 저로서는 골똘한 생각입니다. 지나치게 관념적이고 종교 냄새까지 난다 하더라도 어쩔 수 없습니다.

백낙청 네, 김종철 선생께서 제기하신 문제를 그동안에 민민운동에, 혹은 노동운동에 몰두하느라고 제대로 생각을 해보지 않으신 분들은 좀더 생각해보셔야 할 것이고요, 다른 한편 김선생한테는 노동운동을 한다거나 또는 그것을 주장하는 사람들이라고 해서 그런 문제에 대해서 모두 무관심했다거나 인식이 없었다고 생각지는 마시라고 말씀드리고 싶군요. 물론 김선생이 그렇게 단정하셨다는 것이 아니라, 김선생이 생각하시는 흙의 문화가 산업사회를 거쳐 나온 새로운 흙의 문화인 이상, 기존의 산업사회를 변혁하기 위해 남보다 더 땀흘리고 피흘려온 사람들의 유산을 적극적으로 평가하는 자세가 필수적이라고 생각되기 때문입니다. 미진한 문제가 많습니다만 오늘 토론은 여기서 마치겠습니다. 정말 너무도 애 많이들 쓰신 데 대해 진심으로 감사드립니다.

| 좌담 |

90년대 민족문학의 진로

김우창(고려대 교수, 문학평론가)
백낙청(서울대 교수, 문학평론가)
조동일(서울대 교수, 문학평론가)
김재용(연세대 강사, 문학평론가)
1991년 7월 22일 기독교선교교육원

80년대 우리 문학의 일반적 특징

김재용 더운 날씨에도 불구하고 민족문학작가회의가 주관하는 좌담회에 이렇게 참석해주셔서 감사합니다. 90년대 우리 민족문학에서는 국내외의 현실변화와 더불어 새로운 차원에서 풍부한 작품과 논의가 나오리라고 기대됩니다. 그러나 아직 어떤 모습으로 진행될 것이고 또 되어야 할 것인가에 대해서는 쉽게 예측할 수 없는 게 숨길 수 없는 오늘의 우리 문학현실입니다. 그런 점에서 세 분 선생님의 의견을 들어봄으로써 앞으로 전개될 우리 문학의 풍요로운 성과를 조금 더 높이기 위하여 이 자리를 마련하였습니다. 특히 세 분 선생님께서는 60년대 중반 이후 일선에서 비평

■ 이 좌담은 민족문학작가회의에서 펴낸 『문학』 창간호(1991)에 수록된 것이다.

과 연구활동을 해오신 분이기에 역사적 경험을 토대로 더욱 좋은 진단과 처방이 나올 수 있으리라 기대합니다. 우선 90년대 우리 문학에서 제기되는 여러 과제를 본격적으로 논의하기 전에 80년대 우리 문학에 대한 개괄과 평가를 하는 것이 좋을 것 같습니다.

조동일 예. 제 기본입장, 시각을 먼저 밝히겠습니다. 저는 '문학비평가'라고 불리기보다는 '문학사가'라고 불리기를 원합니다. 그리고 80년대 문학을 반성하는 문학사가의 관점에서 한번 해보겠습니다. 그것은 무엇을 말하냐면, 우리 문학사의 오랜 전개에서 볼 때 80년대 문학이 어떤 특징과 의미를 갖고 있는가 하는 얘기가 되겠습니다. 대체로 80년대 문학에 관해서 세 가지 특징을 잡아낼 수 있는데 사실 이것은 이쪽 주최측에서 잡은 것입니다만 저도 동의합니다. 첫째는 정치·사회적인 문제에 대해서 깊은 관심을 가지고 치열한 논란을 벌인 것이 큰 특징이고, 두번째는 장시, 서사시, 그리고 긴 소설이 많이 나온 것이 두번째 특징이고, 세번째로는 기존의 문학 갈래—장르—에 대해서 불만스럽게 생각하고 그것을 대체할 수 있는 새로운 갈래를 모색하는 움직임이 많이 나타났다고 하겠습니다.

이 세 가지 특징은 제가 보기에는 우리 문학사의 오랜 전개에서 우리 근대문학 내지는 현대문학이 이제는 정상화되었다는 증거입니다. 자아회복의 진통이 이제 제대로 결실을 거두었다고 우선 말할 수 있겠습니다. 정치·사회적인 관심은 그렇습니다. 우리 문학의 특징은 정치·사회적인 관심이 각별한 것이라고 말할 수 있습니다. 이웃의 일본문학과 비교해보면, 고전문학에서 일본문학은 정치·사회적 관심이 적은 것이 특징이라고 일본 문학사가들도 분명히 말하고 있습니다. 거기에 비해서 우리 문학은 정치·사회적 관심이 큰 것이 특징입니다. 중국문학과 비교해도 그렇게 말할 수 있습니다. 그런데 근대문학을 시작할 때 우리가 가진 그러한 특징, 어떤 점에서 그 장점을 상당히 잊어버리고 일본을 통해서 전해진 서양문학의 영향을 받아 한쪽에는 순수문학을 해야 한다는 논의가 많이 대두되어 그쪽을 따랐는데, 그 순수문학이 강조된 것은 일본식이라고 생각합니다. 신변잡기 위주의 가벼운 서정주의 문학, 그것이 일본풍입니다. 또 한편으로는 프롤레타리아 문학을 한다면서 노동자 생활을 일면적으로, 다른 사회관계를 배제하고 그것만 그리는 것이 바람직하다는 또 하나의 극단적인 방향이 있었습니다. 그런 편향성을 극복하고 사회적인 관심과 정치적인 문제를 문학에서 폭넓게 다루게 된 것이 우리 문학사의 방향이 정상화된 결과라고 얘기하고 싶습니다. 다만 아직도 더러 사회적인 대립과 사상적인 논란의 복합적인 관계가 무시되고 문제를 단순화하는 경향이 있다는 것은 정상화를 위한 전환이 아직 미흡하다는 증거로 보겠습니다.

그리고 긴 시와 긴 소설의 문제는 그렇습니다. 우리 문학사에는 장편 서사시나 서사무가로 전승되고 또 더러 기록된 문학으로도 드러나고 판소리로도 변모를 했던 서사시의 전통이 뿌리깊게 남아 있고 또 강한 영향을 끼쳐왔습니다. 오늘날 장시, 서사시를 쓰는 시인들이 스스로 얼마나 의식하고 있든 그러한 전통과 맥락에 닿아 있습니다. 그런 전통을 힘써 계승하는 것이 당연하다고 생각합니다. 그 점도 특히 일본문학, 중국문학과 비교해볼 때 우리 문학의 뚜렷한 특징으로 확인됩니다. 오늘날 일본문학이나 중국문학에서 장편 서사시를 가지고 아무도 논란하지 않는 것과 좋은 대조를 이룹니다. 대장편소설 또한 그렇습니다. 고전소설 가운데는 백여 책이 넘는, 현재 단행본으로 10여 책이 넘는 대장편이 여러 질 있습니다. 많은 등장인물이 등장하고 복합적인 구성을 가진 작품들이 있어 오늘날의 대장편이 그런 전례와 연결된다고 생각합니다. 다만 오늘의 시인, 소설가들이 그러한 연결을 좀더 의도적으로 생각하지 못하고, 또 길이를 늘이는 데 급급해서 밀도와 압축이 부족한 작품을 산출하는 것이 문제라고 생각합니다.

세번째로 기존의 문학 갈래를 불편하게 생각하고 해체와 실험이 성행하는 것은, 이식된 근대문학의 갈래체계 즉 세상에 유행하는 '문학개론'에서 규격화한 문학 갈래의 체계가 근대문학의 자생적인 모색의 성과와 맞지 않고 또 오늘날의 문학을 제도권의 문학과 제도 밖의 문학으로 갈라놓는 구실을 하고 있으므로, 자생적인 근대문학의 여러가지 실험적인 성과들을 잇고자 하는 노력 — 탈춤, 판소리는 물론이고 사설시조, 잡가, 만담에 이르기까지 — 들까지 당연히 계승해야 한다는 주장이 그 근저에서 작용하고 있다고 생각합니다. 또한 오늘날 문학으로 인정되지는 않지만 문학의 기능을 아주 잘 수행하고 있는 제도권 밖의 문학을 공식화하기 위해서도 문학 갈래의 개편이 요구됩니다. 민요시운동이 활발하게 일어나는 것도 이와 관련된다고 생각합니다. 이식된 근대문학을 주체적인 근대문학으로 바꾸어놓기 위한 시도가 다양하게 일어나고 있습니다.

그러나 지금 제가 제시한 이런 진단이 명확하게 이루어지지 못하고, 많은 경우에 자연발생적으로, 무의식적인 변화가 모색되고 있을 따름입니다. 문학사 이해의 거시적 안목과 오늘날의 비평이 어긋나, 문제를 분석하고 방향을 제시하는 비평활동이 제자리를 잡지 못하고 있습니다. 80년대 문학의 이러한 세 가지 변화는 우리 문학의 방향이 정상화되고 있다는 증거이되, 다만 자체 점검과 평가가 미흡해서 많은 과제를 90년대로 넘기고 있다고 생각합니다.

김재용 '문학사가'라고 자처하셨고 그에 걸맞게 80년대 우리 문학이 갖고 있는 몇 가지 특징과 그 의미를 우리 문학의 전반적인 흐름 속에서 짚어주셨는데, 그러면 우리 문학에 대해서 항상 각별한 애정을 가지고 비평활동을 해오신 김우창 선생님께서 말씀해주시죠.

김우창 지금 조선생이 역사적으로 개론하셨는데 대체로는 조선생의 말씀이 타당하다고 봅니다. 그러나 정말 우리 전통적인 여러가지 문학양식들을 다시 되살리자는 운동이 표출되어 80년대 문학이 형성됐다고 보기는 좀 어려운 것 같습니다. 단지 그 원인이 어디에 있든지간에 결과적으로 그런 양상을 띠었다고 말한다면 직접적으로 동의하는데, 일반적으로 이야기해서 80년대가 정치적인 시대인 것은 틀림이 없습니다. 조선생이 말씀하신 것은 연속적인 현상이면서 또한 80년대 전두환정권의 등장, 그것으로 인해 억압적인 체제가 강화되고 여러가지의 반억압적인 체제에 대한 인식이 커졌다는 것으로 이어진다고 하여야 할 것입니다. 문학 자체로서 자기회복운동이면서, 새로운 양상을 띠면서 정치적인 시대에 들어섰다고 말할 수 있습니다. 또 조선생이 방금 말씀하신 대로, 과거 어느 때를 소급해봐도 우리 문학은 정치·사회적인 관심이 굉장히 큰 문학인데, 지금 말씀드린 바와 같이 80년대에 와서 그것이 두드러지게 나타났다는 것이죠.

문학으로 들어와서 볼 때에 조선생이 지적하신 대로 장시나 장편소설 등 장편형식이 그 특징이었다 하는 것도 맞는 이야기입니다. 그것도 지적하신 대로 우리 전통이 계승되면서 또 동시에 정치·사회적인 관심의 다른 표현이라고 말할 수 있겠습니다. 그래서 정치적인 관심이라는 것은 상황의 전체를 얘기하기 위해서 역사적인 맥락 속에서 봐야겠다는 경향이 나타났다는 뜻입니다. 장시나 장편소설이라는 것이 대개 역사적인 성격을 갖는 것이었다, 즉 역사라는 현상을 통해서 오늘의 정치현상을 이해하려는 노력이었다 그렇게 생각합니다. 역사를 새로 쓴다는 것은 정치적인 시대에 있어서 저절로 일어나는 것이라고 생각합니다. 그것은, 누가 과거 역사를 점유하느냐 하는 것이 상당히 중요한 정치투쟁의 일부이기 때문에 그 일환으로 이해할 수 있습니다. 여기에서 역사적인 성격을 지닌 장시, 장편소설들이 나오는 것이 아닌가 생각합니다.

그렇다고 해서 모든 사람들이 다 정치적인 관심만 가지고 문학을 하는 것은 아니지만, 작가가 정치와의 관계 속에서 자기 위치를 점검해나가는 시대가 80년대 사회가 아니었는가 합니다. 순수문학이라는 것도, 순수문학 아닌 것에 대한 반대명제로 성립되기 때문에, 정치적인 관심이 나타나지 않는다고 보이는 작가들도 사실은 정치적인 관심과 관계 속에서 자기 위치를 생각하지 않을 수 없는 그런 시대였다고 생각합니다. 우리 사회변화의 근본 동력이 진짜 정치에서 나왔느냐 하는 것은 의문이 좀 있다고 생각합니다. 어떻게 보면 정치도 정치가 스스로 걷잡을 수 없는 경제적·사회적 변화에 대한 하나의 대응적인 행동, 대응적인 조치로도 볼 수 있습니다. 그러니까 대체적으로 더 큰 경제적·사회적 변화에 대한 반응으로서 여러가지 정치적인 작품이 나온 것이라 할 수도 있습니다. 문학만을 놓고 볼 때 문학은 생활인의 일상적인 인식에 깊이 관계가 있기 때문에 정치 이상의 테두리에서 볼 필요가 있습니다. 정치적인 관심이라는 것은 우리 사회의 경제적·사회적인 움직임을 따라서 일어나는 여러가지 의식의 변화가 표출된 것이라고 간접화해서 볼 수도 있습니다. 문학은 정치사회 현실에 대해 직접적인 변화를 표현할 수도 있고, 또 경제적·사회적 변화로서 일어난 여러 사람들의 일상적인 의식을 반영할 수도 있습니다.

김재용 김선생님의 말씀은 아까 조선생께서 말씀하신 '80년대의 우리 문학운동이 갖고 있는 자기회복운동의 일환'으로서 결과적으로 그렇게 볼 수 있겠지만 더 직접적으로 보자면 80년대가 지닌 정치적인 시대와 억압적인 것을 반대하면서 싹트는 모든 흐름에서 볼 수 있다고 말씀해주시고, 또 정치적 지향을 강하게 드러내지 않은 작품 또한 사실은 정치적 상관관계 속에서만 이해될 수 있다고 말씀해주셨습니다. 그러면 80년대 민족문학운동의 한복판에서 활동해오신 백선생님의 평가를 들어보겠습니다.

백낙청 조선생께서 정상화라는 말씀을 하셨는데, 저도 80년대 문학이 여러가지 문제점을 지녔음에도 불구하고 문학이 본래 가져야 할 다양하고 풍성한 성격을 갖는 방향으로 진전되어왔다고 생각합니다. 정상화를 얘기하시는 가운데 한편으로는 새로운 갈래를 모색하는 현상을 찾아보면서 동시에 우리 문학에 옛날부터 존재하던 정치·사회적 관심이 더 높아졌다는 점을 지적하셨는데, 사실 그런 양면이 함께 드러났다는 것이 중요한 현상이라고 생각합니다. 왜냐하면 흔히 다양화나 다원화를 얘기하는 사람들이 진정한 다양화라기보다는 정치적 관심이랄까 또는 특정한 입장을 배제한 나머지만으로 이루어지는 부분적 다양화만을 그렇게 부르는 일종의 기만적 다원주의에 해당하는 경향도 없지 않습니다. 그런데 우리 80년대 문학에서는 종전에 억압되었던 정치적인 관심이나 주장이 표출되면서 동시에 다른 면도 다양해졌다는 의미에서 정상화라고 봅니다.

이런 노력이, 먼 과거의 문학사까지 돌아볼 능력이 제게는 없고 우리 세대의 경험을 얘기한다면, 사실은 4·19 이후에 시작되는 문학의 정상화 작업 내지는 복원작업의 연장선상에 있다고 생각합니다. 그리고 70년대 초부터는 그런 노력이 민족문학이라는 개념을 중심으로 진행되어서 한편으로는 억압적이고 기만적인 다원주의, 공식적 다원주의에도 저항하는 양면의 노력을 기울여왔다고 하겠습니다. 그 과정에서 우리는 우리 민족이 당면한 역사적인 위기의식을 강조하고 거기에 대한 정치적인 대응을 강조하면서도, 이것이 적어도 문학에 있어서는 어디까지나 문학을 통한 대응이 되어야 한다는 점을 강조해왔습니다. 이런 작업의 연속선상에서 80년대에 들어와서 역사적으로 두 개의 큰 고비가 있었다고 할 수 있습니다. 하나는 80년 5·17 이후 소위 신군부의 집권과 광주항쟁이고, 다른 하나는 87년의 전국적인 국민항쟁을 통한 전두환정권의 종말이지요. 이 두 가지 고비 모두에서 우리 민족문학운동은 이것을 또 하나의 민족적인 위기로 파악하는 동시에 여기에 성공적으로 대응할 때에 우리 문학이 더 높은 단계로 진출할 수 있다는 신념을 가지고 맞섰습니다. 80년 당시의 위기라는 것 자체는 누구나 쉽게 합의할 수 있는 명제인데, 문학 내에서 그것이 갖는 의미는 단순히 전두환정권의 억압에 의해서 우리의 건강한 문학이 압살당한다든가, 압살까지는 아니더라도 크게 위축되는 그러한 위기만이 아니라, 문학의 반응 자체가 이 위기를 너무나 단순하고 소박하게 인식할 때 억압자의 손을 거치지 않고도 우리 스스로 문학을 빈곤하게 만들 수 있는 그런 위기였다고 하겠습니다.

이런 양면의 위기에 대응하는 가운데 우리 민족문학 진영 내부에서도 여러가지 논란이 있었지요. 그러나 어쨌든 사회 전반에 걸쳐서 우리가 5공화국의 억압에 짓눌리지 않고 민중역량을 키워 6월항쟁을 성립시켰듯이, 우리 민족문학 진영 내부에서도 대체적으로 역량의 증대를 가져오고, 또 이에 자극을 받아서 민족문학운동에 직접 속하지 않는 부분에서도 여러가지 의미있는 작업이 이루어졌다고 생각합니다. 87년의 경우는 일단 억압적인 정권의 종말을 가져온 것이기 때문에 이것을 80년과 똑같은 의미의 위기라고 할 수는 없겠죠. 그러나 한편으로는 정치적으로 5공화국의 종말을 가져오기는 했습니다만, 6공화국의 정권담당층을 볼 때 5공과 기본적으로 다른 것이 아니기 때문에 국내에서뿐만 아니라 대외관계에서의 예속이라든가 하는 종래의 위기가 계속된 것입니다. 그러면서도 문학 내부에서는 조금 다른 양상의 위기를 가져왔다고 생각합니다. 다시 말해서 한편으론 그런 억압에 의해서 위축될 위기는 계속 안고 있지만, 종전처럼 정권의 직접적 탄압에 의해 말살될 위기는 없어졌는데도 불구하고 이전에 견지하던 자세에 그대로 집착함으로써 우리 스스로가 문학을 빈곤하게 만드는 면이 분명 있었습니다. 그리고 다른 한편으로는 지금 어느 한부분에서 사태가 개량됐기 때문에 기본적인 위기 자체가 해소됐다는 착각에 빠져, 그런 착각에 수반되는 여러가지 문학현상이 있는 가운데, 민족문학이 자기 위상을 확실히 세우고 알찬 결실을 맺어나가는 데 여러가지 혼란이 일어났다고 생각합니다.

그런 의미에서 '87년 이래 특히 90년대 들어와서 여러가지로 변화하는 세계 속에서 우리 민족문학이 새로운 위기를 맞은 것이다'라는 얘기를 했습니다만, 이때의 위기라는 말은 첫째로 본래부터 민족문학은 역사적인 위기에 반응하는 문학으로 나왔기 때문에 어떤 의미에서는 위기를 먹고 사는 문학이다, 다시 말해 새삼스러운 사태가 아니라는 뜻을 상기할 필요가 있고, 다른 한편으로는 위기라는 말은 엄밀히 말해 파탄이나 혼돈이 아니라 새로운 기회를 맞았다는 뜻이기 때문에, 저는 아까 조선생께서 정상화라고 표현하신 80년대의 그런 발전을 딛고 90년대에 우리가 더욱 뜻있는 열매를 맺을 수 있으리라는 확신을 갖고 있습니다.

작품과 작가를 통해 본 80년대 문학의 여러 양상

김재용 80년대 문학의 전반적인 특징을 말씀해주셨는데 이제 구체적으로 들어가서 작품과 작가를 대상으로 말씀을 나누어보겠습니다. '80년대' 하면 누구도 부정할 수 없는 것이 노동현실을 다룬 작품이 많이 발표되었고 또 그것에 관한 논의가 무성했다는 것입니다. 그리고 이러한 흐름이 단순히 소재의 측면이 아니라 그것이 지향하는 세계관과도 깊은 관련을 맺고 있는 것으로 보이는데 이 점에 대해서 어떻게 생각하고 계시는지 우선 김우창 선생님께서 말씀해주시죠.

김우창 정리를 많이 해온 것이 아니기 때문에 뭐라고 특별하게 말할 것은 없는데, 하여튼 노동의식의 분명한 부각이 우리 사회의 민주적 발전의 일부를 이루고 있는 것이 사실입니다. 노동운동의 작품 중 투쟁적인 면을 강조하는 것이 있고 사실적인 것을 반영하는 것이 있습니다. 그 두 측면 중에서 하나는 미래지향적이고 하나는 사실적이고 지엽적인 성격을 가졌습니다. 이 두 가지를 합친 작품들이 좋지 않나 생각해요. 실제로 박노해씨의 작품이라든지 최근에 활동하는 백무산씨라든지 김남주(金南柱)씨 — 김남주씨가 노동운동에 직접 관계하는 것은 아니지만 — 등의 작품들은 그런 지엽적이고 사실적인 면과 미래지향적인 면, 두 가지가 합쳐져서 효과적입니다.

김재용 이번에는 백선생님께서 말씀해주시죠. 특히 소재의 문제보다는 최근 활발하게 논의되어온 노동자계급 당파성의 문제와 관련시켜 말씀해주시죠.

백낙청 노동문학이라고 얘기할 때 먼저 생각할 수 있는 것이 역시 노동현실을 소재로 한 문학입니다. 소재주의에 빠져서는 안된다는 것은 당연한 얘기지만, 소재 선택이 당파성과 전혀 무관할 수도 없는 것이죠. 또 한 가지는 작가의 신원 문제인데 이것 역시 노동자가 썼느냐 안 썼느냐 하는 것에 집착해서 작품을 판단하는 것은 어리석은 일이지만 쓴 사람이 어떤 사람이고 어떤 생활체험을 갖고 있는가 하는 것이 작품에 담긴 관점과 무관할 수는 없을 것입니다. 그러한 점에서, 70년대에도 없었던 것은 아닙니다만 80년대에 들어와서 노동 또는 농민 현장의 필자들에 의한 작품들이 많이 나오고, 또 이들 중 대부분이 자기네의 생활체험, 투쟁경험을 다루었다는 사실은 아까 말한 우리 문학의 다양화, 정상화를 위해 크게 기여했다고 생각합니다. 노동자계급의 당파성이라고 표현되는 '관점'의 문제와는 조금 차원이 다르긴 합니다만, 어쨌든 민족문학의 올바른 관점을 수립하는 데도 중요한 기여를 했습니다. 저 자신은 85년에 쓴 글에서 '각성된 노동자의 눈'이라고 표현한 바가 있습니다. '각성된 노동자의 눈'으로 씌어진 작품이라는 것은 반드시 소재가 노동현실에 한정되지 않고, 또 그것을 쓴 사람이 노동자라고 해서 반드시 각성한 노동자인 것도 아니며, 노동자가 아니라고 해서 그런 눈을 체득할 수 없다는 전제도 성립될 수는 없다고 생각합니다. 반면에 그러한 눈으로 우리 현실에 대해서 직시할 수 있을 때 실제로 노동현장을 피해가면서 단편소설이나 단시 이상의 것을 쓴다는 것도 흔하지 않은 일이겠지요. 또 아직까지 우리 상황에서는 노동자가 아닌 작가가 그런 관점을 체득하는 경우도 그다지 흔한 일은 아니라고 생각합니다. 그래서 전반적으로 그런 새로운 소재의 소설들이 많이 나오고 또 신원이 다른 새로운 작가들이 많이 등장하면서 그런 관점이 부각됐는데, 다만 민족문학운동을 하는 사람들 가운데에는 이런 현상을 두고서 80년대를 노동문학이 주도해왔다고까지 표현하는 분들이 있지만, 이 점에 대해서는 생각을 달리합니다. 좁은 의미의 노동문학이 80년대 문학에 소중한 기여를 하기는 했지만, 아직까지는 새로운 소재를 소개했다든가 새로운 신원의 필자를 발굴했다든가 하는 선에서 그친 경우가 많았고 정말 각성한 노동자의 눈을 담은 높은 수준의 작품을 실제로 이룩한 경우는 아직껏 한정되어 있다고 생각합니다. 오히려 70년대 또는 그 이전부터 활동을 계속해온 기성의 시인·소설가들, 이런 분들의 활약이 역시 80년대까지는 주도해왔고, 지금 싯점에 있어서도 그 주도성이 크게 변하지는 않았다고 생각합니다.

80년대의 노동문학에 대한 저의 대체적인 평가는 그런 것이고, 이 중에서 두드러진 작품성과를 낸 분들을 든다면 역시 박노해 시인이 있고 백무산의 『만국의 노동자여』라는 시집도 높이 평가하고 싶습니다. 또 김해화 시인의 경우에는 사실 80년대에 나온 『인부수첩』보다 최근에 나온 『우리들의 사랑가』라는 시집이 훨씬 훌륭한 성과라는 생각을 하는데, 그러나 90년대에 들어와서 계속 발전하는 것을 볼 때 김해화 시인 역시 80년대에 등장한 중요한 시인으로 꼽아야 할 것 같습니다. 그외에도 여러 사람을 꼽을 수 있습니다만, 여기서는 일단 특히 주목할 만한 소설가로서 방현석씨와 정화진씨를 거명하는 정도로 대신하지요.

조동일 저는 신경림(申庚林), 김지하(金芝河), 고은(高銀) 이 세 사람을 통해서 오늘날 시가 모색하고 있는 바에 대해 말씀드리겠습니다. 신경림을 중심으로 해서 지금 전개되고 있는 민요시운동을 나는 4차 민요시운동이라고 명명합니다. 제1차 민요시운동은 18, 19세기 동안에 한시를 가지고 민요를 나타내려 한 운동입니다. 제2차 민요시운동은 신채호(申采浩) 시대에 민요를 가지고 개화 애국의 사설을 나타내려고 한 것입니다. 제3차 민요시운동은 1920, 30년대에 김억(金億)이나 김소월(金素月) 같은 사람의 시에서 볼 수 있는 것입니다. 첫번째 민요시 운동은 민요를 한시로 옮겨놓으려 했으므로 한시의 쇄신에는 기여했지만 민요의 발전에는 도움이 되지 못했습니다. 두번째 사람들은 민요의 인기를 이용해서 자기의 주장을 전달하려고 했기 때문에 차질을 빚어냈습니다. 1920, 30년대에 민요시운동을 일으켰던 사람들은 민요를 단순 소박한 정서의 표현으로 보아 그 의의를 크게 축소했습니다. 지금의 제4차 민요시운동은 그러한 잘못을 상당히 시정하고 민요를 폭넓은 민중의 삶을 나타내는 것으로 보고, 오늘날 민중의 문제를 민요시를 통해 담고자 하는 매우 바람직한 방향이라고 생각합니다. 그러나 거기에도 두 가지 결함이 있다고 봅니다. 1920, 30년대 사람들처럼 민요가 가지고 있는 그 창의력을 제약하지는 않았지만, 다양하고 발랄한 표현을 충분히 이루어냈다고 보기는 어렵습니다. 그다음에 민요시를 가지고 세상에 유행하는 근대시에 대응하는 새로운 시학을 이룩하려는 이론적인 노력이랄까 작전이랄까 하는 것이 상당히 부족해서 단순 소박한 발상에 머무르고 있다 하겠습니다. 민요의 율격과 그 변형방식에 관한 인식이 매우 부족한 것을 지적할 수 있습니다.

그런데 김지하는 훨씬 더 의도적인 계산으로 창작을 하고 단순 소박한 것을 넘어서서 적극적인 실험을 하기를 좋아했다고 생각합니다. 김지하의 두 가지 실험 가운데 '담시'라고 하는 것은 서사민요의 전통과 판소리식 율격이나 문체와 깊이 연결되어 평가할 만한 성과를 거두었으나, '대설'이라는 것은 극단적인 실험의 한 파탄을 보여주었으며 그야말로 엉뚱한 짓을 하다가 나가떨어진 결과라고 생각합니다. 그러나 실패에서 교훈을 찾게 하는 의의가 적지 않다고 생각합니다. 고은에 관해서는 고은 시집의 해설을 쓰면서 '선승이면서 광대인 고은의 시'라고 제목을 붙였습니다. 고은은 선승으로서의 말이 없는 것과 광대의 수다스러움 양쪽을 다 보여주고 있어서 예사롭지 않습니다. 서양풍의 시가 아닌 우리 시를 다시 이룩하기 위해서는 농민시를 만들든지 광대시를 만들든지 선승의 작업으로 돌아가든지 하는 작업이 필요한데, 그 시가 새롭게 이룩될 수 있는 가능성에 대한 시학적인 통찰력이랄까 하는 것이 덜 철저하고, 그래서 또 선승의 시와 광대의 시가 각기 따로 놀고 있는 것이 문제입니다. 근본적인 쇄신의 가능성을 보여주면서도 속 시원한 데까지 나가지 않은 채 조심스러움과 수다스러움에 머무르고 있는 것이 아닌가 생각됩니다.

이미 말한 세 가지 경우에 모두 민중의 시를 위해 크게 기여한 바 있으나, 그 방법이 문제입니다. 소재를 앞세운다는 것은 의미가 없고, 또 민중의 언어랄까 발성, 호흡, 그러한 것을 좀더 풍부하게, 좀더 신들린 듯이, 그러면서도 깊은 설득력을 가져야 할 것입니다. 이 시대 우리 민중문학을 위해 여러 사람이 바람직한 작업을 많이 했고, 그 성과가 80년대 문학의 중요한 업적으로 기록되고 있습니다만, 한마디로 얘기해서 작가로서는 체험적 각성이 미흡하고, 또 작가 자신이나 평론가들이 창작의 방법과 방향을 제시하는 이론적 작업이 아직은 소박한 상태에 머물러 있어서 앞으로는 적극적인 노력이 있어야 하지 않을까 생각합니다.

김우창 우리가 오늘 심문받는 식으로 하지 말고 자연스럽게 돌아가면서 합시다.(웃음) 백선생님이 말씀하신 노동문학의 문제, 즉 좋은 작품을 낸다는 것은 우리가 다 알고 있는 사실로, 신분에 관계되는 것만도 아니고 사회정치에 관계되는 것만도 아니고 개인의 재능에 관계되는 것만도 아니고 그게 다 관계되어서 간단하게 얘기할 수 없는 복합적인 요인이 되어 좋은 작품이 나온다고 얘기할 수 있을 것 같습니다. 작품은 특별하게 타고난 재능이라기보다는 사회적으로, 개인적으로, 또 계층적으로 갖고 있는 복합적인 요인이 이루는 어떤 특이한 화학현상이라고 말할 수 있겠습니다.

그리고 아까 민요시운동을 말씀하셨는데, 김지하씨와 신경림씨, 신경림씨는 특히 김지하씨보다 전통적인, 민요적인 정서를 많이 갖고 있습니다. 그러나 가락이라든지 힘을 보면 김지하씨의 '담시' 쪽이 더 강합니다. 물론 '대설'은 좀 문제가 있지만 말입니다. 전통적이고 민요적인 분위기, 그것 못지않게 자기가 갖고 있는 언어를 구사할 수 있는 힘과 관계가 있다는 말입니다. 김지하 시나 신경림 시 중 어느 쪽이 좋은가를 얘기하기는 어렵겠지만, 신경림 시가 전통적인 것을 가지고 있으면서 사실은 김지하 시가 더 전통적인 힘을 가지고 있다고 일단 이렇게 얘기할 수 있습니다. 달리 얘기하자면 신경림씨 시에 사회적인 내용이 많지만, 그에 접근하는 태도는 신경림씨가 주관적인 데 비해서 김지하씨의 경우는 민요적 생활을 투영하지 않으면서도 더 객관적인 언어를 구사하고 있습니다. 그래서 그 소재나 스타일만 가지고 판단하기는 어렵습니다. 궁극적으로는 개인적인 언어구사의 힘에 달려 있다는 것이 그런 점에서도 드러나지 않은가 하는 생각입니다.

김지하 시인의 '담시'의 경우 민요적인 내용보다는 민요적인 스타일이 중요하다는 느낌을 갖고 있어요. 그리고 그 스타일이라는 것은 민요적인 기반에서 나오는 여러가지 정서와 생각을 더 직접적으로 표현할 수 있게 하는 가능성을 가진 스타일이라는 것이죠. 그것은 그 내용보다도 스타일 자체가 더 중요하다는 것입니다. 민중적이고 보통사람들이 느끼는 정감이나 사상을 구어체에 가깝게 표현할 수 있는 스타일, 이것이 판소리나 옛날 민요 스타일의 핵심이라고 생각하는데 사람 사는 것이 농촌에서 살 수도 있고 도시에서 살 수도 있고 시대에 따라 여러가지로 달라질 수 있는데, 그러한 사람들의 정서와 사상의 직접적 표현을 가능하게 해주는 스타일이라는 면에서 김지하씨의 '담시' 같은 것은 중요한 실험이라는 생각이 듭니다.

신문에 난 것을 보면 우리 농민이 15% 정도라고 합니다. 이러한 인구 변화 속에서 민요가 종전 스타일과 감정을 가지고 존재할 수 있을까요? 옛날 민요를 계승하면서 동시에 상당히 달라지면서 표현될 수밖에 없는 것이죠. 언어 자체도 생활기반이 달라지기 때문에 옛날 것이 그대로 계승되지는 않을 것입니다.

조동일 지금 말씀하신 것을 이렇게 정리해보겠습니다. 바람직한 창작이 이루어지기 위해서 첫번째 조건이 민중적 삶의 예술적 체험이라고 말하겠습니다. 그냥 민중적 삶이 아니라 예술적 체험이라는, 민중의 언어를 생동하게 구사하는 능력, 민요시를 천연스럽게 지을 수 있는 재주, 음악의 장단과 가락을 몸에 익히는 수련까지 필요로 합니다. 그런 것들은 민중문학을 배타적으로 하기 위해서 소중한 것이 아니라, 민족문학에 더할 나위 없이 좋은 밑천이기 때문에 반드시 갖추어야 합니다. 두번째는 정치적·사회적 의식이죠. 세번째는 문학이론적인 각성과 그 실험정신, 또는 그것을 평가하는 비평적 안목입니다. 그 셋 가운데 70년대, 80년대로 오면서 두번째인 정치적·사회적 의식이 매우 강조되어왔습니다. 어떤 의미에서는 그것이 만능인 것처럼 생각해왔고, 그런 의미에서 아까 백낙청 선생이 지적한 것과 같은 폐단도 나왔습니다. 김지하가 특별했던 것은 첫번째 것을 갖추었고 세번째 것에 대해서도 관심을 가진 데 있습니다.

지금은 정치적·사회적 의식이 그리 모자라지 않고, 어떤 의미에서는 이미 상식화되어 있고, 또 그것으로는 부족하다는 것이 잘 알려져 있기 때문에 첫번째인 민중적 삶의 예술적 체험과 수련이 다시 중요시되는데, 오늘날의 생활이나 교육 그리고 사회환경이 그것을 참으로 어렵게 만들고 있습니다. 그래서 작가가 되고자 하는 사람은 대단한 각오로 특별한 자기훈련을 하지 않을 수 없습니다. 그러나 그것 못지않게 중요한 것이 창작을 하는 데 대한 이론적·미학적 각성과 실험, 그것을 평가하는 능력이라고 생각합니다. 다시 말하면 작가가 그런 의미에서 탁월한 예술이론가를 겸하는 것이 최상이고, 그렇지 못하다 해도 이론적인 관심을 가지고 작업을 하고 비판적 검증을 즐겨 받아야 하겠습니다. 그런데 비평가가 이론적 점검의 작업을 제대로 수행하지 못해서 문제입니다. 미학적·이론적 점검과 방향제시가 작가의 자기수련과 함께 대단히 중요한 과제로 제기되고 있다 하겠습니다.

백낙청 지금 신경림, 김지하 두 시인에 대한 애기가 나왔고, 앞서 고은 시인에 대해 말씀하셨는데, 고은 시의 경우에는 '선승과 광대'라는 틀을 가지고 평가하는 것은 다소 문제가 있지 않나 생각합니다. 두 낱말은 해석하기에 따라서는 그 양극 사이에 모든 것이 다 포괄될 수도 있지만, 결국 선승과 광대가 각기 보통사람과는 다른 양극이라고 할 때 그 중간에 자리 잡고 있는 것이 바로 조선생이 말씀하신 민중적 삶일 것입니다. 그리고 결국은 이 민중적 삶을 얼마나 예술적으로 자기 것으로 만드느냐, 얼마나 잘 드러내느냐 하는 것이 관건인데, 고은씨의 경우 상식적인 뜻에서 선승일 수도 있고 광대일 수도 있다고 말한다면 고은의 시가 가진 다양한 면모 중의 두 가지를 잘 지적해냈다고 할 수는 있지만, 훨씬 많은 다른 면이 누락되지 않은가 하는 생각이 들어요. 조선생이 이번에 해설을 쓰신 시집 『해금강』은 짧은 시들의 모음인데, 그전의 서사시도 있고 『만인보』와 같은 연작시도 있고 서정시 중에도 '선승'과 '광대'라는 양극과 거리가 먼 작품들이 많지요. 이런 것을 볼 때 고은 시인에게서 중요한 점은 무엇보다도 그가 우리 시대의 생활인으로서의 체험과 경험을 예술적으로 표현하는 데 뛰어나다는 점이라고 먼저 말해야 옳을 것 같습니다. 그것이 선승의 면모로 나타나기도 하고 광대의 면모로 나타나기도 하지만 어차피 우리 시대의 체험이라는 것은 어느 한 개인이 만족스럽게 다 표현하는 것이 불가능할 정도로 복잡하게 전개되고 있습니다. 그러나 적어도 우리가 훌륭한 시인에게 요구하는 것은, 한편으로는 우리 민족의 전승된 삶의 미덕이랄까 보람에 대한 건강한 의식을 가지는 동시에, 다른 한편으로는 변화하는 현대세계의 최첨단적인 인식도 아울러 가져야 한다는 점일 터인데, 이 두 가지 요구에 다른 누구보다도 잘 부응하고 있다는 점에 고은 선생의 탁월성—

조동일 그 점은 동의합니다. 민중의 삶을 어떻게 하면 더 잘 형상화하는가 하는 것이 문제이지요. 그런데 선승의 말없음과 광대의 수다스러움이 아직은 아주 양극화되어 있지요. 수다스러울 때는 정말 긴장과 압축 없이 수다스럽고, 말이 없을 때에는 거의 무책임할 정도로 말이 없어요. 그래서 선승이 민중적 삶을 다루는 방식과 광대가 다루는 방식을 하나로 결합시켰을 때 고은 시가 완성될 것이라고 이야기한 것이죠. 또 한 가지 말씀드리자면 긴 시와 긴 소설이 압축과 긴장이 부족하다는 것은 공통적입니다. 그래서 길어지더라도 압축과 긴장이 있어야 하는데, 그것은 상업성과도 관계가 있습니다만……

김우창 물량주의지.

조동일 일종의 물량주의죠. 길면 좋다, 소설을 쓰면 열 권은 되어야 한다는 풍조가 있는데 90년대에는 좀더 압축되고 응축된 작품이 나와야 하겠습니다.

김재용 다음 문제로 넘어가기 전에 80년대의 부분이 워낙 다른 부분에 비해서 비중있는 대목이기 때문에 좀더 얘기해도 될 것 같아요. 노동현실을 다룬 문학작품에서 시작해 80년대 민중현실을 예술적으로 형상화한 작가들, 예컨대 고은, 신경림에 대한 논의가 있었는데 여기서 빠뜨리고 넘어갈 수 없는 부분이 분단된 조국의 현실을 다룬 작품이라고 생각합니다. 특히 장시와 대하소설이 주로 이 분단문제와 관련되어 창작되곤 했는데 이에 대해서 백선생님께서 우선 말씀해주시죠.

백낙청 글쎄요. 제대로 이야기가 되자면 어떤 작품의 어떤 부분이 이러저러하다든가 하며 검증을 하고 가급적 폭넓은 합의를 이루어나가야 할 텐데, 그러려면 첫째로 작품을 충분히 읽었어야 하고 두번째 이것을 논의할 만한 충분한 시간이 되어야 하는데 지금은 그럴 형편이 아닌 것 같습니다. 전반적으로 얘기하면, 긴 작품을 쓰려는 의욕을 품게 되고 그런 시도가 활발하게 나온 것 자체는 일단 긍정적으로 보겠는데, 구체적인 효과에 있어서는 우리가 자족할 만한 것인지 의문입니다. 긴 작품 중에서 황석영(黃晳暎)의 『장길산』에 대해서는 대체로 의의를 평가하면서 제 나름대로 비판을 가한 바 있고, 그밖에 80년대의 대표적인 성과로 꼽히는 것이 『태백산맥』인데, 열 권 전부를 독파하지 못한 처지에 이런 말을 해도 될는지 모르겠습니다만, 『태백산맥』은 그 싯점에서 어떤 소재를 과감하게 부각시켰다든가 그밖에 여러가지 높이 사줄 부분이 있습니다만, 전체적으로 『장길산』만한 수준에도 못 미치지 않았는가 합니다. 어쨌든 『태백산맥』이 우리 문학에 새로운 경지를 연 획기적인 작품은 못된다는 얘기가 되겠지요.

김우창 아까도 얘기했지만 상황이 많이 바뀌니까 그것을 현실적으로 이해하기 위한 노력으로서 큰 작품들이 나오는데, 그것은 제가 아까 농담 비슷하게 물량주의라고 얘기했는데 우리 문학도 큰 것을 만들어야 하지 않겠느냐 하는 시대적인 압력도 작용하지 않았나 싶습니다. 어쨌든 사회와 인간을 전체로서 파악하기 위해서 역사를 소재로 하는 『장길산』 같은 긴 작품이 나왔습니다. 그것은 또 역사 점유의 정치적 투쟁의 의미도 가지고 있다고 생각합니다. 『태백산맥』에 대해서는 좋은 작품인가의 문제를 떠나서 그것도 역사를 전체적으로 풀어나가려는 노력이라 할 수 있고, 오로지 정부의 공식적인 역사에 대한 관점에 대해 대체적인 관점을 제시하려 했다는 의미를 가지고 있습니다.

오늘날에 와서 북한이 우리 전통적인 민족공동체를 계승하고 있다고 생각하는 사람도 있고, 남한이 그렇다고 생각하는 사람도 있고 여러가지가 있는데, 북한이나 남한이나 다 같이 역사적인 맥락 속에서 가능했던 길이었다는 일반적 인식은 생겼다 할 수 있습니다. 그러나 이것을 『태백산맥』이 이룬 것은 아닙니다. 그동안의 여러가지 정치투쟁, 또 사회 에너지의 한 표현입니다.

그러나 어떤 경우이든 투쟁적으로만 역사를 보면 소설이 안됩니다. 계속적으로 어떤 정치적인 입장을 유지하려 한다는 것은 작품에 상당한 무리를 가져오게 되죠.

조동일 제가 우리 문학의 오랜 특징이라고 말한 것을 지금 김우창 선생님이 말씀하신 것과 연결시키겠습니다. 우리 문학의 오랜 특징이 다양한 삶과 주장을 동시에 등장시켜 작품화한 데 있다고 생각합니다. 불가피하고 자연스러운 상황을 설정해놓고, 삶을 대립적으로 투쟁적으로 그리면서 작가는 좀더 높은 차원에서 독자와 토론을 전개하는 작품이 훌륭하다는 것을 문학사를 통해 알 수 있습니다.

『장길산』은 그렇지 못해 불만스럽게 여깁니다. 작가가 그 배경이 되는 시대를 숙지하지 못하고 체험의 깊이가 모자라, 이런저런 자료를 얻어 지면을 메워나가는 방식으로 소설을 쓴 것이 우선 문제입니다. 소재를 넉넉히 휘어잡아 사실성과 진실성을 획득하기에는 역부족이 아니었나 하는 느낌이 듭니다. 특히 우리 전문가에게 친숙한 자료를 생으로 써먹었을 때에는 소설이 아닌 서투른 논문이라고 할 정도에 이르고 그러한 자료가 가지고 있는 속의미를 잘 찾아 묘미있게 활용해야 하는데, 그냥 집어넣는 대목이 많아요. 그 점은 선의로 자기가 잘하려 해도 불가피했다고 인정하겠으나, 다른 일면에는 선의를 인정할 수 없는 더욱 두드러진 결함이 있습니다. 중국 무협소설, 마카로니 웨스턴 식으로 흥미를 조성한 것은 우리 문학의 체질과 맞지 않고, 독자를 상당히 오도한 잘못이 있습니다. 그 작품이 높은 평가를 받기 때문에 그 오도의 죄과가 더욱 크다고 생각합니다. 그 점에 관해서는 작가의 책임을 정식으로 물어야 한다고 생각합니다. 그 작품이 사실적이냐 하는 데 문제가 있고, 어떤 감동과 의미를 주는가 하는 데 또 문제가 있어요. 그 시대, 다루는 사건 속에서 이룩되는 삶의 보람과 가치, 투쟁과 시련을 견디어나가는 자세랄까 하는 데서 감동을 주어야 하겠는데 주인공 일당 도적들의 승패에 관심을 가지게 합니다. 소설은 싸움의 승패가 아닌, 이것이 주는 의미와 감동에서 독자를 끌어야 한다는 원칙과 어긋나는 결과에 이르렀습니다. 『장길산』이 가지고 있는 문제점에 대해서 준엄한 비판을 하면서 80년대 문학을 결산할 필요가 있습니다. 물론 그것이 대단한 문제작이었고 큰 작품이었다는 데 대해서는 동의를 하고, 또 그런 작품이 나와 많은 독자를 얻은 것을 부정적으로 보지는 않습니다. 아마 80년대에 이루어진 문학의 변동 중에 반드시 짚어져야 할 것이 잘 팔리는 소설과 좋은 소설의 근접입니다.

백낙청 잘 팔리는 소설과 좋은 소설이 80년대에 와서 과연 근접했는지는 잘 모르겠어요.

조동일 과거 어느 때보다 근접했고 다른 어떤 나라보다 근접하지 않았는가 생각합니다.

백낙청 그렇죠. 다른 어떤 나라, 특히 선진자본주의라고 하는 나라보다는 근접했고, 특히 시의 경우에 좋은 시는 으레 안 팔리는 것이 서방 선진자본주의 사회의 특징인데 우리는 그렇지 않다는 것은 중요한 지적이죠. 『장길산』을 볼 때 『장길산』이 갖고 있는 문제점에 대한 인식에서는 저의 논의와 기본적인 차이는 없다고 봅니다. 제가 긍정하는 이야기를 앞세우면서 이런저런 비판을 했는데, 대체로 기본적인 인식은 일치하고, 다만 표현의 방식이나 비중을 얼마나 두느냐 하는 데서 차이가 났으리라고 봅니다. 그리고 80년대와는 달라서 90년대에 와서는 좀더 근엄하게 비판하고 논의해야 한다는 것이 대해서는 동의합니다.

다만 그중에 두 가지만 말씀드리고 싶은데 하나는 사실성의 문제입니다. 『장길산』이 다루는 시대의 삶이 실제의 삶과 『장길산』 내에 담겨 있는 내용이 다르다는 얘기는 여러 사람이 했고 최근에 강영주(姜玲珠)씨가 논문을 통해서 자세히 밝혔습니다만, 이것은 분명히 작가가 근접시키려고 노력하면서도 역부족으로 못한 측면이 있습니다. 그러나 작중의 현실상이 숙종조 시대가 아니고 이후 시대의 삶에 가깝다 하더라도 그것 나름의 의미가 없는 것은 아니고 어쨌든 사실적 정확성을 전문가의 입장에서 너무 따질 일은 아니라고 생각합니다. 물론 『장길산』의 문제점이 단순히 사실주의적 정밀성의 부족만이 아니고, 지금 조선생이 얘기했듯이 원자료를 생경하고 무책임하게 썼다든가 하는 여러가지가 있기는 하지요. 또 하나는 무협지적인 요소라고 하신 것인데 그것도 양면이 있다고 봐요. 무협지적인 측면, 또는 꼭 같은 성격은 아니겠습니다만 연극이나 드라마에서 소위 신파적인 요소라든가 노래에서 사람들에게 친숙한 뽕짝 가락을 활용할 것인가 말 것인가 하는 문제들이 다 이와 연관되는 문제들이어서 그렇게 간단치가 않다고 믿습니다. 무협지적인 요소가 과다하다고 비판한다면 좋지만, 무협지적인 면이 있기 때문에 한마디로 마카로니 웨스턴이라는 식으로 배격할지는 재고해봐야 될 것 같습니다.

조동일 그런데 내가 강조해서 말하고 싶은 것은 이것입니다. 긴 시와 긴 소설은 정말로 공부를 해야 쓸 수 있는데 공부하지 않고 쓰려고 하는 데 문제가 있습니다. 대작을 졸속하게 만들려는 폐단을 이제는 80년대를 위해서가 아니라 90년대를 위해서 좀더 준엄하게 지적해야 한다고 생각해요.

김재용 80년대 문학을 되돌아보면서 마지막으로 짚고 넘어가야 할 문제는 앞서 여러 선생님께서 80년대 문학상황이 정치와 매우 밀접한 연관을 맺고 있었다고 말씀해주셨는데, 80년대 작품 중에서 언뜻 보아 직접적으로 정치와 관련되어 있지 않은 듯하지만 어떻게 보면 그것 역시 정치적 자장에서 벗어나지 못한 것처럼 보이는 작품들이 있습니다. 이런 작품들은 일반적으로 적절한 명칭이 없기 때문에 여러가지 방식으로 불립니다. 심지어 '해체문학'이라고 부르는 논자도 있습니다. 이 부분에 대해서 민족문학과 관련지어 말씀해주시죠.

김우창 '해체시'라는 것이 있습니까? 실험시적인 시들이 있기는 있는 것 같기는 한데 그것이 해체시로 들어갈 수 있는지…… 우리 문학도 70년대, 80년대에 있어서 정치변화, 사회변화를 겪고 있지만 여기서 문학의 역할은 상당히 특이한 것이라고 생각합니다. 문학이 직접적으로 사회변화와 정치변화의 원인을 제공해주고 있는 셈이고, 이런 것은 유기적인 우리 사회변화의 급격성, 사회의 여러가지 모순점들과 연결이 되는 것이죠. 마치 동구라파에서 극작가가 대통령이 되는 식으로 문학 하는 사람들이 사회, 정치변화에 직접적으로 관계되는 일이 많아지고 있다는 것이죠.

그것이 나쁘다거나 좋다는 얘기도 아니고 현상이 그렇다는 것이죠. 그러나 문학은 다른 차원이 있기 때문에 그 다른 차원으로도 봐야 합니다. 문학 하는 사람들은 오늘을 위해서 작품을 쓰기도 하지만 내일을 위해서 씁니다. 다음 세대가 성장하는 데 읽을거리를 만들어야 합니다. 문학의 최종적 기능은 교육입니다. 다음 세대가 지속적으로 살아가는 데 문학이 중요하고, 그 문학이 세상살이에 중요한 역할을 한다는 겁니다.

정치적인 소설도 본인의 의도와는 관계없이 그 사회 속에 있는 어떤 종류의 의식 변화, 우리 인간과 삶에 대한 인식의 변화를 표현하는 수가 있습니다. 황석영씨의 작품이 무협지적인 성격을, 여기에 있다면 화를 낼지 모르지만 그런 면도 없잖아 있습니다. 그것은 오늘의 현실이 무협적인 때문입니다. 그러니까 나쁜 의미의 무협이 반영될 수도 있습니다. 본인의 의사에 관계없이 정치적인 소설도 반드시 의도대로만 정치적인 타깃을 향해서 일로매진하는 것이 아니라 그 사회의 총체적인 문화적 변화를 반영합니다. 그런가 하면 황동규(黃東奎)씨나 이문열(李文烈)씨와 같은 사람은 오늘의 행태에 관계되는 의식의 변화, 정치적으로는 포착되지 않는, 그러면서 정치와 관계되는 변화에 직접적으로 관계됩니다.

얘기가 너무 길어졌는데, 정치의식이라는 것이 형태가 여러 개라는 것을 생각할 필요가 있습니다. 특히 급진적인 입장을 취하는 사람들에게 그런 느낌을 갖는데 그때그때의 목표가 무엇이냐 하는 것도 중요하지만, 매우 중요하면서도 그것이 폐단이 되는 수가 있습니다. 비유하자면 요즘 보약사건과 비슷한 면이 있습니다. 건강을 걱정하는 사람이 보약을 먹고서 기운을 차려야 하겠다고 생각하는 것은 자연스러운 일인데, 그보다 더 중요한 것은 일상적으로 밥을 규칙적으로 먹고 건전한 운동을 함으로써 건강을 유지하는 것입니다. 그와 마찬가지로 정치적인 의식도 한 목표에 집중됐을 때 보약 같은 성격을 가질 수 있지만 그것만이 정치의식을 유지하는 유일한 방법은 아니라는 것입니다.

백낙청 '해체시'가 따로 있는지 없는지는 나도 김선생님과 마찬가지로 잘 모르는 상태입니다만, 어쨌든 흔히 '해체시'라고 일컬어지는 것이 반드시 정치적인 시와 배타적인 것은 아니라는 것을 짚어두어야 할 것 같습니다. 가령 80년대 초 황지우(黃芝雨)의 시를 해체시라고 많이 얘기해왔고, 형식의 해체니, 형식의 파괴니 하는 관점에서 황지우와 기타 소설가 중에 이런저런 사람들이 많이 거론됐지요. 특히 민족문학운동의 역사적·정치적 관심에 냉담한 사람들이 높이 추켜올려진 것은 사실입니다. 그러나 황지우 개인의 행적을 떠나서 그 시만 보더라도 그것은 결코 정치의식이 없는 시는 아니죠. 오히려 그 싯점에서 정치적인 저항을 자기식으로 명백하게 표현한 시라고 봐야지요. 그것이 가장 바람직한 형태의 정치적 저항의 시였는가, 또 그 시의 소위 형식파괴라는 것이 시인 자신이 가진 민족문학적 인식을 제대로 구현했는가 하는 식의 비판을 할 수 있겠지만 말이에요.

그런데 정말 중요한 것은 막연히 정치의식이 있느냐 없느냐라는 점이 아니라 해체시든 해체소설이든 그것이 재미도 있고 이 시대의 삶을 제대로 예술적으로 표현한 작품인가, 시의 언어 자체가 우리의 생활경험을 제대로 표현하면서 독자에게 문학적인 감동을 줄 만한가, 이런 차원에서 그 작품들을 분석해야 한다고 생각합니다. 가령 베케트(S. Beckett)라는 사람의 소설이나 희곡이, 우리 주변의 소위 실험적인 작품이라든가 해체문학이라는 것에 영향력을 행사하고 논의의 대상이 되는 경우도 많습니다만, 저는 많이 읽지는 않았지만 베케트의 경우 우선 말 자체가—아까 김우창 선생께서 김지하의 '담시'를 얘기하신 것과도 통하는 이야깁니다—정말 생활인들의 구어의 리듬을 타면서 거기에다 자기의 독창적인 사고와 감정을 더한 그 문체 자체에서 오는 재미와 맛이 있고, 친근감이 있으며 기막힌 해학이 담겨 있습니다. 그냥 기존의 소설형식을 파괴하는 것만이 아니고 옛날의 이야기꾼을 상기시키는, 독자를 사로잡는 재미가 있어요. 그런데 이런 재미를 빼고 그 외형만을 우리말로 옮긴다면 얼마나 지루하겠습니까. 그런데 실제로 이것이 새로운 소설이니까 알아야 하겠다는 책임감을 갖고 읽지 않으면 읽기 힘든 작품들이 우리 주변에서 많이 씌어지고 있습니다. 그런 작품들에 비한다면 황지우의 초기작에는 말 재미도 있고 단순히 말장난이 아닌 현실의식도 있거든요. 그런 것의 연장선상에서 본다면 최근에 유하 같은 시인이 있죠. 얼마 전에 『바람 부는 날이면 압구정동에 가야 한다』라는 새 시집을 냈던데, 거기 보면 역시 우리 시대의 다양한 사람들이 쓰는 언어의 리듬을 살리면서 시를 쓰고 있고, 아까 고은씨 이야기를 하면서 말씀드린 대로 우리 민중 본래의 건강한 삶에 대한 인식과 현대 도시인의 첨예한 의식, 이런 것이 결합된 측면이 있습니다.

그러니까 이렇게 재능이 발휘되고 작품으로서 괜찮은 시들과 그렇지 못한 시들을 우선 가려야 할 것이고, 정치의식의 문제도 표면적으로 얼마나 드러냈는가 하는 것을 따지기보다 작품으로 구현된 의식의 역사적 의미가 무엇이며 정치적인 함의가 무엇인가에 우리 논의가 집중되어야 하리라고 생각합니다. 그러면서 대체로 김선생님이 하신 말씀에 동의하는데, 다만 거기에 한 가지 꼬투리를 붙인다면 아까 제가 '기만적인 다원주의'라는 말을 했습니다만, 소박한 정치의식을 경계하는 태도에는 그것 나름의 함정이 있다고 생각됩니다. 반성이라든가 통찰, 다각적인 비판, 이런 훌륭한 말 속에는 그 나름대로, 가짜 보약은 아니겠고 오히려 공인된 신경 안정제 비슷한 요소가 없지 않다는 점을 지적하고 싶습니다.

김우창 그 점은 동감입니다. 객관적으로 정리할 수 없어서 그렇지, 어떤 작품은 심각하게 우리 삶 깊은 곳에 가 있고, 어떤 작품은 굉장히 현란한 측면을 가지고 있음에도 불구하고 그렇지 않다는 것은 다 느끼고 있고, 또 직접적으로 정치적인 목표가 안 보이더라도 모든 사람에게 오늘의 삶 깊은 곳에 가 있다는 느낌을 주는 작품이란 깊은 의미에서 정치적인 것이죠.

조동일 서두에서 했던 얘기를 조금 부연해서 지금 제기된 문제에 소견을 덧붙이겠습니다. 서두에서는 이렇게 말했어요. 서양에서 수입된 근대문학의 갈래체계, 문학개론이 시는 이런 것이고 희곡은 이런 것이고, 소설은 이런 것이라고 가르쳐주는 규범이 문제입니다. 그것이 오늘 우리 삶을 나타내기에 매우 불편한 문제점이 있습니다. 또 거기에 포함되지 않으면서 실제로 문학의 기능을 잘 수행하고 있는 것도 있어서 제도권 밖의 문학이라고 말할 수 있는 것도 있습니다. 문학사를 회고해보면 근대문학을 모색하는 과정에서 다양한 실험을 했는데, 그 가운데 상당부분이 폐기되거나 망각되고, 이식된 갈래체계가 정착됐어요. 그래서 이식된 갈래체계가 갖고 있는 불편한 점을 깨닫고, 또 '우리가 실험해보다가 완성도 하지 못한 채 중도폐기한 것이 무엇인가' 찾고자 하면서 기존 갈래의 해체라는 현상이 일어나는 것은 평가할 만한 일이라고 생각합니다. 다만 그런 작업에 대한 진단과 자각이 부족해서 빗나가기 일쑤입니다.

마당극이라는 것도 그러한 현상 중의 하나죠. 오늘날 제도권의 연극이 우리 삶을 나타내기에 부족하다는 점과 과거 탈춤이 민중예술로서 소중한 의의가 있었다는 점 그 두 가지 이유에서 마당극이 요망됩니다. 그러나 마당극을 하는 사람들은 정치의식은 있으나, 예술운동을 할 능력이나 안목이 모자라기 때문에 차질이 생깁니다. 그래서 오늘날 제도적 연극이 가지는 결함에 대해서 체계적인 대응을 하지 못하고 하나의 예외적인 말썽을 일으키는 데 그치죠. 또 과거에 탈춤이 가지고 있던 장점을 오히려 없애버리고 탈춤의 인기에 정치적 구호를 갖다 붙이는 억지 접목을 하면서, 정치운동으로서는 그것대로 성공을 거둔 면도 있지만 예술운동에서는 오히려 우리가 가진 예술적 가능성을 평가절하하고, 어떤 의미에서는 심하게 말해서 명예훼손하는 결과에 이르렀다고 할 수 있지요. 지금 우리가 예술의 여러 분야에서 몸에 맞지 않은 옷을 입었기 때문에 옷을 고쳐 입고 싶은 운동이 광범위하게 일어나도, 엄밀한 진단과 평가, 학문적·비평적 반성이 모자라 차질이 빚어지고 맙니다.

김우창 저는 실험적인 것에 대해서는 계속 열려 있어야 한다고 생각해요. 백선생님께서 기만적 다원주의는 경계해야 한다고 말씀하셨는데, 특수한 사람들의 구미에 맞는 것만을 규범으로 들어서 다른 것은 안된다고 하면 문제가 됩니다.

문학일반적인 태도에 대해서는 그런 생각이 들고, 다른 한편으로는 문학이 사람 사는 데 있어서 정치·사회적 그리고 윤리적 의미를 가진다고 할 때 가장 밑바닥에 드러나는 근본적인 문학의 관심사는 '인간 공동체'입니다. 어떻게 인간이 서로 행복하게 잘살 수 있는가 하는 문제인데 그 공동체는 일반적인 규정이 불가능합니다.

구체적인 현실에서 공동체는 농촌에 있는 촌락입니다. 그러나 전통적인 의미에서의 공동체가 없어지고 있습니다. 우리나라뿐만 아니라 세계적으로 산업화가 이루어져 공장에서 기계 돌려 먹고 사는 사회는 다 그렇습니다. 문학에 있어서 공동체 문제가 핵심이라고 할 때 구체적인 의미에서의 공동체 문학을 산출하기는 매우 어렵다는 것이죠. 옛날의 공동체 속에 있었던, 사람과 사람의 바른 관계에 대한 원시적인 관습이 어떻게 새로운 형태 속에 살아남느냐 하는 것이 오늘날 문학의 과제입니다. 그런 경우 문학의 형태에서도, 옛날 사회의 문학이 갖고 있던 형태는 살아남을 수 없을 것입니다. 옛날 문학이 갖고 있던 사람의 삶은 이제 다른 관계 속에서 재정립되어야 하는지, 그 물음이 그런 문제에 대한 사고가 어떤 형태로 구현되느냐 하는 것은 새로 발견되어야 할, 연구되어야 할 과제입니다. 그러니까 그것은 새로운 형태, 새로운 표현양식, 새로운 인간관계에 대해 계속적으로 열려 있는 것으로 이해해서 바라보아야 하는 것입니다.

민족문학론과 리얼리즘론

김재용 80년대의 문학에 대한 평가를 개괄적으로 했는데, 이제 논의를 옮겨보죠. 80년대에는 작품창작과 더불어 비평적 논의가 매우 활발했던 시기로 기억됩니다. 특히, 민족문학과 그것의 미학적 기초를 이루는 리얼리즘에 대해서는 매우 활발한 논의가 있었고, 최근에 백선생님이 이에 대해서 새로운 논의를 제기한 적도 있습니다. 90년대에도 이 문제가 계속 논의되고 한층 더 심화될 것으로 기대되기 때문에 이 자리에서 이 문제에 대해 생산적인 논의를 해주셨으면 합니다. 이 부분에 대해서는 백선생님보다는 오히려 조선생님께서 말문을 열어주시는 것이 좋을 것 같은데요.

조동일 '사실주의' 문제와 '제3세계 문학론'에 연결시켜서 우선 소견을 개괄적으로 말해보겠습니다. 민중문학, 민족문학, 세계문학이라는 것을 우리는 대립적이거나 배타적인 개념으로 볼 것은 아니라는 점을 먼저 말씀드리고 싶습니다. 하나씩 확대되는 개념으로 보아야 합니다. 민중문학이 민족문학을 만들고, 민족문학이 세계문학을 만든다고, 하나씩 자리를 옮겨가면서 확대되는 개념으로 보는 것이 바람직합니다. 우리가 왜 민중문학을 해야 하는가 하는 이유는 민중의 삶을 배타적으로 옹호하려는 것이 아니라 민족문학의 활기와 창의력을 확보하고 재능과 체험의 원천을 민중문학에서 얻어서 활용하자고 하는 데 있습니다. 또 민중의 삶을 힘써 다루는 것은 민족의 삶을 민중의 삶에서 가장 치열하게 다룰 수 있기 때문입니다. 또한 민족문학을 하면서 그 특수성을 옹호하지 않고 세계문학의 보편성을 적극 찾아나가는 것이 바람직한 태도라고 생각합니다. 우리가 세계문학을 얘기하면 그것은 곧 서양문학이라고 경계하는데, 서양문학이 곧 세계문학이라는 등식은 어디서 보든지 무너졌습니다. 서양사람들도 그렇게 생각하지 않는데 우리가 공연히 너무 경계하고 있다고 생각합니다.

이제 세계문학이 무엇이고 어떤 방향으로 나가야 하는가 하는 문제에 대해서 원칙적으로 피차가 대등한 권리를 갖고 있되, 지금으로서는 제3세계에 있는 사람들이 더 많은 관심을 갖고 있고, 문제의식이 치열하고 세계문학을 다시 일으키는 데 앞장서서 주도적인 구실을 해야 하기 때문에, 우리 민족문학의 분발이 요청되고, 우리 민족문학을 근거로 하고 우리 민족문학의 역량을 발휘해 세계문학의 보편성을 새롭게 창조하는 데 좀더 힘써야 하겠다는 생각입니다. 그러기 위해서 우리 전통 계승에 있어서 오늘날 세계문학의 보편성을 더 쇄신하고 확대하는 데 기여할 수 있는 무엇인가를 적극적으로 찾아 계승해야 하겠습니다. 각성된 민중의 구비문학과 비판적 지식인들의 문학, 양쪽이 다 소중하다고 생각합니다. 비판적 지식인의 문학 자체가 이미 18, 19세기에 각성된 민중문학을 상당부분 수용했던 전례를 오늘날 우리가 재현할 필요가 있고, 구체적으로는 구비문학과의 연관, 한문학과 연관이 다 긴요하다고 생각합니다.

왜 민중문학 내지는 민족문학이 사실주의 노선을 택해야 하느냐 하는 문제 또한 문학사적 고찰이 필요합니다. 과거의 문학이 고정화된 창작방법 또는 그 시대 지배이념에 의해서 격식화된 표현을 벗어버리고, 말하자면 글을 위한 글을 짓는 데서 삶의 지혜를 위해 글을 짓는 쪽으로 전환하기 위해서는 사실주의가 필수적이었습니다. 오늘날도 글을 위한 글이 아니라 삶의 지혜와 경험을 가지고 글을 짓는 것을 사실주의라고 하겠고, 서양에서 들어온 기존의 여러가지 문학이론 또는 어떤 창작방법론에서 말하는 전례에서 벗어나서 삶을 생동하게 나타내면서 비판의식을 발휘하는 것이 사실주의라고 정의하고 싶습니다. 그래서 묘사나 재현 위주의 사실주의라는 협소한 개념에서 벗어나야 합니다.

지난 시기에 한편에서는 탈춤, 판소리를 통해서 성장한 사실주의가 있고, 또 한편에서는 박지원(朴趾源) 같은 탁월한 작가가 이론과 실제 양쪽에서 실험한 사실주의가 있습니다. 박지원은 창작방법을 말하면서 '한편으로 글 짓는 것은 한자로 말하면 이문위희(以文爲戲)하는 것이다. 그냥 즐거움을 맛보는 것이다'라고 말함으로써 기존 관념이 들어오지 않도록 하고, 또 민중적인 즐거움을 받아들이려고 하면서, '또 한편으로는 글을 쓰는 것은 이문위전(以文爲戰)이어서 싸움'이라고 했습니다. 싸움을 할 때에는 유격전의 방법을 쓰더라도 승리하는 것이 바람직하다는 이론을 전개하며 자기 이론의 극단적인 실험으로 「호질(虎叱)」 같은 작품을 내놓았습니다. 그러면서 박지원의 이런 창작방법론이 구현되기까지 철학사상에 대한 반성과 변혁이 아주 치열하게 이루어지고 문학과 철학 양면에서 박지원의 작업이 수행되었습니다. 그런데 철학과의 관련이 지금까지 잘 밝혀지지 않았기 때문에 박지원에 대한 이해가 상당히 미흡했습니다. 그래서 근래에 이 문제를 자세히 다루어서 '문학사와 철학사의 관련양상'이라는 이름의 책을 내기로 하고 준비하고 있습니다. 박지원의 창작방법론과 「호질」에 이르기까지의 변화가 어떤 문학적인 반성과 철학적인 각성을 통해서 이루어졌는지를 밝혀나가는 데 주안점이 있습니다.

근대 이후 서양근대문학을 받아들이지 않은 나라는 이 지구상에 하나도 없다는 것은 사실입니다. 이제는 그것이 이식이냐 아니냐 하는 문제를 얘기하는 것도 과거지사입니다. 들어온 것에다 어떻게 자기 것을 보태 가지고, 서양 것과 우리 것을 합쳐서 서양에도 없고 과거 우리 것에도 없던 더욱 바람직한 문학을 이룩해야 하는가라는 문제가 있습니다. 둘을 잘못 합쳐서 양쪽의 장점을 다 잃어버릴 수도 있고, 잘 합쳐서 더 큰 것을 만들 수도 있는데, 그러기 위해서 전통의 창조적 계승의 문제가 심각하게 제기됩니다. 그러한 것의 한 예로 채만식(蔡萬植)의 『탁류(濁流)』와 같은 작품을 들고자 하는데, 판소리의 수법을 활용해 작품에서 그리는 갈등관계에다가 서술자와 서술내용의 갈등을 덧붙임으로써 묘사 위주의 사실적인 사회소설에서는 도저히 찾아볼 수 없는 긴장된 전개를 하면서 전통적인 시각과 현재 수난의 갈등이라는 의미까지 내포하고 있어요. 이러한 것이 서양에서 들어온 사실적인 사회소설에다가 자기 것을 보태서 서양사람이 이룩하지 않은 새로운 성과를 만들어낸 한 좋은 본보기인데 비슷한 본보기를 가진 터키 작가 야사르 케말(Yaşar Kemal), 이집트 작가 나기브 마흐푸즈(Naguib Mahfuz), 나이지리아 작가 치누아 아체베(Chinua Achebe)

에게서도 볼 수 있습니다. 8월 하순, 국제비교문학회 제13차 발표대회에 가서 이에 관한 논문을 발표할 작정입니다. 전통적 서사문학이 근대소설과 어떻게 연결되어 제3세계 문학의 새로운 발전을 위해 어떤 적극적인 기여를 할 수 있는가 하는 것이 오늘날 세계적인 관심사입니다. 우리는 이에 대해 깊은 관심을 가지고 힘써 논의할 필요가 있습니다. 그렇게 하면서 문학비평과 연구에서 주체성과 보편성을 함께 확보해야 하겠습니다.

김우창 문학이 현실을 그려내야 하는 것이 당연하지만, 현실이라는 것은 어떤 특정한 관점에서 해석되는 현실이기 십상이지요. 물론 백선생께서 그랬다는 말은 아닙니다. 리얼리즘을 얘기할 때 모든 작품이 다 리얼리티를 그리려고 한다는 것을 전제로 할 때, 그 리얼리티가 뭐냐는 것은 해석이 다 다를 수 있는데 그 해석을 너무 좁게 하면 안될 것입니다. 또 모든 사람이 다 현실 속에서 살지, 현실 바깥에서 사는 사람은 한 사람도 없다고 하고 모두 현실적이라고 하는 것은 별로 도움을 주는 것이 아니기 때문에 그 현실이 어떠한 특정한 형태를 가지고 얘기하는 것도 불가피한 것이기는 합니다. 또 그러한 특정양태나 흐름을 보여주고 있는 현실묘사만이 참으로 현실적인 현실이다라고 얘기하는 것이지요. 문학이 세계문학 전집 속에 존재하는 것이 아니라 우리 사회 속에, 역사 속에 존재한다는 것을 상기하는 것도 리얼리즘에 대한 관심과 자연스럽게 연결되는 긍정할 수 있는 입장입니다. 그렇다 하더라도 현실에 대한 비평적·이론적·철학적 해석에 입각해서 작품을 쓰는 것은 무리라고 생각이 듭니다. 현실론은 정치적일 수도 있고 비정치적일 수도 있고, 우파적일 수도 있고 좌파적일 수도 있습니다.

그러나 작품이 현실로부터 우러나온 것이 아니라 의도적인, 이미 정해진 철학적·사회학적·정치적 입장을 가지고 모든 것을 재단할 때 현실을 왜곡할 수도 있습니다. 작가가 해야 하는 작품의 현실성과 구체성에 관한 심각하고 어려운 사고, 즉 비평적·철학적·정치적 사고가 아닌, 작가적 사고를 대체할 수는 없다는 것입니다. 작가라는 것이 제 고집으로 써야지 무슨 이론을 가지고 써서는 안된다는 얘기가 있죠. 물론 제 고집이 어디에서 나왔는가 하는 것이 문제죠. 기독교도가 가진 고집이 다르고, 한국사람이 가진 고집이 다르고, 미국사람의 고집이 다르기 때문에 제 고집대로 써야 한다는 것도 간단하고 자명한 것은 아닙니다. 그러나 작가가 리얼리즘이나 민족문학론, 이런 것에 대해서 아는 것도 중요하지만 작가 자신은 고집스러운 작가적 사고를 다른 것으로 대체하면 안됩니다. 물론 제 생각만으로 쓸 수는 없겠죠. 그것은 작가가 초인이기를 기대하는 것이기 때문에 다른 여러 사람 생각이 들어가지만 그래도 작가의 고집을 최종적인 기준으로 삼아야 할 것입니다.

김재용 두 선생님의 의견을 들으신 백선생님의 의견은 어떻습니까?

백낙청 리얼리즘이라고 하면, 흔히 현실을 올바르게 반영했느냐 안했느냐 하는 것을 리얼리즘의 기준으로 삼고 있습니다. 그러나 저 자신은 현실을 올바르게 반영하려는 의지가 훌륭한 작품을 쓰는 중요한 조건의 하나이고, 다른 한편 훌륭한 작품이 씌어졌을 때는 쓰는 사람이 현실을 직접적으로 어떻게 그려냈는지를 떠나서도 자동적으로 따라오는 결과의 하나가 올바른 현실반영이라고 생각합니다. 하지만 현실반영 자체에서 예술작품의 본질적인 성격을 찾는 데는 다소 문제가 있다고 생각해서 그런 의견을 개진한 적도 있는데, 이 자리에서 그것을 재론하기에는 적합하지 않은 것 같습니다. 다만 우리가 리얼리즘이라고 할 때는 어쨌든 작가 개인의 주관으로서는 어쩔 수 없는, 그러니까 작가의 주체성과 무관하지는 않지만 작가 개인의 주관으로 함부로 좌우될 수 없는 현실이 있고, 그것을 존중하는 자세로 문학을 해야 한다는 것이 전제되겠지요. 좀더 구체적으로 말하자면 그때의 현실이라는 것은 추상적으로 말하는 세계니 대상이니 하는 것이 아니라 실제로 나만이 아닌 다른 많은 사람들도 함께 살고 있는 현실, 그런 의미에서 민중의 현실입니다. 개개인이 귀한 생명이고 개인들인 그러한 인간들이 함께 살고 있는 현실이지요. 그렇기 때문에 리얼리즘 문학은 민중의 현실에 대한 관심을 전제하는 것이고, 그런 의미에서도 민중문학의 성격을 띠는 것입니다. 또 아까 조선생이 지적하셨듯이 이것은 민족문학으로 발전하는데, 그것은 한편으로 우리 상황에서 민중현실이 우리가 민족으로서 당면하고 있는 여러가지 문제와 직결되어 있다는 점에서 그렇고, 또 더 나아가서는 이것이 단순히 민족 하나만의 현실이 아니라 우리 시대에서 많은 민족들이 각기 제 나름으로 민중의 문제를 민족 중심으로 생각하지 않을 수 없는 경우가 많기 때문에 거기에서 민족문학의 보편성이 나오기도 한다고 봅니다. 그래서 민중문학에서 민족으로 가고, 민족문학에서 세계문학으로 나가는 자연스러운 길이 발견된다고 할 수 있겠습니다.

다만 한 가지 첨언할 것은, 우리나라 또는 우리 민족의 단위로 볼 때는 민중문학에서 민족문학으로 나간다고 하겠지만, 세계민중이라는 단위에서 보면 민족문학에서 민중문학으로 나가는 측면도 있을 것 같습니다. 다시 말해서 개별적인 민족문학들이 범세계적인 민중문학을 이루고, 그것이야말로 오늘날 우리가 소망하는 세계문학의 가장 바람직한 형태가 될 것이라는 이야기지요. 그래서 이런 문제에 대해서 앞으로는 민중현실을 좀더 엄밀하게 인식하고 분석해서 민중현실은 어떤 것이고 거기서 어떤 성격의 민족문학이 요구되는지, 또 전세계적으로 어떤 종류의 민중문학을 이룩하고 세계문학을 수립할 수 있는가 하는 검토까지 나가야 하리라고 믿습니다.

그리고 이때에 '사실주의' 또는 '리얼리즘'의 문제가 중요한 쟁점이 된다고 믿습니다. 저 자신은 사실주의와 리얼리즘이라는 용어를 구별해서 사용해왔습니다. 그 이유는 좁은 의미에서의 사실주의, 제가 리얼리즘과 구별하는 사실주의라는 것은 실증의 정신을 반영하는 문학이라고 생각됩니다. 실증 자체는 어떤 의미에서는 정확한 현실인식의 기초를 이루면서 동시에 실증만으로는 우리가 제대로 알 수 없는 현실 전체 또는 핵심적인 진실을 알고자 할 때 방해가 되는 일면을 갖고 있습니다. 실제로 서양에서 사실주의의 발전과정을 보면 실증주의적인 현실은폐 방식에 영합하는 경향도 있었다고 봅니다. 그러한 면을 구별하는 의미에서 실증의 정신을 존중할 만큼은 존중하되 어디까지나 역사적인 진실의 핵심을 찾아내는 데 주력하는 리얼리즘이라는 것을 별도로 생각해보자는 것입니다. 그런데 아까 김선생님이 사실주의라는 것은 좋지만 특정한 관점에서 볼 우려가 있다고 하셨는데, 이때 특정한 관점이라는 것은 어떤 편협한 관점을 의미하신 것이겠지요. 그러나 진정한 리얼리즘과 구별되는 사실주의는 오히려 주체에 의한 일체의 개입을 배격한 '불편부당한 실증의 자세'라는 것을 표방했고, 반대로 진정한 리얼리즘은 언제나 특정한 관점에서의 리얼리즘이 되지 않을 수 없는 것입니다. 역사의 주어진 싯점에서 현실을 가장 진실하게 볼 수 있는 특정한 관점에서 현실을 있는 그대로 보고자 하는 노력입니다.

그러면 특정한 관점 내지 '당파성'과 현실을 있는 그대로 보고 반영한다는 것이 어떻게 양립될 수 있는가 하는 어려운 문제가 생기지요. 그것은 단순히 어려운 문제가 아니라 도저히 양립할 수 없는 이율배반이라고 주장하는 것이 실증주의이고 과학주의인 반면, 그렇지 않고 역사발전의 어느 단계에 이르면 객관성과 당파성을 겸비하는 관점이 가능해진다는 입장이 있습니다. 제가 '각성된 노동자의 눈'이라는 말로 표현하고자 했던 것도 바로 그런 것인데, 다시 말해서 남의 노동으로 살지 않고 자기 노동으로 살기 때문에 세상을 바로 볼 수 있는 기본적인 건강성을 바탕으로 하되, 현실의 복잡한 면을 충분히 감안할 수 있을 만한 최고 수준의 각성을 이루었을 때 그것이 가능하리라는 겁니다. 그렇다고 해서 전지전능한 신처럼 완벽한 것은 아니고 역사의 그 싯점에서는 가장 타당한 관점이라고 주장할 만한 정도겠지요. 그나마 '내가 그것을 이룩했다'고 섣불리 주장하다가는 아무 짝에도 쓸데없는 독단에 빠지기 쉽습니다만, 어쨌든 그것이 가능하다는 전제로 끊임없는 노력을 하는 것이 리얼리즘의 기본자세이고, 그런 의미에서 제가 사실주의라고 구별하는 이념과는 다른 면이 있다고 하겠습니다.

조선생 말씀 가운데 서양문학이 곧 세계문학은 아니라는 점을 못박으셨는데 물론 전적으로 동감입니다. 또 그 명제를 문자 그대로 주장할 사람은 드물 겁니다. 다른 한편, 말은 그렇게 해놓고 실제로 그렇게 안되는 경우가 많지요. 안되는 경우는 결국 세계문학 속에서 서양문학이 아닌 우리 문학이 어떤 역할을 맡아야 할 것인가, 또 그러기 위해 우리가 무엇을 할 것인가에 대해서 충분한 공부도 없고 실력이 미미한 까닭도 있고, 동시에 세계문학 속에서 서양문학이 차지하는 위치가 무엇인가 하는 것에 대해서도 우리의 공부가 부족하기 때문이라고 생각합니다. 가령 서양문학이 세계문학의 전부가 아니라는 것은 누구나 동의하는 바이고 매사를 서양 중심으로 보는 것은 곤란하다는 데 대해 지금은 많은 사람들이 동의하고 있음에도 불구하고 실제 논의를 진행하다 보면 마치 서양문학이 세계문학의 중심인 듯이 논의가 흘러가는 경우가 서양사람들뿐만 아니라 우리들 가운데도 있습니다. 그것이 단순히 잘못된 서양편향이냐 아니면 그렇게 되는 어떤 객관적인 근거가 있는 것인가, '객관적인 근거'라고 할 때는 그런 편향을 조장하는 허위의식만이 아니고 정말 현대사회의 진행과정에서 서방세계가 좋든 싫든 맡아온 중심적인 역할이 있고, 그에 부수되는 문학적 성과가 있었기 때문이 아닌가를 좀 따져봐야 된다는 겁니다. 특히 서양문학을 전공하는 입장에서는 그것을 제대로 규명해서 중심성을 갖는 만큼은 인정을 해주고, 그 도를 넘어서는 논의에 대해서는 제동을 걸고 반박을 하고 대안을 제시하는 것이 긴요한 과제라고 느끼고 있습니다.

조동일 리얼리즘의 문제도 그렇습니다. 지금 아프리카 소설의 리얼리즘을 둘러싸고 유럽사람들은 리얼리즘이 아니라고 말하는데 이거야말로 아프리카 리얼리즘이다 하는 논쟁이 치열해요. 그런 논란에 대해서 깊은 관심을 가지고 새로운 이론을 전개할 필요가 있습니다. 사실주의와 리얼리즘을 구별해서 서양의 19세기 리얼리즘을 특별히 사실주의라 하고, 그밖에 다른 것은 다 리얼리즘이라는 견해에 대해서 불만입니다. 사실주의는 아주 다양하고 다원적인 성향을 띠고 있어서 서양의 19세기 것과 그밖의 것을 나누는 양분법이 별 효용이 없습니다. 마흐푸즈 소설의 비판정신, 아체베 소설의 정신적 자부심 고취 등을 다시 구분해서 그 다양성을 문제삼아야 합니다.

백낙청 그것은 각 나라가 다르게 나온다기보다는 오히려 현실에 대해 깊은 관심을 갖고 있는 제3세계라든가 또는 서양 내부의 사람들 중에서 공동으로 나온 얘기이고, 그것이 서양의 기존 학계에서 주로 이해되는 사실주의로서의 리얼리즘과는 분명히 다르게 나타나는 것이죠. 그리고 우리나라 학계가 다 그런 것은 아닙니다만, 불행하게도 서양학계에서 정리한 사실주의를 그대로 받아서 리얼리즘을 사실주의로 번역하는 경우도 많으니까 그런 의미에서 저는 리얼리즘이라는 말이 생경하기는 하지만 그냥 쓰자는 것이고, 일부에서는 비슷한 취지로 사실주의와 현실주의를 구별하기도 하죠.

조동일 중요한 얘기이기 때문에 의견을 붙이지 않을 수 없는데, 사실주의와 리얼리즘은 같은 말인데 제1세계의 사실주의가 있고 제2세계의 사실주의가 있고 제3세계의 사실주의가 있습니다. 그 셋은 서로 같기도 하지만 다른 점이 더욱 문제가 됩니다. 그 점이 특히 아프리카에서 가장 치열한 논란의 대상이 되고 있습니다. 소수의 논자들은 제2세계의 리얼리즘과 제3세계의 리얼리즘은 같다고 말하고, 다수의 논자들은 제2세계의 리얼리즘과 제3세계의 리얼리즘은 다르다고 말하고 있어요. 적어도 사실주의, 리얼리즘을 논의하기 위해서 아프리카 쪽의 논란도 참고하고 함께 다루는 것이 90년대 비평가의 할 일이라고 생각합니다.

백낙청 지금 제2세계와 제3세계의 리얼리즘이 같냐는 문제는 제 생각으로 한마디로 같다, 아니다라고 말하는 것보다는 오히려— 제가 리얼리즘론을 전개하면서 제3세계에 대한 인식을 강조해왔고 그래서 일각에서는 그것을 '제3세계적 리얼리즘론'이라고 이름지으면서 비판하기도 했습니다만, 제가 생각건대 제2세계의 리얼리즘론이 적어도 제1세계에서 주류를 이룬 사실주의 개념을 비판하고 나왔다는 점에서는 기본적으로 제3세계의 입장과 일치하되, 구체적인 실현과정에서 이러저러한 문제점이 생겼다라고 표현하는 것이 타당할 것 같습니다.

제3세계 문학과 우리 문학

김재용 리얼리즘 문제를 논의하면서 제3세계 문제가 자연스럽게 나왔는데 이에 대해서 논의를 해주시죠. 70년대도 제3세계 논의가 있었지만, 그 당시의 논의와 오늘날의 논의는 약간 성격을 달리한다고 생각합니다. 오늘날 현존 사회주의가 위기에 처하면서 새롭게 우리 자신을 인식할 필요가 생기게 되었고 이에 따라 제3세계 문제가 새로운 각도에서 떠오른다고 할 수 있을 텐데요.

조동일 저 자신이 문학을 공부해온 경력을 보면, 저도 처음에 불문학이라는 서양문학을 하다가, 다시 국문학으로 전공을 바꿨다가, 근래에는 제3세계 문학에 대해서 다소 무리함에도 불구하고 관심을 가지고 얘기하려고 애쓰는 것은 지식의 균형을 이루자는 생각이 작용하고 있다고 생각합니다. 문학론을 정상화하려면 무엇보다도 먼저 지식의 균형이 필요합니다. 어떤 것이 좋고 나쁘고 의미가 있고 하는 것을 논하기보다도, 이것도 알고 저것도 알아가지고 비교하는 것과, 내가 이것을 알기 때문에 말은 어떻게 하더라도 결국 이것을 옹호하는 데로 가는 것은 다르다고 생각합니다. 개인으로도 지식의 균형이 중요하지만, 우리 학계나 문학 하는 사람들이 서양문학, 우리 문학, 제3세계 문학 등에 대해서 지식의 균형을 취하고, 연구·소개·번역도 균형을 취하는 것이 우선 시비곡절을 떠나서 절대적으로 중요합니다. 그렇게 하기 위해서 우리는 피차 노력해야 되겠다고 생각합니다.

그리고 지금 말씀하신 바와 같이 서양문학이 세계문학으로서 주도적인 구실을 해왔다는 사실을 부인하는 것은 어리석은 일이고 사실에 전혀 부합되지 않습니다. 그러나 지금 서양문학의 영향과 작용에 대해서 제3세계 여러 나라에서는 각기 어떻게 대응하고, 어떻게 고민하고, 어떻게 극복을 시도하는가 광범하게 살펴야 합니다. 우리나라 영문과, 불문과 학자들도 아프리카에서의 영문학, 인도에서의 영문학이 어떻게 논의되고 어떻게 비판되는가에 관심을 돌리면 크게 유익하리라고 생각하고, 강의에서도 아프리카 사람이 영어로 쓴 소설, 아프리카 사람이 불어로 쓴 소설을 강의하고 연구하는 것은 아주 시급한 일이라고 생각합니다. 제가 대강 살펴본 바로도 인도 사람은 인도 사람대로, 아랍 사람은 아랍 사람대로, 아프리카 사람은 아프리카 사람대로 서양문학에 대해서 대응하고, 자기 전통을 계승하고, 새로운 방향을 찾기 위해서 각기 대단히 애를 쓰고 있어요. 그런 사정을 알아 서양문학에 대응하는 자세에 관한 광범한 비교연구를 해야 합니다.

김우창 조선생님이 말씀하신 것은 이상으로서는 대단히 좋은데, 실제로는 역량이 부족해서도 못하고 관심을 안 가져서도 못합니다. 또 동시에 백선생님이 말씀하신 대로 서양문학의 독특한 현실을 인정하는 것이 중요하다는 생각이 듭니다. 그것은 단지 힘이 있어서만이 아니라 그야말로 우리 허위의식 때문에 그런 것이 아닌가 하는 느낌을 끊임없이 가지면서 생각하는 것이지만, 새로운 문학, 서양의 문학, 서양의 계도적인 실험이 인류 역사에 있어서, 세계사에 있어서 독특한 위치를 갖고 있다는 느낌을 지워버리기는 어렵습니다. 그러니까 힘이 세서가 아니라 그것이 인간이 이룩한 독특한 하나의 발전이었기 때문에 중요한 것입니다. 그것이 모든 발전방향을 대표하고 있다고 생각하고 싶지 않지만, 매우 독특한 것을 대표한 것은 사실이고 어떻게 생각해야 할지 객관적으로 생각해볼 필요가 있다는 것이죠. 또 하나는 지금 우리가 마치 독자적인 현실을 갖고 있는 것처럼 얘기하는데, 좋아하든 싫어하든 아파트가 올라가고 경제발전을 이룩하고 하는 현상이라는 것은 비판적으로 보느냐 그렇지 않느냐를 떠나서 서양으로부터 온 많은 기술, 관례에 의해서 조성되고 있는 현실인 것은 틀림없습니다. 물론 이것은 어떻게 보면 가공할 결과를 가져올 사태를 벌여놓을 수 있습니다.

어쨌든 우리가 의식적으로는 뭐라고 하든지간에 오늘날 우리 현실을 만들어내고 있는 것, 그 경제·사회 현실을 만들어내고 있는 배경에 들어 있는 문화적인 관련을 얘기하는 것은 중요한 일입니다. 사실 영문학 또는 서양문학이 갖고 있는 독특한 세계사적 업적을 떠나서도 그것은 우리 현실에 깊이 개입되어 있기 때문에 이집트 문학과 나이지리아 문학과 같은 것이 아닙니다.

조동일 지금 우리가 하는 것이 무슨 개화기 초에 개화냐 수구냐 하는 논쟁이 아닙니다. 선생님 말씀은 다 맞습니다. 그렇기 때문에 우리가 서양 것을 하나라도 우리에게 유익하게 섭취하는 비결이 무엇인가 찾는 것이 문제입니다. 서양사람이 하는 식의 서양이해를 위해서 얼마나 많은 인원이 필요할까요? 아마도 전국 영문학 교수는 천 명쯤 될 겁니다. 2천 명, 3천 명가량이 될지도 모릅니다. 지금도 영문학 교수는 국문학 교수보다 많은데 더 많은 인원을 배정해서 하자는 것은 무의미한 얘기입니다. 어떻게 하면 우리는 우리의 시각에서 우리의 목적에 맞게 서양문학을 섭취할 수 있는가에 대해서 백낙청 선생님이 근래에 많은 논의를 펼치고 있는데, 우리의 주체적인 시각을 가지고 우리 문학의 문제점과 관련시켜 서양문학 작품을 읽어야 한다는 원칙에 대해서는 우리 백선생님이 충분히 강조했으니까 되풀이하지 않겠습니다. 그런데 덧보태고 싶은 것은 비교연구의 필요성입니다. 인도 사람은 어떻게 고민하고 있고, 나이지리아 사람은 어떻게 고민하고 있는가를 직접적으로 비교하면서 공부하면 교수나 학생에게 크게 유익할 것입니다. 나이지리아 문학은 불행히도 거의 영문학입니다. 대부분 영문으로 썼습니다. 케냐의 응구기와 시옹오(Ngũgĩ wa Thiong'o)도 영어로 썼어요. 그런데 또 응구기라는 사람이 케냐에 영문학과가 있어야 하느냐 없어야 하느냐에 대해서 심각하게 논의를 전개하고 있어요. 그런 사례까지 남아 제3세계에서의 영문학은 어떻게 문제되고 있는가를 광범하게 연구할 때 우리 주체적인 인식은 훨씬 쉬워지고 명료해질 것입니다. 이런 얘기를 하면 대부분의 영문과 사람들은 이렇게 말합니다. 영문학도 다 못하는데 나이지리아 사람이 영어로 쓴 것을 돌볼 여지가 어디 있느냐? 이렇게 말한다면 국어도 다 못하는데 영어를 시작했느냐 하는 것만큼이나 천박한 논의로 떨어져요. '한국문학과 제3세계 문학'을 강의하면서 그 작품들의 번역판을 강의하고 있습니다. 그 작품 영어판을 교재로 쓰고 싶은 생각도 간절하나, 내가 영문과를 제쳐놓고 그렇게 월권하는 것은 말썽의 소지가 있을 것이라 해서 자제하면서…… 영문과에서는 전공과목·교양과목 강의에서 아프리카나 인도 작가가 영어로 쓴 작품, 그와 관계되는 평론들을 강의하는 것이 당장 긴요하다고 생각합니다. 역량이 모자라고 안 모자라고는 없습니다. 영문학 박사가 못하는 일을 국문학 하는 사람이 하려고 작정하는데, 영문학 하는 사람이 역량이 모자라서 못한다는 것은 적당하지 않은 얘기라고 생각합니다.

백낙청 조선생께서 제기하신 과제는 매우 중요하고 사실 방대한 과제이기 때문에 불가피하게 여러 사람이 협동을 해야 하고, 일정한 역할분담이 따르기 마련이라고 생각합니다. 그래서 저 같은 사람은 일찍부터 제3세계적인 인식, 혹은 제3세계 문학에 대한 관심이 우리 민족문학적 관심에 불가분한 것이라는 주장을 하면서도 실제로 제3세계 문학에 대해서 본격적으로 논의한 것은 없어요. 한편으로는 영미문학을 제 나름대로 제3세계적 관점에서 다시 읽어보자 하는 것이 중요한 관심사였고, 또 한 가지는 한국의 문학을 제3세계와의 연대 속에서 해보자는 취지의 비평작업을 해왔는데, 어차피 역할분담이 불가피한 상황이라고 느끼기 때문에 제3세계 문학을 따로 더 못한 데 대한 죄의식은 별로 없습니다.

조동일 서론적인 논의는 많이 펼쳤죠.

백낙청 그리고 지식의 균형이라는 말씀을 하셨는데, 지식의 균형이 너무나 어긋나 있으니까 그야말로 시비곡절을 가리기 전에 이것저것 부각시켜보자는 것은 일리가 있는 얘기죠. 그러나 장기적으로 보면 그것만이 아니고, 어느 선에서 정확한 균형을 세울 것인가에 대해 우리가 서양문학에 관해서도 정확한 인식을 가지고, 또 제3세계 문학에 대해서도 좀 제대로 알고 나서야 균형이 잡힐 것입니다. 동병상련도 좋지만 요는 병을 이겨야 하니까요. 그런데 서양의 독특성에 대해서 김선생님께서 많이 말씀하시는데 사실 엄밀히 따지자면 독특하지 않은 것이 어디 있습니까? 다 저 나름으로 독특하죠. 서양의 경우가 독특하다는 것은 16, 17세기경에 그 당시 매우 특이한 현상이라고 할 수 있던 자본주의 세계경제가 성립을 보기 시작하면서 오늘날 그것이 전세계적으로 자기 체제를 강요할 수 있는 힘을 갖게 됐다는 이런 의미의 독특성일 텐데, 그러한 의미의 독특성을 인정하면서, 동시에 그런 발전이 지금 어떤 단계에 와 있고 앞으로 어떻게 나갈 것인가를 따져볼 필요가 있습니다. 서양에서 발단된 이 독특한 현상을 무시하거나 경시해서는 안된다는 것은 당연한 이야깁니다만 무시하지 않으려고만 하다가 끌려다니며 이것을 극복할 전망을 찾지 못할 우려가 있지요. 사실 서양문학이나 서양역사의 독특성에 대한 강조가 문자 그대로의 독특성보다 오히려 그 보편성에 대한 맹신으로 변할 우려가 항상 존재하는데, 김선생님이 지적하신 대로 서양문학 자체의 발전과정을 좀더 엄밀하게 분석하되 그 자체 내에 어떤 모순을 내포하고 있고 그 모순의 발현

과정에서 지금이 어떤 단계에 해당하는가라는 문제의식을 갖고서 그 독특성을 좀더 제대로 논의해야 하리라고 생각합니다.

김우창 지금 백선생님의 말씀에 근본적으로는 이견이 없는데, 그래도 나는 백선생님이 말씀하신 것보다는 서양문학의 가치를 좀더 인정하고 싶습니다. 독특한 문화적인 업적으로 말입니다. 예를 들어 우리의 고려청자라는 것이 한국사람들이 많이 얘기하는 세계사적 업적입니다. 그러나 고려청자를 가지고 밥을 먹어야 한다든지 그것을 쓰지 않으면 야만이라든지 하는 얘기는 전혀 말이 안되는 것이죠. 또 그것이 독자발전 또는 인간발전의 유일한 가능성인 것처럼 말하는 것도 어리석은 일입니다. 서양문학이 독특한 업적인 것을 인정한다고 해서 서양문학이 인간발전의 유일한 길이고 그것을 안하는 놈들은 다 이상한 놈들이다 하는 얘기가 되는 것은 아닙니다. 서양문학은 상당히 독특한 인류의 문화적 업적입니다. 그러나 그것이 유일무이한 세계문학이고 보편적인 것은 아닙니다.

그리고 리얼리즘 문제에 대해서 한 가지 말씀드리면, 아까 조선생님이 어떤 특정한 입장에서 당파적인 성격을 강조한 리얼리즘을 공박하는 것처럼 말씀하셨는데, 나는 좀더 포괄적으로 리얼리즘에 대해 여러가지 의견이 있을 수 있다는 것을 인정해야 한다고 생각합니다. 바로 제3세계를 공부하는 의의 중 하나가 바로 서양역사를 진보의 관점에서 파악한 리얼리티뿐만 아니라, 다른 리얼리티도 생각해야 하기 때문입니다. 리얼리즘 문제라면 문학문제라기보다 사실은 정치문제죠. 이란에서의 이슬람혁명을 생각해보지요. 이란의 정치적 발전에서 이슬람혁명이라는 것은 서양사람들이 얘기하는 유물적 정치사관으로 또는 발전론으로 보면 뭐라고 해석할 것인가? 적어도 비세속적이라는 의미에서는 전근대적이고 보수적이고 반동적인 정치발전이라고 할 수 있습니다. 서양사람들의 세속적 사관에서 본다면 세속화랄지, 물질적 생산능력이 계속 이루어지는 쪽이 역사발전이고, 또 사회주의적 관점에서는 더 평등하게 되고 민중권력적인 것으로 가는 것이 발전인데 그런 관점에서 이슬람혁명이라는 것을 반드시 보수적, 반동적, 전근대적인 것이라고 볼 수 있느냐 하고 말할 수 있습니다. 그러나 '이슬람적 정치발전을 모색하는 것도 있을 수 있지 않겠느냐고 말할 수는 없을까' 하는 생각이 듭니다. 또 나이지리아가 지금 물질적으로도 발전해나가는 형성시기에 들어가 있지만, 나이지리아 사람들이 아프리카 사람들의 정신적 권위, 합리적인 원칙으로는 설명할 수 없는 아프리카적 정신을 회복하는 것이 중요하다고 할 때, 어떻게 보면 그것은 상당히 반동적이고 보수적인 면이 있는 것도 사실이지만 그렇다고 할 수 있겠느냐고 반문할 수 있습니다. 아프리카 사람들의 절실한 필요가 있고, 이슬람 사람들의 절실한 필요가 있는데, 거기에 맞는 역사해석 이것을 전부 세속적, 물질적, 유물적 발전의 관점에서만 볼 수 있느냐 하는 데는 문제가 있습니다.

리얼리즘의 문제는 정치적인 문제인데, 어느 나라에서 하나의 리얼리즘 해석, 궁극적으로 하나의 역사해석, 이것을 지탱하기는 어렵지 않나 합니다.

백낙청 저의 리얼리즘론을 공박하기 위해 이슬람 얘기를 꺼내신 것은 아니죠?(웃음)

김우창 분명히 여러가지 의견이 있을 수 있는데 한 관점에서 얘기할 때 문제가 있다는 것이죠. 그리고 어떠한 해석을 가지고 작가적 사고를 대체하는 것은 문제가 있지 않느냐 하는 얘기입니다.

사회주의 리얼리즘과 포스트모더니즘

김재용 제3세계와 관련하여 우리 민족문학을 검토하였는데 여기서 빠뜨릴 수 없는 것은 오늘날 우리를 감싸고 있는 세계체제, 특히 현존 사회주의와 발전된 자본주의에서의 문학 문제입니다. 1989년 이후에는 우리 문학계 일각에서도 발전된 자본주의에서 맹위를 떨치고 있는 것처럼 보이는 '포스트모더니즘'이 들어와 상당한 논의를 벌이고 있는 것 같습니다. 이 문제에 대해서는 김선생님께서 먼저 말씀해주시죠.

김우창 가장 큰 사건은 제2세계의 붕괴라고 할 수 있습니다. 이것은 세계사적으로 중요한 일입니다. 그것이 무너졌다고 우리가 당장에 굶어죽는 것은 아니기 때문에 오늘의 세계 실상에 대해서 생각하는 의식상에 있어서 큰 사건이라고 할 수 있습니다. 개인적으로 얘기한다면 나는 소비에트체제에 대해서 동조하거나 긍정적으로 보거나 하는 것은 아닌데도 불구하고 그것이 우리 문제를 생각하는 데 얼마나 중요한 역할을 했는가를 이제 깨닫게 됩니다. 사람들에게 그런 사회가 존재하고 있다는 것은 그것을 좋아하든 싫어하든 간에 우리에게 매우 중요한 모델이었는데, 그것이 깨진 것은 굉장히 충격을 주고 있으리라고 생각합니다. 포스트모더니즘의 문제는 대체적으로 부정만 할 것은 아닙니다. 그런데 포스트모더니즘이나 해체주의가 우리에게 얘기해주는 핵심적인 것 중의 하나는 이데올로기 비판입니다. 드만(Paul de Man)이 꼭 '포스트모더니스트'라고 하기는 어렵지만, 그의 생각의 핵심은 언어적 현실을 물질적 현실로 잘못 이해하는 데 대한 비판입니다. 그런 것은 상당히 심각하게 받아들일 여지가 있죠. 또 그것은 특히 사회주의 이데올로기에 대한 비판만은 아닙니다. 드만은 언어체계와 물질현실을 혼동하는 것은 맑스의 『독일 이데올로기』를 잘못 읽은 때문이라고 합니다.

그러나 진리도 없고 가치도 없고 역사도 없다고 하는 것이 포스트모더니즘이라고 한다면 그것은 상당히 편한 나라에 사는 사람들이 하는 얘기죠. 왜냐하면 사회현실에 핵심이 없다는 것은 핵심이 있기 때문에 핵심을 풀어가야 한다는 비판적 의미로는 받아들일 수는 있지만, 우리 현실의 경우 사회적인 규범, 경제적인 질서가 안되어 있기 때문에 괴로운 것인데, 우리나라에서 허무주의로서의 포스트모더니즘은 근본적으로 사회역사의 핵심을 이루려고 하는 노력이 아직도 미숙한 상태인 우리나라에서 극단적 형태의 포스트모더니즘이 비판적 기능을 가질 수 있는가 하는 것입니다.

백낙청 연초에 창비 창간 25주년을 기념하는 토론회 자리에서 제가 이런 이야기를 했습니다. 이제까지 근대에서 벗어났다고 자처한 예술이념이 두 가지가 있는데, 그 하나가 탈현대 또는 탈근대를 내세우는 '포스트모더니즘'이고, 또 하나는 바로 사회주의권에서 얘기해온 '사회주의 리얼리즘'입니다. 거기서는 범세계적으로 자본주의가 끝장난 것은 아니지만 세계 큰 부분에서 다음 단계의 역사가 시작되었고 이것이 현존 자본주의의 붕괴를 가져올 것이라는 전제 아래, 자본주의시대를 근대라고 한다면 사회주의시대는 근대를 벗어난 '현대'이고 거기에 걸맞은 예술이념이 사회주의 리얼리즘이라고 얘기했던 것입니다. 사회주의 리얼리즘론의 다른 공과가 무엇이건, 제2세계를 점점 확장시켜 제1세계를 무너뜨리자는 주장은 어긋난 것이죠. 제1세계가 앞으로 어떻게 될지는 모르지만 일단은 제2세계가 먼저 무너지고 있는 것이 분명합니다. 따라서 사회주의 리얼리즘론이 탈근대의 이념이라고 자처하는 것은 근거없는 얘기가 되겠습니다. 남은 것이 포스트모더니즘인데, 냉전에서 제1세계가 제2세계에 대해 일단 승리를 했기 때문에 제1세계의 포스트모더니즘이 더욱 기세등등한 상태에 있는 것은 분명한데요. 그러나 따지고 보면 사회주의 진영이 무너지면서 그만큼 자본주의 진영이 강화되었고 자본주의가 더욱 위세를 떨치게 되었지, 어떻게 자본주의시대가 끝나고 탈근대라는 새로운 시대 또는 사회로 들어서고 있는가라는 의문은 누구나 상식적으로 가질 수 있겠습니다.

그리고 포스트모더니즘론도 여러 갈래가 있습니다만, 그것이 자본주의적 근대에서 벗어난 새로운 시대를 설정하는 한에 있어서는 전혀 근거없는 낭설이고 혹세무민하는 이론이라고 생각합니다. 반면에 포스트모더니즘론 논자들 가운데는 자본주의시대가 지속되고 있다는 전제 아래 자본주의 발전이 전혀 새로운 단계에 들어갔기 때문에 종전의 자본주의시대에서 통용되던 예술이념과는 다른 이념이 요청되며 그것이 포스트모더니즘이라는 주장도 있습니다. 제임슨(Fredric Jameson) 같은 사람이 만델(Ernst Mandel)의 후기자본주의론에 의거해서 후기자본주의의 문화논리가 포스트모더니즘이라고 말하고 있고, 또 데이비드 하비(David Harvey) 같은 사람은 만델의 개념틀이 아니고 조절론자들이 얘기하는 탈포드주의즉 포드주의시대 이후의 조절체제, 이른바 신축적인 조절체제에 상응하는 문화논리가 포스트모더니즘이라고 주장하기도 합니다. 이런 경우들은 자본주의시대의 존속이라는 엄연한 현실을 부정하는 얘기는 아니기 때문에 혹세무민한다고까지 말할 수는 없고 실제로 경청할 만한 부분이 많이 있는데, 다만 지금 제가 말씀드린 두 가지 대표적인 예만 하더라도 시기구분이 명백히 달라요. 만델의 후기자본주의론은 2차대전 이후를 후기자본주의시대라고 보고 있으니까, 다시 말해서 포드주의체제가 전성기에 들어와 있고 미국의 헤게모니가 의심의 여지 없던 시대를 가리키는 것이고, 조절이론에서 말하는 탈포드주의적 또는 신축적인 축적체제의 시대는 대개 70년대 초 이후부터입니다. 다시 말해서 미국의 절대적인 헤게모니가 일단 붕괴하고, 그렇다고 해서 미국이 세계 최강국이 아니라는 의미는 아니지만 2차 세계대전 후의 '브레튼우즈 협정' 체제가 지속되던 60년대까지와 같은 그러한 주도권은 상실한 상태에서 새로운 체제로 들어가면서 포스트모더니즘이 등장했다는 식으로, 벌써 자기들끼리도 얘기가 달라요. 그러니 우리도 누구의 얘기가 얼마만큼 맞는지를 가려가면서 받아들일 것은 받아들이고 비판할 것은 비판해야 한다고 봅니다.

그런데 기본적으로 저는 세계사에서 근대는 자본주의시대인만큼, 이 가운데 어느 단계를 '포스트모던'이라고 해서 마치 근대에서 완전히 벗어난 듯한 인상을 주는 것은 아무리 좋은 의도를 가져도 부작용이 더 크다는 생각입니다. 오히려 근대라는 시대가 과연 어떤 시대이고 자본주의라는 체제가 어떤 체제인가 하는 것을 우리가 명확히 짚어가지고 그것의 본질적인 특징이 지금 오히려 더 분명하게 드러나고 있는 것은 아닌지를 따져볼 일이고, 그러면 그것을 넘어설 수 있는 이념은 무엇인가도 차분히 연구해봐야 합니다. 그런데 지금이 포스트모던한 시대다, 포스트모더니즘이 다라고 '포스트'라는 말을 붙여가지고 자본주의적 근대를 이미 넘어섰다는 환상을 갖는 방식보다는, 오히려 리얼리즘이라는 낡았다면 낡았다고 할 낱말에 새로운 내용을 담아 가지고 정말 이 시대의 진실이 무엇인가를 정확히 인식한 위에서 다음 시대로 나갈 수 있는 길을 제시하는 이런 방향이 되어야 한다는 것이 저의 기본적인 생각입니다.

물론 포스트모더니즘으로 일컬어지는 구체적인 작품들 가운데는 이런 저런 차이가 있고, 또 본인이 포스트모더니스트라고 자처하고 나섰음에도 불구하고 오히려 리얼리즘에 가까운 작품들도 있습니다. 또 흔히 포스트모더니즘으로 분류되는 논리 중에도 데리다(Jacques Derrida)같이 스스로 엄밀한 논리전개를 하는 그런 논자들의 경우에는 비판적인 전통의 연장선상에 놓인 작업이라고 부를 여지가 없잖아 있습니다. 어떻게 보면 계몽주의의 비판적 전통의 연장선상에서 계몽주의 자체의 부정에 도달하는 결과를 낳았다고 볼 수 있습니다. 그런데 18세기의 계몽주의 자체가 우리 역사에 소중한 것을 보태준 일면과 그것이 억압적으로 작용하고 특히 제3세계에 대해서는 제국주의 논리로 작용한 일면이 있기 때문에, 우리가 계몽주의 전통에 대한 부정이나 해체를 무조건 외면할 이유는 없습니다. 그러나 계몽주의적 비판과 해방의 이념을 전적으로 부정하는 것은 서양에서나 제3세계에서나 수긍하기 힘든 일입니다. 따라서 서양하고 우리 현실 사이에 다소간의 편차는 있지만, 서양에서는 괜찮은데 우리에게는 문제가 있다고 얘기하는 것만으로는 불충분하고, 서양에서도 긍정적인 면과 부정적인 면이 다 있겠지만 어느 쪽이 더 많은가부터도 따져 들어가야 한다고 생각합니다.

우리 주변에서는 요즘 포스트모더니즘 논의가 한창인데 제가 볼 때는 그래요. 한편으로 우리의 문화식민지적 풍토 때문에 포스트모더니즘이든 모더니즘이든 뭐든지 새로 나오면 위세를 떨치게 되어 있습니다. 다른 한 편으로는 포스트모더니즘론이 자리잡기가 어려운 것이, 우리 입장에서는 모더니즘과 포스트모더니즘이 잘 구별되지 않아요. 사실 포스트모던한 작품이라고 떠드는 작품도 옛날에 우리가 알던 모더니즘 작품 또는 서양에서 모더니즘 시대에 이미 나온 작품과 별로 다를 게 없는 경우가 많습니다. 그것은 우리가 낙후했기 때문에 포스트모더니즘을 아직 못 받아들여서 모더니즘을 포스트모더니즘이라고 오인하고 있어서라기보다, 제3세계 상황에서 서양의 문화적인 침략이 이루어질 때 그들이 모더니즘이라고 부르는 것과 포스트모더니즘이라고 부르는 것이 뒤섞여 들어오게 마련이고 실질적으로 비슷비슷한 효과를 거두기 마련이기 때문이라고 생각합니다. 그래서 그 포스트모더니즘이라는 것이 우리 사회의 약점과 관련되어 사실 나쁜 면으로 더 많이 작용하고 있지만 장기적으로 큰 힘을 발휘하기는 힘들다고 보는 것이, 모더니즘이라는 상품과 포스트모더니즘이라는 상품이 너무 헷갈려서 포스트모더니즘 장사에 지장이 많게끔 되어 있지 않은가 합니다.

조동일 저는 문학사가라는 점을 전제했는데 끝으로 제기된 문제, 그런 관점에서 말씀드리겠습니다. 『한국문학통사』라는 문학사를 쓰고, 문학사 서술의 이론과 방법이 도대체 어떻게 돌아가고 있는가를 탐색하는 작업을 근래에 하고 있습니다. 서양에서의 문학사, 일본·중국·남북한의 문학사에 관해서도 비교하면서 지금 제기되는 문제들을 논하고자 합니다. 사회주의 문학론은 문학과 사회, 문학과 이념과의 관계를 규명하는 데 결정적인 기여를 한다고 하면서 배타적 독점적 당파성을 주장해왔습니다. 그런데 사실, 하겠다는 작업을 제대로 하지 못했어요. 그래서 하겠다는 작업을 잘해서 설득력을 갖기보다는 배타적 독점적 당파성을 정치적으로 옹호하고 학문 외적인 방법으로 유지해오는 데 힘써왔기 때문에 거기에 문제가 있는 것이죠. 이제 동구와 소련의 변화로 그 배타적 독점적 당파성은 무너졌습니다. 그러면서 문학과 사회에 대해서 하겠다고 장담한 연구를 실제로 하지 않았다는 내막을 은폐할 길이 없어졌어요. 열어놓고 보니까 유물사관에 의한 문학사 서술은 실제 서론에 머물렀어요. 중국도 마찬가지입니다.

그래서 이제는 사회주의 문학론에 대한 찬반과는 별도로 문학사와 사회사를 함께 연구해야 할 과제가 널리 개방되고 있습니다. 사회주의가 붕괴됐다 해서 이제는 그것을 하지 않아도 된다는 것은 말이 안되고, 이제 통제는 무력해졌으니까 누구나 그것을 해야 할 과제가 떨어진 것입니다. 사회주의를 반대한다고 해서 문학과 사회의 관계를 논하지 않아도 되는 면책이 생기는 것은 아닙니다. 이제 우리는 문학과 사회, 문학과 이념의 관계를 문학원론의 관점에서, 우리 문학사 입장에서 힘써 연구해야 합니다. 그 점에서 북한도 마찬가지입니다. 그 작업을 제대로 하지 않으면서 당파성이라는 논리로 약점을 옹호, 위장해온 것은 잘못입니다. 이제 세계 문학사를 제대로 서술하기 위해서 서로 격려하고 서로 비판하고 서로 협력할 시대가 왔다고 생각합니다. 남북한에서 각기 서술한 우리 문학사를 서로 근접시키고 합치고 하는 작업이 통일을 지향하기 위해 아주 긴요할 뿐만 아니라 그건 세계사적 과업의 하나여서 더욱 소중합니다. 그런데 그동안의 경과를 솔직하게 말하면, 북한에서 문학과 사회, 문학과 정치이념에 대한 연구를 사실은 제대로 하지 않고 지내왔습니다. 연구 성과가 빈약합니다. 그 실패를 거울삼아 이제 그런 연구는 하지 말아야 한다는 것이 아니라 그쪽에서 한다고 했지만 그렇게 하지 못했기 때문에 우리가 그 문제를 논하는 데 더욱 적극성을 가져야 하겠습니다. 사회주의 문학인의 문제제기와 전개방식을 처음부터 배척하지 말고 받아들이면서, 다면적이고 총괄적인 연구 속에서 그 장점을 살리고 그 배타성을 제거하는 데 공동의 노력을 해야 할 때가 왔다고 봅니다.

우리 문학사 서술을 새롭게 하는 과업은 제3세계 문학사를 근거로 세계문학사를 다시 인식하는 과업과 직결됩니다. 제3세계 문학사를 매개로 해서 세계문학사를 수립하는 작업을 다 하지 못하더라도 그 기본 설계를 하는 것이 우리 학계에 주어진 최대의 사명이라고 생각합니다. 그런데 포스트모더니즘이라는 것이 그 작업을 방해합니다. "봐라, 포스트모더니즘이 맞지 않느냐? 사회주의가 무너졌으니 거대이론은 이제 무용하게 됐다"고 하는데, 우리는 이제 새로운 거대이론을 우리 책임 하에 수립할 단계에 이르렀습니다. 그런데 과거의 실패를 들어 새 작업을 하지 말라고 하니 차질이 생깁니다. 우리가 정말 속 차리고 큰일을 하려고 하는데 방해전파가 와서 그것을 하는 것은 무익하다고 말하고, 문화의 역사성과 사회성, 이념성을 우리는 중요시하면서 새로운 거대이론을 다시 만들려고 하는데 그렇게 하지 말라고 하니, 의식교란에 대처하지 않을 수 없습니다.

포스트모더니즘이 따지면서 읽는 독서방법이라 하겠는데, 가진 장점을 구태여 말한다면, 두 분이 지적한 것처럼 방법의 엄밀성이라든가 까다롭게 따져야 한다고 말하는데, 우리가 할 일이 하도 커서 까다롭게 따지고는 도저히 못합니다. 지금 우리는 이제 엉성하게라도 전체를 한번 구성해봐야 하는데, 까다롭게 따지기만 해서는 자손대대로 제대로 못하고, 또 연구인력이 부족해서도 그런 식으로는 할 수 없습니다. 오늘날 언어와 현실의 관계가 핵심이죠. 언어와 현실이 대응 안된다면 그 논란도 의미가 없어집니다. 거기서도 우리가 취할 태도는 분명합니다. 서양문학 전공자들이 포스트모더니즘으로 먹고살 거리를 만들고, 심하게 말하면 인기없는 영문학의 재흥을 기하는 계기로 만들 것인가, 아니면 포스트모더니즘이 우리에게 무엇인가 하는 문제를 잘 정리하고 비판 소화한 결과를 우리 민족사회에 내놓느냐? 이제 영문학은 선택의 기로에 놓여 있습니다.(일동 웃음)

90년대 우리 문학의 전망

김재용 80년대 우리 문학을 전반적으로 개괄하고 평가하는 것으로 시작하여, 민족문학론과 리얼리즘론, 제3세계 문학과 관련된 우리 문학의 자기인식, 그리고 현존 사회주의와 발전된 자본주의에서의 문학상황 등을 차례로 살펴보았습니다. 이제 이런 논의를 바탕으로 90년대 우리 문학의 방향과 전망을 말씀해주시면 고맙겠습니다.

백낙청 90년대 우리 문학에 대해서 저는 기본적으로 우리가 더욱 알찬 결실을 거둘 수 있다고 앞서 말씀드렸습니다. 새로운 위기라는 말을 쓴 것도 그 위기의 성격에 대해 우리가 정확히 인식하면서 제대로 대응할 때 열릴 수 있는 가능성을 전제로 한 이야기지요. 여기에 대해 지금 길게 부연할 것은 없고, 한두 가지 문제에 집중해서 몇 말씀 드리기로 하겠습니다. 하나는 노동문학 문제인데, 80년대 내내 민족문학 진영 일각에서 그동안 이루어진 노동문학의 성과를 과대평가하기도 하고 또 어떤 의미에서는 아예 생경하고 문제점투성이인 것을 좋다고 잘못 평가하기도 했는데, 요즘 와서는 그런 논의가 크게 인기를 잃었다고 할까, 많은 사람들이 식상한 느낌도 있습니다. 그런데 거기에 대해 반성을 하는 가운데 노동문학이나 우리 사회의 노동현실에 대한 관심 자체가 도리어 너무 희박해질 우려가 있지 않은가 합니다.

저는 사실은 90년대야말로 우리 사회의 계급문제가 더욱 심각하게 부각되리라 봅니다. 왜냐하면 그동안 87년 이후로 우리 현실에서 여러가지 정치적인 개선이 이루어지기는 했습니다만, 현체제가 기본적으로 추구하고 있는 방향은, 80년대에는 기층민중이냐 아니냐를 가릴 것 없이 집권세력에 속하는 소수의 계층을 제외한 대부분의 사람들에게 억압적인 정치체제였던 데 비해서 87년을 계기로 그중에서 좀 나은 편에 속하는 중산층이라든가 지식인이라든가 이런 사람들은 그래도 살 만한 세상으로 많이 변해왔다고 생각합니다. 그런데 6·29선언에 좋은 말이 많았고 너무 좋아서 텅 빈 공약으로 끝난 말도 많습니다만 그렇게 훌륭한 공약사항에 애당초 안 들어 있던 것이 노동문제입니다. 처음부터 구도가 노동자들이라든가 기층민중의 인내는 계속 요구하면서 나머지 사람들이 이제부터는 조금 더 숨 쉬고 살 수 있는 세상을 만들어보겠다는 구도였고, 그 구도가 어느정도는 실현됐다고 봅니다.

그렇기 때문에 우리 사회가 발전하고 부분적인 개선이 이루어지면 이루어질수록 계급대립은 더욱 격화될 것이고, 따라서 노동운동에 대한 최근의 가혹한 탄압이 결코 일시적인 현상만은 아니라고 봅니다. 다시 말해 노동문제가 정치적인 이슈로도 계속 남을 것이고, 문학에 있어서도 80년대식의 소재나 신원 차원에서 돌파의 필요성도 아직 어느정도는 남아 있을뿐더러 새로운 형태의 억압에 효과적으로 대응하는 그야말로 각성한 노동자의 눈이 그 어느 때보다 절실한 상황이라고 믿습니다. 그러므로 노동문학의 진전을 우리는 계속 북돋우어나가야 한다고 생각합니다. 다만 진정한 의미에서 북돋운다는 것은 덮어놓고 좋다고 칭찬하는 일이 아니라 오히려 엄정한 비평논의를 통해서 어느 것이 더 낫고 어느 것이 덜 철저한가를 가려주는 작업이라고 생각합니다. 다른 한편 이제까지 주도적으로 활약해온 기성 문인들이라든가, 또 보통은 민족문학 진영에 속하는 것으로 본인이나 남들이 인식하지 않는 작가들도, 자신이 잘 모르는 노동자 현실의 중요성 앞에서 위축될 필요는 없고 각기 자기 처한 위치에서 '각성한 노동자의 눈'을 체득하기 위해 더욱 분발하고 발전해야 할 것이라고 생각합니다.

다른 한 가지는 조선생께서 누차 강조하신 비평과 이론의 문제인데요. 제3세계에서 독자적인 목소리를 내기 시작하려는 바로 이 단계, 하필 이 대목에 해체주의니 포스트모더니즘이 나와 가지고 거대이론을 부정하고 또 거대서사를 부정하는 것이 결코 우연이 아니라는 지적에 저는 동의합니다. 다만 거대이론이라고 할 때, 사실 해체론의 지적대로 그것이 갖는 함정이 분명히 있다고 저는 믿습니다. 따라서 거대이론이 필요하냐 안 필요하냐 하는 식의 논의를 넘어서서, 넓은 시야를 갖고 우리에게 필요한 가설을 끊임없이 세워나가되 어디까지나 핵심은 구체적인 정세, 구체적인 작품에 대한 구체적인 분석에 두어야 한다고 봅니다. 그러다 보면 작품의 경우도 까다롭게 따질 것은 따져야 하고, 이론의 경우도 따질 것을 따져야 하는데, 더 중요한 것은 얼마나 까다롭게 구느냐 하는 것 자체가 아니라, 우리가 아무리 큰 포부를 가지고 원대한 계획을 수립해나가더라도 일 자체는 하나하나 작은 것부터 다져나가는, 작품 하나를 이야기하고 문학이론을 하나 펼치더라도 정말 일심을 모아서 기반부터 다져나가는 자세를 갖는 것입니다. 그동안 우리는 너무 쇄말적인 연구에 빠지기도 했지만, 다른 한편 문학연구 또는 문학사 분야에서 거창한 종합의 시도를 한다는 것이 실제로 그 분야에서 올바른 성취의 초석이 되기보다는 말하자면 문헌정보학적 차원의 논의에 끝난 것이 많고, 또 그것마저도 부실한 문헌정보를 편의주의적으로 이용하는 폐단이 많았음을 반성해야 할 형편이 아닌가 합니다.

조동일 작가가 할 일, 비평가가 할 일, 이론가 내지는 문학사가가 할 일이 상호관계에 있다는 사실을 말하고, 비평가가 할 일에 대해서는 여러가지로 잘 지적하셨습니다. 우리는 이론가 내지는 문학사가의 기능이 상당히 약했기 때문에 그동안에 문학의 문제를 상당히 임기응변적으로 처리해왔고 인간적 관심사에 너무 매몰되어 있었다고 생각합니다. 지금 서양문학을 전공하는 분들도 좀더 이론적인 작업을 해주는 것이 우리에게 도움이 되겠고, 우리 문학을 전공하는 사람들도 물론 이론가 내지는 문학사가의 작업을 더 열심히 해서 오늘날의 문학을 위해 지침을 제공해줄 수 있어야 하겠습니다. 90년대 문학의 방향을 개척하기 위해서 거대이론적인 과제와 역사철학적인 방향에 대해서 많은 치열한 논란이 이루어지는 것이 좋겠고, 가능한한 시야를 많이 확대하고, 제3세계와 문화교류를 활발하게 하고, 또 비슷한 고민을 가진 사람들끼리 긴밀한 접촉이 이제는 대단히 긴요해졌다는 생각을 합니다. 특히 포스트모더니즘이든 무엇이 나오면 즉시 수입해다 파는 얄팍한 수입상, 이것을 자체 정리하기 위해서도 대응 이론이 활발하게 마련되어야 하겠습니다. 70, 80년대 동안에 작가는 어떤 허용되지 않은 주장을 함으로써 공감을 얻었고 그것을 미덕으로 삼았는데, 우리 사회에 아직까지도 법적인 제약과 여러가지 좋지 못한 관행이 남아 있기는 해도 전세계적으로 어떤 주장이 허용되고 안되고 하는 것은 자꾸 의미가 없어집니다. 그래서 어떤 것이 타당하고 공감을 줄 수 있고, 어떤 것의 가치가 큰가, 즉 이제는 무엇을 반대하기보다도 무엇을 내놓는 창조자로서의 자세를 가지고 자기 작업을 확대하고, 또 조직적으로 훈련해야 합니다. 작가가 체험의 훈련이 없이는 일상생활에 매몰되어 세상의 유행 따라다니기에 꼭 좋게 되어 있습니다. 자기 창작방법에 대한 이론적·사상적인 반성이 이제 작가들에게는 절실하게 필요하고, 비평가가 옆에서 같이 토론해주는 것이 더욱 긴요해지는 시대가 됐다고 생각합니다.

오늘 좌담에서 통일문제에 대해서는 많은 얘기가 없었는데, 통일지향의 문학은 기본특징이 다양성과 융통성이라고 생각합니다. 다양성과 융통성 속에서 서로 다른 주장이 함께 수용되어 토론을 벌이면서, 선의의 경쟁을 통해 더욱 바람직한 방향이 모색되어야 할 것입니다. 그래서 해야 할 연구, 비평, 창작의 과업 가운데 특히 문학사 서술에서 그런 자리를 만드는 것만이 제 직접적인 소관사라고 생각해 힘써 노력하고자 합니다.

김우창 포스트모더니즘에 대해서 너무 부정적인 의미로 신경들을 쓰시는 것 같은데, 오늘날 우리가 문학세계에 살고 있으니까 우리 사회에서 굉장히 중요한 지적 관심사라고 생각하지, 우리 사회현실 안에서는 극히 작은 현상이기 때문에 너무 걱정하실 필요는 없지 않을까 합니다. 중요한 타깃은 사회현실이지 문학적 실험이 아닙니다. 이건 여담이고, 90년대에 대해서 앞을 내다보라는 얘기인데 점쟁이도 아닌데 앞을 내다보기는 어렵고, 또 앞을 내다본 대로 되기도 어렵겠죠. 최근에 포스트모더니즘의 교훈도 그렇지만 사회주의권에서의 교훈도 청사진 가지고 접근하기는 현실이 너무 복잡하다는 것입니다. 포스트모더니즘은 간단히 말하여 이성비판이라고 할 수 있습니다. 이 비판을 통해서 그 이성이라는 것이 도대체 쓸모없는 것이다 하는 결론을 내릴 수도 있고, 이성비판을 통해서 이성이 더욱 풍부해지는 가능성도 있습니다. 이성의 특성 중의 하나는 자기비판입니다. 우리가 역사를 제1원리에 대한 이론적 구성을 통해서 일목요연하게 파악한다는 것은 다시 생각하여야 할 도그마입니다.

그렇다고 해서 사람이 이성과 진리에 대한 탐구 없이는 살 수 없기 때문에 이성적 입장은 여전히 존재할 것이고 또 필요할 것입니다.

아까 조선생님께서 '모던'이나 '포스트모던'을 구별하는 것이 역사적으로 의의가 있다고 하셨습니다. 자본주의의 업적, 자본주의경제의 풍요성, 유연성을 통해서 같은 체제, 같은 모순의 체제 속에 살면서도 사람들의 느끼는 것이 달라지고 그것이 질적인 변화를 가져올 수 있습니다. 가령 오랜 경력의 영국 노동당 의원이 이런 이야기를 쓴 것이 있습니다. '30년대에 있어서의 중요한 정치적인 프로그램은 평등이었다. 영국사회를 좀더 사회적인 평등을 확보해주는 사회로 바꾸는 이것이 노동당의 중요한 프로그램이었고, 또 자기가 하는 데도 중요한 것이었다. 그러나 근년에 와서 자신이 현장으로 들어가 여러 사람과 얘기하고 조사해보면, 노동자들이 평등에는 관심이 없다. 이제 영국에서 근본적인 문제는 평등의 문제가 아니다. 평등에 기초해서 정치적인 움직임을 일으키는 시대는 지나지 않았는가. 노동자가 실제로 자신들이 기본적인 의미에서의 인간적인 생활을 확보하는 데 억압을 받고 있다고 느꼈을 때는 불평등이라는 문제가 중요하지만, 일정수준에 이르러서 저 사람보다는 못 살지만 나도 내가 필요한 정도로 먹고 자고 휴식을 취하는 기본적인 일에서 별 부족한 것이 없다고 할 때 다른 사람이 잘사는 데 대해 관심이 없어지기 때문에, 노동자들이 평등의식에 대해서는 큰 관심이 없다는 것을 알게 됐다. 그래서 앞으로 노동당은 정책을 크게 바꿔야 할 것'이라고 주장한 것입니다. 자본주의체제가 생산성이 높아지면 사회 평등의 문제는 강한 이슈가 안되는 것 같습니다. 대개 평등의 이슈가 커지는 것은 저 사람과 내가 차이가 있게 사느냐 하는 것도 작용하지만, 그것은 자기 생활이 괴로울 때의 이야기입니다. 그런 관점에서 볼 때 근대자본주의에서 자본의 생산성이 매우 풍부해지면서, 그것이 물론 여러가지 착취, 제3세계에 대한 수탈, 이런 것과 연관되어 있는 것은 사실이지만, 그에 대한 적대적 의식은 상당히 달라질 것이고, 또 질적인 변화를 가져올 것이라고 생각됩니다.

앞으로 우리나라에서 자본주의가 어떤 형태로 지속될 것인가에 대해서 국내 사정만 가지고 얘기하는 것은 어렵고 여러가지 국제적·국내적 조건에서 살펴보아야 할 것입니다. 오늘의 추세로 이야기해보죠. 자본주의가 굉장한 풍요성을 확보했다고 해서 개인적 차이가 줄어드는 것은 아니고 오히려 더 커질 수 있습니다. 미국의 예를 보더라도 레이건 통치 하에서 있는 사람과 없는 사람의 간격은 훨씬 더 커졌습니다. 그럼에도 불구하고 이것이 30년대의 사회적인 상황과 다른 것은 계급적 차이가 전체적으로 커졌음에도 불구하고 아까 말한 의미에 있어서 아주 초급한 억압을 당하는 경우는 줄어들었습니다. 계급적 차이는 증대됨에도 불구하고 계급적 갈등은 약화되고, 동시에 그 계급의식이 사회적·정치적 세력으로 전환될 가능성은 옛날보다 약해졌다고 할 수 있습니다. 우리의 경우도 그렇게 발전된 현실은 아닌 종속적인 위치의 차이가 있지만 약간 그런 현상이 일어날 것이라고 생각합니다. 계급적 갈등은 커지지만 그것이 큰 정치적인 힘으로 전환될 가능성은 줄어들지 않을까 하는 것입니다. 포스트모더니즘과 관련시켜서는 포스트모더니즘은 바로 자본주의의 여러가지 모순이 그대로 계속되고 심화되면서도 실제 경제적 풍요로 인해서 일어나는 가상으로서 이루어지는 것이라고 할 수 있습니다.

그런 의미에서 이제 사회 자체가 이성적 분석, 비판적인 인식을 당위적으로 요구하면서, 실제로는 요구를 안하게 되지 않을까? 그래서 앞으로 비판적 이성은 쇠퇴하고, 경영적 이성은 번성할 것이 아닌가 하는 느낌입니다. 그래서 인문적 이성은 쇠퇴하고 인문적 가치의 관점이 후퇴함으로써 문학의 가치를 옹호하는 사람들은 점점 소외당하고 숫자도 줄어들 것입니다. 그래서 좋은 문학작품이 많이 팔리는 것도 점점 줄어들 것이고, 비디오를 좋아하고, 문학작품을 안 보는 경향이 생길 것입니다. 그래서 문학 하는 사람들이 느끼는 것도 상당히 다른 것이 될 것이며, 상황은 더 불확실하고 위험하고 그만큼 시적이라고 할 수도 있겠습니다.

백낙청 우리가 한마디씩만 하고 마치기로 했는데 내가 한마디 더 하는게 반칙이 될지는 모르겠지만, 김선생님이 너무 많이 말씀하시는 동안에 먼저 하던 얘기에 대한 기억이 흐려지기도 쉽겠기 때문에 앞으로의 토론을 위해서 김선생님 얘기와 내가 하고자 했던 얘기의 다른 점만 요약해놓고 싶어요. 우리가 제3세계적인 인식을 강조할 때는 김선생께서 영국의 예를 들어서 말씀하신 것과 같은 그런 경향이, 그것이 설혹 제1세계의 대세라 하더라도 전세계적으로 불변의 대세가 아니라는 전제가 깔려 있는 것입니다. 또 하나는, 제가 노동문학의 중요성을 강조할 때는 적어도 우리 사회에서는 계급의 차이가 벌어질 뿐만 아니라 앞으로도 계속 갈등이 심화되리라는 전제를 깔고 있습니다. 그것이 바람직하냐 아니냐는 문제를 떠나서 사실이 그러하리라는 예측을 담은 이야기니까 세월이 흐르면서 밝혀지겠지요. 물론 한쪽에서는 계급문제에 대한 인식이 점점 흐려지는 '제1세계적' 대세에 추종하는 경향도 있겠지만, 그런 대세에 추종하느냐 안하느냐 하는 것 자체가 그 사람이 소속된 계급과 생활경험에 따라 크게 달라지고 따라서 계급간의 갈등을 계속 낳으리라는 것이지요. 김선생과는 그런 견해 차이가 있다는 점에 독자들도 유의해서 더 활발한 토론이 전개되면 좋겠습니다.

조동일 인문과학적인 가치가 존중되는 것이 우리 사회의 특성이라고 믿고, 18세기 이전에는 그 점에서 동양사회가 서양보다 우월했다고 믿고 앞으로도 그게 지속, 발전되기를 바랍니다.(웃음)

김재용 이번 토론이 세부적인 측면에서 다소 미흡한 점이 없는 것은 아니지만 90년대 우리 문학을 행하는 데 있어서 짚고 넘어가야 할 문제는 대충 거론한 셈으로 생각합니다. 각 선생님의 의견들이 상충하는 부분이 상당히 있었는데 이는 창작, 비평 그리고 연구 활동을 하시는 모든 분들에게 좋은 공부거리와 생각할 거리를 충분히 제공할 것으로 믿습니다. 아무쪼록 이번 토론이 90년대 우리 민족문학의 풍요로운 발전을 위해 밑거름이 되었으면 합니다. 더운 여름에 장시간 활발하게 토론해주셔서 감사합니다.

국문학 연구와 서양문학 인식

백낙청(서울대 영문과 교수)
반성완(한양대 독문과 교수)
임형택(성균관대 한문교육과 교수)
임규찬(성균관대 국문과 강사)
1992년 4월 22일 민족문학사연구소 쎄미나실

임형택   오늘 『민족문학사연구』의 좌담에 나와주신 데 감사를 드립니다. 어제는 비도 오고 해서 날씨가 좋지 않았는데 오늘은 화창해졌습니다. 우리 좌담도 상쾌하게 잘 풀릴 것 같은 예감이 듭니다. 백낙청 선생님과 반성완 선생님은 민족문학사연구소 자문위원으로 창립 이래 지속적인 관심과 도움을 주신 터이므로 실은 주객을 구분할 처지는 아닙니다만, 두 분께서는 전공이 서양문학이고 또 서양에 직접 가서 연구를 하신 경력이 있기 때문에 자국에서 자국문학을 공부하는 저희 두 사람의 처지로서는 손님으로 모신 셈입니다. 그래서 오늘은 주로 두 분의 고견을 듣고자 합니다.

먼저 이번 좌담에서 '국문학 연구와 서양문학 인식'이란 주제를 잡게 된

■ 이 좌담은 『민족문학사연구』 제2호(1992년 상반기)에 수록된 것이다.

왼쪽부터 임규찬, 반성완, 임형택, 백낙청

취지를 말씀드리겠습니다. 한국문학을 공부하는 연구자들이 연구소를 꾸미고 자기의 성과물과 목소리를 담은 학술지를 만드는 뜻은 요컨대 학문을 바르게 연구하고 실천하자는 외에 다른 뜻이 있는 것이 아닙니다. 그럼에도 굳이 '민족'이란 두 글자를 깃발처럼 내세운 데는 까닭이 있습니다. 우리가 처한 현실은 민족문제가 아직도 중요한 과제로 되고 있는데도 이에 대한 인식을 외면해왔거나 소홀하게 취급해왔기 때문입니다. 자국문학에 민족적 관점을 가진다는 것은 참으로 새삼스러운 말인데, 이 새삼스러운 말이 자못 희귀하게 들리는 실정이기도 합니다. 그것이 언제까지일지 모르지만 '민족'을 강조하는 것이 새삼스러운 소리로 들릴 때까지는 유효한 개념이라고 생각합니다.

우리가 민족적 관점, 즉 민족주체적 입장을 확립하고 학적으로 실천하는 것은 말하기는 쉬워도 실로 지난한 과제이기 때문에 연구자들이 모여서 함께 탐구하고 또 지혜를 짜내고 있습니다. 그런데 민족을 강조하다 보면 우물 안의 개구리처럼 안목이 편협해지기 쉽고 한편으로는 국수주의에 견인당할 위험성이 상존해 있다고 봅니다. 참다운 주체성은 올바른 세계인식과 연결될 때만 세워질 것입니다. 비근한 예로 자기 자신을 잘 알기 위해서는 남과 비교를 해보아야 하는 것처럼 한국문학을 연구하기 위해서는 서양문학뿐만 아니라 세계 각국의 문학에 대한 넓은 이해가 필요합니다. 물론 과거의 장구한 기간 동안의 영향관계로 미루어보면 우리와 이웃 동양권과의 비교 고찰이 더 중요한 과제로 떠오릅니다만, 근현대의 시대로 들어와서 서양은 세계사적인 맹위를 떨쳤을 뿐만 아니라 지금 21세기를 눈앞에 둔 싯점에서 자본주의문명을 선도한 서양의 존재는 다시금 진지하게 재음미해볼 의미를 제기하고 있다고 여겨집니다.

서두가 너무 길어졌습니다만 한마디만 덧붙인다면 우리 조상들의 문집을 보면 '잡저(雜著)'라든지 '잡언(雜言)'이란 명목으로 된 부분이 들어 있습니다. 이 잡저, 잡언이란 격식을 차리지 않고 자유롭게 서술한다는 뜻인데 실은 중요한 내용이 이 속에 담겨 있는 경우가 많습니다. 오히려 잘 짜여진 엄숙한 글들은 재미도 적고 상투적인 수가 많습니다. 그래서 저는 문집을 대하면 이 잡저 부분을 먼저 주목하게 됩니다. 우리도 오늘 좌담에서 잡언, 방담을 좀 해보는 것은 어떨까요. 아무래도 다들 학문적 온축이 계신 분들이니까 자유롭게 담론하는 가운데 요긴한 내용이 깃들여지리라 기대됩니다. 우선 각기 자신의 전공 선택에 숨겨진 이야기라든가 전공에 대해서 느끼는 감회라든가 이런 이야기부터 시작하면서 좌담을 풀어갔으면 합니다. 먼저 백선생님께서 말씀해주시죠.

전공 선택과 전공에 대한 감회

백낙청 사람들이 저보고 어떻게 해서 영문학을 하게 되었느냐는 질문을 종종 하는데, 그럴 때 저는 팔자가 기구하다 보니까 그렇게 되었노라고 곧잘 답합니다. 이건 농담만은 아닙니다. 55년에 고등학교를 마치고 미국에 가서 대학을 끝내고 대학원 공부까지 하다가 귀국한 것을 두고 어떤 사람들은 일찍부터 외국에 가서 소위 명문대학에 유학했으니까 팔자가 좋다고 생각할지 모르지만, 동양의 운명철학으로 보더라도 그 나이에 외국에 혼자 살면서 공부했다는 게 사실 좋은 신수는 아니거든요. 또 상식적으로 생각해도 그것이 정상적인 성장과정이라고는 하기 힘들겠죠. 어쨌든 저 떠나던 해까지 병역을 마치지 않고서도 외국유학을 갈 수 있었어요. 그래서 대거 미국으로 유학들을 갔는데 미국의 대학은 대체로 전공별로 모집을 하지 않습니다. 여기 계신 분들은 처음부터 국문학이나 독문학을 공부하기로 결정하고 대학을 가셨겠지만, 저는 영문학을 하기 위해 대학에 간 것은 아니었고 일단 이과가 아닌 문과만 선택해서 입학했습니다. 어릴 때부터 소설 같은 것을 즐겨 읽고는 했습니다만 문학이란 그냥 재미있게 읽는 것이지 연구를 하는 것이라고는 별로 생각하지 않았었습니다. 오히려 공부를 한다면 철학이나 역사, 뭐 이런 쪽이어야 하지 않나 막연히 생각한 정도인데, 대학에 가서 2학년을 끝마치고 3학년에 올라가면서 전공을 정하게 되었습니다. 그런데 그쪽의 철학이나 역사 연구의 학풍이 사실 마음에 들지 않았습니다. 그러면서 문학공부를 할 생각이 차츰 들기 시작했는데 영어를 쓰는 나라에 왔으니까 이왕이면 영문학을 공부해야 되지 않을까 하는 생각이 한편으로 있었지요. 다른 한편으로는 영문학이 그들의 국문학이니만큼 외국인에게 힘든 분야이기도 했고, 당시 미국의 대학을 지배하고 있던 신비평적 문학연구 경향이 저의 취향에 그리 맞지 않았던 것도 사실입니다. 그런 식의 영문학 연구가 전체적으로 서양의 사상적인 문제라든가 역사현실과는 관계없이 너무 편협하게 이루어지고 있는 것 같다는 생각이 들었어요. 그래서 독문과 강의를 들으면서 재미를 더 느끼기도 했습니다만, 제가 다닌 브라운대학은 독문학과의 수준이 별로 높지 않았습니다. 그것이 편한 면도 있었지만 독문학만 전공하고 싶은 생각은 안 나더군요. 그래서 어쩔까 하다가 영문학 반, 독문학 반 이렇게 분할 전공하는 편법으로 학부생활을 보냈습니다. 이건 주전공·부전공도 아니고 완전히 저 개인용으로 신청해서 학교측의 허가를 받은 과정이기 때문에, 영문과와 독문과 어느 쪽의 규정에도 크게 얽매이지 않는 잇점이 있었지요. 그러나 대학원에 갈 때는 아무래도 결정을 해야 되겠다 싶어서 그때 영문학으로 정했습니다.

제가 대학원을 다닌 하바드대학의 경우는 학생들이 제 마음대로 공부를 하도록 내버려두는 편이었어요. 그래서 학부시절이나 대학원에서나 골치 아픈 과목들을 이리저리 피하면서 제가 공부하고 싶은 것을 마음대로 해볼 수 있는 잇점은 누렸지만, 그 때문에 오늘날까지도 영문학의 기초가 부실하다는 것을 항상 느끼고 있습니다. 영문학을 하게 된 계기가 처음부터 그렇게 확실하게 있었던 것이 아닌데다가 한국에 돌아와서 영문학을 계속하면서 보니까 학문 여건 등 여러가지 어려움이 있었어요. 또 여건도 문제였지만, 저 나름대로 우리 문학에 기여해야겠다는 생각도 들었는데 이것과 어떻게 영문학을 하나의 작업으로 수행할 것인지가 처음에는 잘 안 잡혔고, 지금도 물론 완전히 해결된 상태는 아닙니다. 그렇다고 영문학도가 된 것을 지금 와서 후회하는 마음은 없습니다만, 영문학 공부도 부실한 사람이 이런저런 활동을 동시에 하다 보니까 일을 어렵게 벌여놓고 제대로 수습을 못해서 늘 쫓기는 기분입니다.

임형택 백선생님, '팔자가 기구해서 영문학을 하게 되었다'는 말씀은 지금 한국인 일반의 정황으로 말하면 운이 지극히 좋았다 하겠지요. 그런데 실례되는 질문을 하나 드려야겠습니다. 미국 유학은 한국에 있어서 엘리뜨로 진출하는 정통 코스이고, 또 미국 가서 공부하고 온 사람 하면 떠오르는 유형이 있습니다. 백선생님은 그런 일반 유형으로 보면 전혀 별종이라 하겠습니다. 사람들이 평소 백선생님에 대해 경외스럽게 또 의아하게 생각하는 점이 바로 그 때문이 아닌가 합니다. 백선생님이 미국에 가장 깊숙이 들어가서도 미국적 사고와는 다른 사상과 행동의 인간이 될 수 있었던 계기가 있으시다면 들려줄 수 없을까요.

백낙청 글쎄요. 미국 유학을 하고 온 많은 사람들이 우리 민족이나 민중을 위해 비싼 공부 한 값을 제대로 못해내고 있는 것은 불행히도 사실이라 믿습니다. 저 자신 그 점에서 얼마나 떳떳할 수 있을지는 의문입니다만, 군이 별종이라고 보아주신다면, 저는 운이 좋아서 정통 엘리뜨 코스를 밟은 경우와는 좀 다른 유학을 했던 것이 한 가지 원인이 될지 모르겠습니다. 아까 말씀드렸듯이 좋은 팔자라기에는 너무 일찍 미국에 갔고, 그래서 못 견디고 일찍 귀국을 했습니다. 5년 만에 왔으니까 '일찍'이란 말이 안 맞을지 모르지만, 그 당시 함께 갔던 축으로서는 아주 일찌감치 돌아온 셈이고 실제로 제 나이가 만으로 22세 때였으니까요. 나이 먹어서 유학 간 경우하고는 달라서 그때 더 오래 있었다면 임선생님께서 말씀하시는 '미국적 사고'에서 영영 벗어날 수 없었을 것이라고 생각합니다. 나중에 다시 가서 박사학위를 마치고 왔습니다만, 그때는 서울대 교편생활과 『창작과비평』 사업 도중에 한 3년 다녀온 것이니까 성격이 좀 다르지요. 또 한 가지는, 이것 역시 이미 다 말씀드린 건데, 저는 어린 나이에 외국의 명문대학으로 유학 갔기 때문에 오히려 공부는 뜨내기공부로, 그러나 제 식으로 해왔습니다. 이건 겸손이 아니고 일종의 긍지에 더 가깝습니다만, 학문에 관한 한 다른 건 몰라도 뜨내기로 살아온 자의 강점 하나만은 가졌다고 자부하는 터입니다. 끝으로 한 가지 덧붙인다면, 『창작과비평』을 시작함으로써 '정통 엘리뜨 코스'를 밟는 미국 유학도가 만나기 힘든 많은 좋은 선배와 벗들을 만난 것이 큰 영향이 되었지요. 그런저런 일들을 모두 합친다면 제가 운이 지극히 좋았다는 임선생 말씀도 맞는 것 같습니다.

임형택 감사합니다. 반선생님께서는 60년대 말에서 70년대에 걸쳐 독일에서 공부하셨는데 어떠셨는지 말씀을 해주시죠.

반성완 저는 60년대 초중반까지 대학을 다녔으니까 넓게 잡으면 4·19

세대라고 볼 수도 있고 또 6·3세대라고도 할 수 있겠죠. 고등학교 시절부터 학교수업보다는 소설 읽기를 좋아하고, 또 그 당시 『사상계』를 즐겨 사서 보곤 했는데, 그런 면에서 보면 지금 학생들보다는 행복한 시절을 보냈다고 할 수 있을 것입니다. 문학에 대한 막연한 흥미와 함께 사춘기적 고민 그리고 그것에 결부되어서 철학에 대한 관심도 많았는데, 문학과 철학에 대한 관심 이 두 가지를 동시에 충족시킬 수 있는 것이 독문학이 아닌가 하는 그런 생각으로 독문과를 택하게 되었습니다. 당시의 대학생활은 지금 돌이켜보면 4·19의 영향이 전체적으로 작용하면서 다소 자유스러운 분위기가 있지 않았나 싶습니다. 그래서 우리 세대는 대체로 자유스럽게 독서를 할 수 있는 시대였다는 생각이 듭니다. 이러저런 방만한 독서 경험 중에도 독문과에서 제일 먼저 체험한 것은 대학 2학년 때 토마스 만 (Thomás Mann)의 『부덴브로크가(家)』를 읽고 독문학을 해야겠다는 생각을 굳혔던 기억이 납니다. 그리고 3학년 때 『마(魔)의 산』을 읽은 기억이 납니다. 대학을 졸업하자마자 67년부터 75년까지 독일 유학을 갔는데, 제 경우 가장 큰 체험은 독일을 통한 서양체험과 서양문화의 충격이었습니다. 다음으로 68년을 전후한 유럽 학생운동을 현장에서 직접 체험했던 점입니다. 그것의 시작과 끝나기까지의 과정에서 점차 학생운동이 분열되어가며 끝내 체제 내에 편입되어가는 것을 지켜보았습니다.

학문적으로 제가 루카치(Lukács)에 관한 논문을 쓰게 된 것은 한국에서부터 가지고 있었던 토마스 만의 문학에 대한 관심과 70년을 전후한 서구 좌파문학의 융성이 함께 어우러져서 이루어진 것이라고 보겠습니다. 독일의 학제는 미국과는 조금 달라서 과목이수보다는 학위논문을 중시하기 때문에 제 생각을 완전히 펼칠 수 있는 잇점이 있었습니다. 그러나 한편으로 과정이 불충실했기 때문에 전체적으로 독서량은 적지 않았는가 생각도 듭니다.

이후 1977년에 귀국해서 대구 계명대에 몸을 담았는데, 당시의 중요한 체험은 이 자리에 계신 임형택 선생님을 비롯하여 오늘 우리 학계에서 두드러진 활약을 보이고 있는 유수한 국문학자인 조동일(趙東一), 김홍규, 송재소(宋載卲), 최원식 선생님과 염무웅 선생님 등을 통해 귀동냥이나마 국문학에 관한 여러가지 지식을 접하는 행운을 가졌습니다. 80년대에 서울로 옮겨와서 『창작과비평』지에 「독일 시민문학의 가능성과 한계」라는 제목으로 루카치와 브레히트(Brecht)의 이론을 처음으로 소개한 적이 있었는데, 그 이론이 당시 우리의 학계나 문단에 상당한 반향을 불러일으켰던 것 같고 그로 인해 저 개인도 많은 영향을 받았습니다. 그런데 솔직히 말해 그 이후 공부의 방향이 제대로 잡히지 않았습니다. 85년에 루카치의 『소설의 이론』을 국내에 처음으로 번역, 소개하였습니다. 그런데 루카치의 이론이 소개되자마자 우리의 현실 그리고 우리 문단은 이 이론을 너무 앞질러가는 상황이었습니다. 그 속에서 대단히 곤혹스러움을 느꼈고 저 자신이 어떻게 방향을 잡아야 할지 무척 힘들었습니다. 그래서 헤겔, 칸트, 아리스토텔레스 등 서양의 고전적 미학이론 원전을 읽으면서 80년대 후반을 보내게 되었습니다. 이를테면 아카데미즘으로의 도피였다고나 할까요. 그러한 경험 속에서 서양문학을 제대로 이해하고자 노력했지만 이를 체계화하는 데는 너무나 힘이 부족하다는 한계를 절감하기도 했습니다.

그러나 지난 한 해 동안 15년 만에 다시 독일에 가게 되었는데 그것이 저한테는 대단히 중요한 체험이 아니었나 생각합니다. 거기에서 저는 우리의 삶과 의식이 얼마나 동서냉전의 깊은 골 속에 빠져 있었던가, 그리고 막연히 알고 있는 현실사회주의의 실상이 우리의 관념과 얼마나 동떨어져 있었던가를 확인할 수 있었습니다. 학문의 영역에서도 동서냉전 속에서 사회주의권의 동향에 대해서는 전혀 모르고 있었다는 점을 알게 되었고, 이제는 서양문학에 대한 연구를 좀더 폭넓고 깊이있게 새로이 시작해야겠다고 생각하면서 지난 한 해를 보냈습니다.

임형택 임규찬씨는 원래 학부는 독문학과를 다니다가 대학원을 국문학

쪽으로 전향한 것으로 알고 있는데……

임규찬 선생님들 대학시절 이야기를 재미있게 들었는데, 저 같은 경우 대학시절은 말만 독문과 학생이었다고 해도 과언이 아닐 것입니다. 유신치하이던 당시 대학 풍토가 학과과목을 충실하게 체계적으로 세워서 학생들을 끌어안고 나름대로 출구를 만들어주는 그러한 것이 못되었습니다. 그저 작가 지망생으로 시를 쓴다고 고민하면서 학교 신문사에서 기자로 활동하는 데 열중한 편이었습니다. 그렇기 때문에 그 시절 저한테 큰 영향을 미친 것은 오히려 학내보다는 실제 사회현실에서 얻는 것이 많았고, 그중에서도 세칭 '창비파'로 일컬어지던 문학 흐름의 성과들이 아니었나 싶습니다. 유신말기 통금시대에서 문학과 술, 뭐 그런 분위기 속에서 떠돌다가 79년 말과 80년 봄의 고양된 정서를 안고 군대를 가게 되었습니다. 그리고 83년 초에 4학년으로 다시 복학을 했는데, 돌아와서 보니 마치 대학에 다시 들어온 기분이었습니다. 그래서 아주 새로 시작하는 기분으로 우리 문학에 대해 나름대로 힘을 바치는 것이 훨씬 효과적이겠다는 생각이 들어 과감하게 대학원은 국문학 쪽으로, 그것도 현대문학 쪽으로 택하게 되었던 것입니다.

사실 대학원에 다닐 무렵 사회적 분위기는 그전과는 다른 새로운 흐름 속에 놓여 있었는데, 현실 및 현실변혁과 연관을 짓지 않으면 안될 것 같은 청년기적 분위기가 곳곳에서 생동하는 그런 상황이었습니다. 그 시대의 특징이라면 학문의 현실과의 결합이거나 아니면 아예 현실을 무시하거나 하는 그런 두 축이 크게 대치되는 형국이었습니다. 당시 소규모 써클이나 쎄미나 형식을 통한 공부가 주가 되었고, 오히려 학교 공부는 형식적인 차원에서 이루어졌다고 해도 무리는 아닐 것입니다. 이러한 새로운 흐름 속에서 각자 자기가 맡은 영역에서 뭔가 지금까지 잊고 지내왔던, 그렇지만 중요한 역사적 흐름을 부여잡고 이론적 실천 작업을 전개한다는 것이 굉장히 매력있게 와닿았습니다. 일제하에 이루어졌던 카프계 프로문학에 대한 연구도 그런 분위기 속에서 시작되었던 거죠. '변혁 전통의 부활 혹은 복원'이란 이름을 우리 세대가 부둥켜안았던 것도 그 때문입니다. 저 개인적으로 지금까지 문학활동을 할 수 있는 터를 어느정도 마련할 수 있었던 것은 그 당시 각 대학 국문학·독문학·영문학·미학 전공자들이 모여 만든 연구단체에서의 활동이었습니다. 쎄미나와 학습 등을 통해 서로 동류의식을 느끼면서 서로를 부추기는 것이 가장 큰 힘이 되었던 것이죠. 그때 스스로 교수나 학자의 길보다 먼저 연구자운동이라는 이름으로 활동형태의 위상을 정한 것도 80년대 지적 상황의 한 특징이었고요. 당시 그런 활동의 일환으로 선거기간 동안에는 실제로 포스터를 붙이기 위해 발로 뛰기도 하고, 어떤 운동단체에서 자신이 할 수 있는 일이 주어지면 거기 가서 활동도 하는 그런 생활형태를 자연스럽게 받아들였던 것도 저희 세대의 특징이 아니었는가 싶습니다. 말하자면 스스로 주체가 되어 변혁운동에 일익이 되어야 한다는 생각에 알게모르게 독자적 이론틀을 쏟아낸 것도, 또한 그것을 직접 실천하려고 한 것도, 그리하여 직접 잡지형태 등으로 모색한 것도 그런 배경에서 나온 것이라고 생각합니다. 지금 생각해보면 격랑의 시대에 주체적으로 편승하긴 했지만 격랑 자체의 파고에 밀려들어간 점도 없지 않았나 생각되고, 문학 본령에 차분히 천착하여 자기 전공을 극대화하는 작업도 다소간 부족했던 것이 사실이며, 또한 독자성과 차별성을 남달리 강조한 것도 학문적 축적 속에서 자연스럽게 성장해오지 못한 단절세대의 한 단면이 아니었는가 합니다.

그런데 최근 새로운 정세의 변화 등 여러가지 계기들로 인해 그동안의 삶에 대해 되돌아보는 시간이 주어진 것 같습니다. 그래서 최근에는 저희 세대들에 의해서도 다양한 모색들이 새로이 이루어지는 것 같은데, 저 역시도 과거와 같은 집단적인 방식에서 거리를 두고 주로 개인적인 차원에서 새로운 출구들을 모색, 타진하는 그런 시간을 갖고 있습니다.

임형택 규찬씨처럼 대학에서 서양문학을 공부하다 대학원에 진학하면서 국문학으로 전환한 경우로는 선배로 조동일 선생, 송재소 선생이 있지요. 국문학으로 보면 외국문학 쪽에서 인재를 확보하는 일일 뿐만 아니라, 서양문학의 기초를 닦아가지고 국문학연구에 기여한다는 의미에서 권장할 일인 것 같습니다.

저는 반선생님하고 같은 학번인데요, 고등학교 2학년 때 4·19를 맞았습니다. 저는 그때 역사적인 사건을 눈앞에 보고 감격해서 저 나름대로 우리 근대사를 총체적으로 그리는 그야말로 대작을 한번 써보겠다는 같잖은 꿈을 꾸었습니다. 그래서 내가 앞으로 해야 할 일은 소설 이외에는 없다고 작심하고 소설이라고 끄적거려보기도 했습니다. 대학진학을 눈앞에 두고 소설 쓰기와 근친성이 있는 곳은 국문과가 아닐까 하는 막연한 생각 속에 국문과를 선택했습니다. 제가 대학을 들어간 그때 번역된 것이 소위 세계 전후문학이었는데, 그런 실험적인 모던한 작품들을 읽다 보니 저 자신의 살아온 경력과 소설이란 문학 사이에 괴리가 생긴 것입니다. 당시 한국인의 생활이 전반적으로 현대화되지 못했지만 저는 더욱이 농촌에서 태어나 구시대 사람들 사이에서 유년시절을 보냈기 때문에 좋게 표현해서 전통적 삶의 전통과 많이 닿아 있었으며, 나쁘게 표현해서 구태를 많이 털어내지 못한 인간이었습니다. 이런 나의 생활의식으로 전위문학을 소화시킬 수 없었던 것은 당연한 노릇입니다. 이런저런 이유로 소설 습작에는 흥이 나지 않던 중에 어느덧 한문학으로 견인을 당하게 되었습니다. 그 당시만 해도 국문학에서 한문학은 그것이 우리 문학에 포함되느냐 아니냐를 따지는 상황이었으니까, 말하자면 자격심사를 통과하지 못했으니 학적 관심의 대상으로서는 전혀 떠올리지 않았습니다. 저는 한문학 유산을 소외시키는 것은 자기의 과거를 스스로 위축시키고 잘라내는 짓이라는 생각을 가졌으며, 이를 누군가 해야지 않느냐는 나름의 사명감도 들었던 듯합니다. 앞으로의 전망을 계산할 만큼 저 자신 영리한 인간은 못되니까 이걸 전공해서 빛을 보겠다 이런 마음까지는 먹지 않았으나 열심히 하면 무언가 이바지할 곳이 생기리라는 확신은 섰습니다. 그런데 실은 한문학의 사회적 수요가 너무도 빨리 닥쳤습니다. 제가 석사과정을 마치고 1년도 지나지 않아 한문학이 대학의 전공학과로 개설된 것입니다.

한문학을 공부하면서 느낀 감회는 정말 이야기하자면 길겠으나, 두 가지만 들어보겠습니다. 하나는 한문학은 그사이 단절이 길었기 때문에 공부하기가 특히 어려웠다는 점입니다. 그리고 한문학은 원래 당대 최고의 머리들이 가장 열중해서 치력하여 이루어진 것입니다. 그런데 지금 솔직히 대학의 학과 선택에서 가장 '별 볼일 없는' 학과로 손꼽히는 것이 현실이고 그러니 총명한 머리가 들어올 까닭도 없으며 치력할 의욕도 불러일으켜주지 못하고 있습니다. 언젠가 농담으로 가장 총명한 두뇌의 산물을 가장 노둔한 두뇌들이 다루고 있다고 말한 적도 있습니다. 물론 저 자신도 이 범주에 포함되지만, 한문학은 말할 나위 없고 국문학 일반이 사회적으로 대접을 받는 상황이 아닙니다. 이공·경상 계열에 비해선 말할 것 없고, 어문계열 내에서도 국문학과는 영문학과에 비해 월등히 비인기학과이며 학과의 형세도 영문학과에 비길 바 아닙니다. 이것이 우리의 객관적 현실이요, 국민 일반의 정서인 것입니다. 요즘은 우리 것이 중요하다고 말하는 소리들이 더러 여기저기서 들리기는 하지만 그것은 보상심리적 관념이고 현실은 우리 것이 중요하게 취급되지 못하는 상황입니다. 국문학연구에 종사하는 사람들은 불평하고 체념만 할 일이 아니라고 생각합니다.

백선생님은 미국에서, 반선생님은 독일에서 학창시절의 많은 기간을 보내셨는데 우리의 관심은 서양에서는 자기나라의 문학을 어떻게 연구하고 가르치고 있고 그 위상이 어떠한지 퍽 궁금한데 그런 점에 대해서 말씀을 해주시죠.

서양에서 모국 문학의 위상과 연구 동향

백낙청 미리 변명을 한 셈입니다만 거기서 영문학연구를 본격적으로 하는 사람들이 어떻게 하고 있는지 사실은 잘 모릅니다. 더군다나 최근의 연구경향은 더욱 깜깜하고요. 그러나 국문학연구에 참고가 될 만하다 싶은 장점을 아는 대로 한두 가지만 말씀드려 보겠습니다. 명문대학이라고 할 것 같으면 으레 전통적인 문헌연구를 철저히 하는 권위자들이 있는데, 영문과에서 영어학 전공자가 우리나라의 영문과와는 달라서 언어이론을 주로 하는 분이 아니고 영어사와 영문학사 양쪽에 다 통달한 그런 분들이 있고, 또 문학전공자 중에서도 비평적인 안목을 갖춤과 동시에 실증적인 문헌연구의 큰 업적을 내는 학자들이 많지요. 우리나라에서도 국문학의 경우에는 그런 작업이 이루어지고 있습니다만 아무래도 연구의 연륜이라든가 여러가지 면을 볼 때 국문학 분야도 아직 영미권의 영문학과에 비해 많이 모자란다고 생각됩니다. 또 한 가지 한국의 문학도로서 부러운 점은, 학생들이 문학연구를 하는 데 있어 자기나라 문학을 공부하든 외국문학을 공부하든, 영문학의 훌륭한 작품들이 읽기 쉬운 판본으로 나와 있을 뿐 아니라 외국문학 작품들도 원어로 읽지 않더라도 번역으로 쉽게 접할 수 있는 상황이라는 점입니다. 고등학교 교육도 여기서와 같이 입시용 주입식 교육만은 아니기 때문에 자기나라 말로 각국의 좋은 작품을 많이 읽고 그런 교양을 바탕으로 토론하고 연구할 수 있다는 점은 적어도 우리보다는 훨씬 나은 면입니다. 그런데 최근 그쪽에 가서 공부하고 온 분들이나 외국사람들이 와서 하는 이야기를 들으면 요즘은 서양학생들도 점점 작품을 안 읽는다고 해요. 득점용으로 참고서나 줄거리 요약문을 적당히 읽고 넘어가는 사람들, 아니면 이론만 잔뜩 배워서 '썰 푸는' 기술이나 연마하는 쪽에 치우쳐서, 작품을 읽고 즐기는 일이 많이 줄어들어가고 있다고 합니다. 최근의 연구업적들을 보아도 그렇겠다는 생각이 듭니다. 전반적으로 이론취향이 과다한 것은 물론이고 어떤 구체적인 작품에 대한 분석에서 저로서는 도저히 납득할 수 없는 그런 판단들을 버젓이 주고받는 현상을 볼 때 그쪽 연구풍토의 변화도 이제 심각한 상태에 와 있지 않나 하는 생각이 듭니다.

임형택 학교에 따라 다르긴 하겠습니다만 영문학과가 대학에서 차지하는 위상은 어느 정도인지, 그 점은 어떻습니까?

백낙청 전통있는 대학일수록 비중이 크다고 봐야겠죠. 아주 옛날로 올라간다면 소위 명문대에서는 고전학과, 그러니까 고대 그리스·로마 문학을 연구하는 학과가 핵심이었습니다. 그러나 유럽은 어떤지 모르겠습니다만, 미국의 경우는 고전학과가 중심적인 위치를 잃은 지는 상당히 오래되었고, 영문학과조차도 사회과학, 자연과학, 공학 이런 쪽에 점차 밀리는 것이 전반적인 추세인 듯합니다. 하지만 전통있는 대학 내에서 그 나라의 국문학자들은 우리나라의 국문학자들보다는 더 대접받고 있는 것이 분명합니다.

반성완 독일의 경우 고전문학 그러니까 그리스·로마 문학을 연구하는 문헌학이 대학에서 오랫동안 주류를 이루었고 독문학을 하나의 학문영역으로 설정해서 대학에서 가르치기 시작한 것은 19세기 중엽, 우리가 흔히 아는 그림(Grimm) 형제 시절부터입니다. 조금 전 백선생님께서도 말씀하셨듯이 그리스·로마의 문헌을 연구하는 학풍을 그대로 이어받아서, 독일어로 된 고대 게르만의 문화적 유산이라든지 전설·설화를 수집하는 데서부터 시작하여 하나의 방법론과 체계를 갖추고 등장한 것은 19세기 후반부터입니다. 대단히 실증주의적이고 체계적인 문학사 서술이 나오기 시작한 것도 바로 이때입니다. 그러다 독문학이 급속하게 자리잡은 것은 1차 세계대전 후가 아닌가 생각이 됩니다. 독문학은 독일의 역사가 가졌던 민족국가의 성립과 관련해서 대단히 민족적이지만, 부분적으로는 국수주의적·향토문학적 성격도 대단히 강합니다. 독문학연구가 가장 활발히 이루어졌던 시절은 아마도 1920년대와 히틀러가 등장하던 바이마르시대라고 볼 수 있을 것인데, 이 시기는 독일의 문화적·예술적 활동이 가장 활발하던 때로 문학생산과 비평활동이 가장 왕성하게 행해졌습니다. 그러한 활동에 따라 독문학연구도 이 시기에 상당한 연구업적을 낳았습니다. 그러다 나찌 시대가 되자 나찌의 이데올로기에 복무하는 나찌즘 문학이 성행했고, 1945년 이후에는 우리가 알다시피 동·서독의 분단으로 인해 문학사 서술의 방향이 엄청나게 달라지기 시작합니다. 말하자면 독일문학사의 정통을 정립하려는 문학연구가들의 싸움이 치열했다고 볼 수 있습니다. 통일이 된 이후에 어떻게 전개될지는 앞으로 계속 지켜보아야 할 것입니다.

임규찬 독일의 대학에서 독문학이 차지하는 비중이 상당히 크다고 들었는데 어떻습니까?

반성완 대학에서 차지하는 독문학의 위치는 실로 막강합니다. 지금도 서베를린 대학의 경우는 학생수 4만 명 가운데 독문학도가 4천 명이나 되고 교수도 40명이 넘습니다. 거기에 우리의 전임강사에 해당하는 사람들까지 합치면 백 명이 훨씬 넘는 연구인력이 있습니다. 이처럼 전통적으로 인문학 분야에서 독문학이 상당한 비중을 차지하고 있지만, 요즈음은 독문학이 차지하는 비중도 상대적으로 약화되기 시작했고, 또 수준 높은 독일어 교사의 엄청난 수요에도 불구하고 4천여 명의 학생 중에서 반수가 공부의 어려움과 전망의 불투명으로 공부를 다 마치지 못하고 중도하차한다고 합니다. 전통적으로 독문학을 공부한 사람의 대부분이 교사가 되었는데 지금은 교사보다 넓은 의미의 출판문화, 저널리즘에 종사하는 사람이 더 많아져가는 것 같습니다.

외국문학과 국문학연구의 연계

임형택 두 분 모두 서양에서는 고전학과가 대학의 출발서부터 중심위치를 차지하고 있었다가 지금은 다소 위축되어가는 상황이라고 말씀하셨는데, 우리의 경우에 고전학과에 해당하는 것은 한문학과나 동양고전학과 등일 텐데 해방 이후 근대 대학이 출발하면서도 그런 학과는 처음부터 고려하지 않았거든요. 그런 고전학이 어느 정도의 비중을 차지해야 하느냐는 별도로 생각해야겠지만 학문의 전통적 뿌리를 위해서 당연히 있어야 하는데 그렇지 못했다는 점 또한 우리의 학문 또는 대학이 출발 당초부터 가지고 있었던 맹점이 아닌가 합니다.

다음 문제로서 한국문학 전공자는 물론이고 서양문학을 전공한다 하더라도 이 땅에서 우리의 문화 창조나 우리 현실과의 관련을 생각하지 않고서는 학문을 할 수 없을 터인데, 외국문학 연구자와 한국문학 연구자의 서로 긴밀한 협조 및 유대가 필요할 것 같고 또 외국문학연구와 국문학연구를 어떻게 접맥시킬 것인가, 이런 문제점들이 제기됩니다.

백낙청 저는 연구를 어떻게 접맥시킬 것인가에 앞서서 각자 자기 분야의 연구를 어떻게 주체적으로 수행하는가가 더 중요한 문제라고 봅니다. 그것이 이루어진다면 본인들뿐만 아니라 다른 사람들에 의해서도 그런 성과의 접맥이 가능해지리라고 봅니다. 처음에 임선생님께서 주체적 관점을 세울 필요를 강조하시면서 동시에 그것이 국수주의로 흘러서는 안되겠다는 말씀을 하셨는데, 주체적 관점을 세워서 서양문학을 연구한다고 하면 연구분야는 서양문학일지라도 서양중심주의에서는 벗어나야 한다는 뜻이 되겠습니다. 그런데 그것은 서양이 근대 세계사에서 차지하는 의미를 정확히 파악하는 현실인식에 입각한 관점이어야지 그렇지 못하면 그 표현이 국수주의적이 아닐지 몰라도 그것의 한 변형이 되거나 주체적 관점을 실제로 세우는 데는 별 효과를 거두지 못하게 되고 말 것입니다.

　그래서 저는 이 점과 관련해서 앞서, 임선생님께서도 근대 자본주의문명을 선도한 서양이라는 표현을 쓰셨는데, 이것이 핵심적인 현실이 아닌가 생각합니다. 가령 서양의 경우 대학에서 자기들의 고전을 중요시하고 연구를 계속하고 있는데 우리는 그렇지 못한 점은 분명히 잘못된 현상입니다만, 또다른 문제는 서양사람들이 동양고전의 전문가가 아닌 이상 동양고전 공부에 많은 시간을 할애하지 않고도 교양인 행세를 할 수 있는 데 반해 우리에게 서양의 고전이나 현대문학이 갖는 의미는 그들에게 동양문학이 갖는 의미하고는 상당히 다른 면이 있다는 점입니다. 이것을 원래부터 서양의 고전이 동양의 고전보다 우월해서라고 단정한다면 서양중심주의를 벗어나지 못하는 것이겠죠. 하지만 현재 우리가 살고 있는 이 세계를 지배하고 있는 질서가 자본주의적 질서이고, 이것이 일종의 세계경제로서의 성격을 띠고 출발한 것이 유럽, 그중에서도 서북부에 해당하는 영국이나 네덜란드, 프랑스 등이었고, 여기서 출발해서 몇 세기에 걸쳐 현재는 드디어 세계를 실질적으로 통일한 것이 객관식 현실입니다. 이렇게 단일한 세계시장을 형성하고 그것에 근거한 세계체제를 만드는 데 선도적인 역할을 해온 사회들의 정신적 산물에 해당하는 문학이기 때문에, 좋고 나쁘고를 떠나서 우리가 알지 않으면 안될 사항이라는 점을 우선 지적해야 할 것입니다. 또 하나는 자본주의경제가 세계를 정복하는 방식이 옛날의 정복주의와는 달라서 우월한 생산력에 기초를 둔 것이라는 점입니다. 그래서 비록 정복자지만 문화는 형편없다는 경우는 있기 힘들고, 우월한 생산력에 다소간에 걸맞은 문화능력을 수반한다고 보아야 할 것입니다. 따라서 좋든 나쁘든 알아야 하는 것이 서양문학일뿐더러 그것이 좋은 것을 꽤 많이 포함하고 있을 개연성이 높다는 점입니다. 그리고 좋은 것은 단지 그러한 것을 생산한 그들만의 것이 아니라 인류 공동의 유산이라는 측면도 있기 때문에 우리가 배워서 활용해야 마땅하다는 점도 지적할 수 있겠습니다. 이런 인식에 입각해서 주체를 세우지 않는다면, 비록 국수주의를 표방하지 않더라도 — 요즘은 국수주의를 정면으로 내거는 사람도 극히 드물고 보수적인 성향이나 체질일수록 오히려 세계주의적 성격이 두드러지는 것 같은데 — 국수주의가 변형된 형태로 나타나기 십상입니다. 제가 보기에 그것은 대체로 두 가지 형태로 나타나는데, 하나는 남북한을 통틀어서 하나의 민족문학 또는 민중문학을 내세우면서 실제로는 특정 혁명문학의 전통을 지나치게 치켜올리는 경향이고, 또 하나는 제3세계주의라고 할까요, 서양중심주의를 벗어나야 한다는 명분으로 서양에는 이런 것이 있고 제3세계에는 이런 것이 있을 뿐 다 똑같은 것이라는 식으로, 앞서 말씀드린 근대 서양역사 또는 서양문학의 구별성조차 무시하는 식으로도 나타납니다. 이것 역시 서양중심주의에서 벗어나는 정당한 길은 아니라고 생각합니다.

반성완 제가 보기에는 20세기의 우리의 삶과 문화는 지난 시절의 서양의 충격이 너무나 강했기 때문에 아직까지도 우리의 삶뿐만 아니라 학문적으로도 그 영향을 받고 있는 것이 아닌가 생각합니다. 우리 문화와 학문의 가장 큰 문제는 수백, 수천 년 동안 이어져온 전통이 너무나 급격한 충격 속에서 단절되었고 또 그렇게 일방적으로 받아들인 서양문학을 소화하는 데서 겪는 어려움이었는데 아직까지도 그런 어려움은 계속되고 있다는 생각입니다. 여기서 핵심적이고도 중요한 문제는 지금까지 진행된 여러 상황들을 어떻게 교정하고 또 우리의 전통을 재정리해서 서구의 문화와 유기적으로 연결시키고 새로운 삶과 문화를 어떻게 창조할 것인가 하는 문제일 것인데 그러한 작업이 날이 갈수록 쉽지 않다는 생각이 들기도 합니다. 이를 서양문화의 수용이라는 측면에서 보면, 무엇이든 하나도 제대로 정리가 되지 않은 상태에서 서양에서 밀려오는 공세는 엄청난 것인데 그것을 제대로 수용해서 정리할 능력이 과연 우리들에게 얼마나 있었는가 하는 점입니다. 이를 치열하게 고민하고 있는 사람들에게는 그 작업이 너무나 부담스럽기도 하고 고통스러운 것도 사실입니다. 결국 우리의 일상적인 삶과 문화를 지배하는 것은 서양의 충격 중 좋은 것보다는 나쁜 문화가 훨씬 두드러지는데 이것을 어떻게 극복할 수 있을 것인가 하는 문제라고 할 수 있겠습니다. 백선생님께서 지적하셨듯이 서양의 시민계급이 자본주의의 발전과정에서 이룩한 수백 년 동안의 업적과 그 지적 생산력이란 실로 엄청난 것인데 이를 수용해서 우리 것으로 만드는 것은 그야말로 어려운 작업일 수밖에 없습니다. 여기에는 서양의 그러한 전통과 지적 생산력을 잘 알아야 할 뿐만 아니라 우리의 삶의 전통을 복원하는 치열한 노력이 이루어지고 그를 통해서 양자가 상호작용할 수 있어야 극복 가능하리라고 봅니다.

결과적으로 제가 말씀드릴 수 있는 점은 서양학을 하는 사람과 국학을 하는 사람 모두 더 열심히 해서 만나야 되는 것이지 서로 비판만 하는 것은 오히려 진정한 우리 삶을 건설하는 데 역행하는 것이라는 점입니다. 자기 일을 열심히 하면서도 막연한 서구추수주의나 국제주의에 빠져들기 쉬운 우리의 현실을 정확히 인식할 수 있는 그런 지적·문화적 역량을 키우지 않으면 서구를 제대로 극복하기 힘들 뿐만 아니라 그러한 서구문화를 우리의 것으로 수용하기도 힘들다는 생각을 해봅니다.

임규찬 최근에 학생들로 하여금 일제하 작품들을 읽게 하고 그에 대한 감상을 발표하게 했을 때, 당대 작품은 당대적 시각으로 일단 정직하게 보는 것이 문학을 올바르게 이해하는 하나의 태도라고 강조했음에도 불구하고 대부분의 학생들은, 요즘 상황을 똑같이 보는 듯하여 자꾸 요즘 문제가 연상이 되더라는 이야기를 의외로 많이 합니다. 반선생님 말씀처럼 서양문화가 일찍이 엄청난 무게로 밀려들어와 이제 우리 삶의 모든 면에 그 흔적을 남기고 있으면서도 그것이 실제로 우리 삶의 어떤 문제를 해결해주었는가를 냉정히 생각해보면, 막연한 서양문화 일반이 아닌 수용된 서양문화의 성격을 정확히 규명하는 것이 무엇보다 중요하지 않나 생각합니다. 그러나 저는 학생들의 그런 이해에서 어쩌면 우리가 아직도 근대적인 것 자체도 제대로 해결하지 못한 상황이 아닌가를 새삼 절감하게 되었습니다. 그런데 이와 관련하여 생각나는 말이 단재 신채호 선생의 "공자, 석가, 그 누구누구가 들어오면 '조선의 주의'가 되지 않고 '주의의 조선'이 되어버린다"는 말이었습니다. 저 자신도 마찬가지로 올바른 서양이론을 잘 소화하여 나름대로 우리 문학의 발전에, 더 나아가 우리의 현실 모순을 극복하는 데 도움을 주자는 생각은 부단히 하면서도 막상 그 결과들을 보면 과연 그러한가, 그저 바람처럼 불었다 사라지는 그런 형태를 좇고 있지 않은가, 어떻게 주체적 관점에서 우리 것으로 육화시켜내야 할 것인가 하는 등등의 고민에 늘상 빠지게 됩니다.

그런데 사실 현재 저희들에게 소개된 서양문학 이론서들을 보면 종잡을 수 없을 정도입니다. 그중 몇 가지 개인적으로 알고 있고 신뢰할 만한 사람의 것이라면 그런대로 흔들림 없이 자기 것으로 받아들이려고 하고 있지만, 대부분은 오히려 혼돈을 가중시키는 형태의 것입니다. 그렇기 때문에 아예 그중 편한 것을 선택해서 적당히 짜깁기하여 그럴듯하게 논리를 위한 논리를 만드는 방식이 됨으로써 전혀 실효를 거두지 못하는 그런 잘못된 경향도 만연해 있지 않은가 싶습니다. 그래서 요즘 국문학연구의 대부분이 사실은 외국이론에 기대면서 천차만별로 다양화되어가고 있는데, 그 근거를 보면 자신이 기반한 서양문학이론을 전체적으로 소화해서 올바르게 활용했다고 보기 힘든 것이 대부분입니다. 서양문학을 전공하시는 분들이 다양한 이론들을 나름대로 체계화하고 쟁점은 쟁점대로 정리하고 또 그에 대한 합의를 이루어내는 그런 성과 있는 축적이 이루어졌다면, 저희들로서 수용하기가 훨씬 편해지면서 서양문학과의 자연스런 교류 속에서 우리의 자산으로 만들어낼 수 있지 않을까 생각합니다. 말하자면 어떤 외국이론이 소개되면 동시에 이 이론이 어떤 위치를 차지하고 어느 선상에서 논의가 이루어진 것인지를 제대로 알 수 없으니까 사실 막막함을 느낄 때가 많습니다.

백낙청 지금 임규찬씨가 '축적'이라는 말을 쓰니까 서양문학을 연구하는 사람으로서 참 부끄러운데, 축적은커녕 소개조차 어떤 수준이라 봐야 할지 모르겠습니다. 영문학이 서양문학 중 우리나라에서 제일 많은 사람들이 공부하고 있는 분야지만 학문적 축적이란 면에서 서글픈 형상을 시인해야 할 것 같습니다. 하나는 제가 영어영문학회의 발표장 같은 데를 많이 다녀보지는 못했지만 대개의 경우, 특별히 약정토론자를 정해서 따로 배려한 경우가 아니면 우리나라 연구자에 의해 이루어진 영문학연구에 대한 언급이나 논평을 만나게 되는 일이 거의 없다는 점입니다. 국문학대회 같으면 물론 그렇지 않겠죠. 또 다 같은 서양학이라도 철학 같은 분야를 보면 서로의 주장에 대한 치열한 논쟁이 이루어지는데 영문학계에는 그런 일이 거의 전무하다고 할 수 있습니다. 주로 서양에서 나온 성과를 공부해서 그것을 읽어서 소개하고 넘어가는 일이 대부분입니다. 그런 점에서 진정한 의미로 '학계'라 부를 만한 영문학계가 한국에서는 아직 형성이 안되었거나 이제 겨우 형성되기 시작했다고 보겠습니다. 또 한 가지 부끄러운 사실은 영문학도들의 숫자가 그토록 많은 나라에서 영미문학의 유명한 고전들조차 비슷하게나마 번역된 것이 참으로 드물다는 점입니다. 대개 전공공부를 하다 보면 번역본은 잘 보지 않게 되지만, 그래도 가르칠 때나 우리 독자들을 위한 영문학논의를 집필할 때면 시중에 나와 있는 번역본들을 그때그때 점검해보곤 합니다. 이번 학기 제가 서울대학교에서 유럽 근대 장편소설을 주로 다루는 일반선택과목을 강의중인데, 학생들에게 읽힐 만한 번역본을 찾는 일이 여간 고역이 아니었고, 좀 낫다 싶어서 정해놓고서도 학생들에게 미안한 생각이 들게 된 경우가 한둘이 아닙니다. 동시에 이걸 읽고서 우리가 발자끄(Balzac)가 어떻다느니 괴테(Goethe)가 어떻다느니 똘스또이(Tolstoi)가 어떻다느니 이런 이야기를 해도 되는 것인가 — 이것이 과연 디킨즈(Dickens)의 작품이고 하디

(Hardy)의 작품이라고 할 수 있을까, 전혀 딴 작품을 가지고 말로만 누구는 어떻고 또 누구는 어떻다고 하고 있는 게 아닌가 — 하는 의문이 들어요. 원문을 읽는 연구자들에게는 부실한 번역의 직접적인 피해가 적은 것이 사실입니다만, 길게 보면 전문연구에도 치명적인 상황입니다. 건전한 비평풍토가 형성되고 충실한 문학연구가 이루어지기 위해서는 연구하는 몇몇 사람들끼리 원문을 읽고서 논의를 하는 것으로는 부족하거든요. 주변에 많은 동시대 사람들이 각기 자기 나름으로 자기 안목을 가지고 작품을 읽고, 전문가가 이야기를 했을 때 거기에 대해 반응을 하고 비판을 해줄 수 있을 때, 한편으로는 연구자가 주체적으로 연구할 의욕도 커질뿐더러 아무렇게나 함부로 이야기하기도 조심스러워지는 것 아니겠습니까? 훌륭한 번역을 읽은 훌륭한 독자라면 그 나름의 안목이 있는 것이기 때문에 이를 의식하고 전문학도로서 더 겸허하게 정진하지 않을 수 없게 되는데, 이런 자극과 감시가 없는 상태에서 주체를 세운 영문학연구·서양문학연구가 성립하기는 심히 어려운 일이지요.

반성완 그것은 제가 아까 말씀드린 서양문학과 서양문화를 수용하는 우리 역량의 절대적인 부족과 그러한 수용과정에서 이루어지는 왜곡된 형태와 밀접한 관련을 맺고 있지 않나 하는 생각이 드는데요. 서양학문이나 서양문학과가 제도적으로 우리나라에서 생겨나서 지내온 역사를 돌이켜보면 우리의 특정한 문학에 대한 학문풍토를 알 수 있지 않은가 하는 생각이 듭니다. 사실 꼼꼼히 따져보면 우리가 언제 서양학문을 제대로 할 수 있는 겨를과 여유가 있었는가. 일제 식민지하에서의 서양 근대문학의 수용이라는 것도 일본을 통한 간접적이고도 왜곡된 형태로 나타나기도 했고, 해방 이후의 공간과 6·25를 겪은 50년대에는 우리 선배들이 제대로 할 수 있는 여유가 거의 없었다는 생각이 듭니다. 그러한 역량이 그나마 갖추어지기 시작한 것은 60, 70년대부터가 아닌가 하는데 그것도 일제 식민지하에서 생겨난 학문의 이식에 대한 관성과 주체적 역량의 부족 때문에 제대로 학문풍토를 형성하기는 힘들었다고 할 수 있겠습니다. 번역문제만 해도 서양에서는 고전을 제대로 번역하면 학위를 주고 학문의 아주 높은 경지의 하나로 평가하는 데 비해, 우리네 번역은 일본말을 우리말로 옮기는 것이라는 인식이 있었고 또 실제로 그렇게 행해져왔습니다. 그렇기 때문에 번역문화 자체에 대해 심각하게 고민하고 극복하려는 의지를 보여주지 못했습니다. 서양문학이 우리 문화의 일부분으로 수용되기 위해서는 제대로 된 번역이 나와서 많이 읽혀야 하는 것이 기본적인 전제사항인데 그것이 되지 않음으로써 언제나 겉도는 모습을 보여주었습니다. 그래서 앞으로 우리가 이루어야 할 과제는 제대로 된 번역부터 시작하는 것이고 이를 위해서는 우선 대학 내에서부터 제도화해야 할 필요도 있다고 생각합니다.

또 이론 그 자체만 받아들여서 그것을 재빨리 적용할 생각만 할 것이 아니라 그 이론의 역사적·문화적 배경에 대한 폭넓은 연구가 이루어져야 관념적이고 공허한 것이 되지 않으리라고 생각합니다.

'서양' '근대문학' '현대문학'의 개념

임형택 외국문학도와 국문학도의 관계는, 관련을 생각하기에 앞서 자기 전공의 심오한 연찬이 요구된다는 데 합의가 이루어졌습니다. 사실 서양문학의 지식이 피상적으로 원용된 경우가 비일비재했으며 국문학의 서구이론 추수 경향은 목불인견(目不忍見)의 지경까지 연출했습니다. 참으로 본격적인 서양문학의 연구는 물론 주체적 자세로 밑받쳐야 가능할 터인데, 그런 결과는 곧 우리 민족의 창조적 목록에 들어갈 것이며 거기서 국문학과의 차원높은 만남도 가능하리라 봅니다. 번역의 중요성은 더 말할 나위 없지요. 일본이 근대 이후로 어쨌건 눈부신 발전을 지속할 수 있었던 요인으로 우수한 번역의 성과를 들기도 하지 않아요. 저는 그래도 영문학을 비롯한 서양문학의 성황을 볼 때 이제는 우리도 번역이 상당한 수준에 올랐을 것이라고 믿었는데 두 분 말씀을 들으면서 놀라움을 금할 수 없습니다.

먼저 검토했어야 할 사항인데 우리가 서양이라고 하면 지리적 범위를 어디까지 잡아야 할 것인가 하는 문제가 대두됩니다. 서구 및 미주에다가 동구까지 포함해서 말하는 것이 보통인데 어떻게 설정해야 할까요?

백낙청 어디까지가 서양인가는 참 모호한데요, 가령 과거 소련 같은 나라는 유럽과 아시아에 걸쳐 있었고 면적으로는 아시아에 들어가는 부분이 더 컸습니다. 그 점은 현재의 러시아만 갖고 말해도 마찬가지고요. 따지자면 '동양'은 더 모호한 개념이라고 할 수 있죠. 그런데 우리가 직접 관심을 가지는 서양이 자본주의 세계경제를 주도해온 서양이라고 한다면 유럽에다 북미대륙을 포함시키는 것은 당연하겠지요. 서반구라고 할 때는 남북미 대륙을 망라하는 것이지만 중남미의 경우는 좀 특수합니다. 역사적 현실은 제3세계라든가 하는 식으로 따로 생각하는 것이 옳을 듯한데, 문학의 경우는 또 복잡한 것이 중남미의 문학은 언어가 서구어들이거든요. 제3세계 문학이면서 서양문학의 일부이기도 한 셈입니다.

임형택 그렇게 보면 호주도 있지 않겠습니까?

백낙청 대양주도 물론 서양에 포함된다고 봐야지요.

반성완 서양을 대체로 유럽과 미국까지 포함하여 부른다고 했을 때 미국문화와 유럽문화는 넓은 의미에서는 대서양을 중심으로 한 서양문화에 동일하게 포함되지만 세분해서 보면 일정한 차이를 지니기도 하는데 그것의 변별성·차별성에 대한 연구도 필요하지 않나 싶습니다. 또 동로마와 서로마가 나눠진 이후 러시아까지 포함해서 우리가 오늘날 알고 있는 동구의 비잔틴문화도 서양의 전체 문화와는 상당한 차이를 드러내고 역사발전에서도 여러가지 차별을 보이는데, 여기서 우리에게 요구되는 것은 서양문화를 넓게 보느냐 좁게 보느냐는 문제뿐만 아니라 그 자체 내의 것을 또 변별해서 인식하는 것이라는 생각입니다. 그다음 서양사람들이 동양이라고 했을 때는 대체로 자기들과 지리적으로 가까웠던 근동(近東)을 가리키는데 오늘날 이 근동문화는 곧 이슬람문화를 말하는 것이죠. 여기에 대한 우리의 인식도 여전히 부족한 것이 사실입니다. 그래서 그것을 나눌 때 어떤 동질성을 가지고 문화권을 중심으로 해서 개념을 설정하고 이해하는 것이 우리들의 연구에 도움을 줄 수 있지 않을까 하는 생각입니다. 특히 최근에 동구가 열리고 나서 체험 속에서 직접 느낀 점인데, 서구와 상당한 차이를 갖는 문화양상을 보인다는 점입니다. 그것이 생겨난 배경은 어떠한가 또 그것이 지닌 문제점은 무엇인가 이런 점까지도 변별해서 바라보는 안목이 있어야 전체 서양문화를 이해할 수 있으리라 생각합니다.

임형택 우리가 서양이라고 할 때는 동양의 상대적 개념이고 역사적으로 보아 이쪽은 이쪽대로 그쪽은 그쪽대로 각기 다른 문화를 형성해왔습니다. 물론 고대나 중세시대에 실크로드와 같은 동서유통이 없었던 것은 아닙니다만, 대체로 문명권에 따라 소우주적이고 고립적인 역사를 이루어왔다고 봅니다. 그러다가 근대로 들어오면서 서양의 주도 하에 중세기의 소우주적인 상황이 전지구적으로 개통되는 시대가 되었다고 볼 수 있겠습니다.

15세기 이래 신항로의 발견, 이른바 서세동점(西勢東漸)이라는 세계사적 신기운에 의해서 세계 각지에 엄청난 변화가 일어났는데 그 과정은 오늘에 이르기까지 몇 단계로 나누어볼 수 있을 것 같습니다. 가령 중상주의 단계, 그다음은 제국주의단계 그리고 오늘의 상황을 다국적기업에 의한 자본진출의 단계로, 아니면 탈근대사회로 규정지을 수 있을는지는 모르겠습니다. 어쨌든 근대역사에서 서양의 진출은 엄청난 인류사적 의미를 갖는 것이고 여기에 대해 어떻게 대응할 것인가 이 문제는 앞에서 논의가 어느정도는 있었다고 생각합니다. 이제 서양 근대문학사의 진행과정을 중요한 맥을 잡아서 검토해볼 필요가 있지 않나 하는 생각이 드는데 우선 그에 앞서 서양에서 잡혀진 근대문학의 개념이라든가 또는 그 근대문학의 출발을 어디서부터 잡을 것인가, 르네쌍스부터 볼 것이냐 아니면 영국의 산업혁명, 프랑스의 시민혁명 단계에서부터 시작된 것으로 볼 것이냐 하는 문제, 다음으로 현대문학을 따로 구분할 때 근대와 현대의 분기점을 어디에 긋느냐, 이런 개념적인 논의를 먼저 할 필요가 있을 것 같습니다.

백낙청 서양에서의 근대문학이라고 하면 일반적인 통설은 르네쌍스 내지 문예부흥기 이래의 문학을 말하지 않을까요. 일반역사에서 중세가 아닌 근대라고 하면 자본주의시대를 이야기하는데 이 점에서도 본격적인 자본주의가 성립한 시기는 아니지만 문예부흥기와 대체로 비슷하게 잡는 게 아닌가 합니다. 그런데 문예부흥운동 자체가 유럽에서 지역에 따라 시차를 두고 일어나긴 합니다. 가령 영국 같은 나라는 자본주의의 본격적인 발전이라는 면에서는 앞서지만 문예부흥은 이딸리아보다 훨씬 뒤떨어진 경우지요. 이처럼 나라마다 사정은 약간씩 다르겠지만 크게 본다면 근대는 역시 자본주의시대로 봐야 할 것 같고 근대문학은 대체로 문예부흥기부터 시작하는 각국의 국민문학이라고 봐야 할 것 같습니다. 르네쌍스라는 것은 그리스의 고전이 부활되었다는 당시 인본주의자들이 중시하던 그런 의미보다도 라틴어 중심의 문학에서 각국의 모국어를 바탕으로 하는 국민문학이 성립하는 시기로 보는 것이 더 옳지 않겠나 생각합니다. 그런데 이러한 근대문학 성립의 시기적 편차를 낳는 원인의 하나로는, 근대로의 전환을 얼마나 주체적으로 성취했느냐 하는 것도 중요한 요소가 될 것입니다.

반성완 시대구분에는 언제나 여러가지 이론이 따르게 마련인데 전체적으로는 유럽의 보편적 질서를 형성했던 중세문화가 끝나는 싯점에서 초기 자본주의의 발달이 시작되고 거기에다 중세의 기독교적 문화에 대한 반대작용으로서의 그리스·로마 문화의 부흥이 함께 작용하여 근대문학이 싹텄다고 할 수 있을 것입니다. 르네쌍스를 13세기로 보든 혹은 14세기로 보든 간에 근대문학이 점차 성장하면서 현대문학으로 넘어가는 과정은 상당히 오랜 시간 동안 지속되었을 뿐만 아니라 각 나라마다 시차를 두고 전개되었는데, 우리가 알다시피 근대적 의미의 민족국가가 성립하고 거기에 따라 모국어를 바탕으로 한 민족문화가 비교적 일찍 생겨난 곳이 영국입니다. 16세기의 셰익스피어(Shakespeare)만 보아도 알 수 있는 것이죠. 그리고 프랑스는 17세기 정도라고 볼 수 있고 독일의 경우에는 상당히 늦은데 18세기 후반이 되어서야 본격적 의미의 근대문학이 일어납니다. 이러한 양상은 자본주의의 발달 및 시민계급의 성장과 밀접한 관계가 있는 것으로 생각합니다. 서양의 근대문학 발전에 대해서 대강 이렇게 말씀드릴 수 있을 것 같은데 현대문학에 대해서는 백선생님께서……

백낙청 사실 '근·현대'에 정확히 해당하는 말이 서양에서는 없다고 볼 수 있습니다. '현대'를 동시대라고 의미할 때는 contemporary라는 말이 있지만 근대가 시작된 뒤 어느 싯점을 기준으로 다시 현대라고 부르는 별도의 낱말은 없고 modern이라는 낱말을 그때그때 달리 사용하는 수는 있지요.

임형택 그런데 하우저(Hauser)의 『문학과 예술의 사회사』에서는 1830년부터를 현대편이라고 하지 않았습니까?

백낙청 아, 그때 현대편이라는 명칭은 역자들이 자의적으로 붙인 것입니다.

임형택 그런데 그 안에서도 우리가 사는 시대와 동시대라는 의미에서 현대라는 말이 있었던 것 같은데……

백낙청 네, 그런 이야기를 하우저가 하지요. 1830년은 프랑스에서 대혁명 이후 왕정복고가 되었다가 다시 7월 왕조가 들어서서 입헌군주제가 확립되고 자본주의 발전이 본격화되던 시기니까, 그런 의미에서 그때부터는 우리 시대와 동시대나 다름없는 측면이 많다는 이야기를 하고 있죠. 그렇게 따진다면 그것 역시 자본주의적 근대의 일부에 해당합니다. 가령 16세기 영국이 그 단계에서 이룬 자본주의하고 17세기에 영국혁명을 거치고 나서 형성된 자본주의의 차이가 있을뿐더러 다음에 산업혁명을 거치면서는 또 한번 새로운 단계가 벌어진다고 할 수 있을 것입니다. 하우저가 1830년에 대해서 얘기할 때는, 그때 영국에서 이미 산업혁명이 일단 완수되어 다른 지역으로 확산되고 있는데 프랑스라는 유럽의 중심국가에서도 정치혁명이 일단 마무리되고 오늘과 같은 자본주의사회가 본궤도에 올랐다는 그런 취지에서 사용한 것이지 근대와 현대를 구분하는 의미는 아니라고 봅니다.

임규찬 그럼 학술적 개념이라고는 보기가 힘들 것 같습니다.

백낙청 예, 저는 그렇다고 생각합니다.

반성완 그 점에 대해서 우리가 흔히 자본주의 발달과 시민사회의 혁명 이후 20세기 우리의 삶까지 이어지는 근대를, 문학사적으로 보아 19세기 중반의 보들레르(Baudelaire)부터 시작해서 20세기까지 이루어지는 서양에서 말하는 '모더니즘'에 결부시켜 우리가 현대문학이라고 막연하게 이해하고 있는 것은 아닌지도 모르겠습니다.

임형택 지금 반선생님께서 이야기하신 모더니즘을 현대문학이라고 한다든지 그런 것은 아닌 것 같은데요.

백낙청 '모던'이라는 말이 광범위하고 애매하게 쓰이는 중에 모더니즘이 내세우는 '모던'이 또 하나의 특이한 사례를 제시하는 것은 사실입니다. '모던'이라는 낱말의 다양한 용도를 말씀드리자면, 가령 대학의 영문학과에서 Modern English라고 하면 그것은 르네쌍스 시대 이래의 영어를 가리키는데 Modern Literature라고 하면 근대문학 일반을 가리키기도 하지만 20세기 영문학을 그렇게 표현하기도 합니다. 우리처럼 '근대'와 '현대'라는 두 낱말이 따로 있다면 후자를 '현대문학'이라고 부르면 간단하겠지요. 어쨌든 '모더니즘'이라는 조류가 대두하면서 뭔가 근대를 대하는 태도가 달라지는 것은 분명합니다. 모더니스트들 스스로는 종전의 근대와는 다른 현대가 시작되었다는 느낌이 강했던 것 같은데, 반면에 하우저가 1830년을 두고 이야기한 것과 마찬가지로 근대라는 시기가 이제 또 한 번 본격화된다는 차원에서, 모더니즘의 대두로 또 한고비를 넘어서 근대가 갖고 있는 어떤 특징이나 문제점이 더욱 부각되었다고 볼 수도 있을 것입니다. 후자의 경우라면 엄밀한 개념규정으로서 근대가 아닌 현대라는 구분을 할 필요는 없는 것이죠. 다만 근대를 대하는 독특한 태도라는 점에서 저는 문예사조상의 모더니즘은 '근대주의'라기보다 '현대주의'로 번역하고 있습니다.

20세기에 들어와서 더 자신있게 그런 구별을 주장하는 그룹이 두 가지가 있다고 보는데, 하나는 볼셰비끼 혁명 이후 그전 시대와 확연히 갈라서 사회주의 이전 자본주의시대는 근대이고 사회주의시대는 현대라고 보는 관점이 있고, 또 하나는 현대라는 말을 쓰지 않고 탈근대라는 말을 씁니다만 요즘 이야기되는 포스트모더니즘이 그러한 주장을 하는 것이지요. 물론 포스트모더니즘 논자들 가운데에는 이것이 자본주의시대의 연장이라는 전제를 깔고 이야기하는 사람도 있습니다만, 흔히는 자본주의 발달이 어느 경지에 달해서 이제는 종전의 자본주의 개념이나 자본주의 분석 또는 자본주의에 대한 비판이 통용되지 않는 새로운 시대에 도달했다는 의미에서 포스트모던이라는 말을 하는데, 근대와 현대라는 용어가 별도로 있다면 근대가 아니고 현대라는 말을 했을지 모르지만 모던이라는 말 하나밖에 없다 보니까 거기에다 '포스트'라는 말을 붙여서 부르고 있는지도 모르지요.

서양 근대문학의 전개과정

임형택 볼셰비끼 혁명 이후를 하나의 다른 새로운 단계로 설정하는 방식은, 사회주의국가의 경우 대개 받아들이는 것 같지요. 중국도 그렇고 북한도 문학사 서술이나 일반역사 서술에서 근대와 현대를 구분해서 설정하고 있습니다. 중국 대륙과 북한 지역은 1949년 무렵 사회주의정권을 수립하였으므로, 이러한 처지를 시대구분에 반영하여 중국은 5·4운동 이후, 북한은 1926년 이후를 근대와 구분해서 현대로 파악하고 있는 것입니다. 우리의 근대문학 문제는 뒤에 따로 논의할 기회를 가져볼까 합니다. 하여튼 우리 남한의 입장에서는 획선을 어디로 하건 북한 기준의 근·현대의 구분은 수용하기 어렵다고 봅니다. 동일한 민족으로 역사와 문화를 공분모로 가지고 있으면서 남한과 북한이 각기 체제가 달라서 시대구분에서도 이런 대립적 양상을 드러낸 것입니다. 분단을 넘어서는 시대구분의 시각이 요망된다 하겠습니다.

아까 근대문학 개념에 대해서 백선생님께서 모국어를 바탕으로 한 국민문학이라고 규정을 해주셨는데 서양에서도 각 민족국가마다 시차가 다르고 구체적으로 근대문학을 형성해가는 그 양상도 서로 같지 않습니다. 그런데 르네쌍스가 꽃을 피우고 시작되었던 곳은 이딸리아였지만 정작 이딸리아에서는 근대의 역사가 제대로 전개되지 못하고 많은 갈등을 겪었고 오히려 스페인을 거쳐 영국에서 근대문학이 활발하게 이루어지는데 이런 현상은 어떻게 설명할 수 있을까요?

백낙청 아까 제가 모국어를 바탕으로 한 국민문학이라는 표현을 썼습니다만 사실 '국민문학'이라고 불리려면 당연히 모국어가 바탕이 되고 어느정도 이상의 언문일치가 이루어져야 한다는 것은 당연한 조건입니다. 지식인들만 아는 공통문어로 된 라틴어라든가 아시아의 한문 고전문학 같은 것은 아무리 훌륭해도 그것을 국민문학이라고 부르기는 어렵지 않겠습니까? 모국어로 된 문학이 서양의 경우 중세에 여러 나라에서 라틴어 문학과 함께 공존했고 중세 모국어문학에 있어서는 프랑스가 오히려 이딸리아를 앞질렀다고도 이야기됩니다. 그러나 국민문학이라고 할 때는 단순히 귀족계급만의 문학이거나 서민층만의 문학이 아니라, 비록 당시의 독자층이 비교적 한정되었을지라도 그야말로 두고두고 그 민족의 고전이 될 수 있는 그런 품격과 내용을 갖춘 모국어문학일 때에나 가능하다고 하겠습니다.

사실 서양에서 최초로 국민문학의 고전이라고 꼽을 수 있는 작품이라면 14세기 초에 나온 단떼(Dante)의 『신곡(神曲)』이라고 말할 수 있을 것입니다. 그런데 문예부흥기라는 기준으로 보면 이딸리아의 문예부흥이 가장 빨랐던 것이 틀림없는데, 자본주의의 발달이라든가 근대적 민족국가의 통합이라는 점에서는 크게 뒤지지 않느냐는 의문이 생길 수도 있습니다. 그러나 자본주의 국민경제의 성립이라는 면에서는 뒤지지만 도시단위의 자본주의적 발달이랄까 자본주의적 국민경제의 맹아에 해당하는 동향은 이딸리아가 훨씬 앞서 있었고 실제로 단떼의 고향인 피렌쩨는 당시 지중해 상업의 한 중심지였습니다. 따라서 그 나름의 일반사적 선구성과 결합되어서 나온 것이 이딸리아의 문예부흥이요 단떼 등의 국민문학이었다고 말할 수 있겠습니다. 그런데 재미있는 현상은 이딸리아보다 늦게 국민문학의 출범을 본 국가들이 자기 나라의 고전을 한창 생산하고 있을 때 이딸리아의 문학은 그다지 활발하지 못하거든요. 이에 대해 어떤 사람은 이딸리아는 문학보다도 가령 베르디(Verdi)의 오페라 같은 것이 국민문학적 고전에 해당하는 것이라고 풀이하기도 합니다만, 국민적 통합이나 본격적인 자본주의 발달이 지체된 것하고 무관하지 않을 것이라고 생각됩니다.

반성완 우리가 알다시피 이딸리아의 각 도시가 지중해의 상업권을 이용해서 부를 축적하고 그 바탕 위에서 르네쌍스의 꽃을 피웠습니다. 그러나 콜럼부스의 신대륙 발견 이후부터는 유럽 전체의 무게중심이 지중해에 인접해 있는 이딸리아에서 영국이나 스페인 등으로 상업의 중심지가 옮겨가고 이와 함께 이루어지는 시민계급의 형성 및 국민국가의 통합에 따른 시민의식의 성장 등에 의해서 르네쌍스가 비록 늦게 이루어진 곳이지만 서구에서 오히려 국민문학을 생산하고 꽃피우게 된 것이 아닌가 생각됩니다. 결국 서양 근대문학은 자본주의의 발달 및 시민계급의 형성과 밀접한 관계를 맺고 있는 것으로 볼 수 있겠죠.

임규찬 그런데 평소의 의문 중 하나가 근대문학의 진행 과정에서 초기에는 연극 장르가 발달을 하고 그 후 18세기에 비로소 소설 장르가 발전되기 시작하는데 이 현상은 어떻게 설명할 수 있을까요?

반성완 고대 그리스·로마에서 문화적인 주도권을 쥐고 있던 사람들이 만들어낸 형식에는 운문서사시나 연극의 전통 등 여러가지가 있었고, 중세에 와서도 다양하게 여러 장르에 걸쳐 존재하긴 했습니다만 그중 어느 것이 우월했는가는 중세를 지배했던 귀족의 문화와 관련이 되지 않나 싶습니다. 그에 비추어볼 때 연극이 귀족계급의 문화취향과 어느정도 맞아떨어지면서 이런저런 형태로 발달했다고 볼 수 있을 것입니다. 이에 비해 일정한 형식으로서의 소설은 하층민의 이야기문화가 근대 시민사회의 성립과 함께 급격하게 성장한 것이 아닌가 합니다. 16세기 이후의 급속한 인쇄술의 발달, 종교개혁 이후 자국어로 씌어진 성경의 보급과 일반교육의 도입, 그리고 18세기에 와서 본격화하는 문학시장 등의 여건 속에서 산문(소설)문학이 발달하기 시작했습니다.

백낙청 연극도 연극 나름인데 가령 셰익스피어의 연극이 소설보다 먼저 그 나라의 국민문학으로 자리잡은 이유 중의 하나는 아주 간단한 것 같습니다. 연극은 문맹자도 와서 즐길 수가 있는 데 비해 소설은 그렇지 않거든요. 소설은 글을 읽을 수 있고 또 책을 구해 읽을 여유가 있는 사람들이 어느정도는 형성된 이후에야 발달할 수 있다는 것이 큰 차이인 것 같습니다. 소설에 선행하는 장르로서의 서사시도 원래 구연된 것이니까 문자해독 능력이나 인쇄술의 발달에 의존하지 않고서도 성립할 수 있었고 연극도 역시 마찬가지였지요. 이에 반해 중세부터 서민층에 보급되어온 짤

막한 야담류의 단편들과는 달리 근대 장편소설은 일정 규모 이상의 독자층이 형성되어야 하기 때문에 늦게 발전한 것이라고 할 수 있겠죠. 우리가 서양 근대 장편소설의 기원을 따질 때 흔히 세르반떼스(Cervantes)의 『돈 끼호떼』를 꼽는 한편, 많은 사람들은 18세기 영국에 와서야 비로소 근대 장편소설 문학이 성립되었다고 말하기도 합니다. 작품 하나를 가지고 최초의 위대한 소설을 꼽는다면 단연 『돈 끼호떼』를 꼽아야 하겠지만, 『돈 끼호떼』가 나오고도 장편소설이라는 장르가 자리잡을 만한 물질적 기반이 스페인에는 없었기 때문에 근대 소설문학이 17세기 또는 18세기까지도 스페인에서는 정착했다고 보기 어려운 것입니다. 반면에 영국에서는 17세기 후반부터 이미 다양한 산문소설류가 축적되기 시작해서 18세기 초에 디포우(Defoe)가 나오고 뒤이어서 리차드슨(Richardson), 필딩 (Fielding) 등이 나오면서 장편소설이라는 장르가 완전히 정착을 하거든요. 그것은 17세기의 변혁을 거치면서 영국의 시민계급이 성장한 결과 소설의 독자층이 형성되었기 때문이라고 할 수 있을 것입니다.

임형택 지금 두 분의 말씀을 들으면서 서양과 동양의 예술 장르 발달비교론을 해보면 참 재미있겠다는 생각이 듭니다. 중국은 소설과 연극 이 두 비전통적 신흥 장르가 일찍부터 성시(城市)를 배경으로 발흥하였는데 연극이 먼저 원(元)대에 성황을 이루었고 소설은 15세기 이후 명(明)대에 이르러 당대를 대표하는 장르로 올라섭니다. 소설은 벌써 당(唐)시대에 상당한 수준에 도달하고 송(宋)대에는 우리 야담처럼 설화인(說話人)의 구연을 통해 발전하였지만 원시대에 오히려 연극에 우위를 양보하게 된 것은 도시민의 문화적 요구 및 원제국이라는 다민족국가의 특질과도 관련이 있지 않나 합니다. 우리나라의 경우 도시적 문화로 인식할 만한 현상은 중국보다 훨씬 늦게 17세기 말부터 출현했는데 소설은 독자층을 확대하면서 비교적 호황을 누린 반면, 연극은 탈춤이나 꼭두각시놀음처럼 민속적인 놀이의 차원을 크게 벗어나지 못했거든요. 이렇게 된 까닭은 소설은 중국

소설을 적극 수용하면서 발달한 데 비해 연극은 받아들이기 어려웠다는 데
도 요인이 있다고 봅니다. 중국문학을 문자언어로 받아들여왔기 때문에
구두 언어이면서 행동을 수반하는 연극 장르는 수용이 어려웠던 거지요.

다른 문제입니다만, 독일 계몽주의는 프랑스보다 조금 뒤에 출발했는
데 괴테와 같은 위대한 작가를 탄생하고 세계문학의 개념을 제기했습니
다. 당시 독일은 서구에서 후진 지역이었단 말이에요. 그런데 거기서 세
계문학의 개념이 제일 먼저 제기되었다는 것이 선뜻 납득이 가지 않기도
하고 또 괴테가 과연 처음 제기한 세계문학은 어떤 의미를 지니는 것인지
도 궁금한데 여기에 대해서 이야기를 좀 하고 넘어갔으면 좋겠는데요.

'세계문학'의 개념과 의미

반성완 독일은 16세기까지만 해도 상당히 빠른 템포로 생산력이 발달
되어가다가 17세기 초 종교전쟁을 겪으면서 주춤거린 뒤 이를 회복하는
데 백여 년의 기간을 보냈습니다. 그리고 괴테가 태어난 당시 독일은 정치
적으로는 근대적 의미의 민족국가가 형성될 기미가 전혀 보이지 않는 분
열된 상황 속에 놓여 있었습니다만, 괴테는 독일의 가장 전형적인 프랑크
푸르트 지방의 부르주아 출신으로 그에 맞는 교육도 받았고 바이마르공
국이라는 조그만 소국가의 후견 하에 평생 동안 문학활동을 벌였습니다.
그가 언제나 전범으로 삼았던 것은 영국이나 프랑스의 문학이었고 특히
셰익스피어에 대해 지대한 관심을 가졌는데, 그는 독일의 정치적·사회적
낙후에 대한 보상심리에서 혹은 그것을 극복하는 것으로 문화와 교양에
대한 지대한 요구를 가지고 있었다고 볼 수 있습니다. 또 괴테는 인류 역
사상 좀처럼 보기 힘들 정도로 급격한 변화를 가져온 서양의 근대사가 지
니고 있는 모든 시대적인 사건들을 80년에 걸쳐 두루 겪고 그것을 문학적
으로 형상화했다는 점에 괴테 문학이 서양 근대문학에 기여한 공헌이 있

는 것이라고 말할 수 있습니다. 그러나 괴테가 국민문학을 말하기에는 독일의 상황이 너무 나빴다고 볼 수 있습니다. 괴테는 우선은 유럽 전체의 문학 그리고 나중에 말년에 가서는 근동문학을 받아들이면서 세계문학의 개념을 만들어냈는데, 이는 그 당시 유럽에서 가장 낙후되었던 독일에서 '세계시민'이라는 개념을 칸트(Kant)가 먼저 만들어냈다는 것과도 일정한 관련성을 지니고 있을 터입니다. 또한 그것은 열악한 민족문학의 상황과 그것이 가지고 있는 폐쇄성을 극복하기 위한 출구로 만들어낸 것일 수도 있고 아니면 그것을 통해 민족문학을 수립할 수 있다는 에움길로서 그런 개념을 만들어내지 않았을까 저 나름대로는 그렇게 생각하고 있습니다. 그리고 괴테의 세계문학이라는 개념이 대단히 이상이 높은 것이긴 하지만 당시 독일적 상황 속에서는 관념적이고 추상적인 면도 있는 것 같습니다.

백낙청 괴테가 에커만(Eckermann)과의 대화에서 세계문학의 개념을 말한 것을 읽은 지가 너무 오래돼서 그에 관한 무슨 자신있는 이야기를 할 형편은 못됩니다. 다만 우리 입장에서 무엇을 배울 것인가 하는 점을 생각하면 반선생님이 지적하신 것처럼 독일 특유의 낙후성으로부터 일종의 도피를 시도하는 세계주의가 확실히 있기는 있었다고 봅니다. 그러한 관념성이나 추상성은 우리가 배울 필요가 없는 대목이지만, 괴테의 경우는 막연한 세계시민주의만은 아닌 면도 있지 않았는가 생각해봅니다. 괴테 자신은 청년기를 지나고 나서는 고전주의자를 자처하게 되는데, 이것은 당시 젊은 후배들의 낭만주의에 동조하지 않는다는 뜻이고 편협한 민족주의에 반대한다는 입장 표명입니다. 즉 가령 프랑스의 고전주의하고는 달라서 고대와 자기 나라만을 의식하고 있는 고전주의가 아니라 다양한 국민문학들의 존재와 낭만주의적 민족주의자들의 문제제기를 의식하면서 내놓은 발상이며 그런 국민문학들을 포용하는 세계문학의 개념이지 영구불변의 고전들을 몇 개 모아놓는 식이 아니라는 점에 첫번째 의의가 있다고 보겠습니다.

또 하나는, 이건 제임슨(Jameson)이 어느 글에서 강조한 점입니다만, 괴테 자신이 세계문학을 이야기할 때 실제로 가장 중요시한 것은 각국 지식인들간의 그때그때의 구체적인 교류였다는 사실입니다. 말년의 괴테를 보면 프랑스에서 나오는 최신 잡지를 읽고 에커만과 대화를 나누기도 하는데, 이것 역시 후진국 지식인 특유의 태도라고도 할 수 있겠지요. 괴테 자신이 당대 유럽의 최고의 시인이지만, 독일의 지식인으로서는 항상 선진국의 구체적인 지적 상황에 대해 의식하면서 공부하는 자세를 버릴 수가 없는 것입니다. 어쨌든 이런 식의 관심을 모든 사람들이 유지하면서 국제적인 유대를 만들어나간다는 그런 발상도 있었던 것 같습니다. '세계문학' 하면 흔히 세계의 위대한 고전들을 모아서 세계문학 전집 같은 것을 만들어놓고 열심히 읽는 것을 생각하는데, 오히려 괴테 자신은 그보다도 구체적인 상황 속에서 지식인과 문인들 간의 국제적인 유대를 형성해나가는 것을 염두에 두었던 것 같고 그러한 세계문학 개념의 중요성이 오늘날 점점 더 커지고 있다는 것을 말씀드리고 싶습니다.

임규찬 그러니까 진정한 국민문학이 성립되니까 세계문학을 논의할 수 있게 되었다는 그런 말씀이신가요?

반성완 예, 그런 얘기도 되고 백선생님이 말씀하신 대로 그 당시의 유럽의 지식인사회라는 것은 좁았고 또 그래서인지는 몰라도 교류가 많았습니다. 괴테가 갖는 서양문학사의 위상이라는 것은 고대 로마부터 르네쌍스까지 또 그 당대에 일어나고 있는 모든 문학적 요소를 다 수용하면서 그것을 독일문화의 일부로 만들어냈다는 것이라고 할 수 있는데, 그것은 정치적으로는 여전히 낙후되어 있었지만 문화적으로는 유럽 전체 문화에 견주어도 손색이 없을 정도의 수준을 높이는 데 결정적인 역할을 했고 그때부터 독일문학은 전체 서양문학과 동일한 반열에 놓이게 되는 계기를 마련했다고 볼 수 있을 것입니다.

그런데 오늘날 우리가 얘기하는 세계문학은 괴테가 말했던 세계문학에서 배울 점도 물론 있지만 그것의 차별성도 인식할 수 있어야 할 것입니다. 서양 안에서 세계문학의 수용과 그것의 독일화 과정과 우리가 처해 있는 상황 속에서 세계문학을 어떻게 수용해서 우리 것으로 만들 것인가는 여러가지 차이와 어려움이 있을 것이라고 생각합니다.

임형택 세계문학은 지구가 하나로 통하게 된 근대에 와서 비로소 성립될 수 있었던 개념이 아니겠습니까. 그런데 종래 세계문학 하면 으레 서구문학으로 등치되어왔습니다. 이렇게 된 요인은 물론 있지요. 그러나 동양문학, 나아가서 다른 문화권의 문학까지 아우를 수 있는 세계문학의 개념을 발전시키려는 노력이 필요하다고 봅니다. 그런 의미에서 우리로서는 인류의 고전을 두루 섭취 소화하면서 동시에 우리 문학을 세계문학의 차원에서 논의할 수 있어야 한다고 봅니다.

지금까지 서구라파의 근대문학 성립 과정에 대해 이야기를 나누었는데 이제 미국 쪽으로 논의를 옮겨보도록 하죠. 사실 미국의 출현은 세계사적으로 큰 의미를 갖는 일인데 미국의 물질적인 발달에 비해 미국문학이 차지하는 위치는 그에 상응하지 못하다는 느낌도 듭니다. 미국문학에 있어서 국민문학의 개념은 어떻게 되는지 함께 말씀을 좀 해주시죠.

백낙청 미국은 미국 나름대로 위대한 문학이 있긴 하지요. 그러나 20세기 후반에 들어오면서 그것이 과대 선전되고 왜곡된 형태로 전파되면서 미국문학의 진정한 의의나 위대성과는 성격이 다른 측면이 미국의 경제력과 정치력을 바탕으로 전세계에 전파되고 있는 별로 바람직하지 못한 현상이 나타났다고 봅니다. 국민문학의 개념을 두고 말한다면 미국은 후발자본주의 국가였던데다 영국과 같은 언어를 쓰는 나라이기 때문에 미국문학 발달의 초창기에 영국문학에 대한 종속성 문제가 제기됩니다. 그래서 위대한 미국 작가의 한 사람이라고 우리가 인정해야 할 멜빌(Melville)이 또다른 위대한 작가임에 틀림없는 호손(Hawthorne)을 얘기하는 중, 우리도 국민문학이 있어야 한다고 주장합니다. 그가 사용한 용어가 바로 national literature로서, 우리는 특별한 사정이 있어 민족문학이라고 합니다만 멜빌의 미국처럼 국민국가의 성립이 순탄하게 이루어진 상태에서는 국민문학이라는 용어가 더 적절하다고 봐야 할 것입니다. 어쨌든 멜빌이 national literature를 말한 것은 단순히 미국시민이 생산한 문학이 아니라 영국문학의 틀에서 해방된 독자적인 미국문학을 가리킨 것이었지요. 그런데 그 후 이 개념이 그렇게 널리 퍼지지 못했고 현대 미국에서는 일반적으로 그런 의미의 국민문학은 없다는 것을 오히려 자랑삼고 있는 상황이라고 볼 수 있습니다. 멜빌이 그런 얘기를 할 때는 초창기 상황이라는 점도 있었고, 그때만 해도 미국문화를 창조하던 미국민이 상당한 문화적 동질성을 갖고 있었거든요. 동부 해안 지역을 중심으로 밀집되어 있었고 인종적으로도 대개 영국이나 네덜란드, 프랑스 등 몇몇 나라에서 온 이민자들이 중심이 되어 있었지요. 그리고 영문학 전통과의 유대도 긴밀하게 살아 있는 가운데 그것을 바탕으로 새로운 국민문학을 창조하는 작업이 수행되었던 것입니다. 그러나 호손, 멜빌 등의 시대 후에는 한편으로 다른 문화적 배경을 가진 이민자가 계속 들어오면서 '내셔널'이란 말을 쓰기 어려워진 점이 있고, 또 한편으로는 미국이 종래의 유럽제국주의 열강과는 다른 신식민지적 방식으로 본격적인 제국경영에 나서면서 자기 나라의 국민문학을 강조하기보다는 모든 국민문학론·민족문학론을 낡은 것으로 치부하는 쪽이 훨씬 더 그들식 제국경영의 논리에 적합한 것이 되었다는 점도 있을 것입니다. 이것이 오늘날에 이르러서는 포스트모더니즘이라는 이름으로 절정에 이르렀다는 것이 저의 생각인데, 이 포스트모더니즘이 민족적 다양성을 포함한 온갖 종류의 다양성을 치켜세우고 다원주의를 표방하지만 우리가 말하는 민족적 주체성을 존중하는 것은 아니고 다양성이라는 것조차도 포용하는 좀더 신축성있는 보편주의 내지 획일주의로 나가는 것이라고 생각합니다.

그런데 미국 안에서도 민족문학의 개념에 가까운 것이 있다면 흑인문학 같은 경우일 것입니다. 그러니까 억압받는 소수민족으로 흔히 미국에서는 미국 내의 제3세계 집단들이라는 표현도 씁니다만, 그런 쪽에서는 자기들 고유의 역사적 경험과 문화유산을 살리면서 독자적으로 세계문학에 참여하는 길을 모색하는 작가들이 많이 나오고 있는 듯합니다. 그리고 이 경우에는 우리하고 여러모로 다른 상황이긴 합니다만, 국민문학이라는 표현보다 오히려 민족문학이라는 표현이 더 적합해지지요.

서양문학 내의 특수성과 근대문학 전개과정

임규찬 흔히 우리 문학 이야기를 할 때 서구문학을 보편성으로 간주하고 거기에 대비하여 우리 문학의 특수성을 찾아야 한다는 그런 단순한 이해가 꽤 많이 퍼져 있는데, 오늘 선생님들 이야기를 쭉 들으면서는 서양문학 내부에서도 각기 특수한 형태로 각 나라의 문학이 발전을 해왔다는 지극히 상식적인 사항에 주목해야 된다는 생각이 듭니다. 그런 차이성이나 특수성을 낳는 실제적인 문학적·사회적 토대에 대한 해명이 오히려 그런 사회들과는 또다른 토대를 가진 우리 문학 발전에 있어서의 여러가지 성격을 파악하는 데 도움이 되지 않겠느냐는 점입니다. 개인적으로는 루카치가 스칸디나비아, 러시아의 문학과 영국, 프랑스, 독일 문학의 차이점을 설명하는 글을 흥미롭게 읽은 적이 있습니다. 말하자면 서구문학에 비해 특수한 문학의 길을 걸었던 이들 두 나라의 문학이 각기 사회적 토대와 정신적 배경을 달리하면서 나타나는 또다른 상이한 문학발전의 길을 걷게 된다는 점이었습니다. 그러한 서술에서 중요한 것은 단순한 현상적 대비가 아니라 각 나라의 특수성의 여러가지 조건과 그것의 문학에서의 구현 형태, 그리고 그러한 특수성 속에서 또한 구현되는 보편성·합법칙성의 문제가 아니었던가 싶습니다. 이 진술대로 이해를 해본다면 스칸디나비아나 러시아 등 북구지역이 서구의 정상적인 발전의 길을 걸은 다른 나라에 비해서 자본주의 발전에 있어서는 시대적으로 지체되었지만, 오히려 서구지역이 자본주의 변호기에 접어들었을 때 이들 쪽에서 더 위대한 문학을 탄생시켰다는 사실이었습니다. 그러나 다른 한편으로 스칸디나비아가 입쎈(Ibsen) 뒤로는 서구쪽 문학에 편입해 들어간 데 비해 러시아에서는 똘스또이 등으로 대표되는 위대한 작가들을 계속 산출하였다는 사실입니다. 그런 배경과 연관해서 루카치는 '상대적으로 정상적인 자본주의 길'과 '아시아적 자본주의의 낙후성'이라는 표현을 한 것으로 알고 있습니다. 이러한 서양문학 내에서 전개되고 있는 특수성에 우리로서는 더욱 관심이 가는데 그러한 측면에 대해 선생님들의 이야기를 더 듣고 싶습니다.

반성완 루카치 이야기가 나왔으니까 하는 얘기지만, 루카치의 문학사나 문학이론이 우리나라 문학논쟁에서 중요한 부분을 차지하는 가장 큰 원인은 낙후된 동구적 상황에서 나온 지식인이 서구 부르주아지문학을 비판적으로 보았고 또 이를 넘어서려는 대안과 논리를 모색했기 때문일 것입니다. 그것은 우리의 입장과 유사한 점을 보여줍니다. 문학 역시 학문으로서 성립되기 위해서는 보편성을 추구해야 하지만 모든 기준을 서구적인 데 두고 서구적인 잣대만을 가지고 해서는 여러가지 무리가 따를 수밖에 없을 것이라는 생각입니다. 그것은 서구의 문학을 너무 무분별하게 받아들였고 그래서 문학 내면의 상당부분은 서구 19세기 부르주아문학이 가장 중요한 범주로서 자리잡았기 때문에 그렇기도 하지만, 그것보다는 우리가 처한 삶의 현실이 어렵더라도 우리의 역사나 문학사에 대한 한층 깊은 천착을 통해서, 한층 구체적이고 풍부한 이해를 통해서 보편성을 추구하려는 노력이 필요하지 않을까 합니다.

그리고 서양의 문학 자체도 변별해서 인식해야 한다고 했는데 그것은 앞으로 우리가 가장 중점을 두어야 할 부분이라는 생각입니다. 사실 그동안 우리의 삶이나 문화는 아주 낙후된 쪽에 더 근접해 있는 것인데 우리가 갖다대는 잣대는 너무 발전된 형태의 것이기 때문에 무리가 따르지 않은 가, 그것을 어떻게 유기적으로 연결시킬 것인가 하는 문제가 국문학을 하는 분들은 물론이고 서양문학을 전공하는 분들도 좀더 깊은 관심을 기울여야 할 점 같습니다.

임형택 아까 독일적 낙후성을 얘기했는데 러시아 쪽은 그보다 더 낙후된 상태였고, 그럼에도 불구하고 19세기 후반기에 들어와서 세계문학에 있어 위대한 문학을 낳았습니다. 도스또예프스끼(Dostoevskii)라든가 똘스또이와 같은 작가의 출현과 그것이 가지는 세계문학적인 의미에 대해서 그냥 넘어갈 수 없겠는데요?

백낙청 반선생님이 서양문학을 변별해서 봐야 한다는 말씀을 하시니까 사회자께서 마치 우리가 서양문학 전부를 변별해서 이야기할 능력이 있는 것처럼 여기시는 모양인데……(웃음) 그런 능력이 도무지 없는 사람의 주관적인 인상 정도라고 양해해주신다면 러시아문학에 대해서도 몇 말씀 드려보지요. 러시아의 자본주의 발전이 서구에 뒤진 데에 따르는 후진적 상황이 19세기 러시아문학의 찬란한 개화에 오히려 도움이 되었다는 점은 루카치도 이미 지적한 바 있습니다. 서구에서 1848년을 고비로 자본가계급이 반동화하고 문학 자체도 퇴폐 증상이 두드러지게 된 반면, 러시아문학은 서구문학이 개척한 새로운 기법들을 흡수하면서도 현실참여와 역사창조의 정열로 가득찬 작가·작품들을 낳을 수 있었다는 거지요. 그 점은 오늘의 제3세계적 상황, 제3세계가 지닌 가능성과도 일맥상통합니다. 다른 한편 러시아는 서구에 비해 후진국이라고는 하지만 정치적 강대국일 뿐만 아니라 본디 풍부한 모국어문학의 유산을 자랑하는 문화대국이었음을 간과해서는 안될 것입니다. 12세기 말엽에 『이고르 군기(軍記)』와 같은 장편 서사시의 성취가 있었고, 뾰뜨르 대제에 의한 서구화·개방 정책의 출범 이래, 18세기에 로모노쏘프(Lomonosov), 까람진(Karamzin) 등 러시아 나름의 계몽주의문학이 꽃피었던 것으로 압니다. 따라서 우리에게 가장 친숙한 이름은 뚜르게네프(Turgenev), 도스또예프스끼, 똘스또이 등 19세기 중엽 이후의 소설가들이지만, 러시아문학을 근대 세계문학의 반열에 당당히 끼게 한 러시아의 국민 시인은 19세기 초의 뿌슈낀(Pushkin)이었지요. 뿌슈낀 이외에도 레르몬또프(Lermontov), 고골(Gogol'), 그리고 평론가 벨린스끼(Belinskii) 등 어느정도 우리 귀에 익은 이름들이 모두 19세기 상반기에 속하지요.

그러나 이런 식으로 잘 알지도 못하는 문학사의 개관을 늘어놓기보다 우리 문학사 인식에서 대두되는 중요한 쟁점들과 좀더 밀착된 논의로 나갔으면 하는 것이 제 생각입니다. 가령 아까 근대로의 전환이 얼마나 주체적이냐에 따라서 같은 유럽 안에서도 국민문학의 성립 시기와 근대로의 전환 싯점이 달라진다고 했는데, 조금 더 구체화해서 말한다면 주체적인 근대화를 이루는 나라일수록 문화적인 성숙이 앞질러서, 국민문학의 성립이 본격적인 자본주의 발전에 선행하는 경향이 있지 않은가 합니다. 단떼도 그 좋은 예가 되겠지요. 그 단계의 자본주의 발달을 이딸리아의 도시국가들이 선도하는 가운데 14세기 초에 단떼 같은 국민문학의 고전이 본격적인 근대 이전에 나왔다고 볼 수 있겠고, 영국의 경우도 우리가 셰익스피어를 이야기했습니다만 사실 셰익스피어보다 앞서서 14세기 말에 이미 초서(Chaucer)의 『캔터베리 이야기』 같은, 영국 국민문학의 시초로 보아야 할 작품이 나왔습니다. 그렇게 본다면 영국 역시 주체적 근대화의 표본국답게 본격적인 자본주의 발전 이전에 쵸서 같은 대가가 나오고, 또 셰익스피어도 17세기의 영국혁명 이전에 나타납니다. 그에 반해서 독일 같은 경우는 물론 본격적인 자본주의 발달을 언제부터 잡아야 할지 모호하지만, 범유럽적인 자본주의 경제권에 편입되고서도 한참 지난 뒤인 18세기 후반에 가서야 근대문학의 확실한 성립을 보게 됩니다.

그런데 이처럼 근대로의 전환에 선진사회의 압력이랄까 타율성이 개입되어 국민문학의 성립이 뒤지는 사회일수록 국민문학의 출발을 정확히 어디로 잡아야 할지 모호해진다는 또 하나의 일반적 특징이 있는 것 같아요. 가령 독일 국민문학 최대의 작가라면 독일사람들은 누구나 괴테를 꼽습니다만, 그에 앞서 18세기에 레씽(Lessing)이 이미 독일 근대문학의 아버지 역할을 수행했다는 설이 오히려 유력하지 않을까 싶습니다. 또 사람에 따라서는 16세기에 루터(Luther)가 성경 번역을 하면서 독일 국민문학의 기초를 닦았다고 말하기도 합니다. 이처럼 기준이 흔들리게 되는데, 저는 우리나라 근대문학의 기점을 설정할 때 부딪히는 여러가지 문제도 이런 일반적 사정의 일부가 아닌가 싶어요. 작품을 위주로 보아야 된다고 해서 우리가 국민문학의 고전으로 인정할 만한 작품이 나오기를 기다리다보면 그 기점이 한정없이 내려올 수가 있고요, 그렇지 않고 자율적이든 타율적이든 간에 근대로의 전환을 기준으로 하면 1876년의 개항을 잡건 1894년을 잡건 문학적인 성과가 본격적으로 나오기 이전의 어느 시기를 잡을 수밖에 없단 말입니다. 결국 근대로의 전환이 타율적으로 이루어지면 이루어질수록 국민문학의 성립이 근대로의 전환보다 큰 편차로 뒤진다고 봐야 되고, 어느 특정 작가나 작품으로 분기점을 설정하기도 힘들어진다는 점에 유의해야 될 것 같아요.

우리 근대문학의 특징과 성격

임형택 논의는 자연스럽게 우리 문학에서의 근대와 그 기점 문제로 넘어왔습니다. 기점 문제는 일단 접어두고 우리의 역사 속에서 근대로 향한 정신적인 축적이 언제부터 어떤 모양으로 이루어졌는가를 우선 살펴볼 필요가 있을 것 같습니다. 서양의 문예부흥 시기와 거의 걸맞게 우리의 고유한 문자인 훈민정음을 만든 것이 15세기인데, 시대 여건이 국민문학의 창출로 이어지지 않은 것은 우리가 다 아는 사실이지만 국민문학 내지 민족문학을 위한 기초는 훌륭하게 마련되었다고 볼 수 있겠죠. 다음 17세기 이후부터 주목할 만한 움직임들이 나타났습니다. 예컨대 서민 대중을 위한 문학으로서 국문소설의 등장을 들 수 있겠으나 저는 여항문학을 거론해보겠습니다. 여항문학은 서울의 도시를 배경으로 한 중인과 서리 계층의 문학활동에서 성립한 개념입니다. 그들은 전통적인 사대부들과는 구분되는 도시의 중간층을 형성하고 있었으므로 그네들의 문예적 활동은 특별히 주목되는 바 있습니다. 실제로 '여항인' 혹은 '여항 시인'으로 불리는 일군의 문인예술가 그룹이 나서서 괄목한 성과를 이룬 것이 사실입니다. 그러나 여항문학이라고 해서 사대부문학과 변별되는 독자적인 성격을 창출하지 못했을 뿐 아니라, 그들이 이룬 성과는 실학파 지식인의 수준에 멀리 미치지 못하고 있습니다. 저는 어떤 자리에서 18, 19세기 최고의 문학 형상과 미학은 박지원(朴趾源)의 산문, 정약용(丁若鏞)의 시에서 만난다고 말한 바도 있지요.

이 현상을 어떻게 설명할 것인가? 여항문학에서 신흥계급 문학의 성격을 기대한다면 매우 당혹스럽게 보일 것입니다. 여항문학에서 그런 기대를 건 자체가 당초에 적합하지 않았다고 봅니다. 여항인은 비록 사대부와는 신분이 다르지만 아직 독자적 계급으로 확립되지는 않았다는 것입니다. 그들은 자신들의 처지에 불만은 팽배해 있었으나 아직 본래의 체제기생적 속성을 탈각하지 못했으며, 따라서 사대부적 가치관의 자장(磁場)에서 벗어날 단계에 이르지 못한 것입니다. 자기를 사회와 국가의 주체로 세우려는 의식은 각성된 사(士) — 실학파 지식인에 미칠 수 없었던 것이죠. 요컨대 당시 우리 역사는 주체적이고 혁명적 시민계급이 아직 성장하지 못했기 때문에 전통적 사대부계급에서 일부 각성된 지식분자들이 자기 시대의 문제를 앞장서 철저하게 고민하고 해결하려 덤벼들었습니다. 실학파의 문학은 동양의 공용문어 한문을 표현수단으로 쓰고 있기 때문에 근대적 국민문학의 개념으로 규정할 성질은 못 됩니다. 그러나 근대를 위한 정신적 준비라는 차원에서는 매우 고귀한 것입니다. 제 개인적인 견해로는 우리의 근대문학, 그리고 근대학문은 오늘에 이르기까지도 박지원과 정약용의 수준을 넘어서지 못하고 있다고 봅니다.

백낙청 지금 임선생님께서 지적하신 문제가 바로 아까 제가 말씀드린 것과 직결된다고 보는데요. 우리가 작품을 기준으로, 모국어로 된 국민문학으로서 중세시대의 최고 수준의 문학을 능가한다든가 또는 그에 상응하는 작품이 나왔느냐 이렇게 따지고 들어가면, 사람에 따라서는 근대문학의 성립을 지금도 주장하기가 어렵다는 입론조차 가능해지는 것이고, 어쨌든 19세기 말이나 20세기 초의 싯점에서는 그러한 근대문학·국민문학이 성립했다고는 말할 수 없을 것입니다.

우리나라 근대문학사의 시대구분 문제에 대해서는 두 가지 상반된 접근방법을 상정할 수 있는데, 하나는 근대화의 준비단계 즉 근대로의 전환 이전에 근대를 지향하는 다양한 요소 그러니까 여항문학뿐만 아니라 실학파의 문학까지 포함해서 이것들을 우리 국민문학 내지 민족문학의 첫 단계로 잡는 방법이겠습니다. 실제로 임선생님께서 이런 취지의 발제를 하시는 것을 들은 적이 있는데, 지금도 그 입장을 취하고 계신지는 모르겠습니다. 다른 하나는 아까도 말씀드렸듯이 역시 근대문학과 국민문학 혹은 민족문학은 범박하게 봐서는 일치하는 개념이고 상황에 따라서 앞서거니 뒤서거니 할 수가 있다는 견해인데, 더 구체적으로는 근대로의 전환에 있어 타율성이 강하면 강할수록 본격적인 국민문학의 성립은 근대로의 전환보다 뒤떨어진다는 입장입니다. 저는 이런 후자의 입장에서, 근대로의 전환 이전의 문학을 민족문학의 첫 단계라고 부르는 데에는 동의하지 않습니다. 다른 한편 중세 최고의 문학에 걸맞은 근대 작품이 나와야만 우리 문학도 근대문학으로 볼 수 있다는 식의 시대구분법도 이런 타율적 근대전환의 상황에는 적합치 않다고 생각합니다.

임형택 박지원, 정약용을 아직도 능가하지 못했음을 확인하는 뜻은 시대구분과는 다른 차원에서 말씀드리고자 한 것입니다. 물질적인 조건은 열악한 상황에 놓여 있을지라도 인간의 창조력은 열악한 상태를 뛰어넘는 성과를 낳을 수도 있다는 측면을 주의하고자 한 것이었습니다. 요컨대 우리가 살고 있는 시대를 우리 스스로 반성하자는 뜻이지요. 독일의 낙후성이 오히려 괴테의 위대한 문학을 낳았던 경우와도 통한다고 봅니다. 연암(燕巖), 다산(茶山)은 자기 시대를 가장 치열하게 가장 심각하게 고민한 데서 그네들의 위대한 창조가 이루어졌다고 생각합니다만 자기 시대의 문제, 자기 시대의 인간과 사회의 문제를 해결하기 위해서는 근원적인 모색을 하고 그러느라 과거의 정치제도, 고전 유산을 폭넓게 학습하고 예리하게 해석한 것입니다. 비록 '근대'라는 시대개념을 현실적 한계로 그들은 만들어낼 수 없었지만, 근대에 긴요한 정신적 자산이 그들의 학문·문학 속에 풍부하게 담겨져 있는 것입니다. 우리의 근대는 이 정신적 자산을 적통(嫡統)으로 승계할 수 없었기 때문에 연암, 다산을 넘어서지 못하고 있다는 말도 성립되겠지요.

우리의 문학사에서 민족문학의 단계 문제는 좀 제쳐두고 싶었는데 백선생님이 거론을 하시니 통과를 할 수 없게 되었군요. 실은 문제가 난감해서 지난번 거칠게 구두발표를 해놓고 글로 쓸 때까지 미뤄두려 했던 거죠. 요는 18, 19세기 중세 말기에 근대를 준비한 문학상의 동향들을 민족문학의 단계에서 어떻게 파악하느냐입니다. 실학과 문학·한문 단편·판소리계 민중소설 등이 이룩한 문학적 성과는 곧 민족문학이라고 말하기에는 무엇하나 내용·형식의 측면에서 공히 민족문학으로 크게 진전을 한 것이 또한 사실입니다. 그래서 민족문학의 전사(前史)로 돌리지 않고 민족문학의 전개과정에서 일정한 위치를 주자, 좀더 부각을 시키자 이런 의도였습니다. 그러나 그 시대를 민족문학 제1단계로 설정할 때 문제점이 있음을 시인합니다. 민족문학의 출발과 근대문학을 분리해서 생각할 수 없을 터인데, 18세기부터를 근대문학사로 규정하기는 어렵거든요. 이 모순점을 어떻게 해결할까 아직도 궁리중입니다.

이제 우리 근대문학의 본격적인 출발을 어디로 잡느냐는 문제가 나왔습니다. 근대를 위로 올려서 잡고자 하는 견해도 많은데 식민지 역사를 가진 우리로서는 17세기부터 근대다, 또는 18세기부터 근대다 할 때 설득력을 얻기 어렵다고 봅니다. 아무래도 제국주의 침략으로 민족위기에 처한 상황에서 제반 근대적 개혁이 구체화된 단계부터일 터이니 19세기 말의 어느 싯점, 아무래도 1894년을 떠올리게 됩니다.

우리 근대문학의 전개과정과 민족문학 문학적 구도

임규찬 근대문학 기점 문제에 대한 기존 입장을 구체적으로 살펴보면 그야말로 각양각색입니다. 그만큼 누구나 공인할 수 있는 뚜렷한 징표를 가지고 우리의 근대문학이 출발되지 못했다는 사실을 말해주는 것이라고 하겠습니다. 그런 점에서 자기 나름의 가치규정적 잣대로 근대의 기점을 선택하는 방식보다는 실제 우리 근대문학 전개과정에서 나타나는 '근대성'은 무엇이고 그 구체적 표지는 무엇인가에 대한 합의가 먼저 이루어져야 한다고 봅니다. 저 자신은 최근 1920년대 문학 전반에 관심을 가지고 살펴보고 있는데, 그 이유는 먼저 기점 문제를 가지고 덤벼들 것이 아니라 모든 사람들이 대체로 '근대'라고 인정하는 1920년대 문학을 통해 우리식 근대문학의 성격을 먼저 규명해보자는 것입니다. 그렇게 살펴봄으로써 우리의 근대문학을 둘러싼 여러 문제들과 그 앞뒤의 맥락을 더 명확히 파악할 수 있지 않겠는가 하는 생각입니다. 서양문학을 보면 각 나라마다 근대와 국민문학, 시민문학의 성립이 일치하는 지점에 약간의 시차는 있지만 뛰어난 작가와 작품이 있는 데 비해, 우리의 경우에는 그러한 근대 초기의 뚜렷한 징표를 찾기 힘들다는 점은 인정해야만 하지 않겠는가, 그리고 그 점은 우리의 낙후된 상황이 초래한 하나의 모습이 아닌가 하는 점입니다. 이에 대해서 최원식(崔元植) 선생님이 '물건이 없다'라는 표현을 통해 이미 지적한 바 있다고 봅니다.

물론 그외에도 우리의 근대문학사를 체계화하는 데는 많은 난관들이 가로놓여 있습니다. 중요 작품 혹은 작가에 대한 구체적인 평가라든가 위치부여 그리고 지금에 이르기까지의 문학사 전개과정을 어떻게 합법칙적으로 체계화할 것인가 하는 데 누구나 어려움을 느끼고 있습니다. 이러한 원인으로 저 역시 선생님들의 말씀처럼 우리 사회가 안고 있던 낙후성과 그것을 비집고 들어오는 서양문학의 지속적인 충격, 그에 따라 우리 자체의 정상적 형태의 성숙·발전이 차단되면서 나타나는 단절성을 꼽을 수 있지 않을까 생각합니다. 서양문학의 경우는 현상적 조류와 그 본질을 같은 범주 속에 놓고 분석할 수 있는 데 비해, 우리의 경우는 현상과 본질을 곧바로 같은 범주에 놓고 파악할 수 없는 것도 그것을 예증하고 있다고 보여집니다.

그런 점에서 이런 기회도 드물겠기에 한 가지 질문을 드리고 싶은데, 영문학이나 독일문학 속의 명작들에 견주어서 우리가 근대문학의 대표작으로 손꼽는 작품들에 대해서 대략 어떻게 구도를 잡고 이해하고 있는지 궁금합니다.

백낙청 최원식 교수가 물건이 없다는 얘기를 한 것은 흔히 1894년을 근대문학의 기점으로 잡지만 그 싯점에서는 내놓을 만한 물건이 없고 애국계몽기에 와서 비로소 이해조(李海朝) 같은 작가를 만나게 된다는 이야기로 기억을 합니다. 그런데 저는 그 시대의 작품들을 극히 일부밖에 모르기 때문에 자신은 없습니다만, 신소설기에 우리가 주로 들먹이는 이인직(李人稙)보다는 이해조가 훨씬 더 중요한 작가라는 점에서는 공감하는 터입니다. 또 이해조뿐 아니라 그 무렵의 단재 신채호(申采浩)의 활동을 함께 고려하면 19세기 말보다는 물건다운 물건이 나온 것이 사실이죠. 그러나 이것도 기준에 따라서는 그것 가지고 되겠느냐, 좀더 나은 물건이 있어야 되겠다는 말을 하면서 이광수(李光洙)를 대안으로 내세우기도 하고 20년대의 이런저런 작가들에 대한 얘기도 하는데…… 이렇게 작품만을 가지고 기준을 정하기 힘든 현상 자체는 거듭 말씀드리지만 타율적 근대로의 전환을 이룩한 상황의 특징이라고 보아야 할 것입니다. 바로 그런 상황 때문에 너무 작품에만 얽매여서도 안되고, 그렇다고 해서 작품을 무시하고 이야기해서는 '문학사'라는 이름이 무색해지는 극히 난처한 경우에 우리가 처해 있는 것입니다.

그런데 일단 작품을 이야기하기로 한다면 저 자신은 이해조 이후에 염상섭(廉想涉)의 「만세전」을 들겠고 이광수의 경우는 『무정』보다는 『개척자』 같은 작품을 더 평가하는 데에 동의하고 싶습니다. 그다음에 신경향파의 최서해(崔曙海)라든가 이기영(李箕永) 같은 작가도 근대문학의 성립 내지 성장과정에서 또 하나의 이정표가 된다는 점은 분명합니다. 다만 그 중 딱히 누구 한 사람을 짚는 건 반대고, 굳이 특정 작가를 짚기로 친다면 이런 논의에서 흔히 빠지는 두 사람을 거론하고 싶습니다. 그중 하나가 만해 한용운(韓龍雲)이고 다른 하나는 벽초 홍명희(洪命熹)인데 물론 이들이 우리의 민족문학 논의에서 결코 빠지지 않습니다만 근대문학 기점 논의에서는 별로 이야기가 안되는 것 같단 말입니다. 그런데 사실은 정형시에서 벗어난 최초의 시도 어떻게 보면 만해가 『유심(唯心)』이란 잡지에 권두언 비슷하게 쓴 것을 꼽을 수 있을 것이고, 그런 문제를 떠나서 문학적인 성과로서도 『님의 침묵』에 이르러 비로소, 근대 이전 민족문화 전통의 맥을 이으면서 현대시로서도 손색이 없을 한 권의 시집이 나타났다고 말할 수 있을 것입니다. 홍명희의 『임꺽정』 역시 우리가 민족문학의 자랑할 만한 작품이라고 할 때는 으레 거론하지만 근대문학의 성립 문제와는 별로 연관짓지 않지요. 임화(林和)는 신경향파에 와서 결정적인 전환이 이루어졌다고 하면서, 그것은 그전과 같은 단순한 국면변화가 아니라 신소설의 요소, 이광수가 가졌던 요소, 자연주의와 낭만주의가 지닌 요소들, 이런 것을 총집결한 것으로서 신경향파의 문학이 결정적 획을 그었다고 이야기하는데, 물건을 놓고 말한다면 그런 판단에 동조하기 어렵습니다. 그러나 『임꺽정』이야말로 임화가 말한 그런 식의 종합에 가장 근접한 작품이 아닌가 싶어요. 최근 사계절출판사에서 10권으로 새로 낸 『임꺽정』에 임형택 선생이 쓰신 해제를 보니까 벽초가 25년 말쯤에 신경향파 내지는 카프의 문학관과 일치하는 발언을 했다는 점을 지적하셨더군요. 그 점을 보더라도, 신경향파나 카프가 추구한 새로움을 교조주의적인 방식이 아니라 민족의 현실과 정서에 맞게 담으면서, 예술작품이 갖추어야 할 것을 갖춰가면서 쓴 작품이 『임꺽정』이라는 해석이 가능합니다. 실제로 『임꺽정』을 읽어보면 거기에 담긴 민중의식이랄까 계급의식 수준은, 당시의 급진적인 지식인들은 카프의 문학이라고 인정하지 않았지만 「만세전」의 수준을 훨씬 능가함은 물론, 최서해나 이기영과 맞먹음직한 면모가 많거든요.

제가 보기에는 1920년대 말에 오면 『임꺽정』의 작업이 시작되고, 그전에 이미 신채호, 이해조에서 출발하여 염상섭의 「만세전」이라든가 김소월(金素月), 한용운 등의 시를 낳은 우리 근대문학의 흐름이 어느정도 뚜렷한 물줄기를 잡게 된다고 하겠습니다. 그러니까 1894년과 1905년의 10년 남짓한 차이는 크게 중요한 것이 아니고, 우리 처지에서는 '물건'에 대한 판단과 전체 상황에 대한 인식을 병행하면서 근대문학의 기점을 설정하는 것이 중요하다는 생각입니다. 1894년을 잡더라도 그것을 단순히 갑오경장을 위주로 본다면 물건 위주로 1905년을 설정하는 사람, 즉 주체적 대응의 성과를 중시하는 사람하고 큰 차이가 나는 발상이 됩니다만, 1894년은 갑오경장의 해일 뿐만 아니라 농민전쟁의 해이기도 한데 이런 점까지 감안해서 1894년을 기점으로 설정하고 다만 작품다운 작품이 나오기 시작하는 것은 한 10년 뒤떨어진다, 그리고 좀더 근대 국민문학 또는 민족문학에 방불한 성과는 한 세대 정도는 격차를 두고 나온다는 식으로 생각한다면 그 두 가지 날짜는 결국 비슷한 시대구분이 되는 것이 아닌가 합니다. 실제로 근대문학사가 조금 더 긴 나라라고 한다면 10년을 두고 다툴 일은 없는 것이고 어떤 관점에서 보느냐가 중요할 뿐이지요.

반성완 타율적인 강압에 의한 것이었지만 세계자본주의에 편입되고 그를 통해 서양의 자본주의와 문화를 받아들일 수밖에 없는 기점이라는 의미에서 역사학에서는 개항이 된 1876년부터를 근대로 잡고 있지만 근대문학의 경우에 그보다 훨씬 뒤의 시기를 잡는 것은, 문학이나 문화의 경우는 언제나 뒤늦게 나타나는 것이기도 하지만 서양의 충격이 타율적이면서도 너무나 강한 것이었고 그러한 충격으로 인해 서양의 정신과 형식을 빌려서 우리 것으로 만드는 데는 엄청난 어려움이 있었기 때문이라고 볼 수 있을 것 같습니다. 그래서 서구적인 소설이 나오는 데 개항 이후 거의 50년이라는 시간이 요구되었던 것이 아닌가 싶을 정도로 진통이 컸다고 말할 수 있겠습니다.

카프의 문학적 성격과 연구상의 문제점

임형택 아까 논의에서 카프에 대한 말씀이 나왔는데, 카프의 성격 규정을 하는 데 있어서 물론 그것이 사회주의문학을 지향하고 있기는 하지만 그 주체의 성격과 관련해서 어떻게 보아야 할 것인가 하는 문제가 제기될 수 있겠습니다. 프로문학에 대한 연구를 진행해오신 임규찬씨가 먼저 말씀을 해주시겠습니까?

임규찬 최근 몇년 동안 젊은 연구자들에 의해 일제하 프로문학과 카프에 대한 연구가 이루어지면서 많은 성과가 나왔고, 현대문학 연구에 새로운 바람을 일으킨 것은 사실입니다. 그러나 그 자체가 실증주의적으로 치우치고, 또한 그 자체의 논리에 빠져들어가면서 어떻게 보면 최근에 정체된 감도 없지 않고요, 그러한 중에 우리 근대문학의 전반적인 전개과정과 관련해서 좀더 거시적인 틀로 바라보고 자리매김할 때가 되지 않았는가 하는 문제제기가 이루어짐과 동시에 조심스런 모색들이 이러저러한 형태로 이루어지고 있는 것 같습니다. 그렇게 보면 지금까지는 오히려 기초작업에 가까웠고 이제부터 본격적인 연구작업이 시작되어야 하는 것이 아닌가 생각되기도 합니다. 이와 관련하여 근대문학사 연구 전반이 안고 있는 문제점을 먼저 짚어본다면, 지금까지의 대부분의 문학사 서술들은 1900년대에 들어와서 20, 30년이라는 짧은 기간 동안에 각종 단계와 사조가 교체되는 것으로 파악하고, 심지어 어떤 경우에는 서구의 잣대를 가지고 사조사의 변천처럼 서술하는 경우가 있었을 뿐만 아니라, 더 나가서 유파 내지는 조류의 형태를 설명하는 데도 동인지나 평론에서 내거는 몇 가지 구호들을 작품평가와 곁들여서 나열하는 식으로 서술하는 실증주의가 여전히 기승을 부리고 있지 않느냐 하는 점입니다. 다만 차이가 있다면 어느 것을 더 중시하느냐 하는 연구자의 선호도, 비교우위의 평가가 핵심이 되었다고나 할까요. 오늘도 그런 얘기가 나왔습니다만, 실제로 서양을 보면 한 사조라고 하든 혹은 이즘이라고 부르든 하나의 경향이 상당히 오랜 시간 동안 성장하고 발전하면서 소멸 과정을 겪게 되는데, 우리의 경우 겨우 30년이라는 짧은 기간 동안 각종 사조와 조류가 넘쳐났다는 것은 그만큼 타율적인 충격의 여파가 컸다는 것을 반영해주는 것이라고 할 수 있습니다. 그런데 문제는 그것을 단순히 확인하는 데 있는 것이 아니라, 그러한 것들이 제대로 소화되어 우리식의 것이 되었는가이며, 그렇지 않다면 오히려 긴 안목에서 문학사를 재정립하는 우리식의 참된 민족문학적·국민문학적 관점과 틀을 확보하는 일일 것입니다. 말하자면 서양문학과의 현상적인 유사성에 근거하여 문학사를 나열할 것이 아니라 거시적 틀에서 맥을 잡아나가고 그것의 논리를 확보해나가는 것이 중요하지 않은가 생각합니다. 그런 관점에서 민족문학적 입장, 리얼리즘에 입각한 참된 문학사의 서술이라는 인식이 자연스럽게 그 내부에서 대두되고 있다고 파악됩니다.

사실 이전의 프로문학 연구들도 전개되는 순서에 따라 몇몇 중요한 평론 및 이론에다 작품을 시간적으로 꿰맞춰서 설명하거나 혹은 러시아나 일본의 프로문학 이론에 기대어 상대적 평가를 시도한 경우도 많았는데, 그러한 방식은 현상은 소개해줄 수 있었지만 실질적인 해명은 해주지 못했던 것 같습니다. 또 그동안 감춰져 있던 부분이 터져나오니까 너도나도 아무런 작가나 찾아서 실증적으로 분석하는, 과거의 구태의연한 연구방식을 새로운 소재에 결부시키는 경우도 꽤 많았던 것 같고요. 그래서 앞으로 프로문학에 대한 연구에 있어서도 일련의 작가와 작품들 중에서 문학사적으로 가치있는 것을 먼저 올바르게 선택하는 작업이 전제되어야 할 것이고, 그것에 대한 진지한 연구를 기초로 하여 그 성격규명이 근대문학사 전체 속에서 자리매김되어야 하지 않겠는가 하는 점입니다. 그러면서 리얼리즘론에 대한 고민도 실제 우리 작품과의 만남 속에서, 그리고 그와 차별되는 경향과 작품에 대한 비교검토 속에서 그 특징을 찾아나서는 작업도 필요하지 않은가 합니다. 제 개인적으로 일제하 프로문학, 혹은 카프라는 것은 특정 시기에 집중적으로 활동했던 하나의 유파·조류라는 점을 먼저 인정할 필요가 있다고 봅니다. 그렇기 때문에 이제 그것을 역사적으로 평가할 때 당대의 평가, 용어에 의해서 하기보다는 지금까지의 전문학사 과정에 대한 진지한 고찰 속에서 자리매김되어야 한다고 생각합니다. 실제 주도층을 보면 소시민 지식인층임은 부인할 수 없는 사실이고 역사 분야에서도 지적되고 있듯이 당대 운동들과 마찬가지로 소시민적 관념성·급진성이 가미되어 있다는 점도 냉정하게 인식해야 할 것입니다.

백낙청 저는 그 분야를 깊이 연구하지 못했는데, 직접 연구를 하신 임규찬형이 제가 평소에 막연히 느끼던 점을 지적하시니까 매우 설득력이 있게 들립니다. 당자들의 주장과는 달리 여러 유파 중의 하나였고 소시민적인 성격이 강했다는 평가가 전부는 아니지만, 그러한 일면을 우리가 냉정하게 인식하는 것은 중요한 일 같아요. 제가 작년 여름 민족문학사연구소 수련회에서 카프 지식인들이 어떤 면에서 개화파 지식인 제3세대에 해당한다는 말을 한 적이 있는데, 개항 직후에 활동한 세대를 제1세대라 하고 춘원이나 동인의 세대를 제2세대라 한다면 이들을 제3세대라 볼 수도 있다는 것입니다. 이것은 사실 상당히 삐딱하게 보는 거지만 그들 자신이 간과한 일면을 드러내는 이야기는 된다고 믿습니다. 다른 한 면은 임화(林和)가 「조선신문학사론서설」에서 아주 강력하게 주장하고 있듯이 그전의 유파 변전과는 뭔가 다른 것이 있다는 면인데, 춘원(春園)의 문학이 민족을 이야기하고 문학과 현실의 관계를 이야기하고 있지만 오히려 현실과 거리가 먼 성격이었고, 현실에 대한 탐구가 이후에 여러가지 유파를 통해서 부분적으로 심화되는 경향은 있었지만 20년대의 전체적인 흐름은 예술지상주의 따위가 득세해가는 쪽이었는데, 거기에 결정적인 제동을 걸고 계급의 문제를 제기하고 또 그것을 통해서 문예운동에 효과적으로 이바지한, 그런 긍정적인 면은 분명히 인정해야 하리라고 생각합니다. 그러나 임화의 「조선신문학사론서설」을 읽을 때도 느끼는 바입니다만, 한편으로 수긍 가는 이야기가 많으면서도 다른 한편으로는 뭔가 새로운 사조를 하나 들여올 때마다 자신들이 결정적인 전환을 이루었다고 말해온 다른 모든 사람들과 과연 얼마나 다른가에 대한 의문이 특히 그 말투와 태도에서 많이 느껴지는 것도 사실입니다. 그에 비해 제가 '물건'을 거론하며 언급한 사람들, 이를테면 이해조라든가 홍명희, 한용운, 신채호 등은 연배로 보아서 춘원보다도 나이가 많은 분들일 뿐만 아니라 구시대의 교양을 훨씬 갖추고 전통에 대한 존중심과 집념도 더 강한 분들입니다. 다시 말해서 시대가 요구하는 새로운 정신은 받아들이면서도 개화파 지식인들의 맹점으로부터는 훨씬 벗어나 있었기 때문에 좀더 작품다운 '물건'을 만들어낼 수 있었다고 봅니다.

임형택 백선생님이 프로문학에 대해 지적하신 개화파 지식인들이 보여준 맹점과 유사한 측면이 없었다는 것은 아니지만, 저는 그래도 다르게 보아야 하지 않을까 하는 생각을 하는데요. 무엇보다도 프로문학에서 제기했던 문제의식은 당대 식민지하의 민족현실이라든가 민중의 생활상의 요구에 대해서 심각하게 반영하고 그것을 적극적으로 해결하고자 하는 문학적인 노력의 발달로 보아야 하지 않겠는가, 프로문학에 대해서는 기본적으로 이런 관점에서 보아야 할 것이라 생각합니다.

우리 신문학사의 전개를 편의상으로 나누어본다면, 신문학의 제1기의 대표주자는 최남선(崔南善), 이광수인데, 실제 작품활동은 이들만큼 내놓지 않았지만 이들과 가까운 친교를 맺었을 뿐만 아니라 이들을 이론적으로 지도하는 위치에 있었던 벽초(碧初) 홍명희를 들 수 있겠습니다. 그 다음 제2기는 3·1운동 이후에 활발히 전개된 문학활동들, 예컨대 김동인(金東仁), 염상섭, 현진건(玄鎭健) 등이 중심인데, 흔히 3·1운동 이후에 '시민계급이 타협주의로 나갔으며 그래서 자기 시대의 역사적 사명을 다하지 못했다'는 식의 평가가 일반적입니다. 제가 보기에는 물론 그때의 시민계급이 타협주의적 경향이 두드러지지만 그러나 우리 문학사로 볼 때 그 시기만큼 새롭고 활발한 시대도 드물었으며 그것은 우리 근대문학의 구체적 출현으로 볼 수 있단 말이에요. 그럼 이 현상을 어떻게 이해할 것인가. 역시 시민계급에 의해 근대문학의 본격적인 꽃이 피었다고 봅니다. 물론 그 단계에 있어서 시민계급은 정치적 태도뿐만 아니라, 그들이 구현한 문학적 성격에서도 문제점이 없지 않아 있습니다. 서구주의적이라든가 민족현실에 대한 인식의 결여라든가 하는 점을 지적할 수 있겠지요. 그런데 제2기의 문제점을 스스로 극복하려는 과정에서 신문학운동의 제3기, 즉 프로문학이 등장합니다. 이 단계에서는 당시 진보적인 사조이던 사회주의 성향을 띠었고 이처럼 좌파 문학이 등장하니까 거기에 대한 반작용으로 우파 문학이 대립됩니다. 이들 프로문학에 대해 반대되는 입장을 당시 민족문학이라고 지칭했던 것이죠.

그런데 벽초 홍명희는 제3기 프로문학에서 자기의 문학이론을 최초로 내놓고 있습니다. 그의 발언은 제가 보기에는 프로문학의 출발기에 있어

대단히 중요한 의미를 갖는 것입니다. 그런데 그 자신은 프로문학에 직접 참여하지 않았는데 이 점은 매우 궁금한 부분입니다. 어쨌건 홍명희는 그 무렵 정치적으로는 신간회운동에 주력을 했고 문학적으로는 『임꺽정』 연재를 시작합니다. 『임꺽정』은 시간적으로 신문학 3기에 나왔지만 작가 자신의 성장과 문학사의 진행으로 보아 신문학 1기로부터 3기까지를 아우르고 있는 것입니다. 특히 흥미로운 점은 작가 자신은 이론적으로 프로문학의 선봉에 섰었는데 그의 유일한 문학적 실천 『임꺽정』은 그 당시도 프로문학의 성과로 인정되지 않았고, 지금 우리의 눈에도 프로문학의 정신은 수용하고 있으나 프로문학의 작품으로 규정할 수 없겠지요. 이 좌우의 대립 갈등을 한 단계 높은 차원의 민족의 개념으로 종합하려던 것이 바로 홍명희에 의해 주도된 신간회운동인데 『임꺽정』은 말하자면 프로문학과 민족문학을 통일한 문학적 형상인 셈입니다. 우리의 신문학은 『임꺽정』에 와서 진정한 의미의 민족문학으로 물건을 갖게 되었다고 하겠습니다.

백낙청 지금 임선생님께서 긍정적으로 평가하신 카프나 신경향파의 문제의식을 기본적으로 견지하면서, 민족문학에 대립되는 계급문학을 한다거나 계급문학에 대립되는 민족문학을 하지 않고 우리가 지금 생각하는 민족문학에 가장 가까운 작업을 한 사람이 벽초 홍명희라고 볼 수 있을 것입니다. 그 개인의 다른 활동뿐만 아니라 실제 작품 자체에서도 그것이 이루어져 있다고 생각됩니다. 그렇다고 벽초 한 사람을 영웅시하거나 과대평가할 필요는 없지만, 여기서 말씀드리고자 하는 것은 벽초의 탄탄한 작품이 중심에 있으면서 한쪽으로는 이기영이나 최서해의 작품이 있고 다른 한쪽에는 채만식(蔡萬植)이나 염상섭, 그리고 상허 이태준(李泰俊)은 월북 작가가 되는 바람에 흔히 좌파로 분류되기도 합니다만 실제 성향으로는 채만식과 염상섭의 중간쯤에 놓을 수 있겠고, 이런 여러 작가들의 활동이 합쳐 우리의 근대문학도 만만찮은 실체를 지니게 된다고 말할 수 있을 것입니다. 물론 일제의 탄압이 가중되면서 이것이 지속되지는 못합니다만 해방 3년의 짧은 기간 동안에 그사이 축적되었던 것들이 폭발해 나오는 현상을 보면 물밑으로 지속되는 것이 있었다는 것을 알 수 있고, 그다음에 어떻게 보면 더욱 가혹한 시련이라 할 수 있는 6·25를 겪고서도 또 이어지는 것을 보면, 근대로의 전환이 타율적으로 강요된 민족으로서도 뭔가 꾸준히 이룩해왔고 비교적 빠른 속도로 근대문학을 발전시켜왔다고도 말할 수 있을 것입니다.

임형택 물론 그렇지요. 우리의 근대문학은 식민지의 피압박 상태에서 성립되었다는 특수성이 있습니다. 때문에 내재적인 자기 발전의 측면보다 서구 편향적 현상이 다분히 있었으나 진지한 작가, 곧 인간의 삶의 실상을 똑똑히 관찰해서 그려내려는 작가라면 민족적 성격을 띠게 마련이었습니다. 염상섭의 『삼대』와 이기영의 『고향』은 서로 반대되는 입장이었으나 같이 현실주의의 관점으로 따져야 하며 나아가 민족문학의 성과로 수렴해야 옳겠습니다. 당시 계급문제의 해결이냐 민족문제의 해결이냐로 대립했다고 지금 우리도 계급과 민족을 상치시켜서 볼 일은 아니라는 겁니다. 그리고 1930년대 일제 파시즘이 강화되면서 소위 순수문학파가 등장합니다만 이때 '순수'는 친일적인 정치시녀화로부터 문학이나마 지키자는 의도가 강했던 것입니다. 순수문학파의 성과 역시 이태준은 물론 박태원(朴泰遠), 김유정(金裕貞)까지 민족문학으로서 수렴할 것은 적극적으로 수렴하는 노력이 있어야 한다고 봅니다.

반성완 우리의 20, 30년대의 프로문학에 대해 깊은 연구를 한 바는 없습니다만 제가 느끼는 것은 어느 쪽의 문학이든간에 한국문제, 한국문화에 대한 서양문화의 충격과 관계되어 있고 그들이 끌어들이는 논리도 19세기 서양에서 만들어낸 매우 서구적인 논리라는 점이 지적될 수 있을 것 같습니다. 우리가 임화를 보면 우파보다 더 서구적이고, 특히 일본 타이쇼오(大正) 시대의 활발했던 문화와 문학에 대해 더 민감하게 반응한 것을 알 수 있는데 이것은 좌파 문학의 역량의 한계와도 결부가 되고 그것은 오늘날까지도 이어진다는 생각이 듭니다. 그리고 여기 모든 분들이 홍명희에 대해 말씀하셨지만, 제가 느끼기에도 홍명희는 이조의 선비문화와 교양을 자기 몸에 체현하고 그것을 가지고 서구에 대응해서 서구의 문화와 유기적으로 연결시켰던 아주 대표적인 지식인이라고 할 수 있을 것 같습니다. 그래서 문학작품도 서구적인 어떤 것을 받아들이면서도 전통적인 우리의 이야기 방식과 연결시킬 수 있었다고 말할 수 있는 것입니다. 그러한 전통이 이후 더 진전되지 않고 약화, 소멸, 실종된 것은 우리 근대문학사가 지닌 근본문제와 연결이 된다고 생각됩니다.

임규찬 당시에는 주로 '신문학'이라는 용어를 사용했습니다. 근대문학이라는 용어는 거의 나오지 않습니다. 이는 좀더 진지하게 탐구해 들어가야겠지만 민족적 현실에 기초한 참된 근대적 성격에 대한 고민이 적었다는 의미도 있으리라고 생각됩니다. 구문학·전통문학에 대한 대항으로 신문학을 상정하고 서양의 현대문학을 말하고 있는데, 실제로 소개하고 수용하는 양상을 보면 서구 문예사조를 쭉 소개하고 요즘 문예사조가 이러이러한데 그중 어느 것이 옳다 하는 식입니다. 자연주의 대 신경향파의 싸움도 실은 그러한 양상의 하나로 볼 수 있습니다. 중국 같은 경우는 당시 사실주의(이후에 현실주의라는 용어로 재정립해서 쓰고 있지만) 문제를 매우 중시하였습니다. 이미 사실주의는 역사적으로 지나간 사조라고 인식하고 있지만 역사의 정상적 발전을 위해서 우리는 이 단계를 필연적으로 거쳐야 하기 때문에 더욱 많은 고민과 천착이 요구된다고 말하면서 상당한 축적을 이루게 되고, 그러한 노력이 신문학운동으로 귀결되며 노신(魯迅)이라는 위대한 작가를 산출하고 있습니다. 그러나 우리의 경우 타율적 근대화의 강요뿐만 아니라 주체적 역량의 부족 등으로 단절이 계속되었습니다. 이러한 한 예로 이광수를 들 수 있지 않을까 합니다. 현상적인 형태로 이광수는 단재 신채호를 잇는 사상운동가의 측면을 내보이고 있지만, 그 내용적 질에 있어서는 그를 참되게 계승한 것이 아니라 단절의 양상을 보이면서 속류화됩니다. 사실 이광수는 3·1운동과 연관되면서 중요한 역사적 위치에 서 있는 문학적 인물임에 틀림없습니다. 말하자면 중국의 신문화운동가들과 비슷한 역사적 위치를 가지면서도 그러한 면모를 충분히 발휘하지 못하는 반쪽성을 내보이고 맙니다. 이것이 다른 한편으로 이후 형식적으로 본격 문인 세대에 편입되고 말며, 그들을 내용적으로 지도하는 지도자 역할을 하지 못하는 현상을 나타내지 않는가 싶습니다. 이러한 단절성 때문에 이후에 여러 선진 문학이론과 경향 중 이것이 최고다 하는 것을 부여잡고 그 이론에 토대를 두고 일방적으로 주장하는 일본 유학파 지식인 특유의 경향이 더욱 강하게 나타난다고 볼 수도 있습니다.

다만 카프의 문학에 있어 우리가 중시해야 할 점은 우리 근대문학사에서 주된 흐름을 내보이는 자연주의와 예술지상주의, 이것 역시 일본문학에서 주된 흐름으로 평가되고 있는데, 이런 것들과의 힘든 싸움을 통해 나름대로 리얼리즘 문학의 문제를 본격적으로 제기했다는 점일 것입니다. 현재 염상섭의 「만세전」을 두고 한편에서는 자연주의로 또다른 한편에서는 리얼리즘으로 보는 등 그 평가가 엇갈리고 있는데, 염상섭의 이후 문학활동 양상을 보더라도 언제나 카프문학과 맞수로 서 있었다는 점 등에서 우리 문학에서 리얼리즘과 자연주의 문제는 상당히 깊게 고민하고 연구해야 할 대목이 아닌가 생각합니다. 특히 우리 근대문학에 있어서 서양문학의 충격은 19세기 후반과 20세기 초기의 문학이 가장 큰 영향력을 주었던 것으로 생각합니다. 더구나 그것이 일본을 통해 간접 수용되면서 무엇보다 일본적 자연주의문학과 그 변종의 영향력은 지대한 것으로 보여집니다. 실제로 이후 우리 문학사를 보더라도 자연주의 혹의 자연주의 변종이 양적으로 주류를 차지하고 있다는 점도 고려되어야 하겠구요.

백낙청 저 역시 자연주의와 리얼리즘의 차이를 부각시킨 것이 비평사에서는 중요한 업적이라고 생각합니다. 그러나 하나의 작품 그것도 짧은 단편을 놓고서(물론 「만세전」의 경우는 중편이니까 사정이 조금 다르긴 하지만) 이것이 자연주의냐 아니면 사실주의냐(또는 리얼리즘이냐) 하는 논쟁은 무의미한 경우가 많다는 생각이 들어요. 하나의 작품을 두고 자연주의와 리얼리즘의 차이를 딱 부러지게 식별하는 것이 본디부터 그리 쉬운 일이 아닌데다가, 장편도 아닌 단편이나 중편 하나를 놓고서 이것이 현실을 일면을 그리는 데 그쳤느냐 아니면 이것이 현실의 총체적인 모습을 부각시켰는가를 따지는 것은 비생산적일 때가 많은 것 같습니다. 「만세전」에 관해서는, 아까도 말씀드렸듯이 벽초를 가운데 놓는다고 할 때 정식으로 카프에 속한 작가들이나 신경향파로 불린 작가들이 왼쪽에 있다면 염상섭 같은 이는 오른쪽에 놓여 있는 작가인데 그런 유파별 분류를 넘어서 리얼리즘 문학의 성장 혹은 국민문학의 성립과 성장 과정이라는 관점에서 작품 하나하나를 일관된 기준으로 좀더 섬세하게 평가하는 일이 가장 중요하다는 생각입니다. 그러니까 벽초뿐만 아니라 이기영의 『고향』이라든가 최서해의 작품들, 그밖에 동반자 작가의 뛰어난 작품들 그리고 염상섭과 같은 우파 작가들의 작품 중에서도 「만세전」이나 『삼대』 같은 뛰어난 작품들은 리얼리즘이라는 일관된 기준에 따라 그 구체적 장단점은 논할지언정 처음부터 이건 리얼리즘이 아닌 자연주의다, 또는 무슨 주의다라는 식으로 척결할 일은 아니라고 봅니다.

최근의 리얼리즘 논의와 그 진로

임형택 이제 시간도 많이 흘렀는데 논의를 오늘의 문제로 좀 옮겨보도록 하지요. 최근의 동구 및 소련 사회주의체제의 몰락을 보았고 또 초강대국으로 독존한 미국이 자기의 국가 이익을 세계에 거침없이 관철시키는 모습도 봅니다. 지난번 『창작과비평』 봄호에 백선생님과 프레드릭 제임슨(Fredric Jameson)과의 대담에서 제임슨이 현재는 변증법이 멸종의 위기에 처한 상황이라는 말을 했습니다. 달리 말해서 리얼리즘의 위기를 의미한다고도 보겠는데 이 싯점에서 리얼리즘에 대한 반성적인 고찰이 필요할 것 같습니다. 최근에 리얼리즘에 대한 논의가 활발하게 일어나고 있긴 합니다만 이 문제에 대해서 점검을 해보아야 할 것 같습니다.

임규찬 리얼리즘, 현실주의, 사실주의 등의 논의에 대해서 어떤 이들은 또 그 이야기냐 하고 식상한 것처럼 여기는 면도 있는 것 같은데, 오히려 더욱더 리얼리즘이 필요한 시기가 바로 오늘과 같은 상황이 아닌가 생각합니다. 백선생님의 「민족문학론과 리얼리즘론」이 최근 리얼리즘 논의의 하나의 분수령을 이루고 있지만, 그것에 대한 젊은 연구자들의 구체적인 대응이 아직은 나오고 있지 않다는 생각이 듭니다. 그러나 논점은 크게 두 가지로 모아지고 있는 것 같습니다. 하나는 리얼리즘이라는 개념을 어떻게 이해할 것인가 하는 문제입니다. 이에 대해 백선생님은 '창조적 문학 이념'이라는 형태로 파악하고 계신데 종전에 한동안은 이 개념과 관련하여 이해하는 방식의 하나로 '방법'이란 개념이 있었습니다. 우리가 문학사를 이해하는 데 있어서도 사조라든가 유파의 형태로 유형화시키는 데 대해서는 아까 백선생님도 말씀하셨지만 아무런 소득도 가져다주지 않는다고 해도 과언이 아닐 것입니다. 그렇다면 궁극적으로 문학사를 정립하는 데 있어서도 이 리얼리즘 개념을 어떻게 규정할 것인가 하는 문제는 필수적이고, 또한 그 시대시대의 구체적 작품이나 현상들을 특징지을 수 있는 범주가 필요한데 이를 어떻게 개념화할 것인가 하는 문제와 연관시켜 리얼리즘 개념 문제가 여전히 문젯거리로 인식되는 것 같습니다. 이 점과 관련해서 저는 리얼리즘에 대한 반선생님의 생각을 먼저 듣고 싶습니다. 그리고 두번째로 비판적 리얼리즘과 사회주의 리얼리즘의 구분에 관한 것인데, 이 역시 국문학을 연구하는 사람들에 의해서 심각하게 받아들여지고 모색이 이루어져야 한다고 하지만 아직 뚜렷한 대안이 나오거나 토론이 이루어지고 있는 상황에까지는 이르지 못한 것 같습니다. 다만 부분적으로 연구논문에서는 여전히 비판적 리얼리즘과 사회주의 리얼리즘 틀이 사용되고 있는 것만은 사실이고요.

이런 문제에 대해 우선 저 개인은 리얼리즘을 아직 방법이라는 개념으로 고수하고 싶은 생각입니다. 이것은 우리가 문학사를 구체적인 역사적 산물이라고 파악하는 입장에서 개별 작품과 그 시대의 문학 전반을 뭔가 체계적으로 관통할 수 있는 것으로 방법이란 틀이 유용하지 않겠는가 하는 생각에서 나온 것입니다. 이를테면 리얼리즘, 자연주의 문제도 단순히 서구적 틀이 아니라 우리의 구체적 작품분석을 통해 구현되고 있는 우리 식 '이즘'을 체계화해보자는 거죠. 그동안 워낙 이 개념 자체를 양식화된 방법으로 혹은 좁은 의미의 창작방법으로 오해해왔던 점을 제거하고 좀더 폭넓게 이해한다면, 그리고 백선생님께서도 의문을 제기하셨던 '응용된 세계관'이라든가 혹은 '이념적 조종중심'식의 규정도 좀더 창조적으로 사고한다면, 저는 이 방법이란 개념을 아직도 효과적으로 사용할 수 있지 않나 하는 생각입니다. 오히려 문제는 개별 작품을 평가하면서 그 평가 원리들을 좀더 체계화하는 노력 속에서 구체화되어야만 하지 않겠는가 하는 점입니다.

반성완 자연주의나 리얼리즘 모두 서구에서 만들어진 개념인데요, 서구에서 수백 년에 걸쳐 이루어진 개념들이 우리 근대문학에 이식·수용하는 과정에서는 한꺼번에, 그것도 식민지라는 악조건 속에서 수용되었기 때문에 동시다발적으로 이루어지기도 하고 그 안에서의 차별이나 전선이 불분명하기도 합니다. 전체적으로 보면 우리가 가지고 있는 우리 시대의 욕구는 서구문화나 서구문학이 이룩했던 전통을 어떻게 우리 것으로 받아들이는가 하는 점인데, 이것은 우리 근대화의 개념과 맞물려 있는 것이기도 합니다. 우리가 처해 있던 정치적인 상황 때문에 리얼리즘이라는 개념도 서구에서 일어났던 것이 한꺼번에 들어왔고 또 그것이 어느 일방만 받아들여지고 사회주의 리얼리즘 같은 것은 30년대 이후 반세기가 지난 지금 리바이벌되는 상황이라고 할 수 있겠습니다. 80년대의 상황을 되돌아보면 급격한 산업화와 자본주의의 발전이 만들어낸 여러가지 문제와 정치적 사건 그리고 노동자계급의 이해 관철 등 급격한 변화 속에서 폭발적으로 사회주의문학과 이론이 수용되었는데, 그것이 우리의 전체적인 것과는 유기적으로 연결되지 못하고 어떤 부분은 생경하게 또 어떤 부분은 현실대응의 무기로서 사용되어오다가 80년대 후반과 90년대 초에 걸친 현실사회주의의 붕괴에 따라 또다시 흔들려버리게 되었습니다. 그것은 학문연구와 문학논의가 지속적이고 유기적으로 계속되는 지적 전통이나 역량에 의해서 이루어지지 못했기 때문에 많은 부담을 안고 있었다는 점을 말해주는 것이기도 합니다. 다른 한편으로는 학계에서는 완전히 터부시되는 반면 현실 정치운동에서는 너무 과격하게 이루어지는 이런 상황에서 80년대의 문학논쟁이 이루어지지 않았나 하는 생각입니다. 리얼리즘의 대표적 이론가로 루카치를 든다면 우리가 루카치를 제대로 깊이 있게 이해하고 천착해서 따지기보다는 금방 받아들여서 금방 뛰어넘는 식의 모습을 보여왔기 때문에 리얼리즘 논의가 뿌리를 내리지 못하는 면이 있었다고 생각합니다. 제 생각에는 백선생님이 지금까지 자신의 생각을 견지해오면서도 유보를 해오던 부분을 새로운 싯점에서 정리하고 계신 듯한데 그것은 지금 당장 어떤 원칙이나 이론이 정립되었다기보다는 한층 큰 틀을 만들어놓고 그 속에서 앞으로 같이 한번 해보자는 프로그램으로 이해할 수 있을 것 같습니다. 지금 우리가 처해 있는 복잡한 상황, 또 그러한 상황을 인식하기 힘든 어려움, 그것을 극복해야 하는 차원에서는 그런 큰 틀을 가지고 논의하는 것은 대단히 생산적이고 유효하다는 생각을 합니다. 지난 몇 해 동안 겪었던 체험을 바탕으로 해서 서구에서 일어났던 문학과 이론에 대한 재조명도 지금부터 더 깊이있게 한층 더 천천히 본격적으로 이루어져야 할 것이라는 생각입니다.

백낙청 앞서 임규찬씨가 제기하신 문제가 두 가지였는데 하나는 리얼리즘을 역시 방법으로 보아야 하지 않겠는가 하는 것이고 다른 하나는 예의 구분법에 관한 문제제기였습니다. 방법에 관해서는 리얼리즘이 하나의 방법이냐 아니냐 하는 문제에 앞서서 저 자신은 작품을 읽거나 쓰는 데 있어서 과연 어떤 특정한 방법이 있겠는가 하는 의문을 가지고 있습니다. 그 점은 「신식민지 시대와 서양문학 읽기」라는 글에서 조금 더 자세히 다룬 적이 있고 「영미문학 연구와 이데올로기」에도 약간 나오는 이야깁니다만, 방법에 대한 관심과 논의를 배척하는 것은 아니고, 기본적으로 문학에서건 다른 어떤 창조적 작업에서건 방법이란 일종의 참고사항 이상일 수는 없다는 것이 제 생각입니다. 그런 전제에 입각해서 리얼리즘 역시 방법이라고 굳이 다툴 것도 없지만, 그렇다면 왜 하필 '방법'이라는 표현을 고집해서 혼란을 일으킬 필요가 있느냐 하는 질문도 가능하지요.

다음에 비판적 리얼리즘과 사회주의 리얼리즘의 구분을 일단 폐기하거나 보류하자는 저의 주장은 지금도 많은 논란의 대상이 되고 있습니다만, 여기서 다시 그 문제를 논의할 필요가 있는지는 모르겠습니다. 저로서는 「민족문학론과 리얼리즘론」을 쓴 뒤로 『창작과비평』 25주년 기념 토론회 (1991년 봄호)와 지난번 『실천문학』의 토론회(1991년 겨울호)에서 어느정도 할 이야기를 했다고 생각합니다. 다만 지금 우리가 한국문학사의 인식을 이야기하는 자리인만큼 한 가지 지적하고 싶은 것은, 우리 근대문학 또는 신문학의 발전과정을 그때그때의 유파별로 또는 단기간에 무슨 주의에서 무슨 주의로 전환이 이루어진다거나 또는 언제부터가 비판적 사실주의이고 언제부터 사회주의적 현실주의라는 이런 식의 구분법을 지양하고 카프 작가에서부터 홍명희, 채만식, 김유정, 염상섭 등등 그리고 시인들까지 모두들 일관된 현실주의적 시각에서 보려고 한다면 적어도 이제까지 써오던 식의 양분법은 오히려 장애가 된다는 점입니다. 근본적으로 저는 리얼리즘이라는 것이 근대문학의 한 특징이라고 봅니다. 그래서 근대문학과 국민문학이라는 것이 아주 크게 보면 비슷한 개념이라고 했듯이 리얼리즘적 문학 역시 대체로 비슷한 개념이라고 생각합니다. 다시 말해서 옛날에도 리얼리즘 요소를 가진 작품은 많이 있었지만 고전주의 이념은 실재하는 사실과 현실에 대한 관심은 일반적인 진실의 인식과 대비되는 것으로 생각했는데, 근대에 들어오면서는, 물론 개별적인 사실에 집착할 때는 자연주의로 떨어지고 전형적인 현실을 아는 데 방해가 되지만, 개별적인 사실에 대한 과학적인 인식을 떠나서는 일반적인 진실이 불가능하다는 뭔가 새로운 인식이 있는 것 같아요. 아리스토텔레스의 '일반적 진실' 또는 '유형적 진실'과 리얼리즘에서 말하는 전형적 인식, 총체적 인식이 일맥상통하면서도 어떤 새로운 요소가 근대에 들어와서 더해진다는 말이지요. 그래서 리얼리즘과 근대문학은 대체로 일치하는 개념이고 중세적인 세계관의 집대성이랄 수 있는 단떼의 『신곡』에서도 저는 그러한 요소를 발견할 수 있다고 생각하는데, 그렇게 본다면 근대는 자본주의시대인 동시에 과학의 시대이고 이 현실을 그야말로 실사구시(實事求是)의 입장에서 받아들이면서 동시에 구시(求是)하는 마음으로 자본주의와 근대과학 모두를 넘어선 새로운 경지를 지향하는 양면이 필요하다고 봅니다. 그런 점에서 현실주의 자체가 다소간에 사회주의적 성격을 띨 수밖에 없지 않은가 하는 이야기를 『실천문학』 씸포지엄에서 한 적이 있고, 이런 뜻이라면 사회주의적 리얼리즘이라는 개념에도 반대할 이유가 없을 것입니다.

임규찬 제가 아직까지 방법 개념을 나름대로 고집하는 이유 중의 하나는 실제 작품평가의 객관성을 고민하는 것 때문이기도 한데, 지금까지 이루어져온 작품평가의 대부분은 의식 내지는 내용 위주 혹은 주제의 분류에 따라 이루어져온 것이 많았고, 단일 작품을 집중적으로 분석하면서 정리하는 것에서도 아직까지는 그 이론적 틀이 상당히 부족한 실정이라고 생각합니다. 실제로 많은 부분 보고 기대온 것이 미학 책인데 막상 작품 분석이나 평가와는 이론적 격차가 나고 있습니다. 루카치에 대해 많이 기대하는 것도 그런 실제비평의 공백을 나름대로 메워준다는 점이 크게 작용한 것이라 할 수 있을 것입니다. 요즈음 이론의 큰 틀은 미학 서적을 참조하여 내보이고 있으면서 막상 작품의 구체적인 평가에 있어서는 루카치에 기대는 모습을 종종 보게 되는데, 이것은 아직 우리가 구체적으로 작품을 평가하는 안목이라든가 작품을 분석하는 틀들을 정립·체계화하는 수준에까지 미치지 못했다는 점을 정직하게 반영해준다고 봅니다. 그런 의미에서 저는 방법이라는 개념을 단순히 창작방법과 같은 좁은 의미가 아니라 우리가 흔히 내용과 형식이라고 말할 때 그 복잡함과 구체적인 관계들을 하나의 작품에서 평가할 수 있는 원리와 원리들의 관계를 종합적으로 사고하게 하고 고민하게 해주는 그런 효과적인 개념이 아닌가 생각을 해봅니다.

그런 점에서 저는 민족문학적 관점 혹은 리얼리즘이라는 잣대로 문학사를 꿰뚫어야 한다는 입장은 대부분 동의하고 있지만, 다른 한편으로 이런 점은 고려해야 되지 않겠는가 생각합니다. 가령 염상섭은 스스로 자연주의를 말하고 있습니다. 여기서 우리는 특정한 작가와 작품의 정체를 어떻게 이론화할 것인가 하는 문제에 봉착합니다. 바로 여기서 방법적 고민이 나온다고 봅니다. 말하자면 순수 이론적 문제가 아니라 작품의 정체를 파악하는 도구로서 방법 개념은 유용하며, 이렇게 파악된 문학적 정체에 대해 민족문학적·리얼리즘적 틀로 평가하는 것이 옳지 곧바로 그 척도를 들이대는 것 역시 문제가 있지 않나 하는 점입니다.

반성완 제가 보기에도 리얼리즘이란 큰 틀은 아까 백선생님께서 말씀하신 대로 근대정신 혹은 시민정신, 달리 표현하면 서구에서 말하는 합리주의와 긴밀히 맞물려서 일어나는 거라고 생각합니다. 문제는 그것을 어떻게 이론적으로 정초하고 논리화하느냐입니다. 이에 대해서는 리얼리즘을 이미 완성된 것이 아니라 우리가 앞으로 만들어나가야 하는 것으로 우리의 태도를 열어놓는 것이 요구된다고 하겠습니다. 그때그때의 문학현실에 대응해야 하는 입장에서는 어떨지 모르겠지만 적어도 연구자의 입장에서는 폭넓게 거시적으로 사고해야 할 것이라고 봅니다. 즉 미학의 원리를 추구하는 미학적·철학적 노력과 함께 동시에 이루어져야 할 것이고 뿐만 아니라 문학이 여전히 그 핵심적인 위치를 부여받고 있지만 앞으로는 문학 이외의 다른 문화 환경도 같이 고민해야 할 것입니다.

오늘의 상황과 민족문학이 나가야 할 길

백낙청 근대는 기본적으로 자본주의시대라고 하더라도 위대한 근대문학, 진정한 리얼리즘 문학이 자본주의문학이라고는 할 수 없는 것이겠죠. 실사구시의 정신으로 자본주의시대에 대응하는 문학이지 그 자체가 자본주의문학이랄 수는 없을 것입니다. 그러나 자본주의시대 내부에서 시기별로 본다면, 초기에는 근대로의 전환 과정이 지니는 긍정적·해방적인 면을 인식하면서 동시에 그 문제점들을 지적하는 시민계급 작가들의 작품이 주도적이었는데, 19세기 후반 서구에서 모더니즘이 대두하면서 그것이 근대와 현대를 가를 만큼의 질적인 구분은 아니지만 그전하고 많이 달라진 점은 이제는 실사구시의 정신으로 자본주의시대에 대응한다는 것이 자본주의를 극복하는 데 훨씬 더 강조점이 두어지는 상황으로 바뀐다고 하겠습니다. 물론 영국의 블레이크(W. Blake) 같은 선구적 시인은 최초의 산업혁명 와중에서 이미 그런 사태를 예견하지만, 리얼리즘이 곧 자본주의 극복을 위한 실사구시적 대안과 직결되는 것은 아무래도 좀더 훗날의 일이고 나라마다 약간의 편차가 있다고 봐야지요. 어쨌든 한편으로는 근대에 안주하려는, 즉 자본주의체제에 안주하려는 흐름과 다른 한편으로 그 극복을 주장하기는 하지만 실사구시의 정신에 입각하지 못하여 허황된 주장에 그치고 결과적으로는 진정한 극복에 오히려 방해가 되는 흐름들이 전면에 드러나는 것이 모더니즘의 시기이고 그래서 리얼리즘과 모더니즘의 대립이 그야말로 치열해지는데, 이러한 대립을 핵심적인 것으로 인식하고 자연주의와 20세기 초의 여러가지 전위적인 흐름들의 상당수가 외면상의 차이에도 불구하고 이념적인 연속성을 띠고 있다, 다시 말해서 실사구시의 정신에 입각한 근대극복의 길을 제시하지 못하고 있다는 지적을 한 점은 루카치의 큰 공적이 아닐 수 없습니다. 그러나 한편 반선생님께서도 지적하셨지만 루카치의 경우 실제로 20세기 문학작품 가운데서 형식이 19세기 위대한 리얼리즘 문학과는 너무나 다르고 또 얼핏 보기에 퇴폐적인 작품들과 비슷한 면이 많다고 해서 그 속에 담긴 리얼리즘의 정신까지 간과하는 경우도 많았다고 생각됩니다. 그러나 기본적으로 이 대립구도를 본 것은 타당하고 어떤 의미에서는 포스트모더니즘이 대두하는 시기에 와서는 더욱 강조할 필요가 있다고 봅니다. 포스트모더니즘론자들은 리얼리즘과 모더니즘의 대립이라는 것을 사실주의적 방법과 반사실주의적 방법의 대립 정도로 보고 이런 낡은 대립구도를 자신들이 변증법적으로 지양해서 이제는 리얼리즘론자들이 제기하는 문제제기는 완전히 낡은 것이 되어버렸다고 말하고 있지만, 원래 리얼리즘과 모더니즘의 대립을 제기한 근본정신에 입각해서 본다면 포스트모더니즘이야말로 실사구시의 정신에 입각해서 근대를 극복하고 인류의 새로운 시대를 열고자 하는 노력으로부터 더욱 멀어진 현상이라고 보지 않을 수 없습니다. 물론 이때도 포스트모더니즘이라는 이념과 흔히 포스트모더니즘으로 분류되는 작품 하나하나를 간단히 일치시켜서는 안되겠지요. 그러나 포스트모더니즘론 중에서도 특히 우리가 이미 자본주의적 근대를 벗어났다고 주장하는 경우는 자본주의가 그 어느 때보다 맹위를 떨치고 있는 시대에서 그야말로 혹세무민하는 논리가 되지 않을 수가 없는 것입니다.

반성완 깊이 따져보면, 우리의 근대문학은 20세기 이후의 서구 모더니즘 문학을 거의 수용하지 못했습니다. 모더니즘의 반성으로 생겨난 서구 포스트모더니즘의 논의는 모더니즘을 제대로 수용하지 못한 우리의 형편에서는 이해하기도 힘들 뿐만 아니라 실감이 나지 않는 면이 많습니다. 그러나 그들 나름대로는 근대적 담론이나 리얼리즘 문학 이론으로는 현실을 더이상 파악할 수 없다는 생각을 대단히 심각하게 고민하는 것 같아요. 그것은 어떻게 보면 배부른 사람들의 이야기이고 또 상당한 부분은 서구 지식인들이 가지고 있는 지적 유희의 면을 드러내는 것이기도 하지만 강력한 국제자본주의의 영향 하에 놓여 있는 오늘날의 조건 속에서는 그것을 그냥 한손으로 제쳐버리기는 힘들지 않나 하는 생각입니다. 더욱 책임 있는 전문 연구가 요청됩니다.

백낙청 제가 포스트모더니즘에 대해 비판적인 발언을 많이 했지만 긍정할 면에 대해서는 그 누구보다도 적극적으로 긍정해주고 싶어요. 우리 형편에서는 배부른 이야기지만 현실적으로 그냥 제쳐버리기는 어렵다든가 또는 서양에서는 그 나름의 적극적인 의의가 있다는 식으로 절충적인 자세에 머물 것이 아니라, 반선생께서 지적하신 대로 루카치를 포함해서 전통적인 리얼리즘 이론이 가지고 있는 근본적인 이론적 맹점들—가령 루카치는 문학의 사회성을 강조하면서 인간을 아리스토텔레스적인 '정치적 동물'로 보는 관점하고, 반대로 추상적인 '인간조건'으로 보는 모더니즘의 관점을 대비하고 있는데, 그 대비가 무의미한 것은 아닙니다만 사실은 둘다 탈구조주의자나 포스트모더니즘론자들이 보기에는 인간의 본질을 형이상학적으로 설정하는 '본질주의'에 해당하는 것이거든요. 이런 경우는 그냥 한손으로 제쳐버리지는 말자는 정도가 아니라 바로 우리 자신의 입장이 그것이다라는 식으로까지 적극적으로 수용하자는 것입니다. 우리가 리얼리즘을 이야기할 때 루카치의 개념을 빌려 쓰기도 합니다만, 오히려 요즘은 실사구시라는 말이 더 자주 쓰이고 저 자신 당파성 논의와 관련해서 지공무사(至公無私)라는 표현을 끌어대기도 했습니다. 원래 이런 개념에는 탈구조주의자들이 지적하는 본질주의라는 것이 따라오지 않습니다. 이들 동양적인 개념을 우리가 서양 형이상학의 영향 하에서 사용한다면 그렇게 될 수도 있지만 본래의 취지에 따라서 사용한다면 그러한 공격을 얼마든지 방어해낼 수 있고, 뿐만 아니라 바로 우리의 그러한 개념을 갖고서 루카치의 본질주의적인 맹점을 포스트모더니즘론자들 못지않게 비판할 수 있는 것이거든요. 끝으로 한마디 덧붙인다면 제가 리얼리즘을 논하면서 지공무사라는 말을 썼을 때는 실사구시라는 훨씬 더 친숙하고 리얼리즘과 직접 연결되는 개념을 전제하고 한 것입니다. 그런데 논의의 직접적인 맥락이 현실주의보다 당파성 문제였기 때문에 '실사구시'보다 '지공무사'를 내세운 면도 있지만, 실사구시라는 것이 우리 전통 안에서도 고증에 치우치는 태도로 오해될 소지가 있고 특히 서양의 영향 아래서는 실증주의에 가까워질 염려도 있기 때문에 지공무사라는 좀 색다른 개념으로 보완하는 일이 필요하다고 봅니다. 특히 요즘 우리의 상황을 보면 한때의 이념과잉을 반성한다고 하면서 실사구시라는 말이 실증주의나 경험주의로 돌아가자는 구호로 쓰이기도 하거든요. 지공무사라는 것이 어떤 공변된 일에 지성스럽게 참여함이 없이는 이루어질 수 없는 것 아닙니까. 하지만 지공무사라는 말은 또 그것대로, 개인적인 수양의 차원에 한정된 것으로 오해될 염려가 있고 심지어 현실과 인간 본성을 무시한 이타주의만을 강요하는 구호로 변할 수도 있으니까, 항상 실사구시와 지공무사는 함께 쓰이는 것이 마땅하다고 믿습니다.

반성완 우리가 처해 있는 객관적인 여건은 우리가 가지고 있는 이상만 가지고서는 대처하기가 힘들다는 상황이라는 것을 깊이 인식하고 그것에 좀더 깊이있게 열려진 상태로 서양의 그것에 대응하고 연구하는 태도가 어느 때보다도 절실히 요구된다고 생각합니다.

임형택 논의가 막바지에 이르니까 더 활발해지는 것 같습니다. 저는 국문학연구에서 현실주의 문제에 일찍부터 관심을 기울였던 축에 속합니다. 저 자신 전공이 전공인만큼 근대문학 이전의 단계에서 현실주의 문학의 발전에 나름으로 주목했던 것입니다. 우리의 내재적 현실주의 전통을 근대문학의 현실주의와 어떻게 접맥시킬 것인지 대단히 어려운 문젭니다. 오늘 좌담을 마무리해야 할 마당에 새로운 문제를 꺼내기 곤란하므로 과제로 남기겠습니다. 다만, 우리가 현실주의 문학을 중시하는 태도는 바람직하지만 동시에 연구자 자신의 현실주의 또한 견지되어야 한다는 점을 말씀드리고 싶습니다. 우리로서 실사구시를 강조하는 뜻은 무엇보다 여기 있다고 봅니다. 우리의 정신사·학술사에서 축적된 실사구시의 의미에는 철저한 고증의 정신에 그치지 않고 정치적 허위에 맞선 실사구시적 비판, 그리고 세계상황의 변화에 대한 실사구시적 대응이 내포되어 있습니다. 실사구시라는 말만 끌어올 것이 아니라 그 풍부한 의미를 현재적으로 살려야 참으로 실사구시가 될 것입니다.

임규찬 오늘 좌담에서 선생님들의 말씀을 들으면서 한 가지 흥미롭게 여겨진 것은 의외로 선생님들께서 가지고 계신 우리 근대문학사 전개과정의 구도가 비슷하다는 사실입니다. 민족문학적·리얼리즘적 구도 속에서 대표적인 작가와 작품을 어떻게 배치하고 있느냐 하는 점에서 그것을 확인할 수 있었습니다. 저희들 젊은 국문학연구자들이 그동안 카프를 중심으로 놓고 근대문학사 전개과정을 살펴오다가 이제 서서히 그것을 확산시켜나가면서 새로운 모색을 도모하고 있는 싯점을 상기할 때, 비록 다소간 차이는 있을지언정 여러모로 큰 도움이 되리라고 생각합니다. 여하튼 오늘 좌담에서 민족문학과 리얼리즘의 중요성이 여러모로 더욱 부각되었는데 앞으로 그에 대한 연구가 한층 철저하게 이루어져 그러한 바탕 위에서 올바른 것들은 넉넉히 수용할 수 있는 우리 나름의 열린 체계가 되어야만 한다는 생각을 새삼 가지게 되었습니다. 이러한 문제의식들이 서양문학이나 한국문학 등 모든 부분에서 구체화되고 그 성과가 축적됨으로써 서로간에 힘을 주었으면 좋겠습니다.

임형택 긴 시간 동안 수고하셨습니다. 좌담이 주제를 좇다 보니 동서고금을 종횡하게 되었네요. 원래는 몇몇 작품들에 대해서 거론하여 논의를 구체화시키려 했지만 이루어지지 못해서 아쉽게 되었고 또 워낙 광범위한 내용을 다루다 보니까 마땅히 짚고 넘어가야 할 부분들을 그냥 지나친 대목도 없지 않은 듯합니다. 어쨌든 오늘 국문학연구와 서양문학 인식이라는 주제를 놓고 매우 유익한 대화를 나눈 것으로 자부합니다. 이것이 앞으로 민족문학사의 인식에 도움을 줄 수 있고 서로 반성의 계기로 삼아 새로운 출발점이 될 수 있으리라고 생각합니다.

미래를 여는 우리의 시각을 찾아

다시 생각하는 민족문학, 동아시아, 세계질서

고은(시인)
백낙청(『창작과비평』 편집인, 서울대 영문과 교수)
1993년 1월 15일 창작과비평사 회의실

백낙청 새해를 맞아 저희 『창비』 봄호에 고은 선생님을 모시고 대화를 나누게 돼서 매우 기쁘게 생각합니다. 달력에 숫자가 바뀌는 일 자체가 별것은 아니지만, 그래도 새해를 맞을 때마다 뭔가 새로운 기분을 갖고 새롭게 잘해보려고 생각하는 것도 하루하루를 새롭게 살려는 충정의 발로겠지요. 저희 독자들도 그런 기분을 갖고 있을 줄로 압니다. 특히 금년은 지난번 대통령선거를 치르고 새로운 정부가 곧 들어서게 되어 있습니다. 우리나라처럼 대통령의 권력이 막강한 사회에서는 역시 집권자가 바뀐다는 사실, 또 그가 어찌됐든 군인이 아닌 민간인 출신이고 야당 출신이라는 점으로 인해 다소 새로운 분위기가 도는 것이 사실입니다. 헛된 기대로 끝날지 어떨지는 몰라도 많은 사람들이 기대를 걸고 있기도 하고요.

■ 이 대담은 『창작과비평』 1993년 봄호에 수록된 것이다.

왼쪽 고은, 오른쪽 백낙청

　거기다가 개인적으로 고선생께서는 올해 회갑을 맞으시는데 환갑노인의 모습과는 거리가 너무 멀어서 실감이 안 납니다만, 아무튼 여러가지 개인적으로 정리하고 새출발 하려는 감회도 있으시리라고 생각합니다. 그런 개인적인 사항이나 고선생님의 작품세계에 대해서는 언제 따로 이야기를 나눌 기회가 있기를 바라고, 오늘은 그보다도 새해를 맞으면서 일반적인 관심이랄까 최근 시국에서부터 출발해서 요즘의 변화하는 세계나 우리 문학 전반에 걸쳐 다소 거창하다면 거창한 얘기까지 자유롭게 나누어보면 좋겠습니다. 아무래도 대선을 지나고 난 시국이랄까 정세에 대해 여러 사람들의 관심이 모이고 있으니 그에 대한 고선생님의 소감이나 의견을 먼저 듣고 싶습니다.

　고은 새해를 맞으면서 회갑이라고 생각하니까 그동안 술 몇 잔 마시고 보니 세월이 이렇게 흘렀나 하는 느낌이 듭니다. 하지만 우리가 지난 몇십년 동안 살아온 것은 그렇게 덧없는 표현으로만 간단하게 규정할 수 있는 감회 이상의 것이지 않은가 하는 생각을 하게 되고, 또 그런 나머지인지 몰라도 14대 대통령선거에서는 이제까지와는 다르게 어떤 결정론적인 분위기가 여실했다고 하겠습니다. 이 점에서 누구를 지지하든 또 지지하지 않든 간에 그 선거에 대한 관심은 그전보다 훨씬 집중적이었던 것이 사실입니다. 이를테면 옆에서 누가 죽어도 그 죽음보다 선거에 더 관심이 쏠렸던 것이 사실인데, 그 선거결과로 인한 영향도 아주 큰 것이어서 앞으로도 쉽사리 가라앉을 것 같지 않고 또 한편으로 사람들의 의식이나 정서를 통해서 상당히 장기화할 조짐까지 드러나고 있는 것이 아닌가 하는 그런 생각이 듭니다.

백낙청 좀더 구체적으로 이번 선거의 결과라든가 선거를 치르는 과정에 대해서는 어떻게 얘기해야 할까요?

대통령선거를 치르고 나서

고은 이번 선거는 우리가 다 알다시피 별을 달았던 사람이 나오지 않은 데 의의가 있겠습니다. 이런 새로운 실감과 관련해서 당선자 쪽에 표를 던진 사람들은 마치 그 자신이 당선자와도 같은 축제의 기쁨을 누렸을 것이고, 그렇지 않은 사람들은 가슴속에 재 한 삼태기씩 퍼담고 있는 허탈로부터 아직도 헤어나지 못하고 있는 것 같습니다. 이번에 제가 돌아다닌 고장은 가뜩이나 황량한 겨울산천에다가 실의와 낙담으로 점철된 사람들의 우수로 가득 차 있는 터이어서 이것을 저는 민족 전체의 심각한 문제로 제기해야 마땅하다고 생각했습니다. 우선 김대중(金大中) 후보의 정계은퇴와 직결된 문제로는 그 은퇴가 한 편의 시처럼 아름다운 것일수록 그로 인한 처절한 비극체험의 공유가 그에게 부표를 던진 국민에게도 필요하다는 것을 통감했습니다. 그래서 지금은 위로받아야 할 사람끼리 서로 위로할 시기인 것과 함께, 그것이 정치현실의 발전이나 사회적 진정성에 의한 자기회복 없이는 어떤 단순한 무마라든가 배려의 의미로서는 해결될 수 없다는 것, 이런 현실을 우리는 깊이 인식하지 않으면 안되겠다고 여깁니다. 더욱이 현대사에서의 순결한 승리로 기억하고 있는 4월혁명 이래 오랜만의 민주정부에 대한 염원을 우리 모두가 갖고 있었는데 이것이 일단 꿈에 그치고 만 것인가, 아니면 그 꿈을 실현할 수 있는 것인가에 대한 파악은 그리 간단치 않겠습니다.

백낙청 고선생님께서 대선 이후 국민정서의 매우 중요한 일면을 지적해주셨습니다. 김대중 후보를 열렬히 지지했다가 지금 실의와 낙담을 느끼고 있는 사람들의 경우는 그 수효나 심각도로 보아 결코 그들 개개인의 문제로 한정시킬 수 없는 국가적 문제라고 생각합니다. 다만 국민적 차원의 상호이해와 협력을 위해 우리가 동시에 유의할 점은, 이번에 김대중씨에게 표를 던진 사람들 가운데에는 그에 대해 열광했기 때문이라기보다 흔히 들리곤 하던 말대로 '대안이 없기' 때문에 차선의 선택으로 표를 던진 사람들도 많았다는 사실입니다. 또 김영삼(金泳三) 후보를 찍은 사람들 쪽에도 그들 나름으로 개혁에 대한 충정과 신념을 가진 사람들이 있었을 테고요. 어느 쪽이든 각자의 정당한 주장은 수용할 것은 수용하고, 또 비판할 건 비판하고 위로할 것은 위로해나가야겠는데, 그러기 위해서는 각자가 자기가 어떤 취지로 어느 쪽을 지지했고 스스로 잘못 판단한 것이 있었다면 어떤 것인가 이런 데 대해서 한번 솔직히 점검하고 반성할 필요가 있지 않은가 하는 생각입니다. 꼭 공개적인 석상에서 무슨 고백을 해야 된다는 것은 아니고, 어쨌든 스스로 정직하게 내가 누구를 왜 찍었는가를 한번 점검해보는 과정이 문제를 해결하는 데 있어서 중요하지 않을까 하는 겁니다. 저 개인으로 말하면 저도 좌절하기는 마찬가지였습니다만, 사실 저는 김대중 후보의 여러 면을 존경하지만 그의 열광적 지지자 축에는 못 들고, 목전의 개혁이라는 면에서도 김영삼 후보가 당선되는 것이 모든 면에서 불리하다고 생각하지는 않았습니다. 당선 즉시 기득권세력과 새로운 관계정립을 하지 않을 수 없었을 김대중씨보다 어떤 면에서는 김영삼씨가 한정된 개혁을 하기에 더 유리한 위치에 있다고도 생각했지요. 그러나 큰 흐름을 볼 때 김대중 후보가 당선됨으로써 일어나는 이 사회의 변화는 설혹 김대중씨가 막으려 한다 하더라도 막을 수 없는 대세를 이룰 것이고, 반면에 김영삼정권이 이룩할 변화라는 것은 아무래도 그 개인의 돌파력과 추진력에 주로 의존하는 것이 되겠기 때문에, 역시 '이번에는 바꿔보자'는 민주당의 구호가 더 설득력이 있는 것이라고 생각했습니다. 또, 그동안 민자당정권이 잘못했다고 판단하는 이상 다른 정당을 통해 변화를 도모하는 것이 정도이기도 하고요. 당선가능성에 대해서는 원래는 그다지 높게 보지 않았고 그래서 민주당과의 제휴를 추진하고 있던 재야의 어느 동지에게, 졌을 때에도 어떤 의의를 가질 수 있는 연대운동이 될 것인가를 미리 생각하는 게 중요하다는 조언을 하기도 했었습니다. 그런데 역시 선거 막판에 가서는 솔직히 말해 '이길 수 있지 않을까' 하는 희망을 갖기도 했지요. 싸움을 할 때에 미리 진다고 생각하고 싸우는 것은 별로 좋은 태도가 아니니까 그런 희망을 가진 것 자체가 반드시 나쁜 것은 아니겠지만, 충분한 자료라든가 객관적인 인식을 가지고 정세를 판단하는 능력이나 훈련이 부족했다는 점은 스스로 반성하고 있습니다.

고은 그런데 선거 막바지에는, 물론 선거운동이라는 것도 수레바퀴가 굴러가는 것처럼 가속화되니까 그 상황이 어떻게 돌아가는가를 인식하는 데서는 항상 주관적으로 판단하기가 쉬운 노릇이겠지요. 그런 점에서 선거운동에 직접 참여했던 사람들은 당선된다는 확신 같은 것을 갖고 있었던 것 같아요. 이 확신의 반면에서 시대의 변화에 대해 신중한 판단을 갖고 처음부터 거기에서 출발했어야 하는데, 그런 것이 생략된 채 이번에는 바뀔 것이라는 신념에만 고정되어 출발하는 선거운동이라면 결과는 당연히 자기들 뜻대로 이루어질 수 있는 축제와는 거리가 생기는 것이라고 봅니다. 그렇지만 이제는 진 쪽에서 너무 깊은 충격을 받은 것이 사실이지만 이를 빨리 자율적인 상황으로 극복하고 새로운 시대에 대응할 삶의 품위를 갖추어야 하지 않을까 하는 생각을 하면서, 일단은 정권장악에 성공한 쪽에 대해서 주목해봐야 하겠습니다. 새로이 짜여질 앞으로의 정부가 과연 선거가 끝난 뒤 여기저기에서 칭송하는 좋은 의미의 문민정부인가, 그 정부가 앞으로 어떤 정치를 하는가에 따라서 과연 최선의 문민정부인가 아닌가는 밝혀지리라고 봅니다. 이번에는 역대 군사정권과는 분명히 다릅니다. 적어도 생애의 많은 시기를 야당에 몸담았던 정치가가 선거를 통한 정권장악에 성공했다는 사실만으로 보자면 이미 문민의 시대는 열린 것이라고 볼 수 있겠지요. 그러나 그 정치적인 배경에는 3당합당의 곡예가 있었고, 역대정권이 쌓아올린 환경 가운데서 행보를 했고, 또 그 내부에서의 위기를 탁월한 기교로 벗어나기도 했지만 여전히 군사정권의 엄청난 기득권이라는 토대 위에서 이루어졌다는 것을 유의하지 않을 수가 없겠지요. 가령 닉슨이나 키씬저를 록키펠러 세력의 후견인들이 내세운 사실을 우리는 알고 있습니다만, 이번의 새 정부도 만에 하나 영구적인 기득권의 계승전략이 내세운 하나의 얼굴에 지나지 않는다면 그것이야말로 더욱 암담한 사실이 아닐 수 없겠지요. 이번 정부가 앞으로 어떤 정치적 개척을 해나갈지, 실로 애매한 구호로서 '안정 속의 개혁'이라는 것을 내걸었지만 그냥 이제까지 있었던 그 세력을 그대로 편안하게 해주는 안정인가, 아니면 이제까지보다는 다른 개혁을 지향하는 정치를 우리에게 보여줄 것인가 하는 점에 대해서 이제부터 국민의 냉엄한 감시가 있어야 하겠습니다.

문민정권과 민주정부

백낙청 '문민정치'와 '민주정치'를 혼동하지 않는 한 김영삼정권이 문민정권이라는 사실마저 우리가 부인할 필요는 없다고 생각합니다. 외국의 경우나 5·16 직후에 현역군인이 군복을 입고 통치한 데 비하면 군복을 벗은 지 꽤 여러 해 만에 대통령이 된 노태우정권만 해도 문민정권이다 어쩌다라고 내세울 꼬투리가 조금은 있는데, 물론 그런 최소한의 꼬투리 이상을 인정해주기는 힘들지요. 그러나 김영삼씨의 경우는 개인이 군출신이 아닐뿐더러 군인들과는 본래 체질이 다른 사람인 것은 사실입니다. 하지만 그런 개인적 문제를 떠나서, 고선생님이 기득권세력을 얘기했습니다만, 그사이에 우리나라 기득권세력에 적잖은 개편이 이루어져왔고 지금도 이루어지는 과정이 아닌가 봅니다. 크게 보면 총칼을 쥔 세력의 비중이 약해지고 금권과 기타 인맥 등의 기득권을 누리는, 즉 유형무형의 재산을 가진 기득권세력의 비중이 커지는 과정이기 때문에 문민정부의 탄생은 어떻게 보면 필연적이라고도 할 수 있습니다. 문제는 문민정부라고 해서 반드시 민주적인 정부라는 뜻은 아니잖습니까? 우리가 워낙 군사독재에 시달려왔기 때문에 문민정부라고 하면 곧 민주주의와 동의어처럼 생각하는 경향도 있습니다만, 고선생님이 우려하시는 대로 오히려 기득권세력이 더욱 철저하게 안정적인 자리보전을 하는 하나의 계기가 될 수 있다는 점을 우려하지 않을 수 없지요. 그러나 기득권세력의 개편과정에 대해서 생각해보면 우선 3당합당 자체가, 3당합당을 하지 않았더라면 또 하나의 5·16이나 5·17이 있었으리라는 주장은 가당찮은 것입니다만, 어쨌든 3당합당으로 인해 기득권세력 내부에서 군부의 비중이 결정적으로 약화된 것이 사실입니다. 그럼에도 불구하고 기득권세력이 온전한 단결을 유지하기에는 군부의 비중이 너무 컸기 때문에, 정주영씨의 경우처럼 재벌이라면 사실은 기득권세력의 핵심적인 일부인데도 여당 편에서 뛰쳐나와 파란을 일으키는 사태도 일어났다고 봅니다. 노태우정권은 일본의 자민당처럼 재벌들을 비교적 골고루 만족시킬 수 있는 문민정부가 못되었던 것이지요. 국민당 세력이 독자성을 오래 누릴 것 같지는 않습니다만 어쨌든 작년에 정주영(鄭周永)씨가 일으킨 파란도 기득권세력 재편과정의 소용돌이의 일부라고 생각합니다. 그렇기 때문에 저들이 이런 소용돌이를 거치면서 다시 안정적인 지배력을 확보할 수도 있지만, 지금 현재 똘똘 뭉친 단일 기득권세력이 있어서 그들이 김영삼씨를 얼굴마담으로 내세우고서 치밀하게 활용하고 있다고 단정할 일은 아니라는 겁니다. 그런 점에서 우리가 이 정권에 대해서 현실적으로 기대할 만한 것이 무엇일까도 따져보고, 또 기대할 것이 없는 경우는 우리 스스로 무엇을 할 수 있을 것인가도 정리해볼 필요가 있다고 봅니다.

고은 이 정부의 위상에 대해서는 다음 정부가 어떤 정부가 들어설 것인가에서 역사적인 평가가 나리라고 생각합니다. 그때 과연 이 정부가 얼굴에 지나지 않았던가, 아니면 새로운 시대를 개척할 문민정부의 연대기를 시작했는가 하는 평가가 나리라는 것이지요. 그렇지만 현재로서는 새로 들어서는 이 정부에 대해서 6공 2기라는 둥 7공이라는 둥 또는 아예 2공이라는 둥 숫자로 표시하기를 좋아합니다만, 이런 정의를 정부 스스로가 통렬한 자기쇄신의 성찰로 받아들여야 한다고 생각합니다. 물론 자신의 이름을 아름답게 붙여주는 것을 더 좋아하겠지만, 그러나 아름다운 이름을 짓지 않으려고 하는 사람도 있다는 것을 통해서 적어도 자기 자신이라는 것이 무엇인가, 자기 정권이 어떤 본질에 속해 있는가에 대한 자아의식을 갖는 일이 필요합니다. 그래서 6공 헌법체제로서도 7공이 될 수 있는 것이고 해방 이래의 어느 정부보다도 민주화를 지향하는 역사적인 영광이 주어지는 정부가 될 수도 있겠지요. 그러니까 지금 우리가 새 정부를 출발시키는 포부를 가지고 얘기하는 것이기보다는 앞으로 이 정부가 하는 일을 좀더 두고 살펴봐야 결론이 나오지 않을까 하는 생각을 하는 것입니다.

백낙청 물론 확실한 판단은 고선생님 말씀대로 이 정부가 끝나고 다음 정권이 들어설 때 내릴 수 있겠지만, 가까운 장래에 우리가 몇 가지 시금석을 내세울 수 있다면 어떤 것이 있을까요?

고은 먼저 그동안 군사정권의 특징 중의 하나가 군사문화로서의 자기

정권의 업적을 세상에 과시하는 편향이 많았습니다. 이번에는 진정한 문민정부라고 할 때 바로 이런 자기과시를 억제하고 가능하면 자기를 드러내지 않는 세련된 정치문화를 보였으면 좋겠는데, 특히 남한사회의 고질이라고 할 수 있는 것으로 북한에 대해서 지나치게 의기양양해하는 점이 얼마나 바람직하지 못한 것인가를 이 정부가 알아줬으면 좋겠다는 생각이고요. 그뿐 아니라 현재 남한 자체의 여러 분야를 철저하게 점검해봐야 한다고 생각합니다. 정부가 들어서서 당장 선거공약사업을 추진하는 것도 중요하겠지만, 오랜 사회적 모순이 쌓여 있는데 이것을 점검하지 않고 그냥 그 위에 집을 지어나간다면 그 집은 온전한 것이 되지 못하겠지요. 그런 점에서 이 점검이 필요한데 그동안 개발독재시대의 반작용에도 불구하고 경제발전은 다른 후발국가에 비해서 가히 전설적인 것이었음은 틀림없습니다. 일제시대의 초기 공업유산조차도 전쟁으로 파손된 상황에서 공업화가 정착할 수 있었던 것은 상당한 성공이지요. 여기에 대해 경제전략이라든지 근대화운동의 지도력이 뛰어났다는 것으로만 말하는 일이 지금까지 상투화되었는데 그보다는 우리 민족의 잠재력이 궁핍으로부터 벗어나기 위한 국민적인 역량을 발휘하게 만든 것이 사실입니다. 특히 전쟁으로 인한 폐허에 살아남은 사람들에게는 그 폐허의 사람이 되지 않기 위해서라도 새로운 삶의 시대를 개척할 실존의 의지가 있었기 때문에 바로 거기에 불붙여진 것이 오늘 대형경제의 기초가 됐던 것이라고 봅니다. 그야말로 너무나 오랜 가난에서 벗어나고자 하는 그 의지가 삶의 질을 이만큼이라도 높여온 것인데 거기에는 일종의 역사의지라고 할까 그런 것이 있었습니다. 그런데 이런 것과 함께, 이를 반증하기 위해서도 70년대 유신체제 이래 우리는 용기있는 저항을 해왔고 그것이 결국 광주항쟁 이후의 80년대까지 계승됐는데, 말하자면 이것이 우리 국민의지의 두 가지 표현이라고 볼 수 있겠습니다. 하나는 집을 짓는 정신과 의지이고 하나는 잘못 지은 집을 허물어서 다시 짓고자 하는 정신, 이 두 가지인데 이것은 근본적으로 하나로 종합할 수 있겠습니다. 이런 점을 최우선적으로 파악한 바탕 위에 새로운 정부가 들어서기를 바라는 것이지요.

개혁의 몇 가지 시금석

백낙청 경제발전을 포함해서 앞으로의 사회발전의 큰 전략 같은 것을 말씀하셨는데 저는 그에 앞서서 이 정권의 민주적인 성격이랄까 개혁적인 성격에 대해 우리가 제기해볼 수 있는 구체적인 기준으로 저 나름대로 생각한 것을 한두 가지 말씀드릴까 합니다. 우선 많은 사람들이 주목하고 있는 것은 양심수나 정치범의 석방과 사면·복권 문제인데 이것은 물론 중요합니다. 상징적인 의미도 크고 특히 해당자들에게는 직접 신변문제와 생활상의 이익이 걸린 문제지요. 그렇기는 한데 길게 보면, 묶인 사람 풀어주는 것도 중요하지만 과거처럼 그렇게 마음대로 다시 잡아넣을 수 없게 만드는 것이 더 중요하지 않겠습니까? 그래서 첫째는 석방과 사면 조치가 대대적인 것이 되어야겠지만 거기에 이어서 제도상의 개혁이 이루어지느냐 하는 점, 가령 국가보안법 개폐 문제가 있는데 선거과정에서 김영삼 후보는 국가보안법에 대해 대단히 보수적인 입장을 취했지요. 소폭의 개혁 이상은 안하겠다고 했는데 그래가지고는 민주개혁이 될 수 없다고 생각합니다. 오히려 이것은 선거에서 진 쪽, 김영삼씨에게 부표를 던진 사람들, 절대다수에 해당하는 그 사람들의 총의를 수용해서 국가보안법을 대폭 개정하는 식으로 나가야 할 것입니다. 또 하나 양심수가 대량생산되는 분야가 노동분야입니다. 지금 여러가지 노동관계 악법이 있고 제3자 개입이니 뭐니 해가지고 민주적인 국가에서는 용납하기 힘든 제약들로 인해 많은 노동자들과 노동운동가들이 감옥에 갈 수밖에 없게 되어 있는데, 이런 사람들을 임의로 잡아 가둘 수 없게 법률개정이 되어야 합니다.

또 한 가지 중요한 시금석은 역시 지방자치 문제지요. 이것 역시 민자당 쪽에서는 단체장 선거를 95년에 한다느니, 경제형편이 나아지면 한다느니 하면서 뒤로 미루는 쪽이었고, 야당 쪽에서는 금년 내로 실시하라고 강경한 주장을 한동안 펼치다가 중립내각이 들어선다고 하니까 흐지부지 해버리고 말았는데, 가령 지금 패배한 사람들을 위로하고 달래는 일 중 가장 중요한 부분이 호남사람들, 김대중씨를 열렬히 지지했을 뿐만 아니라 그동안 지역대립이나 지역차별에 의해서 가장 큰 불이익을 받아온 호남사람들을 어떻게 위로하고 함께 국민생활을 꾸려나가느냐는 문제인데 저는 이것이 일부 요직을 호남출신에게 할애한다고 해서 해결될 문제가 아니라고 생각합니다. 현실적으로 몇 자리나 주려고 생각하고 있는지 모르겠지만 자리를 주려고 해도 마땅한 사람이 있을지도 의문이에요. 호남에 인재가 없다는 뜻이 아니라 그쪽의 정서를 충분히 대변하면서 동시에 지금 집권한 사람들과 어느정도 손발을 맞추어 실무를 잘해나갈 수 있는 인물이 몇이나 될까 하는 겁니다. 그래서 이 경우에도 지금의 중앙집권적인 체제를 그대로 놔두고 몇 사람 뽑아서 끼워주는 식보다는, 지금 영남사람들이 지배하고 있는 중앙권력 자체를 각 지방에다 나눠주는 식으로 해서, 호남사람들이 중앙정부를 장악하지 못했더라도 자기들의 삶을 자치적으로 해나가는 데 과거보다 훨씬 많은 힘을 갖게 되면 우선 거기서 풀어지는 한도 있을 것이고 또 길게 볼 때 그런 과정을 통해서 인재도 양성하고 중앙에 진출할 수 있는 발판을 마련할 수 있을 것입니다. 그래서 저는 국가보안법의 개폐라든가 노동관계 법률의 개정, 그리고 지방자치제, 이런 것을 일단 시금석으로 제시해놓고 이 정권이 하는 일을 지켜볼 수 있지 않을까 합니다.

경제에 대해서는 제가 잘 모릅니다만, 이제까지 우리 경제가 괄목할 만큼 성장해온 데는 분단국가로서의 특수성이 어느정도 작용을 했다고 생각합니다. 경제성장의 물량적인 수치로 본다면 실제로 분단으로 인해서 플러스가 된 면도 적지 않았지요. 그러나 이것은 어디까지나 경제발전의 초기 단계라고 할까 비교적 문제가 단순할 때의 얘기고, 지금은 아무래도 분단체제를 헐어나감으로써만 더이상의 발전을 내다볼 수 있는 싯점에 오지 않았는가 합니다. 분단체제 문제라든가 국제관계에 대해서는 나중에 더 얘기할 기회가 있으리라고 생각합니다만, 어쨌든 지금 우리 경제가 당면한 문제는 무조건 허리띠를 졸라매고 다시 뛰자는 식으로 해결될 일은 아니고 훨씬 더 전면적인 변화와 개혁을 요구하는 문제라 믿습니다.

고은 그렇습니다. 거기에 이어서 말하고 싶은 것은, 지방정부의 권한을 강화한다든지 중앙정부의 권력집중현상을 상대적으로 푼다든지 하는 것은 지방자치제가 얼마나 실질적으로 확대되느냐와 지방자치제가 얼마나 잘 운영되는가에 따라서 가능하겠지요. 그런데 저는 지방자치제에 대해서는 통일방안과 연결시키고 있기 때문에 뒤에 말씀드리겠습니다만, 화려한 선거공약에서조차도 보안법 문제에 대해서는 철저하게 미온적이었는데 이제 와서 그건 아예 건드릴 여지가 없지 않겠느냐고까지 생각할 수도 있습니다. 그러나 집권기간 동안에 사회의 염원이 일으키는 정치발전적인 변수에 의해서 어느정도의 개폐라든지 이런 정도까지는 실현될지도 모르겠습니다. 우선 당장 새 정부가 들어서기 이전에 하나의 미소를 내보인 것이 전교조 해직교사 문제를 해결할 의지가 있는 것 같은 분위기로 나타났습니다. 지금 2천 명 가까운 교사들이 참다운 교육을 한번 하겠다고 뭉친 사실이 장기간의 해직에까지 이르렀기 때문에 이것을 풀어주는 것도 상당한 상징이 된다고 생각하는데, 전교조만 해도 거기에 노동조합이라는 이름이 붙었을지언정 우선 교사의 사회적인 위상으로서는 명망성이 있습니다. 그러나 생산직 노동자들의 경우 시국사범으로 처리되는 경우에는 거의 명망성이 없는 실정입니다. 그러니까 몇백 명, 몇천 명이 들어가 있다 하더라도 이름난 한 사람이 들어가 있는 만큼의 관심을 끌지 못했던 것이 사실이지요. 아까 백선생도 말씀하셨듯이 이들을 큰마음 먹고 옛날 봉건시대에 그러던 것처럼 좋은 날 한번 은전을 베푼다는 식으로 자선

행위로서 사면하는 따위는 바람직하지 않다고 할 때, 앞으로 사람의 존엄성에 기초한 권력의 인간화야말로 새로운 시대의 규범이라고 봅니다. 우리가 바라는 것은 그것이지만 사실은 그 염원이 성취될 수 있는 구조적 기반을 마련하려면 여러가지 법제도를 기본적으로 고쳐야 하는데 그동안 분단기득권을 유지시켜온 부당한 수단이 쉽게 없어진다고는 보지 않습니다. 그 점에서 저는 함부로 비관을 청산할 수가 없군요.

백낙청 다른 얘기로 넘어가기 전에 선거와 관련해서 한 가지만 더 짚어 봤으면 합니다. 다름이 아니라 민민운동이라고 부르는 재야운동권에서는 이번에 크게 나누면 전국연합 쪽에서는 범민주후보론이라 해서 민주당과 정책연합을 해서 김대중씨를 지지했고, 다른 일부에서는 독자 민중후보론을 내세워 백기완(白基玩) 후보가 출마했고 유효투표의 1% 정도를 득표했습니다. 김대중씨는 당선가능성이 있다고 했었는데 낙선을 했고 백기완씨는 당선가능성을 내다본 것은 아니지만 어쨌든 그쪽 추진자들의 예상이나 희망에 비해 너무나 미미한 득표를 했기 때문에 양쪽 다 실패했다고 말하고 있습니다. 그런데 며칠 전에 민교협(민주화를 위한 전국교수협의회)이 마련한 대선에 관한 평가모임에서 어느 정치학자가 그런 지적을 했다고 하는데, 민주당 지지의 중요한 근거가 당선가능성이었다고 할 때 당선을 못했다는 사실이 결정적인 과오를 입증하는 데 반해서 민중후보론 쪽은 1%밖에 득표를 못했다고 하지만 가령 민민운동이 힘을 합쳐서 그쪽을 밀어줘서 5%를 득표했으면 앞으로 민민운동을 하는 데 훨씬 더 유리한 입장에 설 수 있지 않았겠느냐는 거지요. 말하자면 민민운동 내 다수파에 대한 비판의 얘기인 셈인데 고선생님 생각은 어떻습니까?

민중후보를 밀었어야 하는가

고은 저는 민중후보측이 1%를 얻었다고 하는 것을 민주당의 선거패배와 함께 나란히 놓고 볼 같은 종류의 패배라고 생각하지는 않습니다. 오히려 1% 정도를 얻은 것도 절대로 패배가 아닌 수준이라고 생각합니다. 또하나 이른바 민중후보측의 젊은 세력들이 우리 현실에 대해서 생각할 때, 기성사회라는 것을 전부 다 뜯어고쳐야 하는 대상으로 삼았다는 것은 상당히 교조적인 점으로 지적되어야 하겠습니다. 그동안의 민민운동의 부작용에는 세상을 만만하게 보는 결함이 없지 않았는데 가령 4월혁명에 대한 추체험만 해도 너무나 비현실적인 관념들이 개입되어 있습니다. 아무튼 그런 점과 함께, 후보가 1%라도 얻은 것 자체가 저로서는 성공이라고 생각하지 실패라고 생각지 않습니다. 그리고 아까 어떤 정치학자의 의견 역시 표를 더 많이 얻었을 때 앞으로 민민운동의 가능성이 있다고 하지만 앞으로 민민운동의 중심부분이 바로 이번 선거에 임했던 민중후보측에만 주어지는 것도 아니고, 오히려 그쪽이 선거 이전보다도 더 축소될 가능성이 많다고 생각합니다. 이렇게 보면, 전국연합측의 범민주후보를 옹호했던 많은 사람들이 있는데 그분들과 이쪽이 편가르기로서 규정되지 않고 다시 만나야 될 필요성을 똑같이 가지고 있다고 생각합니다. 그럴 때야말로 새로운 민민운동의 전열이 이루어지지 그렇지 않고 이대로 갈라진다면 결국은 상호 독선적인 불화관계로 될 뿐입니다. 저는 앞으로 이 두 가지를 나눠서 생각하는 태도가 바뀌어서 다시 만나야 한다고 봅니다. 그들의 기원은 적어도 60년대 한일굴욕외교를 반대했던 때부터이고 더 멀리는 4·19 이후부터 시작된 뿌리였는데, 70년대까지만 해도 이렇게 갈라질 이유가 없을 정도로 혈연화된 동지들이었던 것은 다 아는 사실이지요. 80년대로 오면서 점점 재야 헤게모니의 문제를 가지고 갈라지기 시작했던 것인데 이제 저는 이 정도로, 가령 민주당 쪽이나 그쪽도 두 번의 대선을 치렀고 저쪽도 중도에 그만두고 만 적도 있지만 두 번이나 후보등록의 경험을 했으니까 더이상 이런 행태가 있지 않기를 바랍니다. 그래서 새로운 재야를 결집하는 데 주력해줬으면 좋겠습니다. 물론 재야라는 것도 이제까지의 그것이 아닌 초발상적인 자기완성을 지향해야 하지요. 그 점에서 저는 아까 정치학자의 의견과는 조금 생각을 달리하고 있습니다.

백낙청 저도 대체로 동감입니다. 민민운동권에서 좀더 힘을 모아서 민중후보를 지원했을 때 1%가 아니라 5%가 나왔을 수도 있다는 말 자체가 어디까지나 하나의 가상에 지나지 않지요. 2%나 3%가 됐을 수도 있지요. 기본적인 문제는 정확히 몇 프로인가 하는 것보다 독자적인 민중후보를 내세운 쪽에 민중세력을 폭넓게 규합할 수 있는 전략이 과연 있었는가 하는 것입니다. 오히려 지금 말씀하신 대로 편가르는 노선이고 전략이지 극히 한정된 집단을 넘어서 대중을 끌어모으는 내용이 없었기 때문에, 설사 운동권 사람들이 그쪽을 더 밀어줬다 하더라도 얼마나 지지세력이 늘어날 수 있었을까는 의문입니다. 그래서 저 개인으로는 이번 선거에서는 제1야당 후보가 당선가능성이 조금이라도 있는 한은 그를 밀어주는 것이 옳다고 믿기도 했습니다만, 당선가능성이 전혀 없더라도 정말 우리 대중이 공감할 수 있는 노선과 전략을 가진 후보가 나왔더라면 그 문제도 달리 생각할 여지가 있는데, 민중의 독자적 정치세력화라는 구호 자체는 매력이 있지만 이 구호에 내실을 부여할 노선이나 전략은 찾아보기 힘들었습니다.

그런데 지금 민중후보노선에 대해 이렇다 할 전략이 없었다고 했습니다만, 사실은 전국연합이라든가 또는 민주화운동 전반에 걸쳐서도 뚜렷한 전략이랄까, 특히 세계적인 시각, 급변하는 시대에 부응할 수 있는 시각과 경륜이 과연 있는가 하면 그런 점이 참 아쉽지요. 저 자신은 그러한 경륜이 남북한의 현실이 하나의 '분단체제'를 이룬다는 투철한 인식에서만 나올 수 있다고 믿습니다만, 이번호 저희 잡지에서는, 세계적인 시각을 추구하되 막연히 전세계를 바라본다고 할 것 아니라 그중에서 특별히 우리가 속해 있는 동아시아 지역에 대해서도 우리의 인식을 새로이할 필요성을 느껴서 특집을 마련하기도 했지요.

동아시아의 개념과 '대동아공영권'

고은 그동안 우리 민민운동이라는 것이 지나치게 민족문제 자체, 그리고 민족현실에 대한 즉자적인 과제에만 몰두하다 보니까 그간 넓혀야 할 응당의 시각을 갖추지 못한 것이 사실이지요. 민민운동권은 물론이고 우리 국민 역시 이런 실정에서 벗어난 것은 아니었고 거기에다 민주사회가 열려져 있지 않은 상태에서 제대로 세계에 대한 정보가 가동되지 못했지요. 그에 따라 우리 민민운동의 측면뿐만 아니라 우리 국민 거의 대부분이 세계에 대한 시각을 길러내지 못한 것은 사실입니다. 저 역시 고백하지만 우리 민족문제라든지 민족문학 자체에 골몰하는 동안 세계적인 시각을 단련시킬 기회를 전혀 갖지 못한 것인데, 그런 점에서 방금 말씀하신 세계적 시각에 활성을 부여해야겠고 그것도 막연하게 세계의 수평선이나 지평선을 개관하는 것이 아니라 우리와 가까운 지역으로서 동아시아, 동북아시아에 대한 인식이 있어야 한다는 것, 이것은 지금 우리가 새로 전망하는 시대를 위해서도 매우 중요한 특수성이라고 생각됩니다. 경제를 얘기하는 사람은 이미 동아시아 경제권이라는 말을 쓰고 있지 않습니까? 그런 경우가 아니더라도 우리에게는 동아시아 문제에 대한 많은 토론들이 필요하겠습니다. 우리가 탈냉전이라는 말을 쓰는데 이 말은 신한국이니 신시대니 하는 '신'이라는 관형사를 쓰는 수식어보다는 훨씬 구체적인 현실에 조응함에도 불구하고 한반도를 둘러싼 냉전체제의 동아시아가 아직 냉전으로부터 다 벗어난 것이 아니라는 점에서 전적으로 들어맞는 말은 아니라고 보입니다만, 다만 남한이 그동안 동서냉전시대의 해체를 뒤로 해서 상당한 무리를 감수하면서까지 북방외교를 추진해왔습니다. 그래서 소련과 수교를 했고 또 중국과도 수교를 맺고 최근에는 베트남과의 수교로까지 나아가고 있는데 6공의 화려한 토탈외교라고도 할 수 있겠습니다.

그러면 그럴수록 상대적으로 북한은 백선생께서도 말씀한 대로 일종의 농성(籠城)체제로 되기 십상입니다. 동아시아로 시각을 돌리기 전에 우리 실정을 알아보기 위해서 이런 얘기를 합니다만, 아무튼 남한의 시야에서는 그동안 적대 강대국이었던 소련, 그 뒤에 독립국가연합이 되었습니다만, 러시아를 포함한 구소련과 중국과의 닫힌 문이 열리자 실로 오랜만에 대륙체험이 가능하게 되었지요. 우리 한반도에는 오랜 전통사회의 역사환경으로서의 대륙과 또 근현대사의 민족운동 무대였던 북방이야말로 또하나의 생존공간이기도 했습니다. 그것이 8·15 이후 분단시대의 시작으로 적어도 남한에서는 그 대륙과 철저하게 차단되고 말았습니다. 이와같은 우리의 직면 문제로서의 극동 시베리아나 중국에 대한 첫 인식에서 동아시아라는 블록 개념의 맹아가 태어날 수 있었다고 봅니다.

백낙청 지난번 저희 편집부원과 편집위원들이 연수회를 갔을 때 최원식 교수가 이번호에 쓸 글의 일부를 미리 발제하고 토론을 했지요. 그때 동아시아적 시각이라는 용어가 나왔고 거기에 대해 많은 논란이 있었습니다. 그 도중에도 나왔습니다만, 우리가 흔히 동아시아라고 하지만 정작 동아시아가 어디부터 어디까지이며 우리가 굳이 왜 동아시아를 들먹이는가라는 것이 결코 간단하거나 분명한 문제가 아닌 듯합니다. 물론 막연히 세계를 얘기할 것이 아니라 뭔가 이 세계 중에서 좀 덜 광범위한 부분을, 그러나 우리 한반도보다는 더 넓은 지역을 얘기하자고 할 때 동아시아라든가 동북아시아를 얘기하는 것은 당연한 수순입니다. 그러나 따져 들어가기 시작하면 가령 지리학적 개념으로서의 동아시아, 그리고 지금 동아시아 경제권 얘기를 하셨는데 실재하거나 잠재적인 경제권으로서의 동아시아, 또 동아시아라고 하면 주로 한·중·일 3국, 거기다가 때로는 베트남까지 넣어서 과거의 유교문화권이랄까 중국문화권을 생각할 수도 있는데, 그런 범주들이 결코 일치하지 않거든요. 개념의 내포만 다를 뿐만 아니라 외연도 일부 중복될 뿐 서로 다른 지역을 많이 포괄하고 있단 말입니다. 그래서 동아시아에 대해서 정말 제대로 인식하고 우리가 나갈 길을 찾기 위해서라도 이런 것을 기초부터 한번 차근차근 정리할 필요가 있지 않을까 합니다.

고은 지금 말씀하신 것처럼 동아시아권이라는 것은 일단은 유교 혹은 불교 문화권을 잠정적으로 설정하는 경우도 있겠습니다. 그런데 유교문화권이라는 것의 본질이 중화(中華)의 천하사상에 의한 일종의 봉건제국주의라고 얘기할 수 있을지 모르겠지만 어쨌든 중화가 세계를 다스린다는 태도가 유교를 통해서 반영된다고 할 수 있겠습니다. 그래서 동아시아권으로서의 유교문화권인 한반도나 일본, 베트남 이런 지역들이 다 남만(南蠻) 아니면 동이(東夷), 왜(倭)인데 그런 점에서 보면 유교문화권으로서의 동아시아라고 할 때는 중화사상에서의 객체가 되었는데, 이렇게 중국을 중심으로 한 객체를 위성적으로 망라하는 의미가 엄습하지 않을까 하는 우려를 하게 됩니다. 또 하나는 우리에게 분명한 악몽으로 남아 있고 그 악몽이 현재 다른 형태로 진행되고 있는지 모르지만, 동아시아라고 할 때 우리가 얼른 피해의식으로 낙인찍혀 있는 것이, 일제의 '대동아공영권'입니다. 물론 이것은 일본이 그야말로 동아시아 일대를 일단 자기들 침략의 대상으로 삼고 내건 명분이었지요. 그런 점에서 동아시아라는 것을 우리는 아주 신중하게 판별하지 않으면 안되겠다는 것, 다시 말하면 옛날의 중화사상에 입각한 동아시아라는 것이나 일제의 대동아공영권으로서의 동아시아, 이런 것을 어떻게 역사적으로 청산하고 새로운 동아시아를 인식하느냐, 이런 기본태도가 우선 전제되어야 하지 않겠는가 하는 생각을 할 수 있겠습니다.

백낙청 앞으로 중국이 국력이 신장되면서 중화주의가 새로 심각해질는지는 모르겠습니다만 현재로서는 고선생님이 경계하시는 두 가지 가운데서 과거 '대동아공영권'의 재판 문제가 더 절박하다고 할 수 있겠지요. 실제로 동아시아 경제권이라고 할 때, 우리가 장래에 가능한 어떤 이상적인 그림을 떠나 당장의 현실을 말한다면, 사실은 현재의 동아시아 지역경제가 과거 일본의 대동아공영권에 이미 상당히 가까워져 있지 않은가 합니다. 동남아시아가 거의 일본경제의 영향권 안에 들어가 있고, 중국은 아직 일본에 대한 경제적 의존이 그렇게 심각하지 않지만 장차 어떻게 될지 잘 모르겠고, 남한의 경우는 미국의 영향력이 더 크기는 하지만 일본에의 경제적 의존도가 매우 높지요. 물론 북한은 아직 이 경제권에서 소외되어 있습니다. 그러니까 왕년의 대동아공영권에서 빠진 지역도 있고, 앞으로 편입이 된다 해도 옛날 군국주의식으로 일본이 무력을 동원해서 동아시아 경제권을 건설하리라고는 보지 않습니다만, 동아시아에서 현재 지역경제권 비슷한 것이 있다면 일본 자본이 이미 지배하는 영역이 가장 비근하고, 장차 지역 내의 경제협력이 긴밀해질수록 일본 자본의 주도성은 일단 강화되리라고 생각합니다. 우리로서는 그것을 결코 바람직한 동아시아라고 할 수 없기 때문에, 경제권이라는 개념 위주로 동아시아를 생각하더라도 그것과는 다른 지역경제 체제를 구상해야겠지요. 그러나 과연 어떤 대안적인 동아시아 경제권이 가능할는지 지금으로서는 극히 막연한 상태라고 하지 않을 수 없습니다.

그런데 지리적으로 동아시아라고 하면 그야말로 아시아의 동부를 가리키게 되는데, 인도라든가 중동지방을 제외하고 동아시아 지역을 먼저 생각하는 것은 당연합니다. 그러나 지리적인 의미로 동아시아라고 할 때는, 설혹 동남아를 빼고 동북아시아를 주로 말한다 하더라도 반드시 들어가는 것이 구소련이고 현재의 러시아 아니겠습니까? 그러니 지리적으로 선을 긋는 것이 가장 분명하고 간단할 것 같은데, 동아시아의 경우는 그것도 간단하지가 않은 거죠. 러시아 얘기가 나왔습니다만 중국도 마찬가집니다. 두 나라가 워낙 땅덩어리가 커서 이들 나라를 동아시아에 집어넣다 보면 중국의 경우 남아시아와 서아시아까지 일부 따라 들어오게 되어 있고, 러시아를 넣으면 심지어 유럽까지 따라 들어오게 되어 있단 말이죠. 그러니까 나라 수로 보면 남북한에다 일본, 중국, 몽골, 러시아, 거기다가 대만과 홍콩을 따로 쳐도 몇 안되는 셈인데, 동북아시아라는 범위를 자동적으로 넘어서게 되는 어려움이랄까 개념상의 혼란이 있는 것 같습니다. 게다가 자연지리 차원이 아닌 지정학 차원에서는, 엄연한 태평양국가인 미국의 존재도 간단히 제쳐놓기는 어려워집니다.

다른 한편 중국문화권 또는 유교문화권으로서의 동아시아라는 개념도 있다고 말씀드렸는데, 이때는 지리상의 동북아시아 국가 중 러시아는 빠지고 미국도 당연히 빠지게 되죠. 그 대신 지리적으로는 동남아시아의 일부인 베트남을 넣어야겠지요. 천여 년에 걸친 뚜렷한 역사적인 경험이 있으니까 그 경험을 바탕으로 동아시아의 범위를 잡는 것이 어떻게 보면 더 확실한 셈인데, 다만 이 경우에는 왜 굳이 지난날 문명의 공통성이랄까 공통된 전통을 들고 나오느냐 하는 점이 분명해져야 될 것 같아요. 물론 현재에도 일정한 문화적 공통성이 있지만 한·중·일·월 중 어느 하나도 지금 유교국가랄 수는 없고, 전통적 동아시아문명 자체가 건재한 사회라고는 말할 수 없거든요. 그러니까 공통된 과거를 들먹이는 무슨 현재적 이유가 필요하다는 말입니다. 가령 요즘 서구적 자본주의 모델에 대한 하나의 대안적인 모형으로서 유교적 자본주의라느니 동아시아형 자본주의라는 얘기가 나오는데 그런 관점에서라면 유교문화권을 들먹이는 것이 당연히 의의가 있겠지요. 세계자본주의 경제 속에서 누구 못지않게 발전을 하면서 동시에 구미 자본주의가 갖고 있는 여러가지 문제점을 해소하거나 개량한 새로운 발전모델을 내세운다는 의의가 있고, 이걸 하는 데 유교적인 요소가 중요하다고 하면 유교문화권에 속해 있던 나라들의 독자성, 또 그들간의 공통성이 저절로 부각되는 것이 사실입니다. 그러나 과연 우리가 지금 동아시아를 얘기하는 것이 서구자본주의의 변형된 모형, 대안적인 자본주의 발전의 길을 찾기 위한 것인가 할 때, 저는 유교형 자본주의라는 것이 자본주의의 문제점을 해결하리라고 보지 않을뿐더러 자유주의에 근거한 서구형 자본주의의 일정한 덕목마저 희생한 오히려 열악한 유형이 아닌가 하는 의심을 갖고 있습니다. 그것이 우리가 동아시아문명을 새삼 중요시하는 근거가 될 수는 없다고 봅니다.

고은 물론 그동안 자본주의라는 것이 사회주의 덕을 톡톡히 봐서 수정을 거듭해가지고 그 생명력을 유지하는 후기자본주의에까지 온 것이 사실입니다만 자본주의 자체가 갖고 있는 모순이라는 것은 거의 숙명적으로 극복하기 어렵겠지요. 가령 구미 여러 정치학자들이 유교적 자본주의라든지 해서 하나의 학설 비슷하게 내놓는 것이 정말로 맞는 것인지 모르겠습니다. 이를테면 지금 세계 자본주의의 두 축이라고 할 수 있는 것을 서구도 포함되는 미국식 자본주의와 일본식 자본주의의 대결로 보고 있는 것 같습니다. 그렇다고 해서 그 두 모델을 좀더 분석적으로 이해할 때 일본식 자본주의라든가 유교적 자본주의라고 말하는 것이 타당한 것인가에 대해서는 신중해야 하지 않을까 하는 생각이 듭니다. 물론 유교를 동양고전의 이념으로 받아들이는 쪽에서는 유교를 통한 새로운 명제의 자본주의를 생각할 수 있겠지요. 그렇지만 유교를 체험한 우리로서는 그것을 봉건이념으로 체험했기 때문에, 그리고 그 잔재가 아직도 우리 심층을 이루고 있는데 그것으로 우리 자본주의의 한 단면을 조준해보고자 하는 발상이 저에게는 쉽지 않습니다. 또 하나는 가령 동아시아만의 특유한 자본주의라든가 이런 것을 지금 우리가 쉽게 이끌어내서 명명한다든가 하는 것에 대해서는 잘 모르기도 하지만 과연 그래서 되겠는가 싶은 생각이 듭니다. 현재 중국이라는 나라도 일종의 '리아스식 해안' 자본주의를 채택해서 이것을 시장사회주의라고 명명하고 있습니다만, 또 중국에 갔다 온 어느 학자의 소감으로는 중국 내부에는 끄떡없이 중국식 사회주의가 건재하다고 하지만 지금 해안의 경제특구가 자꾸 확대돼나가는 상황입니다. 이런 경제적 변동으로 제조업이라든가 이제까지 그들이 오랫동안 체험해보지 않은 경제체제에 의한 생산, 소비, 유통의 문제들이 갑작스러울 때 그것을 감당할 만한 주체적인 경륜을 그동안 쌓아놓았는지 지극히 의문이거든요. 물론 인민이라는 개념이 주체의 개념임에는 틀림없지만 과정상 당독재라는 것이 바람직하지 않게 그 주체를 객체화하는 현상도 많이 봐왔기 때문에, 중국대륙의 대다수 사람들이 해안의 시장사회주의라는 것을 다 제대로 받아들여서 소화할 수 있는 것인지, 아니면 떵 샤오핑(鄧小平) 식의 개혁이 그의 수명의 한계와 관련은 없는 것인지 의문입니다. 이것을 선택할 때 위로부터 시작한 개량이지 밑으로부터 대중에 기반을 두고 한 것이 아니기 때문에 이런 점에서 중국도 실험단계이겠습니다. 이 점은 몽골이라든지 이런 곳도 문제삼아야 하겠습니다. 그리고 우리에게 가장 중요한 것은 우선 북한입니다. 북한도 지금 여러 각도로 특구경제를 개방할 태도를 갖고 있고 어느정도 내밀한 추진을 하고 있다고 봅니다만, 과연 그동안 자력갱생주의라든지 우리식대로 산다는 것을 투철한 정신활동으로 고취시켜온 여지에다가 이것이 어떻게 급속하게 잘 맞아떨어져서 육화가 될지 모르겠어요. 특히 우리 한반도 미래를 생각할 때 이제는 남과 북의 원천적인 공존만이 지상과제라고 믿고 있습니다. 북한이 정말 앞으로 잘해주어야만 남한도 거기에 대한 상즉성(相卽性)으로서 좀더 잘 살 수 있는 것이고, 또 남한이 잘해야 이제까지 적대관계의 냉전적인 사고를 지양하고 함께 공동운명체를 형성해갈 수 있습니다. 또 베트남에서는 베트남대로 새로운 수정주의체제를 어느정도 채택하고 있습니다만, 우리에게는 북한이나 몽골이나 베트남을 어떻게 이해할 것인가가 긴요합니다. 남한은 그동안 미국이나 일본에의 경사에 익숙해 있기 때문에 이에 대한 치열한 조정 없이는 상호연대를 전제할 경우 동아시아라는 의미는 굳이 살려낼 필요가 없다고 봅니다. 우리가 시각을 세계적으로 넓히기 위한 것이라면 나쁠 리 없지만, 연대의 가치가 인식될 때에만 동아시아라는 것이 문제가 되는 것이지 단순히 이제는 우리 민족이 분단체제의 상황에서 떨쳐나서 좀더 세계적인 시야를 갖자고 하는 것이라면 동아시아 인식이라는 의미는 훨씬 감소되지 않을까 하는 생각이 드네요.

백낙청 그렇습니다. 우리가 동아시아를 얘기하는 것이 동아시아라는 단위가 사고의 기본틀이 되어야 한다는 뜻은 아니지요. 더군다나 동아시아만의 독특한 생산양식을 갖자든가 가질 수 있다는 말은 전혀 아닙니다. 한편으로는 민족주체적인 시각을 견지하면서 그 시각으로 더 넓게 보기 위해서, 다른 한편으로는 우리의 세계적인 시각이 좀더 구체적으로 되기 위해서 동아시아라는 지역의 현실과 그 개념을 들먹이고 있는 것이지요. 그런데 실제로 지금 일본이나 중국, 러시아 같은 동아시아에 소속되어 있는 다른 중요 국가들이 동아시아라는 개념이나 범주를 어느정도 중요하게 생각하고 있는지는 의문입니다. 가령 일본의 경우에는 과거에 대동아공영권 비슷한 지역을 자기 경제권으로, 미국이나 유럽이 쉽사리 침범할 수 없고 일본의 영향력이 압도적인 그런 권역으로 갖고 싶은 욕망이야 있겠지만, 그러나 그것은 아까 말씀드렸듯이 동북아시아에 한정된 것이 아니고 동남아시아까지 포함될 뿐만 아니라, 일본은 지금 미국이라든가 유럽과 상호의존관계가 깊은 세계적인 경제대국인데, 그런 공조관계를 희생해가면서 동아시아 협력체제를 만들 생각은 없을 거거든요. 그게 일본의 주류적인 입장이라고 봅니다. 중국에서도 과거에 모택동 같은 사람이 서양에 대항하는 자세를 취했습니다만 그것은 어디까지나 세계혁명노선의 일환으로 제3세계를 말했던 것이고 그 제3세계 속의 아시아·아프리카·라틴아메리카를 얘기한 것이지 동아시아를 따로 얘기한 것은 아니잖습니까? 그리고 지금 중국의 발전전략을 보더라도 그들의 동북부 즉 만주와 두만강 유역의 공동개발, 화북과 동북아시아의 지역경제권, 또 화남지방과 남쪽을 묶는 경제권, 그리고 서남지방과 그쪽을 묶는 경제권, 이런 식으로 생각하고 있지 동아시아 중심으로 생각하고 있는 것은 아니라고 봅니다. 그래서 여러 사람들이 말로는 동아시아, 동아시아 하지만 실제로 동아시아의 연대를 절실히 추구하는 세력이 과연 얼마나 많은가 하는 것도 의심나는 부분입니다. 우리 정부의 현재 노선도 APEC 즉 '아시아·태평양경제협력'의 노선이지 동아시아 중심의 사고는 아니거든요.

그런데 저는 여러가지 문제점이 있음에도 불구하고 두 가지 면에서, 적어도 우리 한반도에 사는 사람들에게는 '동아시아'가 절실하다고 생각되는데요. 하나는, 지금 말씀드렸듯이 이웃의 대국들은 동북아시아보다는 좀더 범위가 넓은 자기들 영향권을 생각하면서 그 속에서 한반도는 종속적인 역할을 담당하기를 기대하고 있습니다. 또, 남북이 갈라져 있는 한 그럴 수밖에 없을 겁니다. 그러니까 차라리 미국을 계속 끌어들여 일본을 견제하고 중국의 대국주의를 방비하자는 이야기마저 나오는 거지요. 그러나 한반도 민중의 입장에서는 바로 이런 현실에 맞서기 위해서도 일단은 범위를 동아시아로 한정시키면서 그 안에서 통일된 한반도가 중국이나 일본, 러시아와 좀더 대등하게 서는 구상을 해볼 필요가 있을 것입니다. 이러한 동아시아는 더 나아가서 전세계적으로 호혜평등한 국제관계와 민족간의 관계를 이룩하는 데 하나의 모범이 되리라고 봅니다.

문명권으로서의 동아시아를 말하는 의의

또 하나, 저는 문명권으로서의 동아시아라는 것을 새삼 거론할 필요가 있다고 믿습니다. 서양에서 자본주의의 대안으로서 제기된 가장 중요한 것이 사회주의이고 특히 맑스주의에 이르러 그것이 현실에 대한 과학적인 분석을 토대로 하면서 중심적인 위치를 차지하게 되었습니다. 그리고 그 맑스주의에서 비롯한 국가사회주의랄까 맑스레닌주의 정권들이 세계의 많은 부분을 지배하고 있다가 지금은 그 실험이 하나의 실패로 귀결되고 말았습니다만, 현존 자본주의문명에 대한 어떤 근본적인 대안이 필요하다는 발상이 틀렸다고는 생각지 않습니다. 그런데 저는 국가사회주의 특유의 여러 문제점 이외에, 공상주의(空想主義)를 배격한 서양의 많은 사회주의자들이 지니는 한계랄까 문제점 중의 하나가 자본주의 생산양식에 대한 대안적인 생산양식을 꿈꾸면서 기존의 문명에 대한 대안적인 문명을 구상하는 면이 모자라지 않았는가 하는 생각입니다. 맑스를 보더라도 종교나 도덕 등의 문제에 대해 깊이 파고들어가서 업적을 남긴 바가 없는 걸로 압니다. 물론 미래 공산주의사회에 대해서 그가 상세한 이야기를 안 한 것이 현실주의자로서의 미덕인 면도 있긴 합니다. 그러나 우리가 허황되게 미래에 대해 이런저런 설계를 도면상으로 만들어놓고 현실을 거기에 갖다 붙이려는 것은 좋지 않지만, 적어도 자본주의 생산양식과는 전혀 다른 생산양식의 사회를 이루겠다고 할 때는 그 사회가 생산양식이 다를 뿐만 아니라 우리의 일상생활은 어떻게 다를 것이며 인간의 감정이나 정서는 어떻게 되고 인간과 우주와의 관계, 인간과 자연과의 관계, 그리고 사람살이의 예의범절과 수양법 등, 우리가 '문명'을 말할 때 중요한 의제가 되는 이 모든 것이 어떻게 변하는 게 바람직한가 하는 것을 끊임없이 묻고 가능한 한 구체적으로 상상해보려는 자세가 중요하다고 믿습니다. 그런데 과거의 대다수 사회주의자들은 생산양식이 바뀌면 이런 문제들은 자연적으로 해결된다는 식으로 이에 대한 탐구를 미루어놓거나, 어쨌든 대안적 생산양식의 추구는 동시에 대안적 문명의 창조를 뜻한다는 점을 소홀히하지 않았는가 합니다. 반면에 문명적인 대안을 강조해온 사람들은 대체로 생산양식의 문제를 소홀히하고, 가령 서양의 물질문명에 대한 동양의 정신문명이란 식의 소박한 도식에 빠지는 일도 흔했지요. 그래서 공상적인 대안만 내놓거나, 아니면 현재의 서양문명 내지 자본주의문명을 보완하는 정도에 지나지 않는 극히 부분적인 해결책밖에 못 내놓고 말았습니다. 그런 사람들에 대해서는 우리가 막연히 문명을 얘기할 것이 아니라 체제를 얘기하고 생산양식을 얘기하자고 거듭 강조할 필요가 있습니다. 요즘 와서 맑스레닌주의의 권위가 떨어지면서 생산양식에 대한 고찰을 등한시하고 그런 얘기를 하면 자동적으로 교조주의나 도식주의에 빠진 것처럼 생각하는 경향도 있는데, 아까 유교자본주의에 관한 언급도 있었지만 우리가 유교자본주의라는 것이 해결책이 아니라고 할 때는 자본주의라는 생산양식에 뭔가 근본적인 모순이 있고 이것을 유교적인 요소를 도입해서 약간의 변형을 가하는 정도로는 해결될 수 없다는 인식이 깔려 있는 것 아닙니까? 그런 점에서는 생산양식의 문제를 계속 제기해야 하는데, 다만 이런 문제제기에 내용이 실리고 정말 여러 사람들이 승복할 수 있는 대안이 되려면 단순히 생산양식에 대한 얘기가 아니라 현존하는 문명과 질적으로 다른 대안적인 문명에 대한 구상이 있어야 한다고 생각합니다. 그리고 이 대안적인 문명에 대한 구상이 구체성을 띠려면 현존하는 자본주의문명, 또 그 자본주의문명이 바탕이 된 서양문명, 이것과 다른 문명으로는 과거에 어떤 것들이 있었는가, 현재는 그중 어떤 요소들이 살아 있고 그런 것들이 암시하는 대안문명의 가능성은 무엇인가를 탐구해야 할 것입니다. 그럴 경우 과거의 동아시아문명이 곧 해결책이라거나 동아시아의 전통 속에서만 어떤 답이 나온다고 말해서는 안되겠지만, 적어도 동아시아문명권에 속해서 살아온 민족들로서는 우리의 문명적인 자산을 살려서 이것을 세계사적인 문제해결에 동원해보자는 생각을 하는 것이 당연하고, 이런 노력은 바로 대안적 생산양식을 쟁취하는 과정에서도 중요하지 않겠느냐는 거지요.

고은 그렇네요. 가령 아까 말씀하신 맑스주의에 이르기까지만 해도 사회주의에 대한 꿈이 여러 단계의 시행착오를 통해서 오랜 축적이 가능해지지 않았습니까? 우리 동양보다 훨씬 능동적으로 인류문명을 개척하고 좀더 좋은 세상을 만들기 위한 실천적인 고민을 많이 한 것이 여실합니다. 그런 결과로서 맑시즘에까지 온 것은 그야말로 세계사적인 일이었지요. 이 세계사적인 의의라는 것은 이제라고 해서 다 인멸돼버린 것은 전혀 아니겠지만, 그러나 맑시즘이 자본주의에 대한 변혁이데올로기임에는 틀림없는데 현실사회에 그것을 적용할 때는 인간이 적용한다는 조건을 간과

할 수 없겠습니다. 자본주의 생산양식을 전면 거부하고 새로운 것을 개척한다고 할 때 그것이 인간의 속성상 얼마나 어려운 것인가 하는 것을 이번에 현실사회주의의 붕괴를 통해서 실감했습니다. 그렇지만 거기에 담겨진 가치의 항구성은 아직도 우리에게 크나큰 유산으로 남아 있습니다. 또 이와 함께 지금 말씀하신 동아시아권에서 유교든지 불교든지 그밖의 동양사상이 오늘에 대한 새로운 인식을 전제하지 않는다고 하면 그것은 봉건시대의 기존가치로밖에는 남아 있을 수 없겠지요. 물론 우리의 사상과 정서에는 오랫동안 혈연화된 불교라든가 근세 유교가 내재해 있기는 하지만 엄격히 말해서 그 이데올로기 자체가 지금의 우리 삶을 적극적으로 규정한다고는 보지 않습니다. 그만큼 근대문명에 상대적으로 익숙해온 것도 사실입니다. 바로 그 점에서 우리는 동양의 문명을 새로 재인식할 수 있는 과제를 갖는 것이고 또 이것을 근대화라는 의미와 일치시킬 때 좀더 온전한 것이 될 수 있고 바로 이 두 가지가 만나는 장소가 동아시아가 아닌가 생각합니다. 그래서 저는 그냥 간단하게 불교로 돌아간다든지 유교로 돌아간다든지, 심지어 우리 민족사상체계에 포함되어 있는 동학이라든지 이런 것만이 가장 옳다고 생각하는 것보다는, 이제야말로 동양과 서양 문명을 함께 일치시킬 수 있는 문명사적인 종합의 가능성이 열리고 있지 않나 합니다. 여기서 동양의 특수성이라는 것이 일단 강도있게 전제되어야겠지만 궁극적으로는 세계가 함께 나눠 가질 수 있는 보편성을 지향하지 않으면 안되겠지요. 이런 점에서 동아시아라는 것이 또 하나의 세계인식을 머리에 이지 않으면 안되겠습니다.

백낙청 그렇습니다. 이 지구상에서 인류가 생존하기 위해서는 뭔가 삶의 기본적인 논리가 바뀌어야 합니다. 이러한 세계의 큰 문제를 해결하는데 있어서 동아시아문명의 전통적인 자산을 찾아보자는 것이지 그것을 그대로 되살릴 수는 없는 것이죠. 또 동아시아문명만이 아니라 인도문명은 인도문명대로, 아프리카의 문명은 아프리카의 문명대로, 또 서양문명도 그렇지요. 서양문명이 근대 자본주의문명 성립의 모태가 된 것은 사실이지만 자본주의가 발달하면서 전통적인 서양문명에도 여러가지로 단절이 이루어지고 서양의 전통 중에도 소외되고 망각된 가치들이 많아졌습니다. 그러니까 서양사람들은 서양사람들대로 그것을 반추해서 자기들 문제를 해결하는 데 이바지해야 하는데, 우리는 동아시아 사람들로서 동아시아의 문명 자산을 한번 다시 점검해서 우리 문제의 해결에도 활용하고 서양사람들의 문제해결도 좀 거들어주자는 취지지요.

그런데 각자가 자기 나름으로 문명적인 대안을 자기 전통 속에서 모색하는 가운데서도 동아시아가 특별한 사명이나 역할이 있지 않을까 하는 생각을 저는 해봅니다. 첫째는, 여러 문명들을 평면적으로 비교하는 것은 어렵습니다만, 현재까지 어느정도 지속되고 있고 상당정도 보존된 문명으로서는 동아시아가 특히 풍부한 유산을 가진 문명권이 아닌가 합니다. 고대 이집트 이래로 인류사에 찬란한 문명들이 많았습니다만, 현존 문명으로서는 서구문명과 동아시아문명이 거의 쌍벽을 이룬다고 말할 수 있겠습니다. 양자가 다 자본주의문명의 발전으로 인해서 많은 단절과 훼손을 겪었고 그 점에서는 동아시아 쪽이 더 심하기는 합니다만, 어쨌든 비(非)서양권에서 동아시아는 문명자산의 풍부성을 내세울 만하다고 믿습니다. 또 하나는 지금이 역시 자본주의 세상인데, 이 자본주의 세상에서 자본주의적 발전에 어느정도 성공했기 때문에 생존경쟁의 낙오자로서 과거의 유산만 내세우는 입장과는 다르지 않은가 하는 것입니다. 그만큼 발언권이 더 강할뿐더러 유산 자체의 현재적 의의가 더 크다는 거지요.

고은 지금까지 우리가 동아시아에 대한 여러가지 관점을 얘기했는데 한 가지만 더 보태고 싶은 것이 있어요. 냉전체제가 무너진 뒤, 이를테면 지금 미국의 전략적인 유일체제로 세계가 편성되어가는데도 불구하고 여기에 대한 하나의 대응이랄까 이런 것으로서 유럽공동체(EC)가 오랫동안의 여러 과정을 겪어서 실현되고 있고 멀지 않은 장래에 화폐까지 통일이 된다고 할 때는 거의 하나의 생활터전이 될 텐데, 이렇게 되니까 미국에서도 그냥 말 수가 없잖습니까? 그러니까 북미자유무역협정이라는 것을 체결해서 북미 전체를 미국의 주도 아래 두고자 하듯이 우리가 동아시아 혹은 동북아시아를 중심으로 새로운 활로를 찾고 있다면, 제3세계적 규범과는 별도지만 아시아·환태평양권이라든가 서남아시아 여러 쪽에서도 특색있는 생존권 문제를 가다듬고 있을 경우 여기서 동아시아라는 경제블록을 일단 지적(知的)으로 설정할 수가 있다고 생각합니다. 우리가 크게 경계해야 할 일본이라든지 이런 요인을 염두에 두어야겠습니다만, 과거 민족해방전선에서 일치된 바는 일본을 제외한 한반도나 몽골까지 포함해서 중국, 베트남 등이 근대 이래로 같은 체험을 해오지 않았습니까? 다 같이 서세동점의 피해와 또 일본제국주의의 피해를 경험했고 민족해방전선을 같이했던 점에서 지적인 공통점들을 갖고 있지요. 이를테면 젊은 청년 호찌민(胡志明)이 다산(茶山) 선생에게 반해서 제사를 지낼 정도였으니까요. 또 우리는 단재(丹齋) 신채호(申采浩)를 통해서 베트남을 이해하지 않았습니까? 그리고 진작 양계초(梁啓超)를 통한 동아시아의 감각을 만날 수 있었는데 이런 지적 풍토에서 이미 동아시아의 근대적인 연대 가능성에 첫걸음이 내디뎌졌다고 생각합니다. 물론 그것이 오늘날 우리가 얘기하는 동아시아의 연대의식에 견준다면 본격적인 것이 아니지만 말입니다. 그러나 이제라도 우리가 바라는 연대 실현은 얼마든지 확신을 낳을 수 있겠습니다. 이럴 때는 특히 민간 지식인들의 의식으로서의 동아시아 연대, 이런 것이 반드시 필요하다고 생각합니다. 일본의 양심적인 지식인들도 망라할 필요가 있고 중원으로서의 중국과 남북한 그리고 몽골, 대만, 베트남까지 망라한 지역에서 모인 동아시아 지식인들의 연대운동을 가동할 필요는 절실하다고 생각합니다. 이것은 반드시 우리 한반도의 생존을 위해서만이 아니라 동아시아가 뭔가 지적으로 선구적 공통분모를 가져보는 것이 필요하지 않나 하는 것이기도 하지요. 그럴 때 아까 말씀하신 문명사적인 차원을 앞으로 어떻게 새로운 체계로 재현할 수 있는가, 혹은 그것을 다시 새로운 창조적인 가치로 발휘시킬 수 있는가 하는 문제도 우리 혼자만이 감당할 수는 없는 노릇이기 때문에 반드시 동아시아 지식인들의 연대가 그 토대가 되어야 하지 않는가, 거기에서 가장 바람직한 동아시아에 대한 인식의 시각이 확립되리라고 봅니다. 이런 점에서 『창비』가 앞으로 일 년간, 혹은 다년간 동아시아에 대한 문제의식을 진전시켜서 거기에 우리 민족문화운동까지도 접합시킬 때 우리도 더 높은 단계의 공유되는 문화를 향수할 것입니다. 사실 우리에게는 동아시아적 연대의 임무가 세계사에 참가하는 임무의 시작인지도 모르겠습니다.

통일문제와 분단체제론

백낙청 우리가 동아시아를 얘기하는 도정에도 자꾸 부딪힌 문제가 남북한 문제였습니다. 남북한이 원만한 통일을 해야만 동아시아의 문제도 잘 풀리리라는 결론이 이런저런 경로로 자꾸 나오는데, 그러나 원만한 통일이 불가능하다면 덜 원만한 통일이라도 해야 한다는 설도 있을 수 있고, 또 원만한 통일이 안되는 이상에는 분단상태를 그대로 둔 채 지금보다 조금 더 원만하게 살아갈 수 있지 않겠느냐, 또 그것이 현실적인 최선의 대안이 아니겠느냐는 논리도 있는 것으로 압니다.

고은 우리가 이제까지 동아시아에 대한 인식을 얘기했는데 물론 그것과 함께 우리에게 당장 절실한 것이 조국의 분단문제에 대한 인식이겠지요. 그런 점에서 가령 80년대의 남한의 사회구성체논쟁이나 모순논쟁, 이런 문제에 대해서 그동안 백선생께서도 일련의 총체적인 이론개척이 있었는데 이것이 이번에 쓰신 분단체제론에까지 이르렀다고 생각합니다. 이 분단체제 인식의 문제를 일단 짚고 넘어가야 하지 않을까 합니다. 결론으로 말하자면 우리가 추구할 수 있는 데까지 온 것이 이 분단체제론이 아닌가 생각을 해봤습니다. 지난호(992년 겨울호) 『창작과비평』에 「분단체제의 인식을 위하여」가 발표되었거니와, 마침 대선 분위기 때문이기도 하지만 이런 문제에 관심이 많은 일련의 사회과학 쪽의 사람들조차 아직 이에 대한 반향을 폭발시키지 않고 있는 것이 사실인데, 이 점이 이상하면서도 한편으로는 이상한 일이 아니라는 생각도 듭니다. 거칠게 얘기하면 그동안 NL과 PD 계열에서부터 현실사회주의 이래의 여러 진보적인 모색논리 자체에 여러 차례 논란의 기복이 있었는데 일단 여기에 자타가 상당히 지쳐 있는 상태인 것 같습니다. 그리고 지쳐 있는 것만큼 더 완고하게 경색된 관념주의에 빠져 있는 것도 같습니다. 이런 경우 자기가 주장했던 소신의 유연성과 달리 거기에 수반하는 판단의 정지상태도 있는 것 같고, 그들이 개발한 이론을 더이상 수정하지 않으려는 교조적인 면들이 보이는데, 이런 상황이라면 살아 있는 논리에 대해서는 하나의 가사상태가 되기 십상이 아니겠는가 하는 점을 지적하지 않을 수 없겠습니다. 제가 「분단체제의 인식을 위하여」를 읽어본 바로는 분단체제가 어떤 더 큰 체제의 일부인가에 대한 것을 포함한다는 문제가 하나 있고, 또 하나는 지금 우리가 얘기하려는 통일문제인데 분단해소의 가능성을 검토할 때 세계적 시각을 가지지 않으면 안된다는 것과 그동안 편가르기를 방불케 했던 민주변혁 쪽이다 민중해방 쪽이다 하는 이 둘을 다 지양한 분단체제극복을 내세우는 것, 더 나아가 변혁 대 개량의 대립구도도 재고해야 한다는 것을 우리가 추구할 수 있는 데까지 추구한 논리라고 생각됩니다. 과연 진인사(盡人事)의 경지까지 왔다고 봅니다. 이제 천명(天命)을 기다린다고 할 것까지는 없지만 분단문제에 관한 한 그 이론이 올 데까지 오지 않았는가, 그래서 더이상 이런 논리의 가감승제가 당분간은 있을 수 없으리라는 것이 현재 우리의 지적인 형세라고 보고 있습니다. 이런 점에서 앞으로 우리 통일문제를 새로 생각해보아야 하지 않겠는가 하는 전제로 말씀을 드렸습니다.

백낙청 고선생님께서 제 글에 대해서 이렇게 전폭적인 지지를 하고 나오시니까 저는 더 할 말이 없게 돼버렸습니다.(웃음)

고은 그것도 물론 그렇지만 저번 고세현(高世鉉)씨의 「통일운동론의 몇 가지 쟁점에 대하여」(『창작과비평』 77호)도 읽어봤는데 거기서도 깊은 인상을 받았습니다. 말하자면 이 두 논지가 현금의 우리에게 보편타당한 것이라고 봅니다. 이제까지 우리가 쌓아온 여러가지 공적이 있습니다. 민족해방 쪽에서는 그 나름대로의 절실한 민족문제의 자주적 전체상을 그려내고자 했고 민주변혁 쪽에서도 그것대로 없어서는 안될 진지한 탐구를 이어왔지요. 하지만 우리가 이런 것을 오랫동안 강령주의로 주장하다 보면 결국 손에 쥐는 것이 아무것도 없는 것이 아닌가, 현실을 놓쳐버리고 또 하나의 지적 유희로 떨어지는 것이 아닌가에 대한 거의 절대적인 경종을 울려주는 논거라고 생각했습니다. 칭송과는 좀 다른 것이지요.

백낙청 칭송이든 아니든 이런 지지의 말을 사회과학을 전공한 학자가 해줬더라면 훨씬 대중적 호소력이 컸을 텐데, 물론 제가 부족해서 그렇겠지만 아직 그런 행운을 못 만났습니다. 그런데 우리 두 사람이 이렇게 쉽사리 합의하는 것은 단순히 문인들끼리의 동류의식에서라기보다, 문학을 하기 때문에 좁은 학문분야를 전공하는 사람 특유의 아집이랄까 그런 데서 좀더 자유스러운 면도 있지 않을까 생각해보고 싶습니다.

고은 그런 점도 있겠지요. 겸허하기 시작하면 한정없지만 문학에 종사하는 쪽에서 반드시 사회과학 쪽에 대해서 자기 자신을 낮추어야 할 필요는 없다고 생각합니다. 이제까지 문학이 그 인접과학에 대한 깊은 관심을 가지지 않을 수 없는 것이 우리들 처지이기도 했지요. 그런데 가관인 것은 특히 소장학자들이 자기사변주의에 떨어지는 것은 거의 범죄에 가까운 노릇이 아닌가 합니다. 이것은 정말 견딜 수가 없었습니다.

백낙청 고세현씨나 제가 내세운 가설이 어느정도 타당하다고 하면 그것을 더욱 점검하고 발전시키는 문제가 남았을 텐데요. 우선 한 가지 방법은 가령 우리가 얘기한 동아시아의 문제, 이런 것을 이해하는 데에 얼마나 도움이 되는가를 묻는 길이 있겠습니다. 또 하나는 당장 우리가 남한사회 내에서 부닥치는 문제들에 대해서 이런 인식의 틀을 적용할 때 현실을 판단하고 대응하는 데 어떻게 도움이 되는가 하는 식으로 점검하는 방식입니다. 제가 분단체제론을 제기하는 이유 중의 하나는, 고선생님도 방금 언급을 해주셨습니다만, 분단현실을 좀더 체계적으로 인식할 때 소위 NL 대 PD의 대립은 물론이고 변혁이냐 개혁이냐라는 식의 도식적인 대립이 훨씬 덜 본질적인 것으로 드러나서 단일한 민주화운동 내지 분단체제극복운동으로 수렴될 가능성이 열린다는 점입니다. 좀더 비근한 예로 대선문제와 관련시켜서 말하더라도, 남한과 북한이 동시에 망라되어 있는 하나의 분단체제가 있다고 한다면 이 분단체제가 큰 폭의 변화를 겪지 않은 상태에서 어느 한쪽에서 변화할 수 있는 여지가 매우 제한되어 있다는 얘기가 됩니다. 그렇기 때문에 가령 선거혁명이라는 것이 하나의 구호로서는 좋지만 실제로 남한만의 선거를 통해서 혁명적인 변화가 이루어질 수 있는 가능성은 배제되었던 셈이지요. 그렇기 때문에 분단된 한쪽에서의 민중혁명노선도 문제지만, 폭력혁명이 불가능한 대신 가령 김대중씨나 어느 누구의 대통령당선을 통해 혁명적인 변화가 일어나리라고 믿는 것도 후보 개인의 소신이나 성향과 관계없이 하나의 환상에 불과하지요. 그런 환상을 품었었기 때문에 대선 결과를 보고 허탈해하는 사람이 있다면 우리가 분단시대를 살고 있다는 점을 새삼 되새겨야 할 것입니다. 물론 이번 선거의 결과가 민중세력의 패배인 것은 틀림없습니다만 분단체제라는 것을 감안하지 않고 남한의 민주주의의 확립이라든가 이런 문제를 생각하는 사람들이 흔히 받아들이는 것만큼의 큰 패배는 아니라는 거지요. 다른 한편, 분단체제 속의 국가기구라는 것이 보통 국가들보다 훨씬 강력한 억압력을 행사할 수 있는 반면에 분단이 안된 국가권력만큼 안정되기가 힘든 면도 있기 때문에 부분적인 개혁만으로도 분단체제를 뜻밖에 많이 약화시킬 수가 있습니다. 선거 결과가 민중의 패배였다는 것도 그런 가능성을 좀더 살리지 못했다는 의미의 패배로 인식해야겠고, 동시에 김영삼정권이 수행할 한정된 개혁이라도 우리가 분단체제에 대한 확고한 인식을 갖고 그것을 활용한다면 분단체제 자체를 약화시키면서 국내의 민주화에도 더 큰 진전을 가져올 계기로 만들 수 있다는 희망을 품어볼 근거가 있다고 생각합니다.

이런 식의 문제의식은 당면한 다른 여러가지 과제에도 적용해볼 수 있겠습니다. 가령 통일방안의 하나로 고선생님께서 다연방(多聯邦) 제도라는 것을 제창하신 적이 있지요? 작년 『창비』 봄호 특집에서 그 얘기를 하셨고 그에 앞서서 『사상』지 91년 봄호의 설문에 답하면서도 그런 얘기를 하신 걸로 아는데……

'다연방제 통일방안' 구상

고은 거기서도 말했습니다만 공개집회나 강연을 통해서 얘기한 것이 훨씬 더 먼저입니다. 그런 것을 구상하게 된 것은 그동안 우리가 너무 통일에 대한 열기를 불어넣어서 전국민적인 확산에 이르기까지 통일운동을 거쳐왔는데 그러한 과정에서 통일론에 관련해서는 당위론에 멈추는 경우가 적지 않았습니다. 그런데 이제 통일을 해야 한다는 옳은 말만 가지고 어떻게 통일을 할 수 있겠는가 하는 생각을 이모저모로 해본 결과 통일이라는 것이 단순히 갈라진 것이 하나가 된다는 추상적인 일치를 뜻하는 것이기보다는 한반도의 어느 지역도 다 함께 새로운 세계를 열 수 있는 그런 세계를 지향하는 것이라고 생각하기에 이르렀습니다. 그럴 때 가령 『창비』 92년 봄호에도 언급했습니다만, 다연방제라는 것은 북한에서 이제까지 내세워오던 1국가 2체제의 연방제라는 것이 역시 우리나라 통일론의 구체적인 전략이나 방안으로서는 가장 선각자적인 의미를 가지고 있었다고 생각할 수 있겠습니다. 이쪽에서는 그것을 단속적으로 반대하고 적대하는 것으로만 이해해왔기 때문에 수세에 몰려 있었던 것이지요. 그러다가 겨우 80년대 말에야 6공의 한민족공동체 통일방안이라는 것을 만들었는데 사실은 이것도 우리가 냉철하게 보면 궁여지책이라고 보입니다. 아무튼 이 두 가지나 여타의 통일방안들을 보면 그 특징은 과도적이고 임시적이라는 데 있습니다. 가령 고려연방제도 연방제를 하다가 적당한 때에 잘해서 하나의 체제로 만들자는 것인데 그렇다면 이것은 과도체임이 틀림없는 것이고, 또 한민족공동체안이라는 것은 더 말할 나위가 없지요. 다른 몇 통일방안이라는 것도 대체로 이런 과정과 별로 다르지 않습니다. 그렇지 않은 바에는 우리가 가지고 있던 원시적인 반공이데올로기에서 북진통일이 있고, 또 하나 흡수통일이라고 하는 것을 고세현씨가 평화적 북진통일론이라고 명명했던데 이런 것이 하나 있고, 또 하나는 북한측의 남조선 해방이라는 통일방안이 있지요. 그렇지만 사실 이것은 양쪽의 욕망일 뿐이지 현실적으로 가능하지가 않습니다. 자, 그러면 이런 때 우리는 어떻게 해야 하느냐? 이왕에 통일을 할 바에는 한번에 통일을 해야 되겠다, 그런데 무슨 통일을 해야 하느냐, 그동안 우리는 분단체제 안에서 북쪽은 북쪽대로 지역 알력이 심화되어 있고 남한은 남한대로 지역과 지역 사이의 분열의 심각성으로 보자면 동서통합도 못하는데 남북통일을 어떻게 하느냐 하는 얘기가 나올 정도로 영호남문제, 동서문제가 있는데 이런 것을 두고 그냥 통일한다고 할 때 과연 옳은 것이 될 수 있는가를 따져볼 필요가 있습니다. 80년대 중반 지방자치제 문제가 자꾸 논란되는 것과 함께 구상한 것입니다만 이 지방자치제의 지방정부를 정치적으로 승격시킴으로써 지방정부를 독자적으로 만든다, 말하자면 각 도를 하나의 공화국으로 만들어서 그것의 다연방을 실현하는 것입니다. 아까 첫머리에 중앙에 집중되어 있는 권력을 지방자치제를 통해 분산하자는 말씀을 하셨는데 그 말과 일맥상통하는 것으로서 이것을 하나의 공화제 정부로 독립시키고 경제는 각 도의 특산경제체제를 유지시키며 각 도정부간의 단일시장을 지향하는 것입니다. 체제는 큰 테두리로 자본주의 범주이겠지요. 거기엔 성숙한 단계의 국민투표라든지 이에 따른 여러가지 조절의 절차가 있으므로 어떤 세력이 나와서 군림한다든지 해서는 안되겠지요. 이제는 자본주의가 그냥 우리에게 왔고 사회주의가 우리에게 왔고 하는 식이 아니라 우리가 그것들의 바람직한 실현을 선택해야 하는 입장이라고 생각합니다. 그야말로 전민족적인 선택이지요. 이렇게 되면 각 지방정부가 모여서 연방정부를 만드는 것인데 지방정부는 모두 선거제를 도입하지만 중앙정부를 만들 때는 선거가 갖는 한계성이나 혹은 선거악을 극복하는 추대제 같은 것을 해놓으면, 그 추대제가 중앙연방정부의 명분으로 되고 그것으로 선거 자체가 훨씬 더 구속력을 받으면서 발전할 수 있다고 하겠습니다. 이렇게 하면 각 지역에서 뽑은 수장이 윤번제로, 쉽게 얘기하면 함경북도에서 한번 했으니까 제주도에서도 한번 하자는 식으로 번갈아 돌아가면서 국가대표를 두어나가면 이제까지의 역사반복의 분단과 분열이 해소되지 않을까 합니다.

백낙청 그런데 실권이 없는 형식적인 대표라면 모를까 실권 있는 대표를 그렇게 윤번제로 안배해서야 나라가 제대로 돌아갈까요?

고은 그 점이 비현실적이라는 지적을 받겠습니다. 그렇지만 가령 충청남도의 선거에서 수상이 나오지 않습니까? 그래서 연방 수상회의에서 이번에는 충청남도가 한다고 하면 그 수상이 바로 연방의 국가원수로 추대되는데 그때쯤 되면 도마다 모두 전민족을 대표할 수 있는 정치적 경륜을 충분히 익힐 만한 정치지도자가 나올 수 있다고 생각합니다. 그런 사람들이 나와서 국가를 대표하는 경우라면, 가령 연방정부를 다 통괄한다고 할 때 중앙의 고유권한에 대한 도덕성이 강화될 것이고 아까 얘기했듯이 민생문제 같은 것은 다 지방정부에 두고 여기에서는 커다란 민족문제인 안보문제라든지 중요한 외교문제라든지, 외교문제도 지방에서 필요한 것은 다 지방에 분산시키고 그야말로 거국적인 것만을 중앙연방정부가 맡는 것입니다. 그렇게 될 때는 대통령책임제와는 국가운영체제가 질적으로 달라질 수 있을 거라고 생각합니다. 그러니까 권력개념을 권력을 쟁취하고 장악하는 것이 아니라 서로 이양할 수 있는 것에 두자는 것이지요.

백낙청 그러니까 그런 체제가 돌아갈 수 있는 근거가, 한편으로는 지방자치제랄까 연방제를 실시함으로써 많은 인재를 배출해서 가령 충청남도의 수상쯤 되면 연방의 대통령이 되어도 모자람이 없을 정도의 인재가 많이 양성된다는 측면이 있고, 다른 하나는 연방정부 자체의 권한이 현재의 중앙집권적인 정부보다 훨씬 축소되기 때문에 그것을 담당한 사람이 누구냐에 따라서 좌우되는 정도가 지금보다 훨씬 줄어든다는 말씀이겠지요. 그것이 사람살이의 매우 바람직한 형태라고 생각되기는 합니다만, 저는 그런 체제는 한반도라는 한정된 범위 안에서 실시되기보다는 장차 통일된 한반도를 포함하는 더 광범위한 지역공동체나 인류공동체가 성립할 때 적용되기에 더 적합한 체제가 아닌가 합니다. 왜냐하면 적어도 가까운 장래의 현실세계에서는 우리가 시민들의 권익을 확보하기 위해서 중앙정부의 권한을 약화시켜야 하는 측면도 있지만 동시에 국제적인 경쟁사회에서 전국민적인 통합을 강화하고 뭔가 지도력을 확보해야 하는 면도 있다고 할 때, 마치 주변에 아무도 없이 우리 한반도 사람들끼리만 사는 것처럼 이상적인 정부형태를 꾸밀 수는 없을 것 같거든요. 더구나 큰 테두리로 자본주의 범주에 속하는 연방체라면 말이지요. 그래서 우선 지금보다는 훨씬 더 각 지방에 권한이 분산되고 지방자치가 발전되어야 한다는 점에 대해서는 고선생님과 전적으로 동감이고, 또 한 가지 제가 공감하는 바는 우리가 통일방안으로서 연방제니 연합제니 여러가지를 내놓으면서도 항상 그것은 단일한 통일민족국가를 회복하기 위한 하나의 과도기적 단계로 설정하는데 그렇게 기존의 모델에 얽매일 필요가 있겠는가 하는 점입니다. 사실 우리가 8·15해방을 맞으면서 누구나 건설하고 싶어했고 또

건설했어야 하는 국가형태는 바로 그런 것이었지요. 우리도 남들 못지않게 그런 통일된 국가를 세우는 것이었는데 거기에 실패하고 분단됐기 때문에 엄청난 희생을 겪어왔습니다. 하지만 바로 그런 희생을 겪고 또 그런 세월을 살아왔기 때문에 우리로서는 오히려 과거로 돌아갈 수 없을 뿐만 아니라 그때로서는 생각할 수 없었던 새로운 형태의 국가조직과 국민생활을 꿈꿔볼 수 있는 자격을 획득한 면도 있지 않겠습니까? 그러니까 그 점을 살려서 통일국가의 목표를 기존의 국민국가 형태를 그대로 복원하는 것이 아니라 새로운 형태의 연방국가를 만들자는 대원칙에도 동의하는데, 거듭 말씀드립니다만 이것을 지방자치를 강화하는 수준을 넘어서 경상북도, 전라북도, 평안북도, 자강도 등등이 각기 연방내의 국가가 될 만큼 우리 땅덩어리가 넓은 것도 아니고 주변현실이 그렇게 녹녹한 것은 아니지 않은가? 그래서 그것보다는 한결 단출한 형태의 연방을 우리 한민족 단위로서는 목표로 삼되, 그러나 거기서 끝나는 것이 아니라 이것이 계기가 돼서 주변지역과 반드시 국가 대 국가로 합쳐지는 것만이 아니고, 가령 중국 같은 나라는 워낙 크니까 중국의 어느 지역과는 더욱 긴밀한 관계를 맺으면서 중국의 중앙정권과는 좀 덜 긴밀한 유대관계를 맺기도 한다든가 이런 식으로 나가고, 고선생님이 말씀하시는 다연방제는 다음 단계에나 성취할 아름다운 꿈으로 아껴두는 것이 현실적인 태도가 아닌가 하는 생각입니다.

지역감정을 어떻게 볼까

고은 요컨대 우리가 지금 분단체제를 인식하는 데서는 통일을 목적으로 하거나 적어도 그것을 전제하지 않는다면 인식할 필요가 없겠습니다. 그런데 우리가 이번 새로 들어서는 정부를 통해서라도 통일지향적인 정치발전은 이루어야 한다고 생각합니다. 그런 점에서 요즘 한두 마디 새어

나오는 것을 보면 연방제도 긍정적으로 검토하겠다고 하는데 이 말은 6공에서도 한두 번 비추어진 적은 있었습니다. 그런데 여기서 주목할 것은 만약 남한에서도 연방제를 하겠다고 하면 이제까지 이것을 주창해온 북한이 선뜻 응해서 동의하리라고 생각지 않습니다. 그러면 우리는 언제 통일을 할 수 있겠는가, 그냥 북한의 발전이 남한의 그것과 동등하게 될 때까지 기다려야 하는가, 그렇다면 우선 남한도 그동안 발전해왔던 대로 앞으로도 그 발전과정이 보장되리라는 법은 없지 않은가. 다시 말하면 남북의 동시적인 발전을 이끌어가기 위해서도 우리는 무엇인가를 해야 하는데 가령 아까 말씀한 대로 냉혹한 국제현실에서 어떻게 이런 다연방국가라는 것을 가지고, 그것도 뭔가 큰 힘을 지킬 수 있을 만한 장치가 없는데도 불구하고 어떻게 대응할 수 있는가 하는 것이 문제이겠습니다. 그럼에도 불구하고 다연방이라는 것이 아직 낯설기는 하지만 전민족적인 커다란 응집력을 가질 때는 그 자체로 중앙에서 이끌어갈 수 있는 정치역량은 집약된다고 생각합니다. 이런 점을 염두에 둔다면, 지역감정이란 것은 정치적으로 악화됐을 때가 나쁜 것이지 그것이 아닐진대 중요한 요소입니다. 오히려 그것이야말로 가장 싱싱한 애국심의 원천이기도 하므로 이런 지역감정들을 다 살려야지요. 우리가 역사를 통해서 단일민족이라는 것을 많이 내세우지만 거기에는 많은 허상이 들어 있습니다. 사실 역사의식을 가진 눈으로 볼 때 우리 민족은 고대사부터 서너 개의 분열로 시작한 것이 사실입니다. 요즘 인류학이나 고고학적인 발굴에 의해서 단군조선이 실재했다는 여러 고증이 가능하다고 봅니다만, 그러나 정사(正史) 상으로 규정하는 것은 삼국시대부터라고 할 때 이 점이 오랫동안 우리를 지배해온 것이 사실입니다. 심지어 상해 임시정부가 쪼개진 데도 지역감정이 하나 보태져 있습니다. 물론 거기에는 좌우도 있고 좌좌도 있고 이승만(李承晩)이라는 불화의 원인도 있지만, 굳이 들추어낸다면 지역감정이라는 것은 삼국시대부터 이어져오는 것이지요. 이것을 단일민족의 국가를 만들어서 통일한다는 것은 이제는 미봉책이 아닌가, 그래서 저는 그것을 양성화하자는 것이지요. 양성화시켜 그 바탕에 정부를 세워 그것을 국가연방체제로 만드는 것이 오히려 현실적이지 않겠는가, 그렇다면 각 지역이 갖고 있던 소외라든지 군림과 같은 문제가 전부 극복될 수 있지 않겠는가, 말하자면 그동안 남한사회에 대한 침통한 고민이 이런 발상에까지 이른 것입니다. 또한 여기에서는 역사적인 것까지도 아울러서 해결해야 하는데, 물론 통일이라는 것을 어떤 사람들은 그전에 통일을 했으니까 그것을 복구한다는 의미에서 재통일이라고 하지만 저는 재통일이라고 보지 않습니다. 이제야말로 새로운 세계를 창조하는 통일이라고 생각할 때 전적으로 그 미지성을 담보한 통일이 될 텐데 그 미지가 바로 그동안 역사적으로 오도되고 악화됐던 것을 그냥 파묻지 말고 들추어내어 거기에서 변증법적으로 통합해나가는 국가체계라는 점에서 다연방제를 얘기하는 것입니다. 그렇다고 이것만이 옳다고 주장하는 것은 아닙니다. 지금은 남북의 정책적 단일론에 대해서 통일전략, 통일방안을 전국민적으로 분출시켜서 하나로 만들어야 할 과정이기 때문에, 그중의 하나로서 내세운 것뿐이니까 앞으로 좀더 통일에 대한 지혜는 모아야 되겠지요.

백낙청 여러가지 중요한 말씀을 하셨는데, 지역감정에 대해서는 저도 그걸 무조건 죄악시하는 것은 잘못이라고 생각합니다. 장기적으로 보면 지역감정을 일부러 조장해서 정치적으로 악용하는 것 못지않게 무책임한 일이지요. 그런데 흔히 동서통합도 안됐는데 어떻게 남북통일을 하겠느냐고들 하는 말에 대해서는, 바로 남북이 통일이 안됐기 때문에 동서의 분열이 심화되고 있다는 점도 감안해야 한다고 응수할 필요가 있습니다. 온전한 국민생활이 없기 때문에, 연방제 아래서든 단일국가 아래서든 전민족이 공유하는 국민생활이 없기 때문에 목전의 지역적인 이해에 더욱 집착하게 되고, 또 정통성이 부족한 분단권력이 민중을 억압하는 방법, 분할통치의 수법으로 지역감정을 조장하게 되는 것입니다. 그래서 우리가 정당한 지역감정을 인정하고 그것을 더욱 건전하게 발전시키기 위해서도 통일하는 과정에서 지역대립을 완화시킬 방안을 강구해야지 기왕 이렇게 나뉘진 것이니까 각자 나라 하나씩 차지해서 따로 좀 살아보라고 그럴 일은 아니라는 생각이지요.

남북 정부의 통일방안에 대해서도 말씀하셨는데 저 역시 가령 북의 고려연방제 같은 것에 대해서 우리가 이전보다 훨씬 본격적으로 그리고 공개적으로 토론할 시기가 왔다고 생각합니다. 연방제 얘기만 하면 북의 고려연방제에 동조하느냐면서 잡아가던 시대도 청산해야겠고, 동시에 연방제를 부정하는 우리 정부에 비해 연방제를 내놓은 북한의 노선이 자동적으로 우월하다는 식으로 나가는 태도도 청산해야 되리라고 봅니다. 고려연방제에 대해서는 고선생께서도 미심쩍은 점을 지적하셨는데 제가 볼때 기본적인 문제는 그게 별로 구체성이 없는 방안이라는 겁니다. 그렇기 때문에 정권의 필요에 따라 언제든지 내용이 변할 수 있는 거지요. 구체성이라는 것이 꼭 연방 자체를 이러저러하게 하겠다는 세부안을 지금 단계에서 내놓으라는 게 아니라, 연방제를 제기할 때 그것을 뒷받침하는 현실인식이 있을 것 아닙니까? 북한현실에 대한 인식이 있고 남한현실에 대한 인식이 있어야 할 텐데 제가 보기에는 우리가 얘기하는 분단체제에 대한 인식을 근거로 해서 나온 안이 아닌 것만은 분명하고, 적어도 공식적으로는 남한에 대해서 현실과 크게 안 맞는 사회구성체론을 바탕으로 하고 있는 것 같습니다. 북한에 대해서도 북한사회가 분단의 피해자라는 인식은 있지만 북한체제 역시 분단체제의 일부라는 인식은 전혀 없는 것 같습니다.

남쪽의 한민족공동체방안이라는 것은 국가연합체제에서 출발해서 바로 통일국가로 넘어가자는 방안인데 어째서 연방이라는 단계만은 뛰어넘어야 하는지 납득이 안 갑니다. 그렇기 때문에 남쪽의 방안도 통일보다는 분단국가로서 공존하자는 분단고착 방안이 아니냐는 의심을 받을 수밖에 없었습니다. 그런데 요즘 보면 북한이 연방제라고 내세우는 것이 실제로 국가연합체제라고 해석될 수 있는 발언이 그쪽에서 많이 나오고 있고, 또 애초에도 영어로는 컨페더레이션(confederation)이라고 번역했는데 그것은 보통 '국가연합'의 역어지요. 그래서 실질적으로는 국가연합 쪽으로 합의가 이루어져가고 있는 것 같습니다. 그런데 문제는 우선 현재 남북 각자의 국가체제를 크게 변혁할 생각이 없이, 즉 현 분단체제의 개량형태로 어떻게 연합해보자는 생각에서 출발한다는 데에 있고, 그러면서도 종착점으로는 그런 국가연합과는 완연히 다른 단일국민국가를 설정하고 있다는 것입니다. 남북당국자들 및 우리 주변의 많은 사람들에게서 눈에 띄는 이런 사고의 틀을 깨고 문제를 한번 참신하게 생각하며 토론하자는 면에서는 고선생님의 다연방제 제기가 매우 중요하다고 생각합니다. 다만 저는 아까 말씀드렸듯이 현재의 지방자치를 훨씬 강화하면서 새로운 형태의 남북연방제 내지 연합제를 구상하는 것이 더 타당하리라고 생각하고 있습니다.

고은 그것을 시행할 때 북한사회의 지방자치제 문제라는 것도 염두에 두어야겠지요. 서로가 약속이 잘될 때, 실제로 북한사회에도 지방자치제가 이쪽과 함께 바람직하게 적용이 될 때 가능한 노릇이겠지요. 사실 저는 그런 정도로까지 정치발전이 없는 지방정부의 경우도 생각했지만, 그 단계까지 정치발전이 되어서 권력분배가 가능한 지방자치제가 이루어지지 않으면 안되겠습니다. 그동안 야당과 지식인들이 꾸준히 지방자치제를 주장해왔습니다만, 실제로 우리가 부분적이나마 지방자치제로 선거를 했지 않습니까? 그럴 때 그 모양이 어떻게 되느냐 하면 왕년의 통일주체국민회의를 선출하는 것이든가 국정자문위원 같은 사람들이 그대로 모여드는 결과밖에 안되기 때문에, 말하자면 그런 어용적인 지방자치라는 것은 아예 없느니만 못하지 않겠는가. 그런 점에서 지방자치를 할 바에야 지방정부로까지 정치발전이 없을 때는 실속을 기대할 수가 없다는 것이지요.

물론 오랫동안 지방자치의 운영을 하는 과정에서 걸러지고 걸러져서 제대로 된 결실이 나오겠지만 이 문제는 남북한 사회를 다 같이 들여다볼 때 매우 어려운 문제가 아닌가 생각합니다.

이런 꼴의 지방자치라도 해야 하는가

백낙청 일부러 심하게 말씀하신 것이겠지만, 저는 지금과 같은 지방자치라면 차라리 없는 것이 좋겠다는 점에는 동의하지 않습니다. 어떻게 해서든 시작을 하는 것이 중요하고요. 그래서 아주 바람직한 형태의 지방분권화가 아니더라도 우선 현행 법률상 명백히 규정되어 있는 지방단체장 선거라도 하루빨리 하고, 또 광역의회나 기초의회 선거에서 사실 고선생님이 말씀하신 대로 대의원 비슷한 사람들이 많이 당선됐습니다만, 역시 그렇게라도 시작해놓고 걸러가는 것이 순리가 아닐까 합니다. 가령 서울시의회에 민자당이 압도적인 다수를 차지하고 있는데 그래서 여러가지 추태를 연출하고 있는 것이 국민들 눈에도 뻔히 보이고 있단 말이지요. 이렇게 나가고도 다음번 선거에서 같은 결과가 나오기는 어려우리라고 봅니다. 또 한 가지는 이런 지방자치제는 남북 모두에서 실현되어야 통일된 연방국가든 국가연합이든 원만하게 돌아가겠지만, 이것 역시 북에서 지방자치를 하느냐 안하느냐를 기다릴 것 없이 우선 우리가 사는 이곳에서부터 하도록 노력해야지요. 그렇지 않으면 서로 미루면서 북에서는 남쪽은 안하는데 우리가 왜 하냐고 할 것이고, 남에서는 국가보안법 개정 문제와 관련해서 흔히 듣는 얘기지만 북쪽에 더 무서운 법률이 있는데 왜 우리만 바꾸냐, 이런 식으로 나간다면 이제까지 살아온 세월과 조금도 변할 것이 없거든요. 사실 그것이 분단체제의 특징 아닙니까? 서로 대결하면서도 어떻게 보면 정권간에 상부상조하면서 알게모르게 일종의 공생관계를 유지해온 것입니다. 이것을 어느 한쪽에서라도 조금씩 허물어나가야 다른 쪽에서도 허물지 않고는 견디기 어려운 상황이 조성된다고 생각합니다.

고은 만약에 어떤 형태로든 남북한 합의에 의해서 연방제가 된다고 한다면 그때야말로 우리가 서로 축배를 들기에 충분한 역사적 의의를 누리겠고, 국내외적인 감동도 이루 말할 수 없이 클 것이지요. 하지만 현실적으로 연방제 통일이라는 이름으로 두 개의 체제를 그대로 유지하면서 국가를 표방할 때 거기에는 반드시 그동안 우리가 쌓아온 적대적인 관계가 완전히 소멸되지 않은 과거가 있을 것이고, 또 좋게 말하면 치열한 경쟁도 불붙여질 것입니다. 그럴 경우에는 양쪽의 체제라는 것은 불가불 일정한 갈등관계를 유지하지 않을 수 없겠습니다. 그래서 그 갈등이 심화되거나 악화될 경우라면 또다시 갈라질 위험을 끌어안고 나가는 것에 대해서 이제부터는 전혀 그럴 리가 없다고 생각하는 것은 그야말로 순진한 생각이라고 보지요. 그렇다고 우리가 통일에 대해서 순진하지 말라는 법은 없겠습니다만. 이런 점에서 연방제에 대해서 의심이 많이 갑니다. 더군다나 이쪽에서 얘기하는 느슨한 연합이건 또 저쪽에서도 표기상으로나 내용으로의 국가연합으로 간다고 하건, 그러면 그럴수록 연방제의 과도성이 강화될 따름이 아닌가 합니다. 지금 남북합의서를 제정하고도 눈에 띄는 진전이 없잖습니까? 물론 우리는 앞으로 이런 난관을 유장하게 감내해야 할 과제로 생각하고 한번 더 전향적으로 나아가야 한다고 생각하지만 통일이라는 문제에 있어서는 전향성만 가지고는 안됩니다. 그것은 어떤 완벽한 원칙에 의해서 추진되어야 할 것인데 그것이 과연 가능한가를 염려해야 할 것이고요. 또 남한만의 지자제를 우선 실시해보자는 것도 어쨌거나 어느 한쪽에서부터 시작해야 할 일이기는 하나 그것이 어느 특정한 정부의 이해관계에 의해 필요한 정치행태로 출발하는 것은 불길한 분위기임에 틀림없습니다. 바야흐로 이제 새로운 시대가 도래했으므로 그 시대에 맞는 지방자치제가 필요하다, 그래서 도단위, 군단위, 면단위까지 그것을 전면 실시한다고 할 때 그야말로 국가적 경륜에 의해서 원칙적으로 되어야지, 특정한 정권의 이익이기 때문에 해야 한다고 한다면 다른 체질을 가진 정권에 의해서 이것이 어떻게 변경될 것인가 하는 점도, 그동안 우리가 불안한 정권중심적인 시대를 많이 살아온 경험에 비추어 한가닥의 회의를 가지게 되는 것입니다.

백낙청 지자제를 추구하는 정권의 의도에 대해서 회의를 갖고 경각심을 가질 필요가 있다는 점에는 동의합니다만, 역사라는 것이 그렇잖습니까? 기득권층에서 자기들 기득권을 보전하기 위해서 내놓는 개혁조치라고 하더라도 그것을 다수 민중이 활용하면 그 역사적인 의미는 달라지지요. 그런 점에서, 처음부터 우리가 동의할 수 있는 경륜과 뚜렷한 목표를 가지고 출발하지 않는 한은 할 필요가 없다고 말하는 것보다는 우선 대체적으로 옳은 방향이면 나가고 보자는 것이 제 심정이고요. 그다음에 남북이 연방이나 연합제를 했을 때 이것이 자칫 잘못하면 남북의 경쟁을 더욱 부채질하고 그래서 오히려 남북 양쪽에 억압적인 국가기구를 강화할 우려성은 있다고 봅니다. 특히 그것이 연방제가 아닌 국가연합의 경우에 그럴 가능성이 높다고 보는데, 그럴수록 고선생님이 말씀하시는 다연방제건 아니면 훨씬 더 강화된 본격적인 지방분권화건 간에 남북의 정권이 각각의 주민들에 대해 갖는 장악력이 더 느슨해지고 국민생활이 더 다양해지는 체제가 있어야 할 것입니다. 그래서 국가연합을 했다 하더라도 반드시 중앙정권을 통해서만 남북간의 교섭이 이루어지고 결정이 내려지는 것이 아니라 지방끼리의 교류도 활발하게 되어야 하는 거지요. 그렇게 된다면 동서간에 다소의 대립이나 차이가 있다는 현상 자체도 남북간의 지나치게 첨예한 대립을 완화하는 효과를 가져올 수 있지요. 가령 서남쪽 사람들과 서북쪽 사람들이 특별한 교류를 한다든가, 혹은 서남쪽과 동북쪽의 교류를 통해서 남북의 대립이 완화된다든가 하는 가능성도 생각해볼 수 있겠습니다.

또 하나 중요한 것은, 남북이 각기 지방자치를 더욱 강화해서 중앙정부의 권력이 약화되는 것도 중요하지만 한반도 바깥세상과의 관계에서도 기존 정부나 국가권력의 기능이 더욱 축소될 필요가 있습니다. 그 방안의 하나로서는 아까도 말씀드렸듯이 국적이 다른 지방자치단체들끼리 교류하는 길도 있고, 자치정부를 거치지 않은 민중간의 민간교류를 활성화하는 방법도 있고, 더 나아가서는 우리 한반도뿐만 아니라 다른 나라도 점점 다연방제에 가까운 국가기구를 갖도록 변하는 세상이 되어야겠지요. 이 과정에서 저는 한민족공동체의 존재라는 것이 하나의 중요한 역할을 맡을 수 있다고 생각합니다. 우리 정부의 '한민족공동체 통일방안'이 지닌 문제점은 앞서 지적했습니다만, '공동체 통일방안'이라는 말의 본뜻을 조금 더 살린다면 그야말로 단순히 연방이냐 연합이냐라는 국가기구의 형식에만 집착하지 말고 우리 한민족이 어떤 공동체를 만들어서 살 것인가를 구상하자는 제안이 될 수 있겠지요. 그리고 이때 중요한 것은, 한민족의 압도적 다수가 한반도에 살고 있습니다만 한반도 바깥에 사는 동포도 결코 적은 숫자가 아니거든요. 더군다나 북쪽에서는 처음부터 통일협상을 할 때 항상 3자 협상을 내세우지 않았습니까? 남, 북 그리고 해외동포 — 범민련(조국통일 범민족연합) 같은 조직도 3자 연합의 원칙을 따르고 있습니다. 그에 비해 남쪽 정부는 해외동포들에 대해 소극적인 편이었지요. 종래에 남쪽을 지지하는 해외동포들은 소속사회에서 자기 생활 이외의 문제에 큰 관심이 없거나 남한 쪽의 분단고착정책을 지지해왔기 때문에 민간차원의 통일운동에 그들이 나설 여지도 없었으니까요. 그런데 지금은 상황이 바뀌어서 통일을 바라는 해외동포들이 북을 지지하는 비율도 줄어들었고 또 남쪽도 나름의 통일방안을 내놓게 되었습니다. 그래서 해외동포의 비중이 어떤 면에서는 현실적으로 커졌다고 볼 수 있는데, 통일과정에서 이들을 구체적으로 어떻게 참여시킬 것인가 하는 문제는 통일된 이후에 그들과 한반도 주민들의 관계를 어떻게 정립할 것인가라는 문제와도 직결되는 것입니다. 이것이 다 기존의 절대적인 국가주권을 상정하는 국민국가 형태로는 수용하기 어려운 현실이 아닌가 합니다. 통일되면 모두 귀국해서 함께 살자는 건 현실적으로 불가능할뿐더러 한민족의 활동영역을 부당하게 좁히는 처사가 될 것이고, 통일이 되었으니 이제 조국의 일일랑은 잊어버리고 각자 자기 사는 나라에서 열심히 살라는 것도 피차에 섭섭한 이야기일뿐더러 양쪽 모두의 삶을 빈곤하게 만드는 길일 겁니다. 그렇다고 몸은 외국에 둔 채 기존의 민족 개념에 얽매여서 이른바 '장거리 민족주의자'의 생활을 하는 것도 건전한 방식은 아니지요. 어쨌든 해외동포의 문제를 한민족 전체 문제의 일부로 파악하면서 민족 개념 자체를 새로 정립하는 획기적인 복합국가 구상이 필요합니다.

민족공동체의 실체와 정통성 문제

고은 저도 돌아다니면서 얘기할 때 해외동포라는 것이 그 이주과정으로 보아 하나의 주체 이동이었기 때문에 분명히 우리 민족사적인 실체다, 뿐만 아니라 현재에도 실체의 역할을 가지고 있다고 얘기하는데 요컨대 우리가 통일을 지향한다고 할 때 민족실체에 관련해서 몇 가지 지적해야할 것이 있겠습니다. 가령 분단 기득권이라고 할 때는 지배층만이 기득권을 가진 것이 아니라고 생각합니다. 분단체제 전반에 걸쳐서 그동안 살아온 만큼의 기득권을 가지고 있습니다. 그러면 이제까지 우리가 사용하던 의미의 변혁이데올로기에 의한 통일을 배제한다면 남북이나 해외의 어떤 기득권도 파괴되거나 붕괴되지 않고 되어야 하는 것이 최선의 통일이라고 봅니다. 말하기 좋은 노릇은 분단 기득권은 다 타파하고 새로운 세계를 건설해야 한다고 하겠지만 그러나 그동안 우리가 쌓아온 것들이 분단체제 안에 있고, 예를 들면 우리 문학만 하더라도 분단시대의 문학은 앞으로 통일 이후의 문학사에서 거론할 필요가 없다고 한다면 그것은 아주 어리석은 일이라고 볼 때, 그동안 우리가 살아온 분단시대의 삶도 아주 소중한 삶이었다고 봅니다. 그리고 이러한 삶의 기득권의 여러 현상들이 파손되지 않고, 그것이 보다 나은 상태로 이행되는 것은 좋습니다만 본질적으로 파괴되지는 않는 통일을 원하는 것이 평화통일이라는 주제에 부합하는 것입니다. 하지만 아까 얘기한 것 가운데 특히 공동체라는 것을 얘기할 때 그 공동체의 원리에 정말 진지하게 상응하지 않으면 그야말로 이름밖에는 남는 것이 없게 되지 않겠는가? 공동체라는 것처럼 아름다운 것은 없는데 그것이 아름다운 말일 뿐이지 실제로 어떻게 가능할 것인가? 더군다나 어떤 뜻을 같이하는 사람들끼리의 공동체도 아니고 그동안 오랫동안 이질적으로 살아온 사람들끼리 공동체를 만든다고 할 때, 가령 이쪽에서 얘기하는 한민족공동체라고 하는 것이 어이없는 추상이 아닌가 하는 생각을 해볼 필요가 있겠습니다.

백낙청 분단시대의 문학 이야기가 나왔는데 —

고은 그에 앞서 더 얘기할 것이 있습니다. 뭐냐 하면 우리 민족정통성의 문제입니다. 우리는 통일이 되면 굳이 정통성 문제를 드러낼 이유가 없을 것이라고 봅니다만 지금 통일을 향한 역사발전을 앞두고 있다고 할 때는 반드시 민족의 정통성 문제라는 것을 한번 짚고 넘어가야 하지 않을까 생각합니다. 우리 근현대사의 민족적 주제의 제일의적인 것은 반외세였습니다. 아까 동아시아, 중국이나 베트남을 얘기했지만 그동안 우리 민족해방전선에 입각한 주제가 바로 반외세인데 이것이 정통성의 기원이라고 생각하는 것이지요. 가령 남한사회에서의 정통성을 얘기할 때는 제1공화국의 이승만(李承晩)씨가 얼마나 정통성이 있는가를 따져야 되겠고, 그다음에 3공화국에 와서 박정권에게 어떻게 정통성이 있겠는가를 따져야겠습니다. 그건 과거에 집착해서 거기에 예속되기 위해서가 아니라 우리 민족사의 진실이 어디에 있는가를 묻는 일입니다. 박정희(朴正熙)씨는 분명하게 만주의 군관학교를 나왔고 일본 왕으로부터 은사품을 받은 친일모범장교입니다. 그리고 그는 한 임무로 독립군을 죽이고 제거하는 일에 실제로 가담했던 사람입니다. 이런 사람이 권력을 장악했을 때, 이에 대조되는 것이 당연히 북한의 김일성(金日成) 주석이었습니다. 이 사람은 동북항일연군이었든 어쨌든간에 일제와 싸운 유격대 지도자로서의 경력을 갖고 있습니다. 그렇다면 북한에 민족의 정통성이 객관적으로 확보되어 있었습니다. 그러나 여기에서 두 가지 점을 고려해야 되겠는데, 그렇다면 남한은 과연 정통성이 없는 데서 살아왔느냐 하면 그렇지 않다고 생각합니다. 남한에서는 4월혁명을 실현했고 그 후의 여러가지 민민운동을 통해서 70년대 이후 지금까지 일구어온 피어린 업적이 배제되어서는 안된다고 생각합니다. 이런 일들이 그동안 남한의 정통성에 기여해왔다고 생각합니다. 이제 어느 한쪽에서만 정통성이 절대화되는 일은 부당합니다. 남북이 정통성을 공유해야 한다, 정통성에 관한 한 성역을 두어서는 안된다는 것이지요. 또 하나는 그 정통성을 가지고 국가 지배이데올로기를 발전시켜서 장기간 인위적으로 활용했기 때문에 그 정통성의 유효성이 점차 사라지지 않았는가, 그런 점에서 정통성은 고정불변한 것이기보다는 우리가 어떻게 사는가에 의해서 새롭게 태어난다고 볼 때 이제까지는 우리가 70년대적인 사고로 북한에만 정통성이 있고 남한에는 없다고 생각하기 십상이었으나 바로 이런 생각을 근본적으로 고쳐야 한다고 생각합니다. 그래서 정통성은 남북이 함께 공유해야 한다는 생각이지요. 또한 공유하는 것으로 그치는 것이 아니라 앞으로 통일을 향해서 나아갈 때 함께 개척해나가는 데서 그 가치가 살아나겠습니다. 이것은 움직일 수 없는 확신으로 남북한 어디에다 대고도 공개적으로 말하고 싶을 때가 지금이 아닌가 생각합니다. 이것이 북한을 적대시하고 폄하하거나 혹은 남한을 우월하게 보는 태도라고 한다면 만번 철회해야 마땅하지만 결코 그런 것이 아니라 남북을 동등하게 보려는 노력이 이같은 정통성의 호상적인 대승(大乘)에 도달한 것이라고 하겠습니다.

백낙청 정통성이라는 것은 언제나 상대적인 거라는 점을 우리가 기억

할 필요가 있겠지요. 대개 정통을 따질 때는 한마디로 정통이냐 아니냐를 가르는 경향이 있는데, 민중의 이익을 실제로 구현함으로써 획득되는 정권의 정당성이라는 뜻으로 이해한다면 심지어 식민지를 겪고 난 사회에서 한쪽은 독립운동가가 집권하고 다른 한쪽은 식민지권력에 부역한 사람이 집권해서 흑백이 분명한 상태라고 하더라도 그것 역시 100% 대 0%의 차이는 아니고, 더구나 비율은 고선생님 지적대로 상황의 변화에 따라 얼마든지 변할 수 있는 거지요. 더군다나 이것을 정권에 한정시키지 않고 남북으로 갈라진 민중의 어느 쪽에 정통성이 더 있는가라고 묻는다면, 그때야말로 정통성이라는 것이 상대적이라는 게 자명해질 것 같습니다. 남북의 민중을 두고서 북의 민중은 정통성을 가졌는데 남한민중에게는 정통성이 없다거나 또는 남에는 있는데 북에는 없다는 식의 표현은 불가능할 테니까요. 또 그런 관점에서 봤을 때는, 아까 4·19라든가 여러가지 말씀을 하셨지만, 남쪽의 국민들이 일제 잔재를 청산하지 못한 사회에서 살면서 그 대신에 북한에서 못한 일들을 많이 했거든요. 물론 북쪽에서는 자기들이 정통성이 있는 정권 아래 살고 있으니까 정권에 항거하는 일 같은 것은 필요가 없고 정부에 순종한 것 자체가 최대의 업적이라고 말할지 모르지만, 사람 사는 세상이면 어디든 다 문제가 있기 마련이고 북쪽 사회에도 심각한 모순이 있다고 보는데, 거기에 대해 민중적인 저항이 부족했다면 그만큼 정통성 확보에 있어서도 불리했던 점이라고 봐야겠지요.

고은 정통성을 함께 공유하자고 하는 것은 무조건 이제는 우리 함께 나가자 해서 어떤 그림을 하나 그려서 손잡고 나가자는 뜻은 아니지요. 지금 얘기하신 것처럼 상대적인 비교라든지 선진성이라든지 이런 것을 아주 철저하게 분석하고 비교도 하고 연구도 해야겠지요. 그렇지만 이 모든 문제를 그것대로 분석해서 과학적인 영역으로 그냥 놔두는 것이 아니라, 실천적으로 종합함으로써 통일이라는 것을 대전제로 나아가고 있을 때, 이런 차별성의 발견이 분별로 끝나는 것이 아니라 통일로 가게 만드는 원동력으로 삼아야 되겠다는 의미에서 정통성의 종합성을 함께 갖자, 함께 이루어나가자고 얘기한 것입니다. 정통성이라고 할 때 그저 이쪽에서는 박정희 군사정권에는 깡그리 정통성이 없었고 저쪽에만 있었다고 얘기하는 것이 아니지요. 이쪽에서는 아까 얘기한 것처럼 개발독재를 통해서도 경제를 오늘날과 같이 만드는 하나의 기초를 쌓아놓은 것은 틀림없지 않습니까? 그럼에도 불구하고 이제까지 정통성을 얘기할 때는 지금 우리가 얘기했듯이 포괄적으로 민중의 차원으로 얘기한 것이 아니라 대체로 지배자 중심으로 얘기되어왔고 그걸로 의미가 규정되었기 때문에 우선 사실을 중심으로 문제를 제기한 것이지요. 그러나 이것을 총체적으로 감싸안아서 모든 검토를 다 한 다음에는 그것을 민족문제로서 종합해야만 민족통일의 원동력으로 되겠다 하는 뜻입니다.

민족문학의 걸어온 길과 쌓아온 업적

백낙청 이제 우리 문학 얘기로 넘어가야 할 때가 된 것 같습니다. 오늘은 문학논의를 본격적으로 벌이는 자리가 아니라는 점은 미리 말씀드렸습니다만, 몇 가지 원칙적인 이야기라도 나누고 끝맺어야겠지요. 지금 통일을 위한 원동력이라는 말씀을 하셨는데 우리 민족문학이 실제로 추구해온 바가 그런 것 아니겠습니까? 우리가 하는 문학을 민족문학이라고 부를 때 우리의 문학이 민족통일을 위한 동력의 일부이면서 동시에 그런 동력을 창출하고 확대하는 문학이라는 취지로 해왔는데…… 글쎄요, 이제까지의 성과랄까 또는 우리 민족문학의 현황에 대해서 그동안 창작자로서뿐 아니라 민족문학운동의 활동가로도 주도적으로 참여해오신 고선생께서 어떤 생각을 하고 계신지요?

고은 저도 이것을 여러모로 돌이켜보고 있습니다. 지금 이 시기에는 이런 자기정리라는 것이 가장 적합할 것도 같습니다만, 우리가 민족문학이라는 이름으로 움직이기 시작한 것은 가깝게는 70년대부터인데 약 20년이 넘는 세월을 여기에 바쳐서 그 가운데서 살아왔습니다. 민족현실이라는 것이 이제까지 우리가 얘기한 것처럼 분단구조 속에서의 그것일진대 거기에서 어떻게 민족의 올바른 삶을 성취할 수 있을 것인가 하는 절실성에 기초한 문학을 일단 민족문학이라고 할 수 있겠습니다. 민족현실을 반영하고 민족현실 안에 들어 있는 여러가지 주제들을 담아내는 문학이 민족문학이라고 정의할 수 있다는 뜻이지요. 그런데 우리가 하도 급박한 민족문제에 기울어지는 데서 생겨난 어떤 특수성도 지적되어야 하는 것이 사실입니다. 이제 냉전체제가 사라졌다고 해서 갑작스럽게 민족문제나 민족현실이 전혀 질적으로 달라졌다고는 보지 않습니다. 아직도 우리로서는 더 많은 민족문제의 험준한 고비를 넘어야 할 시기에 와 있는 것이 사실이고 다시 한번 민족문학의 생명성을 유지해야 할 필요가 있다는 생각을 하지요. 다만 이제까지 원시적인 권력의 탄압에 맞섰던, 저항을 가장 중심에 두었던 문학은 앞으로 우리가 상당히 조절을 겪어야 되지 않겠는가 하는 점을 생각해봅니다. 그동안 민족문학의 어떤 시기에는 민족문학이라는 개념보다는 민중문학이라는 것이 훨씬 현실에 부합하는 의미로 드러난 때도 있었거니와, 크게 봐서는 그것도 민족문학의 커다란 영역 안에 들어가는 것이었고 구체적으로는 가령 70년대에 농민을 주제로 한 농민문학이나 70년대 후반기부터 있었던 노동자문학, 80년대 광주항쟁 이후의 문학 이런 것과 함께 다양한 문학을 전개해서 그 가능성과 성과 같은 것이 많이 쌓였습니다. 또 이것이 80년대 후반에 와서는 우리만의 특수성이 아니라 우리나라 현대문학의 주요한 위상으로 확보되어서, 이에 관심이 광역화되고 민족문학을 지향하는 현상이 하나의 보편성을 획득하게 되었습니다. 민족문학작가회의 회원의 양적인 확대로도 그런 점이 드러났지요. 그런데 우리는 확대에 만족하는 것이 아니라 거기에 들어오지 않은 사람조차도 민족문학에 대한 관심 없이는 자기 문학을 얘기할 수 없게 된 데까지 이르러서야 비로소 민족문학의 힘이 나오는 것이라고 여깁니다. 이것은 앞으로도 문학사적으로나 당대의 의미로서나 자부할 일이라고 생각하고 있습니다. 그동안 우리 민족문학이 모색하던 여러 과정 가운데 북쪽의 주체문학에 대해서도 깊은 관심을 가진 바 있고, 리얼리즘 문학의 옹호 역시 창작과 이론 양쪽에서 그 성과를 이룩했습니다. 이런 일들을 이제 한번 점검한 새로운 기초 위에서 본격적인 작업을 개척해나가야겠지요. 문학은 언제나 그 시대에 대해서 문제를 일으키는 것이지 어떤 고정된 확신에서만 살아서는 안된다고 생각할 때 가령 세계의 추세인 보수화 내지 해체화 현상에 대한 반응도 있어야 하고 거기에서 상처도 받아야 한다고 생각합니다. 작가정신이라는 것이 시대의 상처를 받지 않고는 안된다고 생각할 경우 이런 점에서 우리는 그동안 그 댓가도 받았다고 여기고 있지요. 그러나 상처투성이로 끝난다면 그동안 쌓아온 성과는 어느덧 문학사 속으로 들어가버리기 십상이겠습니다. 여기서 특별히 젊은 작가들에게 부탁하고 싶은 바는 그동안 확신했던 바가 굴절되었다고 해서 그것을 감당하지 못하는 식의 자기반란을 일으키지 말고 어느 때보다 당당하게 걷기 시작하기를 바라는 심정입니다. 사실인즉 지난 10여 년 동안 우리 민족문학 진영의 문학 및 문학운동처럼 어려운 길을 걸어온 일도 없지 않나 하고 생각합니다.

백낙청 상처를 받을 때는 받으면서 그 상처를 이겨나가는 것이 문학 하는 사람의 생리이자 인간으로서의 인간다운 모습이기도 하겠지요. 그런데 70년대 이래의 민족문학을 말씀하셨지만, 저는 지금 우리가 새로운 출발을 한다고 할 때 70년대 이래 우리 나름대로 쌓아온 것에 대한 인식도 새로이할 필요가 있다고 봅니다. 젊은 작가들이 80년대에 확신하던 바가 무너졌다고 많이들 얘기합니다만, 동구권의 변화로 인해서 한마디로 무너졌다고 한다면 그들이 믿었고 기대던 것이 너무 단순했던 것이 아닌가라고 반문해볼 수도 있을 것 같아요. 과연 우리 사회나 문학이 그런 단순한 믿음밖에는 제공하지 못했는가 말입니다. 70년대 이래 우리가 쌓아온 것은 적어도 그보다는 더 복잡하고 중층적(重層的)인 것이 아니었는가, 소련 사회주의에 대한 일정한 기대는 물론 그러한 중층적 인식의 일부였습니다만 거기에 단순하게 매달려서 우리 스스로 쌓아온 것을 외면하고 있다가 상처를 입은 거라면 이 점을 아프게 느끼는 것도 치유에 필요한 일이라고 하겠습니다. 민중문학과 민족문학을 말씀하셨습니다만, 우리가 추구해온 민족문학이란 것은 70년대 초반부터 이미 민중문학과 서로 주고받는 개념이었기 때문에, 그 민중성을 어떻게 내실화해나가느냐, 그러면서 민족통일을 향한 동력을 어떻게 키워나가느냐는 숙제를 안고 있었을 망정 어느 시기에 '민중문학'이나 '프롤레타리아 문학' 또는 그 어떤 80년대 신조류에 의해 대체될 단층적인 개념이 아니었던 겁니다. 뿐만 아니라, 역시 내실에는 그때 나름의 한계가 있었지만 세계적인 시각이랄까 세계문학에 대한 인식이 있었다고 생각합니다. 제3세계 문학에 대한 논의가 있었을 뿐 아니라 그것이 일부에서 제3세계주의라고 할까, 제3세계의 특수성을 지나치게 강조하는 방향으로 나가는 데 대한 자기비판을 담고 있었지요. 제3세계를 이야기하지만 그 기본적인 취지는 제3세계라는 지역을 특별히 성역화하려는 것이 아니라 서구나 동구 모두를 포함해서 전세계의 민중문학적인 전통을 우리식으로 제대로 보려는 것이었지요. 그래서 오늘날 우리가 새롭게 출발한다고 할 때는 이미 확보된 다층적인 인식을 지켜내면서 그것을 더욱 다양하고 내실있게 만들어나가는 길이라야 할 것입니다. 그 한 가지 방법으로는, 막연히 세계문학이나 제3세계 문학을 얘기했다가 갑자기 우리의 민족문학만으로 시야를 좁혔다가 할 것이 아니라, 아까 우리가 동아시아를 거론하던 취지에 걸맞은 동아시아의 문학이 되는, 혹은 동아시아 문학인으로서 민족문학을 하고 세계문학을 하고 제3세계의 문학을 한다는 또 하나의 차원을 동시에 살리는 일도 생각해볼 수 있습니다. 그런데 정작 그런 식으로 한번 생각을 해볼라치면, 동아시아 현실에 대한 정당한 인식을 일깨워주고 그런 인식이 민족통일을 위해서나 인간해방을 위해서 구체적으로 얼마나 중요한지를 말해주는 작품이 우리에게 얼마나 있는지는 겸허하게 따져볼 문제입니다.

90년대 민족문학의 가능성과 과제

고은 저 자신도 70년대부터 여기에 참여해오고 있기 때문에 굳이 말하면 민족문학 진영의 앞세대에 속한다고 할 수 있는데, 항쟁 이후 우리 문학은 실로 다양한 가능성이 드러났습니다. 그런데 이 다양한 가능성 자체가 일종의 자기획일성도 노출한 것이 사실이지요. 그런 점에서 당파성 문제라는 것도 너무 안이하게 풀이를 했거나 거기에 만능의 의미를 부여해서 하나의 소아병에 떨어지거나 한 경우가 적지 않았다고 생각합니다. 심지어는 아주 촉망받는 사람들이 모인 단체의 강령이 뭐냐면 우리는 카프를 계승한다고 했는데 이런 단순논리로 어떻게 문학을 할 수 있겠는가 하고 당황한 적도 있었습니다. 물론 카프를 결코 낮게 평가하는 것은 아니지요. 식민지의 질곡 가운데서 그만한 문학을 남겨놓은 것 자체가 하나의 기적과도 같은 일이기도 합니다. 그러나 우리 문학통사로 바라볼 때 과연 그것이 다른 문학들을 이겨낼 만한 찬란한 문학인가는 냉엄하게 판단해서 그것을 극복과제로 삼고 비판적 계승의 대상으로 삼아야 하는데도 불구하고 거기에 어떤 종교적인 의미를 부여하는 점이 있었지요. 왜 이런 얘기를 하느냐 하면 우선 북한문학을 만나는 데서도 이런 태도가 드러나서입니다. 그것은 그동안 자유롭게 만나지 못한 데 대한 반작용으로 일어난 금단현상이겠는데 그런 일들이 과연 지금에 와서 볼 때 얼마나 좋은 결실로 남는가를 따진다면 그것들은 우리가 껴안아서 사랑할 것으로되 자기비판의 대상인 것도 틀림없습니다. 이와는 달리 저는 요즘 민족문학이라는 이름과 상관없는 문학들을 주목해봤습니다. 그쪽에서는 더 심각한 현상이 나타나고 있습니다. 당장 뼈저린 자기수행을 통한 문학이 아니라 반윤리적인 유희에 빠져 있는 상태가 통용되고 있습니다. 그것이 그럴싸한 자기기만의 이름으로 횡행하고 있는데 어떤 점에서는 우리가 살고 있는 동시대가 이런 것을 거쳐야 하는가 보다 하는 생각도 할 수 있겠지요. 그렇다면 우리 민족문학의 젊은 사람들이나 이런 사람들이 갖는 침체성이랄까, 작태랄까 이런 것도 앞으로 다른 방향을 설정하지 않겠는가 하는 가망은 충분히 예상하고 있습니다. 아무튼 이제 90년대도 중반기를 향하는 마당인데 문학적 사고의 언저리에는 여전히 80년대에 예속된 상태인 것 같습니다. 이것을 고쳐나가야 하는데 말입니다.

백낙청 당파성 얘기가 나온 김에 한마디 덧붙일까 합니다. 저는 당파성이라는 개념 자체는 우리가 제대로 본뜻을 터득해서 견지할 필요가 있다고 믿기 때문에 일부러 '지공무사(至公無私)'라는 말을 개입시켜 한번 되새겨보려고 한 일이 있습니다. 사실 '당파성'과 '지공무사'는 상식적으로 정반대되는, 전혀 관계없는 말처럼 들리지 않습니까? 바로 그렇기 때문에 상식적인 파당주의나 당파적 독단과는 다른 차원의 당파성을 생각하는 하나의 방편으로 그런 표현을 일부러 동원했던 것입니다. 이에 대해 일부에서는 지공무사 운운하여 당파성을 부정했다는 반발도 있고, 다른 한편에서는 굳이 당파성을 계속 얘기할 필요가 없어졌다고 만족해하는 소리도 들립니다. 그러나 제가 지공무사를 얘기할 때 단서를 달기를, 개인 차원의 지공무사는 이제까지 더러더러 이루어졌지만 다수 집단이 지공무사의 경지에 이르는 것은 우리가 추구할 역사의 과제로 남아 있다는 취지를 밝혔던 걸로 기억합니다. 저로서는 우리 문학의 장래를 위해서도 당파성 개념 자체를 쉽게 포기하는 것이 올바른 건강법이 아니라고 믿기 때문에, 그 말이 난 김에 해명 비슷하게 하는 것입니다.

민족문학을 80년대에 일부 젊은 후배들이 너무 성급하게 하던 것과는 다르게 해야겠다는 말씀과 관련해서는 저 나름으로 이런 이야기를 덧붙일 수 있겠습니다. 이미 확보된 민족문학의 다층성을 기본적으로 견지하면서 거기에 가령 동아시아적인 문학이라는 차원을 더하여 더욱 그 내실을 다질 수 있겠다는 생각의 연속인 셈인데요. 전에 어떤 공개강연에서도 비슷한 얘기를 했습니다만, 이제까지 우리가 '민족문학'을 말해온 취지의 하나는 남한만의 국민문학이기를 거부하는 것이었지요. 말하자면 국권이 없는 일제시대에 국민문학을 얘기해봤자 그것은 황도문학(皇道文學)으로 빠지기 십상이었듯이 남북이 분단된 상태에서 국민문학이라고 하면 대한민국 또는 조선민주주의인민공화국 어느 한쪽만의 국민문학, 즉 분단을 수용하는 문학이 될 우려가 있었던 거지요. 기본적으로 그 취지는 물론 견지해야 합니다. 그러나 아까 남북한이 하나의 민족으로 연대하면서도 분단극복의 과정에서 서로 정통성 경쟁을 할 필요도 있다는 말씀과도 상통하는데, 우리의 문학도 어떤 면에서는 남한의 국민문학이면서 동시에 남북한 전체의 민족문학이 되는 길을 좀더 적극적으로 찾아봐야 하리라 믿습니다. 동아시아 문학만이 아니듯이 남한만의 국민문학도 아니지만, 남한의 국민문학이라는 또 하나의 차원을 가진 참된 민족문학이 되자는 겁니다. 민족문학이건 국민문학이건 영어로는 똑같이 national literature가 됩니다만, 우리말로는 '민족문학'보다 '국민문학'이라고 하면 실제로 그 나라 국민들에게 널리 읽히며 인정받는 문학을 떠올리게 되지 않습니까? 그래서 남한사회 안에서 그러한 위치를 확보하면서 동시에 전체 민족의 차원에서 정통성을 갖는 문학, 이런 것을 우리가 지금부터 본격적으로 추구해야겠다는 생각입니다. 실제로 그러한 면에서 저는 고선생님의 작업에 누구보다 기대를 걸고 있는 게 사실입니다. 종전에 우리가 민중문학이라는 말도 남용했습니다만, 정권에 대항하여 박해를 받고 민족통일을 주장하기만 하면 민족시인이라든지 민족작가라는 말을 너무 쉽게 붙여주기도 했습니다. 하지만 진정한 민족문학의 영예는 그렇게 쉽게 확보되는 것이 아니고 그야말로 남한의 실재하는 독자들에게, 물론 상업주의 작가만한 인기를 누리기를 기대하기는 힘든 것이 우리 실정입니다만, 아무튼 작품을 통해 폭넓은 지지와 사랑을 받으면서 민족적인 대의를 실질적으로 대중 속에 살려주는 그런 문학을 우리가 해야 하리라고 믿습니다.

민족문학에 필요한 새로운 문학주의와 운동 개념

고은 앞으로 우리가 추구해야 할 것이 바로 그것이겠지만 그 단초랄까 전범이랄까 그것은 일찍이 식민지시대에 있었다고 봅니다. 우리가 경복해 마지않는 벽초(碧初)의 『임꺽정(林巨正)』을 저도 요새 숙독하고 있습니다만 그것을 보면 얘기를 풀어나가는 방식 같은 것이 전혀 그 사람이 익혔던 서구소설의 모방이 아닙니다. 그런 점에서 문체 자체가 이미 민족문학에 값하고 있고, 또 하나는 그것이 국권을 빼앗겼을 때 그야말로 정치적 불특정의 민족만으로 남았을 때 거기에서 민족이 영위하는 문학으로서 시작됐던 것이니만큼 우리 현대 민족문학의 하나의 기원을 이룬다고 생각합니다. 지금에 와서 벽초와 같은 문체를 반드시 충실하게 모방하는 것만이 민족문학은 아니겠습니다만, 그것을 결합해서 우리 동시대의 언어로 영위할 수 있는 이유는 충분히 현존한다고 생각합니다. 그런 점에서 우리가 민족문학이라고 할 때의 지나친 이념의 가분수에 의해서 그 무게에 견디는 일이 벅찼던 바도 없지 않았습니다. 이념에 대한 문학 자체의 내적 풍요성이 충족되지 않은 현상이기는 했지만 이제 그런 현상을 겪었기 때문에 우리가 다시 『임꺽정』을 읽을 수 있는 여유가 충분히 있게 된 것이고 또 우리 문학의 교과서로서 다행스러운 존재이므로 그런 점에서 지금 말씀하신 것은 앞으로 세워가야 할 것이지요. 그런 대의가 우리 선대 작가에게 없었던 것은 아니니까 그것을 이어가면서 민족문학이 우리와 우리 이후 세대에까지 이어져야 하겠습니다.

여기에 한 가지 덧붙이고 싶은 것은 민중이라는 말뿐 아니라 민족문학이라는 이름도 앞으로 남용할 필요는 없겠다는 말씀과 관련해서입니다. 예를 들어서 어떤 작가의 작품을 만났을 때 독자 스스로가 민족문학으로서 만나게 해야지 '이것이 민족문학이니까 봐라' 하고 강요하는 명제주의로서의 민족문학은 이제는 지양하고 독자가 읽어서 '나는 진정한 민족문학과 만났다'고 말할 수 있는 그런 문학을 낳아야 되지 않을까 하는 생각을 하게 됩니다. 이건 우리 민족문학 진영의 노소를 막론하고 함께 유의해야 할 점이 아닌가 생각합니다. 다만 그동안 백선생께서도 위기를 하나의 기회로도 얘기하셨고 또 반성이라는 말도 다른 차원에서도 들려옵니다만, 사실은 우리만큼 반성이라는 말을 솔직하게 쓰는 데도 없습니다. 다른 데서는 우리가 반성이라는 말을 쓰니까 '아, 거 봐라. 그동안 너희들이 얼마나 잘못했니? 이제야 반성문을 쓰는구나' 이런 식으로 받아들이는 참으로 지혜롭지 못한 현상들이 있는데 작가에게는 숙명적으로 반성이 필요한 것입니다. 말하자면 어떤 작품을 쓰고 난 다음에는 바로 그 작품을 찢어버리고 싶어야 하고 그 작품으로부터 도망쳐버리고 싶어하는 새로운 거듭나기가 있어야 하는데 그런 것을 간과하고 언제나 처음부터 끝까지 태평스러운 문학, 또 자기가 살고 있는 시대와 현실에 대한 뼈아픈 고민도 없는 문학, 이런 문학을 하는 사람들에게는 우리가 얘기하는 반성이 대단히 잘못 전달되고 있고 그런 의미에서 우리의 반성을 그들에게 먼저 보급시킬 필요가 있지 않은가 하는 얘기를 하고 싶습니다. 여기서 문득 떠오르는 것이 하나 있습니다. 도스또예프스끼인데 그는 좀 옹색한 슬라브주의자인데도 그 자신의 이념과는 달리 그의 문학이 이루어낸 인간 실존에 대한 깊은 통찰의 형상화는 똘스또이 문학의 광범위한 사회구원 정신과 함께 실로 고귀한 것이지요. 우리 민족문학에서도 이같은 깊이와 넓이를 연마해야 하겠고 통일 이후의 문학에 어떻게 기여할 것인가에 대해서도 인간적이며 동시에 민족적인 차원의 역량도 갖추어야 하겠습니다.

백낙청 작가에게 숙명적인 반성을 않고 사는 사람이라면 문학과 무관한 사람이라고도 말할 수 있겠는데 정작 현실 속에서는 그런 사람들이 문학의 이름을 내걸고 영향력을 행사하니까 그게 문제지요. 고선생 말씀대로 그들에게 반성을 보급하거나 아니면 우리라도 반성을 더 잘해서 문학적인 영향력을 키워야겠습니다. 그런데 이때 '그들'과 '우리'라는 표현 자체도 한번 반추할 여지는 있어요. 민족문학에 뜻을 두었다는 사람들 중에도 그 숙명적인 반성이 약한 사람이 많고, 굳이 민족문학을 거론하지 않는 작가들 가운데 작가다운 고뇌를 안고 진지하게 작업하는 이들을 저는 뒤늦게 알게 된 경우가 최근에도 있습니다. 그래서 가령 민족문학작가회의라는 기구에 소속해 활동하느냐 않느냐가 몇해 전만큼 중요하지 않게 되었다는 느낌이고, 작가회의측에서도 이 점에 대한 반성과 참신한 대응이 있어야 하리라고 생각합니다. 그런데도 저 자신 민족문학의 개념이 여전히 중요하다고 믿는 것은, 정말 큰 문학을 하기 위해서는 남한의 현실에 매몰해서 자기만의 글쓰기에 몰두하는 걸로는 부족하고, 어디까지나 분단체제와 세계체제에 대한 인식, 그리고 그런 인식의 연장선상에서 얻어지는 동아시아에 대한 자각, 이런 것이 필요하다고 보는데, 그러한 복합적이고 변증법적인 인식을 추구해온 것이 역시 민족문학론이요 민족문학운동이라 믿기 때문입니다. 이런 운동과 문학의 장래를 위한 고선생님의 말씀을 한마디만 더 듣고 이 대담을 마쳤으면 합니다.

고은 앞으로 민족문학의 나아갈 길이라고 한다면 이런 큰 과제를 몇 마디로 언급할 수 없는 것이지만 한두 가지에 대해서는 분명히해둘 까닭이 없지 않습니다. 그 하나는 문학이 민족현실의 발전에 기여하는 가장 창조적인 주요영역임에는 틀림없으나 그것을 도구주의로만 규정하지 말고 문학 자체의 독자적인 의의에 대한 존엄성을 유지해야겠습니다. 저는 이것을 새로운 문학주의라고 말하고 있습니다만 이런 문학으로서의 자기방어 없는 문학이 정치, 경제 그리고 여타의 과학 분야에 휩쓸리는 객체가 아닌 자유로운 위상일 수 없는 것이겠지요. 이 점에서 저는 가령 민족문학작가회의도 그 연대성보다 독자성을 중요시하면서 운동으로서의 문학이기보다 문학으로서의 운동을 지향할 때가 오지 않았나 합니다. 그리고 아까 리얼리즘 얘기도 비쳤지만 리얼리즘만 해도 있는 현실과 있어야 할 현실 그리고 이제까지 체험하지 않은 전혀 다른 현실 전반에 대한 전개가 필요하겠고 그것이 제대로 무르익었을 때는 아주 섬세한 인간심리의 묘사에서도 심리주의 혹은 심미주의 이상의 경지라는 사실을 성취해야 하겠습니다. 이 점에서 우리가 이해해온 리얼리즘 문학의 어떤 행간에는 얼마간 리얼리즘을 오해한 부분도 있었습니다. 또 하나 우리 문학은 70년대에는 시대를 극적으로 이끌어온 선구적인 역할을 했는데 지금은 그때와는 다른 사실을 백선생님도 어느 기회에 말씀하셨듯이 이제는 문학의 항구적 진행의 경륜 위에서 민족문학의 진정한 성취가 원대한 장래를 만들어낼 것입니다.

우선은 세월에 맡겨 침전할 것은 침전하게 되고 남아서 꽃피울 것은 남아서 자라날 것입니다. 그렇다고 해서 그동안 공들인 민족현실에 대한 성과를 부정하고 새로운 얼굴로 단장하라는 말은 결코 아닙니다. 앞으로의 민민운동의 어떤 가능성에는 실로 여러가지 국민운동·대중운동의 실체 정립이 예상되지 않는 바 아닌데 이런 것에 기계적으로 발맞출 일은 아니로되 민족문학 진영의 새로운 판도가 편성되는 것도 예측할 수 있겠습니다. 이 점에서 민족문학의 연대기적인 인식과는 별도로 이제 제2기에 진입한 것이 사실입니다. 저 개인으로서도 최근의 시집 뒷글에서 신인이다라고 말했는데 그것은 단순한 새 각오의 수식어가 아니라 전체 민족문학 내지 문학 일반이 새로운 문학의 시대를 맞았다는 하나의 문학적 역사의식이 거기에는 스며 있다고 자부합니다. 그런 점에서 우선 민족문학 진영에서는 전혀 이질적인 독서체험을 해야 하겠고 또 하나는 이제까지 우리가 문제삼은 것 이외의 문제의 암흑에도 다가가 그것을 탐색하는 작업도 있어야겠습니다. 이제 민족문학의 전형은 우리가 다 함께 찾아나설 때 빛나는 것이고 그렇지 않은 기존의 전형은 이제까지 너무 많은 과제를 감당한 형편입니다. 진리도 지치는 것이니까요.

백낙청 민족문학운동은 문학을 직접 써내는 사람들 위주로 보면 아무래도 소수정예주의 같은 것이 있어야 되고, 현실 속에서 그것을 읽어주는 독자들을 포함한다면 일단 남한 시민층의 운동이라는 성격이 짙을 수밖에 없습니다. 그러나 잠재적인 독자층으로는 민족성원의 전부 또는 대다수와 더 나아가 전세계의 해방된 민중을 설정함으로써만 그 존재이유를 찾을 수 있습니다. 이런 복합적인 성격 때문에 민족문학운동이 단순 효과를 노리는 현실운동으로서는 제약이 심하게 마련인데, 다른 한편 민민운동이냐 시민운동이냐는 식의 단순논리를 극복할 실마리를 찾아내는 일에는 적격이랄 수 있지요. 그것은 또, 문학으로서의 운동을 하되 새로운 차원의 운동으로서 문학을 하는 길이기도 하겠습니다. 오늘은 이쯤에서 마칠까 합니다. 오랜 시간 좋은 말씀 많이 해주셔서 감사합니다.

한·일의 근대경험과 연대모색

카또오 슈우이찌(평론가, 소설가)
백낙청(『창작과비평』 편집인, 서울대 영문과 교수)
1994년 8월 23일 창작과비평사 회의실

백낙청 카또오(加藤周一) 선생님이 한국에 오신 것을 진심으로 환영합니다. 선생께서는 세계 각국을 많이 여행하신 분인데 한국에는 이번에 처음 오신 것으로 압니다. 한국 방문이 이렇게 늦어진 것이 선생님의 자의만은 아니라고 생각하는데 이렇게 된 경위라든가 이번에 오신 소감을 잠깐 말씀해주시지요.

카또오 나는 항상 기회만 있으면 한국에 오고 싶었습니다. 그런데 여러 가지 정치적인 사정도 있었고, 비자를 신청해도 얻을 수 있을지 없을지 걱정스러운 상황이어서 미뤄왔습니다. 같은 이야기지만 타이완에도 가고 싶었지만 못 가봤습니다. 중국의 역사적인 미술품이 거의 다 타이완에 있으니까 아시아 미술에 관심이 있는 사람이라면 반드시 한번 가봐야 하는

■ 이 대담은 『창작과비평』 1994년 겨울호에 특집 '동아시아, 근대와 탈근대의 과제' 중 한 꼭지로 수록된 것이다. 대담 당시 타까자와 히데끼(瀧澤秀樹), 서은혜 교수가 각각 통역했다.

데 일본사람으로서는 타이완에 갔다 오면 중국에, 중국에 갔다 오면 타이완에 갈 수 없으니 어떻게 할까 하다가 타이완도 아직 못 가봤습니다. 이번에 여러분들의 도움을 받아 이렇게 오게 되어 정말 반갑습니다.

카또오 슈우이찌와 일본 지식인들

백낙청 귀한 시간을 내서 방문해주셔서 감사합니다. 선생님께서는 일본뿐 아니라 국제적으로 알려진 문인이십니다만, 한국 독자들은 일본문학 전반에 대해서 모르는 사람들이 많듯이 선생님에 대해서도 모르는 이들이 많습니다. 그래서 간단한 소개를 겸해 제가 몇 가지 여쭤볼까 합니다. 선생께서는 1919년에 태어나셔서 토오꾜오대학 의학부를 나오시고 의사생활을 하시다가 비교적 늦게 문단에 나오신 것으로 압니다. 전후(戰後)였지요, 등단하신 것이?

카또오 내가 의학부를 졸업해서 의사 자격을 정식으로 받은 것이 전쟁 중인 1943년입니다. 의사로서 일하면서 문학에 대한 관심도 있었는데, 전쟁중에는 발표할 기회가 없어서, 그냥 친구들과 잠잠히 기다렸습니다. 그러다 일본이 패전했고, 일본이 패전했다는 것은 바로 일본의 파시즘이 붕괴됐다는 것인데 우리로서는 발표의 가능성이 열렸다는 의미가 됩니다. 그래서 곧바로 발표를 시작했죠. 하지만 문단에 알려진 것은 아마도 1946년에 『문학적 고찰』이라는 책을 나까무라 신이찌로오(中村眞一郞)와 후꾸나가 타께히꼬(福永武彦)하고 셋이서 출간하고 나서였습니다. 그 책의 내용은 일본문학·서양문학을 포함하지만 특히 전쟁에 대한 반대발언 등도 있어서 더욱 알려지게 된 것이죠.

백낙청 선생님은 그 후로 평론가로서뿐만 아니라 소설가로서도 많은 저술을 하신 것으로 압니다. 일본의 문인들 가운데 저서를 많이 낸 사람들은 적지 않습니다만, 선생님처럼 이렇게 여러 분야에 걸쳐서, 또 현실참여도 하시면서 일종의 공적인 인물로 활동하는 그런 문인이 요즘의 일본에서는 드물지 않은가 합니다. 우리가 흔히 일본사람들은 어느 한 분야를 깊이 파고들어가는 것은 잘하지만 선생님처럼 이렇게 다방면에 걸쳐서 활동하는 사람들은 비교적 적다고 생각하는데 사실이 그런지 모르겠습니다.

카또오 일반적으로는 그렇게 말할 수 있겠습니다. 다만 패전 후 40년간 시기에 따라서는 차이가 있습니다. 거칠게 말해서 1945년부터 1960년대 사이에 우리와 비슷한 세대 또는 우리보다 좀더 젊은 사람으로서는 다방면에 걸쳐서 활약한 문인들도 상당히 있었습니다. 특히 그 세대에는 전쟁을 비롯해, 역사·사회에 관심을 지니고 적극적으로 발언한 사람들이 있습니다. 노마 히로시(野間宏) 같은 사람들이죠. 그런데 1960년대 이후는 선생님 말씀대로 문인들의 활동분야가 좁아졌다고 생각합니다. 좁은 상태에서 하는 일이 나쁘다곤 할 수 없겠지만 역사나 커다란 사회적 문제, 현실에 대한 관심은 급격히 줄어들었다고 생각합니다. 예외는 있죠. 그중

한 사람은 오다 마꼬또(小田實)씨입니다. 오다 마꼬또씨는 월남전쟁 반대
운동 그리고 한국문제에 깊은 관심이 있습니다. 특히 한국 민주화운동에
대한 연대감을 가지고 강력한 발언을 계속하고 있습니다. 또 한 사람은 오
오에 켄자부로오(大江健三郎)지요. 오오에 켄자부로오는 오끼나와 문제,
반핵운동, 인종차별 같은 문제들을 거론하고 관심도 있죠. 그러나 수적으
로는 역시 주류라고는 할 수 없고, 주류는 아무래도 개인적이고 자질구레
한 세계에 머물러 있습니다.

백낙청 일본문학에 대해서는 나중에 선생님께 얘기를 더 들을 기회가
있으리라고 생각합니다. 선생님 개인 신상에 대해서도 여러가지로 여쭙
고 싶지만 시간이 없으니까, 최근에 선생님이 특별히 갖고 있는 관심사는
무엇인지만 여쭤볼까 합니다.

카또오 한 가지는 제가 전에 『일본문학사서설(日本文學史序說)』를 썼는
데 우선 일본이 왜 전쟁을 했는지, 일본이 전쟁을 하게 된 문화적인 배경
이 무엇이었는지, 그것을 문학을 통해 밝히고 싶었습니다. 그 책은 처음부
터 끝까지 전쟁을 일으키게 된 일본인의 사고방식·감수성 등을 파악하려
는 목적이었지요. 지금 관심사는 일본의 조형미술, 그것을 통해서 같은 일
을 하고 싶다는 것입니다. 또 한 가지는, 1945년부터 느린 속도지만 확실
하게 일본정치가 우경화되어가고 있다는 점입니다. 그것은 일본의 민주
주의에 대한 큰 위협이고 일본 민주주의가 억압받고 있다고 느껴집니다.
그 방향을 바꿔서 민주주의가 발전해가도록 해야 한다는 생각입니다. 따
라서 현재 일본의 정치상황에 대해 깊은 관심을 지니고 있습니다.

백낙청 오늘 저희가 주로 논의하고자 하는 것은 일본과 한국 두 나라의
근대화를 비교하고, 또 두 나라의 근대문학, 그리고 그 문학을 둘러싼 상
황을 한번 점검해보자는 것입니다. 그리고 그러한 점검을 바탕으로 세계
사 전반에 걸친 좀더 거창한 문제까지 다루어볼까 합니다. 그런데 지금 선
생께서 말씀하신 민주주의에 대한 관심, 또 일본사회의 보수화에 대한 우

려, 이런 것은 바로 오늘의 주제와 직결된다고 믿습니다. 그런데 선생께서는 패전 후 『근대문학』이라는 잡지에 관여하시기도 했지만 줄곧 근대(近代) 문제 또는 근대성(近代性) 문제에 관심을 가져오신 것으로 아는데, 더 자세한 논의에 들어가기 전에 선생께서 근대라든가 근대성이라는 개념을 대체로 어떻게 이해하고 계신지 말씀해주셨으면 합니다.

근대·근대화·근대성

카또오 우리는 『근대문학』이라는 책을 냈었는데 지금 생각해보니까 그 제목은 별생각 없이 붙였던 것 같습니다. 당시에는 근대화·근대성 등에 대한 명료한 인식이 있었던 건 아닙니다. 다만 1950년대부터 주로 미국에서 일본의 근대화에 대한 연구가 활발해지고 그중에서 이를테면 라이샤워(Reischauer)라든가 마리스 존슨 등과 같이 일본의 근대화를 일방적으로 미화하고 일본을 성공사례로서 연구하는 근대화론이 많이 거론되었습니다. 그것을 보면서 나는 일본의 근대화가 성공한 면도 있겠지만 그렇게 바람직한 근대화라고 볼 수는 없고, 더구나 그것은 결코 무지갯빛 성공담이 될 수는 없다고 느꼈습니다. 그래서 미국에서의 그런 연구와 우리들의 문제의식 사이에 심한 차이를 느끼게 되었지요. 그러한 이질감 자체가 나의 근대화에 대한 관심을 자극했다고 생각합니다. 근대가 뭐냐 하는 정의 문제는 대단히 복잡해서 이야기를 한번 시작하면 길어질 것 같은데 어디까지 얘기해야 할까요? 미·일회담에서는 이것만 가지고 한나절, 또는 하루 종일을 끌잖아요?(웃음)

백낙청 이렇게 하시면 어떨까요. 어제 몇 사람이 모인 자리에서 선생님이 근대주의와 근대성은 구별해서 이해하신다고 말씀하셨는데 먼저 그런 기초적인 개념 이해로부터 출발하면 좋겠습니다.

카또오 리얼리즘이니, 로맨틱이니 하는 낱말들과 마찬가지로 근대란 개념도 두 가지로 나눠서 생각할 수 있는데, 하나는 역사적인 개념입니다. 그것은 어느 시대에 어떤 지역에 있었던 사회문화현상을 근대라고 하는 것입니다. 그중 하나는 주로 18세기 산업혁명기부터 19세기 말·20세기 초의 서유럽이나 북미에 있었던 사회적 발전의 특징, 문화적 특징을 근대라고 보는 것이 그런 역사적 근대입니다. 이런 개념에 따라 일본이나 한국, 싱가포르에서의 근대화를 얘기하려면 그것은 서양화라는 의미가 됩니다. 또 한 가지 정의는 처음부터 근대를 초역사적으로 아니면 비역사적으로 정의하는 것인데, 18세기 서구라파에서 근대가 시작되었지만, 꼭 그곳뿐 아니라 어떤 사회에서든 어느 지역에서든 있을 수 있는 사회적 변화의 일종의 틀, 또는 타입으로 근대를 규정하는 것이죠. 이를테면 사회주의·자본주의처럼 어떤 지역에서나 있을 수 있는 것인데, 그런 식의 개념 규정도 있다고 생각합니다. 그렇게 규정할 때 그 타입의 특징은 여러가지가 있을 수 있는데 그걸 열거하는 것은 별 의미가 없다고 생각합니다. 중심적 특징이 뭐냐면 아마도 (가설적이지만) 공업화일 것입니다. 나는 항상 근대화를 얘기할 때는 두 가지 정의 중에서 어떤 개념규정을 전제로 하는지를 분명히하면서 얘기하려 합니다. 한편, 근대성이라는 말을 현대성이라는 의미, 즉 우리들이 살고 있는 이 시대, 동시대성으로 규정한다면 그 내용은 여러가지가 있겠지만, 이를테면 세계적 규모의 공업화에 따르는 환경문제를 의식해야 한다는 것이죠. 일본에서든 유럽에서든 라틴아메리카에서든 일단 지구에 산다면 환경문제를 생각해야 현대인이라고 할 수 있는데, 그걸 전혀 인식하지 못한다면 현대인이 아니라 화성인 같은 거겠죠?(웃음) 이것은 작은 예에 지나지 않지만 문학과 관련된 하나의 예가 언어의 문제입니다. 이제는 더이상 하나의 낱말이 한 가지 의미만을 지니는, 일의적 해석의 시대가 아닙니다. 아무리 명료한 낱말을 쓰더라도 그것은 여러가지 의미로 해석되게 됩니다. 또한 지금까지처럼 인도유럽어, 그중에서도 현대유럽어, 꼬집어 말한다면 영어만이 인간의 언어가 아니라는 인식입니다. 중국어, 한국어, 일본어…… 모두가 영어와 마찬가지 자격을 지닌, 본래적으로 인간의 언어라는 것이죠. 언어일 뿐 아니라 그 나름의 문화적 전통을 지닌 언어 아닙니까? 이것을 인식하는 거죠. 세상에는 갖가지 언어가 있고 하나의 낱말이 복수의 의미를 지닌다는 사실을 의식하는 게 현대성이라고 저는 해석합니다. 이건 '근대화'와는 다르고, 그 다르다는 점에서 현대성인 것이죠.

백낙청 한국에서도 근대성이라는 말은 사람에 따라서 달리 쓰이고 있습니다만, 근대성과 현대성을 구별해서 사용해야 한다는 주장이 있습니다. 왜냐하면 지금 선생님이 말씀하신 근대의 특징, 그것이 구체적으로 무엇이든간에 그런 특징을 가리키는 말로 근대성이라는 말을 쓰고, 반면에 우리가 동시대인으로서 가져야 할 의식 또는 태도, 그러한 태도는 근대의 속성들을 일면 실현하면서도 극복해야 할 경우가 많기 때문에 ─

카또오 네, 그렇습니다.

백낙청 그래서 그런 경우에는 현대성이라든가 동시대성이라는 말을 쓰고 근대성이라는 말은 피하자는 입장이죠. 저 자신도 사실은 그런 입장에 가깝습니다만, 아무튼 우리의 논의과정에서 서로를 정확하게 이해하기 위해서 그런 점을 밝혀두는 것이 좋을 것 같습니다.

카또오 저도 찬성합니다. 다만 현재 널리 사용되는 것을 보면 근대성이라는 말이 현대성이라는 의미로 사용되는 일이 드물지 않다는 것이죠. 이를테면 제가 만난 요르단의 어떤 시인의 경우 아랍의 전통적인 시를 근대성과 어떻게 매개시킬 것인가 하는 문제에 관심이 있다고 얘기했습니다. 프랑스어라면 모데르니떼(modernité)입니다만, 그럴 때에 근대성이라는 말의 의미가 바로 현대성입니다. 그러나 우리 대담에서는 선생님 말씀대로, 그런 경우에는 현대성 혹은 동시대성이라는 말을 사용하고, 근대성이라는 말은 아까 얘기한 두 가지 중 첫번째 개념규정, 즉 역사적 의미로 엄격히 제한하지 않으면 혼란스러워지겠지요. 즉 역사적 의미라면 18세기에서 19세기·20세기 초에 걸쳐 가장 전형적이고도 이른 시기에 유럽에서 일어난 사회적 변화, 그것은 사회구조, 산업 그리고 정치형태, 문화의 변화를 포함하는 글로벌한 사회적 변화로서 그 약간의 특징을 지니고 있는 그것을 근대라고 부르기로 하고, 그 전제 하에 어느 부분을 일본이 닮았다든가, 닮지 않았다든가 하는 식으로 제한하는 것이 좋겠지요.

한국의 근대화와 일본의 근대화

백낙청 개념에 대해 그 정도로 해두고 이제 본론으로 들어가는 것이 좋을 것 같습니다. 일본과 한국의 근대화 과정을 비교해볼까 하는데요. 우선 상식적으로 눈에 띄는 양국 근현대사의 대조를 제가 몇 가지 지적한 뒤에 거기에 대한 선생님의 논평을 들어볼까 합니다. 메이지유신(明治維新) 이후의 일본 근대화가 반드시 성공한 것은 아니라고 아까 말씀하셨습니다만, 구한말의 역사와 비교해보면 역시 일본은 주권을 수호하고 주체적·능동적으로 근대화에 대처하는 데 성공했고 조선은 실패했다는 것이 일차적인 현실입니다. 그래서 그 다음 시기, 1910년 이후에는 일본은 식민지 지배국이고 한국은 식민지가 되는 극단적인 대조를 일단 찾아볼 수 있습니다. 그리고 1945년 이후를 보더라도, 일본은 패전국임에도 불구하고 분단되지도 않았고 오히려 일정한 민주화가 진행되며 얼마 안 가서 경제대국으로 부활하게 됩니다. 반대로 조선은 남북으로 분단이 되고 한국전쟁이라는 참혹한 재난을 겪기도 하고, 최근에 와서 남한이 상당한 경제발전을 이룩했다고는 하지만, 그동안 우리 국민이 치른 희생을 봐도 그렇고 공업화나 경제발전의 정도를 보더라도 일본과 비교가 안되는 상태입니다. 우선 이런 대조점은 누구나 상식적으로 찾아볼 수 있는 사실일 듯합니다. 일단 그런 상식적인 면을 지적해놓고 이런 역사를 우리가 어떻게 좀더 깊이 이해할 것인가 하는 문제를 논의해봤으면 합니다.

카또오 여러가지 요소가 있다고 생각하지만…… 비슷한 면도, 비슷하지 않은 면도 있다고 보지만 양쪽 다 일본과 한국을 둘러싼 동북아시아의 국제적인 환경에 기인한 면이 많았다고 봅니다. 일본이 주체적으로 주권을 지키면서 근대화를 했는데 그것은 국내적인 조건도 있었지만 국제적으로 운이 좋았다고 생각합니다. 19세기 중반에 미국이 일본에 개국을 강요했으나 지리적으로 먼 나라였습니다. 그리고 당시 영국과 프랑스는 이미 해군력이 홍콩까지 와 있었지만 중요한 것은 인도나 중국이었지 일본은 반드시 식민지화해야 할 만큼 큰 먹이는 아니었다고 생각합니다. 반면에 미국은 일본을 식민지화하려는 생각이 있었을지도 모르지만 남북전쟁이 일어났습니다. 만약 미국에 남북전쟁이 없었다면, 일본이 미국의 식민지화에 대항할 만한 공업화와 군사력을 갖추기 전에 미국이 일본에 군사적 압력을 가했다면 그 결과는 모르는 것이지요. 미국이 남북전쟁 때문에 정신없이 지내다가 한 30년 흐르고 보니 이미 때는 늦었던 거죠. 일본은 운이 좋았던 겁니다. 그런데 한국은 운이 무척 나빴다고 생각합니다. 우선 중국과 가까워서 저항한다 하더라도 끊임없는 간섭이 미치고 있었지요. 중국으로부터 완전히 자주적으로 독립되기도 전에 한국은 일본의 압력을 받았고 1910년이 되었습니다. 1910년이 되면 일본군은 압도적입니다. 이미 근대화되어 있었으니까요. 타이밍이 나쁜 것이죠. 한국과 일본의 근대화에 있어서 시간차, 그야말로 가장 적절한 때에 일본 쪽이 침략해버린 것이죠. 정말이지 한국을 위해서는 타이밍이 안 맞았어요. 일본 쪽하고는 거꾸로였죠. 그런 점도 고려를 해야 한다고 봅니다. 국내 사정 탓만은 아닌 것이지요.

백낙청 일본이나 한국이나 서양이 직접 식민지로 만들기에는 거리도 너무 멀고 거기에 비해 얻을 것이 적었으리라 생각합니다. 또 중국의 경우는 너무 커서 일시적으로 식민지화에 성공했다 하더라도 결코 그것을 오래 붙들고 있을 그런 나라는 아니었다고 봅니다. 그래서 지금 한국이 운이 나빴다고 말씀하시는데, 사실은 일본이 먼저 공업화를 해서 제국주의의 길로 나아간 것이 특히 한국에게는 운이 나빴다고 볼 수 있을 것 같습니다. 서양의 입장에서 한국은 일본을 대리자로 내세워서 식민지화할 수밖에 없는, 즉 직접 식민지화하기에는 불편한 나라였던 셈이니까요.

카또오 그것은 미국의 문호개방정책(open door policy)입니다. 말씀하신 그대로죠. 일본을 제국주의화시켜, 그를 통해 한국의 문호를 개방하는 것도 도움이 되었겠지만 그것보다 더 큰 것은 교환조건이었다고 생각합니다. 미국은 필리핀을 지배하고 일본이 그것을 묵인하는 대신 일본이 조선을 맘대로 해도 잠자코 있겠다, 도와주지는 않지만 묵인하겠다는 겁니다.

백낙청 카쯔라–태프트 밀약이라는 거죠?

카또오 예, 그리고 유럽의 1910년이면 1차 세계대전 바로 전이죠? 당시 유럽은 강대국 사이의 경쟁에 바빠서 일본에 개입하지 않습니다. 그리고 영국에 편의를 제공하는 대신 영국은 조선반도를 일본에 맡기고, 그러니까 일본이 직접적이긴 했지만 원래 식민지제국주의의 식민지화의 움직임 속에서 조선이 일본에 당한 것이죠. 다른 역학관계에서 러시아는 불만이 있었지만 프랑스는 그렇지도 않았고, 영·미는 환영했죠. 그 대신 자기들이 필리핀·싱가포르·홍콩만 제대로 잡고 있으면 나머지는 아무래도 좋다, 그래서 조선은 일본에 넘겨주는 식의 국제정세였습니다. 2차 세계대전 후에는 선생님 말씀대로 일본은 패전했음에도 불구하고 민주화하여 부활했습니다. 그에 비해 한국은 무엇보다도 분단, 거기다 전쟁이 겹쳤죠. 대조적입니다. 그것은 간단히 말해 한국은 소련과 접해 있다는 것, 소련군이 가깝다는 것이 문제입니다. 조선반도를 미국 혼자서 컨트롤한다는 것을 스딸린은 용납할 수 없는 것이지요. 미국 역시 마찬가지였으니 분할통치가 된 겁니다. 그야말로 나눠먹기식 거래였습니다. 북쪽은 스딸린에게 맡기고, 그대신 남쪽은 이쪽에서 컨트롤한다는 식의. 일본도 분할하고 싶었겠지만 소련으로부터 먼 데 있는 나라니까 그렇게는 못했습니다. 독일도 분할됐는데 독일엔 소련군이 들어가 있었지요. 가까웠으니까요. 반면에 이딸리아에는 들어가지 못했습니다. 그런 면에서는 독일과 조선이 비슷한 면이 있습니다. 양쪽 다 미군과 소련군이 들어와 거래를 했고 냉전중에 둘로 나누어 한쪽씩 가졌죠. 그 반대쪽에 이딸리아와 일본이 있습니다. 이딸리아와 일본은 미국이 독차지했습니다. 군사기지를 만들어 나쁠리는 지중해 최대의 미군기지입니다. 대륙함대가 있어요. 그리고 일본에서는 오끼나와가 동아시아 최대의 군사기지입니다. 정말 비슷해요. 이딸리아는 분할 안하는데 왜 독일만? 물론 이것은 옳지 않죠. 사회적 정의는 아니지만 냉전의 권력정치에서는 독일은 분할하고 이딸리아는 미국이, 동아시아에서 조선을 분할하고 일본은 미국이, 하는 식의 구조, 거기에 저항하는 일은 독일도 할 수 없었고 조선도 할 수 없었죠. 그건 미·소간의 거래로 한 것입니다. 작은 나라를 희생시킨 겁니다.

미·소간의 대립과 분단

백낙청 물론 지리적인 조건이 중요하기는 합니다만, 독일이나 이딸리아나 일본은 전부 전쟁 당사국이고 패전국인 데 비해서 조선은 일본의 식민지로서 연합국측이 독립시켜주기로 선언했던 나라라는 점에서 큰 차이가 있다고 봅니다. 그래서, 물론 냉전의 일부로서 미·소의 대립이라든가 미·소간 흥정의 결과로 분단되기는 했습니다만, 역시 우리가 식민지체제를 극복하는 과업을 완전히 우리의 주체적인 힘으로 해내지 못했기 때문에 그런 일을 당할 수밖에 없었습니다. 뿐만 아니라 일단 식민상태에서 벗어난 뒤에도 그것을 온전히 극복하지는 못한 면이 있습니다. 또 독일에 대해서는 분할하겠다는 것이 미국을 위시한 연합국의 확고한 방침이었는데, 조선의 경우는 처음부터 그렇게 생각했다기보다는 통일국가로 독립을 시켜주었다가는 미국의 영향 아래 고분고분하게 남아 있을 그런 상황이 아니라는 것을 미국측이 깨달으면서 반쪽이나마 차지하기로 중간에 방침을 정한 것이 아닌가 합니다.

카또오 도중이긴 하죠. 그러나 미국이 변한 것은 대단히 이른 시기였습니다. 적어도 1945년, 늦어도 46년에는 확실해집니다. 조금이라도 더 가질 수 있는 것은 다 가지자, 그런 식으로 변해버렸다고 봅니다. 물론 소련쪽도 같은 생각이었지만요. 미국 쪽 생각은 그랬고 독립이라는 약속은 그 후의 얘기죠. 통일이니 독립 같은 것은요. 그리고 좀 전 말씀 중에 제가 여쭤보고 싶은 것이 한 가지 있는데, 독립 후에도 식민지체제를 극복·청산하지 못했다는 것이 어떤 의미가 있는 것인지 말씀해주시기 바랍니다. 식민지체제를 극복하지 못해서 공업화·민주화가 늦어졌다는 것인데 좀더 상세히 말씀하시면 어떻게 됩니까?

백낙청 우선 미군정이 들어와서 한반도 남쪽을 통치하면서 일본식민지에 협력한 사람들을 그대로 등용했습니다. 관리라든가 군대, 경찰, 모두 그랬지요. 또 식민지통치의 수혜자라고 할 수 있는 지주계급이 미군정을 지지했고, 그 이후 이승만의 단독정부수립을 적극 지지했습니다. 그런데 지금 1945년 이후 이야기가 나왔습니다만, 좀더 돌아가서 식민지시대에 대해서 조금 더 얘기를 나누었으면 하는데요.

카또오 잠깐, 지금 선생님이 말씀하신 것 가운데서 한마디만 더하면 일본도 그런 면에서는 마찬가지입니다. 한국에서는 일본 식민지지배에 협력한 사람을 그냥 두었습니다. 일본에서는 조선을 식민지화시킨 사람을 그냥 두었습니다. 어떻게 보면 이중구조라고 할 수 있습니다. 왜 그러냐면 반공이라면 뭐든지 좋다, 그래서 그랬던 것입니다.

백낙청 선생님 말씀대로 그런 비슷한 점이 있습니다. 다만 그 정도는 비교가 안될 정도로 이쪽이 심했지요. 그리고 그것은 그쪽 일본에서보다 식민지시대가 끝나면서 민중의 사회변화에 대한 요구가 훨씬 더 컸기 때문에, 더구나 사회변화를 요구하는 사람들이 공산주의자만이 아니라서 그들을 억누르기 위해 미군정 당국이나 이승만정권이 손을 잡을 수 있는 쪽은 일제잔재세력밖에 없었던 것입니다. 어쨌든 두 나라가 대조적임에도 불구하고 이런 공통점이 있다는 것은 재미있는 현상입니다. 그래서 저는 어떤 점에서는 한국인의 불행에 대해서 일본인이 책임이 있듯이 일본 사회가 건전하게 발전하지 못한 데에는 우리 한국사람들이 너무 약했다는 책임이 없지 않다고 봅니다. 가령 한국이 일본의 식민지가 된 것이 한국에 운이 나빴다고 말씀하셨는데 크게 보면 일본도, 적어도 일본의 민중들은 운이 나빴던 것이죠. 왜냐하면 조선이 일본과 거의 대등한 힘을 가진 나라로 발전할 수 있었다면, 그래서 일본의 식민지화 노력을 물리칠 수 있었다면…… 가령 서유럽을 보면, 물론 힘들이 비슷하니까 서로간에 전쟁도 일어납니다만, 어지간히 대등한 나라들이 경쟁하면서 근대 유럽문화를 건강하게 꽃피워온 면도 있는데, 말하자면 일본사람들은 그런 혜택을 이웃으로부터 누릴 수가 없었던 거지요.

카또오 이제 와 생각하면 지금 선생님 말씀에 동의합니다. 그러나 1910년은 1차 세계대전 전입니다. 당시 식민지배는 제국주의 당사국에 있어서는 큰 이익이 됐습니다. 영국과 프랑스는 아프리카와 인도를 지배하면서 이익을 얻었습니다. 그러나 식민지지배는 이익을 얻으면서도 크게 보면 자기 나라도 후퇴시키는 불이익도 있는데, 당시 일본 지배자들이 그런 사실을 알았다면 경탄할 일이겠지만 그러기는 어려웠을 것입니다. 그것은 국제권력정치 차원에서의 문제입니다. 그것뿐이 아닙니다. 지금 말씀드린 것은 식민지지배에 대한 일반적인 이야기인데 구체적으로 한·일관계를 생각하면 조금 다른 면이 있습니다. 한국은 역사 이래 계속, 적어도 1000년 정도는 계속 일본보다 문화적인 우월성이 있었고, 문명은 조선을 통해 들어온다는 인식이 있었잖습니까? 그런 면에서는 프랑스가 아프리카에 혹은 영국이 중국 남부에 식민지를 만드는 것과는 다른 면이 있었다

고 생각합니다. 그런 의미에서 역사적·문화적 콘텍스트, 일반적 국제정
치가 아니라 구체적으로 한국과 일본의 역사적·문화적인 조건 속에서는
1차 세계대전 이전이라곤 해도 한국을, 감히 한국을 식민지화할 생각을
하게 된 것은 자기 쪽이 약간 빨리 근대화를 했다는 데서 나온 교만함이었
다고 생각합니다. 그건 말씀하신 대로 어리석은 짓이었지요. 상대방을 제
대로 알지 못했기 때문입니다. 미국이 하와이를 식민지화하는 것과는 다
른 이야기니까요. 상대방이 한국이라는 건 잘못 고른 것이죠. 그건 구체
적으로 1910년 일본정부가 바보짓을 한 것이죠.

정복주의와 동화정책

백낙청 저도 물론 20세기 초의 싯점에서 일본정부나 국민이 사태를 더
현명하게 판단해서 제국주의정책을 자제한다든가 할 가능성이 있었다는
것은 아닙니다. 다만 우리 한국사람들 스스로가 강해서 일본사람들에게
정신을 차리게 해줬으면 장기적으로 그들에게도 좋았을 텐데라는 아쉬움
이지요. 지금 와서 이렇게 얘기하는 것은 객관적으로 그럴 가능성이 그때
있었다는 것이 아니라, 선생님 말씀대로 지금 우리가 어떻게 생각할 것인
가 하는 차원에서 말씀드리는 것입니다. 지금 선생님이 일본이 조선을 식
민지화한 것이 바보 같은 짓이었다고 하셨는데 실제로 그 내용을 들여다
보면 참 바보 같은 일들이 많이 일어납니다.

　첫째는 영국이나 프랑스 등 다른 식민지정책에 비하더라도 대단히 무
리한 면이 보입니다. 가령 나중에 가서 조선사람들에게 창씨개명을 하게
해서 성이나 이름을 바꾸게 하고 학교는 물론 집안에서도 조선말을 쓰지
말라고 하는 식의 정책을 택한 것도 사실은 바보 같은 식민지정책이죠. 또
한 가지는, 이건 다소 역설적인 이야깁니다만, 요즘 이따금씩 일본의 관리
나 정치인들이 일본의 식민지통치가 조선에 이롭게 됐다, 또 조선의 경제

발전에 도움을 줬다는 발언을 해서 말썽을 일으키곤 하는데, 그런데 이 말을 액면 그대로 새기면 일본사람들이 한국에 가서 자기 실속을 차리기보다는 조선사람 좋은 일을 해줬다, 바보 같은 짓을 했다는 얘기가 아니겠습니까? 저도 물론 그 사람들이 그런 식으로 일본의 식민지지배의 죄악을 얼버무리고 왜곡하는 데에 분개합니다만, 이것 또한 전혀 근거없는 얘기는 아니라고 생각합니다. 전에 제가 비슷한 얘기를 했다가 이곳 동지들로부터 공격을 받기도 했습니다만, 일본의 식민지주의 내지 제국주의가 후발제국주의이기 때문에 선진자본주의 국가의 식민지주의에 비하면 정복주의적인 성격이 강합니다. 그렇기 때문에 한편으로는 그것이 일본 식민지지배의 유달리 폭압적인 성격으로 드러나지만, 다른 한편으로는 조선을 영영 일본의 일부로 만든다는 전제 아래 여기에 공장을 짓는 등의 결과를 가져오기도 했습니다. 가령 영국 같으면 공장은 자기 나라에 짓고 원료만 인도에서 가져가는데, 일본은 조선을 완전히 정복해서 자기 땅으로 만들려고 생각해서 여기에 공장도 짓고 했던 것이죠. 일본제국주의의 후발성이 식민지 조선에서의 공업건설과 관계가 있기는 있다는 생각입니다. 물론 이야기를 여기에서 끝낸다면 동료들에게서 공격을 받아 마땅하겠지만, 이런 공업화의 다른 일면은 더 말할 것도 없이 일본 식민주의에 대해서 우리 조선사람들이 어떻게 저항했는가, 또 식민지화의 대상이 누구였는가 하는 문제입니다. 그러니까 한국사람들에게는 원래부터의 높은 문화가 있을 뿐 아니라 일본이 처음 와서 10년 가까이는 정말 수탈과 폭압일변도의 무단통치를 했죠. 그러다가 3·1운동과 그 후의 계속되는 저항을 통해서 일본이 그런 식으로만 다스릴 수는 없다는 것을 깨닫게 만들었던 것이죠. 그래서 결국은 저희가 35년에 걸쳐 식민지생활을 했고 그리고 식민지로부터 해방된 것도 연합국의 승리를 통해서이기는 했지만, 역시 영국이나 프랑스가 조선이나 일본을 직접 식민지화하는 것이 무리였듯이 연합국의 승리가 아니더라도 일본이 조선을 영영 식민지화할 수는 없었다고 믿습니다.

카또오 물론 그렇겠습니다. 2차 세계대전 후의 상황을 보면 모든 식민지가 독립됐습니다. 물론 전쟁이 없었다 하더라도 조선은 언젠가는 독립했을 것입니다. 다만 이건 자질구레한 문제일 수도 있겠지만 좀 생각이 다른데요, 일본은 조선에 공장을 세웠고 영국은 인도에 공장을 안 세웠다는 차이의 근본원인이 일본은 조선을 영영 식민지로 가지려 했었고 영국은 그러지 않은 데 있는 것은 아닌 듯합니다. 영국도 인도를 영구히 식민지로 하려 했겠지요. 다만 가장 큰 차이는 일본은 조선에 대해서 일본에 완전히 동화시키려는 동화정책을 가지고 있었던 것이라고 보입니다. 그래서 일본어를 쓰게 한다든가 이름을 고치게 한다든가 하는 것이 일본인과 같이한다는 명분이었거든요. 물론 그 속에 차별이야 있었지만 정책의 방향은 동화정책이죠.

백낙청 그것이 바로 제가 말한 후발제국주의가 갖는 정복주의적 성격의 일면이라고 말할 수 있지 않을까 싶습니다.

카또오 일본이 후발제국주의였다는 성격이 바로 일본의 식민지지배가 폭압적이었다는 면에서는 동감합니다만, 동화정책이냐 아니냐, 예컨대 영국 같은 경우는 전혀 동화정책이 아니지요. 영어도 강제하지 않았고, 영국의 일부로 하려는 의도는 처음부터 없었습니다. 영국인은 주인, 인도인은 종이라는 구별을 확실히하는 것이지 동화라는 건 생각조차 안했어요. 프랑스의 경우는 어느정도 동화정책적이었습니다. 극단적인 예는 알제리인데, 알제리는 프랑스 본토의 하나의 현이 됩니다. 해외영토가 아니고요. 그것은 모로코나 불령 인도차이나와 다른 것이죠. 알제리에서는 따라서 상당히 강한 동화정책을 썼죠. 그러니까 동화정책을 쓸 것이냐, 아니면 본토와 완전히 구별하여 철저한 차별정책을 쓸 것이냐의 두 가지 정책이 있겠지요. 그런데 영국이 인도를 독립시킬 때는 비교적 평화적으로 물러났습니다. 물론 그전에는 폭력을 썼어요. 인도인들을 총으로 죽였습니다.

하지만 식민지에서 철병할 때에는 평화적이었기 때문에 끝없이 영국에 대해 증오심을 갖는다든지 하는 일은 없었습니다. 그에 비해서 알제리의 경우는 아시는 바와 같이 전쟁이 일어났습니다. 그러니까 동화정책과 폭력성이라는 문제는 묘하게 얽혀 있어서 일본의 경우 후발성이라는 것이 하나의 요소이긴 하지만 그것이 전부는 아니라고 봅니다. 일본에서는 국무대신이 1년에 한번 정도 실언을 하고 물러난다, 보통 한국이나 중국 대사관의 항의를 받고 사죄하고 그만둔다는 것이 하나의 정치적인 전통처럼 되어 있습니다.(웃음) 왜 그런 실언을 1년에 한번씩 하냐면 상당히 많은 사람들이 그런 의견을 갖고 있으니까 그런 것입니다. 그러면 왜 그런 생각들을 하는가, 일본이 한국을 침략했다고 하면 글쎄, 그게 침략일까 하면서 고개를 갸우뚱거리면서 인정하지 못하는 것은 왜일까 하는 문제가 있습니다. 가장 중요한 이유는 1945년까지의 일본의 정치권력과 전후의 일본 정치권력 사이에 지속성이 있는 것이라고 생각합니다. 독일과 비교해보면 독일의 경우에는 히틀러 정권과 아데나워(Adenauer) 이후 지금까지의 정권은 달라서 독일인들 머릿속엔 두 개의 정부가 있습니다. 옛날의 정권이 한 행동은 지금 정부와는 관계없는 일이라고 하는 생각이 아주 강합니다. 프랑스 정부의 경우는 전중(戰中)엔 뻬뗑정권이었죠? 뻬뗑(Pétain) 원수가 주도한 비시(Vichy)정권이 있었는데 비시정권은 대독(對獨) 협력정권이고 런던에 드골(de Gaulle) 장군의 망명정권이 있었습니다. 그것이 전중의 상황이었고 전후의 프랑스 정부는 드골정부를 승계한 그런 정권입니다. 비시정권과 런던정권은 그렇게 서로 싸운 정권이었고, 전전과 전후는 완전히 서로 다른 정권입니다. 일본의 경우는 이전 정권과 현재의 정권이 어떤 사이였느냐? 결코 대항했다곤 할 수 없습니다. 키시 노부스께(岸信介)씨는 전후의 주류이고 토오조오(東條) 내각의 대신이니 연속성이 강해서 토오조오씨가 저지른 일, 혹은 거슬러 올라가 한일합병이라는 것을 전쟁범죄라든가 침략이라고 할 수 없는 처지죠. 자신과의 관련이 강하니까요. 따라서 현재 일본정부의 대한(對韓) 태도만이 좋아진다는 것은 있을 수가 없고, 전전(戰前)의 일본제국주의 권력과 현재 권력의 관계를 확실히 단절시키지 않으면 불가능하다고 봅니다.

백낙청 그런 연속성이 있다 하더라도, 대신이 그런 실언을 한번 하고 나면 목이 달아나는데 어떻게 그런 일이 연중행사처럼 일어나는지 우리 한국에서도 대단히 궁금해할 적이 있습니다. 제가 그 사람들의 망언을 변호할 이유는 전혀 없습니다만, 선생님 말씀대로 그것이 일본의 많은 사람들이 그렇게 생각하기 때문에 그런 바탕을 갖고서 이런 발언이 나온다면 이것을 그냥 나쁘다, 바보 같다고 말하고 치울 것이 아니라, 근거가 조금이라도 있다면 그 근거가 무엇인가를 정확하게 분석하고 규명할 필요가 있지 않은가 하는 겁니다. 가령 식민지에서 공업건설을 하게 된 주된 원인이 동화정책이라고 한다면 그 동화정책을 취하게 된 주된 원인은 무엇인가, 그것이 후발제국주의의 특징만이 아니라 다른 어떤 특징이 있다면 그것은 무엇인가, 이런 것들을 규명해서 인정할 점은 인정하면서 더 준열하게 비판함으로써만 그런 대신의 발언에 찬동하는 생각을 가진─그중에는 선의의 사람들도 많겠죠─그런 사람들의 마음을 바꾸고, 그렇게 함으로써 그런 발언이 나올 수 있는 근거를 제거할 수 있으리라고 생각합니다. 그래서 저는 역사학자도 아니고 경제학자도 아니면서 가령 일본 제국주의의 폭압적인 면과 또 그것이 공업화에 어떤 기여를 한 면을 따로따로 떼어서 보지 말고 동시에 생각해보자는 제안을 했던 것입니다.

카또오 동화정책에 대해서 한마디만 말씀드리겠습니다. 사실이 어떻든, 우선 정신적인 면에서 일본사람은 일본 안에서의 동질성에 대한 요구가 매우 강합니다. 그리고 세계가 제국주의적 성향을 보이면서 다른 강국들이 점점 커져가니까 일본도 커지고 싶어진 것이죠. 커지긴 하되 그 속에선 전부 다 같아야 한다는 식의 모순이 생긴 겁니다. 그런데 섬 안에 일본인만이 있으면 됩니다만 커지고 싶다, 커지면 외국인이 들어오는데 외국인은 싫다, 그것이 모순이죠. 완전한 동질성을 요구하는 폐쇄적 사회죠. 일본은 원래 종교를 보더라도 세계인이 믿는 기독교 같은 종교가 아니라 아마떼라스 오오미까미(天照大御神)죠. 그러면서 커지려니 조선을 정벌했지만 조선인은 모두 일본 이름으로, 일본말을 쓰고 아마떼라스 오오미까미를 믿어야 한다는 겁니다. 그렇게 되면 좋은데 그게 실행되지 않으니 동화를 강요합니다. 동화정책의 근본은 결국 일본사회의 폐쇄성과 제국주의적 확대요구라는 모순이 낳은 것이죠. 동화정책이 추진되고도 실패한 것은 그것이 처음부터 모순의 표현인 까닭입니다. 일본사회에 뿌리깊은 모순의 표현이라고 생각됩니다.

백낙청 그렇다고 하면 이 경우에도 일본의 제국주의는, 예컨대 알제리를 프랑스 본토에 흡수하려고 했던 프랑스 제국주의보다 훨씬 어리석었다고 말해야 할지도 모르겠습니다. 왜냐하면 프랑스 사람들은 프랑스인들을 알제리에 많이 이주시켜서 알제리를 흡수하려고 했던 것이지 알제리의 아랍인들을 자기들과 똑같은 프랑스 민족으로 만들 수 있다고 생각한 것은 아니니까요.

카또오 그렇습니다. 그 차이는 프랑스는 프랑스 중심주의, 프랑스가 가장 훌륭하다고 생각한다는 점입니다. 프랑스가 만들어낸 문화적 가치는 보편적이라고 생각합니다. 예컨대 인권의 관념은 프랑스혁명이 만들었다고 생각하는 거죠. 그리고 인권은 세계 어디에나 통한다, 알제리도 마찬가지…… 그러니까 아마떼라스 오오미까미와 인권의 차이입니다. 인권은 어디에서나 통하지만 아마떼라스 오오미까미는 그렇지 않죠. 아무리 일본인이라도 그것이 세계 어디에서나 신앙되리라고 생각할 수는 없는 것입니다. 하지만 인권은 다르죠. 이것이 프랑스와 일본의 큰 차이입니다. 그러면 일본에서 보편적 가치가 있는 것으로서 무엇이 있을까? 아마도 그것은 공업기술이겠죠. 그때부터 이미 그리고 어느정도의 조직력, 예컨대 의무교육제도, 군대제도, 경찰력, 공업기술, 그리고 조직력 그런 것을 보

편적이라 여겼겠지만 그것은 결코 진실한 가치가 아니니까요. 인권과는
다릅니다.

근대문학의 출발점

백낙청 저는 프랑스 제국주의에 동원된 보편주의야말로 현대 자본주의
의 가장 선진적인 이데올로기라고 생각합니다. 그런데 일본은 그런 이데
올로기를 지니지 못했다는 점에서 역시 과거의 정복주의에 더 가까웠다
고 보는 것이지요.

그러면 이제 일본과 한국의 근대문학에 대해서 얘기를 나누었으면 합
니다. 물론 구체적인 작가나 작품에 대해 상세한 얘기를 하기는 힘들 것
같습니다. 그래서 문학의 큰 흐름이라든가 아니면 문학과 관련된 상황에
대해서 의견을 나눠봤으면 합니다. 우선 일본과 한국에서 근대문학의 출
발점이랄까 그것을 잡는 방식은 대체로 비슷하지 않은가 생각됩니다. 물
론 한국의 국문학계에서 아직도 논란이 계속되고 있고, 일본 학계에서는
어떤지 저는 전혀 모르는 상태입니다만. 그러나 대체로 일본에서는, 가령
선생님의『일본문학사서설』에서 '제4의 전환기'라고 말씀하신 그 시기 즉
개항기와 메이지유신 이래의 문학을 근대문학이라고 하는 것 같고, 한국
에서도 일단 1876년 개항 이후의 어느 싯점에서 출발한다는 데에 어느정
도 합의가 있다고 생각합니다. 다만 그 시기에 나온 작품들 가운데서 대개
어느 싯점 이후라야 제대로 된 근대문학이라고 볼 수 있을지에 의견차이
가 있는 상태입니다. 그러나 기본적인 사고방식은 아까 선생님이 말씀하
신 근대의 첫번째 의미, 그러니까 서양에서 시작된 근대화의 영향을 직접
받게 되는 시기로부터 근대문학 형성의 계기가 주어진다는 생각입니다.
그런데 두 나라 문학사의 흐름 속에서 근대문학이 차지하는 위상은 비슷
한 점도 있고 다른 점도 있으리라고 생각합니다. 이것을 개략적으로 설명

하는 한 가지 방법은 봉건시대 내지 전통시대의 문학이 얼마나 계승되었고 또 단절되었는가, 또 한 가지는 새로 들어온 서양문학이나 문화에 대해서 어떤 대응을 하게 됐는가, 이런 것을 점검해보는 방법이 아닐까 합니다. 저희가 대체적으로 갖고 있는 인상은 일본의 경우는 개항과 근대화의 과정에서 식민지가 됐다든가 이런 경험이 없기도 하고, 또 하나는 에도(江戶) 시대에 이미 도시인들의 문학이 상당히 발달되어 있었기 때문에 앞시대와의 연속성이라는 면이 우리 한국문학의 경우보다 강하지 않은가, 그런 인상을 일단 가지고 있습니다. 물론 모든 면에서 다 연속성이 강하고 단절이 덜하다는 것은 아니겠지만 식민지를 겪은 한국에서와 같은 심각한 문제는 없었을 듯싶습니다.

카또오 직접적으로는 서양문학과의 만남, 그리고 서양문학을 받아들였다는 것이 근대문학의 시발점이 됐다고 말할 수 있는 것 같습니다. 메이지 시대에 들어와서 토꾸가와(德川) 시대와 달라진 면이 세 가지가 있다고 생각하는데 첫번째는 에도시대에는 말하는 말과 쓰는 말이 구분되어 있었습니다. 그러다가 메이지 이후에 와서 말하는 말에 가까운 쓰는 말을 만들어 그것이 문학의 도구가 되었다는 사실이 근대문학의 요소였다고 봅니다. 두번째는 서양문학의 영향이라고 생각합니다만, 소설이라든지 연극 같은 것은 토꾸가와 시대까지는 단순한 오락이었습니다. 그것이 오락일 뿐만 아니라 인생의 진실을 안다든지 표현하는 도구 즉 현실을 인식하는 도구로서의 문학이라는 개념이 성립된 것이 근대문학의 특징이라고 생각합니다. 쯔보오찌 쇼오요오(坪內逍遙)나 모리 오오가이(森鷗外)의 초기 작품을 보면 작가가 중요하다고 여기는 것들을 그려내고 있죠. 이를테면 쯔보오찌의 『당세서생기질(當世書生氣質)』이라는 소설이 있는데 그것은 오락이 아니라 그것을 봄으로써 학생들의 기질을 안다든지, 현실을 알기 위한 도구라는 의미가 있습니다. 그러한 것이 근대소설의 두번째 특징입니다. 이것이 문학의 목적이라고 할 수 있다면 세번째는 문학의 형식 문제입니다. 그때까지 시라든지 소설, 수필, 희곡, 여러가지 형식이 있었지만 그런 모든 형식을 두루 포함하는 문학이라는 개념이 없었습니다. 그것을 다 합한 문학이라는 개념이 서양에서 들어왔습니다. 근대문학이라고 하지만 메이지 이전에는 같은 의미로서의 문학이라는 개념이 없었지요. 나중에 돌이켜보면 사실상 시도 소설도 희곡도 다 있었습니다. 찌까마쯔(近松)의 희곡, 사이까꾸(西鶴)의 소설 하는 식으로. 문학의 중심을 역사나 논문이 아니라 소설이라고 생각하는 경향이 강해졌다는 것, 그것도 근대문학의 특징입니다. 한마디로 말하면 문학의 소설중심주의라고 할 수 있습니다. 그렇게 된 것은 앵글로쌕슨 문학 때문입니다. 중국에서는 전통적으로 문학의 개념이 전혀 다릅니다. 프랑스나 독일 같은 유럽 대륙의 경우는 영국과 달리 문학이라는 것은 철학적인 무엇이 있는 더 넓은 개념이었습니다. 그러니 소설을 중심으로 문학을 생각하는 사고방식은 앵글로쌕슨 사상이 수입된 것으로 생각합니다. 그것이 일본의 근대문학에 큰 영향을 주었습니다. 나는 그런 문학관에 대하여 회의적입니다. 앵글로쌕슨 문학보다 더 큰 영향을 준 것은 최근 전후 미국 대학의 문학부입니다. 미국의 대학에서는 문학이라면 시, 소설, 희곡, 문학비평, 그 이외의 것은 문학이 아닙니다. 그런 것은 세계적인 전통과는 상관이 없는 일이고 미국 대학의 전통입니다. 그런 것이 일본에서도 정착되었습니다.

근대문학의 특징 — 한국과 일본의 차이

백낙청 선생님이 말씀하신 일본 근대문학의 특징이라는 것이 대부분 한국문학에도 해당되는 것 같습니다. 가령 언문일치의 문제 같은 것은 한국의 경우는 훨씬 더 첨예하게 제기됩니다. 그전까지는 한국에서는 한문으로 쓰는 지식인들이 훨씬 많았고 또 한문과 국문을 섞어 쓰더라도 그것을 듣기만 해서는 알아들을 수 없는 문장을 많이 썼으니까요. 그런데 들어서도 알 수 있는 문장을 쓰려는 노력이 본격적으로 전개된 것이 19세기 말엽입니다. 그리고 시, 소설, 희곡 등등만을 문학이라고 생각하는 앵글로쌕슨 쪽, 특히 전후의 미국 대학에서 전파한 개념이 한국 근대문학에서도 어느정도 정착이 됐습니다. 그런데 몇 가지 차이를 얘기한다면 우선 서양의 영향이 한국의 경우는, 요즘에는 그렇지 않지만 과거에는 직접 들어왔다기보다는 일본이나 중국을 통해서 들어왔고, 특히 일본을 통해서 많이 들어옴으로써 일정한 굴절을 겪었다는 점이 다르겠지요. 또 한 가지 차이는, 선생님께서 말씀하신 두번째 특징, 즉 문학을 인생의 진실을 아는 하나의 방법으로 추구하는 태도는 한국문학의 전통 속에서 꽤 강했다고 생각합니다. 이것은 유교문화의 영향이 더 강한 점, 전체적으로 일본보다는 중국적인 전통이랄 그런 것도 있겠지만 어쨌든 지식인들의 문학뿐 아니라 전통시대의 민중예술을 보더라도 양반이나 사회에 대한 풍자라든가 현실비판적인 측면이 매우 강합니다. 19세기 이전에도 꽤 많이 눈에 뜨입니다. 따라서 그런 면에서는 근대 이전의 문학과 근대문학의 사이에 그렇게 큰 차이가 나타난 것은 아니고, 우리는 식민지화가 된 이후로 당국의 탄압이 심해지고 현실을 도피하려는 성향이 작가들에게 드러나면서 오히려 어떤 면에서는 전통시대 민중예술의 건강한 측면, 현실비판적인 측면을 근대문학에 와서 상실한 바도 있습니다. 그래서 이와 연관해서 세번째 차이점을 말씀드릴까 하는데요. 아까 한국에서 전통의 단절이 일본보다 심한 면이 있다는 말씀을 드렸습니다만, 그러나 다른 한편으로는 일본에서는 지식인이나 지배층이, 또는 일본사회 전체가 적극적으로 서양화에 나선 데 비해서, 한국의 경우는 서양적인 근대화라는 것을 식민지체제가 가져왔고 전통의 단절을 강요했기 때문에 이런 단절을 극복하려는 민중이나 지식인들의 적극적인 노력이 양적으로는 큰 것은 아니지만 어떤 면에서는 집중적으로 이루어졌다고 할 수 있습니다. 가령 소설중심주의가 앵글로쌕슨 문학에서 들어와 일본에 정착됐다고 말씀하셨는데, 일본의 영향을 받은 한국 문단에서도 그런 생각은 많이 퍼져 있었습니다. 그러나 근대적인 장편소설문학을 풍요롭게 발전시킬 사회적인 기반이 없었던 이유도 있겠지만, 전통적인 민요라든가 민중적인 정서에 부합되는 시를 우리 시인들이 많이 써내는 가운데 근대시라는 것이 일본에서처럼 엘리뜨들만 보는 문학으로 발전하지 않고 오늘날까지도 소설에 못지않은 대중성을 누리는 문학풍토가 계속되고 있습니다.

카또오 아, 그렇군요. 여쭙고 싶은 것은 19세기 말부터 언문일치체가 성립되고 그전에는 한문으로 썼다고 하셨는데 그때 한문으로 어떤 내용을 썼습니까? 소설이나 시, 희곡 등이 있는데 무엇을 썼습니까?

백낙청 소설도 쓰고 시도 썼는데, 소설은 아직 근대적 로망(장편소설)은 아니고 소설이 메이저 장르라고도 할 수 없었죠.

카또오 상당히 재미있군요. 한국과 다른 점도 있겠지만 일본의 경우도 메이지 이전 지식인들은 주로 한문으로 많이 썼는데 이것은 라틴어와 비슷한 면이 있다고 생각합니다. 중세유럽에서는 소설이나 서정시의 일부는 그 나라의 국어로 쓰고 철학, 역사 같은 이론적 서적들은 라틴어로 썼었죠? 거칠게 말하자면 서양인들이 자신의 생각을 자기의 언어로 말하기 시작한 것은 16세기 이후 아닙니까? 일본의 경우, 에도시대까지는 한문으로 썼다고 얘기했는데 한문으로 쓴 것은 확실히 정해져 있습니다. 우선 시가 있고요. 이론이나 역사의 어떤 부분, 그것도 한문으로 썼습니다. 다른 한편으로 시의 경우는 와까(和歌)라든지 하이꾸(俳句) 등 일본말로 쓰는 것도 있었습니다. 그리고 모노가따리(物語) 즉 이야기나 연극 각본은 거의 대부분 일본말로 썼습니다. 그러나 근대문학이 되면 여태까지 한문으로 썼던 논문 같은 것도 일본어로 쓰게 됩니다. 요컨대 한문에서 일본말로 변했다는 것이 근대의 언어상의 가장 큰 변화라고 할 수 있습니다. 그다음 어떤 일본말인가 하는 것이 문제가 된 거죠. 첫번째는 한문으로 쓰던 것을 일본어로 쓰게 됐다는 것, 두번째는 일본어 그 자체가 언문일치로, 말하는 말로 글을 쓰게 됐다는 것으로 두 단계가 있는 셈이죠. 그런 면에서는 프랑스문학과 꼭 같습니다. 라틴어와 불어의 관계를 비교하면 말입니다.

두 나라 현대문학의 상황

백낙청 한국에서도 14세기 초반에 한글이 창제된 이후로는 기본적으로 비슷한 상황이 존재하게 됐습니다. 그러나 양에 있어서 일본과 비교하면 언문문학의 비중이 훨씬 작지요. 서양에 비해서는 물론이고요. 그러나 가령 시라고 하면 한문으로 쓰지만 가창(歌唱)을 전제로 한 가사(歌辭)라든가 시조, 이런 것은 국문으로 쓰게 되죠. 그런데 선생님이 말씀하신 것처럼 논문이나 역사 같은 것은 한글로 쓰지 않습니다. 여자라든가 한자를 모르는 사람들에게 역사나 경전을 설명하는 글은 한글로 쓰지만 그러나 본격적인 논술에 해당하는 것은 씌어지지 않죠. 19세기 말엽이 획기적이라고 하는 것은 1890년대에 『독립신문』이 나오면서 신문의 기사나 논설, 모든 것이 순 한글로 씌어집니다. 그 이후에 물론 선생님께서 말씀하신 것처럼 어떤 한글을 쓰느냐 하는 문제가 남는데, 다만 국문 문장을 쓰는 작업 자체와 언문일치된 국문을 쓰는 작업이 다분히 뒤섞여서 진행되는 형국입니다.

시간이 없으니까 다음 얘기로 나가겠습니다. 지금 우리가 근대문학의 초기에 관한 얘기를 했습니다만, 이제 시기를 많이 건너뛰어서 최근 몇십년 얘기로 옮아올까 합니다. 1960년대 이래 두 나라 문학을 비교해볼 때, 저는 일본문학에 대해서 대단히 무지합니다만, 한국에서는 한국전쟁을 겪으면서 문단뿐 아니라 사회비판세력이 거의 사라지다시피 했다가 60년에 이승만정권을 쓰러뜨린 4·19혁명이 일어나면서 그 후로 현실비판적인 문학이 되살아나서, 때로는 참여문학이라고 불리기도 하고 또는 민족문학·민중문학이라고 하기도 하고 어떤 때는 리얼리즘 문학이라는 말을 앞세우기도 하면서 어쨌든 우리 현실에 진지하게 대응하는 문학을 하려는 흐름이 이제까지 지속되어왔습니다. 그런데 앞서 선생님께서 말씀하신 바에 따르면 패전 이후 15년 동안은 일본에서 그런 비판적인 문학이라든가 지식인의 움직임이 활발했는데 그 후로는 점차 약화되어온 셈입니다. 특히 70년대 중반 이후라든가 80년대 이후로는 흔히 일본의 문학은 탈정치화되었다는 얘기를 듣고 있습니다. 만약 그것이 사실이라면 한국 현대 문학의 상황과는 상당히 다른 것 같은데 실상이 어떤지요?

카또오 예. 그렇습니다. 그대로입니다. 탈정치화 경향이 강합니다. 바꿔 말하면 사적(私的)이 되었다고 할 수도 있겠지요. 점점 사적인 것들을 화제로 삼게 되었습니다. 또 이런 문제가 있습니다. 한국에서는 어떤지 여쭤보고 싶습니다. 일본에서는, 아까도 얘기가 나왔지만 19세기 말 한국과 거의 같은 시기에 언문일치가 시작되었으니 아직 100년이 안됐습니다. 그러니 아직 확실한 언문일치체의 문장, 문체가 확립된 것은 아니라고 봅니다. 그것을 만들어가는 과정이라고 봅니다. 바꿔 말하면 문학적 근대어를 만들어가는 과정에 있다고 봅니다. 그런데 비교해보면 새로운 유행은 곧잘 프랑스에서 옵니다만 프랑스어의 경우에는 프랑스어로 온갖 것들을 쓰기 시작한 것이 16세기, 100년쯤 지나 17세기가 되면 거의 확실하게 고정됩니다. 그러니 프랑스에서 문학적 근대어로 작품을 쓴 것은 최소한 3세기가 지났습니다. 그런 뒤에야 이미 확립된 문학적 근대어가 파기되고 언어를 분해하고 해체시키면서 새로운 문학이 나타나게 됐습니다. 제임스 조이스(James Joyce)라든지 다다(Dada)파 예술가, 그리고 데리다(Derrida), 그런 사람들이 20세기 들어와서, 특히 2차 세계대전 이후에 많이 나타났습니다. 그것은 17세기에 확립된 문학적 근대어를 300년 지난 이제 와서 파기하려고 하는 것입니다. 일본어 같은 경우는 쉼표와 마침표 같은 것조차 확립되어 있지 않습니다. 어떻게 하든 그것은 쓰는 이의 자유입니다. 프랑스어의 경우는 이를테면 콤마를 어디에다 붙이는지는 17세기에 이미 확실하게 됐습니다. 그것을 프루스뜨(Proust) 같은 작가가 조금 바꿔서 한 것, 300년 동안 확립된 프랑스말을 조금 다르게 쓴 것이니 의미가 있는 것인데, 일본에서는 아직 확립되지 않은 것을, 프랑스에서 지금 유행중이라면서 일본의 문체를 파기한다는 것은 전혀 다른 것입니다. 그것은 진실로 새로운 것이 아니라 어떤 미로에 빠져버린 것, 그렇게 보이는데 한국에서는 그런 문제가 어떻습니까?

백낙청 한마디로 말씀드리면 그런 희극적인 상황이 한국에서도 벌어지고 있고, 여러 면에서 일본보다 더 희극적이라고 할 수밖에 없습니다. 왜냐하면 문학적 근대어를 만들어가는 과정이 일본에서 완성되지 않았다고 한다면 한국어는 더더군다나 미완상태니까요. 다만 한국에서는 아직도 이런 사람들이 문단에서 많은 비판을 받고 있고, 일반 독자들도 그런 문학이 자기들의 절실한 관심사를 표현해주지 않는다고 해서 큰 호응을 못 얻고 있습니다. 그 점이 일본과 다소의 차이가 될지 모르겠습니다.

카또오 별로 차이가 없는 것 같습니다. 그것은 독자들에게 지지를 받고 있는 것도 아니고, 최신 프랑스를 흉내내는 일이 행해지는 데가 대학인데 한국의 것을 코미디라면 그것은 아카데믹 코미디라고 할 수 있습니다. 일본도 똑같습니다. 대중들이 그것에 대해 별 흥미를 못 느끼고 있습니다. 그래서 요새는 팔리지도 않고 문학 전체가 위기에 있다고 생각합니다. 물론 대중적인 인기가 있어야 한다는 것이 아닙니다. 문학인이 대중을 앞서 갈 수도 있는 것이니까 반드시 대중들에게 인기가 있다 없다, 지지를 받고 있다 있지 못하다는 것이 중요한 것은 아닙니다. 그러나 역사적으로 의미가 있는 일을 해야 안 팔려도 의미가 있겠지만 일본에서 행해지고 있는 것은 그런 것이 아니라 대학사회 안에서만 통하는, 자기소비적인 행위라고 밖에 볼 수 없습니다.

문학의 탈정치화

백낙청 그런데 제가 여쭤보고 싶은 것은 탈정치화라는 현상에 관해서 언어의 파기라든가 이런 작업만이 아니라 다른 측면에서도 그 원인이나 실상을 논할 필요가 있지 않겠는가 하는 겁니다. 제가 그 질문을 드리는 특별한 이유가 있는데, 이제까지는 제가 일본문학의 탈정치화와 한국문학의 큰 흐름은 대조적이었다고 말씀드렸습니다만, 1990년대 들어와서는 한국문학에서도 일부분 탈정치화에 해당하는 현상이 나오고 또 그래야만 한다는 이론도 나오고 있습니다. 또 어떤 사람들은 탈정치화가 바람직한 것은 아니지만 어차피 우리는 일본이 간 길을 따라가는 것이 아니냐 하는 주장을 하기도 합니다.

카또오 저도 그런 문제에 큰 관심을 가지고 있습니다. 일본은 전형적으로 자본주의사회이고 대중소비사회로 변하고 있습니다. 대중소비사회의 시장이라는 것은 무엇이든지 기술적 정보나 예술, 그리고 마시는 물까지 상품화합니다. 그래서 대중소비사회는 반드시 문학도 상업화합니다. 일본의 대중소비사회가 상당히 발달되어 있으니까 문학작품의 상업화도 극단적으로 진행되고 있습니다. 상업화가 바로 탈정치화입니다. 정치적인 비판을 안해야 팔리죠. 회사를 비판하는데 회사가 돈을 벌 수는 없으니까요. 두번째로, 일본사회는 갈수록 우경화·보수화되고 있고, 그 내용은 비판세력의 후퇴를 가리킵니다. 문학자도 정치세력에 대해 비판적이질 못합니다. 점점 비판정신을 잃어버리고 보수화되고 있습니다. 이것이 문학의 탈정치화의 정치적·경제적인 배경입니다.

세번째로 조금 복잡한 얘기가 되겠지만 문학의 탈정치화의 문화적·철학적 이유입니다. 테크놀로지, 과학기술의 압도적인 힘 속에서 모든 사고방식이라든지 표현방법 등이 과학기술의 영향을 받고 있다는 것입니다.

그러면 과학기술과 상관이 없는 영역을 찾아내어 거기에서 문학을 하려고 하게 됩니다. 현실 아닌 공상의 세계가 그중의 하나인데, 과학기술 하는 사람은 현실을 떠난 공상의 세계에 대해서는 별로 흥미가 없습니다. 물론 미적이라든가 아름다움의 세계를 그릴 수 있겠지만, 이건 별로 설득력이 없죠. 왜냐하면 그러한 문학작품들이 그다지 아름답지 않기 때문입니다. 그러니까 주로 공상의 세계로 도피할 수밖에 없는 것입니다. 공상의 세계라는 것은 현실을 떠난 것이니 당연히 현실정치로부터도 떠나 필연적으로 탈정치화하게 되죠. 정치적인 보수화라는 것은 모든 선진공업국에 반드시 있는 일은 아니겠지만 그러나 대체로 그런 방향으로 가고 있다고 볼 수 있습니다. 제가 말씀드린 상업화와 과학기술에 대해 공상의 세계에 문학을 가두어두자, 그 속에서만 하자라는 사고방식은 대단히 보편적입니다. 일본뿐만이 아닙니다. 북미나 유럽도 그렇다는 것입니다. 하지만 온 세계가 그렇다는 것은 물론 아닙니다. 팔레스티나, 카이로에서는 사정이 전혀 다릅니다. 예를 들면 팔레스티나나 카이로에서 어느 누가 정치적이 아닌 시를 한 구절이라도 쓸 수 있겠습니까? 연애를 노래한다 해도 연애 그 자체가 이미 정치적입니다. 다만 서유럽, 북미 그리고 일본에서는 그렇다는 겁니다. 일본뿐은 아니지만 세계적 현상은 결코 아닙니다. 아프리카나 팔레스티나의 시인들은 그런 소린 안합니다. 산업화되어 있지도 않고요. 문학이 공상의 세계이고 정치와는 관계없다는 소리는 안합니다. 유명한 시인들은 전투적으로 정치적입니다. 탈정치적이라는 것은 있을 수 없습니다.

백낙청 선생님이 말씀하신 자본제 발달에 따른 상품화라든가 과학기술의 압도적인 영향력이라든가 이런 것은 말하자면 세계적인 대세이기 때문에 한국도 세계시장의 일부로 활약하고 또 자본주의 경제발전을 계속하는 한 그런 대세에서 완전히 벗어날 수 없는 것이 확실합니다. 그러나 아직까지는 한국문학의 현상 자체가 일본문학의 현상과는 매우 다를뿐더러, 저는 탈정치화된 문학으로 우리가 가서도 안되고 또 가지 않을 수가 있다고도 믿고 있습니다. 그리고 만약 우리 한국문학이 현재의 일본문학과 다른 길을 갈 수 있다고 한다면, 그것은 아프리카나 팔레스티나의 문학이 선진자본주의 국가의 문학과 다른 길을 가고 있는 것보다 훨씬 더 큰 의미를 갖게 되리라고 봅니다. 그런데 우리가 다른 길을 갈 수 있다고 생각하는 이유를 크게 두 가지로 말씀드릴 수 있겠습니다. 하나는 아까 현대사를 얘기하면서 우리는 분단됐다는 말씀을 드렸는데, 남한의 경제발전이 일본의 뒤를 따라가는 것같이 보이지만 이것은 분단체제 아래서 이루어진 경제성장으로서의 특성을 가지고 있기 때문에 일본에는 없는 문제점도 있고, 또 일본에는 없는 가능성도 갖고 있다고 생각합니다. 문제점이라고 하는 것은 분단현실이 자본주의 발전의 초보적인 단계에는 매우 유리하게 작용하는데 어느 싯점을 넘어서면 분단체제를 허물어가지 않고는 분단이 점차 불리하게 작용하게 된다는 것입니다. 그래서 이제까지 한국이 남북대결 상황에서 과거 일본의 어느 지점까지 따라왔다고 해서 같은 상황 아래 일본을 계속해서 따라갈 수는 없다고 생각합니다. 반면에 이 분단체제를 우리가 슬기롭게 극복할 수 있다고 한다면, 양적으로 우리가 일본을 얼마나 따라가느냐 하는 문제를 떠나서 그것은 뭔가 질적으로 다른 사회를 이룩하게 되리라고 믿습니다. 그리고 설령 그것이 넓은 의미로 자본주의사회라고 하더라도, 가령 문학이나 예술이 존속하는 데 훨씬 유리한 자본주의사회, 또 앞으로 자본주의사회의 문제점을 좀더 근본적으로 해결하는 데 한층 유리한 사회가 될 수 있을 것입니다. 그러니까 우리는 일본보다 나아지든가 일본만큼 못되든가 하지 일본과 똑같이 될 가능성은 희박하다는 생각이지요. 또 한 가지는, 우리 전통 속에 아까도 말씀드렸듯이 현실비판적인 문학이라든가 지식층과 문사들 사이에 사회 전체에 대해서 책임을 지는 사고방식이 일본보다 강하지 않은가 하는 것입니다. 유교문화의 폐가 물론 많기는 했습니다만, 어쨌든 유교사회에서 선비는 자기가 나라의 주인이라고 생각하지 가령 사무라이계급의 고용인이라든가 또는 단순히 군주의 신하라는 생각을 하지 않습니다. 물론 전통 속의 이런 유리한 면을 우리가 얼마나 활용할 수 있는가 하는 것도 앞으로 우리가 한반도에서 어떤 사회를 만들어나가는가에 달려 있지요.

그리고 과학기술과 관련된 문제는 선생님 말씀대로 대단히 철학적이고 복잡한 문제인데요. 그 말씀이 나온 것을 계기로 한국과 일본에 머물지 않고 흔히 말하는 세계사의 전환이라든가 또는 좀 거창하기는 합니다만 21세기를 향한 인류의 과제, 이런 문제로 넘어가보면 어떨까 생각합니다. '세계사의 전환'이라는 표현은 선생님이 근래에 참가하신 어느 좌담의 제목으로도 쓰인 것을 봤습니다만, 선생님께서는 지금 이 싯점이 단순히 한국이나 일본에서의 어떤 전환이 아니고 세계사의 전환을 얘기할 수 있는 근거가 있다면 어떤 것이라고 보시는지요?

21세기를 향한 인류의 과제

카또오 근거는 크게 두 가지가 있는데, 우선 직접적으로는 냉전이 끝났다는 것입니다. 이것은 냉전이 끝나서 어떤 문제가 생겼다는 것이 아니라 냉전이 숨기고 있던 문제들이 냉전이 끝남으로써 보이게 되었다라고 생각해야 되겠지요. 우선 그것은 여태까지는 두 개의 초강대국이 국제질서를 유지하고 있었는데, 냉전의 종식으로 초강대국이 하나밖에 안 남았습니다. 그 하나 남은 초강대국이 세계질서를 안정시킬 것이냐, 또는 그건 별로 바람직한 일이 아니니 좀더 국제적 협력으로 국제질서를 안정시킬 것이냐 둘 중의 하나겠죠. 그런데 공동의 협력에 의한 안정은 지금까지 별로 성공적이질 못합니다. 그러니까 위기라는 것이죠. 유럽공동체라든지 유엔 등 공동으로 국제질서를 유지하려는 움직임이 있는 것은 물론 사실이지만 그와 동시에 여태까지의 민족국가가 분해되어가고, 지역적인 분쟁이 많이 나타나고 있습니다. 작은 규모의 내셔널리즘 사이의 싸움이라고 할 수 있습니다. 집중과 분해가 동시에 일어나고 있는 것이 현실입니다. 냉전종식으로 그것들을 컨트롤하는 이데올로기가 없어짐으로써 표면화된 것이지요. 한쪽에는 유럽공동체나 유엔 같은 것이 있고, 한쪽에는 유고슬라비아 붕괴 같은 것이 있습니다. 이것들을 어떻게 조정할 수 있는지가 큰 문제입니다. 조정하지 않으면 점점 커져가니까요. 그야말로 위기죠. 냉전이라는 것은 바로 동서대결이었으니 남북대결이 안 보였습니다. 그러나 이제 냉전이 끝남으로써 남북대결이 눈앞에 보이게 됐습니다. 그리고 또 한 가지, 냉전이 끝났다는 것과 직접적인 연관성이 없는 얘기처럼 들릴지 모르지만 긴 눈으로 보아서는 환경문제가 있습니다. 그리고 인구문제입니다. 양쪽 모두가 이대로 가면 어쩔 수 없는 상황이 될지 모릅니다. 환경도 이대로 가면 막다른 골목이고, 지구의 규모는 한정되어 있으니까 인구도 무한히 늘어날 수는 없는 것이니 어떻게든 컨트롤을 해야 하는 것은 사실입니다. 마지막으로는 아까도 말한 과학기술과 문학, 혹은 시의 문제입니다. 과학기술자 대 시인의 문제라고 할 수도 있겠지요. 이대로 가면 과학기술자가 압도적으로 많아지고 시인은 멸종되겠지요. 언젠가는 시인 세 사람이 만나서 자기 집 안방에서 서로의 시를 읽고, 서로를 위로하고, 그러나 그 사람들의 시집은 아무도 읽는 사람이 없고 어디에서도 팔리지 않고 다른 이들에게는 통하지도 않으니, 안방에 앉아 있는 그런 시대, 신문에도 나지 않고 잡지에도 실리지 않아 사회로부터 사라져버리는 거죠. 그리하여 압도적인 과학기술자의 시대가 되는 거죠. 이야말로 위기적 상황입니다. 시인이 없는 세계, 이것은 인류 유사 이래 처음이니 이것도 상당히 획기적인 일이죠?(웃음) 이것이 지금을 제가 위기의 시대라고 생각하는 하나의 근거입니다.

백낙청 냉전이 끝남으로써 사실은 냉전상황이 감추고 있던 여러가지 문제가 드러나게 됐다는 선생님의 말씀에 저도 동의합니다. 감추어졌던 문제들을 여러가지로 지적해주셨는데 거기에도 생각이 같습니다. 그런데 이런 현상들을 대체로 두 가지로 나누어서 정리하는 방식이 있겠는데요. 하나는 냉전이 끝나고 공산주의정권들이 무너지면서 분명해진 것이, 서방측에서 얘기했듯이 소련의 공산주의가 문제라든가 또는 동쪽진영에서 말했듯이 자본주의가 문제인데 그 근본적인 해결책은 이미 발견이 됐다는 것이 아니고, 역시 지금 시대는 자본주의시대이고 자본주의의 문제에 대한 해답은 아직 못 나온 상태가 아닌가 하는 것입니다. 또 하나는 선생님이 말씀하신 여러가지 중에서 특히 과학기술의 위력이라든가 기술주의, 이런 것이 이제까지 자본주의 생산양식을 주로 문제삼아온 맑스주의자들이 생각했던 것보다 훨씬 큰 문젯거리라는 인식입니다. 그래서 실제로 환경이라든가 인구문제로 인해서 인류 전체가 공동으로 멸망할 가능성은 가령 과거에 미국과 소련이 전쟁을 해서 인류가 망할 가능성보다 훨씬 크고 절박한 문제로 인식되고 있습니다. 그런데 이렇게 한편으로는 자본주의를 문제삼고 다른 한편으로는 기술문명을 문제삼았습니다만, 이제까지 이 두 가지를 제기한 분들이 대개 이들 문제를 별도로 생각하는 경향이 있지 않았는가 하는 느낌입니다. 가령 자본주의 생산양식을 근본적으로 변혁해야지 인류가 살아남을 수 있고 건강한 사회를 만들 수 있다고 주장해온 사람들은 주로 맑스주의자들인데, 우선 혁명을 해서 생산양식을 바꿔놓으면 그다음에 기술이라든가 가치관의 문제가 따라서 해결되리라는 것이 유물론적인 사고방식이라고 믿어온 예가 적지 않습니다. 반면에 기술문명에 대해서 문명비평을 제기해온 사람들은 자본주의 생산양식에 대한 과학적인 분석을 소홀히하는 경향이고, 가령 우리가 가치관을 바꿔야 한다든가 과거의 우리 동양 전통에서처럼 자연과 공생하는 그런 태도를 가져야 한다, 이런 원칙을 제시하는 선에 머무르는 경향이 있었다고 생각합니다. 그런데 저는 이제 우리가 정말 세계사가 요구하는 전환을 이룩하려면 문명의 문제는 곧 생산양식의 문제이고 또 생산양식을 바꾸는 작업은 어떤 문명적인 대안을 구상하면서 그것을 일상생활 속에서 하나하나 실현해나가는 이런 과정과 함께하지 않고서는 불가능하다고 봅니다. 저는 대체로 그런 식으로 정리하고 있습니다.

카또오 지금 생산양식을 말씀하셨는데, 맑스가 말하는 생산양식이라는 문제도 중요하지만 실제로 변해가기 위해서는 나는 생산양식을 바꾸기보다는 생산과 관계가 없는 것을 생각해야 한다고 생각합니다. 혹은 자본주의란 시장경제이니, 시장을 중심으로 생각해서 시장경제의 원리로부터 동떨어진 것들을 시장과는 관계없이 해결해나갈 방법을 짜내어야 한다고 생각합니다. 이를테면 학교에 돈을 내서 어린애들을 교육시킨다든가 예술활동을 유지한다는 것은 시장경제가 아니니까요. 공공투자가 필요한 것입니다. 저는 실제적으로 시장기능을 그것이 유효한 범위 내에서 남겨두면서 시장만능이 아니라 시장으로부터 독립된 경제적·사회적 활동영역을 확대해나가야 한다고 생각합니다. 그 영역은 무척 넓죠. 교육이 그렇고 문화활동의 거의 전부가 그렇습니다. 만약에 시장경제에만 의존한다면 돈이 많이 드는 예술, 예컨대 오페라 같은 것은 1년 이내에 없어져버리겠지요. 입장료만으로 유지한다면 오페라는 금세 없어져버립니다. 소련의 사회주의경제는 생산양식으로서는 비능률적이었습니다. 결과적으로 그렇지 않아요? 자동차라든가 소비재를 만드는 건 안된다는 얘기죠. 그러나 생산과 관계없는 부분, 좁게 말해 물건을 만들어내지 않는 영역에서는 비교적 성공했다고 봅니다. 경제학에서 말하는 사치품을 만드는 부분에서는 소련 사회주의는 성공했습니다. 사치품이란 두 가지가 있습니다. 모든 것이 실패한 것이 아니라 두 가지는 성공했습니다. 하나는 모스끄바 발레입니다. 또 한 가지 사치품은 핵무기입니다. 핵무기는 목적 자체가 파괴니까 아무것도 생산할 수 없는 것입니다. 사회주의가 굉장히 성공했다면 그것은 핵미사일과 모스끄바 발레입니다.(웃음) 그리고 완전히 실패한 분야는 자동차와 비누입니다. 비누는 냄새가 지독하고 자동차는 국내에서밖에 안 팔리죠.

백낙청 제가 생산양식을 변혁하려는 싸움과 기술문명을 근본적으로 바꾸려는 싸움이 하나가 되어야 한다고 했을 때는 선생님이 말씀하신 것처럼 단순히 생산에 관한 것만 말하는 것이 아니라 일견 생산과 무관한 문제도 똑같이 보면서 진행해야 한다는 뜻이었습니다. 그리고 이 생산양식의 변혁이라는 것은 어디까지나 세계 전체 차원에서 이루어져야 하는 것이지 소련이 아무리 큰 나라라고 하더라도 세계의 고립된 일부로서 진행하는 사회주의라는 것은 생산양식의 변혁에 성공했다고 할 수가 없습니다. 다만 일정한 기간 동안 어느정도 사회주의적인 경제·사회제도를 건설하고 유지한 것인데 이것이 끝내 지탱될 수 없었다는 사실이 오늘날 드러나고 있습니다. 그래서 지금 싯점에서 말한다면 소련은 자동차와 비누에서 실패했을 뿐만 아니라 볼쇼이 발레와 핵무기에서도 실패했다고 볼 수밖에 없는 것입니다. 그렇다고 우리가 앞으로 생산양식의 참다운 변화를 추구하고 대안적인 문명을 추구하는 데 있어서 소련 70년의 역사가 무의미하다는 것은 아닙니다. 어쨌든 제가 강조하고 싶은 것은 우리가 생산양식의 문제를 단순히 생산의 문제가 아니라 문명 전반의 문제로 파악해야 하듯이 문명 전체의 문제도 막연히 문명의 문제, 또는 기술의 문제로 생각할 것이 아니라 구체적으로 자본주의경제가 낳고 자본주의적인 원칙에 의해서 운영되는 기술을 보아야 할 것입니다. 가령 지금 환경문제라든가 또는 훌륭한 시인들이 점점 소외되는 문제만 하더라도, 그런 식으로 환경을 파괴하지 않고 시인보다 기술인을 우대한다든가 하지 않고서는 자본주의세계의 경쟁에서 살아남을 수 없다는 논리가 작동하고 있기 때문이지요.

카또오 그렇죠.

백낙청 그런데 문제가 어려운 것이, 이 경쟁의 논리를 무시해서도 우리가 살아남을 수 없고 그렇다고 해서 경쟁에서 뒤떨어지면 죽으니까 우선은 경쟁에서 이기는 일밖에 생각하지 말자고 경쟁에 몰두하다 보면 인류가 공멸하는 결과가 될 것입니다. 그래서 이런 어려운 고비에서 우리가 도대체 어떻게 해야 하며, 한국이나 일본의 문학인이나 지식인이 특별히 할 수 있는 일은 무엇이 있는가, 또 한국이나 일본뿐만 아니라 우리 동아시아 특유의 어떤 공헌이 가능한 것인가, 이런 문제들을 선생님께 여쭤보고 싶습니다.

경쟁과 협력

카또오 말씀하신 것을 정리하면, 지금은 위기상황이고 따라서 방향전환이 필요하다, 그렇습니다. 그리고 지금 말씀하신 것처럼 방향전환의 가장 큰 장애는 경쟁이라는 것도 사실입니다. 경쟁이 없이는 살아남지 못하니 경쟁은 필요하다, 그렇게 되죠. 결국 중대한 방향전환에 있어서도 경쟁을 뛰어넘어야 한다고 봅니다. 어떻게 하면 경쟁을 넘어설 수 있는가가 문제인데, 그것은 경쟁에 참가한 사람 모두가 협력해서 넘어설 수밖에 없습니다. 일본과 한국만으로는 안됩니다. 나는 이것이 가능하다고 여기지는 않지만 만일 하려면 강력한 경쟁자들이 힘을 모으는 수밖에 없지요. 그 힘있는 경쟁자가 동북아시아와 유럽과 북미입니다. 그 3자가 협력해야만 가능합니다. 미국이 싫다면 안됩니다. 유럽이 '나는 빠지겠다'고 해도 안되는 거죠. 미국이 가장 강력한데 미국 한 나라조차도 사실은 어렵습니다. 만일 미국이 결심해서 자동차 대신 자전거를 타겠다고 하면 당장에 일본과 유럽이 기다렸다는 듯이 자동차 시장에 뛰어들어 순식간에 미국시장은 파멸합니다. 그러니 미국은 언제까지나 경쟁에 참가할 수밖에 없고 한국도 마찬가지 아닙니까? 그러니 결국 아까 선생님 말씀하셨듯이 언제까지나 경쟁해서 모두 함께 멸망할 수밖에 없는 것이죠. 아니면 모두 함께 살아남든가. 하지만 동북아시아만 살아남을 수는 없습니다. 그러나 물론 동북아시아는 살아남아야죠. 그러기 위해서는 경쟁해야 합니다. 한국도 발전해야 합니다. 발전할 능력이 있다는 건 분명하구요. 하지만 동시에 그것을 초월해서 그런 경쟁사회를 컨트롤해야 하는데 그것은 국제협력이 필요한 일입니다. 그리고 그건 3자가 함께해야 합니다. 아프리카가 아니구요. 그럴 힘이 없으니까요. 이렇게 말하긴 뭐하지만 아프리카는 아무도 무서워하지 않습니다. 문제는 남들이 뭔가를 해주기를 기다릴 게 아니라 이쪽에서 시작해야 하는 일이죠. 능력이 있는 쪽이 먼저 시작해야 하니까요. 선생님께서 말씀하신 우리가 할 수 있는 일이 뭔가에 대해 대답을 드린다면 우선 이니셔티브를 갖는 것입니다. 하지만 우리끼리만 하자는 것이 아니라 우리가 이니셔티브를 잡고 미국과 유럽을 끌어들이자는 것이죠. 그러기 위해서는 한·일관계가 지배·피지배관계가 아닌 진정한 협력이 필요합니다. 협력하기 위해서는 서로가 이해할 수 있어야 하고, 그를 위한 조건은 존재한다고 봅니다. 먼저 한·일 두 나라가 협력하지 않는 한 미국을 설득할 수는 없습니다. 그러니 이니셔티브를 잡기 위해서는 동북아시아에서의 상호이해가 필요하니 우리 함께 이 문제를 해결해갑시다. 구체적으로 생각합시다. 나는 일본정부에 대해서는 아주 비판적인 사람입니다. 아까도 말했듯이 일본정부 사람이 늘상 실언을 하고 비판을 받아도 도저히 이해하려고 할 자세조차 보이지 않는 상태입니다. 그러나 기다리고만 있을 수 없으니 먼저 일본과 한국의 지식인이 시작해야죠. 결국은 정부간의 문제가 되겠지만 우선 시작해야죠. 그래서 제가 한국에 왔습니다. 그냥 놀러 온 게 아니에요. 인류가 함께 멸망하는 게 싫으면 그 일을 시작하는 수밖에 없지 않습니까? 그러니 우선 선생님과 저, 둘이서 시작합시다. 논쟁해가면서 이해하기 시작하는 겁니다. 우리가 하지 않으면 아무도 안하니까요. 그래서 왔습니다. 맨처음에 말씀한 지금 왜 한국에 왔는가는 이제 답이 나오네요.(웃음)

백낙청 참 좋은 말씀입니다. 지금 우리가 당면한 위기가 인류 전체의 위기이기 때문에 인류 전체가 공동으로 노력해야 한다는 것은 당연한 애기이고, 그 말씀은 옳은 말씀입니다. 다음에 현실적으로 오늘의 세계에서 힘을 가진 것이 주로 북미, 유럽, 동북아시아니까 그쪽에서 더 많은 역할을 해야 한다는 것도 옳은 말씀입니다. 그런데 제가 여쭤보고 싶었던 것은 이런 공동의 노력이 가능해지기 위해서 제가 한국인으로서 또는 일본사람은 일본사람으로서 각자 특별히 거기에 기여할 수 있는 것이 어떤 것이 있을까를 생각할 때, 우리가 상호이해하고 협력을 하더라도 우리 자신의 일상적인 문제, 당면과제를 해결해가는 가운데서 상호이해하고 공동으로 노력하는 훈련이 무엇보다도 필요하다는 생각입니다. 그래서 가령 한국에서는 저나 제 주변의 동지들은 우리의 당면과제로 제일 중요한 것은 분단체제의 극복이라고 생각하는데, 단순히 분단극복이라고 말하지 않고 분단체제의 극복이라고 말하는 것은 여러가지 통일을 우리가 상상할 수 있지만 현재 분단으로 굳어진 이 체제의 나쁜 점들을 제대로 극복하는 통일이 되어야겠다는 거죠. 그런데 이 분단체제라는 것은 그것이 만들어질 때도 그랬고 재생산과정에서도 일본이나 미국 등 여러 외부세력이 개입되어 있기 때문에 그것을 극복하기 위해서도, 한편으로는 우리 민족이 그런 외부세력에 대해서 훨씬 자주적인 자세를 취해야 되겠지만 역시 이것은 한국사람들만 가지고 해결할 수 있는 문제는 아니고 외국의 정부가 개입하게 마련이고 특히 외국의 정부가 올바른 방향으로 작용하도록, 또는 나쁜 방향으로 덜 작용하도록 압력을 가하는 해외의 뜻있는 사람들의 협력이 필요한 것입니다. 분단체제라는 우리의 당면과제를 해결하면서 외국의 동지들과 협력하는 훈련이 인류가 상호이해하고 공동으로 노력하는 훈련의 아주 중요한 대목이라고 보는 거지요. 동시에 제가 궁금한 것은, 혹시 일본 쪽에서도 일본사람들이 시급히 해결해야 하는데 이것이 외국 사람들과의 상호이해와 구체적인 협력을 요하는 과제가 있다면, 그 일에 협력하는 것이 인류 차원의 더 큰 협력의 바탕을 마련하는 지름길이 되지 않겠는가 하는 것입니다.

카또오 그렇지요. 어려운 문제지만 정말 그렇습니다. 아까도 얘기가 나왔지만 한반도의 분단은 냉전의 결과입니다, 직접적으로. 그러나 냉전은 끝났죠. 하지만 40년이나 계속된 냉전의 사고, 생각의 틀은 아직도 남아 있습니다. 많이 남아 있습니다. 한반도 전체의 안에도 밖에도 양쪽에 모두 남아 있지요. 사상적으로 말한다면 냉전적 사고의 습관, 그것을 극복하지 않으면 안됩니다. 그건 안팎 모두에게 중요한 것입니다.

백낙청 그런데 일본 쪽의 문제는 어떻습니까? 아까 일본사회의 우경화라든가 일본의 민주주의에 대한 위협, 이런 것을 염려하셨는데, 거기에 대응하는 데 가령 이웃나라라든가 다른 나라의 지식인이나 민중이 구체적으로 협력할 수 있는 여지가 있는 것인지요?

카또오 상호작용이 있습니다만, 예를 들어 미국에서 냉전시대의 사고방식이 남아 있다는 것은 일본 속의 냉전적 사고를 강화시킵니다. 그리고 그것은 일본의 보수화 경향과 밀접하게 얽혀 있는 거구요. 그러니 상호관계는 있지만 일차적으로는 역시 그것은 일본의 문제입니다. 일본 안에서 해결되어야죠. 일본의 특수한 문제는 아까도 말했듯이 전전·전후 권력간의 지속성입니다. 먼저 그것이 끊어져야 합니다. 그것을 끊기 위해서는 전쟁범죄라든가 전쟁의 책임을 명확히하지 않으면 안됩니다. 우리가 무력한 탓인지 노력은 해도 정말이지 불충분합니다. 우경화라는 건 오히려 우리 노력과 반대방향으로 가고 있는 거니까요. 그러나 희망이 없는 것은 아닙니다. 상당한 일본사람들, 그리고 지식인들이 그걸 요구하고 있습니다. 정부에 대해 전쟁책임을 더 확실히하라고 말하고는 있지만 물론 한계가 있습니다. 그것이 일본 국내의 가장 큰 문제라고 생각합니다.

백낙청 구체적인 협력의 방안을 선생님이 제시하지 못하신다면 제가 말할 여지는 더욱 없죠. 다만 단기적인 차원이 아니라 길게 볼 때 저는 우리가 분단체제를 제대로 극복하는 것이 일본의 민주주의에도 기여하리라고 생각합니다.

카또오 그건 정말 그렇습니다. 옳은 말씀이에요.

분단체제의 극복과 세계사의 진전

백낙청 그래서, 건방진 이야기입니다만, 아까 제가 일본이 한국을 식민지화한 것이 일본에도 운이 나빴다라고 말씀드렸는데 전후까지 지속되고 있는 전전의 권력구조를 지속하는 데 우리도 간접적으로 기여를 한 셈이고, 일본의 식민지지배를 우리 손으로 종식시키면서 통일국가를 만들지 못한 것도 일본 내의 냉전사고 같은 것을 굳히는 데 일조했다고 봅니다. 그렇다고 해서 제가 지금 일본에 가서 그것을 어떻게 바꿀 수 있다는 것은 아니고 아까도 말씀드렸듯이 우리 문제에 충실하되 이 문제는 우리만 가지고 되는 것이 아니라 한·일간의 협력, 더 나아가서 세계적인 협력을 통해서 해결해야 하는 문제니까 그런 것을 통해서 우리 자신이 인류 전체와 협력하는 훈련도 쌓고 동시에 이 과업을 이룰 때 일본사회에도 직접적인 영향을 줄 수 있다고 생각합니다.

카또오 예, 그야 물론 협력해서 무엇가를 성취한다는 것의 훈련이라는 것도 중요하지만 직접적으로 분단이라는 것은 냉전의 집중적 표현인만큼 분단문제를 해결한다는 것도 냉전 최후의 문제를 진정으로 해결한다는 것이며, 냉전체제 해결의 구체화입니다. 말하자면 냉전의 사고방식을 극복한다고 해도 단지 문자상으로 극복하는 것이 아니라 정말로 구체적인 현실의 문제를 해결함으로써 극복하는 것이죠. 지금 한반도가 세계 냉전의 가장 극적이고 집중적인 표현이지요. 따라서 그것을 해결한다는 것은 곧 냉전사고를 극복한다는 것입니다. 냉전적 사고를 극복한다는 것은 세계적으로 가장 중요한 일이지요. 그런 의미에서 이곳은 세계의 미래를 향한 전략적 요점이라고 여겨집니다. 책임이 크다고 볼 수 있지요. 말씀하시는 대로 일본은 냉전의 사고를 그대로 이어받았으니까, 철저히 그랬으니까, 물론 직접적인 주역은 소련과 미국이었지만 일본은 미국의 생각에 그대로 순응했으니 미국을 통해 간접적으로 분단을 만드는 것에, 만든다기보다 유지하고 항구화하는 일에 큰 역할을 했다고 생각합니다. 따라서 전쟁범죄는 종전으로 끝났다고 하더라도 한국에 대한 일본의 책임은 분단의 항구화에 있었던 것이지요, 지금까지. 그러니 사실은 그걸 깨뜨리지 않으면 안됩니다. 그건 큰 문제죠. 만일 그렇게 할 수만 있다면 커다란 영향력을 미치게 되겠지요.

백낙청 한마디만 덧붙이자면 제가 한반도문제의 중요성을 과장하는지는 모르겠습니다만, 선생님도 전략적 요점이라고 하셨는데, 어쩌면 선생님이 말씀하신 것 이상의 전략적 의미가 있지 않은가 하는 생각도 해봅니다. 다시 말해서 한반도의 분단이 분명 냉전에 크게 힘입어서 성립된 것이지만, 독일처럼 단순히 냉전의 산물이라기보다는 제3세계의 사회혁명을 억압하려는 패권국가의 의지가 동시에 작용했고, 그렇기 때문에 냉전이 끝난 뒤에도 한반도의 분단이 해소되지 않고 있는 것입니다. 냉전만이 아닌 여러가지 복합적인 요소가 섞여들어가서 하나의 독특한 체제로 자리 잡았기 때문에, 단순히 냉전이 끝난다고 해서 자동적으로 해소되지 않는 것입니다. 그래서 이것을 해소하기 위해서는 단순히 냉전사고를 극복한다는 것 이상의 훨씬 더 복잡한 작업이 요구된다고 보는데, 우리가 이 작업에 성공한다면 이것은 단순히 동서냉전의 마지막 유물을 없애는 것만 아니라 세계의 소위 남북문제를 포함해서 냉전종식 이후에 부각된 여러가지 문제를 해결하는 데도 아주 의미깊은 실마리가 되리라고 믿습니다. 그런 의미에서 선생님께서 이번에 한국에 찾아오셔서 서로 이해를 깊이 하고 앞으로의 협력을 다지게 된 것을 진정으로 감사하게 생각합니다.

변혁운동과 녹색사상

데이비드 하비(존스홉킨스대학 지리학 및 환경공학과 교수)
프레드릭 제임슨(듀크대학 석좌교수)
마사오 미요시(캘리포니아대학〔샌디에고〕 일본문학·영문학·비교문학 석좌교수)
백낙청(서울대 영문과 교수,『창작과비평』편집인)
1995년 6월 21일 경주 힐튼 호텔

백낙청 오늘의 좌담에 이처럼 저명한 외국의 석학들을 세 분이나 모시게 된 것을 큰 행운으로 생각합니다. 이런 특별한 기회가 마련된 것은 방금 1995년도 대회를 서울에서 마쳤고 마침 우리 네 사람이 모두 참여했던 ANY 국제 건축관계회의* 덕분임을 밝혀야겠습니다. 게다가 나로서는 구면의 벗을 다시 만나는 기쁨도 컸지요. 그런데 하루 종일 여행과 관광을

■ 이 좌담은 『창작과비평』 1995년 겨울호의 특집 '위기의 생태계, 대안은 없는가' 중 한 꼭지로 실린 것이다. 영어로 진행된 좌담을 성은애씨가 우리말로 옮겼다.

* 건축가와 비건축가들이 1991년부터 매년 함께 모여 자유롭게 토론하는 국제회의로 영어의 ANY와 혼합된 단어 하나씩을 해마다 주제로 삼아 2001년까지 계속할 예정인데, 서울 회의의 주제는 ANYWISE였다. 피터 아이젠만, 렘 콜하스 등 세계적인 건축가들이 참여했고 본 좌담 참석자들은 여타 분야의 인사로서 건축 또는 도시에 관한 발표를 했다. 공식 일정을 마친 뒤 일행은 경주 관광을 했는데 이 좌담은 관광을 끝내고 그날 저녁 투숙 호텔에서 이루어졌다. 영어로 진행된 녹음의 일차 정리는 존스홉킨스대학 박사과정의 Lisa Kim Davis씨가 맡았고 참가자들의 점검과 첨삭을 거쳤다(이하 주는 모두 발표 당시 편집자의 것임).

왼쪽부터 마사오 미요시, 프레드릭 제임슨, 데이비드 하비, 백낙청

하고 난 시간에 이 좌담을 마련한 데 대해 먼저 사과해야겠습니다. 회의 일정이 워낙 빡빡했던데다가 개인의 여정도 서로 달라서, 더 편한 시간을 택할 수가 없었습니다. 도대체 좌담을 할 수 있게 되었다는 것만도 감사해 야 할 형편이지요.

먼저 이번 생태계문제 특집호에 대한 배경설명을 하겠습니다. 1970년 대 박정희정권 하에서 환경운동은 불온시되고 공산주의적 혹은 용공적으 로 간주되었습니다. 박정희는 공해가 없으면 발전도 없다고 공공연히 내 세웠지요. 하지만 그 후 많은 변화가 있었습니다. 이제 '녹색'이라는 말이 일종의 유행이 되었고, 정부와 대기업, 주요 일간지들이 제각기 모종의 환 경캠페인을 경쟁적으로 벌이고 있습니다. 이건 아이러니한데, 저들이야 말로 주된 오염원이거나 오염자들을 비호하는 세력이거든요. 그러나 환 경운동연합을 비롯하여 비판적인 환경운동 세력도 꽤 성장했습니다. 그 런데 환경운동연합은 비판적인 집단들 가운데 가장 규모가 크고 활발한

단체지만, 주로 일상적인 환경오염에 반대하는 투쟁이나 특정한 환경보존 계획에 치중하고 있습니다. 하지만 부분적으로는 이 조직이 연합체라는 사실로 인해서, 그러나 아마 그 이유 때문만은 아니라고 보는데, 환경련 같은 단체가 생태계문제와 다른 연관된 문제들을 결합할 일관된 철학이나 이론을 갖추고 있는 것 같지는 않습니다. 또 심층생태학(deep ecology) 내지 근본주의적인 생태론이라고 할 만한 것을 포함하여 다른 종류의 생태계운동을 추구하는 단체들도 있고, 또한 한국이 동아시아 국가이므로, 서구의 '녹색' 이론을 여러가지 동아시아의 전통과 결합하려는 사람들도 상당수 있습니다. 우리 계간지는 이러한 문제들에 계속 관심을 가져왔고, 편집위원들 중 일부는 실제로 환경운동 단체에서 활발하게 활동하고 있기도 합니다. 그리고 잡지 자체도 이따금씩 생태계문제를 다루었지만 그다지 본격적으로 다루지는 못했는데, 그것은 이 문제에 관한 일관된 이론을 실제로 발전시키는 과업이 아직은 달성되지 않은 상태고, 우리 자신이 이러한 일을 하기에는 아직 부족하다고 느꼈기 때문이지요. 우리는 이 문제가 많은 사람들이 생각하는 것보다는 한결 복잡한 문제라고 느꼈으며, 이번 특집호에서 마침내 이 문제를 다룰, 아니 다루기 시작할 참인데, 거듭 말하지만 여러분을 이 문제의 해명에 동원할 수 있게 된 것이 우리로서는 좀처럼 갖기 힘든 행운이라고 하겠습니다. 우리의 주된 관심사는 생태론을 다른 사회적이고 정치적인 문제들과 연관시키되, 이를 좀 새롭고 창의적인 방법으로 해보자는 것입니다. 생태계에 대한 관심을 진보적인 정치나 사회활동과 연관시키는 문제에는 다른 어떤 분야에서보다도 더욱 치열하고 새로운 사고가 필요하리라 생각되기 때문입니다. 그럼 토론을 시작하기 위해서, 이 문제에 관해서 상당기간 글을 써오신 것으로 아는 하비 교수께서 먼저 말씀해주시기 바랍니다.

'환경문제'는 단수가 아닌 복수

하비 우선 중요한 것은 단일한 '환경문제'가 아니라, 서로 다른 계급의 세력에 의해 규정된 여러 개의 '환경문제들'을 봐야 한다는 것입니다. 2차 세계대전 후 미국에서는 소득의 증대와 더불어 삶의 질, 예컨대 맑은 공기, 자연 관광이라는 문제를 중심으로 하는 환경운동이 발생하게 됩니다. 이것은 환경문제에 관한 매우 부르주아계급적인 규정입니다. 이것은 부르주아계급 내부에서, 소득을 창출하는 자본가라는 오염원과 오염원에 대해 불평하는 부르주아 소비자들 간의 갈등을 낳을 수 있습니다. 그러나 환경문제에는 다른 계급적 요소들도 끼어들지요. 예를 들어 빈민층의 환경운동, 환경적 정의(正義)를 추구하는 운동이 있는데, 즉 빈민층에 가장 타격이 큰 특정한 종류의 재해에 차별적으로 노출되는 문제에 관심을 집중하는 환경정의운동을 규정할 수도 있는 것입니다. 작업장에서의 직업적 안전과 건강은 종종 잊혀지기 쉬운 환경문제 중 하나입니다. 부르주아 운동은 환경운동의 성격을 새로 규정하면서 작업장의 문제를 별개의 것으로 내버려두는 경향이 있습니다만, 이 문제는 다시 환경문제의 범주 안에 불러들여야 할 것입니다.

그래서 내 생각으로는 우선 단일한 환경문제를 생각하기보다는 상이한 계급적 위치에 따라, 그리고 작업장과 주거공간에 따라 규정되는 다양한 환경문제들에 대해 생각해야 합니다. 또 여기에 성별(性別) 요소가 강하게 개입되기도 합니다. 예를 들어 미국에서 독성폐기물에 대한 노출에 반대하는 운동은 주로 여성들이 이끌고 있는데, 이는 어느 지역공동체가 여러 가지 폐기물에 노출되었을 경우 공동체에서 발생하는 일의 중심이 여성들이 되기 때문입니다. 그리고 물론 부르주아지 내부의 비판적인 운동도 있는데, 이는 낭만주의라고 하는 미학적인 관심의 장구한 역사를 갖고 있습니다. 워즈워스(Wordsworth), 소로우(Thoreau) 등으로 이어지는 이 전통은 종종 매우 반산업적인 경향을 보이기도 합니다. 이것의 현대판은 어떤 종류의 산업기술에도 근본적으로 반대하는 심층생태론들이죠. 환경운동에도 여러 부류가 있고, 환경론도 가지가지입니다. 그들이 무슨 일을 하고 있는가를 이해하기 위해서는 그러한 것들이 어디서 비롯되었는가를 보는 것이 중요합니다.

환경론의 몇 가지 의심스러운 용도

제임슨 동감입니다. 이 문제의 계급적 특성이야말로 생태계문제에서 생겨나는 모든 역설들을 가려낼 수 있게 해주는 유일한 특성들이라고 생각합니다. 나는 환경론의 다양한 철학들을 분류해내는 데는 적임자가 아닌 것 같습니다. 왜냐하면 하비 교수의 말대로 이 문제에는 아주 다양한 편차가 있고 그들 각자가 서로 다른 철학적 함축을 지니고 있으니까요. 내 생각으로 우선적으로 해야 할 일은 이를 이데올로기적인 투쟁의 관점으로 보고, 환경운동의 주장이 종종 어떻게 이용되는가를 보는 겁니다. 고전적인 예로 플로리다에서 어떤 종류의 생물을 보존하려면 어느 공장에서 일하는 사람들은 모두 실업자로 만들게 되는 경우를 들 수 있겠습니다. 물론 이런 경우는 일반적으로 경영자측의 매체들이 환경론적 관심으로 인해 노동자들이 실제로 손해를 보게 되리라는 주장으로 이용합니다. 가령 이런 때는 분명히 이데올로기적인 전략들이 검토되어야겠지요. 최근 내가 관심을 갖는 문제는 특히 소련의 붕괴 이후 환경론이 사회주의를 비판하는 주장에 사용되는 방식입니다. 소련이 추구했던 급속한 근대화의 결과로 온갖 형태의 환경파괴가 자행되었다는 식인데, 일리가 없지는 않아요. 아랄(Aral)해는 이미 죽었다고 하지요. 그리고 이런 것이 바로 사회주의를 반대하는 주장이 되는 것이죠. 하지만 나는 통상적으로 환경파괴는 기업들에 의해 저질러지고, 따라서 적절한 환경규제를 현실적으로 실시할 힘을 지닐 수 있는 것은 오직 강력하고 진보적인 좌파 정부, 즉 민주적이고 사회주의적인 정부뿐임을 제시하는 것이 중요하다고 봅니다. 나약한 정부, 혹은 기업에 봉사하는 중산층 정부는 내가 볼 때 이러한 일을 하는 데 매우 취약한 위치에 있고, 그래서 나는 아래로부터의 민주주의가, 즉 대중운동이 기업에 압력을 행사해서 무엇인가 하게 만들리라는 전반적인 주장이 적어도 지금 당장은 그다지 현실적이지 못하다고 생각합니다. 이것이 환경론의 용도가 의심스러운 또 하나의 예가 되겠죠.

내가 말하고 싶은 또 한 가지는—적어도, 툭하면 종파주의와 점점 더 소규모의 상호적대적인 운동들로 분열되기 일쑤인 미국에서는, 미국의 종교에서부터 온갖 종류의 미국적인 정치행태에 걸쳐 그런 현상이 팽배한 미국에서는—그런 맥락에서 우선 생각해야 할 것이 다양한 형태의 정치적 연합행위와 환경론·생태계운동이 갖는 관계입니다. 내가 알기로 생태계운동은 평화운동과 마찬가지로 그들 자신의 영역을 수호하고 그들의 추종자들을 다른 종류의 추종자들과 분리하는 데 아주 골몰해 있고, 현실적으로 다른 종류의 정치적 입장과 동맹관계를 맺기를 꺼립니다. 그래서 예를 들어 온갖 사람들이 모여들어서 핵실험 등등에 반대하는 서명을 할 때에, 이 일에 깊이 공감하는 다른 집단들은 환경운동 쪽에서도 니까라과에 대한 미국의 개입에 반대하는 입장을 취해줄 것을 원했지요. 그런데, 그들은 자신의 운동을 그런 식으로 더럽히는 것을 원치 않았습니다. 평화운동이 종종 다른 종류의 좌파 정치운동과 연계하는 것을 매우 꺼려했던 것처럼 말이지요. 물론 이건 부르주아적인 생태계운동의 경우지만, 내가 볼 때 생태계운동을 판단하는 데 있어서 그들이 다른 종류의 정치적 투쟁에 어느 정도나 기꺼이 참여하는가, 혹은 이에 반해서 어느 정도나 그들이 그러한 움직임과는 별개로 순수하게 남아 있기를 원하는가가 생태계운동을 평가하는 데 중요한 문제라고 생각합니다.

환경문제의 '합리적 해결'은 가능한가

미요시 환경운동과 계급의 관계는 절대적으로 중요합니다. 미국에서, 특히 환경운동이 아주 강력하게 진행되고 있는 서부 해안지역, 태평양에서 10마일 정도 떨어진 지역은 미국에서도 보기 드물게 환경운동이 급진적인데, 그들 대부분은 공화당원이고, 공화당원일 뿐만 아니라 정치적으로 매우 반동적이에요. 그러니까 환경운동은 직접적으로 부동산 가치와 연결되어 있는 것이지요. 그들은 그들의 사유재산을 유지하고 싶어하고 바로 이 지점에서 환경운동이 끼어드는 겁니다. 이것이 한쪽 극단이고요. 다른 쪽은 민중주의적 환경론자들이랄까, 사람들이 좀더 경우에 맞는 것, 좀더 넓은 공간과 좀더 많은 녹색과 소위 자연에 좀더 접근할 수 있는 여지를 원하는 거예요. 그리고 솔직히 말해서 이 두 극단 사이에 어떤 중재가 있는 것 같지 않군요. 한쪽은 그저 이미 가진 것이 있다, 그러니까 그것을 지키고 싶다는 것이고, 다른 쪽은 가진 것이 없으니 가지고 싶다는 것이거든요. 이것이 양극단입니다. 이제 그 사이에는 온갖 종류의 정치적 진술과 입장과 기타 등등이 있지만, 그 어떤 것도 말이 되는 것 같지는 않아요. 비단 미국의 공화당과 민주당뿐만이 아니라 일본, 영국, 다른 어느 곳도 마찬가지예요. 나는 정치가들이 정말로 어떻게 해야 할지 모른다고 생각합니다. 그들은 그저 유권자들이 원하는 것에 기초하여 그들의 행로를 계획할 뿐이에요. 내가 많은 관심을 갖고 있고, 또 어쩌면 당신네들이 내게 가르쳐줄 수 있을지 모르겠는데, 이 합리적 환경운동이라는 거 말이에요, 즉 기업체들이 이제까지는 이익을 극대화하기 위해 환경문제들을 가능한 한 무시해왔지만, 이제 의식의 밑바닥에는 뭔가를 해야 한다는 것을 아는 것 같거든. 심지어 온 세계의 가능한 석유자원을 모두 다 개발하는 엑슨(Exxon)사의 경영자들도 조만간 그들이 무슨 조치를 취해야 한다고 생각하고 있어요. 또 자동차 회사들도 마찬가지 생각이고. 이제까지 그들은 전기 자동차라든가 그런 일에 돈을 투자하는 것을 매우 꺼렸지만, 이제는 뭔가 중요한 게 거기 있다는 것을 알고 있습니다. 이것을 학자나 비평가, 정부 관료들, 혹은 그 누구가 합리적으로 발전시켜 환경론이 실제로 그들에게 이익을 주는 그런 종류의 정책으로 바뀔 수 있느냐? 그런 일이 가능하겠느냐 말이에요. 그렇지 않기가 십상이지만, 이 문제에 관해서 아직은 별로 들은 바가 없어요.

제임슨 그것이 바로 클린턴의 생각이었지요. 환경기술로 돈을 벌 수 있다, 즉 자본가들에게 돈을 벌 수 있는 전혀 새로운 분야를 제시한다는 거예요. 이것은 또 오염이 없는 새로운 커뮤니케이션 산업에 대한 환상과 연관이 있다고 생각합니다. 어떤 환상 속의 미래에서는 모든 것이 환경파괴 없이 이루어질 수 있다는 거지요. 그러나 여기서도 우리는 온갖 종류의 계급이데올로기적 환상에 말려드는 꼴이지요.

미요시 그리고 내가 지금 한국에 와서 이런 말을 할 때, 여기서는 이 문제에 관한 형세가 정확히 어떤 상태인가요? 환경의 미래에 관해 걱정하는, 아주 심각하게 걱정하는 사람들이 있는 반면에, 저기 신도시들이 있어요.* 주택이 매우 부족했던 게 사실이고 그래서 집들이 지어졌지만, 지금부터 20년 후에 어떻게 될지는 모르고 있습니다. 신도시 계획의 경제학이란 매우 복잡하지요. 투자, 즉 각자의 주택에 대한 개별 소유자의 투자, 그리고 이러한 개발결과의 지속성, 혹은 길이를 예로 들어봅시다. 이 모두가 생태계의 문제와 매우 밀접하게 연관되어 있기도 하지요.

하비 다시 얘기를 되돌려서 이 문제에 관련된 모순들에 관해 얘기해보죠. 나는 환경문제를 이것 아니면 저것이라는 양분법으로 보지 말고, 부르주아계급 내부에, 자본가계급 내부에 존재하는 일련의 모순들로 보는 것

---

* ANYWISE학회 기간중 일행은 분당 신도시를 잠깐 견학한 바 있다.

이 중요하다고 생각합니다. 동시에 우리는 진보진영에게 제기되는 모순들도 인식해야 한다고 봅니다. 무엇보다도 자본가계급 내에는 그들의 환경을 보존하고 싶어하는 공화당들이 있는데, 그들은 또 한편으로는 자기네가 하는 온갖 종류의 일로써 오염을 발생시키는 사람들이기도 하지요. 그러니 작업장에서의 환경조건은 나빠지고 있는데 어떻게 그들 자신이 처한 환경의 질을 손상시키지 않을 수 있는지……

환경규제를 둘러싼 자본가계급 내부의 긴장과 갈등

미요시 그들은 한마디로 모든 것을 공적인 것과 사적인 것으로 나누는 거예요. 사적인 것은 가까이 있고, 공적인 것은 아주아주 멀리 있는 거야.

하비 여기에는 아주 중요한 원칙이 개재되어 있는데, 엥겔스(Engles)가 주거문제를 두고 부르주아들은 주거문제에 관해서 단 하나의 해결책밖에 없다, 그것은 문제를 계속 다른 데로 옮겨 보내는 것이다라고 서술했던 것과 비슷한 원칙이지요. 오염문제에 관해서도 부르주아들은 단 한 가지 해결책밖에 없습니다 — 계속 딴 데로 옮기는 거예요. 그것을 계속 옮겨 보낸다고 한다면, 재미있는 의문이 생기는데, 과연 어디로 향해 옮겨가도록 하는가입니다. 우리는 실제로 오염재해가 지리적으로 배당되는 것을 보고 있는데, 그 결과 부르주아 공화당원들은 부닥칠 일이 없지만 다른 많은 사람들은 작업장에서, 가정에서 실제로 당해야 하는 식이에요. 우리는 그러한 긴장이 결국 어떻게 전개되고 해결되는가를 인식해야 합니다. 이제 대기업 자본가계급 내에서는 좀더 환경에 친화적인 기술을 판매함으로써, 실제로 청정기술에 의해 상당한 이익을 보는 자본의 부류들이 있습니다. 그러나 또 어떤 종류의 환경규제도 싫어하는 자본의 부류도 있어요. 규제가 있으면 따라야 하고, 따르다 보면 그 업종에서 밀려나기 때문이지요. 그래서 실제로는 자본가 내부의 싸움이 진행되고 있고, 이것이 또한 지리적인 의미를 지니기도 합니다. 동구권이 개방되었을 때, 서방측에서 볼 때 이익을 볼 가능성이 높은 영역들 중 하나는 동구에 청정기술을 판매하면서, 동구권 나라들이 더러운 오염원이므로 반드시 그것을 사야 한다고 강요하는 것이었어요. 그래서 실제로 여기에는 미국이 뭔가 우월한 환경기술을 가졌다, 그리고 미국이 그 환경기술을 판매할 수 있도록 전세계가 일정한 환경기준을 따라야 한다고 말하는 제국주의적인 요소가 있는 겁니다. 하기는 일본도 똑같은 일을 하고 있지요. 일본은 어떤 분야에서는 우월한 환경기술을 개발중이고, 그래서 전지구적인 규제와 환경기준을 발동하기 위해 미국과 동맹하고 있습니다.

미요시 미국과 일본의 실제 소비량을 보면 분명합니다. 에너지 면에서, 아니 거의 모든 면에서 그들은 자신의 환경론적 입장에 대해 무슨 큰소리를 쳐대든, 그들은 엄청난 소비를 하고 환경오염을 유발합니다. 하지만 바로 그 점에 대해서는 얘기하고 싶어하지 않죠.

하비 그렇지만 내 말은 여기 현실적으로 긴장이 있다는 것, 자본가계급 내부에서 파당간의 싸움이 진짜로 진행되고 있다는 겁니다. 이 오염문제를 두고, 이를 계속 옮겨다니게 하는 문제에 대해서 선진자본주의 국가와 다른 국가들 사이에, 또 북반구와 남반구 사이에 긴장이 있다는 말이죠. 부르주아지 내부에서도 다소 복잡한 문제라는 겁니다.

제임슨 그래요. 개별 국가에서도 그렇고, 전체적인 지정학적 차원에서도 그렇죠. 예를 들어 우림(雨林)을 봅시다. 미국인들은 브라질 사람들이 우리 모두에게 소중한 우림을 보존해주길 바랍니다. 반면에 브라질 사람들, 특히 브라질 농민들은 나무를 베어내고 농장을 만들기를 바랍니다. 그러니까 그들은 미국인들이 우리를 그렇게 보존하고 싶다면 남미에 이 일을 하기 위해 얼마간의 돈을 지불해야 하지 않느냐는 거지요.

미요시 그것은 금전적으로 문제를 합리화하는 것입니다. 북반구가 남반구에 보상을 해주는 식으로요. 그러나 보상액은 거의 미미한 수준이죠.

즉, 유엔에서는 몇년 전에 GNP의 0.7%인가가 북반구에서 남반구로 가야 한다고 말했습니다. 그걸로 이 문제를 해결해야 한다고 말이지요. 그런데, 실제로 그 수준에 맞춰서 돈을 낸 나라는 하나도 없지요, 그렇죠?

백낙청 여기서 진보진영 내부의 모순으로 얘기를 돌려보는 게 어떨까요? 가령 제임슨 교수는 사회주의적 혹은 사회민주주의적인 강력한 정부의 활동 말고는 실제로 대안이 없다고 했는데—

제임슨 규제라고 해두죠.

백낙청 그리고 대중운동에 의존하는 것이 지금 당장은 현실적이지 못하다는 말씀이었죠. 그렇지만 그것으로 충분한 대답이 될 수 있는 걸까요? 아니면 이 문제를 좀더 자세히 살펴봐야 하는 것입니까?

진보진영 내부의 모순도 살펴봐야

제임슨 우리는 이제까지 다수의 환경운동에 대해 꽤나 가혹한 이야기를 했는데, 사실 나는 유럽 전체의 상황에 대해 좀더 잘 알았으면 하는 아쉬움이 있습니다. 왜냐하면 우리는 예컨대 독일 같은 유럽 국가에서 녹색당이 이루어낸 엄청난 정치적 세력도 염두에 두어야 하니까요. 현재 상황이 어떤지는 잘 모르지만, 우리가 인민전선의 정치를 구상한다면, 생태계 문제는 진보적인 중산층이 빈자 및 반체제세력의 운동들과 연대하여 자기 역할을 할 수 있는 그런 정치운동에 매우 중대한 논제를 제공할 수 있겠지요. 이는 진지하게 받아들여 탐구해봐야 할 문제입니다. 앞서 내가 미국에서의 연대운동 문제를 언급한 것도 결국 동전의 이면이라고 할 수 있겠죠. 인민전선이 실제로는 잘 이루어지지 않는다는 겁니다. 이 환경문제들이 더 광범위한 정치참여의 선봉에 서는 것이 아니라면, 그건 가짜죠. 내 느낌으로, 녹색당과 다수 녹색운동가들은 정치에 대해 일종의 무정부주의적인 관점으로 접근하는 것 같고 국가 차원에서 생각하기보다는 대중운동의 차원에서 —

미요시 일단 녹색운동의 철학을 현실적으로 노동/자본 상황의 맥락에 놓고 보면 아직까지 별 성과가 없는 것 같으니까요. 녹색운동이 어쨌든 일종의 추상적이고 개념적인 이상으로 남아 있는 한 — 그러나 일단 문제의 핵심을 따져보고, 노동과 자본의 실질적인 이동을 논하고, 이렇게 되면 도대체 어떻게 하자는 건가? 내 말은 녹색당원이라 해도 사태를 낭만화하는 등등에서 나오는 여러가지 위험에서 안전하지 못하다는 겁니다.

제임슨 그리고 — 아마 하비 교수도 이 문제에 대해 논평할 수 있으리라 생각하지만 — 독일의 상황은 아주 특수합니다. 독일은 아직도 본질적으로는 사민주의적인 틀을 유지하고 있으며, 매우 다른 종류의 국가적 전통과 복지제도 등을 가졌으니까요. 아마 녹색운동이 실질적인 역할을 할 수 있었던 것은 이러한 틀 안에서 가능했던 것이 아닌가 합니다. 그렇지만 새처주의(Thatcherism)와 레이건주의(Reaganism) 하의 상황에서, 모든 복지기구들이 폐기되어가는 상태에서라면, 아마 —

백낙청 나는 최소한 여기 모인 우리들이 계급세력과 계급문제를 무시하는 녹색정치는 그 효과나 적절성의 한계가 있다는 데 동의할 거라고 봅니다. 내가 좀더 토론했으면 하는 것은 계급문제에 실제로 관심을 갖고 있는 사람들 자신도 그들의 정치적 입장에 대해 특히 생태계문제와 관련해서 근본적으로 다시 생각해봐야 하는 게 아닐까 하는 것입니다.

하비 제임슨 교수가 말한 것에 대한 논평을 겸해 그 문제를 다뤄보기로 하죠. 제임슨 교수는 진보적인 부르주아가 다수의 민중적 세력과 동맹할 수 있는 방식을 언급했는데, 역사적으로는 그런 일이 실제로 벌어진 사례들이 있지요. 고전적인 경우는 19세기의 콜레라 같은 것이 되겠죠. 그 점에 대해서는 모두가 "이 문제에 대해 우리는 하나로 뭉쳐야 한다. 이건 우리 모두의 문제이다"라고 말했던 것입니다. 이것은 뭔가 중요한 것을 시사합니다. 즉 환경문제가 건강에 영향을 미치게 되면 환경문제가 미학적인 관심이나, 경치의 보존이나, 문화유산이나, 멸종위기의 동식물을 구한다든가 하는 일인 경우보다 연대의 가능성이 더욱 높아진다는 거예요. 그러니까 거듭 말하지만 환경문제의 성격을 구분하는 것이 중요하다는 거죠. 정말로 사람들을 한데 뭉치게 할 수 있는 환경문제가 있고, 사람들을 분열시키는 환경문제가 있습니다. 우리가 지켜봐야 할 것은, 부르주아 언론이나 기타 온갖 종류의 방식으로 이 문제가 조작되어서, 기업들이 하는 일, 우리 삶의 질을 규정하는 산업계의 힘을 규제할 수 있는 일종의 공통적인 정치를 가능케 하는 그러한 문제를 보는 대신, 사람들을 갈라놓는 문제를 보게 된다는 사실입니다. 그러나 역사적으로 사회주의운동은 자원이 일단 이용되면 오염물질을 발생시키고 그 결과 국민 건강에 어떤 영향을 미칠 수 있는가 하는 문제를 다루는 데 그다지 유능하지 못했습니다. 사회주의운동은 산발적인 경우를 제외하면 이 문제에 있어서는 그다지 잘해내지 못했죠. 그래서 우리가 이제 생각해야 할 일은 이런 거라고 봐요. 즉, 환경문제를 제대로 다룰 수 있는 사리에 맞는 사회주의 전략은 무엇인가 하는 겁니다. 내 생각에는 우리들 중 아무도 반(反)생산주의를 주장하는 사람은 없을 것 같고 심층생태론자들도 아닌 것 같은데, 그렇지만 우리는 인구 대다수의 건강에 매우 부정적인 영향을 미치지 않을 그런 종류의 생산활동을 원합니다. 바로 이 대목에 사회주의적인 정치의 내용을 규정하고 또 이들 문제에 관심을 가진 중산계급의 진보적인 인자들과 협력을 가능케하는 기초라고 규정할 잠재적인 기회가 있다고 봅니다.

그러나 다시 말하지만, 과연 해당 환경문제가 무엇인가를 먼저 알아내야 해요. 환경문제란 너무 여러가지이고, 바로 그게 문제거든요. 모든 쟁점들을 다 한데 뭉뚱그려 단일한 '환경'을 논한다면, 문제를 그냥 얼버무리는 것입니다. 예컨대 오늘날 세계 최악의 환경문제 중에 하나는 상당히 제한된 환경에서 나쁜 공기를 숨쉬는 일입니다(오두막에서 나무를 때는 사람들은 나쁜 공기 때문에 많은 고통을 받지요). 또다른 문제는 저질의 물입니다. 이렇게 세계 곳곳에서 심각한 문제를 일으키는 일련의 쟁점들이 있지요. 그런가 하면 이런 지역적인 문제로부터 지구 온난화, 오존 구멍(ozone hole), 산성비 같은 문제로 나아갑니다. 어떤 문제들은 바로 이웃 사람들에게 영향을 미치게 되고, 또 어떤 문제들은 전지구적 차원의 문제입니다. 그러니까 상이한 규모로 발생하는 여러가지 환경문제가 있다는 것이죠. 그러니까 환경문제는 단일 이슈가 아니라, 각기 다른 규모로 존재하며 여러가지 방식으로 계급적 이해관계를 가로지르는 다양한 환경문제들인 겁니다. 그러므로 막연히 환경문제를 논하는 대신에 진보진영은 그들의 관심사에 중요한 그런 환경문제들을 골라내어 그 문제들을 포착하고는, 환경문제라 일컬어지는 나머지 것들은 낭만주의고 부르주아의 도피주의며 관광문제라고 말해야 합니다. 그러니까 좌파의 일부 인사들이 그러는 것처럼 환경문제는 헛소리라고 말하는 대신, 아니다, 환경문제 중에는 우리에게 정말로 중대한 문제가 있다, 그리고 그 나머지 것들, 그게 헛소리다라고 말해야죠. 진보진영은 환경문제에 관한 부르주아적 규정 앞에 그냥 넙죽 엎드려서 부르주아계급이 환경문제를 분할지배와 억압에 이용하도록 내버려둘 것이 아니라, 환경문제의 어떤 부분이 긴요한가를 이론화하는 작업에 착수해야 합니다. 예를 들어 자연자원의 궁핍에 대한 주장도 세계의 대부분 사람들이 스웨덴과 같은 생활수준에 달할 수 없는데 그건 '자연'이 그것을 허용하지 않기 때문이라는 식으로 이용되고 있지요.

제임슨 그런 유의 의견을 이번 학회에서도 몇 번 들었지요.

하비 맞아요.

제임슨 '창조적 불균형'(creative disequilibrium)이라는 표현이 사용되었죠. 나는 진보진영의, 특히 맑스주의적 관점이 지닌 강점 중 하나가, 사물들이 서로 연결되어 있을 뿐 아니라, 어떤 종류의 문제가 있을 때 그것을 그와 연관된 다른 문제의 견지에서 살펴보는 것이 더욱 생산적이라는 발상이라고 봅니다. 예를 들어, 우리는 이제껏 자동차 문제를 언급하지 않았는데요. 흐루시초프(Khrushchov)는 소련에서 개인용 승용차를 갖지 못하게 하고, 대신 서로 다른 사람들이 세를 내어 번갈아 계속 쓸 수 있는 공용차량대를 마련해야 한다고 생각했어요. 신문에서 중국이 바로 이 문제로 고민하고 있다는 기사를 읽었는데 이유야 뻔하지요. 내가 베네수엘라에 갔을 때, 베네수엘라가 라틴아메리카에서 가장 차가 많은 나라이므로 환경오염이 너무 심해서, 정부에서 각각 다른 종류의 번호판을 만들어서 사람들이 일주일에 사흘, 그 번호와 맞는 날에만 차를 쓸 수 있도록 했다는 얘기를 들었습니다. 결과는 베네수엘라의 자동차 수가 두 배로 늘었다는 거예요. 사람들이 번호판이 다른 두번째 차를 산 것이지요. 여기에 이르면 얘기는 딱히 생태계의 문제라기보다는 어떠한 변화를 논하더라도 중심적이고 중대하게 되는 문화, 소비, 생활습관 같은 문제들로 넘어가게 됩니다.

반생산주의를 어떻게 볼까

미요시 반생산(anti-production)의 문제로 전환해봅시다. 사실 나는 반생산이 해결책이 될 수 있다고 생각합니다. 적어도 아시아의 경제에서는 반생산이 문제가 되고 있어요. 일본인들은 소비를 하지 않아요. 미국의 통상대표는 이건 비정상이다라고 말합니다. 오늘 나는 미 통상대표들이 한국사람들도 소비를 하지 않는다고 말하는 걸 들었어요. 그들 말로는 한국인의 저축률이 미국인들보다 높다는 겁니다.

제임슨 그리고 미국인들 말로는 이건 불공정 경쟁이라는 거지요.

미요시 생태계 얘기를 하다 보면 결국은 생산과 소비의 분배 문제로 귀착되지요. 나는 반생산이야말로 생태계운동의 강력하고도 불가피한 부분이라고 생각합니다. 우리가 반생산 이데올로기를 생태보존적 생산과 통합하지 못한다면, 솔직히 아무 일도 안될 거라고 봐요. 그러니까 자원의 절대적인 한계는 대략 확인가능한 것이고, 소비를 부추기는 그 모든 요소들, 소비는 단순히 수량이 아니라 필수적이라고 말하는 그 모든 이데올로기로 인해 소비율은 도처에서 높아지고 있어요. 이게 바로 우리가 말하길 꺼려하는 그 중대한 문제가 아닌가 하는데 당신네들 생각은 어떻소?

하비 글쎄, 난 일반적인 의미에서 반생산론자는 아니오.

미요시 왜 아니오?

하비 글쎄, 내 생각으로는 지구상의 여러 곳에서는 생산능력의 확장이 버젓한 생활수준을 달성하는 데 절대적으로 중요하기도 하고, 또—

미요시 그건 생산문제가 아니야, 분배문제지요.

하비 아니, 꼭 분배의 문제라고만 볼 수는 없어요. 그건 현지에서 생산체계를 발전시키는 문제이고, 반드시 이미 있는 상품들을 배분하는 문제가 아닐 수도 있거든. 선진자본주의 국가에서 생산해내는 대부분의 물건들은 다른 국가에서 그다지 필요하지도 않은 것들이에요. 그러니까 그게 순전히 분배의 문제는 아니라는 거죠. 나는 그것이 생산의 재조직과 재편성의 문제라고 생각합니다. 그렇지만 자본주의의 역사 전체가 축적을 위한 축적, 생산을 위한 생산이었다는 말이라면 그건 전적으로 옳아요. 이건 선택의 문제라거나 우리가 멍청한 소비자들이라서가 아니라, 정치·경제·매체 권력의 집중과 연결된 생산기구에 의해서 강요되었기 때문에 그렇게 된 겁니다. 자본주의의 역학이 바로 생산의 확대라는 점을 지적하려는 것이라면 그건 전적으로 옳아요. 옳고말고요. 환경문제와 오염문제의 큰 부분이 바로 이런 종류의 경제에서 나오는 거지요. 선진자본주의 국가에서는 여러 방면에서 생산과 소비를 줄일 수 있어요. 그러나 다른 곳에서는, 세계의 3분의 2가 우리 가운데 누가 봐도 적당하지 않은 생활조건에서 살아가게 할 것이 아니라, 생산의 재조직이 이루어져야 합니다.

백낙청 현재 생산력을 더욱 발전시키는 것이 필요한 지역이 많다는 것을 인정한다고 해도, 결국에 가서는 미요시 교수가 제기한 문제, 그리고 생산 자체를 늘리지 않고 생산력을 증대시킬 수 있는가 하는 문제와 직면하게 되지 않겠습니까? 이것이 말이 되는 질문일까요? 내 말은, 기술과 과학의 발전으로 인한 생산성과 생산력의 발전은 계속하되, 실제 생산과 소비에는 선을 그을 줄 알게 되어야 한다는 거지요. 그러자면 새로운 종류의 —

미요시 방금 그 말에 한마디 논평을 하겠는데, 생산성과 생산, 이건 완전히 다른 개념이에요. 생산은 절대적 생산을 의미합니다. 생산성이란 효율성, 기타 등등을 의미하는 거고요. 생산과정에서 노동으로부터 더 많은 것을 얻어낼수록 생산성은 올라가는 겁니다. 그러니까 생산성은 생산 자체와는 아무 상관이 없지요.

백낙청 내 말은, 어떤 지점에 이르면 우리가 더이상 생산하는 것을 멈춰야 한다는 것입니다. 당신이 방금 '생산성'이라고 규정한 생산기술이나 생산의 효율 면에서 진전을 멈춤으로써 그렇게 할 수도 있지만, 또 이런 것들은 계속 개선해나가면서도 실제 생산량이 증가하지 않는 방식으로 생산력을 활용할 수도 있는 거지요. 그건 훨씬 더 어려운 일이 되겠습니다만.

하비 꼭 그렇진 않죠. 예를 들어 에너지 효율을 높이는 기술향상을 생각해봅시다. 좋은 예가 있는데, 1973년 이래로 에너지 효율의 면에서 대다수 미국 산업의 생산성이 극적으로 향상되었고, 가정에서도 에너지 효율이 향상되는 등의 효과가 있었습니다. 그렇다면, 내가 보기엔 생산성 향상의 목적 가운데에는 전기와 에너지의 투입에 대한 의존도를 줄이는 것도 포함됩니다. 그래서 에너지 절약에 관련된 기술적인 변화의 분야가 분명히 있는 것이죠. 이것을 어떤 사람들은 생태학적 근대화(ecological modernization) 명제라고 부르기도 합니다. 그 주장에 따르면 녹색기술 (green technology)을 채택해서 에너지 효율을 높인다면 실제로 비용을 절감하게 된다는 것이죠. 또 비용을 줄이면 더 많은 이윤을 남기게 되고요. 그래서 매우 의미심장하게도 지난 20년간 미국의 산업 내에서 자본의 일부가 다시 정비되었어요. 이런 것을 무시해선 안되죠.

소비주의 문화와 '자기절제' 문제

제임슨 글쎄, 내가 말하고 싶은 것은, 오히려 생산과 소비를 구분하는 것이 매우 중요하지 않겠느냐는 겁니다. 생산을 제한한다는 것은 내 생각에는 얼토당토않은 거예요. 그렇지만 다른 한편으로 보면 이 문제는 문화적 차원의 문제로서 소비주의, 이데올로기, 생활방식 전체에서 나오는, 또 일종의 상품형태 자체의 돌연한 비약(quantum leap)과 선진국에서 사람들이 이에 지배되는 방식에서 야기되는 문제입니다. 그래서 어쩌면 이 대목에서 우리의 토론이 탈근대(postmodernity)에 관한 것으로 넘어갈 수도 있지 않을까 하는데, 왜냐하면 포스트모더니티의 문제는 최소한 부분적으로는 바로 이런 문제거든요. 탈근대적 상황이란 본질적으로 문화상품에 의한 새롭고도 강렬한 하나의 지배형태입니다. 그리고 이 모든 것을 문제시하게 만드는 건 바로 그런 생활방식이고요.

미요시 질문이 하나 있는데, 생산이라고 말할 때 정확히 무슨 의미로 말하는 건가요? 생산이라는 말에도 수많은 의미가 있으니까요. 내가 자주 드는 예는 켄터키 프라이드 치킨에서 시간당 10달러가량, 1년에 15,000에서 20,000달러가량 버는 한 얼간이의 경우지요. 그는 이 생활을 견디지 못하고 뛰쳐나가 어떤 사람을 쏘고, 체포되는 거예요. 총에 맞은 사람은 죽지 않았고 병원에 가서 응급치료를 받았지요. 의사가 수술을 했는데, 수술비용이 25만 달러에서 40만 달러 정도 나왔습니다. 얼간이는 잡혀서 감옥에 갔고, 감옥에서 사는 데 1년에 25,000달러가량이 소요되지요. 이게 모두 경제활동이에요! 전부가 생산에 포함된다 이거요. 우리가 생산에 관해 이야기할 때, 우리는 무엇인가를 창조해낸다는 의미에서 생산을 말하는 게 아니에요. 이런 종류의 일들이 다 생산이지요. 다시 말해서, 켄터키 프라이드 치킨에서 일하던 이 얼간이는 누군가를 총으로 쏨으로써 미국의 GNP, 혹은 GDP에 엄청난 돈을 처넣어 보태주었단 말이에요. 이것이 경제학상으로 우리가 움직이는 방식이지요.

백낙청 맞아요. 인간적인 견지에서 낭비의 생산이라고 부를 만한 요소가 있지요, 그렇지만……

미요시 아니, 단순히 낭비가 아니에요. 천만에 말씀. 이건 적은 액수가 아니란 말이오. 우리가 국방을 위해 하는 일, 범죄사건의 사법처리 과정에서 하는 일—

백낙청 액수가 적다는 말이 아니라—

미요시 적지 않을 뿐 아니라, 이게 우리 자본주의경제의 큰 부분을 차지한단 말입니다. 그러니까 내가 생태론에 관해 이야기할 때, 내가 하고자 하는 말은 미국이 베트남에 쳐들어가서 수십억 달러를 쓰면서 거기서는 한푼도 벌지 못했어요. 동시에 그것이 미국 GNP에 엄청난 액수를 처넣었지요, 안 그래요?

백낙청 물론 그래요. 하지만 그 이야기가 새로운 주장은 아니잖아요. 적어도 사회주의적 전통에서는 많이 해온 이야기거든요. 내가 제기하고자 하는 쟁점은 궁극적으로 생태계문제를 해결하는 데 이런 종류의 분석으로 충분하겠느냐 하는 겁니다. 만일 자본주의의 낭비를 일소하고 사회주의정부에 의한 공적인 통제 등등을 도입하면, 그걸로 충분하겠는가? 아니면 이 문제에 관해서 뭔가 좀더 근본적으로 다시 생각해야 하는 것이 아닌가? 가령 인류가 그 생산능력 내지 생산적 잠재력을 계속 향상시키면서도 동시에 실제 생산에 있어서 자제력을 행사할 수 있는 능력을 갖는 방법을 고안한다든지. 그러니까 끊임없이 향상되는 생산능력을 인간적으로 어엿한 생활에 적합한 수준 이상으로는 사용하지 않는다든가 말이지요.

여기에는 인간의 어엿한 생활이란 어떠한 것인가, 예의 절제가 어느 정도까지 공적인 규제의 형태를 띨 것인가, 어느 정도는 개인에게 맡겨질 수 있고 또 맡겨져야 하는가 등등을 결정하는 온갖 종류의 정치적이고 철학적인 문제가 걸려 있는 것입니다. 나는 이러한 문제들이 사회주의적 전통 내에서 충분히 논의되었다는 생각은 들지 않습니다.

하비 자동차 문제를 생각해봅시다. 아주 적합한 예거든요. 세계 자본주의경제의 많은 부분이 자동차 생산에 기초하고 있고, 지구적 자본주의경제의 부수적인 부분들이 석유·고무·고속도로 등에 기초하고 있습니다. 그러니까 자동차와 관련된 경제활동 전체가 세계자본주의의 근간을 이루고 있는 거죠. 그러면 자동차에 대해서는 어떻게 말해야 할까요? 베네주엘라에서의 반응을 보았죠. 어려운 점은 사람들이 정말로 자동차를 좋아한다는 점입니다. 정말 좋아하거든요. 이것이 문화적인 문제라고 할 수도 있겠지만, 어쨌든 사람들은 자동차를 좋아해요. 그건 사람들에게 그들이 정말로 소중히 여기는 어떤 것을 주거든요. 그리고 사회주의자로서 자동차 소유를 금지하겠다고 말하면 당장에 선거에서 밀려나고 말 겁니다. 이건 아주 장기적인 문제와 직결되는데, 자동차야말로 환경오염의 주된 원인이자, 고용을 창출하는 주요한 형태이고, 우리 모두가 중독되다시피 한 주요한 소비습관이거든요. 이 문제와 어떻게 대결해야 하느냐? 백교수가 우리에게 요구하는 것은 이러한 정말 어려운 문제를 가지고 이 문제를 다룰 사회주의 정치학을 규정해보라는 것이 아닌가 싶군요.

문화적 중독증세와 '욕망의 교육'

제임슨 당신 주장을 뒷받침하기 위해 하는 얘긴데, 1968년 5월에 프랑스에서는 도시인구 가운데 대다수가 정말로 학생들 편이었다죠. 학생들이 자동차를 불태우기 전까지는요. 바로 그 싯점부터 프랑스 대중이 학생운동에 등을 돌린 것입니다. 그것이 68년 5월의 종말이었죠. 이제 자동차는 성감(性感)을 부여받은 상품이라는 점을, 시각적인 상품이며 여러가지 방식으로 소비된다는 점을 염두에 두어야 해요. 소비자의 이러한 중독증은 바로 이 사회가 만들어낸 문화적 중독의 총체적 형태예요. 그리고 이런 문제에 관해서 절제라는 것은 진지한 논의대상이 되기 힘들 겁니다. 자기절제라는 것이 도대체 실행가능한 정책이라고 생각되지 않거든요. 내 생각에 오늘의 문제는 사람들이 대상에 대해 생각하는 방식, 사람들이 자신의 삶에 대해 생각하는 방식의 전반적인 변화를 포함하는 문제입니다. 그러므로 결국은 완전한 문화적 변화에 관한 얘기를 하고 있는 셈이고 더이상 좁은 의미에서 경제적인 문제가 아닌 거지요.

그런데 아직 우리가 언급하지 않았다고 생각되는 다른 일면은, 오늘날 포스트모던한 상황에서 생산이란 무엇인가 하는 문제와 금융투기의 전반적인 증가인데, 이러한 투기는 예컨대 저개발국가에서는 유용할 수도 있는 구식의 생산에서 더는 이윤을 내지 않고 있어요. 전지구적으로 이 투기자금이 여기저기로 돌아다니면서 어떤 장소에서 한동안 투자되곤 하지만, 낡은 생산형태는 이제 이러한 새로운 부의 일차적인 원천이 되지 못합니다. 따라서 그런 점도 고려해야겠다는 것이고요. 한국에 독일 경제학자인 로베르트 쿠르츠(Robert Kurtz)의 작업이 알려져 있는지 모르겠는데, 아주 냉혹한 시나리오예요. 그의 주요 저서는 의미심장하게도 『근대화의 붕괴』(The Collapse of Modernization)라는 제목입니다. 그는 과거 의미에서의 생산이 종말을 맞이했으며 전반적인 금융투기가 다른 종류의 것들에 기반을 두고 있고 더이상 종래의 생산형태에 투자하는 데 관심이 없다고 주장하고 있어요. 또한 우리는 사회주의적 전통에서 가치를 부여해온, 그리고 대상물의 생산이 신명나고 영광스러운 업적이었던 본래적 의미에서의 생산이 우리가 목격하는 그러한 종류의 소비에 대한 문화적 대안으로서 아직 유효한 것인가 하는 질문을 던져봐야 한다고 생각합니다.

미요시 이야기가 어디로 가려는 건지는 잘 모르겠지만 자동차가 성애(性愛)의 대상으로 설정되고 있는 건 알겠는데, 내가 지적하려는 게 바로 그거예요. 무언가 이상한 종류의 잘못된 인식 혹은 거짓된 개념이 통용되고 있다는 거지요. 예를 들어 우리가 오늘 서울에서 경주까지 차를 타고 오면서 보니까, 모두들 버스 좌석에 꼼짝 않고 틀어박혀 있었는데 아무도 성적인 흥분을 느끼지는 않은 것 같아요. 직장에 갈 때도 마찬가지고. 그런 일은 없는 것 같아요.

하비 그렇지만 당신이 직접 운전을 한 것은 아니잖아. 그게 중요한 거예요.

제임슨 차를 직접 산 것도 아니고……

미요시 맞아, 우리는 차를 사지. 차를 경험하는 것이 아니고 차를 사는 거야. 그건 엄청난 차이예요. 이 차이를 만드는 것이 정확히 무엇이겠습니까? 이건 사회고 이건 사람들이다, 이렇게 갈라서 얘기할 수는 없겠죠. 내 생각엔 무언가 조작되고, 생산되고 있어요. 그래서 바로 그곳에 우리의 비판, 우리의 비판적 의식이 개입할 수 있는 것이죠. 우리는 운전하기를 좋아하기 때문에 차를 사는 게 아니에요. 우리는 어차피 우리가 갖지 못하는 자유를 가질 수 있다는 생각에 끌려서 차를 사는 겁니다.

제임슨 바로 그 대목에서 정말 중요한 문제를 언급한 것 같은데, 이런 소비주의의 대부분이 다른 종류의 삶의 만족이 가능하지 않은 데 대한 대체물이라고 말할 수 있겠습니다. 그러나 사람들이 이것을 구체적으로 이해하게 되는 것은 아니지요.

미요시 글쎄, 우리 스스로가 이해하도록 만들 수는 있지요. 그것이 내게는 아주 중요한 문제입니다.

백낙청 현재의 체제가 뭔가 아주 잘못되었고, 체제를 바꾸지 않고서는 우리가 할 수 있는 일이 많지 않다는 데는 의문의 여지가 없습니다만, 내가 제기하고 싶은 문제는 우리 자신을 변화시키기 위해 뭔가 하지 않고서

체제를 바꾸는 일은 또 얼마나 성공적일 수 있겠는가 하는 겁니다. 물론 우리 모두가 딴 인간으로 변하기 전에는 바꿀 수 있는 게 하나도 없다고 말한다면, 그건 대중을 농락하는 수작이 되겠지만, 체제를 바꾸는 과정에서 우리가 개인으로서는 어떤 것을 바꿀 것인가, 그리고 체제 전체가 바뀌기 전이라도 얼마나 많은 것이 바뀔 수 있고 바뀌어야 하는가, 또 체제가 변혁된 다음에는 어떤 종류의 삶을 살게 될 것인가에 대해 좀더 생각해봐야 할 것 같습니다. 자기절제가 그 자체로 정책이 되지 못한다는 말에는 동감이지만, 우리가 궁극적으로 생태계문제에 대응하고자 한다면 반드시 끼어드는 문제 가운데 하나가 바로 그게 아닌가 싶어요. 예를 들어 톰슨 (E. P. Thompson)은 윌리엄 모리스(William Morris)에 관한 저서에서 '욕망의 교육'이라는 말로 이 문제를 제기했지요. 어쩌면 이 대목에서 제임슨 교수가 학회에서 발표한 논문「제이컵스와 하이데거에 있어서의 도시이론」(City Theory in Jacobs and Heidegger)*에서 논의한 하이데거를 끌어들여도 좋을 것 같군요. 이 문제에 관한 하이데거의 생각이 그의 추종자를 자처하는 수많은 유기주의적 생태론자들보다 오히려 톰슨과 공통점이 더 많을 수도 있지 않은가 해요.

자본주의가 낳는 불만, 그 종류와 해소가능성

제임슨 나는 하이데거는 욕망 그 자체에 관해서는 할 말이 별로 없을 거라고 생각합니다. 다시 말해서 하이데거는 우리가 직면한 문제들에 본격적으로 직면할 필요가 없었다는 거죠. 그는 기술과 근대화에 대해 깊은 불안감을 느끼는 고전적인 반근대론자였어요. 그의 향수와 욕망은 마을

---

* 좌담에서 거론되는 각 참석자의 발제문은 ANYWISE 회의자료로 복사·배포되었고 장차 Anyone Corporation에서 발간할 책자에 수록될 예정임〔건축도서출판공사 펴냄『Anywise/건축의 도전』, 1997 참조〕.

과 토지에 집중되어 있었죠. 체제가 변화하기 전에 그 내부에서 중요한 것은, 이러한 욕망의 문제가 정치적으로 교육적인 기능을 해야 한다는 겁니다. 즉 사람들이 단순히 체제로부터 어떤 식으로 탈퇴하여 다른 방식으로 산다는 것이 아니라 소비주의, 상품화, 욕망, 이러한 것들을 이용하여 사회 전체의 문제들을 극적으로 제기하는 하나의 방식으로 사용할 가능성이 있어야 한다는 거지요. 1960년대의 강력한 정치이념은 자본주의가 그 스스로 만족시켜줄 수 없는 욕망을 창출함으로써 저절로 멸망할 것이라는 것이었지요. 60년대가 지나고 돌이켜보니 그것은 유토피아적인 희망이었고, 전혀 현실적이지 못했습니다. 그러나 나는 그 말에 좀더 심오한 진실이 있지 않나 생각해봅니다. 오늘날 지구상의 전인류를 생각해보고, 이 체제의 역학에 의해, 광고와 텔레비전과 특히나 인공두뇌학적인 기술에 의해 야기된 그러한 종류의 욕망들을 생각해보면,—그리고 이 체제가 이러한 욕망들을 모두 만족시키는 것이 문자 그대로 불가능하다는 것을 생각한다면—그러한 구조적 불가능성이 다시 한번 정치적인 교육 기능을 수행할 수 있는 지점에 우리가 도달하는 게 아닌가 하는 생각이 들어요.

백낙청 아니면 체제가 인류 자체를 파멸시키면서 스스로 파멸할 수도 있지요. 그렇게 되면 이것은 사회주의혁명보다는 맑스의 『공산당 선언』에 나오는 "서로 적대적인 계급의 공멸"이라는 구절에 들어맞을 것 같습니다. 그래서 나는 자본주의가 저절로 파멸하기를 기대하는 것보다는 좀더 적극적인 프로그램이 필요하다고 생각합니다.

제임슨 스스로 파멸한다는 얘기가 아니라, 체제가 만족시켜줄 수 없는 욕망을 불러일으킴으로써 그로부터 정치적인 불만을 불러일으키게 될 거라는 겁니다.

미요시 그렇지만 자본주의체제가 사람들에게 조금조금씩 만족을 줄 만큼은 발빠르게 움직인다고 생각지 않나요?

제임슨 글쎄, 그게 목표인 건 분명하지요.

미요시 그렇죠. 그리고 아주 성공적이고요. 모두가 꼭 롤스로이스를 타야 되는 건 아니거든요, 이케아(Ikea)만 있어도—

제임슨 아니면 자기 대신 누군가가 롤스로이스를 타고 다니는 텔레비전 프로그램을 보여주는 거죠.

하비 녹색운동이 다 그렇다는 것은 아니지만 대부분의 녹색운동에서 흥미로운 것은 녹색운동이 실제로 욕망의 교육에 관한 것이고 또 문제의 발단이 개개인의 소비임을 실제로 말하고 있는 운동이라는 점입니다. 환경문제를 개개인의 책임 문제로 만든다는 것이 녹색운동의 강점 가운데 하나지요. 그러니까 차를 타기보다는 걸어다니고, 물을 끓일 때는 뚜껑을 덮고— 이런 사소한 것들 하나하나를 문제삼거든요. 욕망의 구조를 바꾸고 생활방식을 바꾸자는 겁니다. 녹색운동에서는, 전혀 다른 종류의 만족이 있다, 특히 자본주의에 의해 장려되는 그런 만족감의 대안이 될 만한 만족이 있다고 말합니다.

미요시 그 대안적 만족이란 게 무언가요?

하비 사실 여기서 명상생활이라든가, 자연을 즐긴다든가—자연은 돈도 안 들잖아요—나무에서 노래하는 새들을 즐긴다든가 하는 것과 관련하여 신비주의의 요소가 끼어들지요. 내가 약간 우스꽝스럽게 표현했는지는 모르겠지만, 유럽과 미국 전역에 걸쳐 녹색운동에는 바로 욕망의 교육에 관한 요소가 아주 강합니다.

미요시 하지만 여기서 계급문제를 논의할 필요는 없는 건가요? 중산층 아이들은 그럴 수도 있겠죠. 그러나 노동계급의 아이는, 또 미국 흑인의 아이들, 남미의 아이들, 동남아시아의 아이들은……, 정말 그런 식으로 말할 수 있는 건가요?

하비 물론 그건 특정 계급의 성향을 지닌 운동이지요. 그러나 어떤 일정한 계급적 형세 내에서 전체적으로 반자본주의적인 욕망의 교육에 관한 것이죠.

백낙청 중요한 것은 이 과제를 계급문제에 대한 의식이 없는 동료들에게 내맡겨두어서는 곤란하다는 말이지요.

제임슨 그렇지만 나는 이것이 사회로부터 탈퇴하는 하나의 방식이라고 생각해요. 60년대에 사람들은 사회를 떠나 꼬뮨(뜻맞는 사람들끼리의 공동생활체)으로 들어갔죠. 기독교 초창기에는 많은 집단들이 로마사회에서 탈퇴하여, 세상의 종말을 앞당기고자 성행위를 하는 것도 그만두었지요. 이런 종류의 정치행위에서 결정적으로 중요한 문제는, '바빌론' 안에서, 즉 타락한 체제 내부에서 다르게 살면서 어떤 식으로든 구원받는다고 하는 소집단을 형성하는 일 말고 달리 어떤 종류의 정치활동이 가능한가 하는 질문입니다. 바로 그 점에서 대안적 체제에 대한 유토피아적인 전망이 중대한 것이며, 또한 그러한 이유로 해서 이 욕망의 교육의 전영역에 걸쳐서 본질적인 것은 그것이 억압 혹은 포기의 문제가 되어서는 안된다는 것입니다. 이 체제가 기능하는 방식은—성의 문제가 분명히 핵심적인 부분이지만 그것만도 아닌데—마르쿠제(Marcuse)의 '억압적인 탈승화'(repressive desublimation)*라는 표현에 어울리는 어떤 것, 모든 형태의 공공연한 억압의 종언을 이 체제가 제시한다는 거지요. 그런데 진보진영의 입장에서 아니다, 그건 나쁘다, 우리는 그런 것들을 포기해야 한다라고 말한다면, 그것은 불행히도 그다지 매력적이지도 못하고 승산도 없는 전략이에요. 다른 방식의 삶에 대한 유토피아적 전망이 억압의 공공연한 암시와 억압의 그 모든 무게를 지니지 않은 형태로 고안되어야 합니다.

백낙청 바로 그렇습니다. 그러나 내가 묻고 있는 것은 욕망의 교육에

* 프로이트의 정신분석학에서 억압된 본능이 좀더 사회적으로 수용가능한 행동으로 '승화'(sublimation)되어 나타난다 했는데, 마르쿠제는 오늘날의 자본주의사회에서는 이런 승화작용을 해제하는 성개방 등을 통해 오히려 진정한 해방을 저해하고 억압체제를 강화하는 repressive desublimation이 만연되었다고 했음.

관한, 좀더 설득력있는 프로그램 없이 승산있는 전략이 가능하겠느냐는 것이죠. 나는 진보진영에서 이 문제가 충분히 논의되거나 제기되지 않았다고 생각합니다.

미요시 내가 가르칠 때마다 보면, 학생들이 아무런 확실한 욕망도 표현하고 있는 걸 못 보겠어요. 불만은 가득한데 말이죠. 어디서나 불만이 느껴집니다.

백낙청 그것도 동전의 다른 면이 아닐까요. 그런 종류의 불만을 교육시키는 것도 또다른 형태의 욕망교육이 될 테고……

미요시 내 말은 나는 욕망을 장려하고 싶은 생각이 없다는 거예요. 그냥 이런 불만족, 불평을 알아보자는 겁니다. 그건 별개의 문제지요. 교육적으로, 또한 실제적으로 그것은 많은 차이가 있어요. 요즘 내가 가르치는 학생들 가운데는 무엇을 갈망하고 욕망을 느끼고 그러는 경우가 많지 않아요. 그들은 모두 만족하지 못하고, 그러면서 욕망도 없고, 불만에 차 있죠. 여기서 출발해야 하리라고 봅니다.

제임슨 좋아요, 그렇지만 바로 그 대목에서 우리는 욕망이라든가 그러한 고상한 문제에서 다시 불완전고용 문제, 현실적인 경제적 스트레스 등등의 상황으로 되돌아오게 됩니다. 그렇게 되면 욕망은 정치적인 쟁점으로서 중심에서 밀려나지요. 왜냐하면 사람들은 일자리를 원하고 어떤 종류의 장래를 원하고, 이러한 관심, 이러한 문화적 관심은―

미요시 왜 그걸 덜 정치적이라고 하는 거지요? 그보다 더 정치적인 것이 무언데?

제임슨 아니, 내 말은 바로 그 지점에서 욕망의 문제가 사람들이 걱정하는 일들과 관련성이 덜해진다는 거예요.

욕망의 교육과 정치적 교훈을 결합하는 길

하비 영국의 '지구의 벗들'(Friends of the Earth)이라는 녹색운동 단체가 도시생활의 검토를 어떤 식으로 시작했는가 하는 실질적인 예로 돌아가볼까 합니다. 그들은 자연을 언급하는 수사학을 사용하지 않고 자동차의 결과에 촛점을 맞추었지요. 20년 전에는 학생들의 80%가 학교에 걸어서 다녔다는 점을 지적했습니다. 이제는 그 숫자가 10%밖에 안된다는 거예요. 이것은 어린아이의 세상 경험이 집에서 나와 자동차를 타고 학교에 도착하는 것으로 이루어지고, 내가 어렸을 때 하던 그런 일들을 하지 않는다는 것을 의미합니다. 나는 학교를 오가는 길에 온갖 장난을 다 치면서 세상을 배우고 온갖 것을 배웠거든요. 그래서 그들은 사회적 손실, 즉 자동차에 의해 강요된 사회성의 결핍을 강조했어요. 따지고 보면 이것은 다른 종류의 욕망을 교육하려는 시도였습니다. 그런데 한마디 곁들이자면, 사람들이 많이 걸어다니던 시절에는 길거리가 훨씬 안전했죠. 이제 누가 길거리를 걸어다니면 그 사람은 표적이 되고 말죠. 걸어다니는 사람이 없으니까.

제임슨 그렇지만 거기에 덧붙여야 할 것은 정치적 교훈입니다. 예를 들어 미국에서 1947년 이래 로스앤젤레스에서 시내 전차가 폐지되었고 전국적으로 철로 체계가 파괴되면서 트럭이 기차를 대신하게 된 역사적 사실 말이에요. 이것은 자동차를 좀더 보편적으로 사용하게 하려는 거대기업측 전략의 일부였습니다. 그러므로 욕망에 관한 교훈과 더불어, 누가 이러한 일을 하고 있는가, 행위자들이 누군가라는 또다른 교훈을 얻어내야 한다는 거예요.

하비 그렇죠, 그리고 그 두 가지를 결합해내고 두 가지가 불가분의 관계라고 말할 수 있다면 훨씬 설득력이 강해지겠죠. 일화 하나만 소개할까요. 1947년에 제너럴 모터즈와, 내 기억에 파이어스톤이라는 타이어 회사가 연방법원에서 음모죄로, 그러니까 로스앤젤레스에서의 대중교통 체계를 파괴하려 했다는 혐의로 벌금형을 받았는데, 유죄 판결을 받아 1달러의 벌금을 물었습니다.

백낙청 그렇지만 내가 줄곧 묻고 있는 것은 그런 양면을 좀더 효과적으로, 설득력있게 결합하는 방법이 —

하비 녹색운동가들이 시작한 일은 개인적인 차원에서 욕망에 관해 교육하는 것이고, 우리는 여기에 어떤 의의가 있다는 것을 인정해야 한다고 생각해요. 그러고 나서 다른 차원에서는, 그것을 통해서 세계가 변화하는 건 아니다라는 얘기를 해야겠지요. 우리는 또 독점적 통제의 이 거대한 중심부들을 비판해야 합니다. 이들이 환경이 어떻게 이용되어야 하는가를 실제로 통제하고 있고, 고속도로 체계를 만들어내고, (미국의 경우) 자기 차를 타지 않으면 거의 생활을 하기가 불가능하게 만드는 그러한 분배체계를 만들어내고 있으니까요. 그게 또 같은 동전의 뒷면인데, 진보진영이 욕망의 교육과 더불어 독점적 통제, 그 독점권력, 권력의 그 믿을 수 없이 엄청난 집중에 대한 공격을 동시에 수행할 수 있다면, 진보진영은 유효한 전략을 갖게 되리라고 생각합니다.

백낙청 미요시 교수가 좀 전에 말씀한, 생태론적 관심이 대부분 가난한 사람들이나 중동, 혹은 다른 제3세계 출신들보다는 중산층에서 제기되고, 전자는 모두가 번영과 소비와 그런 것들을 원한다는 주장에 대해서인데요. 나는 당신이 그런 사람들을 너무 쉽게 포기해버리는 게 아닌가 하는 생각이 드는군요. 제3세계인들이나 한국의 노동자들을 낭만화할 생각은 없습니다만, 이러한 사람들이 갖는 불만의 큰 부분이 단순히 자본주의적 번영의 한 조각을 나누어 갖고 싶은데 그걸 못 갖는 데서 오는 불만이라기보다는 당신이 가르치는 학생들에게서 발견되는 그러한 종류의 불만과도 공통점이 있다고 생각합니다.

미요시 그렇지만 내 학생들은 제1세계에 살고 있는걸요. 그들은 대단히 유복한 학생들이에요.

제3세계와 한국인에게 주어진 선택

백낙청 내가 하려는 말은, 제3세계의 하층계급 사람들도 제1세계의 유복한 학생들이 느끼는 것과 같이 근본적인 불만을 느낄 수 있다는 것이고, 그러므로 이들을 쉽사리 제쳐놓아서는 안된다는 겁니다. 이런 불만은 다양한 방식으로 표현되는데, 어떤 경우에는 전통적인 생활방식을 고수하려는 욕구로, 또 어떤 경우에는 시골생활에 대한 착잡한 감정이 있으면서도 시골에 머물러 살고자 하는 욕망의 형태로 드러나지요. 도시화의 결과만 보아도 그래요. 하비 교수는 회의에서 「도시화의 문제성」(Urbanization in Question)이라는 발표를 통해 도시로의 이주 역시 자본에 의해 만들어진 상황에 대한 민중들 나름의 반응이며 더 나은 삶에 대한 추구의 표현이라고 지적했지요. 이것이 일면 사실이고, 또 이처럼 대대적으로 자본의 논리에 의해 지배되는 과정 속에서도 대중의 적극적인 자발성이라는 요소를 잊어서는 안된다는 데는 동감이에요. 그러나 또한 우리는 그것이 대개는 강요된 과정이라는 점도 잊어서는 안됩니다. 토마스 하디가 소설 『테스』(Tess of the D'urbervilles)에서 농촌인구가 도심으로 이주하는 '자연스러운 추세'라는 것에 대해 한 말을 기억하실 겁니다. 하디는 그것을 "기계로 밀어올릴 때 물이 낮은 데서 높은 데로 흐르는 경향"으로 비유했지요. 실제로 정부를 비롯해서 텔레비전과 교육제도 등 이 나라의 거의 모든 것이 농촌에 남아 있으면 사람도 아닌 것처럼 만들고 있어요. 대부분의 제1세계 사람들이 원하는 것을 똑같이 원하는 경향을 보이는 것도 부분적으로는 이렇게 기계에 의한 강요의 결과지요. 단지 똑같은 정도로 만족할 수 없게 되어 있다는 것이 제1세계와 다른 점이죠. 그리고 이러한 만족의 실패가 어떤 특정한 방식으로 살아가려는 적극적인 욕망과 결합해 있기 때문에, 전세계적인 사회변혁을 위한 어떤 기획에서도 이용할 줄 알아야 하고 무엇보다도 신뢰할 줄 알아야 할 에너지의 원천을 이곳에서 발견하게 된다는 거지요.

미요시 글쎄, 제3세계의 가난한 사람들에 대해 여러가지를 전제하고 있는 것 같은데, 사실 한국은 더이상 제3세계가 아니지요. 한국은 그 위에 있고 상승중이죠. 5년 내지 10년 후에는 1인당 소득이 15,000달러 내지 20,000달러로 올라갈 겁니다. 빈국 대열에서 이미 벗어난 거예요. 번영이 얼마나 지속될는지는 모르겠습니다만, 전체적인 사고방식은 제3세계와 다르다는 겁니다. 대다수의 사람들이 극도로 빈곤한 중동지역이나, 인구의 3분의 1이 절대적 빈곤에 시달리는 중국이나, 연간소득이 300달러가량이나 되지 싶은 아프리카, 남미 등의 지역에 한국의 얘기를 그대로 옮겨놓을 수는 없어요. 도대체 그 사람들이 환경이나 생태계에 미치는 결과에 신경쓸 이유가 어디 있겠어요? 불가능한 일이에요. 우리는 은연중에 그들의 소망이 우리의 소망과 같으리라고 생각하는데, 내 생각엔 우리가 어떤 선함이라든가 선의라는 쪽으로 엄청나게 낭만적인 비약을 하는 것 같아요. 사실은 그게 전혀 아니거든요.

백낙청 나도 동감하는 점은 —

하비 나는 좀 동감을 안하는데요.

백낙청 좋아요. 그렇지만 우선 내가 동감하지 않는 부분이 무엇인지부터 말하지요. 극도로 가난한 사람들의 대부분은 다른 문제들에 너무 골몰해 있고 당장 먹고살 일이 너무나 다급한 상태라는 미요시 교수의 말씀에는 동의합니다. 그래서 단기적으로는 내가 학회에서 발표한 논문에 말했다시피 "절박하게 가난하지도 않고 오만할 만큼 부유하지도 않은" 사람들에게 좀더 희망을 걸게 마련이고, 국가로서 한국이야말로 바로 그러한 위치에 있어서 좀더 창조적인 해결책을 추구할 기회가 더 있다고 생각합니다. 동시에 기억해야 할 것은 극도로 가난한 사람들이 부자가 될 경우─될지 안될지는 별개 문제지만─반드시 그 중간단계를 거치게 마련이라는 점이에요. 그러니까 그들이 조금 덜 가난하게 되었을 때, 그때는 다시 가능성이 열리게 되죠. 그들의 주된 목적이 점점 더 부유해져서 아주 돈 많은 사람들과 같이 되는 것이냐, 아니면 그들의 향상된 위치를 이용해서 그들이 너무 가난했을 때에는 할 수 없었던, 아니 생각도 할 수 없었던, 뭔가 근본적으로 다른 일을 시도할 것이냐를 선택할 가능성 말입니다.

미요시 두 가지만 얘기하죠. 첫째는 서울 주변의 신도시 이야긴데 참으로 엄청나더군요. 전세계적으로 그런 예가 많지 않을 것 같습니다. 내가 알기로 그곳은 가격이 꽤 비싸다고 하더군요. 내가 정말로 흥미롭다고 생각한 것은 미래에 대한 감각이 완전히 결여되어 있다는 겁니다. 신도시의 건물들은 그다지 잘 지어지지는 못했는데, 그러면 20년 후에 어떤 일이 일어날 건가? 그 건물들은 모두 조합 형태로 되어 있는데,* 모든 사람들이 한꺼번에 그 건물에 투자했다는 말이지요. 그리고 30만 달러에서 50만 달러 정도로 아주 비싸다고 해요. 20년 후에 그 건물에 결함이 드러나면 어떻게 되는가? 지금은 매우 강력한 한국경제가 그때까지 계속 강력한 상태가 아닐지도 모른다는 점은 제쳐놓고라도 말이죠. 아무도 그 해답을 알지도 못하고, 개의치도 않는 것 같아요. 나는 여러 사람과 얘기를 해보았지만, 모두들 "모르겠다" "그런 생각 안한다"고 하더군요. 우리는 모두 조만간에 미래와 직면해야 하는데 말이죠. 또 하나는 세계의 환경이 점점 더 취약해지고 있다는 것입니다. 전체적인 전망에 대해 지금 생각하고 있는 사람이 있습니까?

하비 내가 동의하지 않는 이유를 두 가지 점에서 말할게요. 첫째, 가난

---

* 분양이 되었어도 공동관리 대상이며 크게 보아 건물 전체의 상태에 공동으로 영향을 받는다는 뜻인 듯.

하다고 분류되는 사람들 모두가 자본주의 발전의 등급에 따라 계층상승하기를 원한다고 함부로 가정해서는 안된다고 나는 생각합니다. 이 세상에는 자본주의적 발전에서 벗어나 그들이 처한 환경에서 그들 나름의 독특한 기술과 전통을 사용하여, 전체 자본주의체제를 위해 상품을 만들어낼 필요 없이 전통적인 생활방식, 전통적인 활동을 지속하는 것만이 유일한 관심사인 사람들이 많이 있습니다. 그들의 문제는 그들에게 세금을 매기고 그들을 상품문화로 내모는 정부가 있다는 거예요. 많은 사람들이 이러한 문화의 일부가 되기를 원하지 않으며, 그들은 정부가 그들을 더는 방해하지 말고, 자본가나 세계은행이 들어와서 언제 어떤 상품을 어떻게 만들어야 한다고 얘기하는 걸 막기를 원합니다. 아프리카의 어떤 지역, 인도 아대륙(亞大陸)의 어떤 지역에서는 이러한 종류의 운동이 거세게 일어나고 있어요. 이미 자본주의체제에 편입된 사람들, 토지도 재산도 없고 아무데도 갈 곳이 없는 딱한 사람들에 대해서는 미요시 교수 당신이 방금 한 말이 맞을지 모르지만, 그런 상황에 처하지 않은 사람들도 많거든요.

환경문제에 관한 세계자본측의 대응

두번째로는, 지구환경에 관해 전지구적인 전략을 가지고 사고하는 조직이 실제로 있다는 것입니다. 그들은 그들이 원하는 것이 무언지 잘 알고 있어요. 환경문제를 둘러싸고 대규모의 국제적 관료체제가 만들어지고 있으며 환경관련 국제법도 엄청 많아요. 리우 환경회의 이후로 UN 환경 프로그램도 생겼고, 세계은행도 환경문제에 막강한 힘을 행사하고 있지요. 어떻게 되어가는 형국이냐 하면—환경문제를 갑자기 높은 분들이 점거해서, 그 높으신 분들이 강력한 과학, 강력한 정부, 강력한 기업권력을 행사해서 이렇게 말하는 거예요. "우리는 이 연약한 지구의 자원을 관리해야 하고 우리가 바로 그 방법을 아는 사람들이다. 너희들은 이걸 가지면 안되고 다른 사람은 저걸 가져야 한다. 여기서는 이 일이 일어나면 안되고 저기서 일어나야 한다." 그들은 둘러앉아서 이러한 일을 실제로 생각하고 있습니다. 내가 이 문제에 관해 너무 음모론적인 태도를 보인다고 생각할지도 모르지만, 사실 그렇지 않아요. 그들이 실제로 그런 생각들을 하고 있고 환경문제를 이용해서 세계 정치권력의 아주 중요한 측면을 공고히 하려고 하는 것입니다.

미요시　재미있군요. 그렇지만 어떻게 들으면 그 세력가들이 우리가 이런 식으로 계속하면 우리는 지구를 파괴할 것이며, 다시 말해서 우리 자신을 파멸시킬 것이므로 자제해야 한다, 이렇게 생각할 듯도 싶은데요. 그래서 자제할 것을 생각하면서, 부자와 빈자, 이득을 볼 사람과 그렇지 못할 사람의 분리, 구분을 생각해야지요. 그러니 우리는 그 문제에서 벗어날 길이 없는 것이죠. 나는 한때 우리의 운명이 결국 비슷한 것이다, 우리 모두가 수난을 당할 것이다, 그러니까 그들도 좀더 합리적으로 생각하게 될 것이다, 이런 생각을 했어요. 하지만 그런 건 안 통해요.

제임슨　아니죠, 위기상황에서는 '나 죽은 뒤에야 홍수가 나든말든' (après moi le deluge)이라는 식이지. 향후 20년 정도나 생각하고 거기서 무엇을 얻어낼 것인가를 생각하면 된다는 거지요.

미요시　그러니 우리는 그다음 전략이 무엇일까, 무엇을 해야 할까를 좀더 진지하게 생각할 필요가 있어요.

제임슨　그렇지만요, 아까 논의에서 제외된 문제들이 있어요. 아주 추상적인 방식으로 얘기를 시작하자면, 촌락 혹은 농민적 유토피아와 도시적 유토피아의 문제죠. 세계적 빈곤의 문제, 또한 도시로 강제 유입되는 데 반대하여 농촌에 남는다는 것과 직결된 문제는 바로 농업이 전세계적으로 파괴되고 있다는 사실입니다. 즉 농업관련산업(agribusiness)이 갖는 의미는 농민이 경작하는 농업이 줄어들고 식량산업에서 미국 같은 나라가 지배하게 된다는 것이죠. 그리고 이건 좀 종류가 다른 문제라고 봐요.

좀 전에 우리가 쓰던 표현으로 돌아가보자면, 그건 더이상 딱히 욕망의 문제는 아니거든요. 그건 각 나라들이 더는 식량을 자급자족할 수 없게 만들고, 따라서 식량을 수입해야 하고, 화학비료 사용을 강요하고 농업생산성을 강요해서 종래의 농업이나 종래의 농민층이 더이상 살아남지 못하도록 만드는 문제지요. 동시에 그런 방식만으로 안되면 GATT나 WTO를 통해서 해내는 거예요. 결국 자기 나라의 농업을 보호할 수 없게 만들지요. 각 나라들은 그 나라의 식량산업이나 농민들을 외부로부터의 파괴적인 근대화로부터 지켜낼 수가 없게 돼 있어요. 보호정책이 진보적인 방식으로 행해지든 보수적인 방식으로 행해지든 — 일본의 경우는 상대적으로 보수적이라고 보는데 — 아무튼 프랑스와 일본은 그들의 문화 전체가 대규모의 식량생산과 농민층에 기초하고 있다는 점을 아주 현명하게 이해한 나라들이고, 반면에 미국은 그러한 통제력, 그러한 보호를 깨뜨려야 한다는 것을, 미국의 농업기업에 문호를 개방하도록 만들어야 한다는 것을, 즉 이들 나라의 농민층을 파괴해야 한다는 것을 알고 있습니다.

도시와 농촌의 '우애'는 가능한가

백낙청 그렇지요. "기계로 밀어올릴 때 물이 낮은 데서 높은 데로 흐르는 경향"이지요. 하지만 이쯤에서 우리가 참석했던 회의의 주제인 도시계획과 건축의 문제를 도입해보는 것이 좋을 듯한데요. 예컨대 내가 발표한 「서울에 있어서 도시의 연속성과 변모」(Urban Continuity and Transformation in Seoul)에서는 진정으로 도시다운 도시란 농촌과의 '우애'를 누리는 (물론 우애에 따옴표를 붙인 거지만) 존재라야 한다는 논지를 제기한 바 있지요. 이 문제는 전혀 논의가 안되고 말았지만, 자본주의적 도시화의 경향은 농촌을 파괴하는 것이고, 농업 그 자체는 남아 있다고 해도 그 농업이 자본주의적 분업의 일부가 되어 방금 제임슨 교수가 말씀했다시피 농업관련산업의 영역으로 편입되지요. 그럴 경우 '우애'는 불가능해집니다. 말하자면 농촌에 사는 시민인 것을 자랑스럽게 생각하는 시골 주민과 도시 주민 사이의 바람직한 연대감이 생길 여지가 없어진다는 거지요.

미요시 국경을 넘어서도 해당되는 말인가요?

백낙청 글쎄요, 미래에도 이러한 것이 존재하려면 국경을 넘어서도 해당되어야겠죠. 하지만 —

미요시 그렇지만 그게 어떻게 가능해요? 민족주의 문제도 있고……

백낙청 그러니까 내가 묻고 싶은 것은, 내가 제기하는 문제가 도대체 내용이 없는 것이냐 —

미요시 맞아요.(웃음)

백낙청 말씀이 분명해서 좋군요. 다른 두 분도 같은 생각이라면 내가 입을 다물면 그만이지요.

하비 아니, 나는 그걸 좀 다른 방식으로 표현했으면 하는데요. 역사의 많은 부분이 바로 도시생활을 지탱하기 위해 농촌으로부터 잉여를 짜내는 일입니다. 그런데 도시에서 창출된 잉여가 대개는 자본이 농업에 다시 투자하는 형태로 농촌에 재투입되는 시기도 있었지요. 그러니까 나는 이것을 우애라든가 이런 관점에서 보기보다는 도·농간의 변증법 전체가 우리의 분석에 중요한 부분이라고 생각합니다. 그렇지만 이것을 우애(fraternity)라는 말로 표현하고 싶진 않군요. 그건 조화라는 면을 너무 강조한 것처럼 들리니까요. 나는 오히려 도·농관계가 모순이요 긴장이라 생각하고, 그것이 중요한 측면이라고 봅니다. 물론 오늘의 영국에서는 시골에 산다는 것이 농업활동에 종사하는 것과는 전혀 무관하지요. 단지 시골에 살면서 일은 도시에서 한다는 얘기니까요. 하지만 대도시 지역이나 한 국가를 통틀어 토지에 어떤 일이 일어나느냐는 문제가 전체 사태의 중요한 부분입니다. 자본이 토지를 장악하여 대기업적 농업경영을 하고 결국은 토지를 망쳐놓으면, 그 토지에 근거한 일종의 사회성(sociality)이 유지되는 경우와는 다른 상황이 됩니다. 까놓고 말해서, 프랑스 농민층은 결국 해체되었지만, 그렇게 되기까지 오랜 시간이 걸렸고 그런 종류의 연대가 오랫동안 유지되었어요. 또 프랑스 농민층이 남달리 저항적인 성격이 강했던 것은 그들 특유의 사회성 때문이었지요. 그런 문제들이 중요하다고 생각되지만, 이런 것을 일반화해서 말하기는 매우 어렵군요.

백낙청 농촌과 도시 사이에 우애라는 말이 문자 그대로 적용될 수 있는 경우는 언제 어디에도 없었다는 데는 동의합니다. 그러나 예를 들어 프랑스 역사의 어떤 순간에는 프랑스 농민들이 마음속 깊은 곳 어딘가에서 스스로가 농민이라는 데 대해, 농촌에 산다는 것에 대해 만족을 느끼고, 그러면서도 빠리 같은 거대한 도시가 그들 자신의 수도라는 점을 자랑스럽게 생각하는 그런 순간이 있었다고 할 수는 없을까요?

하비 내가 프랑스 농민층에 대해 아는 바로는 불만에 차 있다는 것이야말로 농민의 존재조건이라는 겁니다. 그러니까 원래 정의상, 농민이라면 항상 툴툴거린다는 거죠.

제임슨 그건 맞는 말이긴 한데, 다른 한편으로 보면 프랑스의 체제 전체가 농민들이 자기 토지를 갖게 된 혁명 당시의 조치에 기초했고, 그래서 실제로 일종의 도·농간의 공생관계가 있었지요. 두 가지 종류의 유토피아적 이미지 사이에 어떤 긴장이 있는 것 같아요. 그러니까 자연과 농촌과 자영농적 경작이라는 이미지는 낭만적인 얘기이긴 하지만, 미래에 없어진다면 참으로 애석한 그런 것이죠. 반면에 도시의 삶에 대해 만들어낸 또다른 종류의 유토피아, 결과적으로 맑스가 말하는 '농촌의 우매함'이라는 생각을 확증하고 도시를 상호관계와 운동과 변화 등등의 공간으로 미화하는 그런 유토피아가 지니는 호소력도 있다고 생각합니다. 또다른 문제는 농민층의 소멸이라는 문제예요. 물론 통계숫자란 아무 데나 꿰맞추기 쉬운 거지만, 내가 기억하는 통계는 — 어떤 통계에 못지않게 사실에서 벗어난 건지는 모르지만—많은 나라들에서 최근에 혹은 좀더 먼 과거에 대부분의 인구가 농사일에 종사하고 있었던 반면에, 오늘날 선진국에서는 농업에 종사하는 인구가 7% 정도밖에 안된다는 겁니다. 물론 여기에 다른 통계도 덧붙여야지요. 가령 제조업에 종사하는 노동 또한 감소할 것이며, 그러므로 전체 근로인구, 우리가 생산적이라고 생각했던 인구를 다 합쳐도, 선진국의 경우에는 그 숫자가 전체 인구의 25%밖에 안된다는 거예요. 그러니까 농업, 농민층, 농촌의 문제는 영구적인 실업, 도시고 농촌이고 할 것 없이 대다수의 사람들이 영영 직업을 못 갖는다는 이 더욱 크고 엄청난 문제의 일부이며, 또한 바야흐로 출현하고 있는 이 새로운 체제의 전반적인 본질인 것입니다. 농촌의 산업화라는 문제에 관해서 맑스는 그것이 진보적인 일이요 산업화는 최후의 한계에 이르기까지, 그러니까 노동의 상품화가 보편화되고 그래서 체제가 변형될 수 있을 때까지 추진되어야 한다고 생각했던 것 같아요. 우리는 다른 생활방식이 여전히 존재하는 이 둘도 없는 구석진 지역들에 집착해야 한다는 반동적인 입장을 구태여 취할 생각은 없지만, 문제는 그게 사라진다는 것만이 아니라, 노동이 전반적으로 변형된다는 문제이고 스탠리 아로노위츠(Stanley Aronowitz)가 직업 없는 미래(the jobless future)라고 불렀던 것, 즉 일종의 보편적 실업상태의 등장이라는 문제입니다. 바로 여기서 농촌생활의 매력과 더불어 공장노동에 부여됐던 이미지 속에서 그것이 지닌 매력, 이 모든 것이 의문시되는 것입니다.

백낙청 전지구적인 규모로 계산하더라도 농촌인구의 비율이 감소할 것이라는 점에는 의문의 여지가 없습니다. 그러나 이러한 것이 전세계의 근로인구에도 해당될까요? 또 그럴 경우 그것이 농촌인구의 경우와 같은 정도로 계속 감소할 것이라고 말할 수 있을까요? 그건 전혀 별개의 문제겠지요.

미요시 시간의 문제도 있는 것 아니겠어요? 유럽의 국가들에서는 산업화가 되어 농업인구가 80%에서 8%로 줄어드는 데 2세기가 걸렸습니다. 일본에서는 1세기가 걸렸고요. 이제 동남아시아에서는 불과 한 세대밖에 걸리지 않아요. 시간이라는 요소가 실로 사회의 해체와 변형에 엄청난 위력을 발휘하지요.

내 고장 중심의 환경운동과 하이데거의 사상

하비 얘기의 방향을 완전히 바꾸어도 좋을까요? 이번 회의에서 흥미로웠던 것 중 하나는 일종의 자연 이데올로기랄까, 자연과 민족에 대한 어떤 이데올로기였습니다. 그러니까 자연과의 조화에 대한 견해, 정체성에 대한 견해, 정체성과 환경, 특정한 환경적 역사나 민족문화, 어떤 종류의 환경 이미저리 등이 갖는 정체성과의 관계, 이러한 것들이 여러번 나왔지요. 물론 어떤 특정국을 생각하면 종종 특정한 환경을 생각하게 되지요. 독일의 삼림, 웨일즈의 산악, 아일랜드의 토탄 소택지, 이런 식으로 한없이 떠올릴 수 있어요. 그러니까 어떤 종류의 경험적인 환경 요소와 연관된 모종의 국민적·민족적 정체성의 역사가 있다는 것이죠. 이것은 하이데거로 거슬러 올라가는 게 사실입니다. 회의에서는 풍수지리라든가 사람과 땅의 관계에 관한 어떤 기본 원리 같은 얘기도 나왔어요. 진보진영의 입장에서 우리는 이런 것을 어떻게 생각해야 하나요?

제임슨 우선 떠오르는 답변은 지역주의 또는 향토주의의 개념이겠지요. 그러니까 국가나 민족에 관해 얘기하는 것이 아니라 지역에 관해 얘기하고 있는 거라는 답이지요. 예컨대 바로 그런 식으로 하이데거의 명성이 독일 민족주의자로부터 지역주의자로 바뀌었고, 이 전적으로 새로운 세계질서란 초국가적인 제도들이 저 위에 따로 있을지 몰라도 구체적으로는 과거의 국민국가를 대신할 이러한 멋진 지역들로 채워지는 그런 것이리라는 생각으로 나타나지요. 이건 이데올로기적 비판의 매우 중요한 장이라고 생각됩니다.

하비 그것은 한 가지 매우 중요한 면에서 환경문제와 연관되는데요, 즉 대부분의 환경운동이 무슨 일을 하고 있는가 살펴보면, 그것은 그 장소의 질(質)에 관한, 다시 말해서 특정한 장소와, 그 장소의 환경적 특성이 무엇이든간에 그것을 보존하려고 합니다. 그것이 자연과 연관된 것일 수도 있고 아닐 수도 있지만, 어쨌든 특정한 장소의 환경적 특징을 보존해야 한다는 거지요. 그러니까 실제로 대다수 환경운동의 정치적 논리는 장소에 얽매인 정치이고, 대부분이 내 고장, 내 뒷마당의 정치, 님비 즉 '내 뒷마당엔 안된다'(not in my backyard)는 식의 풀뿌리 정치란 말이에요. 그밖에 지구 온난화니 그런 유의 지구적인 문제들이 따로 있고요. '내 뒷마당엔 안된다'고 주장하는 사람들에게 하이데거를 읽힌다면, 그들이 하이데거를 이해할는지는 모르겠지만 어쨌든 좋아, 좋아, 바로 이거야, 하고 말할 거예요.

백낙청 제임슨 교수가 아까 하이데거는 욕망에 관해 할 말이 별로 없을 거라고 하셨는데, 내가 아는 한에서도 그건 사실입니다만, 나는 바로 이 점이 하이데거를 추종하는 일부 생태론자들과 하이데거 자신을 구별해주는 그의 미덕이라고 봐요. 기질상으로 보면 그는 분명히 그의 추종자들과 별로 다를 바가 없고, 거기서 우리가 얻어낼 수 있는 것에는 한계가 있기 때문이죠. 반면에 하이데거는 기술의 본질(das Wesen)은 기술적인 것이 아니다, 즉 기술의 문제를 기술적인 방식으로 해결할 수 없다고 말함으로써, 욕망의 문제에 다른 방식으로, 우회적으로 접근한다고 생각합니다. 이때 그는 자본주의적인 해결책과 전통적인 사회주의적 해결책을 동시에 부정한 것이죠. 다른 한편, 제임슨 교수가 발제문에서 지적했듯이 그의 *Ge-stell**이라는 생각은 — *Bestand*의 개념을 매개로 — 자본화의 과정과 연결될 수 있습니다. 그러므로 우리가 하이데거의 이러한 통찰을 받아들인다면 우리는 하이데거를 전혀 다른 식으로 활용할 수 있지요. 즉 자본주의화라는 사실을 불가항력의 역사적 사건으로 받아들이고, 여기서 출발하여 하이데거의 입장에서 볼 때 전혀 기술적인 것 아닌 근대 기술의 문제에 대한 대답에 도달하는 겁니다. 물론 이건 분명히 너무나 거창하고 막연한 과제지만, 그렇다고 우리가 그 차원에 못 미치는 어떤 것으로 만족할 수 있을지도 의심스러운데요.

하비 제임슨 교수께 한 가지 해명을 부탁해도 될까요? 내가 기억하기로 당신은 발제에서 저장(storage)을 자본화(capitalization)로 전환했지요? 저장에서 자본화로 비약하는 것은 어떤 근거에서인가요? 자본화로 비약하자마자 저장과는 다른 차원의 언어로 말하게 되는데, 이런 말은 하고 싶지 않지만 이런 언어의 전환으로 내용도 맑스의 언어, 자본의 언어로 바뀌고 내 취향에도 맞게 되지만, 그게 실제로 정당한 전환인지는 의심스럽다는 거예요.

제임슨 나는 바로 그런 종류의 전환과 전유(專有)를 시도했어요. 하지만 하이데거에게는 원시적 저장의 개념, 그러니까 맑스가 '원시적 축적'(primitive accumulation)이라고 부른 것의 개념이 없고, 그로 인해 하이데거의 개념이 문화비판의 용도로 사용되는 데에 문제가 있을 것이라는 차이점을 분명히 지적했지요. 나는 하이데거가 사고불가능한 어떤 것을 사고하려 했음을 보여주고자 했고, 그의 *Ge-stell*이라는 생각이 정말 하나의 개념인지도 분명치 않아요. 즉 그가 이것을 생각하는 데 성공했는지 의문이지만, 그게 하이데거가 생각하려고 노력하던 거라고 보는 것이죠.

백낙청 그렇지만 당신이 농민의 곡물창고 식의 저장 개념과 예컨대 전기의 저장 같은 저장의 개념 사이에 질적인 차이가 있다고 밝힌 것은 하비

---

* 뼈대, 틀, 시렁 등을 뜻하는 독일어 Gestell을 하이데거가 Ge-stell로 독특하게 표기하여 모든 것을 그 틀에 넣어 재정비하는 근대 기술의 본성을 가리키는 낱말로서, 흔히 Enframing이라고 영역됨. 뒤이어 나오는 Bestand는 재고(在庫)라는 뜻으로 하이데거적 의미는 standing reserve로 영역되는 것이 보통이고 제임슨의 논문에서도 그리했음.

교수가 말한 자본주의화로의 '비약'에 해당할 것 같은데요.

제임슨 하이데거에게 없는 것이 또 있죠, 바로 화폐입니다. 화폐 같은 추상적 개념이 하이데거에게서 어떤 역할을 합니까? 그런 것들이 바로 맹점이지요. 하이데거의 생각이 말하자면 독립적으로 자본의 개념을 향해 나아가다가 바로 그런 것에 의해 막히고 마는 순간들이라고 생각합니다.

하비 다시 맑스로 돌아가면, 맑스는 모든 사회에는 잉여가 있어야 하지만, 잉여가치를 갖는 사회는 단 한 종류라고 주장했습니다. 자본화의 언어는 잉여가치에 관한 언어죠. 그런데 하이데거는 잉여가치 및 자본화의 사회와 연관되기를 단호히 거부했다는 생각이 들어요.

근대 기술의 성격과 전근대/근대/탈근대의 구분

백낙청 나는 좀 생각이 달라요. 지금 하이데거를 정확히 설명하는 게 우리의 주된 목표는 아니지만, 제임슨 교수가 농민의 곡식창고는 '자연스러운' 것이고 전기를 저장하는 것은 '기술적인' 것이라고 특징지은 것이라면, 하이데거의 그 대목에 대한 해석에서는 제임슨 교수와 생각을 달리하고 싶습니다. 내 생각에 하이데거는 농민의 곡식창고 역시 기술적인 것이라고 보는 것 같아요. 아시다시피 독일어의 *die Technik*이란 전통적인 의미의 기술(technics)과 공업기술(technology)이라는 의미를 다 갖고 있잖아요? 곡식창고도 기술의 산물이긴 한데 단지 좀 다른 방식으로, 그러니까 그리스어로 '시'라는 뜻도 되고 '만들기'도 되는 *poesis*, 하이데거가 *Hervorbringen*이라 부르는 것과 동일시될 수도 있는 그런 방식으로지요. 물론 이러한 '만들어내기'와 하이데거가 근대 기술의 *Heraus-fordern**이

---

* 독일어의 Herausfordern은 보통 '도전', '배상 또는 반환 요구'를 뜻하는데 하이데거는 이 단어도 Heraus-fordern으로 특이하게 표기하여 '강제적으로 밖으로 불러내다'라는 뜻을 부여하고 있음.

라 부르는 것에는 결정적인 차이가 있죠. 그렇지만 두 가지가 다 자연에 대해 어떤 작용을 한다는 뜻이고 그런 의미에서 기술적입니다. 하이데거가 그중에서 이 도전적인 혹은 강제력을 행사하는 종류의 저장에서 발견한 위험은 그것이 죄악이라는 게 아니지요. 그는 이것을 도덕적인 견지에서 논하는 게 아니거든요. 하이데거는 그것이 인간으로 하여금 이러한 종류의 저장의 근원이 다른 종류의 저장에 있다는 사실, 또 궁극적으로는 *poesis*와 본질적으로는 동일한 것이라는 사실을 망각하게 만들고, 그의 표현을 빌리면 인간이 '존재'(das Sein)*를 잊게 만든다는 것입니다. 그러므로 이렇게 보면 좀더 낡은 종류의 기술(technique)과 자본주의적인 근대 기술(technology) 사이에 하이데거가 가정하는 질적인 단절은, 전기의 저장과 소위 탈근대적(postmodern)인 정보의 저장 사이에 있다고 하는 단절보다 현실적으로 더 크다는 것입니다. 전근대와 근대 사이의 단절이 근대와 제임슨 교수가 탈근대라고 부르는 것들 간의 단절보다 더 의미심장한 거란 말이지요. 나는 당신이 발제문에서 언급하신바, 하이데거와 탈근대를 연관시키는 어려움이 부분적으로는 '근대'와 '탈근대' 간의 단절에 지나치게 가치를 두고 과대평가하는 데서 나온 것이 아닌가 하는 생각이 듭니다.

제임슨 글쎄요, 그것도 가능한 얘기죠. 그러나 우리가 지금 처한 위치에서 할 일은 종래의 학술적인 개념들의 적절성을 가늠해보고, 가령 '노동이론이 정보체계에 적용되는가?' 같은 문제에 대해 답하려고 노력하는 거라고 봐요. 이 새로운 단절이란 무엇인가? 이는 실로 우리 시대의 가장 극적인 역사적 사건이며, 나로서는 그 답이 무엇일지 알 수가 없어요. 이 문제에는 바로 산업생산 대 정보와 금융자본의 문제가 연관되며, 이런 것들

---

* 독일어의 das Sein은 '있다'와 '이다'를 겸한 동사의 명사형으로서 '존재'라는 번역은 '있음'에 치중하여 적절치 못하나 여기서는 기성 학계의 관례대로 표시했음.

에 연속성이 있다면 어떤 종류의 전통적 해결책이 아직도 가능할 것이고 연속성이 없다면 가능하지 않기 쉽지요. 바로 이것이 우리의 문제입니다. 모르겠어요, 내가 — 이 문제에 대해 내가 무슨 즉석 의견을 말하는 건 같잖은 짓일 테고요. 하이데거에 대한 당신 이야기는 아주 정확한 것 같습니다. 하지만 그럴 경우 내가 하고 싶은 말은, 하이데거의 반근대성은 그가 끝끝내 용납할 수 없었던 자본주의 이론에 대한 하이데거 자신의 편견을 뚫고 나가려는 시도라는 겁니다. 또 그것이 내가 보건대 하이데거의 한결 긍정적인 어떤 특징과 맑시즘 사이의 유사성이지요.

백낙청 네. 그걸 내 식으로 표현한다면, 우리가 발자끄의 작품을 발자끄 자신에 반해서 활용할 수 있다고 할 때 하이데거의 생각을 하이데거 자신에 반하여 활용하지 못할 이유가 어디 있느냐는 거지요. 그러나 탈근대의 문제에 관해서 나는 하비 교수께 이런 질문을 던지고 싶습니다. 당신 책『포스트모더니티의 조건』(The Condition of Postmodernity)을 읽고 많은 감명과 자극을 받았는데, 나는 당신이 물론 여러가지 면에서 제임슨 교수와 입장이 비슷하기도 하지만, 전체적으로 당신은 일련의 탈근대주의적 경향들에 대해서는 제임슨보다 좀더 비판적인 것 같더군요. 그래서 독자의 입장에서는 나중에 가면 당신이 포스트모더니티라는 용어에 집착하는 이유가 무언지 의문스러워지더란 말이에요. 그 책 여러 곳에서 탈근대주의자들이 '포스트모던'의 새로움에 대해 부여하는 구분들이 겉치레일 뿐이라고 지적했거든요. 내가 맞게 읽은 겁니까?

하비 그래요. 나는 제일 중요한 것은 자본주의 내부에서 일어나는 변화에 대해 논하는 것이라고 생각했지요. 그런데 근대와 탈근대에 관한 논의가 때로는 도움이 되기도 하지만 종종 진짜 중요한 문제를 가려버리는 것 같았습니다.

미요시 그런데, 어제는 왜 '열번째 신화'란 걸 만들었지요?

제임슨 열번째 신화가 뭔데?

미요시 그의 발제에서 열거한 신화 중 열번째가 지구화(globalization)였죠. 분명히 이 지구화라는 말은 정확히 규정되지 않으면 수상쩍은 개념이지만, 당신은 지구화라는 걸 무척 포괄적으로 쓰는 것 같더군.

하비 내가 말하고자 한 요점은 자본주의가 최소한 1492년 이래로 전지구적이었다는 것이죠.

미요시 좀 차이가 있는 것 같은데……

지구화·세계화의 허실

하비 내 생각에 중요한 것은 현재 얘기하는 지구화가 무엇이 구체적으로 다른가 하는 점이에요. 실제로 다른 점들이 있기도 하고요. 그러나 아까 농민의 상황을 얘기했는데, 졸라(Zola)의 『대지』(La Terre)를 보면 어떤 학교 선생이 앉아서 프랑스 농민 너희들은 미국에서 수입하는 농산물 때문에 완전히 망할 것이라고 말하는 대목이 있어요. 서유럽의 농업사를 보면 서유럽의 농업경제가 지구화로 인해 19세기 말에 파괴되었다고 말할 겁니다. 그러니까 그 당시에도 지구화 또는 세계화는 진행되고 있었지만, 흥미로운 것은 1970년대 이후 갑자기 지구화에 대해 얘기하는 그런 식으로 지구화를 논하는 사람은 당시엔 아무도 없었다는 것이죠.

미요시 분명히 기업사회에 거대하고 강력한 집단이 있어서 이익을 보려고—

하비 내 생각에는 그것이 정말로 강력한 이데올로기적인 공세였고—

미요시 그렇지만 그걸 무시하면 안되죠.

하비 아니, 무시하는 것은 아니고 다만, 그것이 변화의 사실인 만큼이나 또한 이데올로기적인 공세이기도 하다는 거예요. 내가 마음에 걸리는 것은 이 지구화라는 개념이 도시에서, 지방에서, 아니면 한 국가 내에서 온갖 종류의 정치적 활동을 얼마나 무력하게 만드는가 하는 점이에요. 그냥 주저앉아서, 난 못해, 국제경쟁력이 없어서 안돼, 하고 말하게 되는 거예요. 그것은 부르주아들이 노동자들에게, 미안하네, 친구, 우린 임금을 더 주고 싶지만 저 한국인들은 임금이 더 적고, 필리핀 사람들은 더 적고, 또 이제 중국사람들도 임금이 더 적다네, 이렇게 말할 수 있도록 엄청난 힘을 부여하는 겁니다. 그런 수사법에 휘말리게 되면 지는 거지요. 물론 여러가지 새로운 상황이 벌어지고 있고 정보의 구조도 바뀌었고 금융시장도 바뀌었어요. 하지만 정말 흥미로운 일인데, 미국에서 일본인 투자의 입출 차액 그래프는 현재 빠른 속도로 떨어지고 있어요.

미요시 그렇지만 지금은 제2단계에 도달해서 다시 올라오는 중이에요. 일본인들의 부동산 투자는 완전히 실패했지만—

하비 그들은 부동산뿐만 아니라 할리우드며 기타 등등에서 다 데었어요. 그러니까 요즘 경제신문을 보면 더는 지구화에 대해 얘기하지 않습니다. 대신 일본인들의 '공영권' 얘기라든가, 아무튼 자본가들은 실제로는 지역화를 얘기하고 있는데, 우리는 아직도 지구화를 논하고 있어요. 우린 아직 시류를 제대로 따라잡지 못한 거예요.

백낙청 그게 무엇이든, 지구화라고 하든 아니면 다른 이름으로 부르든, 1970년대 초반을 전후해서 세계경제에 무엇인가 중대한 변화가 일어났다는 데는 다들 동의하실 겁니다. 또 하비와 제임슨 두 사람 다 이 문제에 관해 아주 인상적인 책을 쓰셨고요.

하비 네, 나는 1960년대 이후 처음으로 생산이 한 장소에 얽매이는 대신 부품들을 분산해서 생산하기 시작했고, 그럼으로써 지구적인 자동차, 지구적인 텔레비전 등등을 만들어내기 시작했다고 생각합니다.

백낙청 그렇지만 내 질문은, 그 단절이 포스트모던이라는 말을 정당화할 정도냐는 것이었죠.

하비 아뇨, 사실 나는 포스트모던이라는 말을 좋아하지 않아요.

백낙청 그럼 제임슨 교수와는 입장을 달리하는 건가요?

하비 그래요. 난 그 용어가 마음에 안 듭니다. 나는 그냥 우리가 자본주의의 어떤 특정한 형국에 처해 있든간에 그 이야기를 해야 한다는 생각이에요.

제임슨 글쎄, 나도 뭐 꼭 그 말에 이견이 있다고 하긴 어렵군요. 내가 하고자 한 일은, 이 포스트모더니티라는 말과 또한 지구화의 언어가 이렇게도 지배적으로 되었으니 우리는 그 말을 사용해서 이 담론에 어떤 내용을 부여하고, 작금의 문화적 변화들과 연관된 경제적 변화를 강조함으로써 이 말을 경제적인 개념으로 만드는 것, 그래서 이 문화적 상부구조에 일종의 토대를 부여해야 한다는 점을 제기한 거지요.

미요시 나는 바로 그것이 포스트모던이라는 말을 적법하게 사용하는 유일한 근거라고 생각했는데요. 자본주의의 어떤 단계와 포스트모더니즘 사이에는 관련성이 있지 않아요? 하비 교수 당신이 그걸 부정한다니 약간 놀랐는데요.

하비 뭐 내가 그 말을 만들어낸 것도 아니고, 나는 단지 기본적으로, 좋다, 모두들 그 말을 사용하면서 돌아다니니까, 그럼 그 말에 어떤 내용이 있겠는가, 이렇게 나갔던 거죠. 결론에 도달할 쯤에는 그 말이 자본주의가 어떻게 되어가고 있는가에 관해 내가 개발하기 시작하고 싶은 용어로서는 별 내용이 없다고 말했던 거고, 그게 중요한 문제였지요. 근대와 탈근대를 둘러싼 이 논쟁의 대부분은 실제로는 자본주의의 실상을 가리는 방패막이로 작용하고 있다고 생각되었어요. 마지막에 내가 결론적으로 말하게 된 것은, 아예 포스트모던이라는 용어를 내버리고 그 아래 무엇이 있는가 보자는 것이었죠. 그러니까 이 포스트모던이라는 용어에 대해 얘기하길 우리가 정말 원하는 건가요?

제임슨 요는 이것이 정치적인 쟁점이라는 겁니다. 문제는 이 모든 것을 둘러싸고 진행되는 담론상의 투쟁 가운데서 전략적으로 어디에 개입해야 하고, 또 이 담론을 어떻게 이용하고 전유(專有)하고 폐기하고 공격하고 기타 등등 할 것인가 하는 거예요. 내 생각에 우리 사이에 약간의 견해 차이가 있는 것 같긴 하지만 내용에 관해서는 별 차이가 없다고 생각해요. 나는 인문학 분야에 속한 사람이고 그 분야에서는 이 언어가 통용되고 있으므로, 나는 기왕 사용되고 있는 것이 새롭고 다른 방식으로 사용될 수 있도록 만드는 시도를 하고 싶은 겁니다. 그렇지만 그것이 가장 효율적인 정치적 결단은 아닌지도 모르죠.

근대전환의 단절과 '포스트모더니티'의 단절

그렇지만 좀 전 백교수의 질문은 조금 다른 문제인데, 그것은 이 단절의 본질에 관한 것이었던 것 같아요. 그것이 절대적인가, 상대적인가, 자본주의의 단계들 사이에 연속성이 있는가, 아니면 이 단절이 아주 의미심장한 것이어서 많은 것을 다시 생각해야 하는가? 이에 관한 나의 이론적 입장은 이러한 역사적 서사(narrative)들 가운데서 이것도 하나의 결단이지 '증명'할 수 있는 어떤 것은 아니라는 겁니다. 이 역사를 근본적인 단절로 서술하는 데는 이유가 있고, 또 연속성을 주장하는 데도 이유가 있어요. 내게는 더 중요한 일이 ─ 정치적 이유, 경제적 이유 등등으로 해서 ─ 과거와 현재 상황의 연속성보다 차이점을 강조하는 일입니다. 하지만 동시에 나는 이것이 새로운 종류의 생산양식이 아니라는 점도 강조하고 싶습니다. 동일한 생산양식의 다른 단계지요. 그러니까 변증법에 대한 내 생각은 양쪽으로 다 챙기고, 연속성과 불연속성을 모두 강조하려는 시도라는 거지요.

백낙청 당신이 이 용어를 사용하는 의도나 또 자본주의적 생산양식 자체에 어떤 변화가 있는 것은 아니라고 가정하고 있다는 사실을 나는 정확히 이해했다고 말할 수 있을 것 같습니다. 그러나 내가 제기한 문제는 이미 지적하셨다시피, 이러한 단절을 전근대와 근대 간의 단절과 비교할 때 어떠한가, 또 우리가 작금의 단절, 그러니까 가장 최근의 단절을 전근대와 근대 간의 단절과 동일한 무게나 지위로 올려놓지 않고도 이 단절에 충분한 관심을 기울일 수가 없겠는가 하는 것이죠. 나로서는 전근대와 근대의 단절이 더 중요하다고 보고, 하이데거와 맑스도 이 점에 대해서는 동의할 것이라고 생각합니다.

제임슨 하지만 오히려 전자본주의와 자본주의라고 말해야 하는 것 아닌가요? 그것이 문제를 더 분명하게 만들지 않겠어요?

백낙청 영어의 보통 용법에서는 전근대, 근대, 근대이후가 세 가지 완전히 별개의 것입니다. 그러나 전근대란 당신의 틀에서는 전자본주의를 의미하고, 근대와 탈근대(즉 근대이후)는 둘 다 자본주의지요. 그러니까 이론적으로는 이것이 약간의 혼동을 초래할 수가 있다는 거지요. 그리고 물론 내가 이런 질문을 하는 것은 한국의 특수한 정치적·문화적 상황에서 나온 것이기도 해요. 지난번 1989년에 한국에 오셨을 때 아마 느끼셨겠지만, 이곳의 진보적인 작가들은 포스트모더니즘이라는 말에 그다지 호의적이지 않은 편이지요. 그것은 우리의 특수한 사정상, 이 용어를 열광적으로 사용하는 사람들은 당신의 저서를 진지하게 읽은 학도들이 아니라 대다수의 주류측 문화 수입업자들이기 때문입니다. 그래서 실제적인 시각으로 보면 모더니즘을 들고 나왔던 사람들이 포스트모더니즘을 선전해왔고, 이제 또 탈식민주의에 대해 판촉활동을 시작하려고 하고, 그런 식이죠.

제임슨 그전에는 '탈산업사회'(post-industrial society)라고 했죠. 우리가 더는 자본주의사회에 살고 있지 않다, 우리는 뭔가 다른 시대에 살고 있다, 이 경이롭고 새로운 흐름과 정보의 세계 속에, 이런 식으로 말하려는 시도였는데요. 네, 분명히 그런 이데올로기적인 위험이 있고 그것이 소위 포스트모더니즘의 작업을 매우 문제적인 것으로 만들 수도 있겠죠.

미요시 우리는 이번 학회 자체에 대해서는 별로 얘기를 많이 못했군요.

학회의 주제가 (백교수가 지적했다시피) 오늘 우리 좌담의 주제와도 관련이 많은데도요.

백낙청 그렇습니다. 하지만 지금 그 이야기를 시작하기에는 너무 늦었고 모두들 피곤하실 것 같군요. 사실 서울의 도시 환경이나 한국의 구체적인 생태계문제는 이 좌담에서도 별로 논하지 못했는데, 그래도 여러가지 중요한 논의를 할 수 있었던 것으로 만족하며 이만 줄여야겠습니다. 정말 감사합니다.

〔成銀愛 옮김〕

창비의 유년시절, 60년대
'창비' 30년을 듣는다

백낙청(『창작과비평』 편집인)
고은명(창작과비평사 편집자)

고은명 1996년 1월에 『창작과비평』이 창간 30주년을 맞습니다. 감회가 남다르실 것 같은데, 창간 당시의 포부 그리고 30년이 지난 지금의 느낌 같은 것을 듣고 싶습니다.

백낙청 당시의 포부는 창간호의 권두논문에서 어느정도 밝혀놓았어요. 그때 나름으로는 원대한 포부를 가졌다면 가진 건데 실제로 나 자신이 이렇게까지 오래 하리라고는 생각 못했어요.(웃음) 그 후 74년에 가서 일종의 부대사업으로 시작한 출판사업이 지금은 이렇게 커졌고요. 아무튼 시작은 미약해도 뜻있는 여러 사람들이 합류해 우리 사회에서 좀더 큰 기능을 해낼 수 있길 희망했던 창간 당시의 포부가 기대 이상으로 달성됐다고

■이 인터뷰는 격월간 『창비문화』 1996년 1–2월호에 실린 「기획연재: '창비' 30년을 듣는다」의 한 꼭지이다.

도 볼 수 있는 거죠. 알게모르게 많은 분들이 함께해주신 덕입니다.

고은명 기대 이상이라고 하셨는데 물론 아쉬운 점도 있을 것 같아요. 아울러 앞으로 바람이 있다면……

백낙청 한 개인으로서는 분명 기대 이상이지요. 그러나 다른 한편 최근 들어서 세상이 급격히 바뀌고 출판계 규모라든가 경제 규모가 커지고 이른바 국제화·세계화의 도전도 맞게 됐는데, 우리가 과연 이러한 상황에 충실히 대응해나가고 있는지는 좀 의문이에요. 이런 반성은 이제까지 꾸준히 해왔지만, 30주년을 계기로 심각하게 따져봐야 할 것 같습니다. 앞으로 30년을 생각해보면, 내가 지난 30년처럼 관여할 수 있는 시기는 그리 길 수도 없겠고 길어서도 안되겠지요. 그러나 포부가 있다면 정말 세계적인 잡지로 만들어보고 싶습니다.

고은명 그러면 이제 30년 전으로 거슬러 올라가보죠. 『창비』 같은 잡지를 만들어보겠다는 구체적인 구상을 언제, 어떻게 하셨는지 좀 구체적으로 말씀해주세요.

백낙청 나는 고등학교를 마치고 바로 미국에 갔지만 당시의 고등학생들은 전쟁 통에 학교공부를 제대로 못한 대신 입시지옥에 시달리는 요즘 학생들에 비하면 관심이 다양하고 정치적인 의식도 꽤 있었다고 봐요. 그래서 나 자신도 미국 대학을 다니면서 50년대 미국사회와 대학의 보수적 분위기에 늘 답답함을 느꼈고, 귀국하면 한국의 문단과 지식인사회에 뭔가 기여하고 싶다는 생각을 했지요. 그러려면 우선 잡지가 필요하겠다고 느꼈습니다. 친구들과 편지를 주고받으면서 그런 얘기도 나누곤 했지만 잡지 창간을 구체적으로 생각한 것은 65년 들어서였어요.

고은명 그 당시에는 계간지라는 형태가 드물었던 걸로 아는데 어떻게 계간지라는 형태를 취하게 되셨는지요?

백낙청 잡지를 한다는 생각을 구체화하면서는 계간지를 하겠다는 생각이 처음부터 뚜렷했어요. 그 이유는 대략 세 가지인데, 첫째 기존의 잡지들보다 수준을 높여야겠는데 월간지로서는 수준을 유지하기 힘들다는 생각이었죠. 또 내가 교직을 가진 처지라 학교일을 하면서 잡지를 만들려면 계간지라야지 그 이상은 어려웠고요. 게다가 설혹 편집일을 다른 사람이 덜어준다 해도 재정적인 사정을 고려할 때 월간지는 생각할 수 없었습니다.

고은명 제호를 정할 때의 얘기를 좀 해주세요. 다른 후보도 많이 있었다고 들었는데……

백낙청 제호를 정하기 위해 사람들과 여러 갈래로 많이 얘기했어요. 온갖 것들이 다 나왔지요. 가령 당시 조선일보에 있던 남재희(南載熙)씨가 '서울 리뷰'라는 제호를 내놓았고 나의 고등학교 동창인 황병기(黃秉冀)씨는 '흐름'이라는 것을 제안했던 것 같아요. '창작과비평'은 내가 생각한 것 같은데…… 사람의 기억력이라는 것이 간사하니까 확실히 말하기는 뭣하지만, 내가 생각해낸 것 같아요. 그 얘기를 듣고서 평범하면서도 참 좋다고 한 사람이 황병기씨로 기억됩니다. 지금은 대유행이 되어버렸지만, 당시는 제목에 '과'자가 들어가는 게 거의 없었지만요. 어쨌든 그렇게 정해졌어요. 아, 이것은 발표할 사항은 아니지만 임재경(任在慶)씨는 '전위'라든가, 아예 좀 세게 나가자고 했지요.(웃음)

고은명 잡지를 만들려면 돈이 꽤 많이 들 것 같은데요. 창간자금은 어떻게 마련하셨나요?

백낙청 처음에는 회사를 하나 따로 등록하려고 했는데 그랬다면 자금이 많이 필요했겠지요. 사실 이 문제와 관련해서 세상에 별로 알려지지 않은 이야기가 있지요. 아까 내 친구 황병기 이야기를 잠깐 했지만, 일찍부터 잡지에 관한 내 포부를 말해온 상대 중에 황병기씨가 있고 다른 한편으로 나중에 실제로 잡지 사업을 도와주게 된 친구들이 있었지요. 황병기씨는 지금은 오로지 음악에 전념하여 우리 국악계의 보배로운 존재가 되었지만 당시는 집안의 사업에도 손을 대고 있던 터라, 처음 내 생각에는 그가 발행인이 되어 뒷바라지를 하고 내가 편집권을 가진 상태에서 다른 친구들의 도움을 받아 잡지를 꾸려나가면 일이 수월하겠다 싶었는데, 정작 창간 준비가 진행되면서 그런 체제가 바람직하지 않다는 의견이 주위에서 많이 나왔지요. 황병기씨 쪽에서 그런 기미를 알고, 이미 사무실 준비까지 해놓은 상태에서 선선히 물러서겠다고 했지요. 그래서 당시 신문기자를 하던 이종구(李鍾求)씨가 알선을 해서 나오는 생면부지인 문우출판사(文友出版社) 오영근(吳永斤) 사장이 발행을 맡아주기로 된 거지요. 지금 돌이켜보면 처음부터 편집자 책임 아래 독립채산제로 나간 것이 『창비』를 위해서는 잘된 일이지만, 그때 황병기씨한테 공연한 폐를 끼쳤다는 생각은 있어요.

고은명 그래서 문우출판사 사무실을 쓰신 건가요?

백낙청 문우출판사 사무실이 공평동 태을다방 옆의 작은 건물 위층 어디에 조그만 게 있었는데, 거기는 가끔 일이나 생기면 들르고 편집실은 우리집을 사용했지요. 창간호 자금에 관해서는, 당장 들어갈 돈은 원고료와 종이 값뿐이었고 그나마 원고료는 소설밖에는 주지 않았어요. 인쇄비 같은 것은 외상을 길게 끊으니까 나중에 팔아서 갚으면 되고 130여 페이지에 70원짜리 창간호를 만드는 데는 9만원가량 들었어요. 그걸 어떻게 기억하느냐 하면, 당시 잡지를 만드는 데 깊이 관여한 사람이 임재경, 이종구에, 지금은 작고했지만 당시 한남철(韓南哲)이라는 필명을 쓰던 소설가 한남규(韓南圭)와 문리대 철학과 조교를 하면서 『청맥(靑脈)』 편집부장을 하던 김상기(金相基) 그리고 채현국(蔡鉉國) 등이었는데, 이종구, 한남철, 김상기, 이 세 사람은 돈이 전혀 없어서 필자 구하는 등 노력봉사를 한 반면 임재경씨는 경제부 기자를 해서 돈이 좀 있고, 채현국씨 역시 부친 사업을 돕는 처지라 여유가 있어서 나까지 합쳐 세 사람이 다달이 만원씩만 모으면 석 달이면 9만원이다, 그걸로 기본 경비는 된다는 계산을 한 적이 있거든요. 이시영(李時英)씨가 68년에 사립대학 등록금을 3만원 낸 기억이 있다고 하니까 아주 적은 돈은 아니지만 1인당 한 달에 만원으로 계간지를 해나갈 수 있다면 해볼 만하다는 생각들이었지요. 그런데 다달이 만 원씩 모으는 것도 그렇게 오래 지속되지는 않더군요. 그 후에는 주로 내가 여기저기에 손을 벌려 조달을 했고 채현국씨 같은 이는 결과적으로 3만원 이상을 뜯겼지만 내 품이 좀 들었지요. 창간호는 2천부를 찍었는데 꽤 많이 팔렸어요. 대개 그렇듯이 2호, 3호는 창간호보다 못해서 좀 고생을 했지요. 그러나 4호부터 다시 조금씩 올라가기 시작했고, 6호에 「분례기」 연재가 시작되면서 발행부수가 껑충 뛰어서 형편이 좀 피었습니다.

고은명 그러면 2, 3호를 빼면 크게 손해를 보진 않은 거네요?

백낙청 아니, 한 호에 9만원 정도는 계속 들어갔어요. 그러나 잡지도 두꺼워지고 원고료도 제대로 주면서 그 이상의 손해를 안 본 것이 성공이라는 얘기예요.

고은명 문우출판사는 대행만 해준 건가요?

백낙청 원고 모으는 일에서 활판 인쇄의 교료를 놓는 데까지 내가 했고 옵셋, 제본, 판매, 수금 같은 일은 그쪽이 대행해줬지요. 업무분담 선이 조금씩 달라지긴 했어도 그때는 물론 나중에 일조각(一潮閣)에서 할 때도 우리는 항상 독립채산제로 했어요.

고은명 어려울 때 얘기를 하니까 기분이 좀 묘하신 것 같은데요. 분위기를 좀 바꾼다는 의미에서 「분례기」 얘기를 좀 해주세요. 『창비』가 대중적으로 명성을 얻기 시작한 것은 이 「분례기」가 나오면서부터 아닌가요?

백낙청 이호철(李浩哲) 선생이 어느 심사에서 낙선한 중편을 하나 가져와 보여주셨는데 아예 장편으로 고쳐 쓰면 뭐가 될 것 같은 생각이 들더군요. 채현국씨도 읽고 같은 생각이었어요. 그래서 방영웅(方榮雄)씨를 만나 시골 얘기를 하든가 똥례 주변 사람의 얘기, 그런 것들을 키워 장편을 만들면 좋을 것 같다는 얘기를 했지요. 그랬더니 이 친구가 우선 앞부분을 고쳐 왔는데 정말 깜짝 놀라게 좋아져서 연재를 시작했지요. 뒷부분으로 가면 「비밀」이라고 했던 원작품 중편의 문제점을 완전히 벗어던지지는 못한 것 같지만, 지금도 나는 「분례기」가 훌륭한 장편이라고 생각합니다. 아무튼 그게 실리고 나서 여기저기에서 화제가 되고, 지금 정확한 부수는 기억 안 나지만 6, 7, 8호 계속 늘려갔는데도 매번 거의 다 팔렸어요. 심지어 어떤 친구는 정기구독을 권유하니까 「분례기」가 계속 실린다는 게 사실이면 정기구독을 하겠다고도 했어요.

고은명 아까 말씀하신 다섯 분이 초창기에 주도적으로 참여하셨다고 했는데요, 어떤 형태였나요? 발기 모임 같은 것이 따로 있었나요?

백낙청 정식으로 그런 모임이 형성된 것은 아니고, 그 다섯 사람이 가장 가까이서 헌신적으로 도와서 잡지를 만들었다고 할 수 있지요. 하지만 실제로 편집실무도 그렇고 자금문제도 그렇고 처음부터 모든 책임은 내가 진 셈이에요.

고은명 그 다섯 분 이외에도 도움을 주신 분들이 많을 것 같은데요.

백낙청 창간호에 글을 주신 분들은 일단 다 그렇게 봐야겠지요. 소설가 두 분에게는 우리가 적으나마 고료를 드렸지만 나머지 분들은 모두 그냥 원고를 주셨으니까요. 게다가 이호철 선생 같은 분은 소설을 주었을 뿐만 아니라 여러가지 조언도 하고 다른 문인들을 소개도 해주었어요. 또 김승옥(金承鈺)씨는 편집 및 디자인 면에서 재주도 있고 경험도 많아서 창간호 표지 만들 때 의논도 많이 했습니다. 표지의 대체적인 모양은 내 의견이 주로 반영됐지만요. 그밖에도 정명환(鄭明煥) 선생 같은 분이 싸르트르의 『현대』지 창간사를 번역해주셨고⋯⋯ 그때뿐 아니라 지난 30년 동안 온갖 사람들께 온갖 신세를 다 져온 느낌입니다.

고은명 창간호에 창간사를 대신해서 「새로운 창작과 비평의 자세」라는 권두논문을 발표하셨는데요, 왜 창간사를 안 쓰셨습니까? 그리고 그 글이 발표된 후 반응이 어땠는지요?

백낙청 창간사라고 하기에는 글이 너무 길고 개인 논문의 성격이 강해서 권두논문 형식으로 실었는데요. 글에 대한 반응은 찬반간에 꽤 있었던 듯합니다. 하지만 내 글 하나에 대한 반응보다, 면수도 얼마 안되는 잡지 『창비』가 나오자마자 사람들에게 뭔가 깊은 인상을 심어주고 꽤 화제가 된 것은 사실인 것 같습니다. 김수영(金洙暎) 선생 같은 분이 창간호가 나오자마자 칭찬하고 다니신 것도 당시로서는 아주 고무적인 일이었고요. 그때만 해도 나하고 안면이 있기 전인데……

고은명 책의 체재에 대해서는 특별한 구상이 있으셨나요? 처음에는 시도 싣지 않았던데요.

백낙청 문학 중심의 계간지지만 꼭 문학에 한정하지 않겠다는 방침은 처음부터 서 있었어요. 또 좋은 작품을 발굴하겠다는 생각도 있었지요. 하지만 아무래도 평론 쪽에서 뭔가 새로운 얘기를 해보자는 생각이 강했어요. 시를 싣지 않은 것은 어떻게 보면 프랑스『현대』지의 영향이랄 수도 있지만, 싸르트르는 애당초 시와 소설을 근본적으로 달리 보는 문학관을 가졌는데, 우리 경우는 그런 것은 아니고, 첫째는 우선 역량이 부족했기 때문이지요. 시단에 대해서 잘 알지도 못하니까 이것저것 번잡하게 하는 것보다, 소설 한두 편 싣고 문학평론에서 문제제기를 계속해나가면서 문학 이외의 것을 다루어서 새로운 바람을 일으키겠다는 식으로 우선 출발했던 겁니다.

고은명 1967년 겨울호부터 발행소를 일조각으로 옮겼는데, 특별한 이유라도 있나요?

백낙청 직접적인 계기는 문우출판사가 부도가 났기 때문이에요. 그래서 다른 출판사를 구할 수밖에 없었는데, 일조각 한만년(韓萬年) 사장께서 맡아주시겠다고 하신 거예요.

고은명 일조각에서 책을 낼 때는 재정적으로 어땠어요?

백낙청 일조각과의 관계도 문우출판사와 마찬가지로 독립채산제였습니다. 그러나 일조각은 큰 출판사니까 아무래도 거래처 상대로 일하기가 훨씬 쉬웠지요. 원고료는 우리가 필자들에게 주고, 제작비는 나중에 판매

대금과 상계해서 모자라면 내 쪽에서 넣고 남으면 받기로 했는데 일조각에 간 이후로는 원고료 지출은 계속 있었지만, 우리가 그쪽에다 생돈을 넣은 기억은 없어요.

고은명 그러면 신구문화사(新丘文化社) 쪽과는 어떻게 인연을 맺게 되었나요?

백낙청 사실 일조각 자체는 문단이나 소장 학자들과 그렇게 관계가 밀접한 동네가 아니었지요. 그에 반해 신구문화사는 신동문(辛東門) 선생이 주간으로 계시면서 문인들이 많이 모여들었고 내가 염무웅(廉武雄) 선생과 처음 만난 것도 그쪽에서였지요. 그런데 신동문 선생과 점차 가까워지니까 신선생 말씀이 발행처를 신구문화사로 옮겨서 좀더 본격적으로 해보라는 거예요. 지금은 작고한 이종익(李鍾翊) 회장도 적극 도와주겠다는 거지요. 하지만 그런 이유만으로 그동안 우리에게 고맙게 해준 일조각을 떠날 수는 없었지요. 그러다가 69년에 내가 박사 공부를 마저 하러 미국으로 가게 되면서 회사를 독립시켜놓지 않으면 편집의 독립성이 계속 유지되기가 어려울 것 같아 '창작과비평사'를 따로 등록하기로 했지요. 그리고 그걸 계기로 신구문화사와 손잡기로 결정한 거예요. 어차피 대표를 신동문 선생께 맡길 참이었고 편집은 염무웅 선생이 하고, 게다가 그동안 일조각에서 해주던 이상으로 신구문화사에서 밀어준다면 내가 없어도 잘되리라는 계산이었지요. 한만년 사장께서도 물론 서운해하시긴 했지만 양해를 하셔서 독립된 잡지사로서는 69년에 창사를 한 셈입니다. 그래서 신동문 선생이 『창비』의 3대 발행인이자 창작비평사의 초대 사장이 되시고, 염무웅 선생이 편집장을 하게 된 거죠. 그런데 내가 떠난 이후로 모든 게 원래 생각했던 것만큼 원활하게 진행되지는 않아서 남은 분들, 특히 염선생의 마음고생 몸고생이 무척 컸던 것으로 압니다. 그러나 그 얘기는 염무웅 선생한테 직접 들어보는 게 좋겠지요.

고은명 오랜 시간 감사합니다.

언 땅에 틔운 푸른 싹
'창비' 30년을 듣는다

백낙청(『창작과비평』 편집인)
고은명(창작과비평사 편집자)

고은명 7호(1996년 1–2월호)에서 선생님께서 60년대 얘기를 하시고 지난 호에는 염무웅 선생님께서 70년대 얘기를 해주셨는데, 이번에도 70년대를 얘기하는 게 좋을 것 같아요. 7호의 이야기가 선생님이 미국 유학을 가시는 것으로 끝나는데, 유학중에는 『창비』 일에 전혀 관계하지 않으셨습니까?

백낙청 전혀 관계하지 않은 셈이에요. 잡지가 나와서 보내주면 한 페이지도 빼놓지 않고 다 읽고 염선생한테 독후감 같은 것을 써 보내기는 했지요.

고은명 교정을 봐서 보내시지는 않으셨어요?(웃음)

■이 인터뷰는 격월간 『창비문화』 1996년 5–6월호에 실린 「기획연재: '창비' 30년을 듣는다」의 한 꼭지이다.

백낙청 아니, 내가 교정 봐서 오자 지적하는 사람으로 호(號)가 나 있는 모양인데 그때는 안 그랬어요.(웃음) 그럴 시간도 없었지만, 요즘 내가 이따금 그런 잔소리를 하는 건 이제는 창비가 교정에서도 일류가 돼야 한다는 생각 때문이지요. 아무튼 그때 염선생하고는 매번 독후감을 써 보내면서 이런저런 얘기를 하고, 다른 때도 더러 문통을 했지만 그것 외에는 관여한 게 없어요.

고은명 72년도에 편집인으로 복귀하시는데요, 염선생님이 잡지를 만드실 때와 특별히 달라진 점이 있다면······

백낙청 72년 여름호까지는 염선생이 혼자 만들었고, 가을호도 거의 계획을 세워놓은 상태에서 내가 왔는데, 그 이후의 책을 봐도 기조가 달라진 것은 없을 거예요. 나 없는 사이에 염선생이 여러가지로 고생은 했지만 대신 60년대의 창비에 비해 체질이 좀더 민중적으로 됐다고 할까, 역시 미국 유학한 엘리뜨 영문학도, 서울대 전임이 주관하는 잡지와는 다른 면모를 보여주었지요. 아마 내가 돌아와서 염선생과 갈등이 있지 않을까 생각한 사람도 있을 거예요. 그런데 나는 잡지의 변모에 전적으로 찬성하는 입장이었어요. 그래서 내가 돌아와서 한 일은 그 기조를 유지하면서 재정 등 기반을 튼튼히 하는 것이었지요. 가령 돌아와서 염선생을 통해 만난 박현채(朴玄埰) 선생의 경우 처음 뵙고 내가 적극 도와주십사고 하자, 아무것도 모르고 그냥 하는 말인지 뭘 알고 하는 얘긴지 긴가민가하시는 눈치였어요. 그 후 박선생이 가져오신 글들을 계속 실었고, 결국 선생과 아주 가까운 사이가 됐지요. 강만길(姜萬吉) 선생의 경우도 염선생이 잡지에 「이조 후기 상업구조의 변화」를 청탁해 실은 후, 내가 돌아와서 술 한잔하면서 의기투합했어요. 염선생 시절과는 이렇게 자연스럽게 이어졌지요.

고은명 73년에 만해문학상을 제정했는데요, 상을 제정하게 된 경위와 2회 후에 중단한 이유를 좀 설명해주시지요.

백낙청 그때만 해도 지금처럼 상이 많은 시절이 아니었고 또 『창비』지면을 통해서 활약하는 문인들은 다른 데서는 예심에도 거의 넣어주지 않았거든요. 그래서 우리도 상을 하나 만들었는데, 주변에서 비판도 있었어요. 상이라는 것이 결국 개인주의적인 경쟁을 부추기는 제도인데 '창비'가 지향하는 바와 다르지 않느냐는 거지요. 또 실제로 운영해보니 확실히 상 때문에 인화에 금이 갈 때가 있었습니다. 그런 문제가 있기는 했지만 기여하는 바가 더 많으리라는 생각에는 변함이 없어요. 상을 중단하게 된 것은, 2회를 시상할 때 이미 긴급조치 9호가 나온 뒤였는데, 그때 3회 후보자로 우리 내부에서 유력하게 거론된 사람이 김지하(金芝河)와 조태일(趙泰一)씨였지요. 그런데 김지하씨는 이름을 입에 올리는 것조차도 위태로울 때였고, 조태일씨는 『국토』를 내자마자 판금된 상태였습니다. 이 긴급조치라는 것이 내가 언젠가 '긴급조치야말로 유신의 꽃'이라고 표현했던 것처럼 아주 묘해서, 긴급조치를 비방하는 것은 물론 긴급조치에 걸렸다는 사실을 보도해도 긴급조치에 걸리게 되어 있었거든요. 그러니까 긴급조치에 걸린 작가를 가지고 얘기한다는 것 자체가 불법인 거지요. 그런 상황에서 심사를 한다는 것이 무의미하다고 생각해 중단했는데, 그 '긴급한' 조치라는 게 유신정권 끝나는 날까지 계속된데다, 10·26 이후 다시 시작하려고 하니 이듬해 7월에 잡지 자체가 없어져버렸지요. 잡지도 없는데 상만 주는 것도 구차하고…… 그러다 보니 88년까지 오게 된 겁니다.

고은명 74년 1월 유신헌법에 반대하는 '개헌청원지지 문인 61인 선언' 참여로 중앙정보부에서 조사를 받고, '민주회복국민선언' 참여 등 잇따른 반독재 민주화운동 참여로 서울대학교에서 해직되시지요?

백낙청 '문인 61인 선언'이 나오게 된 직접적인 계기는 그전의 개헌청원운동에 있었어요. 이럴 때 문인들이 가만있을 수 없다 해서 정초에 내가 주로 한남철씨와 함께 세배 다니면서 서명을 받았지요. 명동 YMCA 코스모폴리탄 다방에서 이호철 선생의 사회로 내가 선언문을 써서 낭독했는데, 그때만 해도 61인이란 수가 적은 수도 아니었고 실제로 참석한 분들이 꽤 쟁쟁했어요. 이희승(李熙昇) 선생에, 안수길(安壽吉)·박연희(朴淵禧) 선생 같은 원로들 그리고 김지하씨 등…… 황석영(黃晳暎)·최민(崔旻)씨가 당시로서는 궂은일을 맡은 '따까리'였던 셈이고요. 경찰에서는 쉽게 풀려났는데, 이튿날 긴급조치 1호가 선포되면서 다시 한 사람씩 정보부로 불려갔지요. 사실은 내가 주동자인 셈인데 불똥은 엉뚱하게 이호철 선생한테 튀었어요. 이호철 선생은 그때 이미 여러번째여서 찍혀 있었거든요. 김우종(金宇鍾)·임헌영(任軒永)·장백일(張伯逸)·정을병(鄭乙炳)씨 같은 사람들을 묶은 문인간첩단 사건이란 건 조작한 겁니다. 나는 그야말로 초짜고, 또 서울대 전임강사니까 아무래도 학생들을 의식하지 않을 수 없었겠지요. 그래서 미국에서 갓 돌아와 물정을 모르는 순진한 자유주의자 대접을 받아 엄중 경고 받고 훈방이 된 거예요. 그해 11월 자유실천문인협의회를 결성할 때는 서명은 했지만 표면에는 안 나섰지요. 그런데 그달 27일인가 '민주회복국민선언'에 또 서명을 했거든요. 학교 쪽에서는 수습하려고 노력했는데 어차피 될 수 없는 상황이었어요. 나 역시『동아일보』에 「교수의 인권과 대학의 기능」이라는 글을 싣는 등 수습을 위해 뛰어다니는 학교측 인사에게는 섭섭한 짓을 계속했고요. 사표 내달라고 하는데 사표도 안 내고…… 그래서 결국 파면당하고 말았지요.

고은명 74년에 창작과비평사를 설립하고 단행본 사업을 시작하여『문학과 예술의 사회사』『객지』『전환시대의 논리』등 빛나는 '창비신서'들을 많이 냈는데, 신서라는 씨리즈는 당시 출판계에 거의 없던 걸로 아는데요?

백낙청 '신서'라는 것이 당시에도 없지는 않았어요. 그러나 우리가 낸 성격의 책들을 내지는 않았지요.『문학과 예술의 사회사』현대편이 1번이었는데, 지금 생각하면『객지』가 1번이 되는 게 좋았을 것 같아요. 사실 원고도 제일 먼저 들어왔고요.『문학과 예술의 사회사』는 연재를 했기 때문에 원고가 다 되어 있다고 생각했는데, 정작 내려고 보니까 번역 등 수정할 게 많았어요. 『문학과 예술의 사회사』가 낼 만한 책인 것은 틀림없지만, 사실 창비신서의 첫 권을 번역본으로 냈다는 것은 지금 생각하면 자랑스러운 일은 아닌 것 같아요.

고은명 75년부터 78년에 걸쳐, 『창비』 75년 봄·여름호 및 『국토』 『신동엽전집』 『한국의 아이』 등 '창비'의 책들이 잇따라 판매 금지되고, 리영희 선생님의 『8억인과의 대화』 때문에 선생님이 재판까지 받으시는 등 사건이 많았는데요.

백낙청 74년은 나 개인적으로는 곡절이 많았지만 '창비신서'는 무사했습니다. 신서 4번인 『전환시대의 논리』는 리영희 선생이 뭐 그런 책이 팔리겠냐고 하시는 걸 내가 팔릴 것 같다며 냈는데, 당시 신서 중에서 제일 많이 나갔고 아직까지도 꾸준히 팔리고 있지요. 『전환시대의 논리』도 그때는 별 말썽 없이 넘어갔어요. 그런데 75년부터 잡지가 점점 당국에서 악명이 높아져가고, 긴급조치 9호라는 아주 편리한 제도가 생겨 그때 나온 책들이 연달아 판매금지가 됐습니다. 『국토』가 제일 먼저 당했고, 그다음이 『신동엽전집』이에요. 『한국의 아이』는 좀 뒤지요. 『창비』 봄호의 경우 김지하씨의 시가 오랜만에 실리니까 많이 찍었는데도 매진이 되자, 당시 총판을 맡은 양우당(良友堂)에서 그동안 팔린 대금을 어음이 아니라 수표로 결제해주며 더 찍으라고 했지요. 그래서 몇천 부를 더 찍었는데 깔자마자 긴급조치가 나온 거예요. 걸릴 것이 있는 품목은 자진 회수하라는 공문이 왔는데 공문은 어느 출판사에나 보낸 거지만 우리 쪽에는 좀 특별한 신호도 있어서, 반품하라는 서류를 서점에 보냈지요. 그러나 반품을 한 데도 있고 안 한 데도 있었어요. 여름호의 경우는 깔아놓은 지 얼마 안되어 리영희 선생의 「베트남 전쟁 III」이 문제가 되어 문공부에서 정식으로 판금 공문이 왔지요. 얼마 안 있어 『신동엽전집』이 나왔는데 그때는 내가 정보부에 연행이 돼서 조사를 받았습니다. 담당 수사관은 상당히 호의적이었어요. 이 책을 왜 냈느냐고 묻기에, 훌륭한 시인의 좋은 시집이고 이제 작고한 뒤니 정리를 해야 될 것 같아 냈다고 했더니, 꼭 그렇게 말해야겠느냐, 유족의 생계도 있고 회사 재정에 도움도 될 것 같아 냈다고 하면 좋지 않겠느냐는 거예요. 그래서 물론 그런 생각도 했다고 그랬더니 조서에 그렇게 써줬어요.(웃음)『8억인과의 대화』가 나온 것은 77년이에요.『신동엽 전집』도 그렇고, 그해에『8억인과의 대화』가 판금만 안됐으면 창비가 적자를 모면할 수도 있었지요. 아주 잘 팔렸으니까. 그런데 이것이 악명 높은 남영동 대공분실에서 문제를 삼아서…… 나는 조사를 받고 일단 풀려나왔고 리영희(李泳禧) 선생은 구속된 상태에서 나중에 기소됐지요. 외국에서는 필화사건이 생기면 제일 중하게 당하는 사람이 발행자예요. 그런데 우리나라의 관례는 저자가 주로 당하잖아요. 사실 나는 처음에는 내가 기소되리라고 생각 안 했어요.『우상과 이성』의 발행자도 함께 걸린 상태였고요. 그러나 유독 창비사의 대표만 기소되고부터 심상치 않다고 생각했는데 1심에서 실형이 떨어졌어요. 단단히 경고를 한 꼴이지요. 실형을 받았지만 법정 구속은 안됐고 2심에 가서 나는 집행유예를 받고, 리영희 선생은 3년에서 2년으로 줄었지요.

고은명 80년 3월 서울대학교에 복직되셨는데요.

백낙청 76년 재임용 법률에 의해 해직된 분들은 일찌감치 복직이 정해졌지요. 그러나 리영희 선생과 나는 우선 복권이 되어야 하는데 반공법은 복권이 안된다는 말이 많아서 끝까지 복직이 불투명했어요. 그러다가 막판에 가서 3월 1일자로인가 복권이 됐지요.

고은명 80년 7월 계엄사에 연행되었다가 풀려난 후 국보위 결정으로『창비』가 폐간되었는데요, 그 전후 얘기를 좀 자세히 해주시지요.

백낙청 80년 5·17이 나면서 소위 김대중 내란사건 관련자를 중심으로 여러 사람이 연행됐는데 나는 거기서는 빠졌어요. 7월에 2차로 검거한 사람들 중에 끼였지요. 그게 제헌절이었을 거예요. 집에서 한창 원고를 쓰고 있는데 합수부에서 데리러 왔어요. 아까도 얼핏 얘기했지만 나는 안기부 같은 데를 다니면서 실무자들 덕을 본 적이 많아요. 나를 취조한 친구가 지금도 누구라고 하면 아는 사람은 알아주는 대단한 수사관으로 자기 말에 따르면 '사람백정'이었어요. 수사가 대충 끝나고 나면 상부 결정을 기다리면서 이런저런 얘기를 나누기 마련인데, 그의 말로는 2차 검거자 명단에는 내가 톱으로 올라 있어서 고참이자 유능한 수사관인 자기가 맡았다는 거예요. 그러면서 자기가 맡은 것을 천행으로 알라, 자기쯤 되니까 나를 구제하자는 건의라도 할 수 있다,라는 거예요. 사실 나는 복직이 된 후 우리 국민이 나에게 되찾아준 일터인데 여기에 충실해야겠다는 생각을 했어요. 그래서 여기저기서 함께 일하자고 제안할 때 당분간은 학교 쪽에 충실하고 공부도 더 하고 싶다며 거절하곤 했지요. 그래서 그들은 나에 대해 복직시켜줬더니 개과천선했다고 생각한 거예요. 그때 연행된 사람 중 해직되지 않은 사람이 거의 없었는데 나는 면했습니다.

조사를 받을 때 보니 그들은 정말 온갖 정보를 다 갖고 있던데 유독 창비에 대해서는 일언반구 묻지를 않았습니다. 참 이상하다고 생각했지요. 모를 리는 절대로 없는데…… 그런데 며칠 안돼 잡지가 폐간되는 거예요. 이미 없애기로 했으니 물을 필요가 없었던 겁니다.(웃음)

고은명 잡지가 폐간된 후 세무조사를 받는 등 80년대 들어서도 많은 사건들이 있었던 걸로 아는데요, 폐간 후의 갖가지 얘기들은 나중에 더 듣기로 하겠습니다. 마지막으로 지난 3월 23일 민족문학작가회의 회장으로 선출되셨는데, 앞으로의 포부를 좀 밝혀주시지요. 『창비』 편집인으로서의 역할과는 어떻게 조화를 이루어갈 계획이십니까?

백낙청 사실 창비 편집인으로서의 역할을 축소하려는 생각은 작년부터 했어요. 연초부터 실행에 옮기고 있기도 하고요. 다만 내 의도는 책 좀 읽고 글을 좀 더 쓰려는 거였는데 뜻밖에 복병을 만난 셈입니다. 아무튼 작가회의 회장이 됨으로써 편집인 기능은 그냥 축소가 아니라 조금 다른 의미에서 당연히 거리를 두어야 할 것 같습니다. 안하려고는 했지만 기왕에 맡은 바에는 작가회의가 한국문학을 대표할 수 있는 공적인 기관이 되게 해야겠다는 생각인데, 그러려면 아무래도 창비에 너무 집착하는 모습을 보여서는 안될 것 같아서요. 아무리 창비 자체가 내용적으로 공적인 성격을 띠었다 하더라도 엄연한 상법상의 영리사업이니까요. 그런 의미에서 정말 최원식(崔元植) 주간과 회사의 이시영(李時英) 부사장을 비롯한 임직원 여러분 모두의 책임이 그만큼 무거워졌다고 할 수 있겠습니다.

고은명 요즘 굉장히 바쁘신 걸로 아는데, 오랜 시간 감사합니다.

한결같되 나날이 새롭게
'창비' 30년을 듣는다

백낙청(『창작과비평』 편집인)
고은명(창작과비평사 편집자)

고은명 『창작과비평』 창간 30주년을 맞아 『창비문화』에서 '창비'의 30년 역사를 되짚어보는 기획 인터뷰 '창비 30년을 듣는다'를 지난 1년간 연재해왔는데요. 오늘 선생님과의 이 대담이 기획을 마무리짓는 자리가 되겠습니다. 지난 9호(1996년 5-6월호)에서 선생님은 80년 『창비』가 폐간되는 얘기까지 하셨지만 그 뒤에 김윤수(金潤洙)·이시영(李時英) 두 선생님이 80년대 이후 얘기를 많이 해주셨으니 오늘은 거기에서 빠진 얘기를 주로 했으면 좋겠어요. 그간의 대담들을 읽으면서 느끼신 바도 많았을 텐데 혹 다른 분의 말씀을 보충하거나 바로잡으실 것이 있으면 말씀해주시지요.

백낙청 다른 분의 말씀들은 대충 알던 이야기인데도 각자가 직접 겪은

■ 이 인터뷰는 격월간 『창비문화』 1996년 11-12월호에 실린 「기획연재: '창비' 30년을 듣는다」의 한 꼭지이다.

이야기들을 해줘서 새삼 다시 인식하게 된 대목도 있었고, 나로서는 무척 잘 읽혔어요. 아마 '창비'의 역사를 좀 알고 관심이 깊은 독자일수록 이번 기획이 재미있었을 것 같아요. 그런데 이번에 30주년을 맞아 행사도 치르고 특집도 만들고 계간지에 연혁도 싣고 하면서 모두들 느꼈겠지만 잡지와 출판사의 역사를 알려줄 자료가 너무도 빈약하다는 걸 절감했습니다. 60년대는 아예 사진 한 장도 없고 그 후로도 주로 행사 사진 몇 장 빼고는 거의 없고…… 탄압받고 감시받는 상황에서는 누구나 당장 필요한 자료 말고는 보관을 않으려는 경향이 있는데, 나 개인으로서도 1965년, 그러니까『창비』창간 전에 남정현(南廷賢)씨「분지」사건 때 작가의 구속을 항의하는 글을『조선일보』에 썼다가 처음으로 정보부 신세를 지고 가택수색을 당한 이후로는 일기 쓰는 습관을 끊어버렸거든요. 다른 자료도 잘 보관을 않고요. 그러나 이제는 우리도 사사(社史) 같은 것을 하나 준비할 때가 되었고 이번 기획이 그 예비과정의 일부는 되리라고 믿습니다.

빠진 이야기를 하라는 주문이 기왕에 나왔으니 이미 고인이 된 분 중에서 '창비'로서는 잊어서는 안될 은인이고 세상에 이름이 드러난 바는 적으나 주위의 수많은 벗들이 사랑하고 따르던 고 박윤배(朴潤倍) 사장 이야기를 잠깐 해야겠어요. 일부에서는 그를 단순한 협객 정도로 알고 있지만 역발산기개세(力拔山氣蓋世)의 호남아만이 아니고 지모와 경륜이 출중한 인걸이었지요. 나와는 중학교 입학 동기지만 그는 입학하던 해 곧장 유급이 되는 바람에 제대로 알게 된 것은 내가 72년 미국서 돌아온 뒤였습니다. 원래 채현국씨 아버님이 경영하는 탄광의 일꾼으로 출발하여 거기서 현장 소장을 하면서 노조도 만들고, 그곳을 나온 뒤로는 함께 나온 친구들과 탄광사업을 하다가 88년에 타계했는데, '창비'가 어려울 때마다 물질적으로도 많이 도왔지만, 언제 만나도 새로운 용기를 얻고 자주 안 보다가도 만나면 깊은 의논상대가 되어줄 수 있는 지기(知己)가 있다는 즐거움이 내게는 더 중요했지요. 주변 문인들 중에서도 염무웅(廉武雄) 선생이나 김지하, 황석영씨 등이 가깝게 지낸 때가 있었으니 언젠가 그의 모습이 더 널리 알려질 날이 올 겁니다.

고은명 좀 다른 이야기가 되겠습니다만 신동엽 창작기금에 관해서도 이제껏 언급된 바가 없는데요. 『창비』가 폐간되고 시집 『타는 목마름으로』 사건으로 세무조사를 받는 등 굉장히 어려운 상황이던 82년에 이 기금을 제정했는데 그 전후 얘기도 좀 해주시지요.

백낙청 신동엽(申東曄) 시인을 기념하는 사업을 하자는 제의는 부인 인병선(印炳善) 여사 쪽에서 먼저 해오셨어요. 상을 생각하셨던 것 같은데, 우리는 비록 중단상태지만 만해상이 이미 있고 또 상보다는 어려운, 젊은 문인들에게 실질적인 도움을 줄 창작지원금 제도를 만드는 것이 더 의의 있겠다고 생각해 그렇게 말씀드렸지요. 인여사도 흔쾌히 동의하시더군요. 나는 그때 '창비'가 아무리 어려워도 유족의 돈만으로 이 기금을 운영하는 건 도리가 아니고 또 '창비'가 손을 대는 이상 언젠가 유족측에 사정이 생기더라도 우리 힘으로 끌고 나갈 수 있어야 된다는 생각에서 지원금을 반반씩 부담키로 했습니다. 1회 이문구(李文求)씨로 시작해서 많은 분들이 매년 한 명 혹은 두 명씩 지원을 받아왔고, 몇 해 전부터 인여사께서 짚·풀 문화 연구와 박물관 사업에 몰두하시게 되면서는 '창비' 단독으로 1년에 한 명씩 지원하고 있습니다. 요즘은 큰 재단에서 더 거액의 지원도 많이 합니다만 역시 신동엽 선생의 이름을 단 지원금이라 상의 성격도 갖게 마련이고 그 점은 날로 더 두드러지는 것 같아요. 그러나 어디까지나 지원금이므로 현재도 만해상보다 금액이 많은데, 앞으로 회사 형편이 나아지는 대로 액수를 더 올리거나 수혜자를 다시 두 명으로 늘려야 한다고 생각합니다.

고은명 연혁을 보면 『창비』의 폐간 시기인 80년대 전반에는 주로 책을 통해서 선생님이 드러나는데요. 그 시기를 어떻게 지내셨나요?

백낙청 활자로 나온 연혁만 봐서는 역사가 다 안 보인다는 예가 아닐까요?(웃음) 실제로 80년대 전반은 어려움도 많았지만 김윤수, 정해렴(丁海廉), 이시영 이런 분들이 '전면가동'이 되고 잡지 편집의 부담도 없고 해서 나로서는 모처럼 복귀한 강의생활에 힘을 쏟는 데 큰 도움이 되었습니다. 가끔 이런 생각을 하지요. 74년에 학교에서 쫓겨나지 않았다면 '창비' 일을 어찌 감당했을까, 게다가 80년에는 잡지 폐간을 안해줬다면 영문학 교수로 어떻게 살아남을 수 있었을까,라고요. 이쯤 되면 아전인수도 수준급이라 하겠지만(웃음) 아무튼 이래저래 세상 은혜가 막중하지요.

고은명 출판사가 등록 취소된 후 문공부가 86년 8월 '창작사'로 신규 등록을 받아주면서 요구한 여러가지 사항 중 선생님의 '창비'와의 완전 단절을 서류상으로 구비하는 것이 포함되어 있었는데요. 그때의 심경은 어떠셨는지요?

백낙청 뭐 심경이랄 게 있나요. 서류 한 장 써달라니까 써준 거지요. 정말 어렵기는 그런 요구가 나오기까지의 과정인데 김윤수 선생이 10호에 비교적 상세히 말씀하셨지만, 그때 건강도 본래 안 좋은 김선생의 고생은 옆에서 지켜보기가 참담할 지경이었어요. 그렇다고 내가 나서면 될 일도 안될 판이고…… 그런데 김선생이 하나 빼놓으신 건, 협상 막바지에 가서 그쪽에서 기발한 아이디어를 내놓은 거예요. 구멍가게 규모인 우리 회사를 주식회사로 만들어 '중립적인 인사'를 몇 명 이사로 넣자는 거였어요. 그러자 그때까지 어질어진 사람으로만 보이던 김선생이 자리를 박차고 일어나면서 협상 결렬을 선언했지요. 그쪽에서 얼마나 당황했는지, 자기네가 못된 놈으로 지목한 나한테 김선생님을 무마해달라는 부탁을 해올 정도였어요. 내가 '베트남 휴전협상'을 운운했던 건 지루하고 힘든 과정이라는 뜻뿐 아니라 협상 주역의 솜씨와 결단력도 포함해서 한 말이었습니다.

고은명 90년대 낸 『소설 동의보감』이 밀리언쎌러가 되면서 '창비'가 비로소 재정난에서 벗어난 것으로 아는데요. 그 후 간간이 베스트쎌러를 내면서 '창비'의 상업주의 운운하며 비판하는 소리도 들립니다. 물론 지난해 『뿌리와 날개』 창간 1주년 기념 설문조사에서 '창비'가 독자들이 가장 신뢰하는 출판사로 선정되는 등 '창비'의 평판은 여전히 높다고 봅니다만.

백낙청 올해 30주년 행사들을 치르면서 '창비'의 명성과 평판이 더 높아진 것은 틀림없다고 봅니다. 문제는 우리가 얼마나 노력해서 기대에 부응하느냐는 것이지요. 『소설 동의보감』 덕에 '창비'가 만년 적자를 벗어난 건 사실이에요. 그 책은 소설로서 결함도 있고 또 잘못된 민족주의를 고취할 위험도 있습니다만 『소설 동의보감』의 성공에 편승해서 나온 수많은 역사소설들 대다수와는 차원이 다른 작품이라고 봐요. 먼저 작가가 자신의 목숨과 바꿀 만큼 혼신의 힘을 다해 쓴 것이 느껴지고요. 또 우리 역사와 민중에 대한 깊은 애정은 비록 오용의 소지가 있으나 그 싯점에서 값진 것이었다고 생각합니다. 그런데 『소설 동의보감』으로 돈을 벌었을 때는 욕하는 사람이 거의 없었어요. '창비'가 좋은 일을 많이 하더니 드디어 복을 받았다고 덕담을 해주신 분도 있었고, 어떤 분은 황소가 뒷걸음질치다가 개구리를 잡았다고 호의 어린 농을 걸어오기도 했습니다. 정작 말이 나기 시작한 건 최영미(崔泳美) 시집 『서른, 잔치는 끝났다』 때인데, 뒷걸음질로 개구리를 또 잡은 것도 석연치 않고 광고 방식에 문제가 있다는 지적도 있었지요. 하지만 『서른, 잔치는 끝났다』가 시집으로서도 괜찮은 책이라는 생각은 내가 활자로도 밝힌 바 있고, 시집을 낼 때 좀 팔리리란 예상들은 했지만 그런 선풍을 일으키리라고는 아무도 예상 않고 낸 것이니 상업주의 운운은 가당찮지요. 더구나 『나의 문화유산답사기』라든가 『나는 빠리의 택시운전사』 같은 책을 내서 '창비'의 물적 토대를 키우는 것이 상업주의라면 그런 상업주의에는 앞으로 더욱 매진해도 좋겠다고 생각해요. 하지만 정말 중요한 일은, 지난호에 이시영 부사장도 말했듯이 시장경제의 논리와 '창비' 고유의 지향 사이에서 '적절한 균형 혹은 아슬아슬한 긴장'을 유지하는 일이겠습니다.

고은명 '창비'에서는 씨리즈물로 신서, 시선, 교양문고, 아동문고 등을 내고 있는데요. 각 씨리즈를 독자들에게 소개해주세요.

백낙청 그러기에는 지면이 부족할 것 같고 또 그건 내가 할 일도 아닌 것 같습니다. 다만 한 가지 나 본위의 정정사항을 말한다면, 김윤수 선생이 인터뷰에서 하신 말씀과 달리 '창비아동문고'는 내가 시작했고 한동안은 책마다 내가 쓴 발간사가 권말에 실렸어요. 그런데 언제부턴지, 잠깐 내가 한눈파는 사이에 없애버렸더군요.(웃음)

고은명 현재 『창비』 주간이신 최원식 선생과는 어떻게 인연을 맺게 되셨나요?

백낙청 사실 최선생과의 첫 만남은 그리 행복한 게 못되었어요. 70년대 중반 언젠가, 당시 이미 『창비』에서 기고하고 있던 김흥규(金興圭)씨가 우수한 후배의 글이라면서 평론을 가져왔는데 별로 마음에 안 들었어요. 이효석에 관한 글이었던 걸로 기억합니다만, 그때 내 생각이, 뭐 한창 패기를 보여야 할 젊은 사람이 새삼스레 이효석 타령을 하고 있나, 이런 느낌이었지요. 그래서 청진동 신구문화사 근처의 '귀향' 다방인지 아니면 그 옆에 또 하나 있던 다방에서인지 김흥규씨하고 함께 만나서 대충 그런 뜻의 이야기를 하면서 돌려줬어요. 그때 최선생 속마음이 어땠는지는 몰라도 별 대꾸가 없는데 그다지 유쾌한 표정은 아닌 것 같았어요. 그 후 얼마 안되어 최선생은 대구에 취직이 되어 내려갔는데, 한참 뒤에 「가사(歌辭)의 소설화 경향과 봉건주의의 해체」라는 글을 보내왔어요. 염선생과 내가 읽고 두말없이 실었지요. 1977년 겨울호였을 겁니다. 그 뒤로 「'은세계' 연구」 등 역작을 연달아 써내는데 그 일취월장하는 모습이 — 지금은 같이 늙어가는 처지라 이런 표현은 실례가 되겠지만 — '참 귀엽다'는 느낌이 들 정도였지요.(웃음)

고은명 끝으로 최주간님을 포함한 '창비' 편집진에게 바라는 점을 말씀해주시고 독자들에게도 인사를 해주시지요.

백낙청 최주간과 나머지 편집진을 나눠서 말해보지요. 최선생에게는 기왕에 주간이 되었고 또 나는 작가회의 회장까지 맡아서 '창비' 일에서는 원래 계획보다도 더 급속히 멀어지게 되었으니 최주간이 좀더 많은 시간을 '창비'에 할애해달라, 그러나 학자와 문인으로서의 정진은 멈추지 마시라, 뭐 이런 뻔하면서도 어려운 주문이고, 편집국의 실무자들에게도 취지는 대동소이합니다만, '창비'는 앞으로도 모든 성원의 헌신성이 없이는 제 구실을 하기 어려운 사업이니 각자가 지위에 관계없이 회사의 주인이라는 자세로 일해주기를 부탁하고 싶어요. 사실 이런 자세로 일하는 방법은 각자가 알아서 계발해야 하는 것이고, 그게 '창비'에 있든 다른 곳에 가든 자기 인생의 주인노릇 하는 길이라고 생각합니다.

독자로 말하면, 우선 '창비'처럼 광고 수입도 미미하고 기업이나 재단의 배경도 없는 집단에는 그분들이야말로 우리를 먹여 살려주는 은인이지요. 하지만 더 중요한 것은, 우리가 만드는 책이란 게 아무리 명저라 해도 읽어주는 사람이 없으면 흰 종이에 검은 잉크를 묻혀놓은 죽은 물체에 불과하다는 사실입니다. 그러니 독자들이 우리 물건을 팔아주시는 것도 중요하지만, 더러 『창비』가 너무 어렵다거나 우리 실수로 시원찮은 글이 실렸더라도 그냥 덮어버리지 마시고 끝까지 읽고서, 비판하고 욕이라도 해주시는 것이 죽은 물체에 생명을 불어넣어주는 복 짓는 일이라는 점을 말씀드리고 싶습니다.

한국 민중종교의 개벽사상과
소태산의 대각

백낙청(『창작과비평』 편집인, 서울대 영문과 교수)
박혜명(월간 『원광』 편집인, 원불교 교무)

박혜명 개벽(開闢)이란 표현은 『주역(周易)』이나 『사기(史記)』 등에 나타나지만, 조선왕조 붕괴 즈음에는 선각자들을 통해 공통의 구호로 등장합니다. 특히 한국 민중종교라 일컬어지는 천도교(동학), 증산교, 원불교 등의 교리에 나타나 '전환기적 변화'의 의미로 설명됩니다. 원불교의 '물질이 개벽되니 정신을 개벽하자'라는, 일명 개교표어를 아실 것입니다. 박사님께서는 이 표어를 어떻게 해석하시며, 또한 현실적인 '가치관'은 어떠하신지 여쭙고 싶습니다.

백낙청 대각개교절이란 특별한 경축일 특집에 저를 『원광』에 초대해주셔서 영광으로 생각합니다. 말씀처럼 '개벽'이란 옛날부터 쓰여진 말이지만 우리 민족이 조선조 말기, 일제시대 즈음 큰 위기를 당했을 때 민중 속

■ 이 인터뷰는 『원광(圓光)』 1996년 4월호에 수록된 것이다.

에서 많이 유행되었다고 봅니다. 민중을 대표하는 몇 선각자들을 통해 거듭 개벽이 강조되고 특히 '후천개벽(後天開闢)'이라 하여 과거의 시대, 즉 선천(先天)과 구분하고 있습니다. 민족적 위기상황에서, 우리 민족이 단순히 좌절감에 빠지지 아니하고 이것을 나라의 일대 전환기로 인식할 뿐 아니라 전세계 인류에 이르기까지 '새로 태어나는 기회'로 파악했다는 것은 민족의 저력이요, 자랑스럽게 생각할 일이라고 봅니다.

그런데 이러한 후천개벽을 말씀하신 예로는 수운(水雲) 선생이나 증산(甑山) 선생 등 많은 분이 계시고 소태산(少太山) 대종사도 크게 보아 같은 맥락이겠지만, 새로운 면도 발견됩니다. 그전에 후천개벽을 주장한 종교들이 교조를 신비화하는 경향이 짙고, 그러다 보니 교조 자신의 뜻과는 어긋나게 '미신적'으로 흐르는 폐단이 생기게 되었습니다. 그러나 소태산 대종사의 후천개벽 사상은 이 두 가지의 폐단을 넘어선 점이 눈에 뜨입니다. 가령 「솔성요론」 1조에 '사람만 믿지 말고 그 법을 믿을 것이요'라든지, '그대는 나를 믿을 때에 나의 도덕을 보고 믿을지언정 어디에 의지하는 마음으로 믿지는 말라', 또 『대종경』 전망품의 대명천지에 서지 못할 '낮도깨비'의 경계 등은 이를 말하고 있습니다. 교단의 기념일 제정에도 그런 뜻이 담긴 것 같습니다. 기성 종교 가령 불교의 '부처님 오신 날'과 기독교의 '크리스마스' 등이 교조 탄생일을 가장 큰 기념일로 합니다만 원불교에서는 대종사께서 대각하신 날을 출가·재가 전교도의 '공동생일날'로 정한 것은 교조 개인을 신격화한다든지 신비화하는 폐단을 처음부터 경계한 것이라 생각됩니다.

물론 동학에서도 최제우(崔濟愚) 선생의 탄생보다 도(道)를 깨친 날로 후천개벽의 기점을 삼기도 하는데, 이것도 원불교의 후천개벽시대 개념과는 좀 다릅니다. '지금은 묵은 세상의 끝이요, 새 세상의 처음이 되어'라 하셨고 '차차 되어지고 있으며', '하나하나 먼저 깨치는 사람이 주인이 된다'라 하셨는데, 말하자면 앞으로 더 많은 사람들이 깨침으로써 후천개벽이 차차 이루어질 것이라는 뜻이고 소태산 한 분이 대각하셨다고 곧바로 후천개벽시대가 열린 것은 아니라는 거지요. 후천개벽에 대한 책임을 우리 개개인에게 돌리신 것이라고 이해해봅니다.

이것은 개교표어의 '정신을 ～하자'라는 1인칭 청유형에서도 나타납니다. '물질이 개벽되니 정신을 개벽하자'는, '우리 합시다', '나도 하니 당신들도 함께 합시다'라는 민중본위의 사상이 담겨 있다고 봅니다. 또한 '물질이 개벽되니…'라 하여 시국이나 시운에 대한 일정한 판단을 전제로 그러한 시국관·시운관에 맞는 실질적인 처방을 내리려 하신 점이 여타 종교의 개벽사상에 비해 좀더 합리적이고 과학적이란 느낌을 줍니다.

여기에서 잠깐 물질개벽의 내용에 대하여 저 나름으로 풀이한다면 현대를 물질개벽의 시대로 진단한 것은 과학기술문명이 발달하면서 옛날과는 전혀 다른 시대가 왔다는 인식이 밑깔려 있다고 해석됩니다. 이것을 사회과학적인 언어로 바꾸어보면 자본주의문명이 지금 극에 달하여 물질적 변화를 그 어느 때보다 강력히 주도하고 있지만, 이 문명의 이념이나 사상은 이제 생명력을 상실한 시기, 즉 세계사의 대전환기 내지는 인류 전체가 멸망할 수도 있는 위기라는 말이 될 수 있겠습니다.

박혜명 한국은 해방 50년을 기념하고 선진국형 '나라꼴'을 만들기 위해 노력해왔습니다. 그러나 잘 아시는 바와 같이 30년 가까이 군정천하를 이루어왔고, 현재 문민정부 혹은 신한국이란 미명만이 있을 뿐 인류 역사상 드문 전직 두 대통령의 구속 등 '총체적인 훈련상태'라고 합니다. 더욱이 4월 11일 총선을 기점으로 지역갈등, 경제혼란 등이 예상되고 있습니다. 또 지난 몇년을 살필 때 엄청난 대형사고가 줄을 이었습니다.

백낙청 이러한 상황은 한국뿐 아니라 전세계가 '전체적인 혼란에 처해 있다'라고 보아야 옳겠습니다. 이것은 선천시대가 끝나고 후천시대가 이미 왔다기보다 아직은 선후천이 뒤바뀌는 과도기이기 때문이겠지요. 선천시대에는 선천시대 나름의 질서가 있었는데 그 질서가 무너진 상태에서 '정신개벽'이 제대로 안된 까닭이겠지요. 가령 사람들은 동서냉전시대가 끝나고 바로 평화시대가 올 것을 얘기하기도 했지만, 실제로는 냉전시대가 끝난 오늘날 훨씬 많은 삶들이 죽어가고 있습니다. 냉전시대 때에는 없던 혼란이 여기저기서 벌어지고 있습니다. 아프리카 곳곳에서 그렇고 걸프전쟁이나 구 유고슬라비아 내전 같은 것은 냉전체제 속에서는 있기 어려운 사태였지요. 앞으로 이런 불행과 혼란이 전세계적으로 더 많이 일어나지 않을까 걱정됩니다.

그런데 한국사회의 최근 사건들로 좁혀서 생각할 때는 저는 조금 더 긍정적으로 보고 싶습니다. 작년에 두 전직 대통령이 구속되고 삼풍백화점 붕괴, 성수대교 붕괴 등 세상에 부끄러운 일이 많이 일어나 매우 비관적으로 세상을 볼 수도 있습니다. 하지만 개벽시대, 곧 양(陽)시대가 열리면서 '옛날에 지어놓은 죄들이 터지는 것'이고 그 업보가 재빨리 돌아왔다고 생각하면 오히려 희망적인 면이 없지 않습니다. 예컨대 두 전직 대통령 구속만 하더라도 분명 수치스러운 사건이지만, 한편 그들의 죄업을 세상에 드러내고 사법처리를 할 수 있다는 것은 불행 중 다행이라고 생각합니다. 어떤 의미에선 한국인만이 할 수 있는 자랑일 수도 있습니다. 이런 사건을 터뜨리기조차 못했다면 그것이야말로 진정 부끄러워야 할 일이지요.

우리나라의 현대사를 보면 대통령이 되지 말아야 할 사람이 대통령이 되었다가 대부분 불행하게 끝을 맺었습니다. 이승만 대통령은 하와이 망명지에서 죽었죠. 박정희 대통령은 부하한테 총 맞아서 끝나지 않았습니까. 전·노 두 분은 지금 감옥에 있고요. 하지만 그런 사람이 대통령을 했다는 사실이 정작 부끄러운 일이고 불의와 부정을 제때에 막지 못한 것이 국민적 수치이지, 대통령을 하면서 여러가지 저질러놓은 것을 국민들이 끝까지 묵과하지 않고 업보를 받도록 만든 것은 오히려 자랑스러운 일입니다. 이런 점에서 저는 한국의 미래에 희망이 있다고 봅니다.

박혜명 소태산 대종사께서 예시한 '한국의 미래'는 매우 희망적이고 밝으며 건전한 사회입니다. 한국의 질적인 수준이나 생활환경, 미래의 모습에 대하여 어떻게 이해해야 하며 소태산 대종사의 예시된 '나라꼴'에 동참하는 방법은 없겠습니까.

백낙청 그처럼 암울했던 식민지시대에 조선을 '진급기에 처해 있다', '정신적 방면으로는 장차 세계 여러 나라 가운데 제일가는 지도국' 등으로 말씀하신 것은 그 당시 사람들에게 엄청난 힘이 되고 희망을 주었을 것은 물론이고, 지금 돌이켜보는 사람들도 '그때 우리나라에 그러한 말씀을 할 수 있는 인물이 있었구나' 생각할 때 민족에 대한 자부심이 커지고 자신감을 더해준다고 하겠습니다. 그렇지만 그런 희망적인 말씀을 무조건 맹신해서는 안될 것입니다. 말하자면 절대적 진리로 취급하기보다 일종의 '화두'로 삼아야 할 것입니다.

우리나라가 남북이 분단된 어려운 상황에서도 어느정도의 경제발전과 민주화를 이루는 것을 보며 '아 그 예언이 맞는구나'라는 자신감을 갖고 신심을 내는 것은 좋지만, 또 한편으로는 '우리나라가 구체적으로 무슨 자격을 갖췄기에 세계의 정신적 지도국이 되고 도덕의 부모국이 된단 말인가'라는 의문을 지녀볼 필요도 있습니다.

다른 나라의 경우에도 비슷한 민족적 자부심을 갖는 예는 얼마든지 있습니다. 자신의 나라와 겨레에 특별한 의미와 세계사적 사명을 부여하려는 충동은 누구에게나 있는 거겠지요. 중국은 중국대로 자신들이 세계의 중심이라 하고, 인도는 인도대로 세계정신을 지도할 나라는 인도라고 합니다. 물질개벽을 선도해온 선진자본주의국들은 문화능력에서도 자기네가 앞선 점을 자랑하고, 한국보다 훨씬 못사는 나라들은 바로 그런 가난 속에서만 정신적 지도력이 나오리라고 주장하기도 합니다. 이런 사례들을 충분히 검토하고 연마하면서 그런데도 유독 소태산 대종사가 조선에 관해 예언하신 바가 맞다고 할 무슨 과학적 근거가 있는지 냉정히 자문할 필요가 있겠습니다. 그렇다고 의심에 빠져 신심과 분심(忿心)을 잃어서도

안되지만 '의두(疑頭)의 대상'을 '맹신의 대상'으로 바꾸는 것도 공부길이
아니겠지요?

박혜명 박사님께서는 『분단체제 변혁의 공부길』에 실린 「물질개벽 시
대의 공부길」에서 민족의 숙원인 '통일'에 대하여 '지혜의 시대' '지혜의
통일' 방법을 제시하고 있습니다.

백낙청 과거 베트남에서 무력이 주가 된 통일, 또 독일의 경우처럼 돈
의 힘이 주가 된 통일과 달리, 앞으로 우리가 해야 할 통일은 양쪽 어느 것
과도 다른 한 차원 높은 통일이 되어야 한다는 뜻으로 그런 표현을 쓴 적
이 있습니다. 하지만 베트남이나 독일도 그들 나름대로의 지혜와 정의로
운 취사가 작용했음을 전적으로 부정해서는 안되겠지요.

그러나 어쨌든 우리 경우에는 베트남이나 독일이 했던 방식으로는 도
저히 불가능한 독특한 과제가 얽혀 있습니다. 저들보다 통일이 늦어진 대
신 그만큼 더 나은 통일을 할 기회가 있지 않은가 합니다. 그걸 해낼 때 우
리나라가 세계의 정신적 지도국으로 발돋움할 수 있는 계기가 마련되는
것이지, 분단된 상황에서 남한에서 좀더 잘해봤자, 원불교 교도수가 늘고
세계교화가 좀 된다 하여 그런 사태가 온다고 볼 수 없을 것입니다.

'지혜의 통일'에 관해 구체적으로 방안을 내놓을 수는 없지만 학문을
하는 한 사람으로 '지금 우리에게 주어진 현실'을 좀더 정확하게 인식하자
는 뜻에서 저는 '분단체제'라는 개념을 사용해왔습니다. 단순히 '분단'이
라고 하지 않고 '분단체제'라고 말할 때에는 남과 북의 분단상태가 오래가
면서 뭔가 두 개의 아주 서로 다른 사회이면서도 둘이 얽혀가지고 하나의
분단체제라고 부를 만한 그런 특이한 구조와 기능을 가진 어떤 체제가 성
립됐다는 뜻입니다.

그래서 통일을 해야 한다는 것도 흔히 말하듯이 같은 핏줄을 나눈 민족
이니까 통일을 해야 한다는 것보다 남북한이 분단체제라는 공통의 체제
속에 얽혀 그 체제의 질곡으로 공동의 고통을 겪는 공동운명체이기 때문

에 남북의 민중들이 힘을 합해서 이 분단체제를 허물고 통일을 해야 한다라고 말하는 것이 더 적절하다고 봅니다. 또 이 세상에는 한 핏줄이라도 떨어져서 잘사는 겨레들도 많고, 한 국가 안에 여러 다른 핏줄이 모여 사는 나라도 많습니다. 이런 세계에서 한 핏줄당 한 국가를 당연히 가져야 한다는 원칙은 엄청난 혼란을 초래할 수 있습니다.

박혜명 분단체제라는 개념의 사용에 대하여 좀더 설명을 부탁드립니다.

백낙청 학자들 가운데 강만길(姜萬吉) 교수가 먼저 '분단시대'라는 말을 사용했습니다. 『창작과비평』 지면에서였지요. 그 후 진보적 사회과학계에서 소위 '사회구성체 논쟁'이라는 게 있었는데 거기서 민족모순이다 계급모순이다 뭐 이런 얘기들을 하는 것이 제가 볼 때 너무 관념적이고 특히 우리나라의 분단사회가 갖는 특수성을 그 이론에 제대로 반영하지도 않는 것 같았습니다. 그래서 분단이라는 모순도 있는데 당신들이 말하는 그 이론체계 속에 그러한 모순은 어떻게 들어가느냐, 이런 식으로 제가 문제를 제기하기 시작했지만 오히려 소모적인 논쟁만 부추긴 느낌이 들었습니다. 결국, 우리가 분단되어 있는 것은 사실이 아니냐, 아무튼 분단현실이 있는 게 아니냐, 그리고 분단된 이 현실을 극복할 생각이라면 남과 북이 두 개의 사회이면서 동시에 하나이기도 하다는 인식을 가짐과 함께 이 현실을 좀더 총체적으로 보고 체계적으로 봐야 되지 않느냐라는 뜻에서, '분단체제'라는 개념을 한번 검토해보고자 제안했던 거지요.

박혜명 '분단'에 관해서는 말씀하신 대로 사학을 하신 강만길 교수님, 문학으로는 고은(高銀)님, 평론에서는 백박사님께서 주로 말씀해오신 것으로 알고 있습니다.

백낙청 네. 강만길, 고은 두 분이 모두 중요한 역할을 하셨고 그밖에도 물론 여러 분이 계십니다. 그러나 분단'체제'라고 하면 아직도 논란이 많은데 그 개념에 대하여 한 가지만 부연설명을 하죠. 분단체제를 구성하고 있는 핵심은 물론 남과 북의 두 사회입니다. 하지만 다른 한편으로는 분단체제 자체도 그것이 무슨 독립된 체제가 아니고 더 큰 체제 속의 한 부분으로 돌아가고 있다는 것을 인식하자는 것이 분단체제론의 또다른 측면입니다. 이 점을 간과하면 분단체제라는 것이 한반도 바깥에 있는 미국이라든가 일본이라든가 다른 나라들의 역할을 빼놓고 '분단된 남북사회만 보는 게 아니냐'라든가 남과 북이 그렇게 다른 사회인데 그걸 묶어 완전무결한 하나의 체제로 하는 것은 비과학적이다라는 비판들이 나올 수 있습니다. 그러나 분단체제는 그 자체로서 완성된 체제가 아니고 세계체제 속에서의 특수한 한 부분을 이루고 있기 때문에, 세계체제가 어떻게 돌아가느냐에 따라 직접적인 영향을 받게 되는 것이죠. 또 이 분단체제가 세계체제 속의 '한 부분', 즉 하나의 '하부체제'라 말씀드렸습니다만 사회과학이나 역사를 하시는 분들이 흔히 생각하는 것 이상으로 세계체제에서 아주 핵심적인 고리를 형성하는 하부체제라고 봅니다. 그렇기 때문에 이것이 어떻게 풀리느냐에 따라 세계체제의 장래 또한 크게 좌우되리라 생각합니다.

한국전쟁을 연구한 미국의 브루스 커밍스(Bruce Cumings) 교수가 그런 말을 한 적이 있어요. 미국사람들이 한국전쟁이라는 것을 거의 잊어버리고 사는데 사실은 베트남전쟁보다 한국전쟁이 세계사적으로 훨씬 더 중요한 전쟁이었다고요. 그래서 베트남전쟁은 어떻게 보면 미국에게 불필요한 전쟁이었다고 할 수도 있는데, 한국전쟁은 냉전체제를 구축하는 데 절대적으로 긴요한 전쟁이었고 따라서 한반도문제가 안 풀리면 미국사회가 제대로 변화할 수도 없다는 말을 한 적이 있습니다.

박혜명 소태산 대종사가 대각(일원상의 진리)하여 기념하는 4월 28일은 여러가지 의미가 있습니다. 그 가운데 '다종교(다원주의) 현상'의 인정과 종교 본연의 사명감 촉구는 좋은 호응을 얻고 있습니다. 그 어느 나라보다 다종교 현상의 갈등상을 보이고 있는 한국의 종교인들이 점차 강세를 보이는 '해체주의' 이론이 있음에도 불구하고 '절대종교교리'를 내세우는

데, 이러한 종교인들과 원불교에 하시고 싶은 말씀은 없습니까. 또 교단주의에 대해서도……

백낙청 한국이 다종교사회라는 것을 저는 다행스러운 현상이라고 봅니다. 그러니까 하나의 종교가 국교가 된다든가, 국교는 아니라도 전국민을 지배하는 것은 바람직하지 못한 현상이라고 봅니다. 그런데 다종교사회로서의 어떤 창조적 가능성들을 활용하려면 그냥 많다고만 좋은 것은 아니고 그 많은 종교가 각자의 특성을 지니면서도 서로 회통할 수 있는 상황이 되어야 하겠지요. 그 점에 대해 원불교에서는 교리가 처음부터 회통을 전제한 출발을 했으니까 원불교의 사명이 남다르다고 할 수 있겠습니다.

그런데 정말 중요한 것은 종교의 사회적 역할이란, 교세나 교도수보다 각 종교가 그렇게 역할을 할 만한 교리가 있어야 하겠고 교리의 그러한 면모를 교도 한 사람 한 사람이 착실하게 이해하고 실행해서 교도가 아닌 사람에게도 권위를 가질 수 있게 되는 데 달렸다고 생각합니다.

저는 원불교가 나라 안팎에서 교세 신장을 하긴 하더라도 더욱 근본이 되는 것은 소수 종교로서도 '정신적인 영향력과 지도력'을 확보할 수 있다는 사실이라고 믿습니다. 신문들의 예를 보더라도 우리가 프랑스의 권위 있는 신문이다 하면 『르몽드』(Le Monde)지를 떠올리는데 그곳의 다른 신문들에 비해 부수는 적은 편입니다. 그런 『르몽드』지가 대형적인 매체들하고 부수경쟁을 해서 이기겠다는 생각을 하면 그때부터 『르몽드』지의 영향력은 사라지기 쉽겠지요. 원불교가 꼭 작은 교단으로 머물라는 것은 아니지만 작더라도 프랑스 언론계에서 『르몽드』지가 하듯이 다른 종교들을 얼마든지 이끌 수 있다는 자세로 나가는 것이 바람직하다고 생각합니다.

교단주의를 말씀하셨는데 저는 교단주의 이전에 종교주의라는 것이 또 있을 수 있다고 봅니다. 그래서 전에 '중도훈련원'에 가서 강연을 할 때도 그런 말씀을 드렸습니다만, '회통을 하실 때에 다른 종교들과 회통할 생각만 하지 말고, 각자 나름대로 새 세상을 만들어나가겠다는 세속적인 움직임하고도 동시에 회통을 해야 하며, 후천종교를 자처하면서 선천종교들하고만 회통을 하고 후천시대의 바른 일꾼들하고 회통을 못하면 문제가 아닌가'라는 취지였습니다.

원불교의 특성은 한편으로 종교이면서도 선천종교의 입장에서 보면 종교가 아닐 수 있는 면모를 지닌 점이라고 생각합니다. 가령 대종사께서 예수교를 믿던 제자보고 '네가 내 제자가 될수록 더 하나님을 잘 모시고 예수님을 잘 믿으라' 하신 것은 종래 종교의 상식으로는 좀 이상한 말씀이 아닙니까? '무시선(無時禪) 무처선(無處禪)'의 가르침도 바로 그런 것이겠지요. 그런 의미에서 저는 후천종교는 선천종교가 가지고 있던 종교적 또는 종교주의적 특성을 넘어서는 역할을 동시에 수행해야 한다고 봅니다. 그것을 못하고 종교주의에 빠질 때 교단주의는 반드시 따라오게 되어 있지요. 그리고 교단주의에 빠지면 또 사제주의(司祭主義)라는 것이 따라오게 마련인데, 영어로는 클러리컬리즘이라고 합니다만, 사제가 평신도 위에 군림하는 체제를 뜻하지요.

그래서 저는 종교주의의 폐단을 극복 못하면 교단주의가 오게 되고 교단주의의 폐단에는 사제주의라는 게 따르기 마련이며, 사제주의가 일단 성립하고 나면 사제들간의 권력암투가 시작되기 마련이다라는 일반론을 말씀드릴 수 있겠습니다.

박혜명 원불교는 아직 교세나 사회 일반의 이해에 있어서 미흡한 점이 많습니다. 그러나 소태산 대종사의 '불법연구회' 활동이나 현재 원불교의 활동은 어느정도 객관적인 평가가 내려져야 한다는 의견이 많습니다. 특히 민중과 소외계층을 위한 활동의 평가를 받고 싶습니다.

백낙청 어려운 질문이군요. 교단주의랄까, 교세확장주의로 생각하다 보면 아무래도 '정의(正義)의 취사(取捨)'를 해야 할 때 못하는 수가 있죠. 소태산 대종사의 경우는 일제하 민족운동의 큰 테두리 안에서 보면 그 방식이 굉장히 온건한 투쟁을 하신 분이기 때문에 타협주의로 오해받기도 하겠지만 그때 하신 말씀이나 교단을 키워온 것을 보면 사실 일제당국이 제대로 알았으면 징역도 종신징역을 살리고도 남을 일들을 하신 것이 아닙니까. 그들로 볼 때에는 굉장히 불온한 사상을 가졌고 불온한 활동을 치밀하게 하신 분입니다. 지금 식민지시대가 지나간 마당에 우리가 계속 정부에 대해 꼭 '불온분자'가 되어야 한다는 것은 아니지만 군사독재시절 같은 때에, 가령 군사독재에 맞서서 많은 국민들이 피를 흘리고 했는데 그런 상황에서 소태산 대종사의 '저항정신'을 이어받은 교단은 어떤 취사를 했어야 할까, 이런 것을 한번 점검해보실 필요는 있겠죠.

또 대종사님 자신이 민중의 아들로 나타나셨을 뿐만 아니라 대각 이후에도 그러셨지만, 대각하기까지의 과정이 잘 안 알려진 대목이 많은데 당시 민중현실의 밑바닥을 헤매신 것만은 틀림이 없고 그런 체험이 대각 후의 활동에도 반영되어 있다고 믿습니다. 그런데 실제로 그동안에 민중선교라는 차원에서 보면 기독교나 천주교 쪽에서는 가톨릭농민회나 도시산업선교 등 이런 활동이 많았는데 원불교는 아무튼 외부에서 볼 때 너무 소극적이라는 인상을 남긴 것은 사실입니다. 교단 자체로서는 주어진 상황에서 할 수 있는 능력이 무엇이었는데 그 이상을 했는가 또는 그 이하를 했는가 이러저러한 자기점검을 해볼 필요는 있지 않을까 생각해봅니다.

주제넘은 소리를 하는 김에 한 가지 덧붙이고 싶은 점을 말씀드리겠습니다. 저는 학문을 하는 사람이고, 학문 중에서도 서양의 학문을 하는 사람이니까, 그야말로 외학, 외서를 전공한 사람인데, 대종사께서 그러한 외학이나 외서를 경계하는 말씀을 남기시기는 했지만, 동시에 도학과 과학이 함께 나가야 된다는 말씀도 하셨고 '일의 형세를 보고 알음알이를 진행하라'고 말씀하는데, 얼핏 상반되는 이 가르침을 원불교가 어떻게 소화해서 이행하려는지 궁금합니다. 세계적인 종교가 되고 정신의 지도국 역할을 하려면 외학 공부에도 훨씬 더 힘을 기울여야 하지 않을까 하는 생각이 들어요.

대종사님의 그 말씀을 저는 본말이 뒤집힌다거나 주객이 바뀌는 것을 경계하신 말씀으로 해석합니다. 무슨 학문을 하든지 그 삶의 심지가 올바로 서고 마음공부가 제대로 된 상태에서 알음알이를 구해야 한다는 것은 만고의 진리라고 하겠습니다. 또 하나는 교단의 초창기이기 때문에 그 터가 확실히 잡히지 않은 상황에서 섣불리 병진하려다가 실족할 위험이 커서 그런 말씀을 하시지 않았는가. 그런데 이제는 교단도 커지고 할 일도 더 많아지고 했으니까, 외학을 좀더 깊이 연구를 안하면 주어진 임무를 제대로 수행하기 어렵지 않을까 하는 생각을 합니다.

가령 유교가 동아시아에서 오랫동안 지도역할을 맡아왔는데 유교의 선비들이 사서(四書)만 읽고, 제자백가(諸子百家)는 공부에서 배제했다고 한다면 그들이 과연 그런 문명사적 몫을 해낼 수 있었겠는가 하는 생각을 해볼 수가 있습니다. 또 어쩌면 이건 근기(根機)하고 관련되는 문제일 듯도 해요. 그러니까, 근기가 아주 낮은 사람은 정말 조심해야지 외학에 이끌려서 그릇된 길로 빠지기가 십상이고, 반면에 아주 상근기는 고승이 산에서 참선 수도만 하고도 세상 이치를 훤히 알 수 있는 것처럼 외가서(外家書) 읽기는 대종사께서 대각 후에 각종 경전을 일별하셨듯이 나중에 대충 해도 충분하겠지요.

그래서 아주 하근기나 아주 상근기의 경우는 특별히 외학공부를 할 필요는 없겠지만, 그 중간에 있는 다수의 사람들은 앞으로 점점 외학공부를 더 많이 해야 되지 않느냐는 생각이 들어요.

박혜명 3월호 『원광』에 게재된 류기현(柳基現, 속명 柳炳德) 박사님의 인터뷰 기사 중 외학, 외지(外知)의 해석이 나와야 한다고 말씀을 하셨는데 말씀대로 대종사님께서 외학, 외지에 대해 경계를 하셨는가 하면 시대를 따라 학문을 준비하라고도 하셨습니다. 여기에 다시 시대화·생활화·대중화에 대한 문제도 포함해서 생각해야 할 것 같습니다.

백낙청 예를 들자면 류기현 박사님이 원불교의 교무이시면서 다른 철학도 공부하시고 특히 한국의 민중종교사상을 연구하여 많은 저서를 내셨는데, 앞으로는 가령 칸트철학이라든가 헤겔철학이라든가 맑스의 철학을 원불교적 관점에서 새로 해석해놓아, 서양의 헤겔 전문가나 맑스 전문가도 경청하지 않을 수 없게 되어야 정말 원불교가 세계적인 종교가 되는 것이겠지요.

사실은 서양의 사상과 문명에 대한 이해가 원불교 교도가 교전을 제대로 읽는 데도 요긴하다고 생각됩니다. 가령 우리가 사용하는 물질문명이니 정신문명이니 하는 용어 자체가 대종사님 당시에 쓰실 때하고는 많이 바뀌었거든요. 그 바뀌게 된 배후에 뭐가 있냐면 서양의 영향이 더 깊어져서 그 개념들을 서양식으로 해석하는 습성에 물들어버린 거예요. 원래 도덕문명이라든가 정신문명이라 말씀하실 때에 도덕이라는 것은 대종사님 말씀하신 '도'와 '덕'이 전제된 그런 도덕이었을 것입니다. 그런데 요사이 도덕이라 하면 무엇을 해라 무엇은 하지 말라는 '윤리적 개념' 같은 것으로 바뀌었습니다.

정신이란 것도 그렇습니다. 정신수양이나 정신개벽을 하고자 할 때의 정신이란 것은, 서양사람들이 정신이냐 물질이냐 구분하는 것하고는 다른 개념인데, 지금은 오히려 정신이나 물질을 말할 때 서양식의 개념을 우리가 그대로 들여와서 쓰기가 일쑤입니다. 그런 서양식 사고로 물질이나 정신을 해석하고 또 정신문명의 개념을 이해하면 정말 서양에서도 많은 사람들이 무수히 해온 상투적인, 그야말로 케케묵은 얘기들을 되풀이하는 것에 불과하게 되는 것이죠.

이런 것을 알기 위해서는 원래 소태산 선생이 도덕이나 정신을 어떻게 파악하고 사용했느냐 하는 것을 우리가 깨치는 것도 중요하지만, 그 개념이, 그런 용어가 오늘날 달리 쓰이게 되는 배후에 어떤 서양역사의 발전이 있고 서양사상의 해석이 있어왔는가 하는 것을 모르면 그러한 깨침의 계기를 잡지 못하고 넘어갈 염려도 있을 것입니다.

박혜명 소태산은 여성의 존엄적 가치에 대하여 교리의 부분부분에 명시하고 있습니다. 남녀평등의 범위를 넓혀 남자와 다름없는 사회의 일꾼으로 등장시키고 있으며 자각된 '권리'와 '참여'를 강조하였습니다. 그러나 남녀 '조화'가 밑깔려 있는 소태산 대종사의 남녀관은 아직 원불교 내에서 초기 정착단계에 놓여 있다는 지적도 있습니다.

백낙청 원불교 교리의 「사요(四要)」 중에 그 첫번째인 '자력양성'이라는 것이 예전에는 '남녀권리동일'이었다는 얘기를 듣고 상당히 감명을 받은 적이 있습니다. 그때에 이미 그것을 사요의 하나로 내놓을 정도로 그 문제를 투철하게 인식하셨다든가 또는 그 중요성을 강조하셨다는 게 참으로 놀라웠는데, 다른 한편으로 보면 남녀권리동일의 문제는 동학에서도 나왔고 강증산(姜甑山) 선생도 말씀하셨으며 또 기독교가 처음 들어와서도 그랬습니다. 다만 그중에서도 교리의 중요한 부분으로 설정을 했고 뿐만 아니라 이것을 조직운영에 반영했다는 것이 원불교가 다른 종교와 비교할 때 월등한 점이 아닌가 합니다. 어떤 종교는 말단 성직자도 허용을 안하거나 말단은 되더라도 고위 성직에는 못 오르는 경우가 대부분인데 원불교는 여성사제(교무), 고위직 여성 교역자가 많은 건 물론이고 수위단이라는 최고의결기관도 남녀동수로 한 것 등은 아주 선진적인 체제라 볼 수 있습니다.

그런데 지금 서양의 여성해방에서 제일 논란의 대상이 되고 있는 것이 제가 알기로는 남녀간의 차이를 인정하는 문제하고, 여성에 대한 차별을 철폐하는 문제 이 둘을 어떻게 조화시킬 것인가 하는 것입니다. 차이를 인정하다 보면 부당한 차별까지 정당화해버릴 염려가 있고 그 부당한 차별을 가지고 싸우다 보면 엄연한 남녀차이마저 없애는 쪽으로 치닫기가 십상입니다. 원불교의 남녀권리 관념이라든가 자력양성 조목에 나오는 몇 마디 말씀은 어디까지나 앞으로 더 발전시켜나가야 할 원칙의 제시이지 여성해방론의 난제를 미결로 남긴 점은 마찬가지겠지요. 하지만 원리상으로는 첫째 남녀의 차이를 전제한 차별철폐를 말씀하셨고, 다음에는 남녀의 평등한 자력양성을 얘기하는 가운데에 이미 지자본위(智者本位)의 원칙이 들어가 있는 것 같아요. 아울러 타자녀교육의 원칙도 거기에 포함되어 있는 것 같고요. 그래서 여성이 이제까지는 제대로 대접도 못 받고 교육도 못 받고, 그러다가 자력이 없게 되었으니까 자력을 기르도록 해야 하는데, 부부간에도 서로 도울 뿐 아니라 남자든 여자든 어느 한쪽이 좀 나을 때는 남녀를 불문하고 나은 쪽에서 배워야 하고 나은 사람은 가르쳐 줘야 한다는 거지요.

지자본위라는 차이를 인정하고, 또 타자녀라는 말을 넓게 이해하면 부부간도 타자녀 아닙니까. 내 아내도, 남편도, 교수라 해서 학생만 가르치는 게 아닙니다. 월급 받고 가르치는 타자녀나 자기가 낳은 자식만 가르칠 게 아니라 원래 남의 자식으로 태어난 부부간에도 서로 가르침으로써 자력을 길러서 남녀의 동등한 권리를 확보해가는 몇 가지 기본원리가 제시되어 있다고 생각합니다.

박혜명 현대인들은 '자제력'에 대하여 비판을 받기도 합니다. 인내와 극복의 과정이 없이 의무와 책임이 주어지는 사회상황에서 부적응의 경우가 많습니다. 청소년 교화도 함께.

백낙청 자제력에 대해서는 원불교의 이소성대(以小成大)라는 게 바로 그 점을 짚은 것이라 생각되는데, 작은일을 통해서 큰일을 이루려면 자제력이 없이는 안되거든요. 그런데 그게 말이 쉽지 작은일을 차근차근 해나가는 걸 답답해하는 현대인, 특히 젊은 세대에게 어떻게 그걸 가르칠 것인가, 그건 교화를 맡으신 분이나 교육을 맡으신 분들이 그때그때 현장에서 해결해야 할 과제입니다. 다만 이소성대라 할 때 이소(以小)가 절반이고 큰일을 이룬다는 성대(成大)가 나머지 절반인데, 이 큰일이라는 것이 구체적으로 과연 얼마나 큰일인가 하는 것을 젊은이들이 실감하게끔 보여줄 때만 작은일을 할 수 있는 힘이 나고 자제력이 나오는 것이지, 작은일을 잔뜩 모아가지고 조금 덜 작은일밖에 안된다면 호소력이 없겠지요. 그래서 큰 것에 대한 비전을 제대로 내놓을 필요가 있다고 생각합니다.

그런데 옛날에는 자제한다면 그야말로 금욕하는 것이고 거의 무한정의 자제를 요구했는데 대종사께서는 석가모니 부처님과 달라서 당신은 원만한 도로써 사람들을 이끌어 놀 땐 놀고 쉴 땐 쉬고 하라는 그런 말씀을 하신 것으로 기억합니다. 사실 그것이 없이 옛날 종교처럼 금욕만을 요구하면 도저히 사람들이 따라오지 않게 될 것입니다. 그렇기 때문에 기본적인 원리에서는 이소성대의 정신이라든가, 또 금욕주의가 아닌 원만한 중용(中庸)의 자제력을 요구한다는 점에서 훌륭하게 되어 있으니까, 그것을 잘 활용하시면 되지 않을까 싶습니다.

『창작과비평』에 대해 '신세대들이 잘 안 읽는 잡지'라는 말이 있고 '신세대를 포기하고 잡지를 만들 생각이냐'라는 말까지 듣는데, 잡지 편집인으로서나 대학교수로서나 그들을 포기하겠다는 생각은 전혀 없지마는 구체적인 방안은 제 감각에서 나오기보다는 젊은 사람들 자신의 얘기를 많이 듣고서 수용하는 데서 나올 수밖에 없다고 봅니다. 청소년 교화에 대하여 한 가지 말씀드린다면, 이소성대하는 습성을 어렸을 때부터 길러주는 게 무엇보다도 중요하지만 어린 청소년일수록 정말 그렇게 차근차근히 해서 나갈 때 뭐가 이루어지는지가 보여야 하고 그것이 그들의 젊은 피를 뛰게 하는 뭐가 있어야 합니다. 그러면서 중간단계로서 지금 하는 작은일과 원대한 큰 목적 사이에 중간쯤 크기의 것을 성취해나가는 재미가 있어야지 쉽사리 포기하지 않을 것이라 봅니다.

그래서 해탈이나 열반 같은 궁극적인 목표 이전에 좀더 현실적인 과제 중 그들이 감동하고 동감할 수 있는 것을 제시하여 그걸 위한 이소성대의 노력을 자극하면서, 그만큼 큰 문제도 사실은 또 더 크게 보면 그 자체가 '이소성대'의 작은 것에 해당되어서 다음에 더욱 큰 것을 이룰 수 있다는 실감과 확신을 갖게 하는 교화프로그램이 되어야 하지 않나 하는 생각입니다.

대학교수로서 인성교육 문제에 관해 한말씀 드린다면 그 문제는 대학에서 손대기에는 이미 늦은 문제라고 봅니다. 저 자신은 학생들에게 기본적인 범절에 관해서도 자잘한 잔소리를 꽤 하는 편입니다만 대학교수가할 수 있는 기본적인 인성교육이라는 것은, 전문적인 지식을 연구 축적하고 축적한 것을 전수하는 일을 업으로 삼은 사람으로서 그런 작업이 지혜와 반대되는 알음알이의 축적, 분별지의 축적만이 아닌, 온당한 사리연구(事理硏究)의 일부가 되는 방법을 자기 나름으로 연마해가는 모습을 학생들에게 보여주는 것이 교수가 할 수 있는 고유의 인성교육이라고 생각합니다.

박혜명 박사님께서 청소년시절부터 많은 책을 읽어오셨는데 제일 감명깊었던 책이 있다면?

백낙청 직업이 교수에다 평론가이다 보니 어느 책 한 권을 말하기는 어렵습니다. 외국의 작가 중에서는 영문학을 전공하면서 로런스(D. H. Lawrence)라는 작가를 좋아해서 그 사람에 관해서 학위논문도 쓰고 계속연구를 하고 있는데, 흔히 우리나라에서 '성문학의 대가'라는 식으로 알려져 있습니다만 저는 그의 책을 읽으면 읽을수록 로런스야말로 서양의 개벽사상가에 해당하는 사람이 아닌가라는 느낌이 강해집니다. 지금까지도제가 많이 읽고 계속 많은 것을 배우는 서양의 작가입니다.

우리나라 동양의 책들도 감명 깊게 읽은 것을 딱 하나만 고르라면 어렵습니다만, 제가 『원광』지와 대담중이라서 그러는 건 아니고 실제로 『대종경(大宗經)』이 '민족문학의 고전'이라는 말을 활자로 쓴 적도 있고 자주읽지는 않아도 늘상 생각하며 배우는 책으로 꼽을 수 있습니다. 교도가 되느냐 안되느냐를 떠나서 반드시 읽어야 할 책이라고 생각합니다. 교단의입장에서 보면 『정전(正典)』이 더 기본적이리라 짐작되지마는 『대종경』 같은 '문학적인 재미'는 좀 덜하지 않겠습니까? 『대종경』은 학생들이나 주변에 문학 하는 친구들한테도 안 읽었으면 꼭 한번 읽어보라고 권합니다.

박혜명 앞으로의 계획을 듣고 싶습니다.

백낙청 학자로서 하는 일은 '알음알이를 축적'하는 작업인 셈이고 더욱이 서양문학도라면 '외학'의 전공자가 분명합니다. 그러나 조금 철이 들면서부터 첫째 민족문학에 뜻을 둔 평론가의 작업과 영문학도로서의 작업이 둘이 아닌 하나로 연결되어야겠다는 생각을 하게 되었고, 둘째로 영문학이든 한국문학이든 또다른 학문이든 공부는 마음공부가 바탕이 되어야 한다는 생각으로 해왔습니다. 앞으로는 이런 노력이 좀 이렇다 할 학문적인 성과로도 나타나고 눈에 덜 뜨이는 개인의 수양과 취사에도 진전이 있었으면 하는 소망입니다.

6월항쟁 10년 후의 한국현실과 개혁문화

박상천(새정치국민회의 원내총무)
송진혁(중앙일보 논설위원실장)
손호철(서강대 정치외교학과 교수, 한국정치연구회 회장)
백낙청(서울대 영문과 교수, 문학평론가, 창비 편집인)
1997년 1월 18일 창작과비평사 회의실

백낙청 바쁘신데 이렇게 나와주셔서 감사합니다. 저희 신년 특별좌담으로 '6월항쟁 10년 후의 한국현실과 개혁문화'에 대해 논의하기로 했습니다. 먼저 좌담의 취지를 간략히 말씀드리지요. 올해는 아시다시피 1987년 6월에 우리 국민이 전국적인 항쟁으로 6·29선언을 이끌어낸 지 만 10년이 되는 해입니다. 그래서 이 싯점에서 6월항쟁의 의미와 그간의 역사 진행과정을 짚어보고, 특히 최대의 정치일정이라고 하는 대통령선거가 예정된 올해의 우리 사회가 당면할 여러가지 문제를 점검하면서, 더 나아가 우리 민족과 세계의 앞날을 내다보는 토론의 자리를 마련하고자 했습니다. 그런데 기획이 처음 이루어지고서 오늘 좌담이 있기까지의 사이에, 10년 전을 연상시키는 사건들이 더러 벌어져서 지금도 아마 시내에서는 군

■ 이 좌담은 『창작과비평』 1997년 봄호에 수록된 것이다.

왼쪽부터 시계방향으로 송진혁, 백낙청, 박상천, 손호철

중집회가 한창이고 최루탄 연기가 다시 자욱하기조차 한 걸로 압니다. 그 바람에 어떤 의미에서는 좌담이 한결 재미있게 됐고, 다른 한편으로는 사태가 워낙 유동적이라서 우리가 좌담을 마치고 나서 책이 나올 때까지 무슨 변화가 일어날지 예측하기 힘들게 됐습니다. 그러나 저로서는 우리가 거시적인 안목과 원대한 역사인식에 바탕한 논의를 함으로써 정국의 어떤 변화가 있더라도 여전히 유효한 이야기가 되기를 기대합니다. 동시에 이야기 자체는 당면한 정국을 포함하여 어디까지나 현실적이고 구체적으로 진행됐으면 해요. 그래서 저희 '창비'로서는 정계 일선에 계신 분을 포함한, 조금 파격적인 인원구성으로 좌담을 해보기로 한 것입니다.

6월항쟁에 대해 저희 기획진은 한국현대사의 큰 전환점이었다는 인식을 갖고 있습니다. 전환점이기는 했는데 민주세력이 완전한 승리는 못했기 때문에 종전에 하던 민주화 노력을 계속해야 했고, 그런가 하면 다른 한편으로는 어쨌든 커다란 전환이 이루어졌기 때문에 그런 전환을 경험한 사회답게 새로운 방식의 운동과 문화를 정착시킬 필요가 생겼다고 봅니다. 이런 관점에서 종합적으로 평가할 때, 우리가 시대 요구에 부응해서 많은 것을 이룩하기도 했고 또 그러지 못한 양면이 있다고 하겠습니다. 이와 관련해 여러분의 고견을 듣고 토론을 해봤으면 합니다. 특히 최근의 사태를 보면 민족분단이 지속되고 있는 것은 물론이고 우리 남쪽의 민주주의도 확립되지 못했다는 증거가 역력한 것 같아요. 뭔가 지속적인 개혁작업을 밑받침할 만한 사회 전반에 걸친 개혁문화가 자리잡지 못했다는 느낌입니다. 그래서 그런 것에 대한 진단과 해법도 듣고자 합니다.

오늘 참석하신 분들은 다 우리 사회에 널리 알려졌습니다만 독자들을 위해서 제가 간략히 소개말씀을 드리겠습니다. 먼저 박상천 의원께서는, 변호사이며 3선의원이신데, 지역구가 전남 고흥이시죠? 새정치국민회의의 원내총무를 맡고 계십니다. 그런데 박총무님을 모신 것은 제1야당의 원내총무라는 정계에서의 비중 때문만은 아니고, 저희가 수소문한 바로는 우리나라 정치인들 가운데 드물게 논리적이고 학구적인 분으로 알려지셨기 때문입니다. 그래서 비정치인들과의 좌담에 특히 적합한 분이라고 판단해서 바쁘신 줄 알면서도 강청을 드린 것입니다. 다음에 송진혁 선생께서는 서울대 정치학과를 나오고 정치부 기자를 오래 하시다가 지금 중앙일보 논설위원이자 논설실장의 중책을 맡고 계십니다. 『상식의 정치, 상식 이하의 정치』라는 저서도 냈고 '송진혁 칼럼'을 정기적으로 집필하고 계시기 때문에 많은 독자들에게 알려져 있습니다. 손호철 교수는 '창비' 지면에 여러 번 나오셨습니다만 전남대 교수를 거쳐 현재는 서강대 정치외교학과 교수로 계시고 정치평론가로서 그때그때 현실에 관한 발언을 많이 해오신 분입니다. 저서가 여러 권 있는데 창비사에서도 『전환기의 한국정치』란 책을 내셨지요. 요즘은 한국정치연구회 회장이라는 감투도 쓰고 계신 걸로 압니다. 이렇게 모이고 보니, 저 자신을 포함해서 — 저도 돼먹지 않게 몇 가지 감투를 쓰고 있는데요 — 자기 직책과 관련이 돼서 잘못하면 오해받을까 발언을 꺼릴 소지도 있습니다만, 오늘 이 자리는 어디까지나 개인적인 견해를 말하는 것이니, 모두가 그 점을 전제로 자유롭게 말씀해주시기를 부탁드립니다. 또 한 가지는 저희 관례가, 토론을 깊이 있게 진행하기 위해서 좌담 인원을 대개 네 사람 이내로 잡습니다. 그러다 보니까 가령 정부나 신한국당의 입장을 적극 옹호해줄 분도 한 분쯤 나오셨으면 더 균형이 잡히고 더 열띤 토론이 벌어질 법도 한데 그렇지 못한 것이 아쉽다면 아쉽습니다. 그래서 얘기를 해나가는 가운데 필요하다고 생각될 때면 제가 더러 그런 논리를 약간은 대변할 테니까 그 점 양해하시기 바랍니다.

진행순서에 대해서는 저희가 여러분께 대충 요목을 써서 나눠드린 것이 있는데 이걸 미리 독자들에게 공개할까 합니다. 왜냐하면 꼭 이대로 하겠다는 것이 아니고, 대충 우리가 이런 식으로 항목을 정해 가지고 시작한다는 것을 알려놓고, 이게 그대로 지켜지는지 아닌지를 독자들이 따라가 보는 것도 재미있을 듯해서요. 제가 지금 이 설명을 마친 다음에는 박총무님부터 시작해서 한 분씩 저희 취지에 대한 간단한 논평과 새해 시국에 대한 진단, 이런 말씀을 간략하게 해주시는 걸로 했고, 그다음에는 현재의 큰 쟁점인 노동법·안기부법 개정안 처리 이후의 당면과제와 그 해법에 대해서 의견을 말씀해주시기 바랍니다. 다음에는 좀 가까운 과거로 돌아가서 문민정부 출범 이후의 개혁과 그 성과를 짚어보았으면 하고요. 그 뒤에 다시 현재로 돌아와서 금년도 대선의 쟁점과 역사적 의미랄까 이런 것을 얘기하고, 그러고 나서 좌담 제목에 나오는 6월항쟁에 대해서 이 싯점에서 돌아보며 당시 87년 대선까지의 진행과정을 짚어볼까 합니다. 그다음에 거기서 더 나아가 1987년부터 현재까지 지난 10년간 한국사회의 개혁을 가로막아온 가장 큰 문제점은 무엇일까에 대해서 얘기를 나눠볼까 합니다. 그때쯤 가면 그전의 이야기 도중에 문제점이 뭐라는 것이 꽤 부각이 됐을 텐데, 그 논의를 보완할 면이라든가 또는 이미 언급된 한두 가지에 대해 좀더 집중적으로 토론을 할 수 있겠지요. 끝으로, 이건 저 개인의 지론이기도 하고 누구나 원칙적으로는 동의하는 점입니다만, 아무래도 우리 현실문제라는 것이 우리가 분단시대를 살고 있다는 사실과 떼어놓기 어려운데, 바람직한 통일방안과 남북관계의 전망, 이런 것이 민주화의 진전이나 개혁문화 정착과 어떤 상관관계를 갖는지에 대해 말씀해주시면 좋겠습니다. 그리고 마지막으로 주최측으로서 바라기로는 차원을 더욱 높여서 21세기의 세계는 과연 어떤 모습이 될 것이며, 그런 세계에서 한국은 어떤 역할을 하기를 우리가 예측할 수 있고 또 소망하는지 — 여기에 대해서는 아마 길게 토론할 시간이 없을지 모르겠습니다만, '세계화'라는 말 자체가 벌써 그런 전망이나 진단을 불가피하게 만들고 있다고 믿습니다. 나중에 가서라도 간단히 한말씀씩 해주시면 좋겠습니다. 그럼 먼저 박총무님께서 제가 지금까지 말씀드린 주최측의 취지라든가 현시국에 대해 간략히 입장을 말씀해주시지요.

6월을 연상케 하는 새해 벽두의 시국

박상천 예. 이런 싯점에서 6월항쟁의 의미를 되새겨보는 것은 매우 시의적절하다고 생각합니다. 그리고 지금 시국이 6·29 전야와 비슷한 측면도 있습니다. 현재 시국은 아시다시피 노동관계법과 안기부법을 본회의를 거치지 않고 날치기로 처리한 것에 대해 노동계를 중심으로 저항이 확산되고 있고, 많은 지식인들이 여기에 동참을 하고 있는 상황입니다. 이렇게까지 국민적 저항이 확산되고 심화된 것은 두 가지 이유라고 생각합니다. 하나는 아시다시피 민주주의국가에서는 법률에 의하지 아니하고는 국민의 자유가 제한당하지 않도록 되어 있습니다. 원리상으로 보면 국민들이 전부 모여서 자기들을 규제할 법률을 만들어야겠지만 그러나 아시다시피 4천4백만 국민이 다 모일 수는 없기 때문에 그 대표를 뽑아서 국회라는 조직을 만들어서 자기들 대표가 만든 법률에 의해서 자기가 구속당하는 것이죠. 이렇게 해서 국민의 자기지배라는 것, 거기에 민주주의의 본질이 있는 것입니다. 그런데 이번 경우에 과거의 날치기와는 달리 본회의가 열리지 않았다는 점에 대해서 국민들이 상당히 분개하는 것 같습니다. 과거의 날치기를 보면 일단 본회의를 열어놓고 야당은 통과되지 못하게 하려고 하고 여당은 통과를 시키려고 하면서 때로는 의사당 통로에서 의장이 "이의 없습니까?" 하면 야당의원들이 "이의 있다" 하는데도 "이의 없으면 통과됐습니다"라는 식으로 처리했습니다. 그런데 그것은 우리가 그 뒤에 묵인을 해줬어요. 왜냐하면 언제 국회본회의가 열리는지 통보가 되었고 야당의원들은 거기에 참석을 했으며, 또 소리도 질러봤고, 어떤 때는 반대토론도 해봤고, 이런 절차를 밟았기 때문에 일단 국회 본회의는 성립한 다음에 표결절차에서 하자가 있는 방식이었습니다. 그런데 이번의 경우는 질적으로 다릅니다. 이번에는 오후 2시에 본회의가 열리게 되어 있었는데 새벽 6시에 여당의원들만 따로, 언론도 모르게 모여가지고 했습니다. 사진 찍으려고 딱 기자 한 사람에게만 알렸다고 합니다. 그렇게 모여서 통과시켰기 때문에 이것은 본회의가 성립됐다고 볼 수 없습니다. 국회법에 여러가지 규정이 있습니다만 그것은 복잡하니까 생략하기로 하고요. 그러면 국회 본회의를 통과하지 않은 법률을, 법률의 외관을 띤 어떤 내용을 국회의장이 정부에 이송을 했고, 대통령이 지금 그것을 공포해서 시행한다고 하고 있습니다.

그런데 우리가 생각해봐야 할 것이 이 경우에는 앞서 말씀드린 국민의 자기지배라고 하는 민주주의의 기본원리가 완전히 없어진 것 아니냐는 것이죠. 이런 식으로 법을 만들어서 국민을 기속(羈束)시키려고 하는 것이 민주주의의 본질에 맞느냐 하는 문제가 있기 때문에 거기에 대한 저항감이 있는 겁니다. 그런데 국민 모두가 이런 법리를 자세히 알고 그런 것은 아니지만 어떻게 한 당의 국회의원들만 따로 모여서 극비리에 할 수 있느냐, 그건 너무 심하지 않느냐, 이런 소박한 인식은 갖고 있으리라 봅니다.

그리고 또 하나는 노동관계법의 내용입니다. 노동관계법에 정리해고제라는 것이 있는데 이것은 정부 쪽에서는 노동시장의 유연성을 확보해서 기업이 노동자를 줄였다 늘였다 할 수 있도록 하자는 생각에서 미국식 개념을 도입한 것으로 압니다만, 이것은 우리의 전통적인 사고와는 다릅니다. 우리나라에서 직장이라고 하는 것은 가정과 거의 같은 비중으로 우리를 지배하고 있습니다. 그래서 대개 평생봉사, 평생근무를 전제로 입사를 합니다. 예를 들어서 하나하나를 계약에 의해 처리하는 서양과 달라서 우리는 계약에 없는 것이라도 회사발전을 위해서 희생하고, 평생고용의 정신에 터잡은 그런 형태의 직장생활을 해왔는데 하루아침에 충분한 국민적 토론도 없이 회사의 필요에 의해서 언제든지 잘릴 수 있게 된 거죠. 제가 친구들과 기자들에게 들은 바에 따르면 과거에는 남편이 파업한다고 나가면 부인들이 말렸다고 합니다. 그렇게 모나게 하다가는 당신만 잘리고 구속되니까 나가지 마시오 했는데, 이번 경우에는 가정과 생계 자체가 불안해지니까 가서 따지라고 권한다는 얘기도 들었습니다. 그래서 국민의 기본적 권리라고 할 수 있는 국민 대표기관의 법률제정권이 날아가버리고 없다, 그리고 우리 가정의 생계를 유지하고 있는 직장에서 언제 쫓겨날지 모른다는 이 두 가지가 겹쳐져서 에스컬레이트되고 있는 것이 요즘의 상황이라고 생각합니다. 그 해법에 대해서는 이후에 다시 얘기하지요.

송진혁 박총무께서는 지금의 정국문제를 말씀하셨는데, 저는 새해 시국진단이라는 첫번째 테마에 대해서 제 나름의 생각을 말씀드리겠습니다. 새해 벽두부터 노동법관련 파업정국을 맞이하고 있습니다만 금년 대선까지는 국내 상황이 대단히 험난하리라 생각됩니다. 지금의 파업사태가 어떤 결말을 가져오느냐, 여기에 따라서도 많이 좌우되겠습니다만, 그밖에도 심화되고 있는 경제난국, 또 대선경쟁에 따르는 갈등과 분열현상,

이번 대선이 갖는 중대한 의미, 이런 것들을 생각하면 올해야말로 우리 현대사에 있어서 중요한 하나의 분기점이 되지 않을까 하는 생각이 듭니다. 이런 올해에 우리가 해야 할 과제를 저는 두세 가지로 생각해봤는데요. 첫째는 대선까지 가는 과정을 얼마나 공정하고 민주적으로 치러낼 수 있느냐 하는 겁니다. 이 문제는 곧 21세기로 넘어가는 싯점에서의 리더십의 성격이나 정당성, 이런 것과도 관련된다고 봅니다. 올해의 대선경쟁 과정이 정당하고 민주적이면 민주적일수록 21세기의 우리 리더십의 정당성과 안정성, 이런 것이 커지지 않겠는가 하는 것입니다.

또 한 가지는 이런 험난한 금년의 정세 속에서 국정추진이 얼마나 안정감있게 될 수 있느냐는 겁니다. 무한경쟁이라고 하는 세계의 새로운 경제질서 속에서 가장 안정적으로 여러가지 도전에 대처해도 우리 힘이 모자랄 지경인데 올해는 대선에 따른 이런 분열적 요소로 인해서 국정의 안정적 추진이 매우 어려울 것 같습니다. 이것을 어떻게 해내느냐 하는 것이 중요한 과제가 아닌가 싶습니다. 또 한 가지 생각해볼 점은 남북관계가 상당한 변화를 겪는달까, 새로운 양상에 들어가지 않을까 하는 것입니다. 가령 미국과 북한 간에 서로 연락소를 설치한다든가 김정일(金正日)의 공식적인 권력승계가 이루어진다든가 하는 여러가지 변화가 예상됩니다. 그래서 이런 속에서 가장 민주적이고 국가이익에 부합하는 정치와 경제적 변화를 도출해내는 게 올해의 과제가 아닌가 생각합니다.

손호철 정치계, 언론계 선배님께서 말씀하셨는데 제가 워낙 연배가 어리고 해서…… 우선 전반적으로 말씀하신 것이 요점을 잘 찌르고 있다는 생각이 듭니다. 저는 간단하게 거시적인 문제제기를 하고, 부수적인 내용은 뒤에 다시 논의하겠습니다.

백선생님께서 6월항쟁 10주년 기념으로 잡아놓은 이번 좌담이 그 이후의, 특히 신한국당의 최근 행태에 의해서 6월항쟁을 상당히 연상케 하는 상황으로 변해간 현실을 지적해주셨는데, 저는 그 얘기를 들으면서 문득 생각난 것이 어느 한 원로 선배교수께서 말씀하신 한국 현대정치사를 특징짓는 '10년 대란(大亂)'설이에요. 1950년에 한국전쟁이 있었고 60년에 4·19, 뒤이어 5·16이라는 격변을 경험했으며, 70년 초에 유신이라는 변화를 겪었고, 80년에 5·18이라는 비극적 사태가 있었는데, 그때 탄생한 전두환정권이 87년에 무너졌고, 이제 97년인데 과연 올해에 이런 대란의 한 주기를 이룰 것인가, 아니면 그와는 다른 찻잔 속의 태풍으로 끝날 것인가, 아직 열려 있는 문젭니다만 그것은 현재의 정국에서 신한국당이 어떻게 지혜를 가지고 풀어갈 것이고, 또 다양한 민주세력이 어떻게 현명하게 힘을 모아서 민주적인 정책들을 관철시킬 수 있는가 하는 실천의 문제이기도 한데…… 그런 생각이 문득 떠오른다는 것만 우선 말씀드리겠습니다.

날치기 처리, 왜 일어났고 무엇이 특별한가

백낙청 여러가지 주제들이 나왔는데, 그중에 박총무께서 말씀하신 내용이 저희가 다음에 논의하자고 정해놨던 문제와 직결되는 것 같습니다. 이번 사태의 문제점들을 잘 지적해주셨는데, 거기에 대해서 신한국당측에서 발언할 사람이 이 자리에 없어서 제가 들은 바를 한두 가지 말씀드리고자 합니다. 또 어떻게 보면 송실장께서도 이번 사태가 잘못됐다는 데 대해서는 의견을 같이하시지만, 수습방안을 생각할 때는 어려운 국제경쟁의 여건 속에서 뭔가 국가이익에 부합되는 변화가 되어야 하겠다는 말 자체는 여당측도 공감할 수 있는 이야기겠지요. 그런데 박총무님 말씀 중 하나는 절차상의 문제인데, 저는 개인적으로 전적으로 동감입니다만, 그 문제를 이해하기에 따라서는…… 그러니까 본회의가 열린 상태에서 날치기하는 것과 법적으로 본회의가 성립되지 않은 상태에서 날치기를 했다는 것은 법률상으로 중대한 차이가 있기는 하지만, 어떻게 보면 본회의가 열린 상태였다면 날치기를 할 만도 했다, 결국 어떠한 형태든 날치기는 불가 피한 상황이었고 야당에서도 그것을 예측했고 심지어 추인할 용의도 없 지 않았다는 말이 아니냐는 반론이 나올 가능성이 있겠습니다. 또 정부측 에서 주장하는 것은, 야당이 의장을 감금하고 회의를 처음부터 열지도 못 하게 하는데 어떻게 하느냐? 국가경제는 살려야 하고…… 그런 논리가 하 나 가능하겠고요.

다음에 개정 노동법의 내용이 우리의 전통적인 노동관례나 직장관에 위배된다고 말씀하셨는데 지금 정부나 경영자측에서도 그 사실을 부인하 는 것은 아니고, 이제는 그런 전통적인 관례에서 탈피해야만 우리가 살아 남을 수 있다고 주장하는 거지요. 또 야당의원들 가운데서도 그 점에 동의 하는 분들이 꽤 많지 않은가, 그래서 신한국당은 물론이고, 자민련측은 어 떤 점에서는 더더욱이 그렇고, 국민회의측의 상당수조차 정리해고제나 변형근로제 등의 도입은 불가피했다, 오히려 마지막판에 가서 날치기하 면서 복수노조 승인을 3년 유예시켰다든가 이런 것이 악수였다라고 지적 하기도 하는 걸로 아는데 그런 점은 어떻게 생각해야 할지요?

박상천 제가 아까 말씀드린 것은 이번 날치기는 본회의의 부존재라는 점입니다. 그전에는 본회의는 존재했고 본회의 안에서의 진행절차, 좀더 구체적으로 말하면 표결절차에 날치기가 있었습니다. 그런데 이번에는 본회의가 열리지 않았습니다. 회의 구성원에게 회의가 언제 열린다는 것 을 알려주어야 하는 것은 무릇 회의체라는 것의 본질이자 일종의 자연법 입니다. 너무나 당연한 것이죠. 그래서 우리들이 이번에 일반국민 이름으 로 헌법소원을 냈고 가처분신청도 했습니다만, 자세한 내용은 신문에 나 지도 않았습니다. 창원지법, 또 대전의 어느 판사, 이런 분들이 전개한 논 리가 우리의 헌법소원 문제와 똑같습니다. 여당의 논리는 다수파를 구성 했으면 거기에서 처리하면 되는 것이지 결국 과반수로 통과될 것이니까 소수파는 참여할 필요가 없다는 논리인데 이것은 민주주의의 본질에 비쳐서 매우 중요한 문제입니다. 다 아시다시피 절차 면에서 본다면 민주주의는 설혹 어느 특정 정파가 다수를 형성한다 하더라도 소수파와의 대화와 협상을 통해서 가급적이면 단일한 제3안을 만들어내는 것이고 이것이 민주주의, 의회주의의 본질입니다. 그렇게 해야 다수파를 지지했던 국민이나 소수파를 지지했던 국민이 다 같이 승복할 수 있는 법률이나 예산이나 정책이 나올 수 있는 겁니다. 그래서 소수파를 참여시키느냐 시키지 않느냐 하는 것은 단순히 결과만 두고 볼 문제가 아닙니다. 소수파와 타협하느냐의 문제가 다수파 독재와 민주주의를 구분하는 분수령이 된다고 봅니다. 이번의 경우같이 본회의를 열지 않고도 법률이나 예산이 처리되어 정부로 넘어갈 수 있게 된다면 그것은 우리나라 의회주의의 종언을 의미하는 겁니다. 앞으로 이것이 관행이 되면 한국에서의 의회주의는 사멸한다고 볼 수밖에 없습니다. 그래서 우리가 백지화와 무효화를 요구하는 것이고, 노동관계법과 안기부법은 아직도 국회본회의에 계류중에 있다는 것이죠. 본회의가 열렸으면 야당이 방해를 해서 통과를 안 시킬 테니까 그렇게 할 수밖에 없었다고 하나 그럴 때를 대비해서 국회법에 경호권이라는 것을 두고 있습니다. 경호권을 발동해서 극단적인 의사방해를 못하게 하고 있어요.

그리고 이번 경우에 안기부법은 우리가 저지하겠다고 선언했습니다만 노동관계법에 대해서는 저지한다고 하지 않았습니다. 24일은 크리스마스 이브이고 25일이 공휴일이고 하니까 26일 노동위원회에 상정해서 노동위원들간에 심층 토론을 하고 1월 초순의 연휴기간이 끝나고 바로 공청회를 열어서 전문가와 국민들의 의견을 수렴하자, 그래서 1월 말까지는 우리가 통과를 시켜주겠다, 1월 말까지 여야가 단일안을 내야지 단일안을 내지 못하면 노동계가 됐든 기업측이 됐든 어느 한쪽으로부터 심각한 반대와 저항이 있을 것이다, 여야가 단일안을 내서 만장일치로 통과를 해야 이 저항을 누를 수 있고 납득시킬 수 있는 것인데 날치기해서는 그런 사태를 막기 어렵다고 설득했습니다. 그런데 만일 여당과 우리 안이 너무 차이가 져서 단일안을 내놓지 못할 경우에는 어떻게 할 것인가? 그럴 경우에는 우리가 표결에 응하겠다고 했습니다. 표결에 의해서 다수파의 의사대로 통과시키라는 거죠. 그런데 우리가 왜 이렇게 안기부법과 노동관계법을 구분했는가 하면, 노동관계법은 전면 반대가 아니라 다소 손질할 필요가 있다는 것이 우리 견해입니다. 아까 말한 정리해고 문제는 더 깊이 토론하고 숙고했어야 할 문제지만 지금 통과된 노동법 내용 중에 시의적절한 것도 있어요. 전부 반대하는 것은 아닙니다. 그리고 정리해고 문제는 지금 대법원 판례로 인정되고 있습니다. 꼭 법에 규정할 것이냐, 아니면 그때그때 사정에 따라서 법원이 적절한 기준을 정하도록 할 것이냐 하는 문제가 있고요. 그리고 법에 정한다 해도 가급적이면 직장인들에게 불안감을 주지 않도록, 이런 경우에는 나는 실직당하지 않는다 — 가령 회사가 합병되거나 회사가 부도나서 도산하는 상황에 이르면 정리해고를 할 수밖에 없는 것 아닙니까? 그런데 지금은 '경영상 필요할 때'라고 해놨어요. 언제 사장이 변덕을 부려가지고 나를 자를지 예측하기 어려운 정리해고제를 도입해놨기 때문에, 이런 문제는 여야가 깊이 토론해서 단일안을 만들고 그 단일안에 대해서 노사를 설득하고 그렇게 통과시키자고 한 것이지 저지하겠다고 한 것이 아닙니다. 그런데 여당에서 이렇게 한꺼번에 해버린 이유는 아주 단순합니다. 안기부법을 통과시킬 때 날치기를 해야 하는데 기왕에 날치기를 할 바에는 노동법도 같이 해버리자, 두 번 싸울 이유가 없으니까 이 상황에서 같이 해버린 거예요. 만일에 안기부법만 날치기를 했으면 노동계 쪽은 지금처럼 심각하지는 않았을 거예요. 아무튼 노동법에 대해서 야당이 반대를 했기 때문에 날치기를 했다고 하는 것은 전혀 사실과 다릅니다. 지금 제가 한 말을 여당 총무나 국회의장에게 십여 차례 얘기했고요. 마지막에 국회의장이 노동위원회에 계류돼 있는 노동관계법안을 본회의에 직권 상정한다는 통보가 나갔다고 해서 저와 자민련 총무 두 사람 연명으로 방금 한 이 말을 서면으로까지 만들어서 의장에게 전달했습니다. 오늘 그 문건을 가져왔었는데 우리 비서가 들고 결혼식장으로 축의금 전달하러 가버렸네요……(웃음)

송진혁 말씀하시는 도중에 안됐지만 지금 이 자리에서 법리 논쟁을 하기는 어려울 것 같습니다. 지금 박총무 말씀에 다분히 동감되는 점이 많고, 제가 알기로도 대부분 사실을 설명해주시는 것 같은데 다만 이게 현재 이미 위헌제청이 된 사안이고 또 박총무께서는 법률전문가시지만 다른 분들은 비전문가이기 때문에 사실 효과적인 반론을 할 수 있는 입장도 아니고, 그래서 공정한 결론을 도출하기는 힘들 것 같습니다.

박상천 결론을 말씀드린 것이 아니라 백교수께서 여당의 입장을 말씀하시기에 —

손호철 언제 입당을 하셨나요?(웃음)

박상천 그래서 제가 대답을 한 겁니다. 아무튼 노동관계법에 대해서는 우리가 저지한다고 한 적이 없습니다. 안기부법은 저지한다고 했는데, 그것은 안기부법은 국가보안법 7조의 찬양·고무·동조죄, 북한을 칭찬하거나 동조하거나 북한의 사기를 올려주는 발언이나 글을 처벌하는 조항과 불고지죄에 대한 수사권을 안기부에 주는 내용입니다. 불고지죄를 간첩임을 알고 신고 안한 것만 처벌한다는 것으로 아는데 간첩뿐만 아닙니다. 그러니까 북한을 찬양하는 발언을 한 사람을 알면서 신고를 안해도 처벌받는 겁니다. 이 두 죄에 대한 안기부의 수사권을 94년 정치개혁 때 제가 삭제를 하였습니다. 그런데 이걸 다시 회복시키는 건데 이렇게 되면 어떤 현상이 일어나느냐 하면 비밀정보기관에 지식인들은 거의 다 걸릴 수 있는 거예요. 언론계, 문화계, 지식인, 학생, 이런 이들이 다 걸릴 수 있는 겁니다. 또 솔직히 말씀드려서 그 조문이 귀에 걸면 귀걸이, 코에 걸면 코걸이 식으로 되어 있습니다. 그래서 이 죄의 수사권을 비밀기관인 안기부가 갖게 되면, 정치권과 언론, 문화계를 통제하게 되는데 비밀정보기관이 민주사회의 이런 분야까지 통제하는 것은 쉽게 말하면 정보정치로의 역행이고 민주화에 역행되는 것이기 때문에 우리로서는 해줄 수가 없는 것입니다. 그래서 안기부법을 저지한다고 했고, 노동관계법에 대해서는 좀더 신중히하자고 한 것이라는 점을 말씀드립니다.

백낙청 이 문제에 대해서 다른 분들의 말씀을 더 듣고자 합니다만, 지금 시계를 보니까 진행을 빨리 해야겠다는 생각이 듭니다. 모두들 바쁘시지만 특히 박총무께서 다음 일정이 이미 잡혀 있으신 걸로 압니다. 그래서 현재의 시국과 개정안 처리 이후의 당면과제와 해법을 논의하자고 했는데, 해법이라는 것은 일차적으로는 정부에서 나와야 할 일인데 정부 대변인은 없으니까 각자가 생각하시는 것을 말씀해주시고요. 시간을 절약하기 위해 가능하면 우리가 다음 토픽으로 정했던 문민정부 이후의 개혁 성과에 대한 얘기도 함께 해주실 수 있으면 좋겠어요. 왜냐하면 문민정부 출범 이후 사실 중대한 개혁을 많이 한 것은 사실인데 어쩌다가 지금 이 지경이 되어가지고, 아까 박총무께서 하신 말씀대로 어떤 의미에서는 6·29 전야와 비슷한 상황을 초래하게 됐는가. 이건 사실 여야를 떠나서 한심한 일이라 하겠습니다. 그러나 이것이 또 손교수 말씀대로 반드시 10년 대란설의 이론에 더 맞을지 안 맞을지는 우리가 속단할 문제는 아닌 것 같고요. 그런 점들과 관련해서 이번 사태에 대해서 다른 분들도 의견을 말씀해주시죠.

민중역량의 성장과 세계화의 댓가

송진혁 이번 사태를 저는 몇 가지 측면에서 나누어 생각해봅니다. 과거에도 사실 날치기는 많이 있었습니다. 박총무 말씀은 야당의원들한테 알려주지 않아서 문제가 됐다고 했습니다만, 과거에도 야당의원에게 알려주지 않은 날치기는 자주 있었습니다. 가령 그게 69년입니까? 69년의 삼선개헌안은 소위 환장국회라고 해서 — 장소를 바꾼다는 환장(換場)이지 환장(換腸)했다는 환장이 아닙니다(일동 웃음) — 국회 제3별관에서 처리가 됐습니다. 야당의원들은 전혀 통고를 못 받고, 신문기자도 제한된 숫자만 들어갔죠. 그 후에도 형법개정안 같은 것은 국회도서관에서 처리가 됐어요. 그때도 물론 야당의원들에게는 절대로 알려주지 않았죠. 그외에도 국회 휴게실에서 날치기를 한 일도 있고, 아무튼 그런 일이 많습니다.

그러면 왜 이번 날치기사태가 이토록 더 심각하냐? 제 생각에는 정치권력에 대항하는 사회의 힘, 그러니까 결국 민중의 역량이 그만큼 성장했다는 겁니다. 이제는 일정한 수준의 민주주의가 유지되지 않으면, 또는 일정한 수준의 권위주의가 재발하면 사회가 용인하지 않는 시대로 들어선 것이 아니냐, 저는 이런 측면이 하나 있다고 봅니다. 또 한 가지는 소위 한국형 경제기적이 끝났다 하는 측면이 있는 것 같습니다. 좋은 시절이 끝난 것입니다. 한국형 경제고속성장이 끝나고 이제는 침체의 터널로 들어간 것이 아니냐. 아까 박총무께서도 직장인들의 불안을 말씀하셨지만 실직과 명예퇴직, 이런 불안한 정서가 사회에 많이 깔려 있지 않습니까? 그래서 불가피하게 국제경쟁에 대응하기 위해서는 노동시장의 유연성이 필요하다는 공감대가 있습니다만, 경제의 기적은 끝났다는 시대상황, 이런 것이 이번 사태에 반영된 것이 아닌가 하는 생각이 듭니다. 심지어 이번 한국 사태를 보고 외국 언론들은 중국과 동남아의 미래를 예고하는 것이라는 지적도 해요. 지금 우리와는 좀 떨어져 있는 중국이나 동남아 각국도 일정한 수준의 경제발전 단계에 이르면 우리와 같은 이런 난관에 빠지지 않겠느냐는 지적들을 하고 있습니다. 또 한 가지, 이번 사태엔 세계화의 댓가라는 측면도 있습니다. 그것은 우리가 OECD에 들어가고 ILO에 들어가고 하는데, 그렇다면 국제규범에 스스로 맞춰야 할 필요성이 있죠. 그것에 따르는 진통이 아니겠느냐 하는 측면이죠. 이런 세 가지 측면이 있다고 봅니다.

그렇지만 의외로 파장이나 영향은 심각하다고 봅니다. 영국의 『파이낸셜 타임즈』에 이런 것이 나왔어요. YS를 지지한 사람의 80%가 후회하고 있다는 거예요. 그리고 국내의 여론조사에서도 아마 70% 이상이 YS를 반대하는 것으로 나오지 않았나요? 그만큼 이 정권에 큰 타격이 가해졌습니다. 심지어 어떤 외신은 당혹스러운 퇴진이 예상된다, 혹은 신한국당의 대선 전망이 어두워졌다, 이런 표현을 하고 있습니다. 제가 또 하나 말씀드리고 싶은 것은 이번 사태로 정치권의 왜소화, 무능, 불신, 이런 현상이 가중된 것이 아니냐, 이번 사태는 결국은 노동자가 정부 여당에 대해서 항의하는 성격인데 정부 여당에 대한 투쟁을 노동자가 하고 야당은 노동자의 뒤를 좇는 그런 형국이 됐습니다. 정부 여당을 상대하는 정치문제라면 야당이 가로맡아서 싸워야 될 일 아닙니까? 그런데 야당이 아니라 파업이 이 일을 떠맡아서 이루어지고 있거든요. 그래서 정부 여당이 심각한 궁지에 몰린 것도 사실이지만 야당도 그 위상의 축소, 왜소화 현상이 일어난 것이라고 해석해야 한다고 봅니다. 그리고 정당이라면 갈등의 조절, 해결 같은 것을 자기들의 임무로 삼아야 하는데 야당이 파업지지를 선언한 것은 논리적으로도 맞지 않는 일이 아닐까 하는 생각이 듭니다. 뭐냐 하면 파업을 정치로 해결해서 빨리 종식시켜야 하는 것이 정당의 역할인데 파업을 지지한다고 하는 것은 모순이 아닐까 하는 겁니다.

　　안기부법에 대해서는 대개 동감입니다만, 이 좌담이 시작되기 전에 왜 YS가 이런 실착을 둔 것일까, 정보 보고를 제대로 못 받은 것이 아닐까 하는 사담을 나누고 있었는데, YS에게 정확하게 민심을 전달하는 정보기관의 역량강화 — 이건 좀 역설입니다만(웃음) — 아무튼 정권운영이랄까 국가운영에 있어서 일정한 정보기관의 능력이나 기능은 필요한 측면이 있습니다. 그런데 이번에 문제된 법의 개정이 지금 제가 얘기하는 정보기관의 능력강화와는 다른 문제입니다만, 제가 아쉬운 생각에서 그런 국가경영을 더 원활하게 하는 정보기관의 역량은, 지금 이와같은 정국을 보니까,

필요하겠구나 하는 생각도 듭니다.

박상천 말이 이어지니까 제가 잠깐 말씀드리겠습니다. 과거에 야당의 원들에게 안 알리고 처리한 예가 있다고 하셨는데 도서관이나 별관에서 처리한 예가 있습니다. 그런데 전부 개의 시간 이후였어요. 그러니까 오후 2시에 국회가 열린다고 예고가 되어 있는데 야당이 본회의장을 점거하고 못 들어오게 하니까 다른 데 가서 한 거예요. 그러니까 그날 오후 2시 이후부터 밤 12시까지, 또 차수 변경을 하면 12시가 넘어서도 할 수가 있습니다……

송진혁 그때는 개의 시간이 10시였죠.

박상천 이를테면 그렇다는 것이죠. 과거의 경우는 야당에 오늘 몇 시에 회의가 열리고 그 회의에서 어떤 안건이 처리된다는 것은 알려져 있는 상태였죠. 그런데 이번에는 전혀 예고 없이 했다는 점에서 심각한 문제가 되는 것이죠. 이게 관행이 되어버린다면 의회주의가 심각한 불구가 된다는 얘기입니다. 그 얘기는 많이 했으니까 이 정도로 그치겠습니다.

그리고 이번이 특히 문제된 이유가 송실장의 지적대로 국민들의 정치의식이 향상되고 시민단체들의 역량이 커졌다는 것, 또 우리나라 경제가 구조적인 위기에 있다는 것, 이런 게 작용한 것도 사실입니다. 그렇지만 제가 볼 때는 이번 같은 사태를 불러오지 않고서도 얼마든지 정부·여당이 이것을 처리할 수 있었습니다. 왜 그런가 하면 노동관계법에 대해서 아까 우리 야당이 제시한 그 절차를 수용하여 무리없이 처리할 수 있었습니다. 그런데 정부에서는 이걸 걱정한 것 같습니다. 이것이 3월로 미루어지면 춘투와 연계되어서 파업이 장기화될 염려가 있으니까 조기 처리한다는 것이 정부의 생각이었던 것 같아요. 우리도 그 말은 일리가 있다고 생각했기 때문에 원래는 2월 국회를 주장했지만 2월 국회를 하지 말고 1월에 처리하자고 한 겁니다. 그래서 여당 총무도 1월 중순까지 처리해달라, 1월 말은 너무 길다 하는 안까지 보내왔어요. 그런데 청와대에서 이걸 연내에 처리하라라는 지시가 내려와서 갑작스럽게 날치기가 된 겁니다. 그리고 우리 주장대로 처리했다면, 아까 말씀처럼 민주의식이 향상되고 경제곡선은 하향선을 긋고 있지만, 다수 국민들은 우선 납득할 것이고, 노조는 그래도 불만이었겠죠. 그렇지만 여야가 만장일치로 통과한 법에 대해서, 그리고 절차상 아무런 하자가 없는 법에 대해서 이렇게까지 광범위한 국민적 저항은 불러오지 않았을 겁니다. 그래서 이것은 방금 송실장께서 지적하신 대로 정보에 좀 문제가 있습니다. 정보에 문제가 있어서……(일동 웃음) 대통령이 말예요, 제 생각에는 대통령이 두 개 이상의 기관에서 정보를 받아야 하는데, 한 개의 기관에서만 정보를 받고 있고 최근에는 좋은 것만 받는 경향이 있어서 불행한 일이 생긴 것 같아요. 대통령의 비위를 거스르지 않으려고 나쁜 것은 보고하지 않고 좋은 것만 보고하고…… 더블체킹 씨스템이 이뤄져야 하는데 그것을 제대로 못하고 있습니다.

그리고 안기부법 문제에는 거의 의견을 같이하시니까 이번 개정의 부당성, 불법성은 말하지 않겠습니다. 정보기관의 역량강화에 대해서는 저도 찬성합니다. 그래서 정보위원회에서 안기부장을 출석시켜놓고 제가 이렇게 얘기했어요. 지금 안기부가 할 급박한 일이 엄청나게 많다, 우선 대북한 관계에서 안보정보를 수집해야 하고, 또 하나가 산업기술정보를 수집해야 한다, 그랬더니 그럼 우리더러 외국 금고 안에 있는 비밀을 가져오는 산업 스파이 노릇을 하란 말이냐 하던데, 그런 말이 아니지요. 정보의 99%는 공개되어 있어요. 1%만이 금고 속에 있는 것이고 나머지 99%는 전부 공개되어 있는데 우리는 이것을 지금 체계적으로 수집하지 못하고 있다, 그다음에 국제범죄 정보, 지금 외국에는 글로벌 마피아라고 해서 범죄조직이 세계화하고 있다, 우리도 부산에서 무기가 밀수되고 있는 형편이다, 국제범죄조직은 대개 마약을 크게 취급하고 그다음에 무기도 취급하고 있다, 이런 것은 해외에 주재원을 내보내고 있는 유일한 기관이 안기부이기 때문에 안기부의 이런 측면은 더 강화되어야 한다라고 주장했던 겁니다. 원래 안기부법을 개정할 때 안기부 자체에서는 필요없다고 하는 것을 제가 억지로 안기부의 정보수집 범위에 국제범죄조직 정보를 수집하라고 포함시킨 이유가 여기에 있는 겁니다. 이제는 안기부가 국내에서 정치권이나 언론·문화계를 감시하는 우물 안 개구리식의 골목대장을 그만두고 이제는 우물에서 튀어나와서 먼 하늘도 보고 푸른 산도 보고 해서 크게 세계 속에서 활동해야 한다고 말했습니다. 지금 안기부는 해야 할 일은 안하고 해서는 안될 일을 하고 있어요.

총파업정국을 대하는 야당의 자세

그리고 이번 파업에 대한 야당의 자세에 대해서는 제가 답변할 의무가 있습니다. 왜냐하면 제가 유일한 야당의원이기 때문에……(웃음) 야당이 파업을 지지한 것은 아닙니다. 야당이 파업을 지지하지 않았기 때문에 노조측으로부터 엄청난 항의를 받았습니다. 심지어 여당과 짜고 슬그머니 통과시킨 것이 아니냐 하는 얘기까지 나왔습니다. 그 말은 야당과 짰으면 무엇 때문에 헌법에 위반되는 방법으로 새벽에 몰래 처리했겠느냐는 한마디에 쑥 들어갔습니다만, 아무튼 그런 오해까지 받았음에도 불구하고 우리는 파업을 지지하지 않았어요. 그런데 지금 파업을 지지한 것으로 신문에 헤드라인으로 뽑혀 나오는데 그 내막은 이렇습니다. 정부가 파업하는 노동자들에게 공권력을 행사하려기에 우리가 이에 반대하면서, 노동자로서는 파업이라는 수단으로 호소할 수 있는 사안이다, 국회를 정식으로 통과하지 않은 법에 의해서 노동자의 생존권이 침해당하는 상황이 올 경우에는 노동자가 파업이라는 수단을 쓸 수 있다, 따라서 노동자의 파업에 정당성이 있다고 한 것이지 파업을 계속해서 더욱 확산시켜라 하는 취지가 아닙니다.

그리고 이런 것이 있습니다. 정치권의 투쟁이라고 하는 것은 무엇을 발표해서 홍보하는 것과 국회에서 농성하는 것, 시위 좀 하는 것에 한정되어 있는데 이것은 김영삼 대통령이 눈도 깜짝하지 않습니다. 배짱이 좋은 사람이에요.(일동 웃음) 그런데 파업 같은 것은 당장 경제적 타격이 오고 국민 생활에 문제가 되기 때문에 상당히 강력한 무기가 됩니다. 그래도 국가경제를 생각하지 않고 당장 파업하라고 야당이 선동할 수는 없어요. 그렇기 때문에 저희가 가만있었던 겁니다. 또 야당이 처음부터 파업하라고 얘기했다면 일반 중산층이나 지식인이 이렇게까지 가세하지 않았을 거예요. 아, 야당이 여당과 저희끼리 싸우다가 힘이 부치니까 노동자더러 파업하라고 선동하고 우리더러 가세하라고 하는구나, 중립을 지키자 하고 가만있었을 겁니다. 그런데 우리는 이렇게 됐다는 것만 알리고 가만있었을 때 자연발생적으로 일어났기 때문에 심각한 문제가 된 것이고, 오늘 이만큼 국민적 지지랄까 공감을 얻을 수 있었다고 생각합니다. 그러나 이제는 이 사태에 대해서 야당이 능동적 행동을 할 때가 됐다고 생각합니다. 그런데 해법에는 두 가지가 있습니다. 하나는 법적 해결이고 다른 하나는 정치적 해결입니다. 지금 국민회의와 자민련이 국회의원 이름으로 권한쟁의 소송을 헌법재판소에 냈습니다. 그런데 이것은 헌법재판소법에 입법부 내부나 행정부 내부에 관한 것은 터치하지 않는다는 규정이 있어서 과거에 각하됐던 것입니다. 그래서 우리는 일반국민 이름으로 헌법소원을 냈습니다. 민주노총 관계자도 두 사람 넣고, 울산광역시법과 관련하여 울산 시민도 두 사람 집어넣었습니다. 왜냐하면—

백낙청 박의원님이 소송대리인 중 한 분이시기도 하다는 건 압니다만—

박상천 네. 사회자가 재촉을 하시니까 그 자세한 내용은 줄이겠습니다. 아무튼 헌법소원 중에 가처분신청도 함께 냈기 때문에 만일 가처분신청을 받아들인다면 정치권에서 갑론을박을 거치지 않고, 또 무수한 협상과 논박과 파업확산을 거치지 않고 쉽게 이 사태가 해결될 길이 있습니다. 그런데 이 점에 대해서 요새 언론에 나온 것을 보면 여당 쪽에서는 이것은 입법부 내부의 법률제정 절차인데 헌법재판소의 소관이 되느냐 하는 문제를 제기하고 있습니다. 그런데 그것은 그렇지 않습니다. 과거에 사법부, 대법원이 헌법 관계 일을 할 때—

송진혁 여기에는 헌재재판관도 없는데 자꾸……(웃음)

박상천 아니, 기본원리만 말씀드리는 겁니다. 헌법을 지키는 권한을 법원이 가지고 있을 때 권력분립에서 오는 한계가 있어서, 통치행위니 정치행위니 하면서 심판대상에서 제외시켰습니다. 그래서 이래서는 안되겠다 해서 만든 것이 헌법재판소입니다. 따라서 헌법재판소는 통치행위나 정치행위에 대해서도 심판할 수 있는 것이기 때문에 헌법재판소가 좀더 적극적으로 역할을 하면 해결은 못해도 계기는 만들 수 있다는 것이죠. 그다음이 정치적 해결인데요. 여당과 협상을 해서 현재의 사태가 더이상 악화되지 않은 채 국민경제에 더 큰 타격을 주기 전에 이것을 푸는 것이 중요한 일입니다. 그런데 저쪽에서는 그렇게 할 의사가 아직은 없어요. 그래서 그 타이밍을 기다리고 있습니다. 적절한 타이밍에서 정치적 해결을 시도하겠습니다.

백낙청 송실장께서 이번 사태를 통해서 정치권의 왜소화 현상이 눈에 띈다고 말씀하셨는데 김영삼 대통령이 배짱이 너무 좋아서 그런 건지 뭔지 그 정확한 이유는 모르겠습니다만, 사실은 정치권의 왜소화 현상이 그동안에 벌써 진행되어왔던 것이 아닐까요? 그러니까 이번 일을 계기로 더 두드러지게 나타났을 뿐이라는 거지요. 손교수께서는 한국의 정당정치 전반에 대해서 비판적인 얘기를 많이 해오셨는데 이 점을 어떻게 보시는지요?

정치권의 왜소화 현상, 누구의 책임인가

손호철 할 얘기가 많지만 간단하게만 말씀드리겠습니다. 우선 법의 내용에 대해서 잠깐만 얘기하고 지금 그 문제를 언급하겠습니다. 대부분 나온 얘기지만, 노동법의 경우에는 결국 세 가지 정도는 꼭 짚고 넘어갈 필요가 있는데, 먼저 정리해고라는 것은 현행법 테두리 안에서도 실행되고 있는 것이다, 꼭 새 법으로 강화할 필요성이 있느냐는 겁니다. 선진국형이라고 하는데, 서양의 경우 특히 노동법이 약한 미국의 경우에도 정리해고는 엄격한 법적 기준에 의해서 이루어지고 있을 따름이라는 것을 말씀드리고 싶고요. 두번째로는 한국경제가 어렵다고 하는데 그 원인이 마치 노동자들에게만 있는 것인 양 한다, 생산적인 경제활동을 하기보다는 정경유착에 의해서 문제를 해결해온 재벌들에게 엄청나게 많은 책임이 있음에도 불구하고 정리해고라는 것으로 노동자에게 책임을 전가시키는 것이 더 문제 같고요. 마지막으로 서구와 다른 게 뭐냐면, 정리해고가 이루어지더라도 사실상 서구의 경우에는 사회복지제도가 있는데 우리에게는 그런 것이 없다, 그러니까 정리해고가 이루어지기 위해서는 최소한의 생활조건을 만들어주는 사회복지라는 것이 병행되어야 한다는 것이죠. 그리고 안기부법에 대해서도 한두 가지만 말씀드리면, 정말 안기부법의 개정이 한국의 안보에 중요하다면 나는 김영삼 대통령이 "내가 무식해서 그것을 바꿔서 한국 안보에 엄청난 타격을 줬다"고 대국민사과를 먼저 해야 한다고 생각합니다. 두번째는 정보기관의 힘이 당장 필요한가를 따져봐야 하고, 필요하다면 왜 하필 안기부인가 하는 거죠. 분리해서 다른 기관들이 할 수 있도록 해야 하는 것이 아닌가 싶어요.

그런데 문제는 왜 이런 식이 됐을까 하는 것을 생각해볼 필요가 있습니다. 왜 이런 두 개의 악법이 진행되고, 특히 날치기로 이루어졌는가, 특히 노동법에 맞춰서는 저는 김영삼정권의 문제만은 아닌 것 같다, 아까 세계화도 얘기했고 한국경제의 어려움도 얘기했습니다만, 저는 이건 자본이 갖고 있는 구조적인 힘의 문제라고 봅니다. 흔히 얘기하는 경제논리였기 때문에 뒤집어서 얘기하면 야당이 집권하고 있었다면 안 그랬을까? 이런 것을 생각할 필요가 있다는 거지요. 뒤에 가서도 말씀드리겠습니다만, 아까 송선생님이 야당이 파업을 지지했다고 하는데 저는 이렇게까지 사태가 악화된 것은 야당이 소극적이었던 데에 중요한 책임이 있다고 봅니다. 마지막 순간에 가서 결국 손을 들었지, 그전까지는 대선을 겨냥한 수구화경쟁이라는 지금까지 어렵게 벌여온 재벌과의 관계, 중산층을 잡는 문제, 이런 것 때문에 정치권이 적극적으로 나서서 문제를 풀기보다는 끝까지 방관했던 데에 책임이 있다는 것이죠. 이렇게 자본의 힘이 가장 큰 문제이고, 두번째는 지배블록 내에서 강경파가 득세하게 되는데, 그와 관련해서는 김영삼 대통령의 개인적인 리더십이나 스타일이 관련되어 있는 그의 성장과정이랄까…… 김영삼 대통령을 '감(感)의 정치인'이라고 하는데 노동과 경제에 대해서는 너무 감이 없다, 부잣집에서 자라났고, 일차적인 계급의식이 없으면 공부라도 해서 이차적인 계급의식이라도 있어야 하는데 그것도 없고 하는 것들이 어느 한쪽을 너무 쉽게 손을 들어줄 수 있는 결과를 가져왔다는 겁니다. 세번째로 그에 못지않게 중요한 것은 3김의 기싸움과 대선이라는 변수가 이런 강행, 특히 빨리 처리해서 밀고나가야 한다는 결단들을 촉구한 것이 아닌가 하는 생각이 듭니다.

그리고 그것으로 그쳤어도 모르는데 결국 이런 식으로 발전하게 된 가장 커다란 요인은 대통령의 연두기자회견이라는 엄청난 악수(惡手)입니다. 저는 한국정치는 악수의 정치라고 종종 평해왔습니다만 바로 87년 6월항쟁이 박종철(朴鍾哲), 이한열(李漢烈)의 죽음이라는 정부의 악수에 의해서 폭발적으로 발전했듯이 김영삼 대통령의 기자회견에서 나타나는 현실감각이 떨어지고 오만한 태도 같은 것이 불난 집에 부채질해주는……

어떻게 생각하면 김영삼 대통령이 오랜 민주화투사로서 한국민주화운동이 너무 침체해 있으니까 마지막으로 민주화운동에 봉사하자 하며 침체되어 있는 민중운동을 활성화시켜주기 위해서 의도적인 자충수를 둔 것이 아닌가,(일동 웃음) 그렇지 않고 정상적인 머리라면 그렇게 할 수가 없는 거죠. 결국 뭐냐면 송선생님이 정확하게 지적하셨는데, 한국의 정당이라고 하는 것이 시민사회를 반영하고 있지 못하다는 거지요. 한국 시민사회의 다양한 이해관계, 계급, 계층, 이념 등의 갈등을 조정하는 기능을 정당이 해야 하는데도 한국 정당은 그렇지 못해요. 사실 색깔도 같고 다만 지역적으로만 나뉘어 있는, 결국 정치사회가 시민사회로부터 자율화되어 있고, 더 나아가서 3김의 지역분할독재, 이런 것들이 원래의 정당 기능을 제대로 수행하지 못하게 한 것이죠. 더군다나 대선을 겨냥한 수구화 경쟁 때문에 야당도 적극적으로 나서서 문제를 해결하려고 하지 않았습니다. 자민련도 반대는 하고 있습니다만, 자민련의 경우에는 어떻게 보면 정부법안을 너무 진보적이라고 비판하고 있단 말이죠. 또 날치기 통과를 문제삼고 있습니다만 저는 야당의 그간의 행태가 다 국민적인 설득력을 못 얻고 있다는 생각이 들어요. 왜냐하면 김종필(金鍾泌) 총재가 김영삼 대통령 밑에서 당대표로 있으면서 날치기통과를 두 번 한 사람이거든요. 그러니까 마치 내가 하면 구국의 결단이고 남이 하면 날치기고 그런 거죠. 작년의 경우에는 야당 후보 뺏아가는 것 가지고 헌법소원을 냈습니다. 그러나 자민련이 바로 국민의 의사에 반해서 정치권을 인위적으로 개편했던 것이 3당통합이죠. 그것을 기안한 사람이 바로 박철언(朴哲彦) 자민련 부총재입니다. 그것을 주도한 3인 중의 한사람이 JP예요. 자기가 그런 짓을 해 놓고 헌법소원을 한다고 해봐야 국민이 안 믿는 거죠. 또 사실 국민회의도 똑같다고 생각해요. 14대 총선에서 국민이 찍은 것은 민주당이었단 말입니다. 그런데 50, 60명의 국회의원을 한 사람이 '줄서서 나와' 해가지고 나온 거죠. 결국은 DJ의 분당도 민의에 대한 완전한 반대란 말입니다. 그

런 식의 ─

박상천 아니, 이건 내가 가만있을 수 없는데(일동 웃음) ─

백낙청 네, 나중에 충분히 언권을 드릴게요.

6월항쟁과의 유사점과 차이점

손호철 그런 식의 정치적 행태는 결국 여당이나 야당이나 마찬가지로 되어버렸다는 거죠. 그런 의미에서 한국경제가 엄청난 위기에 처해 있는 데 87년부터 가장 큰 문제는 개발독재시대의 경제성장 모델을 벗어날 수 있는 새로운 시대에 맞는, 자본과 노동의 갈등을 민주적으로 조정할 수 있는 민주적인 한국형 경제발전 모델은 과연 무엇일까에 대한 논쟁이 되었어야 하는 것이죠. 그런데 정치권은 이걸 한 적이 없단 말입니다. 지금 경제대통령론이 나오지만 불황 책임이 누구에게 있나? 결국 김영삼정권이 나오기 전에도 불황이 있었다고 하지만 3년 동안의 호황이 김영삼정권이 잘해서 그랬느냐는 겁니다. 그건 아니란 말이죠. 그런데 경제대통령론은 바로 21세기 한국의 새로운 경제발전 모형이 무엇일까에 대한 논쟁이 되어야 하는데 그런 것이 아니라 불황의 책임자가 누구냐 하는 쪽으로 가고 있다는 거죠. 그렇게 되면 정부에서는 부양책을 쓸 것이고…… 이런 식으로 가버리고 있단 말예요.

그런 의미에서 보면 사실 87년과 유사점이 있지만 차이점도 있습니다. 하나는 87년에는 정치적 민주주의에 대한 저항이었는데 이번의 경우에는 생존권의 문제라는 겁니다. 특히 교사는 노동자가 아니다 하면서 정부에서 전교조를 못하게 했습니다. 그리고 화이트칼라는 노동자가 아닌 것처럼 생각하지만 사실 이번에 가장 커다란 쟁점은 정리해고제 문제였단 말입니다. 87년과 유사한 점은 뭐냐면 화이트칼라가 동원됐다, 그리고 야당과 시민사회 민주세력이 결합되어서 투쟁하고 있다는 것이 공통점인데,

그런 가운데서도 화이트칼라들이 자기의 목숨이 걸린 생존권의 문제, 그러니까 임금노동자라고 하는 노동자로서의 자기 지위를 확인한 계기라는 차이가 있죠. 그렇게 보면 김영삼정권이 한국의 노동자계급에게 엄청나게 중요한 발전의 기회를 주고 있단 말예요.

두번째로 중요한 차이는 87년 무렵에는 뚜렷한 대안이 있었다는 것이죠. 앞으로 이것이 87년의 6월항쟁처럼 중요한 계기로 발전하느냐, 안하느냐의 차이는 87년에는 바로 군사독재 대 양김(兩金)이라는 민주화세력의 뚜렷한 대안이 있었죠. 물론 양김이 87년 말에 분열하는 바람에 죽 쒀서 개 줘버리고 말았지만 말이죠.(일동 웃음) 결국 허무주의로 끝나고 말았지만 그건 나중에 다시 얘기하겠습니다. 그렇게 당시는 분명히 대안이 존재했는데, 지금은 YS가 엄청나게 잘못하고 있고, 이것은 분명히 정권교체가 필요하다는 것을 결정적으로 국민에게 보여줬지만 과연 국민회의나 소위 DJP연합이라는 것이 87년의 양김과 같이 뚜렷하게 차별성이 있는 대안으로 국민에게 받아들여지는지는 의문입니다. 저는 여기서 매우 중요한 것은 양김간의 적대적 상호의존관계가 있다는 거죠. 백선생님이 말씀하시는 남북간의 적대적 상호의존에 의한 분단체제론이 있다면 저는 그 비슷한 양김체제라는 것이 있다고 생각합니다. 그것은 뭐냐면 서로의 존재를 상대방의 악수에 의존하고 있는 거예요. 김영삼정권을 죽도록 미워해 국민이 지자체선거에서 심판했단 말이죠. 그러면 누가 살려주냐면 DJ가 분당을 해서 살려줘요. 이런 상호 악수에 의한 상호의존, 지금은 정권교체를 해야 한다고 생각하는데 DJ가 또 엄청난 악수를 둬서 YS를 살려주는 관계가 있을 수 있다, 그런 의미에서 이번의 전개에서 그러한 대안의 조직화 여부가 중요하다는 겁니다. 뒤늦게 야당들이 정략적으로 총파업 정국에 무임승차를 해서 투쟁하고 있는데 결국은 뭐냐면—제가 파업 직전에, 이틀 전에 전문노련 특강을 갔었고 지금 명동성당에 있는 지도부들도 그렇게 느끼는 걸로 아는데—야당도 믿을 수 없고 우리 스스로 정치세력화를 하지 않고는 안된다는 것입니다. 국민회의에서 노동자 이익을 위해 가장 열심히 싸우고 있는 방용석(方鏞錫) 의원이 명동성당에 가서 발언 기회를 달라고 했습니다만 노동자들 누구도 듣지 않아요. 그런 의미에서 이번 사태가 앞으로 한국정치의 발전에서 매우 중요한 계기가 되는 것이 아닌가 싶습니다.

백낙청 지금 손교수 말씀하신 내용 중에는 박총무께서 묵과할 수 없는 점이 분명히 있었다고 생각합니다.(일동 웃음) 그런데 박총무님 말씀을 듣기 전에 진행에 관해 한마디 곁들이면, 제가 시간을 아끼려고 현정권 출범 이후의 개혁에 대한 평가도 함께 얘기를 했으면 하는 제안을 했었는데, 요즘 문민정부가 워낙 금이 떨어져서 그런지 '자충수를 통한 기여'라는 것 외에는 별로 얘기가 없었습니다. 억지로 하시라는 건 아니지만, 그 항목을 따로 논하기보다는 지금 손교수께서 제기하신 쟁점에 대해 박총무님이 대답하시면서 바로 금년의 대통령선거의 쟁점이나 의미로 넘어가고 그 과정에서 자연스럽게 문민정부의 개혁성과에 대한 조금 더 후한 평가가 나올 수 있으면 그것도 말해보도록 하지요.

박상천 자민련이 옛날에 자기들도 야당의원을 탈당시켰던 사람들인데 자기들이 당하니까 뭐라고 한다고 하는데, 자민련에서는 자기네들도 과거에 날치기를 했지만 이렇게는 안했다, 국회 존재 자체를 부인하는 날치기를 한 적은 없다, 이렇게 해명하는 것을 제가 전달해드립니다. 그리고 국민회의를 만든 것 자체를 민주세력의 좌절을 가져온 하나의 요소 아니냐 하시는데, 저희들이 민주당에서 분당할 때 제가 반대했습니다. 20분간 부당성을 지적해서 총재와 충돌도 있고 그랬습니다. 그런데 4·11총선에서 민주당 후보들이 차지한 표를 국민회의 후보가 얻은 표와 합쳤으면 서울서 우리가 이겼을 거라는 가설이 성립할 수 있습니다. 그런 점에서는 지금 지적하신 말이 맞는 것입니다. 그런데요 ─

손호철 제 말은 그런 산술적 계산이 아니라, 다시 말해서 야당 국회의원을 여당으로 빼오는 것이 결국 민의를 정치인들이 인위적으로 바꾼다는 의미에서 헌정파괴 행위라고 고소했는데 그런 식으로 보면 결국 민주당의 분당이라는 것도 헌정파괴 행위가 아니냐는 거죠. 제 얘기는 그 뜻입니다.

송진혁 그것은 자민련도 마찬가지예요. 자민련도 창당 당시에 여당인사들을 맞아들이면서 백만 원군이 온 것 같다고 하면서 여당 빼가기를 했잖아요. 그래서 사실 그 인과관계를 잘 생각해보면 손교수 말씀이 맞지요.

박상천 그런데 당시 민주당 분당은 이런 사정이 있었습니다. 지방자치단체장 공천 때문에 그랬는데 직접적 계기는 이렇습니다.

손호철 저는 이렇다고 생각해요. 아까 말씀을 더 드리면, 결국 제가 말한 그런 의미에서 DJ 쪽의 악수였는데, 정보를 정보기관 두 군데에서 받아야 한다고 하는 말은 김대중 총재한테도 마찬가지로 적용되는 게 아닌가. 너무 측근들 중심으로 돼서……

박상천 경기도 지사 후보로 그 당시 이종찬(李鍾贊)씨를, 연고나 독립운동가의 후손이라는 후광도 있고 해서 추천했는데, 특별한 이유 없이 당시 민주당을 지도하고 있던 몇 사람이 바꾸면서 결과적으로 패배를 가져왔고, 그 패배는 단순히 경기도 지사의 패배로 그치지 않고 도미노 현상으로 인천시장 선거에서도 패배를 했지요. 만일 그때 서울시장과 경기도 지사, 인천시장에서 야당이 승리했다면 상황이 달라졌을 것이다, 그렇다면 과연 그 당시 민주당이 진정한 야당의 역할을 하고 있느냐, 정권교체를 지향하고 있는 야당이냐 하는 의혹을 품었기 때문에 분당이 이뤄졌다는 것만 말씀드리겠습니다. 보는 시각에 따라서는 여러가지 얘기가 나올 수 있는데, 그래서 그 뒤에 국민회의는 그런 잘못을 범하지 않기 위해서 애를 쓰고 있습니다.

그리고 6·29 당시에는 대안이 있었지만 지금은 대안이 없다고 하시는데 그렇지 않습니다. 여야간의 정권교체, 요새 수평적 정권교체라는 말을 우리 당 길승흠(吉昇欽) 의원이 만들어서 쓰고 있습니다만, 수평적 정권교체가 된다는 것 자체가 한국정치에서 일대 진전입니다. 지금은 한 집권당에서만 계속해서 사람을 달리해서 집권하고 있는 것이 현실인데 여야간의 정권교체가 이루어질 때 비로소 완전한 민주주의가 됐다고 볼 수 있는 것이고, 다른 측면에서 보면 부패방지 등 여러가지 문제점은 집권의 주체가 바꾸어질 때 해결될 수 있는 것이지 어느 한 당이 계속 집권했을 때 이루어질 수 있겠느냐? 이런 의미에서는 여야간의 정권교체가 이번 금년 대선에서 중요한 쟁점 중의 하나가 되지 않을까 생각합니다. 그리고 야당이 이번 파업사태에 대해서 무임승차를 하고 있다고 하셨는데 그런 측면이 있습니다.(일동 웃음) 현재 파업이 김영삼정권을 견제하는 가장 큰 수단인 것이 오늘의 현실이기 때문에 무임승차라고 비난할 수 있겠습니다만, 그렇다고 해서 야당이 전노동계가 파업에 들어가라거나 3·1운동 때와 같이 철시파업을 하라고 선동할 수는 없는 것입니다. 다만 파업에 대해서 노동계와 대화하지 않고 공권력을 행사해서 잡아넣으려고 하니까 우리가 그 사람들은 충분히 파업할 권리가 있는 것이다, 그러니까 대화로 풀라고 요구하는 것이지 야당이 파업하라고 선동하지 않고 거기에 가세를 안했다고 해서 무임승차했다고 하는 것은 제도권 정당의 존재가치 자체를 부인하는 것이기 때문에 저는 거기에는 승복을 못하겠습니다.

문민정부의 개혁 및 과거청산의 성과

그리고 김영삼정권이 초기에는 상당한 개혁을 했어요. 우선 정치개혁을 했습니다. 통합선거법을 만들어서 진짜로 돈 안 드는 선거를 할 수 있는 제도적 장치가 되어 있습니다. 그중에 제일 중요한 것 하나가 재정(裁定)신청이라고 해서 검사가 불기소하면 법원에 선거사범을 기소해달라고 청구하는 것, 이것으로 해서 지금 여당의원 몇 사람이 재판에 회부되어 있습니다. 그리고 또 정치자금법을 새로 고쳐서 후원회 제도를 활성화시켜서 국민들로부터 적은 돈을 모아가지고 정치를 할 수 있도록 했죠. 꼭 재벌이나 이런 데서 돈을 안 받아도 할 수 있도록 했습니다. 안기부법을 개정한 것, 또 통신보호비밀법을 만들어서 도청할 때는 법원의 영장을 받아서 도청할 수 있도록 해놨습니다. 적어도 내국인에 대한 도청은 철저하게 규제하도록 했습니다. 그 후 통합선거법의 첫 무대라고 할 수 있는 6·27 지방선거 때 이 제도가 제대로 시행됐습니다. 그 결과가 너무 야당의 압승으로 끝났어요. 이게 불행의 시작입니다. 서울에서 시장이 당선되고 구청장을 휩쓸었고, 그리고 지방의원들의 4분의 3을 야당이 휩쓸어버렸습니다. 그래서 김영삼 대통령이 4·11 총선 때는 법은 그대로 뒀지만 법을 단속하는 검·경으로 하여금 중립성을 지키지 말도록 지시를 했는지는 모르겠습니다만, 편파적 법적용을 묵인한 것은 사실입니다. 그래서 아무리 법이 잘되어 있더라도 적용하는 사람들이 야당에게만 적용하고 여당에는 적용을 안해버린 사태가 일어난 것이 이번 정치파장의 큰 원인입니다. 그래서 초기에는 정치개혁을 제대로 했고, 또 공직자 재산공개 등을 통해서 부패척결도 상당한 진전을 가져온 것이 사실인데, 막판에 와서 다음 정권을 김대통령이 자기 뜻에 맞고 자기 말을 들을 수 있는 사람에게 주어야겠다는 생각을 가진 것 같고, 그래서 과거의 개혁을 뒤엎는 안기부법의 원상회복, 그리고 통합선거법의 선별적 적용, 이런 사태를 가져온 것이 아닌가 합니다. 그리고 금융실명제도 그런대로 경제적인 의미에서 상당히 필요한 조치를 한 것인데, 다만 긴급명령 형태로 지금까지 두고 있습니다. 그래서 금융실명제의 허점이 너무 많아서 오히려 국민경제 발전에 지장을 주면서 실제로 정의확립에도 큰 기여를 못하는 불완전한 개혁을 했습니다. 그러나 앞서 말한 대로 차기 정권에 너무 집착을 하다 보니까 막판에 가서 무리수를 두는 것이 오늘의 현실이라고 생각합니다.

백낙청 제1야당 총무께서 인정해주시는 성과라면 꽤 신빙성이 있겠지요.(일동 웃음) 저는 거기에 한 가지만 덧붙일까 합니다. 즉 군대 내의 사조직을 해체한 것, 이것은 시중에서도 흔히 그런 말을 합니다만, 만일 김대중씨가 대통령이 됐다면 과연 그걸 해냈을까, 못했을 것 아닌가, 그런데 YS니까 했다는 거죠. 개인 성격의 차이도 있지만 용공시비라든가 이런 것으로부터 훨씬 자유로운 입장이니까 가능했다고 볼 수도 있는데, 원인이야 어찌됐든 나중에 전두환·노태우씨를 구속하는 것을 보면 사실 이건 중남미라든가 다른 나라의 문민화과정에서는 없던 일이거든요. 그 나라들에서는 비유해서 말하자면 하나회와 민간세력이 협약을 맺어서 문민정부가 성립됐는데, 우리나라에서는 문민정부가 들어서면서 하나회를 일방적으로 해체했기 때문에 나중에 하나회의 수괴들을 잡아넣을 수 있었다는 지적을 할 수 있을 것 같습니다. 문민정부의 초기 개혁도 중요하지만 뭐니뭐니 해도 95년 말에 시작된 과거청산작업이 역사적으로는 더 중요하다고 생각되거든요. 물론 그 성패는 아직 미지수고 그것이 시작된 것도 김대통령의 정략을 초월한 '고독한 결단'으로 이루어진 건 아니지만, 하나회의 해체가 선행되지 않았더라면 아무도 착수할 수 없었을 거란 말이지요.

그런데 손교수께서 지적하신 더 근본적인 문제는 두 김총재가 서로 상대방의 악수에 의존하는 일종의 공생관계에 있지 않은가 하는 점이었고, 더 나아가서 수평적 정권교체론에 대해서는 최근에 창간된 계간『정치비평』에 손교수께서「'수평적 정권교체', 한국정치의 대안인가」라는 글을 통해 아주 자세하고 신랄한 비판을 하셨더군요. 거기서는 정권교체를 평화적인 수평적 정권교체와 비평화적인 수평교체, 평화적인 수직적 정권교체 등등으로 나눠가며 여러가지 유형을 검토하셨는데, 여기서 그런 것까지 세세히 따질 필요는 없고 당장에 닥친 현실에서, 금년에 대통령선거를 맞은 입장에서 지금 야권에서 말하는 수평적 정권교체의 가능성은 어느 정도 되며, 그것이 정말 실현된다고 할 때 어떤 의의를 가질지 송실장께서 말씀해주시면 좋겠습니다.

수평적 정권교체의 의미와 DJP연합의 전망

송진혁 아까 두 분이 다 그런 언급을 하신 것 같은데 김영삼 대통령이 감의 정치를 한다, 그런데 감이 잘못됐다, 그래서 민심을 모르는 나머지 악수가 나왔다, 이 비슷한 지적들이 있었습니다. 옳은 말씀입니다만 김대통령 나름으로 현정국에 대해서 자신감이랄까 하는 것을 가질 만한 근거는 있었다고 봅니다. 이번 경우만 해도 결과적으로 날치기와 파동으로 이어졌습니다만 노동법, 안기부법에 관해서는 사실 자민련의 동조를 끌어낼 만한 충분한 근거가 있었던 것 아닙니까? 그렇다면 김대통령으로서는 그걸 계산에 넣고 있었을 거고요. 그런데 왜 이런 차질이 빚어졌겠느냐? 그건 전술의 실책이랄까, 이런 점이 있었던 것으로 봅니다. 뭔고 하니 자민련을 끌어들이는 것까지는 가능했는데, 최각규(崔珏圭)씨를 끌어들이는 것과 타이밍 조정을 못했어요. 그래서 충분히 동조할 수 있는 자민련이 최각규씨의 탈당 사태로 반여(反與)로 돌아선 것이 아니냐. 저는 대개 지난 일을 생각해보면 그럴 가능성이 많다고 봅니다. 그래서 김대통령이 지금 정국에서 자신감을 가지고 독선적인 밀어붙이기를 할 근거가 마련되어 있었다고 봅니다. 저는 대선정국도 그런 연장선에서 어느정도 볼 수 있다고 생각해요. 지금 김대중 총재가 네번째 도전해서 수평적 정권교체를 목표로 하고 계신데 제 판단으로는 김대중 총재의 찬스가 그리 크지 않은 것 같습니다. 생각을 해보십시다. 자민련과의 연합이 성공하더라도 제 생각에 JP가 DJ를 위해서 열심히 선거운동을 해줄 수 있습니까? 기대할 수 있습니까? 그 세력이 DJ를 위해서 표를 몰아줄 수 있겠습니까? 또 국민회의 내부를 보더라도 김상현(金相賢), 정대철(鄭大哲), 이런 분들이 DJ 집권을 위해서 혼신의 힘을 다해 뛸 것 같지는 않습니다. 또 김근태(金槿泰)씨 같은 분들이 JP와 연합해서 선거운동을 한다는 것이 가능하리라고 생각되

지 않아요. 그렇다면 DJ는 누구와 더불어 정권을 쟁취할까? 제가 알기로
는 벌써 12월 19일 즉 대통령선거 다음날 이후 사태를 염려해가지고 그에
대비하는 야당인사들의 움직임도 있는 것 같습니다. 자칫하면 이번 대선
의 결과는 우리나라 야당세력의 지리멸렬로 연결되지 않을까 하는 우려
가 많이 있습니다. 이것은 야당인사들뿐만 아니라 정치권 바깥의 지식인
사회에서도 그런 걱정들이 나오고 있는 것으로 압니다. 가령 DJ가 실패를
한다면 야당세력의 구심점은 무너지고, 또 야당의 변방에 있는 상당수 세
력은 여당 후보가 누가 되는가에 따라서 여권 캠프에 합류할 가능성이 다
분히 있다고 봅니다. 생각과 정책이랄까 하는 것이 비슷한 세력들이 있지
않습니까? 그렇다면 대단히 오래된 전통 야당세력이 대선 후에 과연 살아
남을 수 있을까 하는 것은 심각한 문제가 아닐까 생각합니다. 그래서 손교
수도 논문에서 지적을 하셨습니다만, 야당이 추구할 수 있는 다른 개선된
방안이 없겠느냐? 그래서 나온 것이 제3후보론이라고 보는데, 각종 여론
조사에서도 제3후보론의 현실적 타당성 같은 것은 입증되고 있어요. 그래
서 야당도 그런 점을 깊이 생각해야 하지 않을까 합니다.

　　손호철 또 반대의견이 나올 테니까 저도 함께 말씀드리고 난 뒤에 답변
을 하시는 것이 좋을 것 같습니다. 백선생님께서 말씀해주셨습니다만 수
평적 정권교체가 없었다는 것은 잘못된 표현입니다. 정치학박사라는 사
람도 그런 표현을 쓰는데 1공화국에서 2공화국, 2공화국에서 3공화국으
로 수평적 정권교체가 있었습니다.

　　박상천 평화적 수평교체가 없었다는 겁니다.

　　손호철 그렇죠. 평화적 수평교체가 없었죠. 그런데 오히려 비평화적 방
식이 변화의 폭은 더 클 수 있는 거죠. 쉽게 얘기하면 지금 JP에게 평화적
정권교체가 되면 민주화는 오히려 후퇴할 겁니다. 왜? 수구세력이니까.
그런 의미에서 보면 그런 수평적 정권교체는 안되는 거고, 다만 국민회의
는 과거에 비해서 진보성은 사라졌다고 하지만 그래도 신한국당보다는

좀더 진보적일 거고 정권교체 자체에 따르는 플러스 알파가 있다는 논리가 가능하겠지요. 그런데 아까 말씀드린 대로 문제는 뭐냐면, 지금 김영삼 정권이 이렇게 악수를 두고 있지만 대선까지는 장기전인데 대선에서 DJP 연합을 상정할 때 지금은 DJP가 허니문 기간인 것 같지만 대선후보 단일화 이전의 협력이 1%라면 대선후보의 단일화가 99%의 문제인데 낙관적이지 않다는 거예요. 특히 자민련의 경우는 JP가 내각제론자이기 때문에 가능성이 있는 것같이 보이지만 그 휘하에 있는 국회의원들이나 그 밑의 지역기반들에서는 떨어져나갈 가능성도 있는데 그런 것들을 어떻게 컨트롤하겠느냐 하는 거지요. 두번째는 아까도 말씀드린 것처럼 결국 여러 설이 나오고 있지만 DJ가 나오면 진다는 것이 거의 대부분 아닙니까? 그때 가면 단일화 효과, 씨너지 효과가 생긴다라고 궁색한 얘기를 합니다만, 10월쯤에 DJ가 단일후보로 나오면 여권과 언론이 4수, 세대교체 등으로 집중 플레이를 할 거란 말입니다. 그건 불을 보듯이 뻔한 얘기인데 결국 JP가 손을 들어준다고 해도 충청도의 몇 퍼센트가 DJ로 오겠습니까? TK의 몇 퍼센트가 오겠습니까? 그리고 TK 쪽에서는 반DJ냐, 반YS냐 하는 싸움이거든요. YS가 더 싫으냐, DJ가 더 싫으냐? 그래서 이번 날치기통과는 평화적 정권교체가 반드시 필요하다는 것을 보여준 엄청난 신한국당의 자해행위인데, 제가 우려하는 것은 이러한 중요한 기회를 DJ가 후보로 나섬으로써 정권교체를 못하게 해주는, 결과적으로 신한국당을 도와주는 결과가 우려된다는 거죠. 신한국당 국회의원들이 새벽에 '변형근로'까지 해서 날치기통과를 했습니다. 그런데 결국 지금 정말 정치라는 산업의 국제경쟁력과 구조조정을 위해서는 새 노동법에 의해서 신한국당은 '정리해고'해야 합니다. 그리고 3김 정치를 '정리해고'하지 않고는 21세기에서 살아남을 수가 없어요.(일동 웃음) 내가 제3후보를 얘기하니까 김대중 총재가 어느 신문에서 제3후보가 누가 있느냐 하는데 저는 그 발상이 잘못됐다는 거죠. 분명히 지금 후보자가 될 만한 야당인사들이 DJ와는 게임이 안됩니다. 그 대신 저는 이 얘기는 할 수 있어요. 여기 박총무님도 계시지만 저는 박총무님도 충분한 자격이 있다고 봐요. 왜 못합니까? 더군다나 호남인데. 저는 유진산(柳珍山)씨에 대한 재평가가 필요하다고 봅니다. 어떤 면에서 그는 엄청나게 위대한 정치가예요. 71년에 당권을 쥐고 있는데 젊은 김씨들한테 후보를 왜 줍니까? 유진산씨는 대여관계에서는 사꾸라였는지 모르지만 엄청나게 민주적인 사람이었어요. 밖으로는 대여투쟁을 했다고 하지만 당내에서는 정말 독재인 양김과 대조적이죠. 그래서 저는 누가 나가든 71년 당시의 양김보다 못할 게 없다는 거죠. 김대중씨를 요즘의 아무아무개와 비교하는데 71년 당시를 생각해보세요. 누가 박정희와 싸워서 이 사람이 그런 표를 얻을 거라고 생각했어요? 부정선거를 빼놓고 나면 분명히 이긴 선거입니다. 이번의 경우도 신한국당은 분명히 위에서 찍어내려올 테니까 야당에서 새 사람이 민주적 경선을 거쳐 나가면 누구든 만들어낼 수 있다는 거죠. 그래서 DJ가 뒤에서 컨트롤하면서 일선에서 물러나고, 그러면 호남의 고정표＋민주당이 얻은 230만 표, 양김, 3김 정치를 싫어하는 다수의 젊은층 등의 부동층 표를 합쳐서 씨너지 효과를 내면 분명히 이길 게임이라는 거죠. 그런데 문제는 본선은 나가면 분명히 이길 수 있는데 예선이 안되는 거예요. 왜? DJ의 힘 때문에. 그렇다면 그것은 사회적 힘에 의해서 강제되어야 한다는 거죠. 사회적 힘에 의해서 제3후보로 나가도록 해야 한다. 누구냐? 그것도 물론 중요합니다. 그러나 그 과정이 더 중요한 것이지 인물이 절대적인 건 아니다라는 점을 꼭 얘기하고 싶고요. 정치부 기자 100명 중에 92명이 이번 대선에서 여당이 이긴다고 답하고 있어요. 빤히 보이는 거거든요. 그런데 지난번처럼 또 DJ가 이길 수 있다는 착각으로 할 수는 없다는 겁니다. 제3후보 같은 혁명적 대안이 필요합니다.

박상천 DJ와 JP가 연합해도 안될 거라고 보시고, 따라서 다른 제3후보를 내야 한다는 말씀이신데요. 이것을 이런 데서 말해도 좋을지 모르겠습니다만, 지금 우리나라 정당이 정책을 걸고 선거에서 이기는 상황이 아닙니다. 그리고 어떻게 보면 대선 때 좋은 정책이 나오면 각 당이 다 그것을 수용합니다. 정책 갖고 차이를 두기가 어려울 정도로 수용해버리기 때문에 국민들 입장에서는 정책을 두고 표 찍기는 어렵고, 결국 지역감정 내지 개인적인 연줄이랄까, 또 직능적인 것, 이런 것을 갖고 표를 찍는데, 이런 상황이 물론 옳은 것은 아닙니다만, 우리가 사실은 사실 그대로 인정해야 하기 때문에 전략상 DJ와 JP가 결합한다는 것은 매우 중요합니다. 그래서 호남표 플러스 충청표 하면―다만 둘 중에 하나만 나가야 하기 때문에 나머지 한 사람이 열심히 돕겠느냐 하는 말씀을 하셨는데 그거야 가령 DJ로 단일화를 한다면 JP가 출마했을 때보다는 충청도에서 표가 적게 나오겠죠. 그렇지만 DJP로 단일화하는 과정과, 그 과정에서 JP가 설득력을 갖고 자기 지지기반에 대해서 DJ 쪽과 요구할 수 있는 알맹이가 생길 것이고, 그 알맹이를 가지고 설득이 가능할 것입니다.

손호철 그러니까 평화적 수평교체는 없었지만―

박상천 평화적인 수평적 정권교체, 이렇게 표현하는 것이 제일 정확할 것 같습니다. 그것이 왜 중요하냐면 이 전통이 있을 때, 그것이 관행으로 확립될 때 비로소 그 나라가 민주국가로 갈 수 있는 겁니다. 그래서 누가 다음 정권을 인수받느냐 하는 것은 대단히 중요합니다. 평화적으로 정당 간의 정권교체를 이루는 과정은 반드시 겪어야 한다고 봅니다. 제3후보에 대해서는, 제3후보가 아주 적합하고 한국을 잘 이끌 사람이 있다면 모르겠지만 대통령 후보라는 사람이 어느 날 갑자기 하늘에서 떨어지는 것이 아니라 수많은 검증과정을 거쳐야 합니다. 이번에 국회 제도개선특위에서 법을 고쳤는데 통합선거법에서 제일 중요한 것이 TV토론을 의무화한 점입니다. 이것을 왜 우리가 중요시했냐면 DJ나 JP가 나가면 여당후보보다 더 잘할 수 있다, 그런 측면이 아닙니다. 지금까지 우리나라의 선거라고 하는 것이 후보자가 소속된 정당에서 일방적인 이야기만을 내세우고 표를 달라고 합니다. 그런데 국민이 그걸 믿지를 않아요. 아까 말했듯이 정책이 다 비슷하게 나오니까 좋은 것을 다 자기가 했다고 하거든요. 그러니까 남은 것은 결국 지역감정과 연줄뿐입니다. 그렇기 때문에 다른 선거가 다 그렇습니다만, 특히 대통령선거에서는 우리가 후보자를 검증하고 국민의 입장에서 체크해볼 필요가 있어요. 그 중요한 방법의 하나로 TV토론을 의무화시켰습니다. 앞으로 패널리스트들이 자신의 관심을 묻는 것이 아니라 국민을 대신해서 —그래서 이제는 대통령 후보에 대해서 검증을 거쳐야 하고, 그런 측면에서 보면 제3후보가 갑자기 나올 수가 없습니다. 현재의 정치지도자들이 대통령 후보감들을 키우지 않았다는 비난을 할 수 있을지는 모르겠습니다만, 지금 당장의 현실로서는 그런 충분한 검증과정을 거쳐서 대통령 후보로서 이 중요한 시기에, 통일을 앞당겨야 할 이런 시기에, 경제가 나빠지고 있는 이 시기에 저 사람을 믿고 우리가 권한을 줘도 되겠다 하고 검증받은 사람이 없다고 하는 현실에서는 어차피……

손호철 제가 말씀드리는 것은 민주적 경선과정이라는 것이 바로 검증과정이라는 거죠.

백낙청 그리고 TV토론이 추가로 검증하는 과정도 되겠지요.

박상천 그런데 민주적인 경선과정을 거쳐서 지금 자민련에서 JP를 이길 사람이 없고요. 국민회의에서 DJ를 이길 수 있는 사람이 없습니다.

백낙청 그것이 바로 손교수가 본선에 나가면 이길 수 있는데 예선에서 안된다는—

박상천 한마디만 더 하겠습니다. 왜 이런 현상이 일어나느냐? 가령 선진국에서는 어느 뛰어나고 참신한 사람이 있으면 별 기반조성 없이 대통령 후보 경선에서 이길 수 있는 상황입니다. 난데없이 카터(Jimmy Carter)가 나올 수도 있는 거고—

손호철 그런데 다음 대에서는 어떻게 합니까? 또 DJ가 나와야 하나요?

박상천 그런데 우리나라는 정당의 구조가, 또 정당의 대의원들이 표 찍는 성향이 문제가 있어서 기반조성이 필요합니다. 그래서 궁극적으로 다시 가면 돈 안 쓰는 선거, 깨끗한 정치로 돌아갑니다. 그래서 정치개혁이 대단히 중요한 거예요. 그런데 잘되어가던 것을 막판에 YS가 망쳐놨어요. 그런 안타까운 점이 있습니다만 97년 1월 현재의 현실에서 검증받은 인물이 지금 거론한 사람 외에 존재하지 않는다는 것, 그리고 당내 경선을 아무리 민주적으로 한다 하더라도 갑작스럽게 대의원 표를 끌어모을 수 있는 투표성향을 대의원들에게 숙달시키기 어렵다는 생각을 해야 합니다. 그리고 DJ에 대해서 공격을 하시는데 우리 당 총재가 돼서 제가 말하기가 어렵습니다만, 그 양반이 지혜가 있어서 남북관계 같은 것을 잘 봐요. 그리고 경제에 대해서도 상당한 공부를 했기 때문에 일관된 비전이 있습니다. 경제의 앞날을 바라보고 경제계획을 세워서 실행할 수 있는 식견은 있는 사람입니다. 적어도 대통령이 될 사람은 경제전문가들이 A, B, C 세 안을 제출했을 때 어느 안이 좋은가를 판단할 수 있는 정도의 식견은 필요하기 때문에 그런 측면에서 보면 꼭 그렇게 부적합한 사람은 아닌데……(웃음)

87년 6월 이후 한국정치의 지역주의

백낙청 지금 두 분의 견해차이도 꽤 큽니다만, 뭔가 우리 정치문화에 심각한 문제점이 있다는 데는 동의를 하시는 것 같아요. 책임이 어느 쪽이 많은가, 그 해법이 무엇인가에 대해서 견해차이가 납니다만. 그래서 저희가 6월항쟁 당시를 돌이켜보면서 그것을 평가하고…… 처음 계획은 그해의 진행에 대해서 집중적으로 얘기하고 그다음으로 지난 10년간을 얘기해보자고 잡았는데, 그렇게 할 시간은 없을 것 같고요. 지금 나온 얘기 중에서 우선 제가 간취할 수 있는 것은 우리 국민들이 투표를 할 때 지역중심으로라든가 연줄을 따라 투표를 하기 때문에 정당이나 정치인이 거기서 탈피하려고 하더라도 현실적으로 어렵다, 이것은 박총무님 말씀이기도 하고, 또 본선에서 이길 수 있는 사람이 예선에서 못 이긴다는 것도 꼭 김대중 총재 혼자서 무슨 초인적인 힘이 있어서가 아니라 역시 그가 막강한 지역기반을 가지고 있고 우리 정치가 지역적인 기반에 근거한 정치세력으로 조직되어 있기 때문에 그런 것 아니겠습니까? 그런데 지역감정이라는 것이 옛날부터 있었고 지역문제가 있어왔습니다만, 지난 10년간에 이것이 더 심화된 것도 사실인 것 같은데, 이것을 지금 한국사회의 개혁과 관련해서, 또 장차 우리 민족의 통일과 관련해서 어떤 의미를 갖는다고 봐야 할지요? 일부에서는 저항적 지역주의와 패권적 지역주의를 구분해서 봐야 한다는 주장도 있고, 또 손교수의 이번 논문에서 보면 그 구분 자체를 부인하시는 건 아니지만 가령 호남지역이 원래 갖고 있던 저항적 지역주의가 적잖이 변질되었고 특히 새정치국민회의라는 정당, 더 노골적으로 말하면 김대중씨라는 특정 정치인을 중심으로 표현될 때는 성격을 많이 달리하게 됐다는 평가를 하고 계신 것 같은데, 그런 지역주의 문제에 대해서 좀 얘기를 해주셨으면 합니다. 그밖에 우리 사회의 이런 문제는 꼭 얘기하고 넘어가야 하겠다는 것이 있으시면 한두 가지만, 시간이 많지 않으니까 선별해서 좀……

송진혁 저는 올해 대선도 기본적으로 지역할거주의에 바탕해서 표의 향배가 가려질 것으로 우려하고 있습니다. 우리의 지역주의는 대단히 복잡한 문제지만 간단하게 말해 87년의 양 김씨 분열이 오늘의 지역주의 고착을 가져온 가장 큰 원인이라고 생각합니다. 지금 야권에서 추진하고 있는 DJP연합도 지역주의를 기본 발상으로 하고 있지 않습니까. 손교수 표현에 따르면 PK의 지역패권주의에 대한 역포위작전이 DJP연합 아니겠습니까. 정치세력들의 그런 지역주의적 정치행태를 보면 기본적으로 애국심이 결여된 것이 아닌가 하는 생각까지 듭니다. 21세기로 들어가면서까지 국민통합을 가로막고 국민을 갈등과 분열로 몰아넣는 그런 지역주의로 정권을 잡겠다는 사고방식에서 벗어나지 못하는 정치권은 정말 책임감·죄책감을 느껴야 마땅합니다.

손호철 간단히 말씀드리겠습니다. 87년 6월항쟁의 결과라고 하는 것들이 사실상 다 무산되어버린 지금 서너 가지를 생각해볼 필요가 있는 것 같습니다. 하나는 같이 움직였던 정치사회, 즉 야당과 시민사회의 다양한 조직들간의 분리가 일어나고, 두번째는 정치사회 내에서도 양김의 분열이 다시 나타나고, 다음에 시민사회 내에서도 중산층과 노동자계급의 분리, 더 나아가서 시민사회가 다시 양김과 관련해서 비판적 지지냐 후보단일화냐 이런 것으로 분열되고 더군다나 일반 국민들도 지역으로 분할되고, 이런 것이 결국 87년 이후의 성과를 제대로 살리지 못하고 죽 쒀서 개 준 결과를 가져왔는데, 그런 의미에서 저는 지역주의를 중요하게 바라볼 필요가 있다는 거죠. 그래서 이미 지적했지만 궁극적으로 중요한 것은 결국 호남의 불균등발전·낙후와 TK를 중심으로 한 박정희정권의 인사차별, 이런 것들이 작용했는데, 87년 이전에는 그래도 지역구도가 전면적인 독자적 구도로 나오지도 않았고, 이때만 해도 TK 대 비TK였어요. 부마항쟁이 바로 대표적인 예죠. 유신체제가 무너진 것은 광주항쟁이 아니라 부산·마산의 항쟁이었단 말입니다. 87년의 양김 분열이 왜 중요하냐? 그것이 갖다준 가장 큰 죄악은 단순히 문민정부의 출현이 5년 미루어졌다는 것이 아니죠. 역사가 5년 늦어진 것은 따라가면 되는 거예요. 문제는 한국 지역주의의 전면화라는 겁니다. 왜? 그때는 PK도 저항적 지역주의였고 호남도 저항적 지역주의였습니다. 그런데 87년 대선을 지나고 나니까 호남사람들은 노태우보다 김영삼이 더 싫고, 부산사람들은 노태우보다 김대중이 더 싫고…… 87년 항쟁 이후 10년이 지났는데 그때 만일 단일화가 됐다면 지금 같은 고민이 없습니다. 왜? 한 사람은 이미 대통령 임기가 끝났고 또 한 사람은 지금 임기가 끝나가고 있을 거란 말입니다. 그런데 이제 4수 하려 하고 있거든요. 자업자득이란 거죠. 용공조작이다 뭐다 하면서 다

욕할 수 있지만 자업자득인 면도 크다는 겁니다. 87년의 분열은 듀엣 분열이니까 양김이 다 책임이 있어요. 그런데 저는 아무리 좋게 봐주려고 해도 95년에 민주당에서 분당하고 나온 것은 변명의 여지가 없는 거예요. 삼세번이라고 했는데 80년, 87년…… 두 번은 YS 책임이 크다고 치자는 거죠. 그런데 95년에 또 분당하고 나온 것은 문제가 있다는 거죠. 그래서 저는 호남의 지역주의는 정당한 거다, 다만 호남문제는 DJ문제와는 분리되어야 한다, 그것은 분명히 다른 거라는 거죠. 원래는 하나로 움직여왔는데 87년 이후부터 성격이 바뀌기 시작했다, 이제는 분리하지 않으면 안된다는 겁니다. 저는 그래요. 이건 정말 DJ의 역사적 결단으로만 모든 것이 해결된다고 생각해요. 자, 호남사람들이 지금까지 광주에 그만한 피를 흘렸고 유신, 5·6공에 맞서서 싸워왔단 말이죠. 그 긍지로 살아왔다는 겁니다. 그런데 이제는 선생님이 DJP하면서 유신, 5·6공과 손잡아라 한단 말입니다. 이건 완전히 호남사람들에게 일종의 정신분열을 강요하고 있는 거예요. 이건 정말 호남을 두 번 죽이는 거죠. 한번은 군사독재정권이 죽였다면 이제는 DJ가 죽이고 있는 거란 말입니다. 그것은 정말 호남사람들이 지금까지 해온 그 많은 DJ사랑에 대한 배신이라는 거죠. 지금까지 호남이 싸워온 것을 역사적으로 민주화투쟁이 아니라 전라도 대통령을 만들기 위한 것일 따름이었다는 것으로 격하시키는 결과를 가져온다는 것이죠. 그런 의미에서 아까도 분명히 얘기했지만 예선을 민주적으로 해도 분명히 DJ가 돼요. 그렇지만 본인이 스스로 물러서야 하는 것이고, 또 물러서도록 광주의 양심세력들이 사회적 압박을 가해야 한다, 그 결단만 이루어진다면 한국에는 엄청나게 중요한 역사적 발전이 있을 수 있다, 아까 송선생님도 말씀하신 것처럼 이번 대선이 지난 다음에 야당은 지리멸렬해질 거라는 것이 많은 사람들의 관측입니다. 저는 그런 의미에서 DJ가 결단을 내리면 가능한 씨나리오가 있다고 봅니다. 보십시오. 87년 이후에 가장 커다란 분열 — 지금까지 JP가 살아남은 가장 커다란 이유가 뭡니까? 지역주의도 있지만 저는 가장 중요한 이유는 바로 양김의 적대적 관계가 유신, 5·6공 세력과 연대해서 상대방을 어떻게 죽이느냐가 중심이 되어왔다는 거죠. 이 두 사람이 연대를 해서 유신, 5·6공 세력을 치고 민주화를 추진해나가야 하는데, 그래도 어려운데, 그게 아니라 어떻게 하면 군사독재세력과 손을 잡아서 상대방을 죽이느냐? 그게 3당통합이었고 이제는 거꾸로 DJP란 말입니다. 계속 5·6공 세력과 유신세력이 결국은 한국정치의 캐스팅보트를 쥐도록 만들어온 거란 말입니다. 그것을 깨지 않으면 안된다는 겁니다. 그것을 이루기 위해서는 2선으로 물러서고 역사적 결단에 의해서, 그러면 DJ는 분명히 현실에서는 대통령은 못했지만 역사적 평가에서는 위대한 정치인으로 살아남을 수 있다는 겁니다. "나는 안 나간다, 그 대신에 손을 잡자"고 DJ가 YS에게 얘기를 하고 정계개편이 과감하게 일어나야 한다는 거죠. 그렇다면 바로 국민회의 과거 평민당을 중심으로 한 민주세력과 신한국당 민주계를 합쳐서 단일한 하나의 중간적인 강한 민주보수 야당이 생기고, 그다음에 5·6공세력이 모여 자민련을 중심으로 작은 수구정당이 생기고, 그 상황에서 약한 진보정당이라도 생기고…… 그것을 실현시키느냐 못하느냐 하는 것은 전적으로 DJ에게 달렸다고 보는 겁니다.

지역주의와 분단체제

백낙청 문학 하는 제가 가령 통일문제 같은 것을 이야기하다가 사회과학도들한테서 '문인적 상상력'의 발동에 불과하다는 식으로 냉대를 받습니다만, 그런 제가 듣기에도 지금 손교수 말씀은 상상력이 너무 발달하다는 느낌이 드는군요. 박총무님께서 의당 다른 견해가 있으시겠지만 그전에 저는 조금 다른 각도에서, 사회자 입장을 떠나서 개인적인 입장을 말씀드려볼까 합니다. 조금 아까 송선생님께서도 지역문제와 남북관계와 연관시켜서 얘기하셨는데, 우리가 흔히 이런 말들을 하지 않습니까? 남북이 갈라진 것도 서러운데 동서로까지 갈라졌다느니, 또 남한 내부에서 동서도 합치지 못하는데 남북이 어떻게 합치느냐느니 하는 얘기들을 하지요. 그런데 저는 소위 분단체제론이라는 것을 가지고 손교수와 약간의 논쟁을 나눈 바도 있습니다만, 어떤 의미에서는 바로 우리가 남북으로 갈라진 그 현실 때문에 동서로까지 갈라지게 되는 면도 있다고 봅니다. 87년을 고비로 지역주의가 더 표면에 대두하게 된 것도, 분단체제를 지탱하는 이데올로기라는 것이 — 분단체제가 워낙 복합적이고 복잡한 체제기 때문에 분단이데올로기도 단순한 극우 보수논리만이 아니고 훨씬 다양하다고 봐요. 가령 북쪽의 공식 이념은 말하자면 통일지상주의인데 그것도 현실적으로는 오히려 분단고착적인 기능을 하는 경우가 많지 않습니까? 남쪽에서는 87년까지는 주로 극우 보수논리가 분단세력을 굳혀주는 역할을 하다가 국민들의 항쟁에 의해서 그것만 가지고는 안되게 되었단 말이죠. 그 결과 그 보완 논리로 등장한 것이 지역주의인 것 같아요. 저항적 지역주의가 특정인이나 특정 정당 중심의 지역할거주의로 변모하는 것도 그런 역사적 과정, 분단체제의 자기조절 과정의 일부가 아닌가 합니다. 그래서 사실은 정치인들의 책임이 막중하기는 하지만 어느 개인의 결단으로 될 일은 아니고, 우리가 분단체제를 허물어가는 작업과 내부의 개혁세력을 키워서 개혁문화를 정착시키는 이런 작업이 하나의 작업으로 지혜롭게 진행될 때만 가능한 것이라고 봅니다. 제 식으로 표현한다면 분단체제에 대한 정확한 인식에 기반한 개혁운동, 국민통합운동이 힘을 얻어야지 김대중 선생께서 갑자기 무슨 역사적 결단을 내려서……

손호철 그 자체가 어떻게 보면 바로 시민사회의 힘에 의해서 강제될 때 될 수 있는 것이지 저도 DJ에게 용단을 말로 설득할 수 있는 것이 아니라고 봐요.

박상천 우리 한국정치의 개혁을 저해하는 요인은 지금까지 말씀하신 지역주의, 그다음에 분단에서 오는 제약입니다. 다시 말하면 우리 국민들이 남북분단이 되어 있고 특히 6·25를 거쳤기 때문에 불안하면 그쪽 정당이나 후보에게 찍지 않습니다. 불안감을 주니까요. 이런 것을 이용해서 용공조작을 했고, 4·11총선 때는 '북풍'의 규제를 받은 적도 있었고 항상 성공했습니다. 이번 파업과 시위 사태에 대해서도 무슨 유인물이 나돌았다고 해서 그쪽으로 몰고자 하는 모양인데 그게 쉽게 먹힐지는 의문입니다. 우리가 쉽게 고칠 수 있는 개혁에 대한 제약이 몇 가지 더 있어요. 그하나는 시민의식의 미성숙입니다. 시민의식이 성숙되면 정당에서 예비선거를 통해 새로운 인물을 쉽게 만들 수 있고 돈 안 쓰는 선거로 여러가지를 만들 수 있다, 그래서 시민의식이 좀더 성숙할 필요성이 있다는 겁니다. 또 여기에 송실장이 계신데 언론의 독자성이 필요합니다. 언론이 정치상황을 사실 그대로 정확하게 보도해주고 야당에서 하고 싶은 말을 세밀하게 보도하면 평화적인 여야간의 정권교체도 쉽게 할 수 있습니다. 그것은 언론계에 종사하는 사람들에게 문제가 있다고 보는 것이 아니라 구조적으로 독자성을 지키기가 어렵게 되어 있습니다. 앞서 손교수께서 양김이 분열을 안했다면 지역주의를 극복할 수 있었다고 말씀하셨는데 그말씀에도 다소 문제가 있는 것 같아요. 물론 민주세력이 단합을 했으면 지역주의에 대신해서 민주 대 반민주 구도가 지속됐겠지요. 그런데 나는 3당합당이 민주세력의 분열을 가져온 제일 큰 요소라고 생각합니다. 쉽게 말하면 민주화투쟁 과정에서 DJ를 따르는 세력과 YS를 따르는 세력이 한쪽이 저쪽으로 갔으니까 분열되면서…… 또 현재 우리나라의 진보세력이라고 할 수 있는 사람들과 진보적 보수라고 할 수 있는 우리 당의 문제도 그 차이점을 너무 부각시키는 것 같아요. 민주세력이 대동(大同)보다는 소이(小異)에 집착하는 경향이 있는 것 같다는 거지요. 그런 면이 있기 때문에 지역문제를 따질 때는 이 문제도 같이 따져야 합니다. 그리고 DJP에 대해서 손교수께서는 심한 비판을 하시는데 정당이라는 것이 이념적 색채가 있어야 한다는 측면에서 보면 문제가 있는 거죠. 그렇지만 어려운 때에는 그런 결합이 가능합니다. 서독도 기민당과 사민당이 대연정이라는 것을 한 적이 있고, 일본도 자민당과 사민당이 함께 정권을 잡은 적이 있습니다. 그래서 만일 정당간의 정권교체, 또 손교수 표현을 빌려서 수구세력의 퇴장과 온건 민주세력의 집권을 위해서라면, 그것에 우선순위를 둔다면 DJP연합도 수용할 수 있는 것이지 그렇게 과거의 죄과만 따져서 일방적으로 매도할 일은 아닙니다.

손호철 그러면 3당통합은 왜 욕하냐는 거죠?(웃음)

박상천 3당통합과는 다르죠. 우리는 연대를 말하지 통합을 얘기하지 않습니다. 자민련에서도 통합은 원치 않습니다.

손호철 강도의 차이는 있지만 수구세력과 손을 잡고 권력을 장악해서―

박상천 그건 제가 말씀드릴게요. 지금 자민련이나 국민회의가 생각하는 연대라는 것은 양당이 이념적 색채를 그대로 두고 연합해서 우선 반민주세력으로부터 민주세력 쪽으로 정권을 가져오겠다는 것입니다.

송진혁 이 논의를 길게 하는 것이 이 좌담의 큰 취지에서 중요하지 않은 것 같은데 제가 한마디 거든다면 DJP연합에서 국민회의가 이 점을 분명히해야 할 것 같아요. 누가 대통령이 되느냐 하는 문제에 앞서 가령 우리나라에는 내각제가 적합하다 혹은 대통령제가 적합하다 하는, 우리나라에 적합한 정부형태에 대한 입장을 정리하는 것이 우선 아니겠습니까? 대통령제가 맞지만 내가 대통령을 하기 위해서는 내각제와도 연합을 하겠다든가 이러면 말이 안 맞죠. 그러니까 국민회의의 정부형태에 대한 판단은 뭐냐? 내각제냐, 대통령제냐? DJ는 늘 대통령제가 맞다고 하시는 것 같은데 그렇다면 내각제가 아니면 연대를 못한다는 자민련과의 연대는 불가능해진다고 봅니다. 그런데 대통령제가 더 맞지만 내가 대통령이 되고 난 일정 기간 후에는 우리나라에 맞지 않은 내각제를 해도 좋다, 이런 것은 좀 이상한 것 같아요. 당신 말씀을 당신이 부정하는 자기모순이 아닌가, 그래서 그 문제에 관해서 국민회의가 적절한 해답을 못 내고 있지 않은가 생각합니다.

박상천 김대중 총재께서 대통령제를 더 선호하는 것은 맞지만 당내에 꼭 대통령제만 선호하는 사람이 있는 것은 아니에요. 그래서 이 문제는 자민련과 연대를 하기 전에 광범위한 당 의사를 물어야 해요. 송선생님 말씀대로 한국 현실에서, 또 앞으로 10년이나 5년 앞을 내다보면서 내각제 또는 그 유사 형태의 권력구조 개편이 필요한가 아닌가에 대한 결론을 내리고 그 결론에 입각해서 자민련과의 연대가 최종적으로 이루어져야 합니다. 그래서 자민련과의 연대는 상당한 당내 절차가 필요합니다.

송진혁 그러면 한 가지 여쭤보겠는데요. 이제 와서 국민회의가 당론을 내각제로 정할 수도 있습니다. 잘 생각해보니까 내각제가 좋다 하고 바꿀 수도 있어요. 그렇다면 우리나라에 가장 적합한 것이 내각제라 한다면 그 제도의 시행을 15대 국회 임기가 끝날 때까지 보류할 필요가 없죠. DJ가 집권하면 바로 내각제 개헌에 착수하는 것이 옳지 않습니까?

박상천 그것은요. 지금 DJ 말씀은 15대 총선 때 대통령제 고수를 공약했기 때문에, 16대 총선때 국민에게 물어야겠다는 거죠. 그래서 국민이 좋다고 하면 그때 하겠다는 것인데…… 그리고 당론이 DJ 혼자에 의해 좌우되는 것은 아니기 때문에 당론형성 과정을 거쳐야 합니다.

남북관계의 전개와 통일방안

백낙청 그 이야기는 뭐 그 정도로 하지요. 이제 좀 차원을 달리해서, 금년에 남북관계가 중요한 문제라고들 말씀하셨고 또 그것이 우리나라 정치문화에 가해지는 제약으로 저도 지적하고 박총무님께서도 말씀하셨지만, 더 크게 보면 전체 세계가 어떤 세계냐 하는 문제도 있지 않습니까? 송실장이 앞서 말씀하신 '세계화의 댓가'라는 표현도 저는 그렇게 이해합니다. 세계화가 불가피한 것이라면 그에 따르는 댓가도 당연히 치러야 하는 것이고, 반면에 꼭 이런 식의 세계화만이 있는 것은 아니라든가, 지금은 불가피하더라도 그 와중에서 다른 가능성을 내다보며 나아갈 여지가 있다든가, 이런 문제도 생각해봐야겠지요. 가령 지금 노동자들에게 불리한 입법을 하는데 절차에 대해 문제삼는 사람도 있고, 또 내용이 노동자측에게 일방적으로 불리하게 됐다는 것을 비판하지만 세계화의 과정에서 쌍방이 고통을 분담해야 한다는 원칙에는 동의하는 사람들도 많고, 더 나아가 쌍방 중에도 역시 노동자들이 더 많은 고통을 당하는 것이 일단은 세계적인 대세니 어쩔 수 없다라고 판단하는 사람도 적지 않을 것입니다. 이것이 다 결국 자본주의 세계시장의 논리랄까 이런 것이 관철되는 세계사의 시대를 우리가 살고 있으니까 일단 그 속에서 살아남아야 한다는 전제가 있단 말입니다. 그래서 저는 국내정치의 세세한 얘기는 그 정도로 하고 과연 금년의 남북관계 전망은 어떻고, 앞으로 우리가 남북문제를 어떻게 풀어나가는 것이 바람직할지, 그리고 그것이 자본주의 시장논리가 지배하는 세계에 우리가 어떻게 대응하는 결과가 될는지, 이런 얘기들을 해봤으면 좋겠어요. 김영삼정권의 개혁성과가 대부분 무산된 큰 이유 중의 하나도 역시 대북문제를 슬기롭게 풀어나가는 것이 국내개혁을 위해서도 얼마나 중요한가 하는 사실을, 대통령 개인의 식견 부족이든 다른 세력의 견제에 의해서든 그 점에 대해 제대로 인식하고 대응하지 못했던 것이 큰 원인이 아니었나 합니다. 그 문제에 대한 여러분의 고견을 묻고 마무리를 지어야 할 것 같습니다.

송진혁 올해 남북관계에도 상당한 변화가 예상됩니다. 다들 알고 계시겠지만 잠수함 사건이 타결됐고 그에 이어서 지금 4월이냐 5월이냐 하는 추측이 나옵니다만 북미간에 연락사무소를 서로 개설하리라는 전망이 있고, 또 김정일의 공식 승계가 4월에 이루어지리라는 보도도 벌써 나오고 있습니다. 또 한 가지 예상할 수 있는 것은 북한을 상대로 한 열강들의 영향력 경쟁이랄까 그런 양상도 있을 것으로 봅니다. 미국과 중국이 누가 더 북한에 대해서 영향력을 행사하느냐, 그리고 일본이 동아시아에서 자기들의 영향력 축소를 결코 좌시하지는 않을 테니까 3개국의 영향력 경쟁이 있을 것이다. 그래서 이건 하나의 가설입니다만, 그런 국제적인 환경에서 북한이 지금의 식량난이나 경제난을 어느정도 해소할 수도 있지 않느냐 하는 전망도 있는 것 같습니다. 그러면 김정일정권의 공식 등장이 북한에서 일어나고, 남한에서는 대선경쟁의 가열화, 이런 것이 동시적으로 벌어지는데 가령 북한에 대한 영향력이나 지원이 남한이 중심이 아니라 다른 강대국에 의해서 주로 이루어질 경우에 북한에 대한 우리 영향력의 감소는 물론이고 남북관계의 접근이나 화해국면의 조성에 있어서 불리한 국면이 오지 않을까 하는 예상도 가능합니다. 그래서 가령 김정일정권이 어느정도 안정된다면 남북대화의 길도 열릴 수 있는데 그럴 때 북한이 남한 정권 배제론이랄까 또는 북한측의 이니셔티브에 의한 남북대화, 이런 것을 계속 노리지 않을까. 그렇다면 우리가 바라는 남북간의 화해와 교류, 협력의 확대, 이것보다는 전략적 이니셔티브 경쟁, 이런 측면이 더 강화될 것 같습니다. 물론 남한도 경수로라든가 민간투자, 이런 것이 있을 것으로 예상돼서 접촉분야가 넓어지겠습니다만 기본적인 구조가 한국이 중심이 된 북한의 안정이라든가 지원이 아닌 방향으로 흘러갈 가능성에 우리가 대비해야 하지 않을까 하는 생각이 듭니다.

　곁들여서 하나 생각할 수 있는 것은 연변 쪽의 조선족 문제 같은 것도 우리가 잘 처리하기에 따라서는 북한동포와의 실질적·정서적 연대감을 증대시키는 간접적 수단으로 이용할 수도 있었는데 아주 잘못됐지 않습니까? 한국을 보고 침을 뱉는다는 그런 분위기가 조성됨으로써 북한주민의 남한에 대한 인상이랄까 정서가 좋게 말하면 좋아질 계기를 놓친 것이고 나쁘게 말하면 악화시키는 악영향을 가져온 것이 아닌가 하는 생각입니다. 또 한 가지 대선정국에서 남북문제가 정략적으로 악용될 소지가 없을까 하는 점입니다. 지나친 추측인지는 모르지만 벌써 외신은 잠수함사건 타결 이후 연말경에 남북정상회담 시도가 나올 것이다 하는 보도를 했습니다. 곧 임기가 끝나는 현재의 김영삼정부와 북한이 정상회담을 하지는 않을 것이라는 게 일반적인 관측인 것 같습니다만 과연 어떤 밀사외교라든가 하는 것이 나와가지고, 가령 현정부가 정권 재창출을 위해서 무리한 협상카드로 남북간에 돌파구를 연다, 그러면 국민회의가 싫어해 마지않는 북한의 남한내정 개입이 일어날 수도 있는 거죠. 이건 극단적인 추측입니다만 ─

백낙청 제가 잠깐 한말씀만 보탠다면, 세계 어느 정권이든 큰 선거를 앞두고 극적인 외교협상이라든가 우리 경우에는 남북간의 문제를 정략적인 계산의 대상으로 안 삼는 예는 없다고 봅니다. 그건 정치세계에서 당연히 인정하는 집권층의 프리미엄 같은 거지요. 문제는 그것이 국익에 도움이 되고 민족의 이익에 도움이 되는 방향으로 활용되느냐, 아니면 반대로 되느냐 하는 것인데, 과거의 예를 보면 대체로 국내정치가 어려워졌을 때 집권당이 안보논리를 동원하기도 했습니다만 가장 극적인 돌파구는 남북관계를 개선하는 쪽으로 해왔단 말입니다. 유신을 앞둔 7·4공동성명이 바로 그 예지요. 그런데 근래에 와서는 오히려 개혁한다는 사람들까지도 선거가 다가오면 소위 보수세력의 환심을 사려고 남북관계 개선을 뒤로 미루곤 하는 것이 문제인데, 물론 성급하게 정략적으로 남북정상회담을 해서 큰 국가적 손실을 가져올 염려도 있지만 정략을 쓰더라도 남북관계의 돌파구를 열 정도로 쓴다면 그래도 용공조작하는 것보다는 낫지 않은가 싶은데요.(웃음)

송진혁 백선생님 논문에서도 그런 지적을 봤습니다만, 분단체제의 고착화로 남북정권이 같이 득을 보는 재생산기능 같은 것이 있다고 한다면, 제가 아까도 말씀드렸지만 지나친 추측일는지 몰라도 남북관계의 새로운 국면 조성으로 대선정국에 영향을 끼치는 현상이 나올 가능성도 주시해 봐야겠죠.

박상천 지금 송실장님 말씀에 북한이 그런 변화를 하는 것은 잘 보신 것 같습니다. 그 전망은 저도 동의합니다. 그리고 미국과 중국, 일본이 대북 영향력을 강화하기 위해서 경쟁하다 보면 북한의 식량난 해소에 도움되는 여러가지 지원이 있겠죠. 또 그렇게 되면 북한 입장에서는 지금까지 견지했던 남한배제론, 여기에 더 집착할 가능성도 있습니다. 그건 맞는 말씀인데요. 그런데 나는 이 문제는 우리의 대북정책에 따라서 능히 극복이 가능하다고 봅니다. 김영삼정권의 최대 실수 중 하나가 대북정책에 철학이나 일관성이 결여됐다고 하는 것입니다. 다 아는 얘기지만 통일문제는 점진적이고 평화적인 통일을 지향한다는 점을 분명히해야 합니다. 그 이유는 다 아시겠지만 동족간의 전쟁이나 무력충돌이 없어야겠고, 그렇게 하려면 점진적이고 평화적인 통일이 필요하지 흡수통일은 그런 사태를 유발할 가능성이 있습니다.

또 하나는 통일비용 문제인데 이건 독일에 직접 가서 봤더니 아주 심각한 겁니다. 통일비용을 절감한다는 의미에서도 북한의 경제가 나아지는 상황이 남한에도 유리합니다. 그리고 지금도 동서독에서 문제가 되고 있는데 남북주민간의 동질성 향상을 위해서도 점진적이고 평화적인 통일을 지향하는 것이 필요하다, 기본철학을 정립하고 난 다음에 북한정책을 우리가 어떻게 쓰는가에 따라서 아까 그런 문제는 능히 극복할 수 있다고 봅니다. 실제로 제가 미국 대사가 주최한 토론에서 미국의 여론 지도층 몇사람과 얘기했습니다만, 지금 누가 북한을 지원한다고 해도 실질적으로 북한사람이 도움을 받을 수 있는 규모의 지원은 외국에서 하지 않습니다. 다만 북한과 일본 간의 기본조약에서 좀더 큰 게 나올지는 모르겠지만 그것도 한꺼번에 몽땅 주지는 않을 것이기 때문에 결국 실질적인 지원은 남한이 아니고는 아무도 하지 않습니다. 미국에서 자기 나라 재정에 큰 지장을 주면서 자기 동포도 아닌데 북한에 주는 것은 제스처 경쟁이지 실질적 도움은 결국 남한에서 올 수밖에 없는 것이죠. 우리는 그런 필요성이 있고 동포이기 때문에 가능하죠. 그래서 이걸 북한에게 인식시켜야 합니다. 또 북한이 궁극적으로 체제를 안정시키고 발전시켜나가려면 중국모델 비슷하게 지금의 체제를 약간 바꿔야 합니다. 적어도 경제 면에서는 약간의 자유화 조치가 필요합니다. 그렇게 하면 공산주의체제 자체가 무너질까 두려워서 안하는 것인데, 최근의 동향을 보면 그런 기미가 있습니다. 그래서 북한정책을 지혜롭게 쓸 경우에는 아까 그런 문제는 극복할 수 있다는 것이 제 생각입니다.

그리고 대선에서의 북한 카드 문제는 YS가 정상회담을 한다든지 하는 것은 대선에 큰 영향을 끼치지는 않으리라고 봅니다. 오히려 큰 영향을 끼칠 것은 북한이 다시 도발하는 겁니다. 대선에 임박해서 휴전선에서 무력도발하고 그러면 다시 국민들이 초보수화할 가능성이 있어요. 안보 위주의 후보에게 표를 줄 가능성이 있습니다. 그래서 이런 측면을 보더라도 DJP안이 상당한 타당성을 갖고 있습니다. 지금도 DJ 혼자 나갔다가는 또 말려듭니다. 그런데 JP와 함께 있으면 그런 걱정 안해도 됩니다.(일동 웃음)

백낙청 JP를 신원보증인으로 세우시겠다는 거군요.(일동 웃음)

박상천 JP가 신원보증은 충분히 할 수 있기 때문에 정부측의 지금 북한 카드에 대해서는 JP가 가장 큰 해답입니다.

개혁문화의 취약성과 장기적 전망

손호철 개혁문화에 대해 굉장히 중요한 말씀을 박총무님께서 하셨는데요. 저는 달리 표현하면 개혁문화 문제는 결국 분단논리가 내면화되어 있는 시민사회의 취약성이나 시민의 불안정성 문제라고 봐요. 아까 북한문제도 나왔습니다만 김영삼정권도 책임이 있지만 저는 시민사회에도 상당한 책임이 있다고 봐요. 북한에 쌀 주면 왜 주냐고 하고, 결국 어떻게 보면 과거청산의 대상은 5·6공에만 있는 것이 아니라 시민 자신에게도 있다는 생각이 들어요. 파업하면 왜 공권력이 저걸 안 때려잡냐 하는 식이고. 이번에는 다릅니다만…… 그런 것이 우리가 주목해야 할 것이라고 보고요. 국가가 억압적이고 시민사회가 민주적이라고 하는 것 같은데 어떻게 보면 시민사회에 국가보다 더 반동적인 시민들이 상당히 있다, 개혁을 좌절시킨 것 중에 상당히 많은 부분이 시민사회, 특히 그중에는 시민사회에 강한 힘을 갖고 있는 언론이 아닌가 싶어요. 아까 언론의 독자성이 없는 것이 문제라고 하셨는데 저는 너무 독자적인 것이 문제라는 생각이 들어요. 언론이 이렇게 가는 것은 국가가 통제하기 때문이 아니라 평균해서 얘기하면 대한민국에서 가장 수구적인 세력은 재벌도 아니고 언론이라는 생각까지 들 때가 있어요. 물론 일부 언론입니다만. 이걸 어떻게 극복하느냐 하는 것이 중요한 문제라는 생각이 들고, 북한문제와 관련해서는 다른 두 선생님도 얘기하셨지만 저는 우려되는 것이 뭐냐면 최근 들어서 북한이 붕괴됨으로써 대선이 없을 수 있다는 희망사항에 의해서 대북정책을 하고 있는 것이 아닌가라는 점입니다. 그 문제가 이번 기자회견에서 나왔습니다. 어느 기자의 질문에 대해서 김대통령은 무슨 일이 있어도 대선은 있다고 분명히 말했어야 하는데 가상적인 상황을 두고 답하는 건 적절치 않다는 식으로 받아넘겼어요. 저는 그건 말이 안된다고 생각해요. 왜? 52년 북한과의 전쟁 중에도 대선은 치러졌고, 대통령이 그런 확신을 줬어야 하는데 가상적 상황은 대답할 수 없다는 식으로 넘어가버렸단 말예요.

또 하나 그와 관련해서 한총련에 대해 말씀드리고 싶은데, 앞으로의 대선정국으로 가는 과정에서 또다른 변수는 사실 운동권이 악수를 두는 거죠. 운동권이 악수를 둬서 현정권을 살려주는 그런 것입니다. 한총련의 경우에는 자꾸 미국문제를 얘기하지만 그것이 틀렸다는 것을 단적으로 보여주는 것이 최근의 남북관계라는 생각이 들어요. 뭐냐면 지금 미국의 입장은 기본적으로 데땅뜨 논리인데 결국 한국정부가 너무 자주적인 게 문제죠. 아예 자주성이 없으면 미국이 하라는 대로 북한의 쏘프트랜딩을 유도해서 한반도에 데땅뜨가 올 텐데, 미국은 데땅뜨를 하려고 하는데 한국이 딴죽을 걸고 있는 거란 말이죠. 그런 의미에서 너무 자주적인 게 문제라는 것이죠. 그다음에 지역문제와 관련해서 송선생님이 새로운 것을 말씀하셨습니다만, 이번 대선을 통해서도 지역문제가 해결되지 않는다면 남한 자체에서도 연방제를 심각하게 고려해봐야 한다고 생각해요. 그것을 통해서 21세기 통일까지 내다볼 수 있는…… 각자 지역대통령을 시키고, 중앙정부 권력을 상당부분 지방에 주고……

마지막으로 세계는 어떻게 되겠느냐 하는 물음을 던지셨는데, 세계화·정보화를 얘기합니다만 저는 국민국가 소멸론은 잘못된 것이라는 생각입니다. 왜냐면, 하나는 자본과 노동의 유동성의 비대칭성입니다. 자본은 마음대로 다니는데 노동은 외국노동자가 있기는 하지만 비대칭적이죠. 그다음에 국어의 존재입니다. 우리의 진짜 문제는 세계경영이란 생각이 들어요. 지구화되면서 개방이 되니까 한국경제가 엉망이 되고 있다고 우려하는데, 그것은 지구화의 한 면만 보는 것이지 진짜 무서운 것은 지금 대우, 삼성 등이 하고 있는 세계경영입니다. 다 해외로 나가니까 이제는 국가가 재벌을 통제할 힘이 없어져버렸어요. 이제 대우는 내후년부터 폴란드에서 생산한 자동차를 20만 대씩 수입하겠다는데, 외국인 노동자가 만든 국산자동차를 한국인이 써야 하는 현실, 그것에 어떻게 대응할 것인가? 그리고 노동이나 민중운동은 일국에 묶여 있는데 자본은 무한정으로 뻗어나간다는 거죠. 그것을 따라가야 하는 조직의 갭 문제입니다. 자본과 노동의 조직의 갭. 그래서 우리 운동도 지구화를 해야 하는데, 민중운동이 지구화되면 자본은 화성쯤으로 날고 있을 것 같아요. 우주 자본주의(일동 웃음)…… 다만 확실한 것은 앞으로 세계의 모습은 쏘셜 다위니즘(Social Darwinism)이란 거죠. 철저하게 경쟁력이 있는 것만 살아남고, 없는 자들은 도태하는 사회입니다. 자본주의가 기본적으로 원래 쏘셜 다위니즘이지만 이제까지의 쏘셜 다위니즘과는 전혀 다른, 즉 과거 정도의 복지도 없어진 새로운 형태의 철저한 시장논리가 관철되는 쏘셜 다위니즘이고 문제는 우리가 그것을 어떻게 통제하는가 하는 겁니다. 폴라니(Karl Polanyi)가 말했듯이 결국 시장에 대한 사회적 통제가 없을 때는 1차 세계대전 때와 같은 비극이 오는 거죠. 그것이 오늘 우리들의 과제가 아닐까 싶습니다.

박상천 지금 손교수께서 말씀하셨지만 21세기는 지구촌 시대가 될 것입니다. 물론 자본만 이동하지 노동은 그대로 있다고 말씀하시는데 그런 측면도 있지만 전반적으로 국내 대기업은 다국적기업으로 변화될 것이고 또 한쪽으로는 정보통신 분야의 비약적 발전으로 정보화사회가 되고, 유전공학의 발전으로 식량문제가 크게 해결되는 그런 세상이 될 것입니다. 기술발전과 경제적 추세의 흐름이 그런 쪽으로 변화시킬 것으로 봅니다. 그런데 이럴 때 한국은 어떻게 될 것인가를 생각하면 저는 우리가 우여곡절은 있지만 선진국으로 올라설 것으로 봅니다. 가령 현재 김영삼정권이 하는 것 같은 정치가 계속되면 선진국으로 올라서는 속도가 느려지겠죠. 그러나 결국 우리 국민들은 능히 선진국으로 올라설 만한 자질이 있기 때문에 지도자를 잘못 만나면 다소 늦어지는 한이 있더라도 결과적으로는 선진국으로 올라설 걸로 봅니다. 그리고 통일이 21세기에는 당연히 될 건데 통일에도 우리가 지혜스럽게 접근해서 앞서도 말씀드렸지만 동족간에 피를 흘리지 않고 경제적인 큰 비용 없이 국민적인 동질성을 살려가면서 통일할 수 있는 지혜가 필요합니다. 그래서 그런 모든 것은 12월에 있을 대선에서 우리가 어떤 후보를 얼마나 철저히 검증하여 뽑는가에 상당한 영향을 받을 것으로 생각합니다. 동시에 손교수께서도 지적하셨지만 우리 시민사회가 좀더 성숙하고 조금 덜 이기적일 필요가 있어요. 생각해서 투표하고 생각해서 행동하는 그런 국민으로 변모할 필요가 있는데 그건 국가가 시킨다고 해서 되는 것도 아니고 결국 시민운동 단체들이 해야 할 과제라고 생각합니다.

백낙청 송실장께서 마지막으로 한말씀 해주시죠. 가능하면 언론에 관한 지적에도 답해주시고……

송진혁 아까 손교수가 말한 그대로 프린트할 생각은 아니겠죠?(일동 웃음) 언론의 독자성을 제약해야 된다는 건 내친김에 그렇게 얘기하신 거라고 저는 이해하고요. 제 생각으로는 우리나라에서 제일 중요한 것이 정치 리더십 문제인 것 같습니다. 우리의 21세기도 거기에 의해서 가장 크게 규정되지 않을까 하는 생각이 듭니다. 그래서 저는 이번 대선이 잘돼야 한다는 생각이 간절합니다.

백낙청 네. 끝으로 저도 한말씀 드리지요. 오늘 여러가지 좋은 이야기가 나왔습니다만 어찌 보면 다소 우울한 전망으로 끝나는 느낌도 없지 않습니다. 물론 박총무님께서 길게는 우리나라의 선진국 진입을 낙관하시고 짧게는 DJP연합에 의한 정권교체의 희망을 제시하셨습니다. 그러나 후자의 성공 여부가 앞에 말한 선진화에도 큰 영향을 끼치리라고 보시는데 DJP연합 자체가 지역주의가 판을 치는 잘못된 정치풍토에서의 불가피한 선택이라는 입장이시고, 나머지 두 분은 그것이 명분이 약할뿐더러 성공할 확률조차 적다는 말씀이시니, 이 모든 걸 종합한다면 꽤 침울한 끝맺음이 될 수도 있겠다는 거지요. 그래서 저는 좀더 밝은 이야기, 또는 그런 이야기의 가능성을 말해볼까 합니다. 첫째는 6월항쟁 문제로 돌아가서, 그 역사적 의의가 크다는 점에 우리 네 사람 모두 동의하고 있습니다만 저는 이 점을 조금 더 강조해서, 4·19로부터 87년 6월에 이르는 한국민의 끈질긴 반독재민주화투쟁만 해도 세계에 자랑할 만한데 6월항쟁 이후 오늘까지 수많은 우여곡절과 실망스러운 사태에도 불구하고 민주화과정이 계속되어왔다고 믿습니다. 그 점에서 6월은 1950년의 4월이나 80년 '서울의 봄'과도 또다른 의미를 지닌다고 생각합니다. 따라서 저 자신은 금년 대선에서 수평적 정권교체의 성취 여부에 모든 것을 걸기보다는 앞으로 어떤 곡절이 또 있든 6월의 성과는 지속되리라는 믿음에 더 의지하고 싶습니다. 다음으로 선진국 진입 문제인데, 저는 분단체제를 그대로 둔 채 남한만의 선진화를 추구하는 노력을 비판하는 글을 더러 쓴 바 있습니다. 선진국 따라잡기가 우리 민족이나 인류 전체의 장기적 대안이 못된다는 생각 때문이기도 하고, 그런 '선진화' 전략의 현실성에 대해서도 의문을 가졌기 때문이지요. 그러나 자본주의가 엄연히 지배하는 현실 속에서 한국경제의 세계적 위상이 적어도 더 내려가지는 않아야 된다는 일견 상반되는 주장도 했는데, 저는 한국이 국제경쟁력 강화라는 철저히 근대주의적인 목표와 분단체제극복이라는 좀 다른 성격의 과제를 결합할 수 있고 또 어떤 의미로는 결합할 수밖에 없는 처지라는 점이 우리의 국민적 행운이라고 생각합니다. 선진국들조차 민주주의와 사회복지가 후퇴하는 가운데서만 경쟁력을 유지하는 세월에, 우리는 남북관계를 개선하고 교류·협력을 증대하며 궁극적으로는 민족의 창의적인 재결합 방안을 마련함으로써 경제도 지금보다 나아지고 삶의 질도 나아지는 그런 장래를 내다볼 수 있는 처지니까요. 또 안 그러고는 엄청난 재앙을 겪을 위험까지 있어서 더욱 정신차리게 만들고 있거든요. 귀한 분들을 모신 김에 이 문제를 놓고 한참 더 이야기를 나누며 지혜를 빌리고 싶은 마음 간절합니다만, 예정된 시간이 벌써 지났으니 서둘러 마무리할 수밖에 없겠습니다. 거듭 감사의 말씀을 드립니다.

한국의 비평 공간

백낙청(서울대 교수, 문학평론가)
최원식(인하대 교수, 문학평론가)
우까이 사또시(불문학자)
카라따니 코오진(『히효오 쿠우깐(批評空間)』 편집위원)
1997년 11월 8일 창작과비평사 회의실

『창작과비평』 창간 때의 상황

카라따니 제가 백낙청 선생님과 처음 만나뵐 기회를 가졌던 것은 1994년 미국의 듀크대학에서 거행된 '전지구화'(globalization)를 둘러싼 국제회의였습니다. 그 다음해 서울에서 열린 ANY라는 건축가를 중심으로 한 국제회의에서도 만나뵈었습니다. 그 회의들을 통해서 선생님의 훌륭하신 말씀을 경청하고 한국에는 굉장한 사람이 있구나 하고 진작부터 생각하고 있었던 바였습니다. 최원식 선생님과는 올해(1997년) 6월에 내가 민족문학작가회의에 초대되었을 때에 만났습니다. 그때 받았던 『한국의 민족

■이 좌담은 일본 토오꾜오에서 발행하는 『히효오 쿠우깐(批評空間)』(1998 II-17)에 실린 것을 동국대 박광현(朴光賢) 교수가 우리말로 번역한 것이다. 좌담 당시 박유하(朴裕河), 김경윤(金慶允), 김대화(金大華), 키무라(木村洋一郎) 씨가 각각 통역을 했다. 원제는 「韓國の批評空間」.

문학론』(お茶の水書房 1995, 최원식의 일본어판 문학평론선집 — 역자)을 나는 그날 즉시 열독하고, 유연하고도 대단히 명석한 논술에 감명을 받았습니다. 그 후 일본에서도 선생님의 책을 몇 차례 인용하였습니다.

나는 단순히 한국의 상황 일반을 지식으로서 추상적으로 파악하는 것 보다도 특정한 개인을 통해서 아는 것이 중요하다고 생각합니다. '일본의 지적(知的) 상황'이라든가 '한국의 지적 상황'이라고 할 경우 흔히 일반적 으로 이야기하고 마는 경우가 많으며, 특정한 고유명사가 주체로서 언급 되는 일이 우선 없다고 해도 좋을 것입니다. 그러나 나는 백낙청이나 최원 식이라는 개별적인 이름에 대한 언급 없이 한국의 지적·비평적 상황을 이 야기할 수 없다는 것을 일본 독자에게 말하고 싶으며, 또한 그렇게 두 선 생님을 일본에 소개할 수 있는 것을 기쁘게 생각합니다.

가령, 이번 6월에 내 저서 『일본근대문학의 기원』의 한국어 번역이 출 판되었을 때 한국의 어떤 사람들로부터 나의 책이 일본에서 어떻게 이와 나미쇼뗑(岩波書店)이 아니라 코오단샤(講談社)에서 나왔는지 질문을 받았 습니다. 그때 느낀 것은 일본의 출판 상황이나 지적 상황을 그들이 알지 못할 리가 없으며, 오히려 알고 있기는 하지만 그 방식에 기묘한 오해를 낳는 원인이 있는 것은 아닐까 하는 것이었습니다. 오늘날 여기에서 우리 들이 행하고 있는 일종의 커뮤니케이션이 지금까지 없었던 것이 그와같 은 원인의 하나였으리라 생각합니다.

이와나미쇼뗑이라고 하면, 가령 거기서 나온 『세까이(世界)』라는 잡지 는 1960년대 이후 일본 인텔리 사이에서는 거의 읽히지 않았습니다. 나도 최근 30년간 거의 읽은 기억이 없습니다. 물론 이와나미쇼뗑도 양질의 책 을 출판해온 오랜 역사를 지니고 있으며, 실제 나도 이와나미쇼뗑에서 출 판한 책은 자주 읽고 있습니다. 그러나 그것과 『세까이』라는 잡지가 지적 상황에 영향력을 끼치고 있다고 할 정도로 읽히는지 아닌지는 전혀 별개 의 문제입니다. 60년대 이후의 일본 지식인은 이와나미문화에 대한 부정에서 출발했다고 말해도 좋을 것입니다. 그것이 좋았는지 그렇지 않았는지는 별개의 문제지만, 일본에서 한국의 정치적·지적 문제는 그 자체가 『세까이』 내지 그 주변에 있는 미디어에 편중되어 일본에 소개되어온 결과, 한국을 둘러싼 문제가 일본의 지적 독자에게는 크게 관심을 끌지 못했습니다. 요컨대 어떤 폐쇄된 공간에서만 이야기되고 그 외부에는 전달되지 않는 상황이 만들어지고 말았다고 나는 생각합니다.

『히효오 쿠우깐(批評空間)』은 단순화해서 말하면, 이른바 비(非)이와나미적인 곳에서 활동해온 지식인 속에서 성립한 최근의 산물입니다. 그런 의미에서 이 두 분의 인터뷰가 『히효오 쿠우깐』에 게재되는 것은 이제까지 한일 교류와는 결정적으로 다른 의미를 지닌다고 생각합니다. 『히효오 쿠우깐』은 나와 아사다 아끼라(淺田彰)가 편집위원이 되어 1991년에 창간한 잡지입니다. 엄밀하게 말하자면 그 시작은 1988년에 창간한 『키깐 시쪼오(季刊思潮)』에 있습니다. 『히효오 쿠우깐』을 시작함에 있어서 확실한 운동 목표를 제시하거나 하지는 않았습니다. 잡지 이름이 제시하는 것처럼 비평의 장소 제공을 지향하고자 했을 뿐이죠. 단지 영어 critical이라는 용어에 몇 가지 의미가 있습니다. 위기적이라든나 혹은 임계적(臨界的)이라든가. 그래서 『히효오 쿠우깐』이라는 잡지는 그 대상영역에서도 이른바 임계적이며, 오히려 문학비평에서 벗어나 있습니다. 일본에서 문학운동은 1970년대에 끝났다는 막연한 인식이 있습니다. 그와는 대조적으로 한국에 와보니 문학운동이 현재도 이어지고 있다는 인상을 받았습니다. 그러나 최근, 정확히는 어제입니다만, 『히효오 쿠우깐』은 사실 문학운동 중 하나였다고 생각하게 되었습니다.(웃음) 언뜻 보면 문학을 직접 취급한 논문보다도 철학적인 논문이 더 많지만, 근본적으로는 문예비평의 잡지라는 것입니다. 그 점이 다른 사상 잡지와는 근본적으로 다른 면이라고 새삼스럽게 느꼈던 것입니다.

한국에서는 문학운동이 이어지고 있다는 인상을 받았다고 앞서 말씀드렸습니다만, 그와 동시에 다른 한편에는 그 성질 자체에 변화가 일어나고 있는 것은 아닐까라는 막연한 인상도 받고 있습니다. 예를 들어 소설이나 시 등의 창작과는 상대적으로 거리를 둔 점에서 비평 자체가 자립하기 위한 문학운동이 일어나고 있는 것은 아닌가 하는 점입니다. 그런 의미에서 『히효오 쿠우깐』에서 우리가 하고 있는 일과 교차하는 듯한 비평 장소가 있는 것은 아닐까라는 생각이 들었습니다. 그런 이유에서 한국의 문학과 정치를 둘러싼 일반적인 상황을 살피기에 앞서 두 분이 이제까지 해오신 잡지 『창작과비평』과 관련해서 말씀을 해주셨으면 합니다. 『창작과비평』은 한일조약이 체결된 이듬해인 1966년에 창간되었지요? 그때 어떤 상황인식 하에서 이 잡지를 시작했는지를 말씀해주셨으면 좋겠습니다.

백낙청 일본에서 일부러 이렇게 와주시고 또한 이런 자리를 마련해주신 점 감사드립니다. 『히효오 쿠우깐』을 통해서 일본 독자와 접할 기회를 갖게 된 점 기쁘게 생각합니다.

조금 전 카라따니 선생님으로부터 지금까지 한일 지식인의 교류가 반드시 원활하지만은 않았다는 지적이 있었습니다. 한일 양국 사이의 전반적인 관계가 그 원인 중 하나이겠습니다만, 『창작과비평』에 관계하고 있는 우리로서는 그밖에도 다른 원인이 있었다고 생각합니다. 나 개인의 입장에서 먼저 말씀드리자면, 1969년에 박사학위 취득을 위해 다시금 미국으로 건너가 1972년에 귀국한 후 『창작과비평』 편집에 복귀했습니다만, 제가 박정희 정권의 이른바 유신체제에 대한 반대운동에 본격적으로 참가했던 1974년부터 거의 15년 동안은 당국의 직·간접적인 방해 때문에 외국에 나갈 수 없었습니다. 또한 우리가 교류하고자 했던 국외의 지식인과의 교류는 당국에 의한 감시나 탄압의 대상이 되었던 것입니다. 일본에는 예전에 외국에 나가는 도중에 들른 적은 있었지만, 정식으로 방문할 수 있었던 것은 1988년 3월이 처음이었습니다. 이와나미쇼뗑과 그 주변에서 활약하던 지식인분들이 초대해주셨지요. 그런 이유로 제 개인적인 이야기에서도 추측할 수 있겠습니다만, 교류기회 자체가 극히 제한되어 있었으며, 따라서 그 교류의 범위도 특정한 방면에 한정될 수밖에 없는 상황이었던 것입니다.

저는 카라따니 선생님과 다르게 이제까지 『세까이』를 줄곧 읽어왔으며, 지금부터도 시간이 허락하는 한 흥미를 가지고 읽을 생각입니다.(웃음) 그렇다하더라도 『히효오 쿠우깐』의 존재를 늦게나마 알게 된 것은 수확이었으며, 좀더 빨리 알았더라면 하고 생각하지만 이것을 계기로 향후 긴밀하고 활발한 관계를 유지할 수 있게 되길 바라는 바입니다.

그럼 질문하신 『창작과비평』에 대해서 말씀드리겠습니다. 우리는 이 잡지를 처음부터 문학운동의 일부라고 규정하고 출발하였습니다. 이미 알고 계시듯이 한국에서는 식민지시대 이후 민족저항운동과 문학운동의 관계가 하나의 전통을 형성하고 있었으며, 커다란 흐름에서 보면 『창작과비평』의 창간도 그 전개 속에 있었다고 생각합니다.

1965년 한일조약 체결과의 관계에 대해서입니다만, 저는 이 문제에 대해서 『창작과비평』의 창간호 권두논문(「새로운 창작과 비평의 자세」 - 역자)에서 언급한 바 있습니다. 당시 조약 비준과 한국군의 베트남 파병은 커다란 문제가 되어 있었습니다. 이 두 사건은 새로운 문학운동이나 문예잡지의 성립이 가능한 공간을 열어준 두 가지 면을 제공하게 된 것이 아닐까 하는 인식이 있었던 것입니다. 그 하나는 문학운동이 그 배경에 어떤 물질적 기반을 필요로 하지만, 그 기반이 새롭게 성립하는 경제적인 여유가 생겼다는 것입니다. 다른 하나는 저항문학운동의 전통에 부합하는 새로운 상황이 도래했다고 생각했던 것입니다. 즉 이 두 가지의 큰 사건을 통해서 정권의 친미·친일적 성격이 분명해진 싯점에서, 저는 당시 한·미·일 삼각체제라는 비유적 표현을 사용했지만, 저항문학운동의 성립을 위한 명분이 한층 더 분명해졌다고 생각했던 것입니다.

동시에 『창작과비평』은 저항문학, 즉 한국근대문학사에서 말하는 '참여문학'의 흐름 속에서도 특이한 성격을 지니고 있습니다. 우리는 처음부터 정치적 입장만을 언급하여 작품비판의 근거로 삼으려 하지 않았으며, 작품이 지니는 문학적 수준, 예술적 수준, 지적 수준을 비평하고 그것을 통해서 전반적인 수준의 향상을 지향해야 한다는 점을 줄곧 주장해왔습니다. 그 결과, 『창작과비평』의 초창기부터 우리와 정치적 입장을 같이하는 사람들로부터는 정치적 노선을 경시하는 문학주의라든가, 혹은 엘리뜨주의라는 비판을 흔히 들어왔습니다. 따라서 우리들은 자칭 저항문학의 전통을 계승하고 있다고 하면서도, 대립관계에 있던 '참여문학'(저항문학)과 '순수문학'(문학주의)의 쌍방에 대해서 긴장관계에 놓여 있음을 항상 의식해왔던 것입니다.

한국전쟁으로부터 1960년 학생혁명까지

우까이 저는 1955년생이며 70년대 학생운동에 참여한 세대입니다. 당시 한일연대운동이라는 과제가 일본의 학생운동 안에서 커다란 위치를 차지하고 있었습니다. 그런 이유로 저에게 백선생님의 성함은 70년대 민주화운동과 분리할 수 없습니다. 저도 당시 『세까이』를 읽었던 기억은 없습니다만,(웃음) 그것은 카라따니씨가 말씀하신 것처럼 의식적으로 『세까이』적 문화권에서 이반되었기 때문이라기보다 제가 이미 자명한 것으로 되어 있던 반(反)『세까이』적 정치문화 안에서 자기형성을 이룬 세대에 속하기 때문일 것입니다. 그러니 저에게는 민주화운동과 『세까이』가 반드시 결부되어 있는 것은 아닙니다.

그 후 1989년에 저는 어떤 계기로 아시아·아프리카작가회의라는 그룹에 가담하게 되었습니다. 이 운동의 기원은 1956년에 인도에서 열린 아시아작가회의로 거슬러올라가는 것으로, 중·소분열 이전의 사회주의 국가나 여러 비동맹국의 작가들이 참가했습니다. 일본에서는 홋따 요시에(堀

田善衛), 노마 히로시(野間宏) 등이 적극적으로 관여했습니다(「アジア・アフリカ作家運動小史」, 『歴史の道標から』, れんが書房新社 참조). 이 그룹이 일본에서 독자적인 문학운동을 충분하게 전개할 수 있었는지 그렇지 않은지에 관해서는 의문이 남지만, 제3세계문학의 소개라는 의미에서는 일정한 역할을 담당한 운동이었다고 생각합니다. 저는 이 작가회의의 활동 중에서 구리하라 유끼오(栗原幸夫) 씨 등으로부터 백선생님에 관해서 들을 기회가 있었고, 꼭 만나뵙고 싶다고 항상 생각하고 있었습니다.

앞서 백선생님께서 1966년에 한국 저항문학의 전통에 부합하는 상황이 새롭게 도래했다는 인식을 갖게 되셨다고 말씀하셨지요. 이 시기에 논의된 참여문학과 순수문학이라는 대립에 관해서는 다음에 다시 여쭙기로 하고 그전에 『히효오 쿠우깐』, 특히 저보다 젊은 독자를 위해 일제 지배하의 저항문학, 한국전쟁 이후의 저항문학의 전통이라는 것이 어떤 것인지, 또한 특히 50년대의 한국전쟁 이후 한국의 사회적 상황 안에서 문학의 존재방식은 어떠한 것이었는지에 대해서 시대의 증언자라는 의미도 포함해서 백선생님에게, 그리고 문학사적 입장에서의 평가에 대해서는 현재 『창작과비평』의 편집주간으로 활동하고 계신 최선생님께 여쭙고 싶습니다.

백낙청 문학사적인 전개에 대해서는 최선생이 전문이기 때문에 저는 간단하게 대답하겠습니다. 일제시대의 저항문학은 좌우 양파로 나뉘어 있었으며, 게다가 그 각각 안에서 다양한 입장이 있어 꼭 통일성있는 운동이었다고는 하기 어려운 상황에 있었습니다. 통합 움직임이 보인 것은 8·15(1945년 해방) 이후이지요. 그러나 그 움직임이 실질적인 성과를 낳기도 전에 남북이 분단되어 50년에는 한국전쟁이 발발하고 말았습니다. 문단의 저항운동이 근절되기에 이르렀다고까지는 할 수 없더라도, 한국전쟁의 경험은 문단의 공개적인 무대에서 '저항'을 표현하기 힘든 상황을 초래했습니다. 1950년대는 그런 상황이 한동안 계속되었지요. 그런 상황에서 변화의 조짐이 보인 것은 1950년대 말부터로, 결정적인 계기가 된 것이

4·19(1960년에 일어난 학생혁명)입니다. 순수와 참여 논쟁도 4·19 이후에 일어납니다. 『창작과비평』이 창간된 것도 그와같은 배경에서였습니다. 좀더 자세한 이야기에 대해서는 최선생에게 부탁하겠습니다.

최원식 우선 백선생님과 카라따니 선생님의 지적 교류로부터 이와같은 논의의 장이 만들어진 점을 감사드리며, 동시에 우까이 선생님과 같은 젊은 문학자와 이야기를 나눌 수 있는 기회를 얻게 된 점을 기쁘게 생각합니다. 저의 비평가로서의 경력에 대해 말씀드리자면, 저는 이른 시기부터 『창작과비평』에 참가하여 백선생님과 함께 해온 것은 아니었습니다. 오히려 저는 선생님이라고 부를 수 있을 만한 분을 만나지 못한 채 오랫동안을 활동했었습니다. 그렇기 때문에 백선생님과의 만남은 저에게 문학뿐만 아니라 살아가는 데도 한층 커다란 자양분이 되었던 것입니다.

최근 카라따니 선생님과 만날 수 있던 것도 커다란 자극이 되었습니다. 백선생님으로부터 카라따니 선생님이 한일작가회의에서 발표하신 「책임이란 무엇인가」를 건네받은 것이 처음이었습니다. 그것을 읽고 이와나미 쇼뗀이나 『세까이』를 중심으로 하는 지식인 외에도 훌륭한 지성이 존재한다고 생각했습니다. 그같은 저의 관심을 살펴서서인지 백선생님은 또 『일본근대문학의 기원』을 빌려주셨습니다. 저는 그 책을 차근차근 읽어갔습니다. 그때 박유하 선생님에게서 한국어 번역본을 받아 한번에 독파했지요. 곧바로 백선생님으로부터 빌린 일본어판 『일본근대문학의 기원』이라는 책은 간단하게 돌려드려도 좋을 만한 책이 아니라고 판단하여, 얼마 전 일본에 갔을 때 새로 한 권을 사서 그 새 책을 백선생님께 돌려드린 바 있습니다.(웃음) 지금 새로운 논문을 쓰고 있습니다만 크게 도움을 받고 있습니다.

이전에 한국에 오셨을 때도 그랬지만 앞서 카라따니 선생님께서는 70년대에 일본의 문학운동은 종언을 고했다고 말씀하셨습니다. 그것을 들으면서 순간 움찟했습니다. 일본에서의 문학운동의 종언이 혹시 한국의 문학운동의 종언으로 이어질 위험이 있을지 모른다는 생각에서였지요. 하지만 카라따니 선생님께서 과거 『히효오 쿠우깐』은 문학운동이었다고 다시 생각하게 되었다는 말씀을 듣고 안심했습니다.(웃음) 일본의 문학운동이 제대로 전개되었다면 한국의 문학운동과의 연대가 가능할 것이며, 상호침투가 가능할 것이라고 생각하기 때문입니다.

『히효오 쿠우깐』은 비평적 장소이고자 하는 운동이라는 말씀을 하셨습니다만, 『창작과비평』도 실무적인 의미를 가지고 있습니다. 다시 말해 창작을 하고 비평을 하는 사람들에게 공간을 제공한다는 것이지요. 『창작과비평』은 『창비』라는 약칭으로 불리는 경우가 많으며, 당국으로부터는 강고한 정치적 저항의지에서 유래하는 이념적 교조성을 띤 잡지라고 오해받고 있지만, 『창비』는 출발점부터 대단히 유연했습니다.

앞서 백선생님께서 『창작과비평』은 저항문학의 일원이면서 출발 당초부터 문학적 가치나 지적 수준을 문학작품에 요구했으며, 이 점에서 다른 저항문학·참여문학과는 다른 특성을 지니고 있었다고 말씀하셨습니다. 그것은 좀더 적극적으로 강조되어야 하며, 『창작과비평』은 처음부터 당시의 순수문학론과 참여문학론의 대립을 초월한 제3의 대안을 지향했다고 생각합니다. 리얼타임으로 이 논쟁에 참가한 백선생님과는 조금 다른 견해일지 모릅니다만, 문학사적으로 보면 그렇게 말하는 편이 타당할 것입니다. 특히 최근 그러한 생각이 강하게 듭니다.

좀더 문학사적인 입장에서 말씀드리자면, 한국에서 전후(戰後)란 6·25(한국전쟁) 이후를 가리킵니다. 물론 제2차 세계대전이 종결되고 우리나라가 해방되었던 그 싯점을 전후라고도 할 수 있습니다만, 제2차 세계대전이 한국인을 전쟁에 동원하여 심대한 희생을 입혔다고 해도, 결국 우리와 상관없는 전쟁인 것입니다. 6·25야말로 한국인이 실존적으로 경험한 대규모의 전쟁이었습니다. 해방 이후 조선반도에 혁명적인 분위기가 고양되는 가운데, 이것을 분쇄하고 만 냉전시대 최초의 열전(熱戰) 6·25전쟁의 발발과 그 처리를 통해서 남북한의 혁명세력이나 진보적 세력에 대한 대대적인 탄압이 강행되고, 동시에 남북한에서 각각 독재체제가 고정화되었던 것입니다. 백선생님의 유명한 개념으로 말하자면, '분단체제'가 성립한 것입니다. 이것은 한반도의 역사를 비유하여 말하자면, 소멸 직전의 중세 체제가 임진왜란과 병자호란을 겪고 난 후 되돌아온 것과 같습니다.

특히 흥미로운 것은 6·25가 농업국이었던 조선의 전통적 기반을 파괴하고 남북한에 자본주의 공업화, 사회주의 공업화를 진전시켰다는 것입니다. 그때까지 한반도에서 지배계급이었던 지주계급을 쇠퇴시키고 한국에서는 권력과 유착한 자본가계급을, 북한에서는 당을 중심으로 한 지배계급을 등장시키게 되었던 것입니다. 이것이 한국의 전후 부흥 속에서 1960년 4·19혁명으로의 길을 열었다고 할 수 있습니다.

이상과 같은 정치적·사회적 상황을 배경으로 50년대 한국의 문학상황을 다음과 같이 요약할 수 있습니다. 해방 직후에 고양되었던 진보적 문학운동이나 혁명문학운동은 6·25에 의해서 정치적으로 거세된 결과, 순수문학이 우위에 서게 되었습니다. 이것은 순수문학 쪽에도 지극히 불행한 것이었습니다. 그렇게 말하는 이유는 해방 직후 순수문학론은 좌익과의 이론적 투쟁 속에서 근대라는 과제와 대결하였으며, 그 긴장 속에서 자본주의와 사회주의를 초월한 제3의 세계관을 모색하고 있었지만, 6·25를 경계로 이 좌익이라는 타자를 잃게 됨으로써 50년대에는 완전히 어용화되고 말았기 때문입니다. 순수문학이 본래 지니고 있던 문제의식까지 잃고 말았던 것입니다.

50년대 한국의 문학상황은 이상과 같이 표면적으로는 순수문학의 지배였습니다만, 한편 그 저류에는 6·25에 의해서 약체화되어버렸다고는 해도 혁명문학의 이념이 동결된 형태로나마 계승되고 있었으며, 문학은 사회성을 지녀야 한다고 생각하는 세력이 있었습니다. 그들은 모더니즘이나 실존주의의 외파(外波)를 맞아가면서 한국문학에 있어서 새로운 차원의 모더니티를 파악하려고 했습니다. 거기에 문제가 없었다고는 생각하지 않습니다만 그와같은 흐름이 4·19혁명으로 이어졌다고는 말할 수 있을 것입니다.

60년대 후반에는 순수·참여 논쟁이 일어났습니다만, 이것도 순수문학론에 대한 도전 안에서 새로운 저항문학으로서의 참여문학을 확립하려는 것이었습니다. 이 참여문학론은 싸르트르(Sartre)의 앙가주망이라는 개념을 기축으로 문학론으로서의 구성을 시도한 측면이 있으며, 반드시 한국의 현실에 근거한 것이라고 하기 어려운 것이었습니다. 또한 종래의 좌익적 교조주의의 상흔이 짙게 남아 있다는 난점이 있었습니다. 마루야마 마사오(丸山眞男)의 표현을 빌리자면 이론과 현실의 안이한 예정조화에 대한 신앙에 함몰되어 있던 것입니다.

따라서 『창작과비평』을 통해서 백선생님이 해오신 작업의 의미는 본래의 문제의식을 상실하고 어용화되어버린 순수문학론을 비판하면서, 동시에 교조적 이론 신앙에 의문을 품지 않는 참여문학론을 비판의 대상으로 삼는 작업을 통해 문제제기를 하면서 제3의 본격적인 문학론을 전개하려고 한 점에 있다고 생각합니다.

한국의 60년대와 일본의 60년대

우까이 저는 프랑스문학을 전공하고 있기 때문에 지금 최선생님의 말씀 중에 거론된 싸르트르의 앙가주망의 도입이라는 문제에 관해서 좀더 여쭙고 싶습니다. 백선생님은 『창작과비평』 창간호에 「새로운 창작과 비평의 자세」라는 논문을 쓰셨습니다. 그 안에서 싸르트르의 「문학이란 무엇인가」를 언급하고 계신데, 특히 싸르트르가 사용한 '잠재적 독자'라는 개념을 자신의 문맥으로 파헤치고 계십니다. 그것은 최선생님께서 말씀하신 이론과 현실 사이의 예정조화에 대한 환상과는 다른 차원에서 유럽적 비평개념의 능동적 섭취를 위한 시도였다고 생각합니다.

특히 66년이라는 싯점을 생각하면, 이 '잠재적 독자'라는 개념은 새롭게 오리지널리티를 획득하면서 한국의 상황에 적용되고 있다고 말할 수 있습니다. 다시 말해 북한의 독자나 재일 한국인·조선인 독자도 염두에 두고 제기하신 것으로 여겨집니다. 당시로부터 30년이 지난 오늘날, 백선생님은 이 개념을 어떻게 생각하고 계신지요? 일단 문학운동의 성질을 규정하는 상황을 생각함에 있어서 이 개념을 어떻게 파악할지는 상당히 중요한 의미를 지니고 있다고 생각되기 때문에 굳이 이 질문을 드립니다.

백낙청 「새로운 창작과 비평의 자세」를 발표하고 어느정도 시간이 흐르자, 그 논문 얘기만 나오면 항상 얼굴이 붉어졌습니다. 하지만 최근에는 나이가 더 들어서인지 남의 얘기처럼 들리곤 합니다.

그 당시 내가 잠재적 독자로 생각했던 것은 주로 두 가지의 카테고리였습니다. 하나는 당시는 아직 문학의 은혜를 입지 않았지만, 언젠가는 그것을 받게 될 다수의 한국 민중입니다. 또 하나는 북한의 동포였습니다. 재일의 독자나 외국 독자에 대해서는 개념적으로는 설정했지만, 당시 제 안에서는 아직 막연한 차원에 그쳤던 것이 실상이며, 재일의 한국·조선인에 대해서 자각적인 인식을 나름대로 지니게 된 것은 훨씬 뒤의 일이니까요.

질문하신 북한의 독자에 대해서 우선 말씀드리겠습니다. 우리 한국인은 분단체제 안에서 북한의 민중과 접촉할 수 없으며 또한 정보도 거의 없는 가운데 글을 쓰고 있습니다. 그렇기 때문에 자각적으로 그렇게 생각하지 않는 한 처음부터 한국 내부에서밖에 읽을 수 없는 작품에 국한되고 말 위험성이 높습니다. 북의 동포에게도 혹은 북과 남의 쌍방을 알고 있는 사람들에게도 인정받을 수 있는 문학이 아니면 안된다고 생각했던 것입니다. 그 의식을 바탕으로 훗날 저는 민족문학론을 전개하게 되었다고 할 수 있겠죠. 민족문학이라는 개념은 제국주의에 대항한다는 의미도 있지만, 둘로 분단된 한 쪽의 국가만으로 스스로의 국민문학을 만들어버릴 것이 아니라 다른 한 쪽의 동포도 가능한 범위 안에서 잠재적 독자로 가질 것을 지향하는 문학이어야 한다는 의미가 강합니다.

재일동포에 대해서는 66년 당시는 직접적인 접촉이 없었으며 별로 공부도 하지 않았기 때문에 앞서 말씀드렸듯이 구체적인 생각은 가지고 있지 않았습니다. 1970년대에 들어 비로소 재일동포에 대해서 생각할 계기를 갖게 되었습니다. 당시 민주화운동은 한국 안에서는 어려운 상황이 계속되는 가운데, 일본 쪽에서 연대운동의 목소리가 있었고, 그중에서도 재일동포가 중요한 역할을 했습니다. 그래서 저는 국제적인 연대나 재일동포를 잠재적 독자로 생각하게 되었습니다. 재일동포를 잠재적 독자로 생각하는 것의 의의는 우리가 한반도의 현실에 집착하는 것에서 한층 더 냉정한 비판을 가능케 할 거리를 둘 수 있도록 촉구했다는 것입니다. 재일동포의 독특한 존재양식, 다시 말해 일본에서 살아가면서 완전히 일본에 속하는 것이 아니고 한국인이면서 한반도에 살고 있지도 않은, 그런 측면이 분단시대를 살아가는 우리들 자신의 입장을 새로운 방법으로 생각할 시각을 제공해줍니다.

물론 우리들이 조국에 살고 있다 해도 그 조국은 둘로 분단되어 있습니다. 즉 국민으로서는 분단된 한 쪽의 국가에 속해 있으면서 동시에 민족으로서는 북을 포함해야 하는 한민족의 일원이라는 복잡한 상황이 있습니다. 이런 아이덴티티의 복잡함은 재일동포의 그것과 닮아 있다고 할 수 있지 않을까요? 이것은 민족문학을 논의하는 사람들이 민족통일이라든가 민족동일성의 회복과 같은 것을 말할 때 잊기 쉬운 측면입니다. 사실 한민족의 일원으로서 살아간다는 것이 얼마나 복잡하며 어려운 것인지를 잊어서는 안됩니다. 재일에 대해서 생각하는 것은 단순히 동포로서의 유대감을 확인하는 것뿐만 아니라 우리가 빠지기 쉬운 그와 같은 망각을 치유해준다는 점에서 중요하다고 생각합니다.

카라따니 지금 말씀 속에서 백선생님의 민족이라는 개념이 어떤 것인

지를 알 수 있을 것 같습니다. 백선생님께서 말씀하시는 민족이란 국가 권력에 저항하는 의미에서의 민중운동을 포함한 것이죠. 다시 말해 민족이라고 말하면서 그것에 의해서 거꾸로 '민족=국가'를 초월한 의미를 내포하고 있지요. 단지 민족이라는 개념이 역설적으로 인터내셔널한 개념으로 전화한다는 것은 민족의 분단이라는 역사적 문맥에서 온 것이라고 생각합니다. 일본에서 민족이라는 말이 다른 의미를 띠고 있는 것은 다른 역사적 문맥이 있기 때문입니다. 백선생님은 1985년에 일본어로 출판된 『민족문화운동의 상황과 논리』(お茶の水書房)라는 책의 서문에서 일본에서 '민족'이라는 말을 회피하는 경향에 대해서 그런 경고를 하셨습니다. "'민족'이라는 말 그 자체에 어떤 위화감을 지닌 사람들이 한국 이상으로 일본 지식인 사이에서도 적지 않을지 모릅니다.……민족주의의 양면성, 그리고 이것에 동반된 방대한 해악의 가능성에 대해서는 적어도 한일 양국의 지식인에게는 별도로 설명이 필요하지 않을 정도로 양국의 현대사가 가르쳐준 교훈이 생생할 뿐만 아니라 가슴 아픕니다. 그러나 그렇기 때문에 오늘날 제3세계의 민족운동이 전지구적인 민중해방운동의 중요한 전제임을 간과하거나 그 민족적 성격을 간단히 회피하기 어려운 낙후성의 일부라고 관대하게 여기는 태도가 선진적 인식을 의미하는 것은 아니라고 생각합니다. 한국의 민중운동과 연대하려고 하는 일본의 벗들이 그와같은 태도를 계속 가지고 있는 한, ……일본의 민중 속에서 여전히 무시할 수 없는 현실로 남겨져 있는 민족감정, 민족의식을 처음부터 명백하게 국수주의자에게 양도하고 과연 얼마만큼의 실질적인 일을 ─ 외국의 민중은 차치하고 일본인 자신을 위해서 ─ 해낼 수 있는지 의문이 듭니다." (VIII~IX면)

사실 말씀하신 대로 일본에서는 민족이라는 말을 우익 혹은 보수가 독점하고 있는 상황이 존재하며, 그것이 현재 위험한 문제를 초래하고 있습니다. 1950년대 중국문학자이자 비평가인 타께우찌 요시미(竹內好)가 '국민문학론'을 제창한 적이 있습니다. 그도 백선생님과 같은 지적을 하며 '민족'을 재고해야 한다고 말했지요. 물론 타께우찌는 내셔널리즘을 주장한 것은 아니며, 전후 일본인이 '민족'을 일반적으로 부정함으로써 과거 및 전후의 여러 아시아 국가와의 관계를 무시하고 말았다는 점을 비판했던 것입니다. 그러나 그의 주장은 거의 무시되었습니다. 그것은 그의 논의가 대단히 위험하며, 양의적인 장소에서 이뤄졌기 때문입니다.

그에 관해서 앞서 화제로 거론된 4·19혁명이 한국에서 일어난 1960년 당시 일본에서 일어난 안보투쟁에 관해서 말해보고자 합니다. 그 당시 저는 젠가꾸렌(全學連) 중에서도 주도적인 운동조직이었던 공산주의자동맹이라는 학생들이 중심이 되어 결성한 그룹에 속해 있었습니다. 그 당시는 한국의 학생에게 계속 투쟁하라는 선동을 자주 하곤 했습니다.

그 특징은 두 민족주의자에 대한 투쟁이었다고 생각합니다. 하나는 말할 것도 없이 그 당시 수상이었던 키시 노부스께(岸信介)로 대표되는 쪽입니다. 그는 전쟁중에는 대신(장관)직에 있었으며, 전후는 A급전범이 되어 스가모(巢鴨) 구치소에 구류되었지만, 그 후 석방되자 정치가로서의 활동을 개시하여 최고 권력자의 자리에까지 오르게 되었습니다. 그와같은 인물이 미일안전보장조약의 개정을 추진했던 것입니다. 키시는 친미주의자인 동시에 제국시대에 일본이 가지고 있던 국제적인 정치적 지위를 되돌리려던 정치가입니다.

다른 하나의 민족주의자는 공산당입니다. 공산당은 GHQ(연합군총사령부)에 의한 전후 점령정책을 미국에 의한 식민지배로 여기고 민족독립·민족해방을 주장했습니다. 그들은 안보개정이 일본의 미국종속을 더욱 심화할 것이라고 파악했습니다. 공산당의 견해는 완전히 잘못된 것이라고 생각합니다. 실제 그 후 일본이 행해온 것은 표면적으로는 미국에 대한 종속으로 여겨질지 모르지만, 내실은 미국과 공동으로 아시아를 관리해가려는 것이었으니까요.

이 두 민족주의자에 대해서 우리들은 싸워야 했습니다. 어느 쪽의 민족주의자도 민족을 주창하는 것으로 일본인이 안고 있는 역사적 모순을 모두 소거해버립니다. 다시 말해 일본의 식민지주의와 제국주의라는 과거를 소거해버리지요. 그뿐 아니라 현실에 존재하는 모순을 소거해버립니다. 가령 공산당은 모든 반정부적 활동을 민족독립운동에 종속시켜버렸습니다. 그 둘과 투쟁하던 당시 학생운동은 '세계혁명'을 주창하고 있었지만, 저는 그것이 본질적으로는 민족주의적인 운동이었다고 생각합니다. 단지 그 말이 상용되지 않았을 뿐이지요. 여하튼 민족이라는 말을 사용하는 체제와 반체제 사이에 있었기 때문입니다.

따라서 50년대부터 60년대에 걸친 일본의 정치와 문학의 상황은, 말은 달라도 지금 말씀하신 것처럼 한국에서의 상황과 유사하다고 생각합니다. 앞서 최선생님은 순수문학파와 참여문학파 쌍방을 비판하고 그 어느 쪽도 아닌 제3의 가능성을 지향했다고 말씀하셨지만, 일본의 문학비평의 차원에서도 그와같은 것이 있었습니다. 제3의 길을 지향하는 투쟁이라는 것은 단순히 당국의 권력과 싸우는 것만이 아니라 그것과는 다른 형태로 지배적인 권력을 지니고 있는 반체제와도 싸워야 합니다. 그 당시 일본에서 가장 영향력 있고 실제 훌륭한 일을 하던 비평가는 요시모토 타까아끼(吉本隆明)였습니다. 그의 관점은 순수·참여라는 표현으로 말하자면, 그 어느 쪽에도 있으며 또 그 어느 쪽에도 없는 제3의 가능성을 지향한 점에 있다고 해도 좋을 것입니다. 그는 사회주의국가·자본주의국가라는 구분은 기본적으로 환상이라고 말했습니다. 존재하는 것은 지배하는 자와 지배당하는 자의 관계라고 말이죠.

여기까지는 좋았지만, 60년대 이후 공산당이 권위를 잃고, 또한 문학에 대한 정치적 지배가 사라진 상황에서 이런 '비평'의 포지션도 또한 의미를 잃어갔던 것입니다. 다시 말해 그때까지 '문학의 자립'을 주창하는 데는 예리한 비평적 의미가 있었지만, 70년대 이후에는 단지 상업주의적 상황을 긍정한다는 의미밖에 남지 않게 되었습니다. 제가 『일본근대문학의 기원』에 쓴 내용을 구상한 것은 1975년 즈음부터인데, 그것은 문학의 자립이라는 논의에 대한 회의를 품게 되면서입니다. 오히려 문학에서의 정치적 요소를 강하게 의식하게 된 싯점이었지요. 제가 그 책을 구상한 것은 '일본' '근대' '문학' '기원'이라는 개념 자체를 근본적으로 의심하기 시작하고부터였습니다. 그러나 그것이 새로운 입장이라는 것은 아닙니다. 요시모또 타까아끼나 '문학의 자립'에 대한 비판을 통해서 제가 인식한 것은, 자립한 제3의 길이라는 것은 사실 없기 때문에 끊임없이 비평적인 것 이외의 방법으로 '제3'을 고민할 수는 없다는 것입니다.

백낙청 제 책에서 인용하셨지만, 일본에서는 민족이라는 말이 부정적인 의미를 가지고 있다는 것을 저도 잘 알고 있습니다. 그렇기 때문에 일본의 친구들에게 민족이라는 말을 강조할 생각은 없습니다. 어떤 말이나 개념을 사용할지는 일본인 자신이 판단하면 그만인 문제입니다. 당시 제가 기대한 것은 오히려 키시 수상으로 대표되는 우익 민족주의자이든, 공산당과 같은 좌익 민족주의자든 그들의 입장에 단순히 반대하는 데 그치지 않고 일정한 민족적 특성과 민족적 감정을 가지고 있는 일본의 대다수 대중을 바람직한 방향으로 이끌 대안을 찾아야 한다는 주문을 하고 싶었던 것입니다. 그런 방향에 대해서는 어떤 생각을 가지고 계신지 카라따니 선생님과 우까이 선생님께 여쭙고 싶습니다.

순수문학에 대해서 한마디 덧붙이고 싶은 것은 순수문학 자체는 다양한 긍정적 의미를 지니고 있다는 점입니다. 일제 말기 국내에서는 표면적인 저항이 어느 것 하나 불가능한 상태에 있었습니다. 그런 상황에서 순수하게 문학을 한다는 것은 문학의 자립성을 지킨다는 것만이 아니라 조선인으로서 자존심을 지키는 것이기도 했지요. 또한 해방 직후에 근대의 문제를 근본적으로 재고하려고 했던 것도 순수문학을 하는 사람들이었습니다. 한국전쟁을 경계로 후퇴해간 것은 좌익의 비판적 세력만이 아니었습니다. 우익 안에서도 정부나 전쟁에 가담하지 않은 비판세력이 사실 있었기 때문에 그들도 한국전쟁을 경계로 문단으로부터 영향력을 잃어간 것입니다. 우익 내부에서도 비판정신을 가진 사람들이 힘을 잃어갔습니다. 그와같은 상황에서 50년대의 순수문학파는 순수하게 문학을 하는 것보다도 순수문학이라는 이름 아래 권력과 야합하는 세력이 되어갔지요. 저는 그것을 순수문학이 아니라 순수주의라고 부르고 있습니다. 오히려 순수하게 문학을 하고 있는 것은 우리 쪽이었다고 말하고 싶습니다.

제3의 길과 제3세계문학론

카라따니 선생님은 제3의 길에 대해서 그것은 듣기 좋은 개념적인 슬로건으로 끝나기 십상이라고 명쾌하게 비판하셨습니다. 한국의 상황에서는 제3의 길이라는 것이 그때그때의 문맥에 의해서 구체적인 의미를 지닙니다. 원리로서의 사회주의·자본주의의 대립과 한반도의 구체적인 현실로서의 남북간의 체제대립의 문제는 그 성질이 다릅니다. 사실 북한은 진정한 의미에서의 사회주의체제라고 말하기 어려우며, 한국이 자본주의사회의 일종임은 분명하지만, 자신이 표방하는 것처럼 자유주의 국가라고는 말하기 어렵습니다. 더 나아가 각각이 특수한 방식으로 분단체제 안에 포함되어 있기 때문에 쌍방을 완전한 독립국가로 인정하는 것도 어렵습니다. 즉 '사회주의 북한'과 '자본주의 남한'이 같은 분단체제를 구성하여 세계체제의 일부로 참여하고 있는, 극히 특이한 현실이라고 하는 것이 저의 인식입니다. 이것이 한반도에서 분단체제의 어느 쪽에도 따르지 않고 분단체제를 그대로 긍정하지 않는 제3의 길을 요청하는 것입니다. 그 경우 제3의 길이 긴장을 지속하기 위해서 필요로 하는 반대의 대상이 사라진다든가 그 결과 비판정신이 상실되는 것과는 정반대로, 오히려 더욱 복잡하며 차원높은 비평정신을 요구하는 것이지요. 요컨대 자본주의에 찬성하고 사회주의에 반대하든지, 혹은 그 반대와 같은 문제제기로는 한반도의 문제는 해결될 수 없는 것은 물론, 바르게 인식했다고조차 할 수 없습니다. 분단체제의 극복으로서의 제3의 길은 카라따니 선생님이 말씀하신 것처럼 끊임없는 비평이 동반되어야 가능한 것이라고 생각합니다.

최원식 카라따니 선생님이 제3의 길은 없다고 말씀하셨을 때, 또 한번 움칫했습니다.(웃음) 분명 실체화된 제3의 길이 존재한다고는 생각지 않습니다. 하지만 한국에서는 실태를 동반한 제3의 길로서 요시모또 타까아끼와 같은 방법과는 다른 대안적인 전통이 나름대로 풍부하게 존재하는 것도 사실입니다.

예를 들어 서구열강이나 일제의 침략에 대해서 새로운 철학원리나 운동방법을 모색한 동학(東學)이 있습니다. 동학은 1894년 농민전쟁으로 끝난 것이 아니라 천도교라는 이름 아래 일제시대를 통해서 자본주의와 사회주의의 문제에 정면으로 맞서 나름대로 독자적인 제3의 길을 추구했던 것이지요. 더 나아가 1919년 3·1운동 이후 좌우대립을 초월해 민족협동전선을 형성한 신간회(新幹會, 1927~1931)라는 운동단체에 주목할 필요도 있을 겁니다. 앞서 백선생님이 한국에서는 비판정신을 가진 우익이 있었다고 말씀하셨는데, 그들을 가리켜 민족주의 좌파 내지 비타협적 민족주의자라고 부릅니다. 1927년에 그 비타협적 민족주의자와 사회주의자가 연합하여 성립한 신간회는 커다란 영향력을 발휘하는 운동세력이 되었던 것입니다.

좌익의 문학운동은 우리나라에서도 다른 나라들과 마찬가지로 당의 외곽단체로 폄하되는 경향이 있습니다. 그 경향에서 보자면, 당이 부재한 상황 하에서 좌우가 합친 결과로서 성립한 신간회에서 전개된 독특한 운동방법은 주목할 만한 가치가 있는 것입니다. 우리의 문학운동의 역사에는 그와같이 대안을 추구한 중간파의 운동이 단속적(斷續的)으로 보입니다. 『창작과비평』의 창간은 6·25 이후 끊어져버린 이런 대안적인 운동의 계보를 한국의 역사에서 재흥한 문학·사회운동이라고 할 수 있을 것입니다.

우까이 제3의 길이라는 것이 화제가 되었기 때문에 그것을 이어가는 형태로 하나의 질문을 하고자 합니다. 앞서 말씀드렸듯이 저는 아시아·아프리카 작가회의에 참가한 적이 있습니다. 그 국제적인 운동의 성립은 비동맹 중립이라는 이념에 기원하고 있습니다. 이 이념도 어떤 의미에서는 자본주의도 아니며 사회주도 아닌 제3의 길을 추구했다고 할 수 있겠지요. 그 안에서 60년대에 '제3세계'라는 카테고리가 세계적으로 확립됐습니다. 아시아·아프리카 작가회의의 임무는 이런 틀 안에서 아시아·아프리카, 라틴아메리카의 새로운 문학을 소개하는 것이었습니다. 70년대에 한일운동에 관여했던 저와 같은 사람들에게는 한국은 처음부터 제3세계의 일부였으며, 또한 우리에게 가장 가까운 제3세계의 현실이라는 인식이 있었습니다. 70년대 김지하(金芝河)의 작품은 그 대표적인 문학이었지요. 그런데 백선생님이나 최선생님의 저서를 읽어보면, 한국 민족문학이라는 규정이 반드시 처음부터 제3세계문학의 일원으로서 자명하게 이해되었던 것이 아니라는 것을 알 수 있었습니다. 한국 민족문학이 제3세계문학이라는 인식은 오히려 사후적으로 획득된 인식이었다는 것을 알고 놀랐던 기억이 있습니다. '제3의 길'이라는 것에 관해서 앞서 카라따니 선생님이 지적했던 문제 위에 한국에서의 제3세계문학이라는 사고방식의 유래와 확립 과정에 대해서 여쭙고 싶습니다.

카라따니 그전에 한 가지 말씀드리자면, 저도 제3세계문학이라는 개념을 과거에 들었을 때에는 잘 이해되지 않았습니다. 백선생님의 책을 최근 읽고 납득할 수 있었지요. 백선생님께서 말씀하신 '제3세계'는 반드시 서구 선진국과 소련권에 대해 제3세계를 구별하려는 것이 아니며, 경제적인 후진국이라는 의미도 아닙니다. '제3세계'는 따라서 특정한 공간으로 한정되지 않을 뿐만 아니라, 특정한 시간으로도 한정되지 않습니다. 그것은 오히려 어떤 국가에도 존재하며 지금 존재하는 것입니다. 영국문학에도 미국문학에도 제3세계문학이 존재합니다. 스위프트(Swift)는 물론 포크너(Faulkner), 조이스(Joyce)도 그렇습니다. 그렇게 읽는 것을 통해 문학사의 코드를 보편적으로 고쳐 읽는 문제제기를 할 수 있다고 생각합니다.

본래 '소설'이라는 것은 그 발생에서 보면, 본질적으로 '제3세계문학'이 아닌가라고 말해도 좋을지 모릅니다. 19세기 중반 프랑스에 성립한 이른바 근대소설은 그것을 무시해왔습니다. 백선생님이 1970년대 후반에 제3세계문학이라는 개념을 제창하신 것과 같은 시기에 저도 사실상 같은 것을 생각하고 있었다는 것을 백선생님의 책을 읽고 인식했던 겁니다. 예를 들면 5년 전에 세상을 뜬 제 친구 나까가미 켄지(中上健次)라는 훌륭한 작가가 있습니다. 그는 70년대 후반부터 근대문학이 배제하고 있던 것의 가능성 — 바흐찐의 용어로 말하자면, 르네쌍스적인 것 혹은 중층적인(polyphonic) 것이라는 것이 되겠지만 — 을 추구했다고 생각합니다. 게다가 그는 70년대 말에 한국에 살며 그것을 실행하려고 했습니다. 상기하면 거기에서 우리들의 접점이 있었던 것입니다.

백낙청 제가 대답하려고 했던 것의 일부를 카라따니 선생님께서 대변해주셨습니다. 이승만 시대나 박정희 시대 한국에서는 사회주의권만이 아니라 비동맹국의 정보도 제한되어 있었습니다. 따라서 제3세계나 그 문학에 관한 논의도 알려져 있지 않았으며, 그런 논의가 들어오게 된 것은 『창작과비평』이 창간되고도 한참 시간이 지난 뒤였습니다.

저는 제3세계에 관한 논의를 시작할 때부터 카라따니 선생님이 잘 설명했듯이, 제3세계를 어떤 특정한 지역에 한정하거나 일정한 경제적 수준에 의해서 특정한 국가를 분류하는 것과 같은 실증적인 개념으로 생각하지 않았습니다. 제3세계라고 할 때의 취지는 세계를 공간적으로 삼분하려는 데 있지 않습니다. 오히려 세계를 하나로 보려는 것입니다. 그때 지배적인 담론에 의해서 소외되고 배제된 자의 관점에서 세계를 하나로 파악하려는 것입니다.

제가 제3세계 이야기를 하게 된 것은 70년대 후반부터였습니다만, 그때 실제 제3세계라고 불리는 나라들의 문학을 연구하고 있었던 것은 아닙니다. 오히려 한국문학이나 제 전공인 영문학 중에서 제3세계문학이라는 관점에서 재평가할 수 있는 문학이 어떤 것인지를 탐구하고자 생각했던 것이 발단이었습니다.

여기서 우까이 선생님의 질문인 비동맹중립운동이라는 제3의 길에 대해서 말씀드리겠습니다. 이것은 두 가지가 대립하는 동맹 블록에 대한 비동맹으로서 냉전체제 하에서는 중요한 역할을 했습니다만, 현재는 그 시기와 같은 의미를 지니지 않는 것이 당연하지요. 자본주의와 사회주의의 대립에 관해서는 대략 다음과 같이 말할 수 있다고 생각합니다. 한편에서는 자본주의가 가까운 장래에 사회주의로 변하거나 혹은 변해야 한다고 생각하고 있는 사람들, 반대로 자본주의는 영원히 계속될 것이며 계속될 수밖에 없다고 생각하는 사람들이 있습니다. 제가 지금 잠정적으로 생각하기에는 자본주의가 사회주의로 급속히 변할 가능성은 없어 보입니다. 그 점에서 전자와는 다른 생각을 갖고 있지만, 다른 한편에서 자본주의가 영속하는 것도 불가능하며 그 경우에는 인류가 멸망하는 것은 아닐까 하고 생각합니다. 그 점에서 자본주의를 예찬하는 사람들, 거기에 목을 매고 있는 사람들과도 생각이 다릅니다. 그 의미에서 '제3세계의 인식'이라고도 말할 수 있지만, 그것은 자본주의와 사회주의 양쪽을 관념적으로 부정하는 태도와는 다르다고 생각합니다. 이 문제를 한반도 통일 문제에 구체적으로 관련시켜 말하자면, 통일되었다고 하더라도 가까운 장래에 한반도가 자본주의 세계경제로부터 이탈할 것이라고 생각할 수 없습니다. 또한 가령 사회주의적 통일이 되었다고 치더라도 그것이 세계적인 사회주의혁명을 초래할 것으로도 생각하지 않습니다. 그러나 분단체제의 진정한 극복에 의한 통일이란 훌륭한 비평정신을 요청하는 작업이기 때문에, 자본주의와 사회주의의 대립 문제에서도 단순논리를 초극하고 새로운 길을 모색하는 세계적인 전기가 될 수 있다고 생각합니다.

카라따니 제3의 길은 없다고 말한 것이 생각보다 큰 파문을 일으킨 것 같습니다. 물론 제가 말씀드리고자 했던 것은, 제3의 길이라는 것은 적극적인 실체로서 존재하는 것이 아니라, 끊임없는 부정의 형태에서 나타나는 비평적인 자세에서 발견할 수 있는 것이라는 겁니다. 그렇기 때문에 제3의 길이라는 것은 안정된 입장으로서는 존재할 수 없으며, 항상 고정화를 거부하는 긴장을 필요로 하는 것입니다. 예를 들어 전쟁기 일본에서 쿄오또학파의 미끼 키요시(三木淸)는 자본주의와 사회주의, 개인주의와 전체주의, 인식론에서의 묘사론(경험론)과 구성설(합리론), 동양과 서양 등 모든 이항대립을 초월한 것을 '협동주의'로 주창했습니다. 그것은 표면상 그럴싸하지만, 실제 당시 코노에(近衛) 내각의 '신체제'의 이데올로기였던 것입니다. 또한 그런 '제3의 길'은 현재도 항상 보수파에 의해 제창되고 있습니다. 그런 의미에서 저는 굳이 '제3의 길은 없다'고 말했던 것입니다.

비평의 자세에 관해서 말하자면 저도 백선생님과 기본적으로 같은 의견입니다. 백선생님은 하바드대학에서 박사학위를 취득한 영문학자입니다만, 흔히 말하는 외국문학자와는 다르지요. 일본에서는—한국에서도 마찬가지라고 생각하는데—항상 반복되고 있는 것입니다만, 외국문학 혹은 철학을 연구하는 사람들은 외국에서 새로운 것을 들고 들어옵니다. 그것에 대해서 일본 안으로부터 반발이 생겨납니다. 그것도 무리는 아닐 것입니다. 그들은 외국의 문맥에 근거한 판단을 그대로 일본에 적용하기 때문입니다. 그러나 그것에 반발하는 사람들은 폐쇄적인 내셔널리즘에 빠져 있습니다. 저는 그 어느 쪽도 거부하고자 합니다. 그것이 이른바 '제3의 길'이지만, 간단하게 말하자면 일본인이 긍정적인 의미든 부정적인 의미든 역사적으로 경험해온 것을 보편화하고자 하는 것입니다. 백선생님께서 특수한 민족분단이라는 경험에 관해서 발언해오신 것도 그와같은 자세인 것으로 생각합니다. 예를 들어 백선생님께서 제3세계문학이라는 것을 말씀하실 때, 그것은 한국문학을 어떻게 읽을지뿐만 아니라, 영국문학을 새롭게 읽는, 영국인이나 미국인이 가지는 상식을 전복하는 방법으로 읽는다는 것이기도 합니다. 현재 저는 백선생님이 하신 말씀을 받아들이기 때문에 한국 비평은 보편성을 지니고 있다고 봅니다. 본래 어딘가에 보편적인 입장이 있는 것이 아닙니다. 비평적이라는 것만이 보편성을 지닐 수 있는 것이라고 생각합니다.

무엇이 변하고 무엇이 변하지 않았을까?

최선생님에게 여쭙고 싶은데요, 저는 여기 오기 전에 경주에서 거행된 한일문학씸포지엄에 참가했습니다. 이번이 네번째이자 마지막이 되는 회의였습니다. 이 회의에서 제가 언제나 생각했던 것은 다음과 같은 것이었습니다. 한국에서 참가하는 분은 주로 소설가나 시인과 같이 창작하는 사람들입니다. 그들은 이 나라에서는 많이 읽히고 있지만 일본측에서는 그에 대응할 만한 사람이 거의 없습니다. 그것이 한일문학의 차이 이상으로 결정적으로 다른 면입니다. 일본과 비교하면 한국에서는 문학자의 사회적 지위가 현격히 높지만, 그렇더라도 최근 몇년간 작가를 둘러싼 독자의 상황에 변화가 보이는 듯 느꼈습니다. 최선생님은 제가 6월에 서울에 왔을 때 한 "일본에서 문학은 죽었다"는 발언 — 비유적인 표현이지만 — 을 신문에서 인용하고 "하지만 남의 일만은 아니다"라고 쓰셨습니다. 그 부분만을 박유하 선생님이 가르쳐주었지만, 그 후 선생님이 한국문학 상황에 대해서 어떻게 진단을 내렸는지는 듣지 못했습니다. 현재 한국의 문학 상황을 비평가의 현장감각으로 어떻게 보고 계신지요?

최원식 말씀하신 대로 한국에서 작가의 지위는 아주 높습니다. 이것은 다분히 한국에서는 전통적으로 지배계급이 문인이었던 것과 관계되어 있을 겁니다. 지배계급이 무사였던 일본과는 다소 차이가 있을지 모릅니다. 흥미롭게도 한국에서는 맑스주의운동과 유교, 그리고 양반이 결합하는 경우가 많았습니다. 일제시대에 친일파로서 동원된 토착 부르주아는 어느 쪽이었는가 하면 대개 전통적인 신분질서의 주변에 있던 사람들이었지요. 그 때문에 원래 신분이 낮았던 사람들이 좌지우지하는 식민지 근대(식민지 지배 하에서 초래된 근대화)에 대한 양반의 분노와 같은 것이 사회주의운동과 그 문학운동에 결합되었다고 생각합니다.

일본의 공산당이 민족주의였다는 이야기는 흥미롭게 들리지만, 한국의 경우에는 좀더 분명합니다. 일제시대 한국의 공산주의운동은 사실상 민족해방운동에 가까운 것이었지만 식민지 근대에 좀더 관대했던 우익도 마찬가지였습니다. 예를 들면, 대표적인 민족주의 문인 이광수(李光洙)도 자신이 문인이라고 불리는 것을 거부했습니다. 이와같이 좌익이든 우익이든 한국 문인의 국사(國士)의식이 강한 것은 그들이 3·1운동이라는 공통의 모태로부터 태어난 자식들이라는 점에 그 원인이 있습니다. 이런 뒤틀림은 한국의 근현대사가 끊임없이 역사적 격변 속에 놓여 있음을 방증하는 것이지만, 그럼에도 불구하고 아니, 그렇기 때문에 사회에서 한층 문인의 지위가 높은 전통은 기본적으로 유지되어왔다고 할 수 있겠죠.

하지만 한국의 문인이 전통적으로 가지고 있던 이런 강고한 사회성은 한국문학의 활력의 원천이면서도 때로는 문학의 발전에 장애가 되어버리는 일도 있었지요. 최근 국내외적인 상황변화 속에서 한국문학이 전통적으로 유지해온 이 사회성의 후퇴가 보이고 있습니다. 그것은 그것대로 문제입니다만 다른 한편에서 그것은 한국문학의 발전에 장애가 되는 국사의식의 해체라는 점에서는 긍정적인 의미도 지니고 있습니다. 국사의식은 이항대립의 상황 아래에서는 어느 쪽이든 한 쪽을 편드는 것으로 결과적으로 비평정신이 결여된 상황을 만들어버리기 때문입니다.

90년대에 들어서 신세대문학의 등장과 함께 한국문학의 지각변동이 급격하게 진행되고 있다고 자주 언급되는 것은 사실입니다. 그러나 이 표현에 주의할 필요가 있습니다. 보수화 경향에 있는 저널리즘이 좌익세력의 해체를 꾀하여 선전하고 있는 측면이 강하기 때문입니다. 문학의 위기를 주장하는 비평가의 일부는 이런 경향을 즐기고 있는 듯이 보입니다. 이와같은 논의는 『창작과비평』을 비롯한 민족문학 진영을 실질적인 공격의 목표로 삼고 있습니다. 저는 90년대에 산출된 최고의 문학작품 중에서는 한국문학이 전통적으로 지니고 있는 사회성이 새로운 형태로 유지되어 있다고 생각하고 있습니다. 우리 민족문학 진영도 90년대의 문학의 변화는 인정해야 합니다. 90년대에 씌어진 문학작품이 80년대의 것과는 형식적으로나 내용적으로 다른 점을 오히려 사회적 문맥에서 긍정적으로 평가하는 가운데 비평과 창작 면에서 양질의 상호침투를 꾀해야 할 것입니다. 그와같은 비평의 적극적이고 진지한 평가를 동반하지 않으면서, 유행하는 90년대 문학을 영합적으로 수용하면 그것은 작가들에게 비평정신을 상실시키고 안이한 자기위안을 주고 말 뿐입니다. 그렇지 않다면 현재의 저널리스틱한 문학의 위기론은 일본에서의 문학의 죽음과 유사한 상황을 불러오기 쉽습니다. 그런 의미에서도 한일 작가들의 상호교류는 중요하며 카라따니 선생님의 한국문학에 대한 깊은 관심을 기대합니다.

우까이 마지막으로 한일관계에 관한 원점이라고 할 수 있는 것에 관해서 몇 가지 질문하고자 합니다. 우선 지적해두고 싶은 것은 70년대의 한일연대운동 중에서는 서승(徐勝), 서준식(徐俊植) 형제 구원운동이 커다란 위치를 차지하고 있었다는 것입니다. 70년대 이후 최근 20년 동안에 많은 변화가 한일 양국 사이에 있었습니다. 하지만 이번에 한국에 와보니, 요 며칠 전에 인권운동가로 활약하고 있던 서준식씨가 체포되었습니다. 그는 인권영화제의 개최를 당국의 검열을 통하지 않고 개최하려 했기 때문에 지금 국가보안법 위반 혐의로 구속되어 있습니다. 카라따니 씨가 앞서 1960년 안보투쟁 이야기를 하셨지만, 지금 일본에서는 포스트냉전시대에서의 미일 안보의 전지구화가 아무런 저항 없이 급속히 진행되고 있습니다. 이것은 일본에서도 60년 안보의 시대를 둘러싼 문제가 아직도 해결되지 않았음을 의미합니다. 일본에서의 이런 안보문제, 그리고 한국의 현실에서 운영되는 국가보안법의 존속을 보면, 앞서 최선생님이 저널리즘이 시대의 변화를 안이하게 주장하고 있는 것에 대해 비판하셨습니다만 실제 무엇이 변하고 무엇이 변하지 않았는지를 진지하게 검토할 필요가 있지 않을까요? 그런 관점에서 볼 때 세계적으로 진행되고 있다고 일컬어지는 '냉전의 종언'이라는 사태는 특히 동아시아에 관해서는 대단히 모순된 상황을 낳고 있다고 할 수 있습니다.

그런데 현재 한국은 세계적으로 '포스트냉전'이라고 일컬어지는 이 시대를 어떻게 받아들이고 있습니까? 그리고 이것은 우리들에게도 '안보' 문제를 재고하기 위해 피할 수 없는 과제이지만, 미국의 문화적·정치적 존재를 전망할 때 한국과 한일관계, 더 나아가 동아시아의 장래를 어떻게 파악해야 한다고 생각하시는지요?

그 위에 한 가지 더, 마지막 질문을 드리는 포석으로서, 백선생님께서 앞서 우리들에게 주신 질문, 즉 민족적 요소를 많든 적든 지니고 있음을 부정할 수 없는 일본 대다수의 민중에게 국수주의로의 경도를 막아가면서 어떻게 활동할 것인지에 대한 질문에 저 나름대로 잠정적인 응답을 하고자 합니다. 하나는 카라따니 씨가 말씀하신 것처럼 일본의 '60년 안보'는 두 민족주의에 대한 투쟁이었습니다. 그 대결로부터 발생한 부(負)의 유산으로서 그 후 민중운동이 민주주의의 문제를 새로운 방식으로 설명할 수 없었던 것이 이 운동이 지속적으로 발전할 수 없었던 하나의 이유가 아닐까 생각합니다. 민주주의라는 문제는 '민중'의 존재방식과 불가분의 문제이기도 하기 때문입니다. 동아시아의 장래를 논의해가는 위에는 본래의 기원이 서구 근대에 있는 이 민주주의를 각각의 역사적인 상황을 고려하고 국민국가라는 틀을 재론하면서 어떻게 정착시켜갈 것인지, 그것이 공통의 과제가 되겠죠. 앞서 언급한 '포스트냉전'기 한국의 상황, 미국에 대한 인식 방식을 더해서 민주주의의 장래에 관한 두 분의 생각을 들려주시면 고맙겠습니다.

백낙청 여러 질문을 받았기 때문에 무엇부터 답하는 것이 좋을지,(웃음) 또한 지금 저에게 그것이 가능한지 그렇지 않을지…… 사실 저도 일본에 대해서 좀더 말씀을 듣고 싶었습니다만, 시간의 제약 때문에 그것이 가능하지 않다는 것이 안타깝습니다.

이번 서준식씨의 체포에 대해서입니다만, 이 사건에서도 알 수 있듯이 민주화가 어느정도 진행되었다고 해도 아직 공안체제가 살아 있습니다. 그것은 분단체제가 존속하는 한, 근본적으로는 불가피한 점도 있습니다. 하지만 그렇다고 해서 분단상태에서는 아무 기대도 할 수 없다는 것은 아닙니다. 남한에서는 많이 개선된 것도 사실이라고 생각하며, 또한 그것은 향후 계속될 것으로 생각합니다.

포스트냉전 하의 분단체제

냉전의 종언이 아시아에서 많은 모순된 현실이나 상황을 낳고 있다는 점에 대해서입니다만, 냉전의 종언이라는 표현은 한국에서는 많은 국가들과 다른 뉘앙스를 가지고 있습니다. 한반도는 냉전체제가 남아 있는 유일한 장소라는 표현이 흔히 쓰이고 있기 때문입니다. 하지만 한반도의 분단체제는 독일의 경우와는 다르다고 생각합니다. 한반도의 분단체제는 동서냉전의 단순한 일부가 아니라 그 이상의 요소가 혼합되어 형성되고 유지되어온 것으로, 냉전의 종결과 동시에 자동적으로 붕괴하는 체제가 아니라는 것입니다. 시간이 없기 때문에 자세한 이야기는 생략할 수밖에 없지만, 어찌되었든 그런 의미에서 냉전이 끝났음에도 불구하고 아직 통일이 실현되지 않은 것이 이상하다든가, 한민족은 어딘가가 잘못되었다는 방향에서 생각하기보다도 분단체제의 재생산에는 냉전 이외의 요소가 작용하고 있기 때문이라고 생각할 필요가 있다는 겁니다.

그렇다 하더라도 동서냉전이 분단체제의 유지에 커다란 역할을 해온 것을 생각한다면 냉전종식으로 분단체제가 위기에 닥쳐 있는 것도 사실입니다. 북한을 보면 김일성 주석 사후 지극히 불안정한 상태에 빠져 있는 것은 분명하며, 남한도 '총체적인 난국'이라고 자주 표현됩니다. 이 사태는 자세히 보면 남과 북에 제각각의 요인이 드러날지 모릅니다만, 저는 상호의존적인 하나의 분단체제 안에서 발생하고 있는 한반도 전체의 위기라고 보고 있습니다. 상대의 위협 때문에 발전이 방해되는 듯한 단순한 대립관계라면 가령 북한이 약해지면 약해질수록 남한은 편해져야 하지만 전혀 그렇지 않은 게 현실입니다. 최근 한국에서는 두 전 대통령의 구속이나 현 대통령 자식의 구속, 그리고 대형사고, 대기업의 도산 등 왜 이리도 엄청난 사건이 많이 일어날까 하고 탄식하는 사람들이 있습니다. 물론 이런 사건은 제각각 성질은 다르지만 분단'국가'에서 좋은 일만 있는 것도 이상하지 않은가라고 되묻고 싶습니다. 너무 혼란스러운 것도 곤란하지만, 분단'국가'에서 전혀 혼란스럽지 않은 것은 '분단'이 아닐뿐더러, 바람직한 '분리'가 완성된 것과 구별되는 '분단' 상황에서 만약에 혼란마저 없다면 국민들이 이미 죽어버린 징조일지 모릅니다. 예를 들어 한국문학의 장래에 대해서 일본같이 될 것이라는 우려의 목소리가 있지만 저 자신은 문학을 포함해 한국의 여러 문제는 분단체제를 어떻게 극복할지에 달려 있다고 생각합니다. 일단 일본보다 훨씬 어려워지든지 아니면 훨씬 좋아지든지, 그중 하나겠지요. 어느 쪽이든 일본과 같은 정도로 귀착되리라고는 생각하지 않습니다.

카라따니 일본도 경제적으로나 정치적으로 붕괴 직전입니다. 하지만 이것은 한국이나 일본만의 문제가 아니라 현재 세계 자본주의의 상황, 세계적인 분업의 재편성이라는 상황에서 비롯된 것이라고 생각합니다. 그런 상황에서 최근 일본에서 대단히 강해진 것이 나쁜 의미의 민족주의입니다. 알고 계시리라 생각합니다만 그들은 일본의 역사나 역사교과서의 기술을 수정하여 일본의 침략전쟁에도 일정한 정당성이 있었다고 주장합니다. 그리고 종래의 견해를 자학사관이라고 조소합니다. 그 중심인물 중 한 명은 토오꾜오대학의 교수이자 7년 전까지 공산당원이었던 사람으로 나와 같은 세대입니다. 그래서 60년 안보투쟁을 다시금 상기했던 것입니다. 두 가지의 민족주의자, 보수파와 공산당의 민족주의자는 패전 후 출발점에 있어서 피해자의 입장에 섰다는 점에서 공통적입니다. 일본은 미국의 지배하에 있다, 따라서 그로부터 해방되어야 한다고 하기 때문이죠. 이 표현에는 일면 정당한 부분도 있지만, 피해자의 입장이 강조되기 때문에 일본이 가해자로서 저지른 전쟁, 파시즘, 식민지 지배와 같은 문제를 주체적으로 물을 여지가 닫히고 맙니다.

다른 한 사람은 카또오 노리히로(加藤典洋)라는 저보다 조금 젊은 문예평론가로, 그는 전후 일본인은 분열해왔다, 이 분열을 극복하기 위해서는 우선 일본의 전사자를 애도하는 것에서 시작해, 그 후에 아시아의 사자(死者)를 애도해야 한다는 식의 말을 하고 있습니다. 이것은 백선생님께서 앞서 언급하신 것처럼 '일정한 민족적 특성과 민족적 감정을 가지고 있는 일본의 대다수 대중을 바람직한 방향으로 인도할 대안'같이 보입니다. 하지만 저는 그렇게 생각하지 않습니다. 전후 일본인의 분열은 결국 식민지 상태에 있으면서 더 나아가 스스로 타자를 식민지화하는 이중의 경험에서 비롯된 것입니다. 물론 그것은 일본만의 경험이 아닙니다. 예를 들어 미국은 식민지 상태에서 독립하여 이후 제국주의로 전화해갔으며, 이스라엘이나 중국에 대해서도 마찬가지로 말할 수 있지요. 그러나 그런 나라들에는 그 이중성이 분열로서 느껴지지 않습니다. 항상 자신들이 피해자라고 하면서 타자를 지배하는 행동을 계속해왔지요. 그에 대해서 일본인이나 독일인은 여전히 분열된 채 있습니다. 하지만 저는 분열된 채 멈춰 있어야 한다고 생각합니다. 그것은 일본이나 독일이 행한 것이 특별히 심했다는 이유에서가 아닙니다. 저는 이와같은 분열 감정에서 오히려 장래의 가능성을 발견합니다. 미국인도 베트남전쟁 후에는 분열감정을 갖고 있지만, 걸프전쟁에서 그것을 극복했습니다. 그것이 '보통국가'라고 한다면 저는 일본이 '보통'이 될 필요는 없다고 생각합니다.

처음에 백선생님께서 『창작과비평』을 시작할 때 한국군의 베트남 파병 문제가 있었다고 말씀하셨지만, 그것에 대해서도 마찬가지로 이야기할 수 있을 것입니다. 지금 최선생님도 한국인이 베트남 파병 문제를 잊고 있음을 비판하셨습니다. 아마도 한국에서는 그런 '불행한 한 시기'는 잊자, 우리는 언제나 피해자였다고 말하는 것에 의해서 내셔널리즘을 유지하려고 하는 경향이 있다고 생각합니다. 저는 한국의 비평가가 그것을 결코 간과하지 않은 점에 경의를 표하는 바입니다. 그것은 일본에 전혀라고 해도 좋을 정도로 알려져 있지 않습니다. 거꾸로 제가 말한 것과 같은 것이 한국에는 알려져 있지 않겠지요. 그런 의미에서 우리의 커뮤니케이션이 대단히 중요하다는 것이지요.

백낙청 카라따니 선생님이 말씀하신 대로 우리들의 삶이 분열되어 있거나 혹은 왜곡되어 있을 때 그 분열과 왜곡에 대해서 정직하게 대하는 감정은 마지막까지 품고 있어야 할 것이므로 청산해서는 안된다고 생각합니다. 그런데 가령 한국의 베트남 파병 문제의 경우, 우리가 단순하게 베트남의 인민에게 죄를 저질렀다는 '죄의식'만이 아니라 그야말로 '분열감정'과 같은 것을 느끼는 것은, 분명 그것은 같은 아시아인으로서도 그리고 제3세계 민중의 입장에서도 부당한 참전이며, 게다가 일본의 아시아 침략을 규탄하는 한국의 지식인으로서는 결코 용인해서는 안될 것임에도 불구하고 한편에서는 그 전쟁에서 희생된 한국병사의 죽음에 대해서 어떠한 태도를 취할 것인지, 참전에서 얻은 경제적 이득을 좋아하든 말든 향수해온 국민으로서 자신의 삶을 어떻게 처리할 것인지 하는 문제가 부수적으로 동반되기 때문입니다. 앞서 『창작과비평』의 창간 직전에 한일조약이 비준되고 베트남 파병이 결정되었기 때문에 높은 차원의 잡지의 존속에 필요한 얼마만큼의 경제적 여유가 생겼다고 말씀했습니다만, 우선 『창비』 자신이 받은 이런 혜택을 어떻게 봐야 할 것인가 하는 석연치 않은 상태, 그리고 카라따니 선생님이 말씀하신 '분열감정'에 대해 마치 자신에게는 잘못이 없는 듯이 뻔뻔스럽게 행동하고 망각하는 것도 자기기만에 불과하며, 또한 그것은 베트남 인민에 대한 사죄로 해결할 수 있는 문제도 아니라고 생각합니다. 정당한 사죄의 이행도 포함해, 이런 '분열감정'과 싸우면서 '보통국가'보다도 좋은 국가와 사회를 실제 만들어가는 것 이외에 다른 길은 없겠죠. 저의 분단체제론에 대해서 많은 논자들이 간과하고 있는 것 중 하나는 남북의 민중이나 나 자신이 분단체제에 의해서 비뚤어진 삶을 살아가는 분열된 인간이기 때문에 그와같은 인간에게는 분단체제의 작동방식이나 자기재생산과정을 정확히 인식하고 이 체제의 진정한 극복을 지향하는 것이 가장 절실하다는 점입니다.

카또오 노리히로 씨에 대해서 말씀하셨는데, 사실 올해(1997년) 늦었지만 그의 화제의 논문 「패전후론(敗戰後論)」을 읽을 기회가 있었습니다. 저는 그가 언급하고 있는 많은 사실의 정당성이나 일본의 맥락에서 그의 주장이 지닌 현실적 의미를 판단하는 입장은 아닙니다. 그런데 저에게 인상 깊었던 것은 카또오씨가 예의 '분열감정'을 청산하자고 하는 것에서 '분열증상'에 불과한 현상의 본질을 간파함으로써 그와같은 분열을 충분히 살리며, 그렇게 하는 것으로 극복하려는 시도를 보여준 점이었습니다. 일본의 전사자에 대한 애도가 먼저라는 그의 주장이 논란이 된 듯한데, 한국인인 제가 이렇게 말하면 의외일지 모르겠지만—아니, 카라따니 선생님은 저의 논지와 카또오씨 입장의 유사성에 대해서 지적하고 있기 때문에 그다지 의외가 아닐지 모르지만—어쨌든 저는 오히려 신선하다고 느꼈습니다. 애도한다는 의식의 선후관계가 아니라 인간의 심리작용을 기준으로 말씀드리면, 아무래도 헛되이 죽은 혈족에 대한 아픔이 일단 생기지 않는 상태에서 어떻게 타인에 대한 속죄가 성립하겠어요? 그때 그들의 죽음이 결국 잘못된 전쟁에 의한 무의미한 죽음이었다고 하는, 그 '아픔'이 핵심이 되어야 하는 것은 물론입니다. 일본에서의 그런 논의의 전개에 대해서 시간적 여유가 있다면 두 분에게 상세히 듣고 싶지만, 지금 당장은 카라따니 선생님의 원칙에 동감하면서 카또오씨의 문제의식도 그 원칙에서 크게 일탈한 것은 아니지 않는가라는, 다소 '외교적' 입장을 취할 생각입니다.(웃음)

최원식 세계적으로 냉전이 종결되었다고 말하면서도 동아시아에서는 냉전이 종결되었다고 할 수 없는 상황이 있습니다. 지금이야말로 그 해결을 위한 진지한 노력이 이뤄져야 하지만, 그 핵심에 있는 것은 한반도입니다. 분단체제 하에서는 백선생님이 지적하신 것처럼 언뜻 남북의 정권이 적대관계에 있는 듯이 보이면서도 사실은 상호의존적 관계에 있습니다. 유럽에서의 냉전종결에 의해서 한반도의 분단체제가 위기를 맞이한 것은 사실이며, 오늘날 한반도에서 일어나는 난국은 그 표현이라고 할 수 있습니다. 이런 위기는 50년 6·25와 같은 내전이나 국제적인 규모의 분쟁으로까지 전개될 리 없다 치더라도, 동아시아의 평화를 위협하는 요소로 전화할 가능성은 부정할 수 없습니다. 그런 의미에서도 한반도의 위기극복이라는 과제는 한반도 사람들만으로 이룰 수 있는 것이 아닙니다. 본래 한반도는 네 개의 강국으로 둘러싸여 있으며, 그들 나라의 의도가 교차하고 분단체제라는 형태로 각각의 실험이 시도된 장소라고 할 수 있습니다. 그것은 서구자본주의, 동구사회주의, 서구자본주의의 변형인 아시아형 자본주의, 바꿔 말하자면 일본형 유교자본주의, 더 나아가 동구사회주의의 변형인 아시아형 사회주의, 바꿔 말하자면 구식민지 민족해방형 사회주의, 이 네 모델이 한반도를 둘러싸고 있으며, 20세기에 그 실험과 충돌이 반복되어온 것을 의미합니다. 그러나 20세기 말인 오늘날, 이 네 가지 모델의 실험은 전부 유효성을 상실했습니다. 우리들이 제3의 길을 모색하는 것은 이 네 가지 모델을 극복한 새로운 방법을 추구해야 하며, 또한 그렇게 해야 하는 현실적 요청이 있기 때문입니다. 반미도 친미도 아니며, 반러시아도 친러시아도 아닌 비평정신, 이것이 필요합니다. 그것은 당연히 반북도 친북도 아닌 존재방식과 통하는 것이지요.

일본의 지식인과 만났으니 일본에 관해서 이야기하고자 합니다. 최근 여론조사를 보고 대단히 놀란 적이 있습니다. 일본인에게는 한국 혐오도가 높고 한국인에게는 일본 혐오도가 높다는 사실은 잘 알려져 있습니다만, 한국에서는 20대의 젊은이에게 좀더 일본혐오도가 높다는 결과가 나왔습니다. 그것은 젊은 세대일수록 일본의 대중문화에 대해 개방도가 높은 것을 생각하면 놀랄 수밖에 없는 결과라고 생각했습니다. 저는 정신과 육체의 분리를 이만큼 명확히 보여주는 예가 달리 어디 있을까 생각합니다. 며칠 전 월드컵 예선 한일전에서의 '붉은 악마'와 '울트라 재펜'의 대결도 상징적이었습니다. 오늘날 한국에서는 미국과 일본은 거의 내면화되어버린 존재입니다. 하지만 그 육체의 기억이 부정될 리 없습니다. 오히려 그 흔적의 의미를 묻는 일의 필요성이 절실히 느껴질 뿐입니다. 한일 지식인들의 교류가 분단체제를 극복하기 위해 구체적이고 실천적인 계획을 논의해가지 않으면, 이런 사태가 해소될 리 없다고 해도 좋습니다. 그런 의미에서도 이제까지의 한일 지식인의 교류와는 다른 장으로서 마련된 오늘의 좌담회가 그와같은 길을 열어주기 위한 초석이 되길 기대합니다.

카라따니 저는 이 좌담회가 적어도 일본 지식인의 눈을 뜨게 해줄 것이라고 확신합니다. 오늘 장시간에 걸쳐 명석하고 솔직한 말씀을 해주셔서 감사합니다.

〔박광현 옮김〕

하늘은 높으시나 나초 들으시는지라

최원식

1. 신언서판

청사(晴蓑)선생을 뵌 지 벌써 30년이 넘었다. 『창작과비평』 복간 때 편집위원으로 참여한 것을 시작으로 청사께 본격적으로 일을 배운 지도 어느덧 20년이 가까워온다. 세월이 적지 않다보니 한결같지 아니할 적도 없지 않았지만 또 어쩌다 특히 큰일 당해 뵈오면 욱했던 마음이 봄눈 녹듯 사라지곤 한다. 연전 어머니 상사시 청사가 조문 오셨을 때 나도 모르게 눈시울이 더워졌고, 얼마전 청사 자당 빈소를 찾았을 때 초췌하지만 늠연(凜然)한 모습으로 시립한 모습을 뵙고 어느결에 또 손이 따듯해졌다.

복 중에 으뜸이 인복(人福)이거니와 나만큼 인복을 누리는 자도 드물 것이다. 기라성 같은 선배들의 권애(眷愛)를 입었지만, 특히 청사의 은혜는 깊다. 분수를 모르는 채 오만방자하기 짝이 없는 나를 알게모르게 다듬어 이만큼의 쓰임새에 충당하게 한 것도 청사인데, 그만큼 청사께 감복하는 바 크기 때문이다.

청사는 잘난 분이다. 신언서판, 인금을 매길 때 기본으로 삼는 전통시대의 요목들 즉 체크 리스트(check list)인데, 요새라고 꼭 버릴 것은 아니다. 신(身)은 몸이다. 사람을 평가할 때 먼저 그 몸을 봤다는 것인데, 재미있다. 전통사상을 무슨 정신주의로 오해하는 경우가 많은데 천만의 말씀이다. 단적으로 '수신제가치국평천하(修身齊家治國平天下)'에서도 그 첫단계 '수신'이 '몸을 닦는 것'이라는 점에 유의해야 한다. 정신과 육체를 칼같이 분리하는 서구형이상학과 달리 둘이되 하나로 파악하는 몸철학이었던 것이다. 몸 밖에서 마음을 찾는 것이 아니니 마음의 화육(化肉)인 몸을 닦는 것이 곧 마음밭을 가는 일과 다르지 않았다. 마음밭이 받쳐주지 않는 요즘의 경박한 외모주의와는 물론 차별되지만, 이목구비(耳目口鼻)를 비롯해 풍채를 중시했다. 이 점에서 청사의 풍채는 어느 자리에서도 돋보인다. 관옥(冠玉) 같은 얼굴에 몸피도 알맞고 키가 후리후리해서 단연 군계일학(群鷄一鶴)이다. 둘째로 언(言) 즉 말의 조리다. 알맹이 없이 겉만 번지르르한 청산유수(青山流水)는 군자가 꺼리는 바인데, 그렇다고 선비가 숭상하는 눌(訥)이 졸가리없는 횡설수설은 결코 아니다. 조동일(趙東一), 김학준(金學俊), 김흥규(金興圭) 이 세 분은 내가 아는 한 이 방면 최고의 프로다. 말이 곧 문장이 되는 그 언변에는 정말 감탄을 금할 수 없다. 그런데 문어체 말이 지니는 작위성이 때로는 억색하기도 한데, 문어를 바탕으로 하되 그를 구어로 녹여내 듣는이의 마음을 빼앗는 데는 청사를 따를 이가 많지 않을 것이다. 다만 주장의 일이관지(一以貫之)가 도드라져, 자주 듣는 자들에게는 질리는 면이 없지 않지만 청사는 최고의 고수다. 얼마전 내가 잠깐 외국에 나가 있을 때 청사 큰자제 결혼식이 있었다. 내자와 딸아이가 거기 다녀와서 어쩌면 가족인사를 그렇게 잘하시냐고 칭송이 자자하다. 명스피치를 듣지 못한 게 아쉽기 짝이 없는데 그래도 위안이 되는 건 청사가 소싯적부터 그랬던 것 같지는 않다는 점이다. 내가 청사의 말씀을 먼 발치에서 처음 접했던 게 대학 2학년 때(1969)다. 문리대 소극장에서 열린 문학강연회에서 청사가 '시민문학론'을 주제로 발제했다. 당시 내가 그쪽에 무지한 탓도 있겠지만 청사의 말씀씨는 썩 인상적이지 않았다고 기억된다. 실천 속에 닦인 사유의 훈련 속에서 일취월장하여 이제 청사의 말씀씨는 가히 귀신의 경지에 들었다고 해도 지나친 말이 아니다. 셋째 서(書) 즉 필체다. 청사의 필체는 졸(拙)에 가깝지만 '서'가 꼭 필체만을 가리키지는 않는다. 문자향(文字香)과 서권기(書卷氣)에 바탕한 내공의 드러남으로서 '서'를 평가한바, 지하형님처럼 필체와 문장, 양자가 함께 가면 더할 나위 없거니와, 하나만 택한다면 전자보다는 후자가 단연 윗길이다. 문장으로 논할진대 청사는 일류의 산문가다. 서양학문에 무지한 자가 감히 용훼할 바가 아니지만 청사의 산문은 양학(洋學)을 '지금 이곳'의 현실주의에 즉해 탈구축·재구축한 우리 문장의 신경지라고 나는 믿는다. 아마도 후세에 당송팔가(唐宋八家)에 준하는 조한팔가(朝韓八家)를 뽑는다면 청사를 제외하기 어려울 것이다. 넷째 판(判) 즉 판단이다. 청사는 우리 시대의 지적 거인이다. 청사를 그리 지목하게 만드는 최고의 덕목은 무엇보다 그의 탁월한 판단력이다. 문학평론가로서 청사는 정말 작품을 귀신같이 잘본다. 평론가의 자질은 화려한 담론이 아니라 구체적 작품에 대한 판단에서 결판나는 법이니, 좋은 작품을 알아주는 안목이야말로 종요롭다. 아는 사람은 아는 일이지만 청사는 음식맛에 관해 매우 날카롭고 섬세한데, 작품 맛을 보는 데도 사실은 까다롭다. 청사에 대한 나의 존경은 작품을 알아보는 훈련된 직관에 대한 신뢰로부터 비롯되었다고 해도 지나친 말은 아니다. 그런데 청사의 문학적 판단은 정치적 판단과 불가분리로 맺어진다. 여기서 정치란 물론 좁은 의미가 아니다. 우리 앞에 닥쳐온 크고작은 사태에 직면하여 그 고갱이를 드러내 명쾌한 대응책을 짚어내는 청사의 지혜로운 판단들에 나는 얼마나 빚지고 있는가? 우전(雨田)선생은 생전에 "원식이가 좋은 나라에 태어났으면 훌륭한 학자가 됐을 텐데……" 하고 추어주셨지만 이 말씀은 청사에게 꼭 맞을 것이다. 아마 그냥 미국에 있었다면 세계적 학자가 되어 천하를 종횡했을 터인데, 할일 많은 나라에 돌아와 대소 수십전을 치르면서 몸소 터득한 최고의 정치적 판단력으로 우리 시대의 현자가 되었다. 새옹지마(塞翁之馬)다. 무엇보다 내가 진심으로 경탄하는 바는 청사의 실무감각이다. 보통 지식인들은 실무에 약한 것을 은근히 자랑삼는 경향이 없지 않은데 나 역시 그랬다. 실무에도 강한 게 진짜 선비다. 허생을 보라. 한갓 책상물림으로 알았더니 한번 세상에 나서자 천하의 부를 거머쥐지 않았던가? 우리가 흔히 아는 선비, 생활에 무능한 샌님은 하강기의 반쪽 선비에 지나지 않는다. 군자불기(君子不器). 이를 요즘 말로 바꾸면 '진짜 선비는 멀티플레이어(multi-player)다'쯤 될 것이다. 선비가 글을 읽는 것은 세상을 경륜하기 위해서니. 실무에 약해서는 일을 이룰 수가 없는 것이다. 청사의 실무감각은 바로 일 중심에서 오는 실천이성의 발로다. 청사는 몸으로 가끔은 말씀으로 둔마를 일깨운다. 언젠가 무슨 얘기 끝에 지나가는 듯이 "지도자는 힘들다는 말을 해서는 안된다"고, 이 말이 내게 보석처럼 박혀 내 삶의 지침이 되었다. 고통치레는 생색내기와 붙어 있기 마련이라 주변에서 이런 사람 보면 은근히 낮춰 보게 된다. 청사가 몸으로 보여준 또 하나의 비전(秘傳)은 '지도자는 희망을 주어야 한다'는 것이다. 청사라고 왜 비관이 없겠냐마는 그럼에도 항상 의연한 모습을 짓는 데는 매양 흉내내려 하지만 족탈불급(足脫不及)이다. 청사는 일언이폐지(一言以蔽之)컨대 자강불식(自彊不息)의 군자가 아닐런가.

2. 극기복례

청사가 올해 고희를 맞으셨다. 그를 기념하여 후학들이 청사의 말씀들을 결집한 회화록을 준비했다. 내가 해설을 맡은 것은 제3권인데, 『창작과 비평』의 생태좌담(1990)에서 『히효오 쿠우깐(批評空間)』의 문학좌담(1998)에 이르기까지, 1990년대의 좌담·대담·인터뷰 등 총 12편을 모았다. 돌이켜보면 1990년대는 오늘날 우리가 겪는 어떤 혼란이 슬그머니 얼굴을 내민, 어쩌면 매우 어정쩡한 시대라고 할 수도 있다. 6월항쟁(1987)이 노태우정권의 출현으로 귀결된 당혹감 속에 치러진 88올림픽, 90년대를 준비한 이 기이한 연쇄는 민주세력의 독자적 정권교체를 제약하는 분단체제의 실존을 실감케 하였다. 노태우정권 자체가 기이하다면 기이하다. 군부독재의 계승자임에도 불구하고 그 해체의 결정적 단계를 보여주었다는 점에서 분단체제의 동요를 반영하는 것이기 때문이다. 이 양면성은 결국 문민정부(1993)의 탄생과 국민의 정부(1998) 출범으로 나타난다. 그럼에도 우리 정치사의 분수령을 이룬 이 두 정부의 출현도 군부세력과의 일정한 타협 위에 성취되었다는 점을 잊을 수 없다. 한국사가 자기를 실현해가는 이 갈지자 행보 속에서 민주세력은 일종의 아포리아에 직면하게 되었다. 영웅적 승리와 비극적 패배로 요약되는 한 시대가 거(去)하고, 지루한 성공으로 가는, 복잡계에 즉하면서도 투철한 비전을 모색하고 그 비상한 실천을 탐색하는 회색의 시대가 내(來)했던 것이다. 새 시대의 도래에 책임을 나누면서도 비판적 자세를 포기하지 않는 이중성을 어떻게 견지할 것인가? 넓어진 합법적 공간을 활용하는 개혁의 축적 속에서도 어떻게 그에 매몰되지 않고 변혁의 계기를 놓치지 않는가? 시민운동의 화려한 대두 속에 전통적 민중운동을 어떻게 혁신할 것인가? 새로운 국면에 즉응한 의제들을 어떻게 개발하여 여하히 재배치할까? "하늘은 높으시나 나초 들으시는지라."(『인현왕후전』) 이 근사한 말씀처럼 청사는 '결연하게 싸우는 일과 좋게 활용하는 일'을 아울러야 할 새 시대에 예민하게 반응하면서 그에 걸맞은 비전과 실천방안을 누구보다 앞장서서 개척했으니, 분단체제론의 정비와 민족문학론의 쇄신은 이 과정에서 숙성해갔던 것이다.

제3권에 실린 회화들은 대화 속에서 이루어진 사상적 행보의 자욱들을 생생히 보여주는데, 이번에 다시 읽으면서 흥미로운 것은 대립되는 주장들을 조정하는, 뭐랄까, 유연하고도 통합적인 사유방식, 본연의 변증법이다. 가령 "거대하면 좋다든가 거대하면 나쁘다든가, 이럴 것이 아니라 중앙집중할 것은 중앙집중하고 분산할 것은 분산하면서 나아가야 하는 것 아닙니까?"(「생태계의 위기와 민족민주운동의 사상」, 본서 50면) 전통적 혁명론과 새로운 생태론, 또는 큰 이야기와 작은 이야기의 대립 사이에서 생활하는 상식으로 양변(兩邊)을 가로질러 문득 통합하는 이런 곳에 청사 특유의 사유가 빛난다. 페미니즘에 대한 논란도 청사의 눈길을 거치면 쟁점이 또렷이 부각된다. "남녀간의 차이를 인정하는 문제하고, 여성에 대한 차별을 철폐하는 문제 이 둘을 어떻게 조화시킬 것인가."(「한국 민중종교의 개벽사상과 소태산의 대각」, 본서 409면) 차이와 차별의 구분을 명쾌히함으로써 여성해방론을 제대로 대접하는 혜안이 놀랍다. 분별할 것은 철저히 분별하면서 그를 통해 오히려 통합의 가능성을 열어두는 그의 균형적 사고는 도대체 어디에서 오는 것일까? 유론(有論)과 무론(無論), 이 두 가장자리 한편으로 쏠리기 일쑤인 세론을 넘어설 수 있는 힘은 최악의 부정적인 것 속에서도 긍정의 씨앗을 찾아낼 줄 알고 최고의 긍정적인 것 속에서도 부정의 한계를 보아내야 하는 비평기계가 청사의 몸 속에 내장되어 있기 때문이다. 김영삼정부가 남북정상회담을 정권재창출 카드로 활용하려 한다는 세간의 의혹에 대해 청사는 말한다. "세계 어느 정권이든 큰 선거를 앞두고 극적인 외교협상이라든가 우리 경우에는 남북간의 문제를 정략적인 계산의 대상으로 안 삼는 예는 없다고 봅니다. 그건 정치세계에서 당연히 인정하는 집권층의 프리미엄 같은 거지요. 문제는 그것이 국익에 도움이 되고 민족의 이익에 도움이 되는 방향으로 활용되느냐, 아니면 반대로 되느냐 하는 것"(「6월항쟁 10년 후의 한국현실과 개혁문화」, 본서 461면). 의표를 찌르는 쾌도난마(快刀亂麻)의 정론이다. 이런 남다른 안목을 가능하게 하는 청사 사유의 원초적 자질은 남 탓하지 않고 자기 안으로 문제를 돌려볼 줄 아는 반구저기(反求諸己)의 정신이다. 가령 식민지시대를 파악하는 대목에서 이런 면모는 약여하다. "한국인의 불행에 대해서 일본인이 책임이 있듯이 일본사회가 건전하게 발전하지 못한 데에는 우리 한국사람들이 너무 약했다는 책임이 없지 않다고 봅니다."(「한·일의 근대경험과 연대모색」, 본서 293면) 반성하는 양심적 일본 지식인을 만나서 막무가내로 일본의 책임을 질타하는 한국 지식인들의 통상적 방식이 아니라 일본의 책임은 책임대로 물으면서 우리 안의 문제에 대해서도 자기비판하는 이런 식의 제기가 훨씬 성숙한 한·일 지식인 사이의 대화를 끌어낼 수 있다는 실용의 측면에서도 그렇지만, 내 탓을 점검하는 것이 의젓하다. 문명사회 또는 문명인의 가장 중요한 징표의 하나가 자기비판력이 아니던가? 요컨대 청사 사유방식의 독특함은 말이 행동을 돌아보고 행동이 말을 돌아보는, 즉 담론의 실천가능성을 무엇보다 중시하는 경세가의 곡진한 자세에서 비롯하는 것이다.

그 바탕에 청사 득의의 공부법이 존재한다. "저는 어린 나이에 외국의 명문대학으로 유학 갔기 때문에 오히려 공부는 뜨내기공부로, 그러나 제 식으로 해왔습니다. 이건 겸손이 아니고 일종의 긍지에 더 가깝습니다만, 학문에 관한 한 다른 건 몰라도 뜨내기로 살아온 자의 강점 하나만은 가졌다고 자부하는 터입니다."(「국문학연구와 서양문학 인식」, 본서 153면) 공부법에 의양지학(依樣之學)과 자득지학(自得之學)이 있다고 이른다. 스승의 발걸음을 충실히 밟아나가는 것이 전자라면 스승 없이, 아니 온중생을 스승으로 삼아 스스로 터득해가는 것이 후자다. 청사의 '뜨내기공부'는 후자일 터인데, 양학의 정통에서 자랐으면서도 그에 매몰되지 않고 자기를 세워나가는 아웃복싱이 이렇게 가능했던 것이다. 한창 포스트모더니즘이 맹위를 떨치던 시절, 참으로 종작없는 씨나락이 횡행하던 때, 청사는 그 의의를 인정하는 데 인색하지 않으면서도 포스트모더니즘 귀신을 한마디로 매조지했다. "그것이 자본주의적 근대에서 벗어난 새로운 시대를 설정하는 한에 있어서는 전혀 근거없는 낭설이고 혹세무민하는 이론이라고 생각합니다."(「90년대 민족문학의 진로」, 본서 133면) 이런 발언으로 우리가 직면한 어떤 혼란이 마치 햇빛에 쏘인 드라큘라처럼 사라지는 경험이 지금도 새롭다. 청사의 '뜨내기공부', 그 공덕은 내게 지대했던 것이다. "의심이 믿음으로 끝나기를 요구하는 것이 전통적인 종교의 입장이라고 한다면 믿음에서 출발해서 의심으로 가는 게 오히려 정당한 공부법이라고 봐요. 다만 이때 의심은 노력을 포기하는 불신이 아니라 더욱 탐구에 정진하는 자세라야지요."(「회갑을 맞은 백낙청 편집인에게 묻는다」, 본서 제4권 35면) 대단한 공부의 심법(心法)이다. 청사는 천상, 학인(學人)이다. 요즘 청사는 자기가 좀 강해지는 느낌이다. 평생을 한결같이 학인의 길을 온몸으로 걸음하신 선생이시여, 모쪼록 극기복례(克己復禮)하소서!

崔元植 | 인하대 국문과 교수

고은(高銀) 1933년 전북 군산에서 태어났다. 1958년『현대문학』에「봄밤의 말씀」「눈길」「천은사운」 등을 추천받아 등단했다. 1960년 첫 시집『피안감성』을 간행한 이후, 시·소설·수필·평론 등에 걸쳐 많은 저서를 펴냈다. 전세계 10여개 언어로 50여권의 시집과 시선집이 간행됐다. 미국 하바드대 연구교수와 버클리대 객원교수를 역임했다. 현재 유네스코 세계 시 아카데미 회원(한국 대표)이다.

고은명(高恩明) 1964년 서울에서 태어나 이화여대 철학과를 졸업했다. 오랫동안 출판사 편집자로 일했고, 제6회 '좋은 어린이책' 원고 공모에서 창작부문 대상을 받았다. 장편동화『후박나무 우리 집』이 있다.

김록호(金祿皓) 1958년 광주에서 태어나 서울대 의대를 졸업하고 미국 하바드대에서 보건학 박사학위를 받았다. 사당의원 원장과 서울대 보건대학원 교수를 역임하고 현재 세계보건기구(WHO) 유럽환경보건쎈터 연구관으로 있다. 주요 논문「도시 무허가 정착지의 1차 보건의료사업 모형개발을 위한 조사연구」「한국 의료보장제도의 정치경제학적 이해」 등이 있다.

김세균(金世均) 1947년 경남 진주에서 태어나 서울대 정치학과를 졸업하고 독일 베를린 자유대에서 박사학위를 받았다. 현재 서울대 교수로 있다. 저서『한국 민주주의와 노동자-민중정치』『북한체제의 형성과 한반도 국제정치』(공저)『변혁기의 제3세계 사회주의』(공저)『자본의 세계화와 신자유주의』(공저) 등이 있다.

김우창(金禹昌) 1937년 전남 함평에서 태어나 서울대 영문과를 졸업하고 미국 하바드대에서 박사학위를 받았다. 서울대 교수와 고려대 대학원장 등을 역임하고 현재 고려대 명예교수이다. 저서『궁핍한 시대의 시인』『지상의 척도』『시인의 보석』『법 없는 길』『이성적 사회를 향하여』『심미적 이성의 탐구』『정치와 삶의 세계』등이 있다.

김재용(金在湧) 1960년 경남 충무에서 태어나 연세대 국문과를 졸업하고 동대학원에서 박사학위를 받았다. 현재 원광대 교수로 있다. 저서『민족문학의 역사와 이론』(전2권)『북한문학의 역사적 이해』『분단구조와 북한문학』『한국 근대민족문학사』(공저) 등이 있다.

김종철(金鍾哲) 1947년에 태어나 서울대 영문과를 졸업했다. 영남대 교수를 역임하고 현재『녹색평론』발행인 겸 편집인으로 있다. 저서『시와 역사적 상상력』『간디의 물레』『시적 인간과 생태적 인간』, 역서『오래된 미래』『경제성장이 안되면 우리는 풍요롭지 못할 것인가』(이상 공역) 등이 있다.

데이비드 하비(David Harvey) 1935년 영국 길링엄에서 태어나 케임브리지대를 졸업하고 동대학원에서 지리학 박사학위를 받았다. 존스홉킨스대와 옥스퍼드대 교수를 역임하고 현재 뉴욕시립대 대학원 교수로 있다. 저서『신제국주의』『포스트 모더니티의 조건』『모더니티의 수도 파리』『희망의 공간』『자본의 한계』『도시의 정치경제학』등이 있다.

마사오 미요시(Masao Miyoshi) 일본 토오꾜오(東京)대를 졸업한 후 1959년 도미하여 영문학 교수로 미국에 정착했다. 현재 캘리포니아대 일본문학·영문학·비교문학 석좌교수로 있다. 저서『분열된 자아: 빅토리아시대의 문학 조망』『침묵의 공범자: 근대 일본소설』『포스트모더니즘과 일본』등이 있다.

박상천(朴相千) 1938년 전남 고흥에서 태어나 서울대 법대를 졸업하고 판사, 검사, 변호사 등을 하다 정계에 진출했다. 제13~16대 국회의원과 법무무 장관을 역임하고 현재 민주당 대표를 맡고 있다.

박혜명(朴慧明) 1942년 전북 정읍에서 태어났다.『원불교신문』기자로 활동했고 월간

『원광』발행인과『원불교신문』편집국장 등을 역임했다. 현재 원불교 서전주교당 교무로 있다. 저서『구도역정기(求道歷程記)』『한국의 지성과 원불교』등이 있다.

반성완(潘星完) 1942년 부산에서 태어나 서울대 독문과를 졸업하고 독일 베를린자유대에서 박사학위를 받았다. 현재 한양대 교수로 있다. 저서『루카치의 미학과 독일 고전주의』(독일어판), 역서『벤야민의 문예이론』『독일문학비평사』『루카치 소설의 이론』『새로 쓴 독일 역사』『문학과 예술의 사회사』(공역) 등이 있다.

손호철(孫浩哲) 1952년 서울에서 태어나 서울대 정치학과를 졸업하고 미국 텍사스주립대에서 정치학 박사학위를 받았다. 현재 서강대 교수로 있다. 저서『현대 한국정치』『근대와 탈근대의 정치학』『한국정치학의 새 구상』『전환기의 한국정치』『현대세계체제의 재편과 제3세계』(공저) 등이 있다.

송진혁(宋鎭赫) 1942년 대구에서 태어나 서울대 정치학과를 졸업했다.『조선일보』『서울신문』『중앙일보』기자를 거쳐『중앙일보』편집국장과 논설주간을 역임했다. 현재 고려대 석좌교수로 있다. 저서『상식의 정치 상식 이하의 정치』가 있다.

우까이 사또시(鵜飼哲) 1955년 일본 토오꾜오에서 태어나 쿄오또(京都)대 대학원을 졸업하고 프랑스 빠리8대학에서 수학했다. 현재 히또쯔바시(一橋)대 교수로 있다. 저서『보상의 고고학』『저항에의 초대』『응답할 힘』등이 있다.

이미경(李美卿) 1950년 부산에서 태어나 이화여대 영문과와 동대학원 정외과를 졸업했다. 한국기독교사회문제연구소와 여성평우회 등에서 활동했으며 한국여성단체연합 상임의장과 제15~16대 국회의원을 거쳐 현재 제17대 국회의원으로 있다.

임규찬(林奎燦) 1957년 전남 보성에서 태어나 성균관대 독문과를 졸업하고 동대학원 국문과에서 박사학위를 받았다. 1988년『실천문학』에 평론을 발표하며 등단했고, 현재 성공회대 교수로 있다. 저서『왔던 길, 가는 길 사이에서』『문학사와 비평적 쟁점』『한국근대소설의 이념과 체계』『작품과 시간』『비평의 窓』등이 있다.

임형택(林熒澤) 1943년 전남 영암에서 태어나 서울대 국문과와 동대학원을 졸업했다. 계명대 교수와 민족문학사연구소 공동대표를 역임하고 현재 성균관대 교수 및 대동문화연구원 원장으로 있다. 저서『한국문학사의 시각』『실사구시의 한국학』『한국문학사의 논리와 체계』, 편역서『이조한문단편집』『이조시대 서사시』, 공역서『역주 백호전집』등이 있다.

조동일(趙東一) 1939년 경북 영양에서 태어나 서울대 불문과와 국문과를 졸업하고 동대
학원 국문과에서 박사학위를 받았다. 서울대 교수를 역임하고 현재 서울대 명예교수와
계명대 석좌교수로 있다. 저서 『한국문학통사』(전5권) 『한국소설의 이론』 『한국문학사
상사시론』 『문학연구방법』 『한국문학과 세계문학』 『동아시아문학사 비교론』 『세계문
학사의 허실』 『한국의 문학사와 철학사』 등이 있다.

최원식(崔元植) 1949년 인천에서 태어나 서울대 국문과를 졸업하고 동대학원에서 박사학
위를 받았다. 1972년 『동아일보』 신춘문예 문학평론으로 등단했다. 계명대·영남대 교
수를 역임하고 현재 인하대 교수와 인천문화재단 대표이사로 있다. 저서 『민족문학의
논리』 『한국근대소설사론』 『한국계몽주의문학사론』 『문학의 귀환』 『한국근대문학을
찾아서』 『생산적 대화를 위하여』 등이 있다.

카또오 슈우이찌(加藤周一) 1919년 일본 토오꾜오에서 태어나 토오꾜오대 의학부를 졸
업하고 소설가와 문학평론가로 활동했다. 현재 리쯔메이깐(立命館)대 객원교수이다.
장편소설 『어느 맑은 날에』 『운명』, 저서 『잡종문화』 『일본문학사 서설』 『전후세대의
전쟁책임』 『시대를 읽는다: '민족' '인권' 재고』 등이 있다.

카라따니 코오진(柄谷行人) 1941년 일본 효오고(兵庫)현에서 태어나 토오꾜오대 경제학
부를 졸업하고 동대학원 영문과를 졸업했다. 호오세이(法政)대 교수를 거쳐 현재 미국
컬럼비아대 객원교수로 있다. 저서 『일본 근대문학의 기원』 『은유로서의 건축』 『내성
과 소행』 『탐구 1, 2』 『유머로서의 유물론』 『윤리 21』 『근대문학의 종언』 등이 있다.

프레드릭 제임슨(Fredric Jameson) 1934년 미국 클리블랜드에서 태어나 해버포드대
를 졸업하고 예일대 대학원에서 박사학위를 받았다. 하바드대, 예일대, 듀크대 교수 등
을 거쳐 현재 싼타크루즈 캘리포니아대 교수로 있다. 저서 『변증법적 문학이론의 전개』
『언어의 감옥』 『정치의 무의식』 『후기 마르크스주의』 『포스트모더니즘: 후기 자본주의
의 문화논리』 등이 있다.

백낙청 회화록 간행위원회
—
염무웅 영남대 명예교수
임형택 성균관대 교수
최원식 인하대 교수
백영서 연세대 교수
유재건 부산대 교수
김영희 한국과학기술원 교수
—

백낙청 회화록 3

초판 1쇄 발행 2007년 10월 20일

엮은이/백낙청 회화록 간행위원회
펴낸이/고세현
펴낸곳/(주)창비
등록/1986년 8월 5일 제85호
주소/413-756 경기도 파주시 교하읍 문발리 513-11
전화/031-955-3333
팩시밀리/영업 031-955-3399 · 편집 031-955-3400
홈페이지/www.changbi.com
전자우편/human@changbi.com
인쇄처/한교원색

ISBN 978-89-364-8324-1 03080
ISBN 978-89-364-7981-7(세트)